PHP/MySQL avec Dreamweaver 8

DU MÊME AUTEUR

J.-M. Defrance. – **PHP/MySQL avec Flash MX 2004**.
N°11468, 2005, 710 pages.

J.-M. Defrance. – **PHP/MySQL avec Dreamweaver MX 2004** (format semi-poche).
N°11709, 2005, 550 pages.

CHEZ LE MÊME ÉDITEUR

A. Caouissin. – **Dreamweaver 8**.
N°11914, 2006, 656 pages.

M. Foti et *al*. – **Dreamweaver MX 2004 Magic**.
N°11514, 2004, 156 pages.

C. Pierre de Geyer et G. Ponçon. – **Mémento PHP et SQL**.
N°11785, 2006, 14 pages.

G. Ponçon. – **Best Practices PHP 5**.
N°11676, 2005, 470 pages.

E. Daspect et C. Pierre de Geyer. – **PHP 5 avancé (2e édition)**.
N°11669, 2004, 796 pages.

J. Engels. – **PHP 5. *Cours et exercices***.
N°11407, 2005, 518 pages.

P. Chaléat , D. Charnay et J.-R. Rouet. – **Les Cahiers du Programmeur PHP/MySQL et JavaScript**.
N°11678, 2005, 212 pages.

S. Mariel. – **Les Cahiers du Programmeur PHP 5**.
N°11234, 2005, 276 pages.

J.-M. Culot. – **PHP 5**.
N°11487, 2003, 390 pages.

J.-P. Leboeuf. – **Les Cahiers du Programmeur PHP/MySQL (1)**.
Première application avec PHP4 et MySQL.
N°11069, 2002, 228 pages.

P. Chaléat et D. Charnay. – **Les Cahiers du Programmeur PHP/MySQL (2)**.
Ateliers Web professionnels avec PHP/MySQL et JavaScript.
N°11089, 2002, 168 pages.

J.-M. Aquilina. – **MySQL**.
N°25460, 2003, 384 pages.

J.-M. Aquilina. – **PHP 4**.
N°11202, 2003, 416 pages.

PHP/MySQL avec Dreamweaver 8

Jean-Marie Defrance

EYROLLES

ÉDITIONS EYROLLES
61, bd Saint-Germain
75240 Paris Cedex 05
www.editions-eyrolles.com

Table des matières

CHAPITRE 2

Avant-propos

Alors que Macromedia Dreamweaver était déjà considéré comme l'outil de création de sites Web et d'applications Internet le plus performant du marché, il permet depuis sa version MX de développer des sites dynamiques avec la même facilité. Que vous soyez développeur ou que vous désiriez simplement créer des sites dynamiques sans taper la moindre ligne de code, Dreamweaver 8, allié au couple PHP/MySQL, est la réponse à toutes vos attentes. En effet, l'éditeur est désormais compatible avec les technologies serveur les plus utilisées, dont le célèbre PHP qui est actuellement le langage de script serveur le plus employé par le Web. De plus, dans sa dernière mouture, Dreamweaver 8 propose de nouveaux comportements de serveur qui vous permettront de mettre en œuvre rapidement des pages de transformation XSLT afin d'exploiter toute la puissance et la souplesse de données au format XML. Ainsi, Dreamweaver 8 constitue aujourd'hui une véritable plate-forme de développement d'applications Internet de haut niveau, capable de réaliser facilement des sites présentant un graphisme élaboré et intégrant de puissantes applications dynamiques.

Jusqu'ici, ce type de plate-forme manquait cruellement aux technologies serveur telles que le couple PHP/MySQL, ce qui explique l'engouement actuel des nombreux développeurs qui ont retenu ce trio efficace pour concevoir leurs sites Web. Les designers, quant à eux, apprécieront les outils de conception visuels qui permettent de réaliser rapidement des pages dynamiques par un simple glisser-déposer, ou de paramétrer des comportements de serveur à l'aide d'un assistant sans même connaître une seule instruction. Ils pourront ainsi concevoir complètement et très facilement des sites dynamiques à partir du même environnement de développement intégré qu'ils ont l'habitude d'utiliser. Enfin, les informaticiens pourront travailler encore plus rapidement et capitaliser ce développement grâce aux nombreux outils et éditeurs de code de Dreamweaver, dans lesquels ils retrouveront les mêmes fonctionnalités que celles disponibles sur les plates-formes de développement les plus élaborées : coloration syntaxique, sélection des balises, fragments de code réutilisables, débogueur...

Objectifs de l'ouvrage

Le contenu de cet ouvrage a été élaboré pour répondre à deux objectifs, selon votre profil et vos attentes.

La première partie du livre a pour objet de créer des sites dynamiques en exploitant exclusivement les fonctions de l'interface visuelle de Dreamweaver 8. Au terme de cette partie, vous pourrez concevoir, très rapidement et sans saisir aucune ligne de code, des pages intégrant des scripts serveur prédéfinis qui permettront d'exploiter les informations d'une base de données.

La seconde partie permet d'acquérir les connaissances et la pratique des langages PHP, SQL et XSL afin de pouvoir développer puis intégrer dans vos pages des fonctions dynamiques avancées (création de fonctions utilisateur, programmation objet, couplage PHP/Flash, feuille de transformation XSLT...). Vous pourrez ainsi concevoir des applications dynamiques sur mesure en exploitant tous les avantages de Dreamweaver 8.

Contenu de l'ouvrage

Ce livre a pour but de proposer un contenu accessible à tous, qui privilégie toujours l'aspect pratique.

Mode d'installation d'un serveur d'évaluation local

Contrairement au développement de sites statiques, la création de sites dynamiques avec Dreamweaver 8 nécessite un serveur d'évaluation. Pour que vous disposiez tous de la même infrastructure de développement, nous utiliserons dans cet ouvrage la suite logicielle Wamp5 qui regroupe tous les éléments indispensables à l'évaluation d'un site dynamique en local (serveur Apache, MySQL, PHP, phpMyAdmin). Pour vous accompagner dans sa mise en place, nous vous expliquerons en détail, dans le chapitre 2, l'installation et l'utilisation de cette infrastructure sur votre ordinateur.

Description d'un gestionnaire convivial pour créer rapidement vos bases de données

Si Dreamweaver 8 est considéré comme un environnement de développement intégré qui permet de développer facilement des pages dynamiques, il ne propose pas d'assistant pour l'élaboration initiale de votre base de données. Pour que cette étape ne soit pas un barrage à la création de votre projet, nous vous présenterons en détail dans le chapitre 2 les concepts et les étapes de la mise en œuvre d'une base de données MySQL. Pour que vous puissiez facilement administrer votre base de données, nous utiliserons le gestionnaire le plus convivial et le plus utilisé actuellement sur les serveurs exploitant la technologie PHP/MySQL : phpMyAdmin. Vous découvrirez ainsi pas à pas les différentes fonctions de cet assistant visuel, qui vous permettront par la suite d'organiser rapidement la structure des données de votre projet.

Présentation illustrée de l'interface de Dreamweaver

L'interface de Dreamweaver 8 intègre de nombreux outils dédiés au développement de sites dynamiques, ainsi que des éditeurs de code très puissants. Nous vous présenterons, toujours dans le chapitre 2, ces différentes fonctions souvent méconnues, et nous vous guiderons dans le paramétrage d'un site dynamique afin de tirer parti du meilleur de l'interface de Dreamweaver.

Des pages dynamiques courantes facilement transposables à votre projet

Pour illustrer les comportements de serveur livrés en standard avec Dreamweaver, nous les appliquerons dans le chapitre 3 à la création de pages dynamiques courantes, autour du cas pratique d'un site qui sera élaboré au fil des différents chapitres. Vous pourrez ensuite facilement les adapter et les appliquer à vos futurs projets.

Syntaxe des commandes SQL pour créer des requêtes avancées

Le chapitre 4 est entièrement consacré à la présentation de la syntaxe des principales commandes SQL. Chaque commande et chaque clause sont illustrées d'exemples concrets : vous pourrez ainsi facilement concevoir des requêtes avancées pour créer des sites dynamiques encore plus performants.

Apprentissage du PHP pour les débutants et applications avancées pour les confirmés

Le tutorial complet et très illustré du chapitre 5 permettra aux débutants d'acquérir les bases du langage PHP afin de développer rapidement des scripts serveur sur mesure. Les lecteurs confirmés apprécieront également, dans ce chapitre, l'introduction à la programmation objet et les exemples de couplage PHP/Flash, capables de réaliser des applications dynamiques avancées.

Exploiter et mettre en forme des flux de données XML à l'aide de feuilles de transformation XSLT

Dreamweaver 8 permet désormais de créer rapidement des pages XSLT afin de transformer et de mettre en forme des données XML. Le chapitre 6 a pour objectif de vous initier à l'usage des données XML et de vous conduire pas à pas à la création de pages XSLT côté serveur, pour enrichir votre site d'informations structurées.

Explication des procédures pour développer comportements et extensions

Une fois que vous maîtriserez le langage PHP et les commandes SQL, vous pourrez créer, grâce au chapitre 7, de nouveaux comportements de serveur afin d'enrichir les applications standards livrées avec Dreamweaver. Nous indiquerons aussi la procédure pour empaqueter ces comportements afin de les partager sous forme d'extensions pour en faire profiter toute votre équipe.

Étude de cas complète pour mettre en pratique tous vos acquis

Pour clore cet ouvrage, nous vous proposerons dans le chapitre 8 de mettre en pratique toutes vos connaissances à travers une étude de cas. Le sujet présenté est un site de commerce électronique avec gestion d'un panier virtuel. Ce projet est un très bon exemple pour illustrer l'exploitation des fonctionnalités de Dreamweaver 8 dans la création d'un site dynamique, et vous permettra de passer de la phase d'apprentissage à la conception d'applications opérationnelles.

1

Dreamweaver 8 et les sites dynamiques

Dans ce premier chapitre, nous allons rappeler le fonctionnement des sites statiques. Nous aborderons ensuite celui des pages dynamiques et vous présenterons leurs avantages, en les illustrant par plusieurs exemples de sites exploitant cette technologie. Vous découvrirez aussi pourquoi le couple PHP/MySQL a tant de succès, et l'intérêt d'utiliser l'éditeur de pages Web Dreamweaver 8 pour créer des sites dynamiques.

Du HTML aux bases de données

Les sites statiques et le HTML

Le langage HTML

Avant de présenter les langages utilisés pour la conception de sites dynamiques, rappelons quelques notions de base sur les pages Web statiques. Nous définissons par « page Web » toute page pouvant être affichée dans un navigateur (comme Internet Explorer, Netscape...). Le langage utilisé pour la conception d'une page Web est le *HyperText Markup Language*. Il ne s'agit pas d'un langage de programmation au sens propre, mais d'un simple langage de description d'une page Web. Le fichier qui contient la description de cette page porte en général l'extension `.htm` ou `.html`. Il est constitué du texte et des liens aux images à afficher, répartis entre des balises (par exemple : `<p>...</p>`) qui déterminent la façon dont ces éléments seront présentés dans le navigateur. Certaines de ces balises permettent aussi de transformer un texte ou une image en lien hypertexte (`<a>...</a>`). Ces hyperliens (les liens hypertextes) sont des éléments très importants dans une page Web, puisqu'ils permettent d'organiser la navigation dans un site en reliant les pages entre elles. Ainsi les internautes peuvent passer d'une page à l'autre par un simple clic sur ces liens, d'où l'expression de « naviguer », ou encore de « surfer », sur le Web (voir figures 1-1 et 1-2).

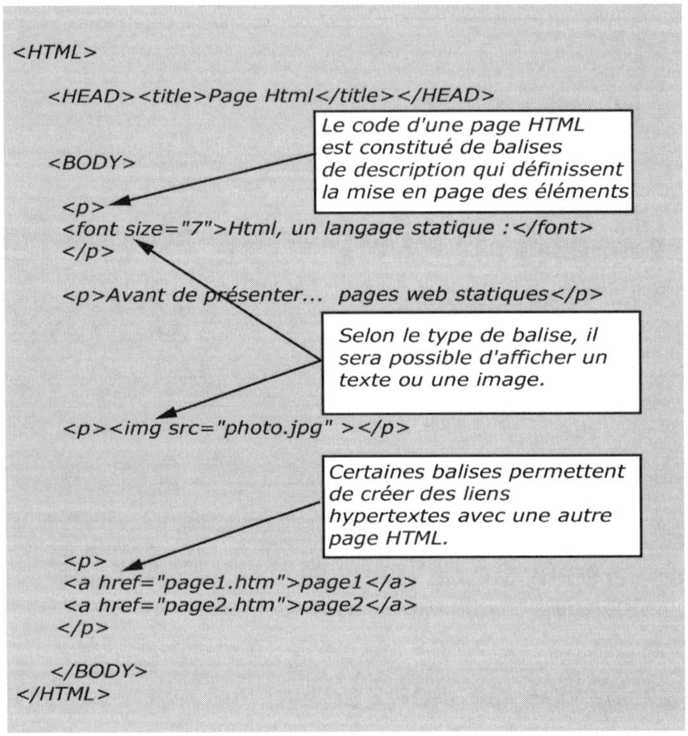

Figure 1-1
Exemple de code HTML d'une page Web.

Vous pouvez ainsi mettre en forme votre texte et disposer les images à votre convenance dans la page en les reliant entre elles par des liens hypertextes. Cependant, vous ne disposez d'aucune instruction pour réaliser un traitement différent en fonction d'un événement ou d'une condition particulière. C'est pourquoi une page HTML est dite « statique », car elle s'affiche toujours sous la même forme et toutes les pages susceptibles d'être appelées doivent être stockées sur le serveur (voir figure 1-3).

Nous verrons plus loin que d'autres langages, comme PHP (sigle de *Personal Home Page*, devenu par la suite *Hypertext Preprocessor*), permettent de créer des pages « dynamiques » qui peuvent être personnalisées selon une requête ou le profil de l'internaute. Ils utilisent pour cela un seul et même fichier modèle en interaction avec une base de données.

Figure 1-2
Interprétation et affichage du code de la figure 1-1 dans un navigateur Internet : le navigateur reçoit le code HTML de la page et l'affiche à l'écran en interprétant les différentes balises qu'il contient.

Figure 1-3
Arborescence d'un site statique : toutes les pages du site doivent être présentes sur le serveur.

L'architecture client-serveur

Nous venons de voir que les sites statiques sont constitués d'un ensemble de pages HTML reliées entre elles par des liens hypertextes qui permettent de naviguer de l'une à l'autre. Le protocole qui est utilisé pour transférer des informations sur Internet s'appelle HTTP (sigle de *HyperText Transfer Protocol*). Une requête HTTP (par exemple : http://www.eyrolles.com/page.htm) est envoyée vers le serveur afin d'accéder à la page désirée et de la visualiser dans le navigateur du poste client (voir étape 1 de la figure 1-4).

Lorsque le serveur Web reçoit cette requête, il recherche la page demandée parmi toutes les pages HTML présentes sur le site concerné et la renvoie ensuite au client (voir étape 2 de la figure 1-4). Le code HTML reçu par le poste client est alors interprété et affiché par le navigateur (voir étape 3 de la figure 1-4). C'est ce qu'on appelle l'architecture client-serveur (je demande, on me sert) : le client est le navigateur Internet (Internet Explorer, Netscape...) et le serveur est évidemment le serveur Web sur lequel est stocké le site Internet.

Ce type de site a l'avantage d'être très simple à réaliser, et on peut s'en contenter dans le cadre de petits projets de quelques dizaines de pages, dont la mise à jour n'est pas fréquente. Cependant, il affiche vite ses limites pour la conception d'applications plus importantes ou nécessitant de fréquentes mises à jour. De même, les sites marchands et autres portails d'informations ne peuvent pas être réalisés sur ce modèle.

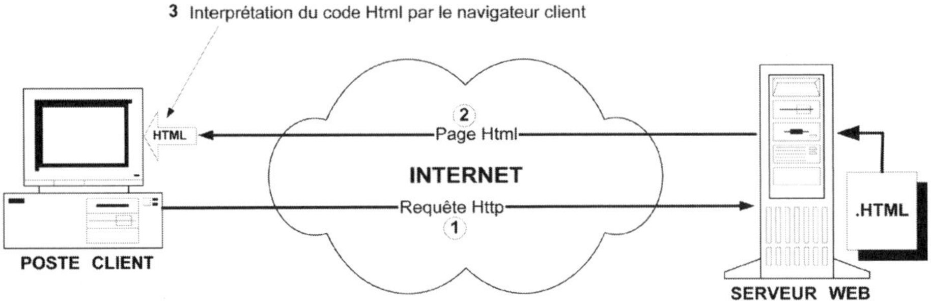

Figure 1-4
L'architecture client-serveur : le poste client envoie au serveur une requête HTTP, le serveur Web recherche puis fournit au poste client la page demandée, qui est ensuite interprétée par le navigateur.

Le code HTML est un langage interprété et non compilé comme le sont les différents programmes dédiés à un type d'ordinateur spécifique (PC, Mac...). Pour illustrer ce qu'est un programme compilé, prenons le cas de votre éditeur de texte (comme Word par exemple). Lorsque vous l'avez acheté, vous avez dû préciser si vous aviez un PC ou un Mac, car le logiciel en question a été compilé différemment selon le type d'ordinateur auquel il est destiné. Un tel programme ne peut fonctionner que sur la plate-forme pour laquelle il a été compilé. Ce n'est pas le cas des langages interprétés, qui ont l'avantage d'avoir un code commun à tous les types d'ordinateurs. La raison de cette polyvalence est que le code source est interprété du côté client par le logiciel adapté à la machine (voir figure 1-5).

Ce genre de langage est donc très bien adapté à Internet où le parc d'ordinateurs est très hétérogène. On peut ainsi envoyer le même code HTML à tous les navigateurs des internautes, quel que soit leur ordinateur. En revanche, cela oblige le serveur à envoyer tout le code source sur le poste client, laissant la possibilité à quiconque de le copier et de l'utiliser comme bon lui semble. Cet inconvénient n'est pas négligeable, car, dans ces conditions, il devient difficile de protéger son code source et la confidentialité des informations qu'il pourrait contenir.

Nous verrons plus loin que le langage PHP n'hérite pas de ce défaut, car son code source est pré-interprété et transformé en équivalent HTML côté serveur ; seul le code HTML ainsi produit est envoyé au client, préservant de ce fait les sources PHP et la sécurité de leur contenu.

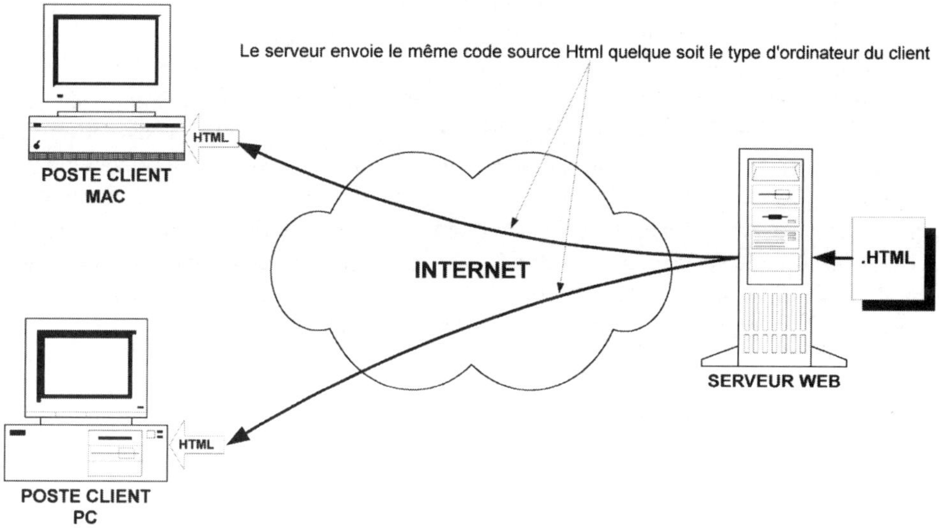

Figure 1-5

L'interprétation du code HTML côté client permet d'envoyer le même code quel que soit le type d'ordinateur de l'internaute. Chaque navigateur étant adapté à la plate-forme sur laquelle il est installé, il interprète le code HTML en l'adaptant aux particularités de l'ordinateur du client.

Les sites interactifs et les langages de script

Interactivité côté client ou côté serveur

Heureusement, l'évolution des techniques Internet permet désormais de développer des pages interactives beaucoup plus intéressantes et attractives pour l'internaute.

Pour créer de l'interactivité sur un site, le concepteur multimédia dispose de plusieurs technologies qui peuvent être exécutées côté client, comme JavaScript, ou côté serveur, comme PHP, ASP, JSP, CFML, etc. Le choix du type de technologie (côté client ou côté serveur) est fonction de l'application à mettre en œuvre, de son niveau de sécurité et de sa rapidité d'exécution.

> **JavaScript**
>
> JavaScript (à ne pas confondre avec Java) est un langage très largement employé sur Internet côté client, même s'il peut aussi fonctionner côté serveur. Il a été mis au point par Netscape Communications. Ses instructions sont incluses dans le code HTML des pages envoyées sur le poste client et elles sont traitées directement par le navigateur.

Pour illustrer ces critères de choix, prenons l'exemple d'un script qui contrôle le contenu d'un champ dans un formulaire en ligne (nous pourrions par exemple vérifier que le contenu du champ e-mail comporte bien un caractère @). Pour cet exemple, les deux premiers critères n'influent pas sur le choix, car ce type d'application peut être traité aussi bien côté client que côté serveur, et même si le script est envoyé côté client, il ne dévoile pas d'informations confidentielles. En revanche, pour une meilleure réactivité du contrôle, la technologie côté client est mieux adaptée : le script intégré dans la page du formulaire est beaucoup plus rapide, car il s'exécute directement sur le poste client (voir étape 4 de la figure 1-6). En comparaison, l'utilisation du script côté serveur nécessite l'envoi d'une requête au serveur (voir figure 1-7, étape 1), son exécution sur le serveur (étape 2), le retour de sa réponse par le réseau Internet (étape 3) et le rechargement de la page dans le navigateur (étape 4).

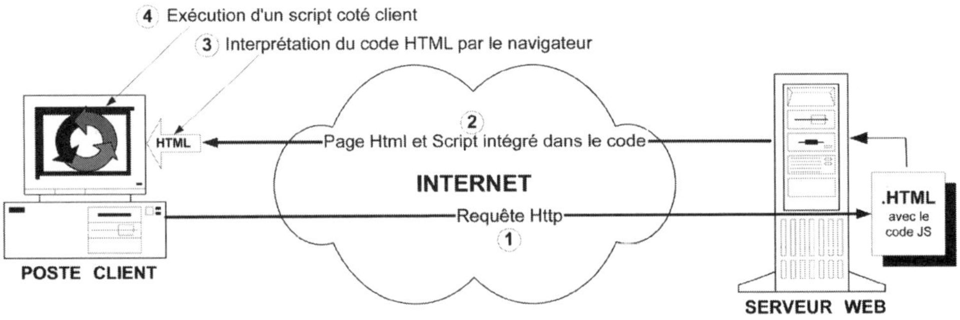

Figure 1-6

Prenons maintenant le cas d'un petit script qui contrôle l'accès à une page contenant le mot de passe dans son code source. Ici encore les deux technologies peuvent gérer ce genre d'application, mais du point de vue de la sécurité, le script côté client ne doit pas être utilisé, car il suffirait de consulter le code source de la page pour prendre connaissance du mot de passe demandé (voir figure 1-7). La solution du script côté serveur, quant à elle, préserve ces informations. Dans ce cas, le serveur traite les instructions de comparaison du mot de passe saisi avec le mot de passe sauvegardé dans le code et envoie au navigateur la page protégée, si le test est positif, ou un message d'erreur dans le cas contraire. Ainsi, l'internaute qui demanderait l'affichage des sources dans son navigateur ne verrait qu'une banale page HTML (voir figure 1-8).

Les scripts côté client présentent un autre inconvénient qui peut influencer votre choix : comme ils sont traités sur le navigateur du client, ils peuvent se comporter différemment selon le type d'ordinateur et la version du navigateur. Par exemple, un script en JavaScript peut parfaitement fonctionner sur Netscape, mais poser des problèmes avec Internet Explorer ou créer des erreurs sous Netscape 3, alors qu'il fonctionne sous Netscape 4. De même, les résul-

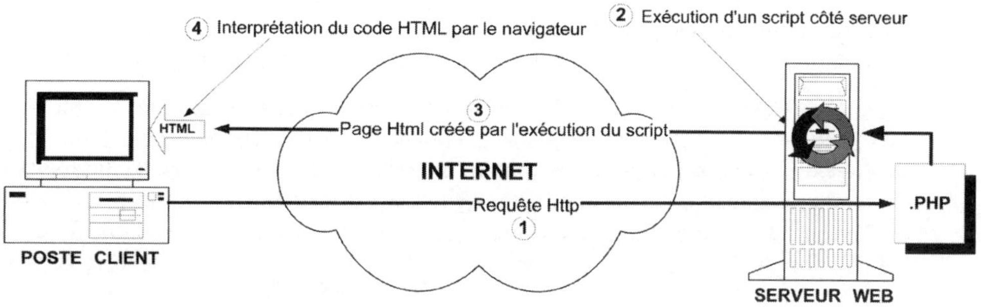

Figure 1-7

Utilisation d'un script côté serveur : il n'y a pas de dépendance vis-à-vis du navigateur client et le code source est préservé mais l'interactivité est plus lente

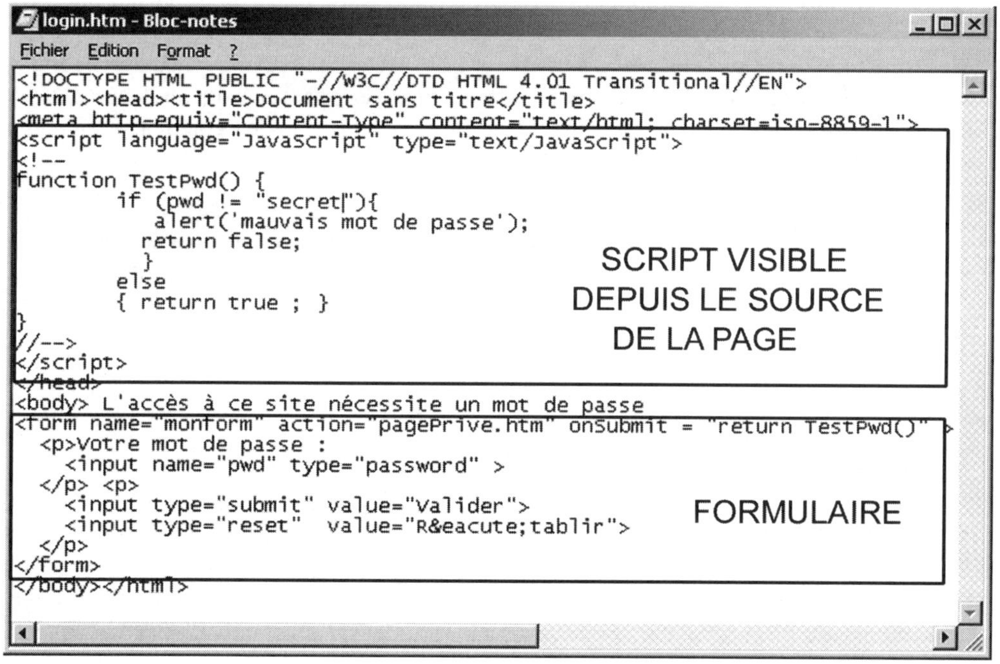

Figure 1-8

Exemple de script côté client : depuis son navigateur, chaque internaute peut voir le code source du script et identifier facilement le mot de passe nécessaire pour accéder à la page privée.

tats peuvent varier selon qu'on utilise un PC ou un Mac. Tout cela impose au concepteur multimédia de réaliser des tests importants s'il désire que sa page interactive fonctionne sur toutes les plates-formes et dans toutes les configurations. Les langages côté serveur, quant à eux, sont indépendants de la plate-forme du client ou de la version de son navigateur, car l'interprétation du script est réalisée côté serveur et le code envoyé vers l'ordinateur du client est compatible avec le standard HTML, et donc interprété de la même manière par tous.

Notons cependant, parmi les inconvénients des scripts côté serveur, que leur utilisation nécessite la disponibilité d'un serveur adapté. Même si les offres des hébergeurs qui proposent des serveurs intégrant des scripts dynamiques sont de plus en plus fréquentes et abordables, il faut tenir compte de ce point lors de votre choix.

Les sites dynamiques et les bases de données

Création de modèles dynamiques

L'exécution du script côté serveur permet de créer une page « à la volée » lors de son exécution par le préprocesseur PHP intégré au serveur. La page ainsi créée contient les mêmes informations qu'une simple page HTML, ce qui lui permet d'être ensuite interprétée sans problème par le navigateur côté client (voir figure 1-9). Lors de la création de cette page, les scripts intégrés au fichier dynamique sont exécutés et, si nécessaire, établissent une connexion à un serveur de données. Avec ce processus, la page dynamique devient un modèle de présentation des informations. Ce modèle est personnalisé par des contenus différents selon la requête du client.

Ainsi, il n'est plus nécessaire, par exemple, de créer une page spécifique pour la présentation de chaque produit d'un catalogue, car une seule page dynamique peut être utilisée. Il suffit de lui indiquer l'identifiant du produit demandé par une variable qui lui est transmise en même temps que son appel ; la page renvoyée au client contient alors toutes les informations et photos relatives au produit concerné. L'arborescence du site en est simplifiée, puisque l'unique page dynamique remplace les nombreuses pages statiques correspondant à chaque produit (voir figure 1-10).

Pourquoi utiliser une base de données ?

Nous venons d'expliquer que l'utilisation des scripts crée de l'interactivité dans un site. En effet, ces scripts permettent d'intégrer dans une page des instructions conditionnelles pour réaliser des traitements différents en fonction de l'état des variables testées. Les pages créées par ces scripts sont élaborées avec des informations contextuelles données par l'internaute lui-même, ou issues d'un traitement réalisé à partir de ces informations. Cependant, ces informations sont exploitables uniquement pendant le temps de la session active et ne peuvent pas être mémorisées d'une session à l'autre, ce qui limite considérablement les applications utilisant uniquement des scripts serveur. Une première solution pour conserver ces informations est de les enregistrer dans de petits fichiers (*cookies*) côté client, afin de récupérer le profil de l'internaute lors de sa prochaine visite. Cependant, cette solution manque de fiabilité, car de nombreux internautes interdisent l'enregistrement d'informations sur leur propre ordinateur. Une deuxième solution s'appuie aussi sur l'enregistrement de ces informations dans des

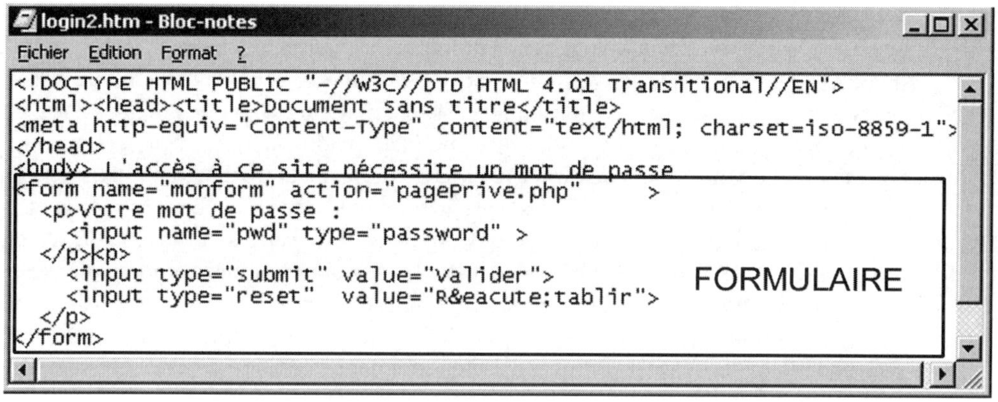

Figure 1-9

Dans le cas d'un traitement côté serveur, la page de saisie du mot de passe est un simple formulaire dont la seule particularité est d'envoyer ses informations vers un script dynamique sur le serveur. Le script qui traite l'information renvoie ensuite à l'internaute la page privée, si le mot de passe est correct, ou un message d'erreur dans le cas contraire.

Figure 1-10

Exemple de code d'une page dynamique produisant le même affichage que la page de la figure 1-2.

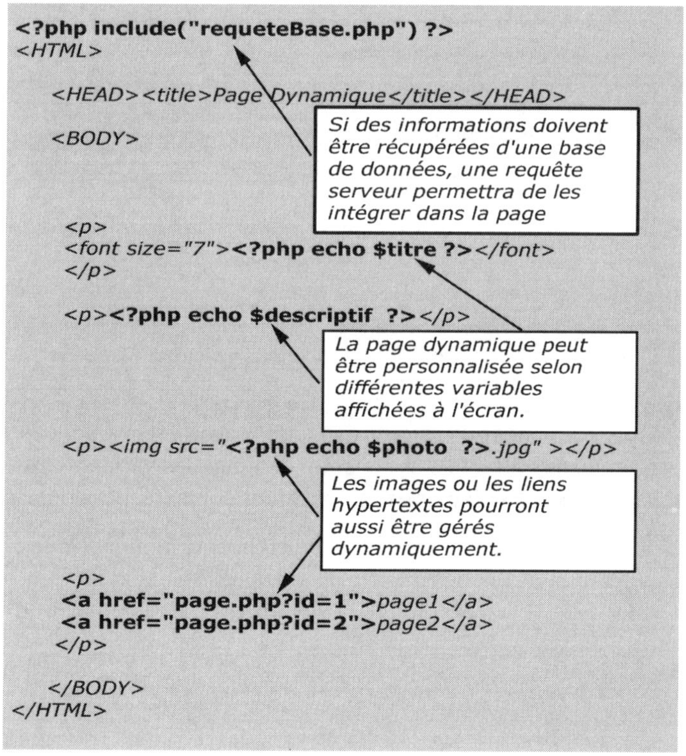

fichiers de données, mais du côté serveur cette fois. Dans ce cas, la disponibilité de ces fichiers n'est plus tributaire du bon vouloir de l'internaute, mais la solution manque de souplesse dans l'exploitation des informations, et son organisation devient vite ingérable pour des sites importants. La troisième solution est d'utiliser une base de données dans laquelle on stocke toutes les informations utiles aux applications du site. Le script côté serveur contient alors les procédures de connexion à la base de données et des instructions spécifiques pour lire, ajouter, modifier ou créer des enregistrements. Même si cette solution nécessite la présence d'une base de données et le développement de scripts de gestion de ses enregistrements, elle est de loin la plus efficace et la plus souple dans une grande majorité d'applications, et les avantages qui en découlent sont considérables. Elle est actuellement employée sur la plupart des sites professionnels qu'on définit comme dynamiques. Les sites dynamiques sont donc caractérisés par le fait qu'ils fonctionnent avec des scripts côté serveur et qu'ils exploitent les informations issues d'une base de données.

Pour pouvoir exploiter une base de données, le système doit être organisé selon une architecture à trois niveaux (dite « architecture trois tiers »), mettant en relation le client, le serveur Web et la base de données. Même si la base de données est souvent installée sur le même ordinateur que le serveur Web, ce modèle reste inchangé dans la plupart des cas (voir figure 1-11).

Figure 1-11
L'arborescence d'un site dynamique contient beaucoup moins de fichiers que celle d'un site statique : les fichiers dynamiques faisant office de modèles, il suffit de leur envoyer une variable différente pour qu'ils se personnalisent à la demande.

Les sites dynamiques avec PHP/MySQL et Dreamweaver 8

Les avantages des sites dynamiques

Si la conception d'un site dynamique est un peu plus compliquée que celle d'un site statique et demande l'apprentissage d'un langage de script, les avantages qui en découlent compensent largement votre investissement initial. Voici quelques exemples d'utilisation qui devraient vous en convaincre.

Mises à jour automatisées

Dès que votre site commence à prendre de l'embonpoint, les mises à jour deviennent vite très lourdes à gérer. En utilisant un langage de programmation côté serveur, vous pouvez automatiser totalement ou partiellement ces mises à jour en ajoutant à vos pages une date de validité. Le programme compare cette dernière à la date du jour et n'affiche que les pages qui sont valides, sans aucune intervention de votre part. De même, vous pouvez utiliser cette date afin de préparer vos différentes mises à jour à l'avance, en indiquant une date à partir de laquelle elles doivent apparaître sur le site. Vous pouvez ainsi programmer, plusieurs semaines auparavant, les futures actualisations ou promotions que vous désirez voir apparaître sur le site, à partir d'une date précise.

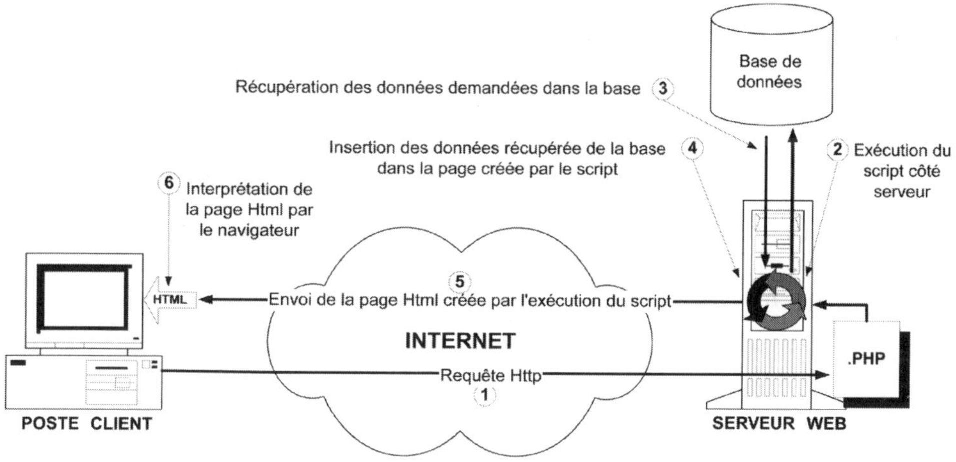

Figure 1-12
Architecture à trois niveaux (client-serveur-base de données) : le poste client envoie une requête HTTP sur un fichier dynamique, le serveur Web localise le fichier et l'exécute, ajoutant si nécessaire des informations issues de la base de données. La page ainsi créée est ensuite envoyée au client où elle est interprétée comme une simple page HTML par le navigateur.

Une maintenance assistée

En construisant judicieusement votre site à l'aide de pages modèles à personnaliser selon les paramètres de la requête de l'internaute, vous pouvez très facilement modifier la présentation de toutes les pages en n'intervenant que sur le code des pages modèles. Même si cela peut aussi être réalisé grâce à des feuilles de style, celles-ci ne sont pas toujours acceptées par les anciens navigateurs, alors que vous n'aurez pas cet inconvénient avec votre site dynamique puisque le code envoyé est du HTML standard, compatible avec tous les navigateurs.

Sites multilangues

Si vous désirez créer un site en plusieurs langues, il suffit de prévoir des zones de texte paramétrables qui seront renseignées par le texte dans la langue choisie par l'internaute. De même, l'ajout d'une langue supplémentaire ne demande que l'insertion d'un nouveau champ dans la base de données, sans aucune intervention dans la page d'affichage.

Figure 1-13

Le site www.parisphotos.com est un site de photographe spécialisé dans les photos de Paris. Grâce à ses scripts PHP et sa base de données MySQL, vous pourrez visiter ce site en français ou en anglais. De plus, vous trouverez facilement la photo recherchée grâce à un mini moteur de recherche qui utilise les différents mots-clés préalablement définis pour chaque photo.

Recherche multicritère

Tous les outils de recherche sur Internet utilisent des technologies dynamiques pour créer « à la volée » les pages de résultats correspondant aux requêtes des internautes. Cependant, il est de plus en plus fréquent de retrouver des structures de recherche dynamiques internes à un site pour faciliter l'accès aux informations. Par exemple, si vous construisez un site de petites

Figure 1-14

Le site www.agencew.com présente une agence Web spécialisée dans la conception de sites dynamiques. Ses nombreuses créations sont enregistrées dans une base de données. Elles peuvent ainsi être triées et affichées grâce aux pages dynamiques de sa rubrique référence. Cette structure lui permet une mise à jour immédiate dès qu'une nouvelle référence est ajoutée dans sa base.

annonces, il faut permettre à l'utilisateur de faire des recherches multicritères comme « *Je cherche un studio à Paris dont le loyer est inférieur à 200 euros.* » L'intégration d'un formulaire de recherche interrogeant une base de données contenant toutes les petites annonces disponibles est la solution la mieux adaptée à ce type de site.

Programme de calcul en ligne

PHP dispose d'une bibliothèque de fonctions mathématiques très faciles à exploiter pour réaliser des calculs en ligne. Vous pouvez ainsi proposer de multiples services en ligne qui ajoutent des atouts à votre site et peuvent inciter vos visiteurs à revenir fréquemment vous voir.

Ces exemples d'utilisation des technologies serveur ne sont pas exhaustifs, et les applications possibles des sites dynamiques sont immenses et ne seront limitées que par votre imagination.

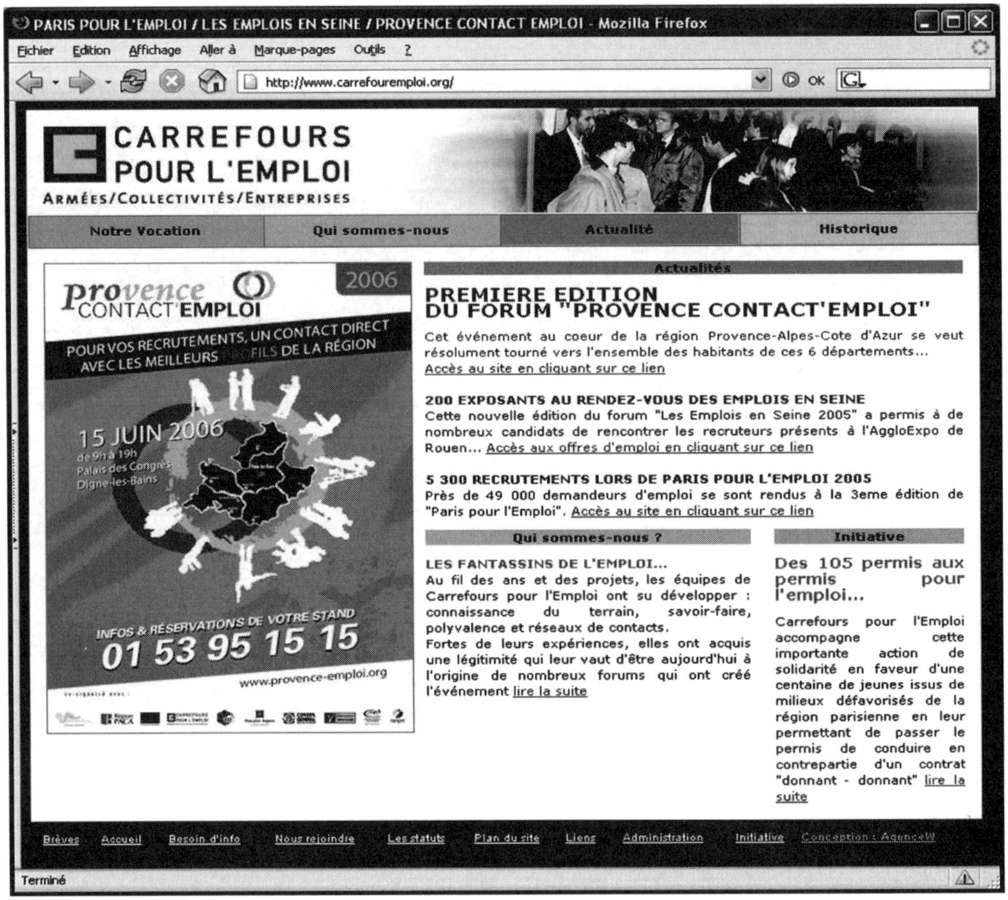

Figure 1-15

Le site www.carrefouremploi.org présente de fréquentes manifestations sur le thème de l'emploi. Grâce aux programmes de technologies PHP/MySQL de ce site, les organisateurs des manifestations peuvent créer très rapidement des petits sites avec de nombreuses fonctionnalités pouvant être ensuite personnalisées selon les spécificités de la rencontre.

Les technologies serveur prises en charge par Dreamweaver 8

Les langages de programmation dynamique sont des technologies qui exploitent des scripts intégrés et exécutés côté serveur, en interaction avec des bases de données. Il existe de nombreux langages de programmation dynamique, mais comme cet ouvrage est dédié à l'utilisation de Dreamweaver 8, nous ne présenterons ici que les langages pris en charge par l'éditeur de Macromedia.

Figure 1-16

Le site www.dineraparis.com est développé en PHP. Il indexe tous les restaurants parisiens et permet à l'internaute de faire des recherches sur plusieurs critères pour afficher la liste des restaurants qui répondent à sa requête.

ASP (Active Server Pages)

Il s'agit d'un langage développé par Microsoft. La technologie des ASP s'appuie sur l'utilisation du langage VBScript (version allégée du célèbre Visual Basic de Microsoft) et de composants ActiveX (composants objets) pour les traitements applicatifs complexes. Pour exploiter les bibliothèques des composants ActiveX et programmer en ASP, il faut utiliser un serveur Microsoft IIS (*Internet Information Server*) sous Windows NT ou 2000 (sous Windows 98, il s'agit du serveur PWS). ASP est donc d'une portabilité limitée même si certaines sociétés (ChiliSoft, HalcyonSoftware) le font tourner sur d'autres plates-formes (Unix, Linux...). En ce qui concerne les bases de données, on retrouve fréquemment des sites dynamiques ASP couplés avec des bases de données MS Access ou SQL Server 2000.

ASP.net

ASP.net est semblable au langage ASP. C'est une autre technologie propriétaire développée par Microsoft qui doit fonctionner sur un serveur .NET Web Server. Il s'agit d'une technologie encore relativement récente, qui s'intègre dans l'environnement de développement .NET. La diversité des types de clients gérés par cette plate-forme est un de ses premiers atouts, mais sa mise en œuvre reste encore très onéreuse.

JSP (Java Server Pages)

Basées sur le langage Java, les JSP représentent la dernière technologie proposée par SUN pour faciliter la production dynamique de contenu de sites Web. Les JSP sont la réponse de SUN à Microsoft. Elles s'appuient sur le même principe : du code inséré dans les pages HTML et traité par le serveur Web utilisant des composants objets. À la différence des ASP, le code inséré est en Java (langage de développement créé par SUN) et les composants objets sont des JavaBeans.

Le gros avantage de ce choix est la portabilité. Ainsi, on peut développer un site indépendamment de la plate-forme utilisée comme serveur Web. De plus, l'utilisation de Java en lieu et place de VBScript permet une qualité de programmation plus élevée et les JavaBeans sont bien plus simples à implémenter que les ActiveX. L'utilisation des JSP implique d'avoir un serveur Web disposant d'une extension capable de les traiter. Vous pouvez trouver gratuitement ce type de logiciel sur le Web. Parmi les serveurs HTTP gratuits qui prennent en charge les JSP, citons JSWDK (proposé par SUN) ou Tomcat (proposé par la fondation Apache).

CFML (ColdFusion Markup Language)

CFML dénomme à la fois un langage et un logiciel du même nom. ColdFusion permet de créer et de maintenir un site entièrement dynamique. C'est une technologie propriétaire, développée par Allaire Corporation, qui est désormais intégrée dans la gamme des produits Macromedia.

PHP (Hypertext Preprocessor)

Initialement appelé *Personal Home Page*, il a été développé à l'origine par Rasmus Lerdorf en 1994 pour enregistrer le nombre de visiteurs sur son site. Il a vite été perfectionné par la communauté Internet pour devenir un langage de script côté serveur, à la fois très simple et très performant. Il s'interface parfaitement avec des bases de données MySQL, mais il peut aussi exploiter d'autres bases de données (Informix, dBase, Oracle, SyBase, PostgreSQL...). Cependant, avec la version actuelle de Dreamweaver 8, vous ne pouvez gérer que le couple PHP/MySQL. Enfin, en plus de ses bonnes performances, PHP est distribué sous licence GNU GPL : il est donc libre et gratuit !

Évolutions de PHP, de l'origine à PHP 5

Nous vous proposons maintenant de rappeler brièvement les étapes qui ont marqué son évolution depuis son origine jusqu'au PHP 5 actuel.

PHP/FI

Lors de sa création, la particularité de la technologie serveur PHP était de pouvoir gérer les formulaires, d'où l'appellation de sa première version : PHP/FI, FI signifiant « *Forms Interpreter* ». Quelque temps après sa conception, Rasmus Lerdorf décida d'ouvrir son code à la communauté Internet, ce qui contribua à son évolution rapide.

PHP 2

Ainsi, dès 1997, il existait déjà plus de 50 000 sites utilisant le PHP, ce qui représente à peu près 1 % des domaines de l'époque. La première grande évolution de PHP est la version PHP 2 qui vit le jour en 1997. Cette version, assez éphémère, a été surtout diffusée en version bêta et fut rapidement remplacée par la version 3.

PHP 3

La version 2 de PHP affichant des performances insuffisantes qui bloquaient son évolution, et notamment son exploitation dans le domaine du e-commerce, la nouvelle version 3 de PHP a été complètement réécrite. Diffusé en 1998, PHP 3.0 fut réellement la première version fonctionnelle et stable de PHP. Elle se distinguait principalement par la possibilité d'ajouter des extensions (bibliothèques de programmes complémentaires et dédiées à un usage précis). Cela permit à PHP de s'enrichir des nombreuses extensions que l'on connaît aujourd'hui, qui sont à l'origine de son succès.

PHP 4

En 2000, juste avant le lancement de la nouvelle version 4, PHP 3 était déjà installé sur plus de 10 % des sites Internet. PHP 4.0 se différenciait par une efficacité encore plus élevée (son moteur ayant été restructuré complètement) et par une nouvelle gestion des variables HTTP, qui permettait notamment une utilisation plus facile des sessions. Notons à ce sujet qu'à partir de la version 4.1 la syntaxe de ces variables HTTP a été simplifiée (`$_GET[ ]` au lieu de `$HTTP_GET_VARS[ ]`, par exemple). La configuration par défaut du fichier d'initialisation de PHP a été modifiée à partir de la version 4.2 afin d'augmenter la sécurité, mais nous aurons l'occasion d'en reparler au cours des prochains chapitres.

PHP 5

La première version stable de PHP 5.0 a été diffusée en 2004. Cette nouvelle version avait pour objectif de rendre PHP plus professionnel, tout en conservant sa simplicité de développement qui est à la base de sa réputation. PHP 5 permet donc de mieux rivaliser avec les différentes technologies alternatives présentées précédemment. Parmi ses nouveautés, citons l'apparition du nouveau moteur Zend Engine II qui permet une programmation complètement orientée objet (POO), l'intégration en interne de la base de données SQLite (nous n'aborderons pas SQLite dans cet ouvrage) et une nouvelle prise en charge des flux XML.

Compatibilité entre les versions 5 et 4 de PHP

Hormis la programmation orientée objet et quelques fonctions mineures dont la syntaxe a changé, tous les exemples et les applications présentés dans cet ouvrage pourront être exploités sur PHP 4 comme sur PHP 5.

PHP, MySQL et Dreamweaver 8, un trio efficace !

Parmi les différents langages présentés ci-dessus, PHP est le plus simple à apprendre et aussi le plus rapide à exécuter. De plus, il est portable sur de multiples plates-formes : un même script peut fonctionner sur différents serveurs et avec divers systèmes d'exploitation. Contrairement à certains langages généraux (Perl, C, Java...), PHP est uniquement dédié au développement de pages Web dynamiques. Ses applications sont donc parfaitement adaptées aux besoins d'Internet. Le code PHP est directement intégré dans les pages HTML : il est donc rapide à mettre en place et très facile à créer. Si on ajoute à ces qualités le fait que PHP soit gratuit, on comprend aisément son succès et comment il est devenu si rapidement très populaire.

Lorsqu'on réalise des pages en PHP, on est souvent amené à utiliser une base de données pour stocker des informations. L'emploi conjoint des scripts côté serveur et des bases de données permet ainsi de réaliser tout type de sites professionnels comme ceux des exemples cités précédemment. Il existe de multiples bases de données compatibles avec PHP. Cependant, MySQL est l'une des bases les plus diffusées et, surtout, elle a été retenue par Macromedia pour être interfacée avec les scripts PHP dans Dreamweaver 8. Nous utiliserons donc toujours une base MySQL dans toutes les applications de cet ouvrage.

Dreamweaver est un logiciel de création de pages HTML d'un site Web en mode visuel. Il permet aussi au concepteur de modifier directement le code des pages grâce à son éditeur de code intégré. Un troisième mode (appelé « mixte ») permet d'éditer le code tout en bénéficiant de l'environnement visuel de mise en page. Son interface de conception graphique est WYSIWYG (*What You See Is What You Get*), c'est-à-dire que la fenêtre de travail reflète pratiquement la réalité de ce qui sera affiché dans le navigateur lors de la publication de la page. Cette caractéristique fait de Dreamweaver un outil très apprécié par les graphistes. Depuis Dreamweaver MX, les développeurs apprécient aussi les avantages de la conception visuelle.

En effet, dans la logique des comportements client qui permettent à Dreamweaver de composer des programmes JavaScript sans écrire une seule ligne de code, Macromedia a étendu le même concept au développement de scripts dynamiques avec PHP et MySQL.

2

Environnement de développement

Choix de l'infrastructure serveur

Contrairement à un site statique, un site dynamique nécessite la disponibilité d'une infrastructure serveur. En effet, comme nous l'avons indiqué dans le chapitre précédent, plusieurs applications sont nécessaires du côté serveur pour faire fonctionner un site dynamique :

- un serveur Web (le serveur Apache est le plus fréquemment utilisé) ;
- un langage de script serveur (dans cet ouvrage, nous utiliserons PHP) ;
- un serveur de base de données (dans cet ouvrage, nous utiliserons MySQL).

Selon les ressources matérielles dont vous disposez, plusieurs solutions peuvent être exploitées pour répondre à ces besoins :

La première solution concerne les développeurs qui disposent d'une connexion permanente et rapide à Internet, d'un serveur Web distant équipé d'une base de données MySQL et d'un moteur de scripts PHP (voir figure 2-1).

La deuxième solution est la plus exigeante. Elle concerne surtout les sociétés de développement Internet qui ont à leur disposition un serveur Web en local, avec PHP et MySQL, en plus de leur serveur distant de production (voir figure 2-2).

La troisième solution est accessible à tous, puisqu'il suffit d'installer sur son poste de développement une infrastructure serveur avec PHP et MySQL, qui émule en local le même comportement que le serveur Web distant (voir figure 2-3).

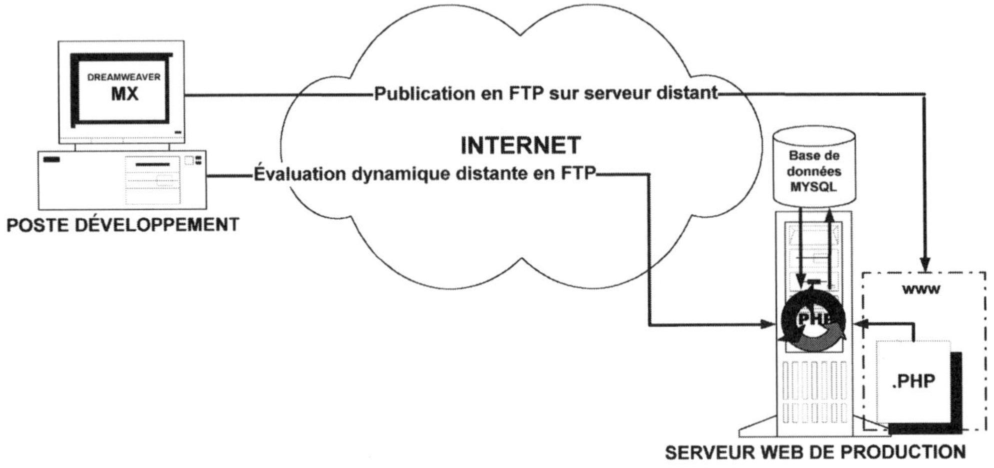

Figure 2-1
Infrastructure serveur utilisant le serveur distant pour les évaluations dynamiques.

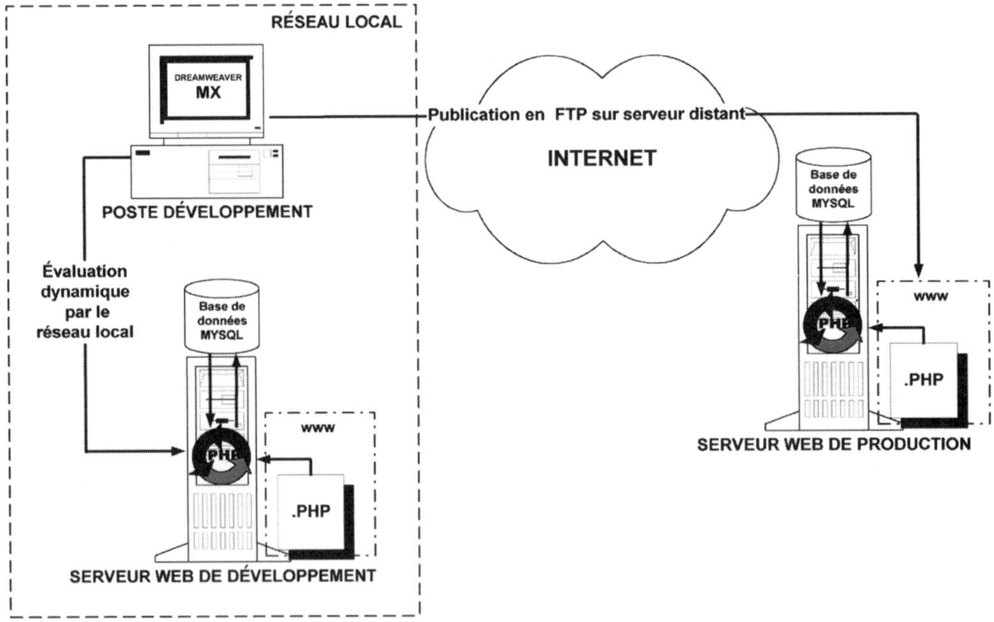

Figure 2-2
Infrastructure serveur utilisant un serveur du réseau local pour les évaluations dynamiques.

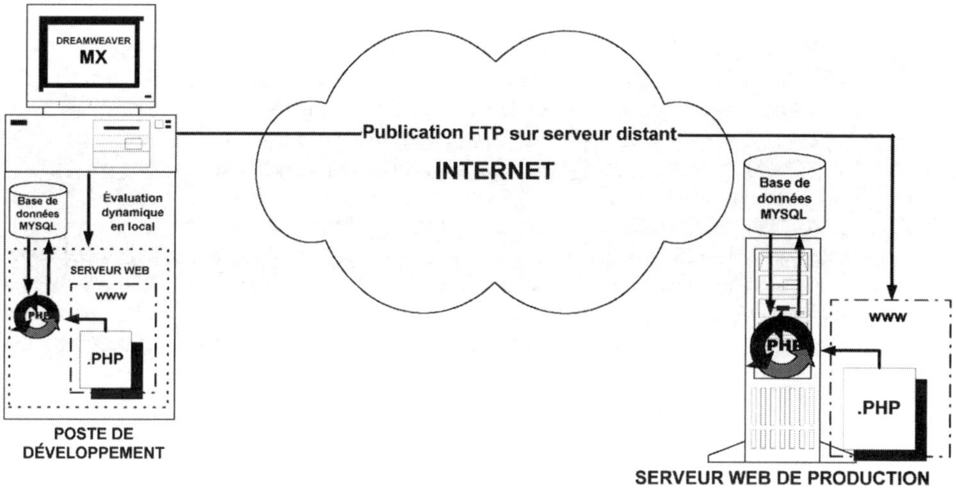

Figure 2-3

Infrastructure serveur utilisant un serveur local intégré dans le poste de développement pour les évaluations dynamiques.

Afin d'être sûrs que vous disposiez tous du même environnement de développement, nous avons retenu la troisième solution pour réaliser toutes les démonstrations de cet ouvrage. Cependant, les concepts développés sont identiques quelle que soit la méthode retenue ; seule la configuration initiale du serveur de test sous Dreamweaver présente quelques différences.

Afin de vous accompagner dans la mise en œuvre de votre plate-forme de développement, le paragraphe suivant sera consacré à l'installation d'une infrastructure serveur locale.

Installation d'une infrastructure serveur locale (Wamp5)

Pour installer une infrastructure serveur en local sur votre poste de développement, vous pouvez utiliser les procédures d'installation de chacune des applications nécessaires (Apache, PHP, MySQL) ou utiliser une suite logicielle qui vous permet d'installer automatiquement ces trois éléments en une seule procédure. Afin de vous faciliter la mise en place de l'environnement de développement, nous allons vous présenter la seconde solution.

Il existe actuellement plusieurs suites logicielles pouvant répondre à nos besoins. Certaines suites, comme Mamp, sont dédiées à Macintosh ; d'autres, comme Wamp5 ou EasyPHP, sont conçues pour s'installer sur une plate-forme Windows. Dans le cadre de cet ouvrage, nous utiliserons une plate-forme Windows XP et installerons Wamp5 qui présente l'avantage d'être compatible avec PHP 5 dès son installation (si vous utilisez un Macintosh, reportez-vous à l'annexe de cet ouvrage pour connaître la procédure d'installation de la suite Mamp).

Choix de la version de Wamp5

Même si vous utilisez une infrastructure locale comme Wamp5 pour mettre au point vos programmes, la finalité de votre projet sera toujours de mettre en ligne votre site afin que tous les internautes puissent y accéder. Aussi est-il judicieux de vérifier la configuration et les versions de PHP et de MySQL installées sur votre futur serveur distant. À ce sujet, si vous désirez connaître la configuration et la version de PHP installées sur votre serveur distant, il suffit d'afficher une simple page `.php` contenant la fonction `phpinfo()`. De même, pour connaître la version de MySQL, il suffit d'afficher les écrans du gestionnaire phpMyAdmin où elle est indiquée. Une fois ces informations connues, nous vous conseillons de choisir une version de Wamp5 dont les applications PHP et MySQL sont les plus proches de celles installées sur votre serveur distant. Ainsi, vous limiterez les risques d'erreur d'environnement qui pourraient se produire lors du transfert de vos pages sur votre serveur distant. Dans cet ouvrage, nous utiliserons la version 1.6 de Wamp5, qui correspond à PHP 5.1.1 et MySQL 5.0.17. Toutefois, si vous choisissez une autre version, les différences d'une version à l'autre étant mineures, vous n'aurez aucun problème à adapter les procédures présentées ci-après à votre environnement.

Étapes d'installation de la suite Wamp5

Vous pouvez télécharger gratuitement la dernière version de Wamp5 sur le site www.wampserver.com. Copiez le fichier `wamp5_1.6.0.exe` (ou une version plus récente) sur votre ordinateur et lancez l'installation en cliquant deux fois sur le fichier. Une première fenêtre apparaît (voir figure 2-4), vous recommande de fermer toutes les applications actives avant de lancer l'installation.

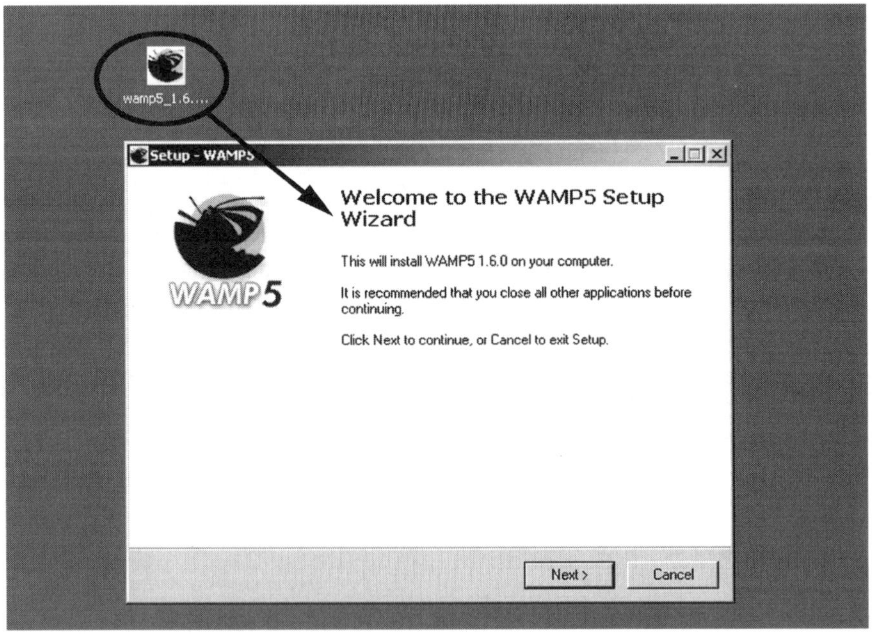

Figure 2-4
Installation de Wamp5 : écran de bienvenue affiché au début de l'installation.

Cliquez ensuite sur **Next** pour afficher les conditions d'utilisation (licence) qu'il faut valider. Dans l'écran suivant, vous pouvez choisir le répertoire dans lequel vous allez installer le logiciel. Nous vous suggérons d'accepter l'option par défaut (`C:\wamp`, voir figure 2-5). Dans l'écran qui suit, sélectionnez le dossier de programme dans lequel le logiciel apparaîtra (nous vous recommandons de choisir celui suggéré par Wamp, soit `WampServer`). L'écran suivant vous propose, par une case à cocher, de démarrer automatiquement Wamp5 lors de la mise en marche de votre ordinateur. Si vous cochez cette case, le logiciel se lancera automatiquement à chaque démarrage de votre ordinateur, sinon il faudra penser à le faire depuis le menu `Tous les programmes` de Windows avant chaque utilisation. L'écran suivant vous signale que tout est prêt pour commencer l'installation ; il suffit alors de cliquer sur `Install` (voir figure 2-6). Pendant l'installation, le logiciel vous indique sa progression. Finalement, il affiche un écran qui vous propose de choisir le répertoire dans lequel seront stockées les pages dynamiques PHP. Prenez le répertoire `www` proposé par défaut et cliquez sur le bouton `OK`.

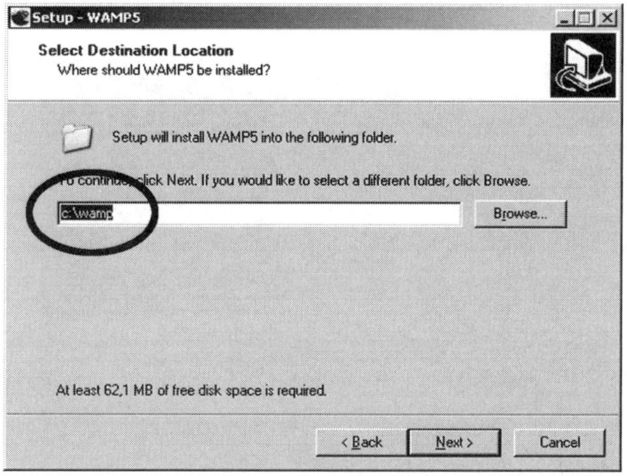

Figure 2-5
Installation de Wamp5 : choix du répertoire d'installation.

L'écran suivant vous invite à choisir le navigateur à utiliser par défaut (dans notre cas nous avons choisi `explorer.exe` qui est le navigateur proposé par défaut). Enfin, un dernier écran indique que l'installation de Wamp s'est correctement effectuée sur votre ordinateur et vous propose de démarrer le logiciel immédiatement (case précochée).

Après validation du dernier écran, Wamp5 démarre automatiquement et une icône apparaît dans la barre des tâches de votre ordinateur (voir figure 2-7). Il existe trois états possibles de cette icône : si elle est complètement blanche (en forme de demi-cercle), cela signifie que les deux serveurs (le serveur Apache et MySQL) sont en ordre de marche. Si les deux premiers tiers du demi-cercle sont jaunes, cela signifie qu'au moins un des deux serveurs est arrêté (ou pas encore démarré). Enfin, si le premier tiers du demi-cercle est rouge, cela signifie que les deux serveurs sont à l'arrêt.

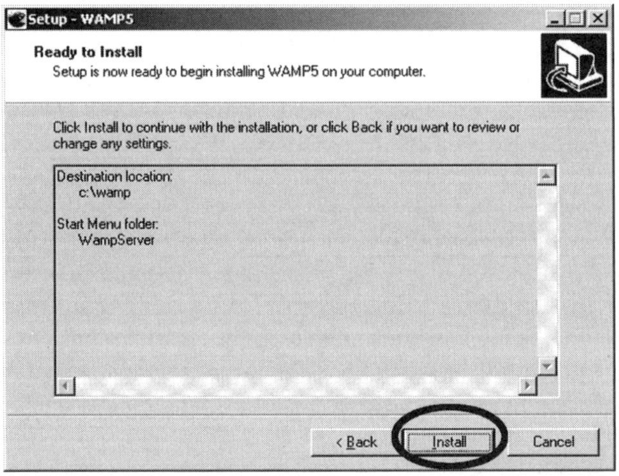

Figure 2-6
Installation de Wamp5 : après avoir choisi le répertoire d'installation et le nom du dossier qui sera créé dans le menu Programmes de Windows, vous pouvez lancer l'installation en cliquant sur le bouton Install.

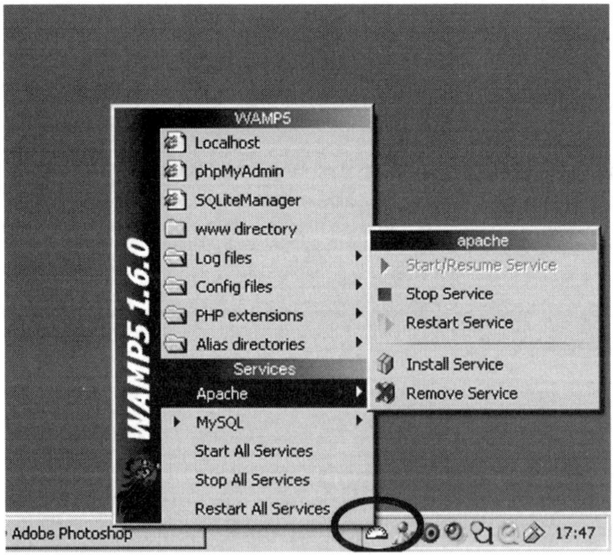

Figure 2-7
Installation de Wamp5 : dès le démarrage du logiciel Wamp5, une icône apparaît dans la barre des tâches. Si vous cliquez sur cette icône, le manager de Wamp5 s'affiche à son tour.

Arrêt et démarrage de Wamp5

Avant d'utiliser Wamp5, il est utile de rappeler la procédure de gestion des serveurs et du logiciel pour vos futures utilisations. Pour commencer, je vous invite à arrêter les serveurs de Wamp5. Pour cela, cliquez sur l'icône de Wamp5, puis dans le menu contextuel qui s'affiche (par la suite nous appellerons ce menu contextuel, « le manager » de Wamp5), cliquez ensuite sur `Stop All Services`. L'icône doit alors changer d'état et apparaître avec son premier tiers rouge. Pour redémarrer les serveurs, vous devez parcourir le manager de Wamp5 et sélectionner cette fois l'option Start All Services. À noter que si l'icône de Wamp5 passe au jaune ou au rouge, cela indique que vos serveurs (ou l'un de vos serveurs) ne sont plus opérationnels. Il faudra alors accéder au manager et sélectionner l'option Restart All Services pour réactiver le (ou les) serveur de Wamp5. Nous venons de voir la procédure pour gérer l'arrêt et le redémarrage des serveurs de Wamp5, cependant, si vous désirez arrêter complètement l'application, il faut dans ce cas faire un clic droit sur la même icône et sélectionner Exit (l'icône doit alors disparaître complètement de la barre des tâches). Pour relancer le logiciel Wamp5, il faut alors dérouler le menu Programmes du bouton Démarrer de Windows, puis le dossier WampServer, et cliquer sur l'icône de start wampserver. La même démarche devra d'ailleurs être effectuée lors du démarrage de votre ordinateur avant chaque utilisation des fonctionnalités dynamiques de Dreamweaver (sauf si vous avez coché la case de démarrage automatique dans la procédure d'installation que nous venons de détailler).

Figure 2-8
Redémarrage de Wamp5 : si les serveurs de Wamp5 sont arrêtés, il suffit de cliquer sur l'icône de Wamp5 puis de sélectionner l'option Start All Services pour les redémarrer.

Découverte du manager de Wamp5

Le manager de Wamp5 vous permet d'accéder aux fonctions suivantes (les différentes options seront détaillées en partant du haut du manager) :

- Localhost – donne accès au Web local et permet de tester toutes les pages enregistrées sous la racine www (soit http://localhost/ qui correspond à la racine située à l'emplacement C:/wamp/www/).
- phpMyAdmin – permet d'accéder au gestionnaire de base de données MySQL nommé phpMyAdmin (soit l'alias http://localhost/phpmyadmin/, voir figure 2-9).

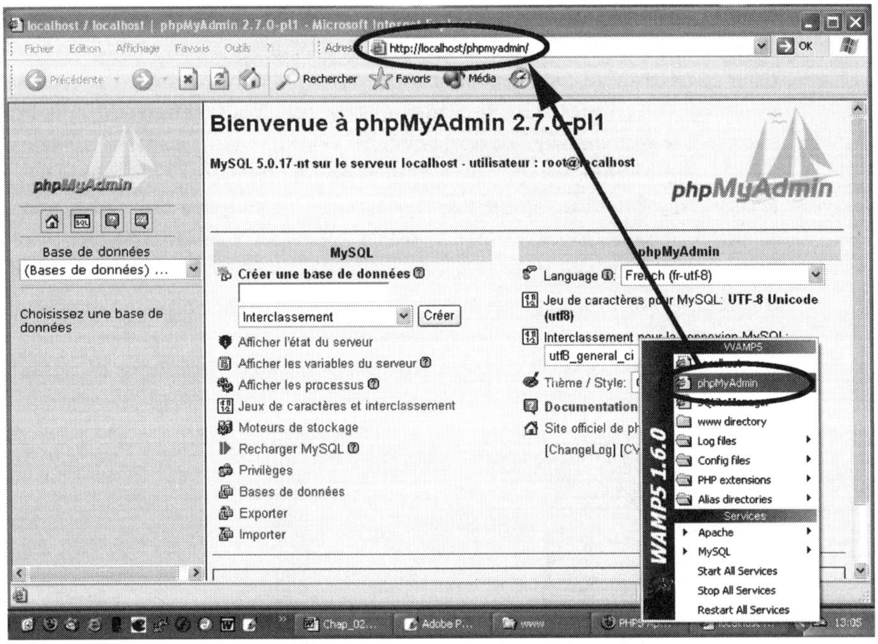

Figure 2-9
La rubrique phpMyAdmin du manager Wamp5 vous permet d'accéder au gestionnaire phpMyAdmin de la base de données MySQL.

- `SQLiteManager` – permet d'accéder au gestionnaire de base de données intégrée à PHP, nommé SQLite (soit l'alias `http://localhost/sqlitemanager/`, voir figure 2-10).
- `www directory` – donne accès à un explorateur Windows configuré pour s'ouvrir automatiquement dans le répertoire racine `www` (`C:\wamp\www\`, voir figure 2-11).
- `Log files` – permet d'afficher les fichiers de log du serveur Apache (`apache error log`), du préprocesseur PHP (`php error log`) et du serveur MySQL (`mysql error log`). Ces fichiers de log pourront être avantageusement consultés pour identifier un problème dans l'une des applications citées.
- `Config files` – ouvre dans le bloc-notes les différents fichiers de configuration de la suite Wamp5. Soit : `httpd.conf` pour la configuration d'Apache, `php.ini` pour la configuration de PHP et `my.ini` pour la configuration de MySQL. Vous pouvez ainsi consulter, voire modifier (à ne faire évidemment que si vous êtes sûr de vous...) les options de chaque fichier de configuration de la suite Wamp5.
- `PHP extensions` – permet d'activer ou de désactiver une extension PHP (voir figure 2-12). Les extensions de PHP sont des bibliothèques de fonctions dédiées à un usage particulier qu'il faut activer sur le serveur avant de pouvoir les exploiter dans vos programmes PHP. Certaines de ces extensions sont activées par défaut (gestion des bases de données MySQL ou SQLite...), alors que d'autres doivent l'être manuellement avant leur usage (gestion des fichiers pdf ou encore des fichiers XSL...). Pour activer une extension, il suffit de faire un double clic sur l'extension désirée dans la liste proposée par le manager.

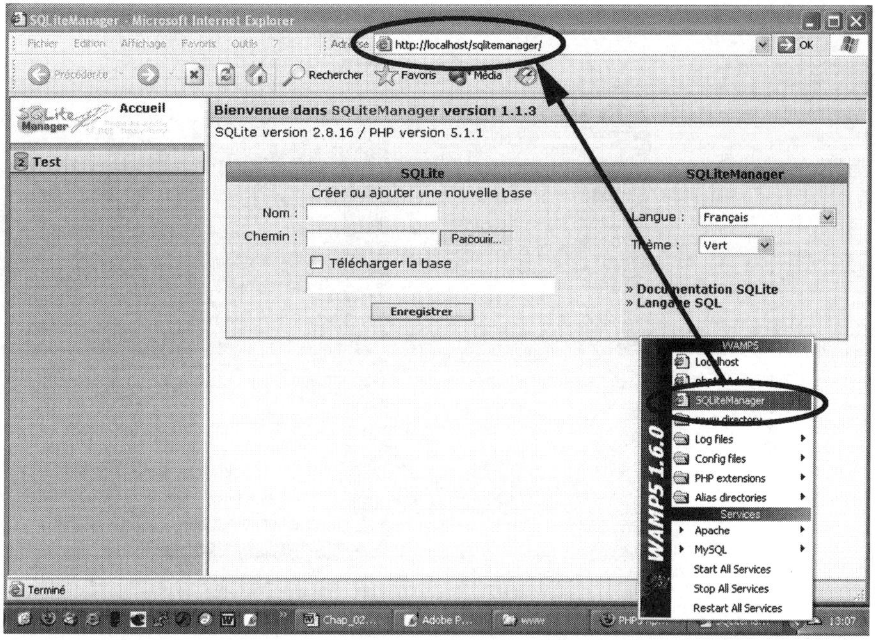

Figure 2-10
La rubrique SQLiteManager du manager Wamp5 vous permet d'accéder au gestionnaire SQLiteManager de la base de données SQLite intégrée à PHP.

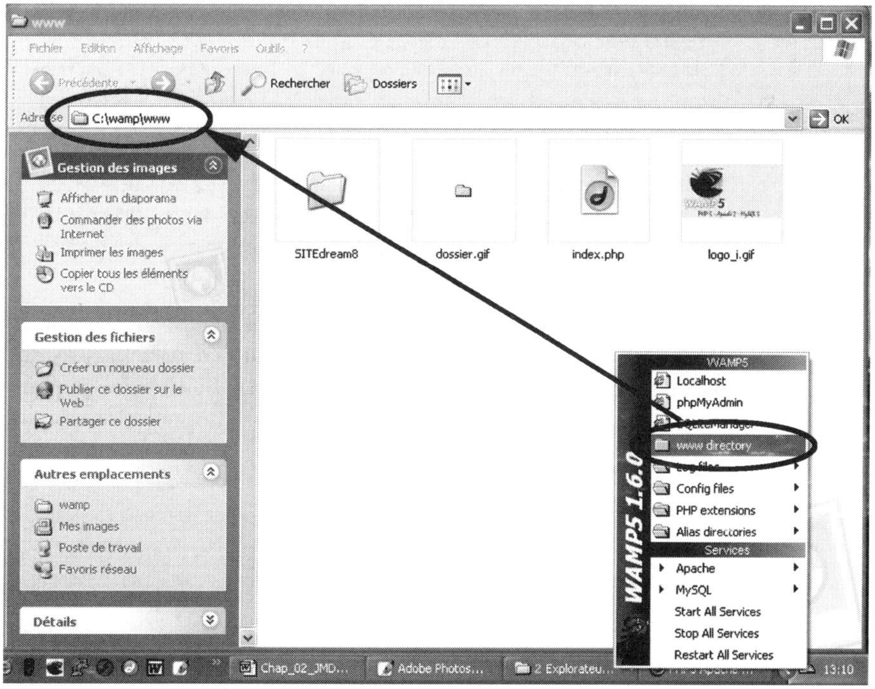

Figure 2-11
La rubrique www directory du manager Wamp5 vous permet d'accéder à un explorateur Windows configuré pour s'ouvrir automatiquement sur le répertoire C:\wamp\www\.

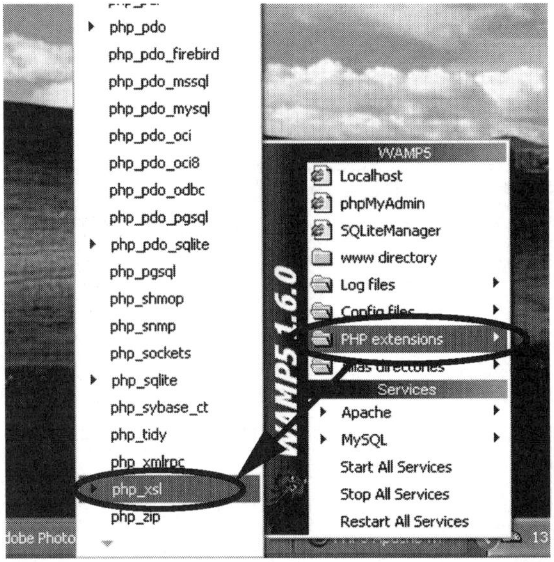

Figure 2-12
La rubrique PHP extensions du manager Wamp5 vous permet d'activer ou de désactiver une extension spécifique de PHP.

- `Alias directories` – permet de créer des répertoires alias pointant vers des ressources placées dans un emplacement différent de la racine `www` (`C:/wamp/www/` par défaut). Par exemple, si vous désirez créer un alias pointant sur des fichiers PHP placés dans le répertoire `D:/www/SITEdemo`, il suffit de créer un alias /SITEdemo/ configuré comme indiqué dans la figure 2-13. Ainsi, si vous appelez l'URL `http://localhost/SITEdemo/` dans votre navigateur, vous accéderez aux fichiers situés dans le répertoire `D:/www/SITEdemo` et non à ceux du répertoire `C:/wamp/www/SITEdemo/`qui n'existe pas en réalité.
- `Apache` – donne accès à un sous-menu d'administration du serveur Apache. Vous pourrez ainsi arrêter le serveur (`Stop Service`) et le redémarrer (`Restart Service`). Ce sous-menu vous permet aussi de désinstaller puis d'installer un autre serveur Apache d'une version différente.
- `MySQL` – donne accès à un sous-menu d'administration du serveur MySQL. Vous pourrez ainsi arrêter le serveur (`Stop Service`) et le redémarrer (`Restart Service`). Ce sous-menu vous permet aussi de désinstaller puis d'installer un autre serveur MySQL d'une version différente.
- `Start All Services` – permet de démarrer tous les services en même temps (soit les deux serveurs : Apache et MySQL).
- `Stop All Services` – permet d'arrêter tous les services en même temps (soit les deux serveurs : Apache et MySQL).
- `Restart All Services` – permet de redémarrer tous les services en même temps (soit les deux serveurs : Apache et MySQL).

Figure 2-13
Exemple d'une configuration d'alias sur un répertoire situé à l'emplacement D:\www\SITEdemo\.

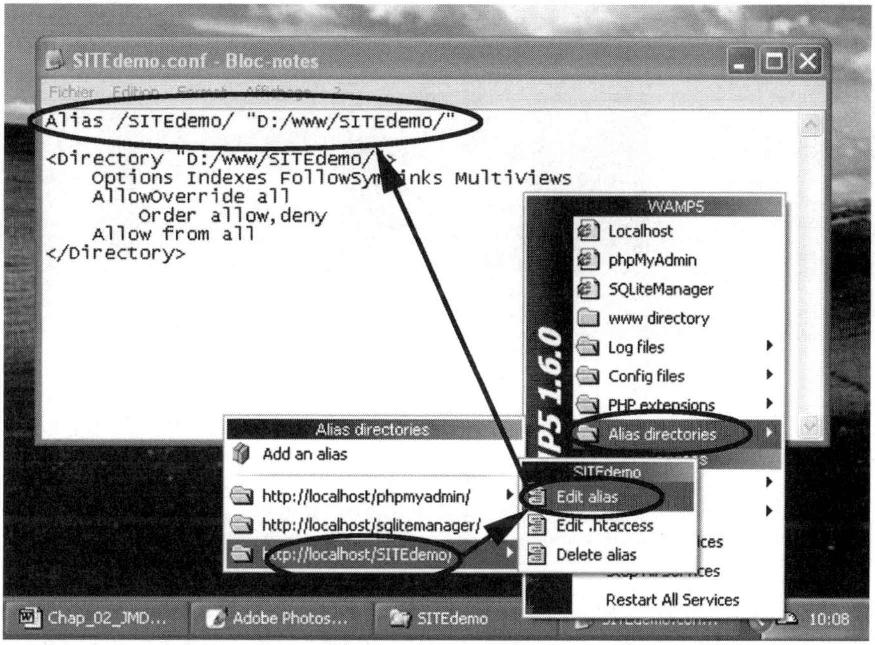

> **D'une version à l'autre**
>
> Selon la version de Wamp5 et de votre système d'exploitation, les écrans et les procédures détaillés précédemment peuvent être très légèrement différents. À titre d'exemple, nous avons utilisé la version 1.6 de Wamp5 pour nos démonstrations ; si vous utilisez une version antérieure, le manager sera organisé d'une autre façon. Il n'en demeure pas moins que le fonctionnement de ces logiciels reste identique d'une version à l'autre, et que vous n'aurez pas de difficulté à adapter les procédures expliquées dans cet ouvrage.

Test du serveur local

Pour tester le bon fonctionnement du serveur Web et du moteur PHP, nous allons commencer par créer un premier script PHP à l'aide d'un simple éditeur de texte. Ouvrez le bloc-notes de Windows en utilisant l'option `Exécuter` du bouton `Démarrer` (`Exécuter>notepad`) ou à partir du menu `Programmes` de ce même bouton `Démarrer` (`Programmes>Accessoires>Bloc-notes`), et saisissez ensuite les trois lignes de code suivantes dans l'éditeur (voir figure 2-14) :

```
<?php
echo "Bonjour, PHP fonctionne" ;
?>
```

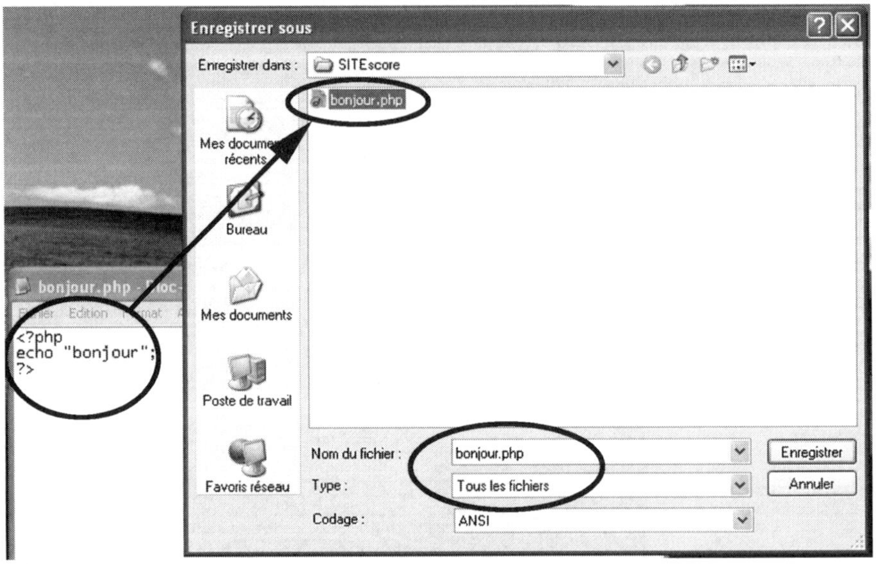

Figure 2-14
Enregistrez votre premier script sous le nom bonjour.php en vous assurant que le type du fichier sélectionné est bien Tous les fichiers.

Enregistrez ensuite ce fichier dans `C:\wamp\www\SITEscore` sous le nom `bonjour.php`, en prenant soin de sélectionner le type `Tous fichiers` et en ajoutant l'extension `.php` au nom du fichier (voir figure 2-14. Attention, le répertoire `SITEscore` devra être créé sous `www` lors de l'enregistrement). Ce même répertoire sera utilisé dans les chapitres suivants pour développer une petite application ; c'est pourquoi nous vous conseillons d'utiliser les mêmes conventions de nommage. De retour dans le bloc-notes, assurez-vous que le nom du fichier apparaît bien dans la barre de titre de la fenêtre (voir figure 2-15) puis fermez le bloc-notes.

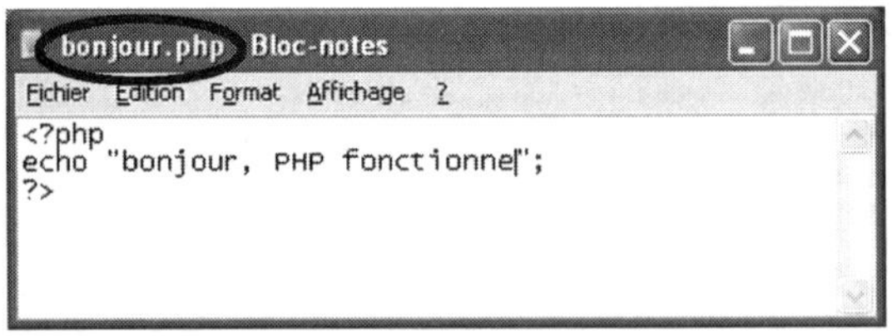

Figure 2-15
Après enregistrement du script, la barre de titre du Bloc-notes doit afficher bonjour.php.

Ne jamais supprimer le fichier index.php de la racine www

La page Web local qui s'affiche quand vous accédez au localhost par le manager de Wamp5, n'est ni plus ni moins que l'index.php qui se trouve à la racine « www ». Si vous tenez à conserver cette page qui affiche les différents répertoires de vos sites, il faudra veiller à ne pas supprimer ce fichier. Enfin, côté organisation, nous vous conseillons de créer un répertoire différent sur cette même racine à chaque fois que vous ajouterez un nouveau site sur votre serveur local. Ainsi vous pourrez accéder à vos différents sites très facilement depuis la page du Web local.

Ouvrez maintenant la page `Web Local` à partir du manager de Wamp5 (option `localhost` du manager). Le répertoire `SITEscore` doit alors apparaître en bas de cette page dans une rubrique nommée `Vos projets` (voir figure 2-16). Cliquez sur le lien `SITEscore` pour ouvrir une fenêtre qui dresse la liste de tous les fichiers contenus dans ce répertoire : dans le cas présent, nous retrouvons uniquement notre fichier `bonjour.php` (voir figure 2-17).

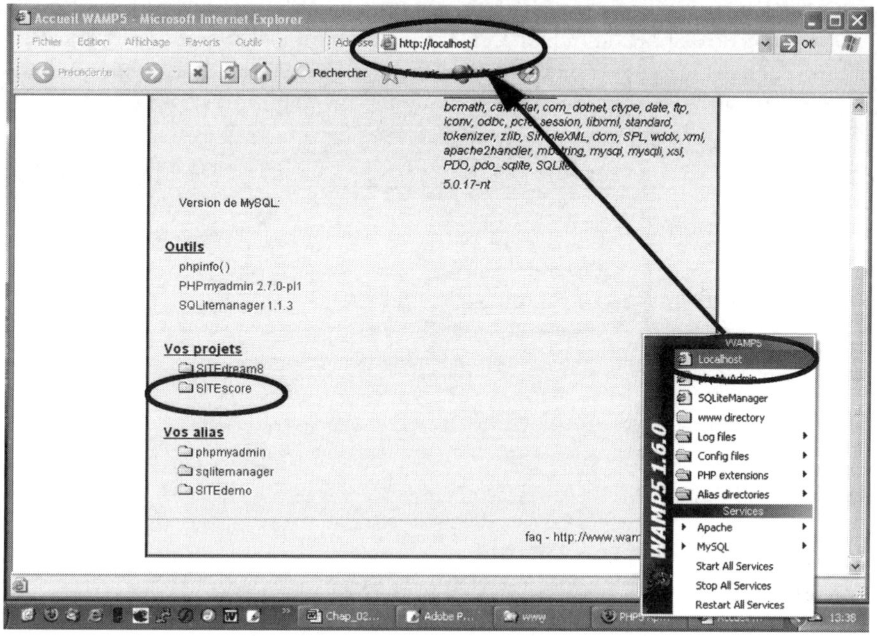

Figure 2-16
La page Web local permet d'accéder au répertoire SITEscore.

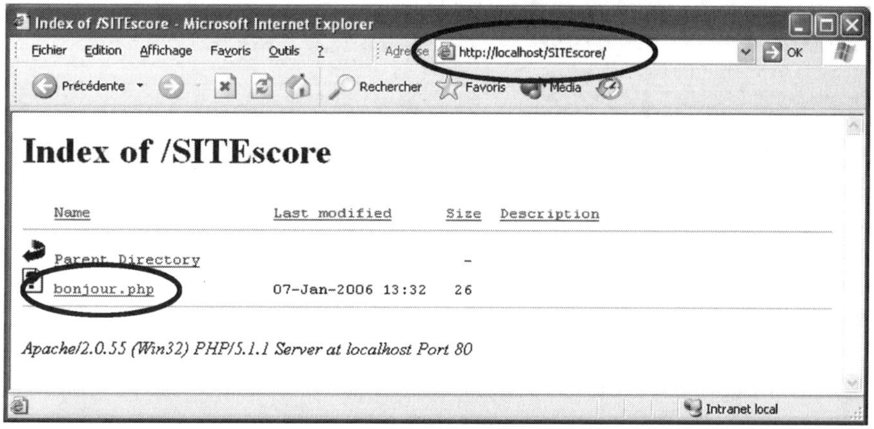

Figure 2-17
Dans le répertoire SITEscore, nous retrouvons le fichier bonjour.php précédemment créé.

Si vous cliquez maintenant sur le fichier `bonjour.php`, vous envoyez une requête au serveur Apache pour ouvrir le fichier dans le navigateur. Si le serveur Web et le moteur PHP fonctionnent correctement, le message « `Bonjour, PHP fonctionne` » doit s'afficher dans le navigateur (voir figure 2-18). Il est d'ailleurs intéressant d'observer le code source envoyé au navigateur en cliquant sur `Source` dans le menu `Affichage` (voir figure 2-19). On remarque alors que le code ne comporte plus les balises PHP ni l'instruction `echo` saisies lors de la création du fichier (revoir figure 2-15), mais uniquement le message affiché dans le navigateur. En effet, lors de l'appel du fichier, celui-ci est d'abord exécuté par le moteur PHP du serveur Apache, et c'est la page résultante qui est ensuite envoyée au navigateur pour son interprétation finale (revoir le concept des sites dynamiques au chapitre 1, figure 1-6).

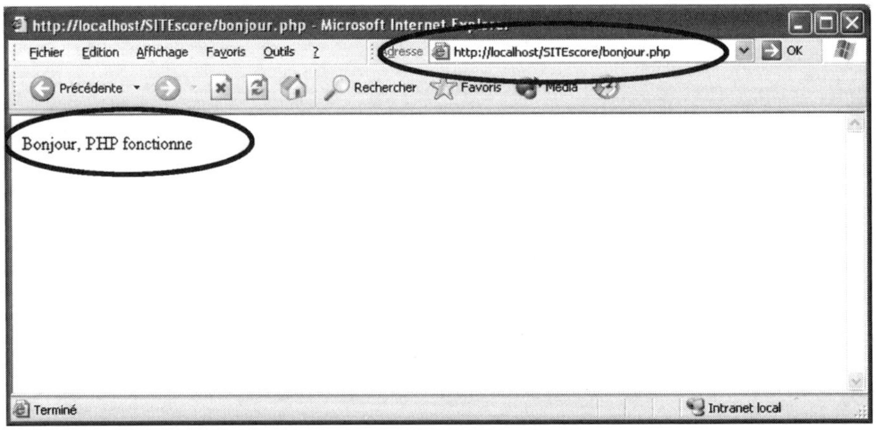

Figure 2-18

Lors de l'appel du fichier bonjour.php, le message d'accueil doit s'afficher dans le navigateur si le serveur fonctionne correctement.

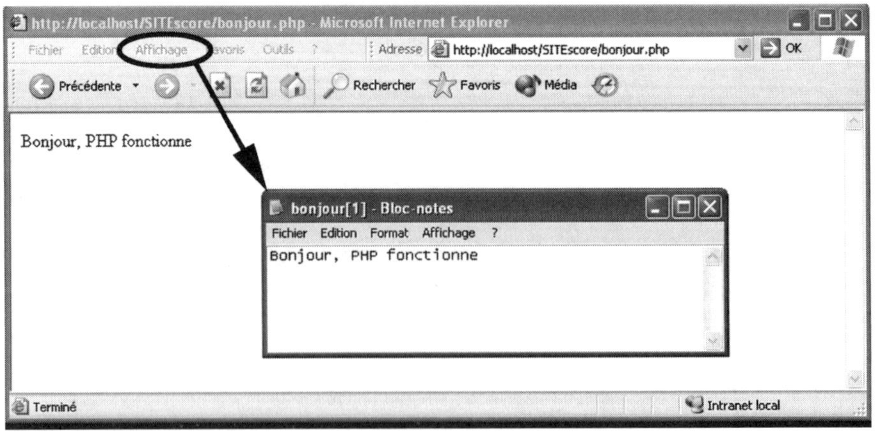

Figure 2-19

En observant le code source du fichier interprété par le navigateur, on remarque qu'il ne comporte plus aucune trace d'instructions PHP.

Configuration du fichier php.ini

Le fichier `php.ini` est le fichier qui permet de configurer de nombreux paramètres et options d'exécution de PHP. Ce fichier est lu à chaque démarrage du serveur Apache, il suffit donc de redémarrer le serveur Apache pour que les nouvelles options soient prises en compte. Pour vos premiers tests, nous vous conseillons de l'utiliser avec ses options par défaut, mais, par la suite, vous pourrez facilement le modifier à l'aide du manager de Wamp5. Pour accéder à ce fichier, il suffit de cliquer sur l'option `Config files` du manager de Wamp5 puis de sélectionner `php.ini`. Une fois ce fichier ouvert dans le Bloc-notes, vous découvrirez un grand nombre de paramètres accompagnés de nombreux commentaires qui vous guideront dans leur configuration. Parmi ces paramètres, nous avons choisi de vous en présenter trois, dont il conviendra de vérifier leur configuration :

`magic_quote_gpc` : s'il est initialisé avec la valeur `On`, ce paramètre permet de préfixer automatiquement par une barre oblique inverse (\) les apostrophes, les guillemets et le caractère `null` d'un texte envoyé par un formulaire ou issu d'un cookie, avant de l'enregistrer dans la base MySQL. Il évite d'avoir à utiliser les fonctions `addSlashes()` et `stripSlashes()` à chaque insertion. Cependant, cette option est maintenant déconseillée, car elle nécessite de mettre en place une gestion différente des données selon leur origine, et entraîne une légère baisse des performances du système. Vous pouvez cependant l'activer pour assurer la compatibilité avec d'anciens scripts.

`register_globals` : s'il est initialisé avec la valeur `On`, ce paramètre permet d'utiliser les variables globales (variables simples comme $var1) lors d'un passage d'une variable d'une page à l'autre (`GET`) ou de la récupération de la valeur d'un champ de formulaire (`GET` ou `POST`). Cette option est configurée par défaut à `Off` depuis la version 4.2 de PHP, ce qui contraint à utiliser les tableaux des variables serveur (`$_POST['var1']`, `$_GET['var1']`...). Vous pouvez configurer ce paramètre à `On` si vous utilisez des anciens scripts et que vous ne souhaitez pas les modifier. Cependant, nous vous conseillons vivement de laisser sa valeur à `Off` si vous développez de nouveaux scripts, afin qu'ils soient exploitables quelle que soit la version de PHP.

`error_reporting` : cette option peut être paramétrée selon le niveau de contrôle de vos scripts, que vous désirez. Dans les dernières versions de PHP, cette option est configurée par défaut avec la valeur `E_ALL` qui est le niveau maximal de contrôle. Avec ce paramétrage, toutes les variables non initialisées provoqueront automatiquement un *Warning* (`Undefined variable`). Si vous désirez éviter ces Warnings fréquents, vous pouvez remplacer la valeur actuelle par `E_ALL & ~ E_NOTICE`, mais l'idéal est bien sûr de programmer proprement et d'initialiser toutes les variables avant de les utiliser.

Gestionnaire de base de données (phpMyAdmin)

Notion de base de données

Sans entrer dans des explications avancées sur le fonctionnement d'une base de données, il est important de comprendre comment elle est structurée et de connaître la terminologie employée. Une base de données est constituée d'*enregistrements* qui regroupent un ensemble d'informations (ou *champs*) liées et traitées comme une entité unique. L'ensemble des enregistrements partageant les mêmes champs s'appelle une *table*. Si on compare la table avec un tableau traditionnel, alors les colonnes du tableau sont les équivalents des champs de la table, et ses lignes peuvent être comparées aux enregistrements de la table. Enfin, *une base de données peut contenir plusieurs tables* qui sont liées entre elles ou restent indépendantes.

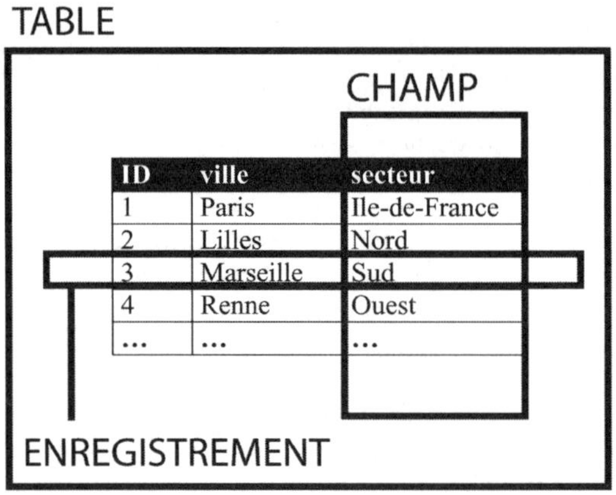

Figure 2-20
Une table est constituée de champs et d'enregistrements.

Pour bien comprendre ce concept, nous vous proposons de l'illustrer par un exemple. L'application décrite se nomme `SCORE` ; elle a été volontairement très simplifiée, car elle sera reprise pour créer votre première base de données (`score_db`), puis exploitée pour illustrer les différentes fonctionnalités dynamiques de Dreamweaver 8 dans les chapitres suivants. Nous vous présentons ci-dessous son cahier des charges simplifié.

Cahier des charges de l'application SCORE

L'application `SCORE` sert au directeur d'une entreprise pour suivre en temps réel les résultats des ventes mensuelles de ses commerciaux. Il peut aussi apprécier l'évolution du chiffre des agences auxquelles sont attachés les commerciaux et les classer selon différents critères. Chaque commercial a un compte avec un accès privatif par Internet, qui lui permet de renseigner le résultat de ses ventes tous les mois. Un administrateur peut créer, modifier ou supprimer les comptes des commerciaux à partir d'écrans d'administration accessibles en ligne.

Cette application est structurée autour d'une base de données contenant trois tables, elles-mêmes constituées des champs détaillés ci-après.

Structure de la base de données score_db

- `Table ventes` – regroupe les champs des informations mensuelles sur les ventes réalisées par chaque commercial (champs : `ID`, `commerciauxID`, `mois`, `année`, `résultat`).

- `Table commerciaux` – regroupe les champs identifiant chaque commercial (champs : `ID`, `nom`, `prénom`, `e-mail`, `agencesID`).
- `Table agences` – regroupe les champs caractérisant chaque agence (champs : `ID`, `ville`, `secteur`).

Pour illustrer la notion de base de données, nous vous proposons d'analyser la table nommée `ventes`. Dans cette table, un premier champ (`commerciauxID`) permet d'identifier à quel commercial correspond le résultat enregistré, deux autres champs (`mois` et `année`) sont destinés à mémoriser le mois et l'année et enfin, un dernier champ (`résultat`) où nous retrouvons le montant du résultat mensuel. Cependant, il faut ajouter un champ supplémentaire (`ID`), qui a pour fonction d'identifier d'une manière unique chaque enregistrement. Ce champ, obligatoire dans toutes les tables, s'appelle la *clé primaire*, et sa valeur doit toujours être différente d'un enregistrement à l'autre. La clé primaire est aussi souvent utilisée pour lier les tables entre elles. Dans notre cas, par exemple, le champ `commerciauxID` de la table `ventes` contient la même valeur que la clé primaire `ID` d'un des commerciaux de la table `commerciaux`. Dans ce cas, le champ qui contient une copie de la clé primaire pour lier deux tables s'appelle une *clé étrangère*. Enfin, tous les mois et pour chaque vendeur, des données relatives à tous ces champs sont enregistrées dans la table `ventes`, et chaque ajout d'information constitue, dans la terminologie des bases de données, les *enregistrements* de la table (voir figure 2-21).

Figure 2-21
Structure de la base de données score_db.

Base score_db

Table VENTES

ID	commerciauxID	mois	annee	resultat
1	1	10	2003	40500
2	3	10	2003	35600
3	2	10	2003	52100
4	1	11	2003	49200
5	3	11	2003	45300
6	2	11	2003	53100
....	...	...	...	...

Table COMMERCIAUX

ID	nom	prenom	email	agenceID
1	Bertaut	Laurence	lbertaut@eyrolles.com	1
2	Lassalle	Jean	jlassalle@eyrolles.com	4
3	Chassenet	luc	lchassenet@eyrolles.com	3
4	Dupond	Maurice	mdupond@eyrolles.com	2
....	...	...	...	...

Table AGENCES

ID	ville	secteur
1	Paris	Ile-de-France
2	Lilles	Nord
3	Marseille	Sud
4	Renne	Ouest
...	...	...

Pour administrer une base de données MySQL, vous pouvez utiliser les commandes MySQL en ligne. Cependant ces commandes nécessitent une connaissance avancée des requêtes SQL, et les risques d'erreur sont relativement importants pour un programmeur débutant. L'autre solution est d'utiliser le gestionnaire phpMyAdmin.

phpMyAdmin, un gestionnaire de bases convivial

phpMyAdmin est une interface conviviale qui permet de gérer très facilement une base de données, sans nécessiter une connaissance avancée des requêtes SQL. Le fait que l'interface soit développée en PHP la rend parfaitement adaptée à l'utilisation conjointe d'une base MySQL et d'un moteur de scripts PHP. Elle peut donc fonctionner directement sur le serveur Web et être accessible par le biais d'un simple navigateur, ce qui explique sa présence sur la plupart des sites dynamiques distants (actuellement, phpMyAdmin est le gestionnaire de bases de données préconisé par la majorité des hébergeurs proposant des serveurs qui prennent en charge MySQL/PHP). On peut ainsi créer avec la même facilité des bases de données et des tables en local comme sur le serveur distant.

Avec le gestionnaire de bases de données phpMyAdmin, vous pourrez rapidement :

- créer et supprimer des bases de données ;
- créer, copier, supprimer et modifier des tables ;
- supprimer, éditer et ajouter des champs ;
- exécuter des requêtes SQL ;
- importer et exporter des données au format CSV ;
- créer et exploiter des sauvegardes de tables.

Présentation de l'interface de phpMyAdmin

Comme nous l'avons expliqué précédemment, la suite logicielle Wamp5 intègre aussi le gestionnaire phpMyAdmin. Pour accéder à l'écran du gestionnaire, commencez par vous assurer que Wamp5 est bien actif (l'icône Wamp5 doit être présente dans la zone d'état et elle ne doit pas être jaune ou rouge, mais être entièrement blanche), puis cliquez sur son icône pour accéder au manager. Sélectionnez ensuite `localhost` dans le menu contextuel. Le gestionnaire doit alors s'ouvrir dans le navigateur. L'écran d'accueil (voir figure 2-22) est partagé en deux parties : à gauche, une liste déroulante permet de sélectionner la base de données désirée, alors que la partie droite est utilisée pour créer une nouvelle base. En bas de l'écran, doit être affiché un message en rouge qui vous rappelle que l'utilisateur principal (le root) est actuellement configuré sans mot de passe et représente évidemment une faille de sécurité si ce serveur devait être accessible de l'extérieur. Nous aurons l'occasion de détailler la procédure pour gérer les droits des utilisateurs dans une partie suivante. En attendant, nous ne modifierons pas le paramétrage du root, car nous nous limiterons à un usage local de la base de données.

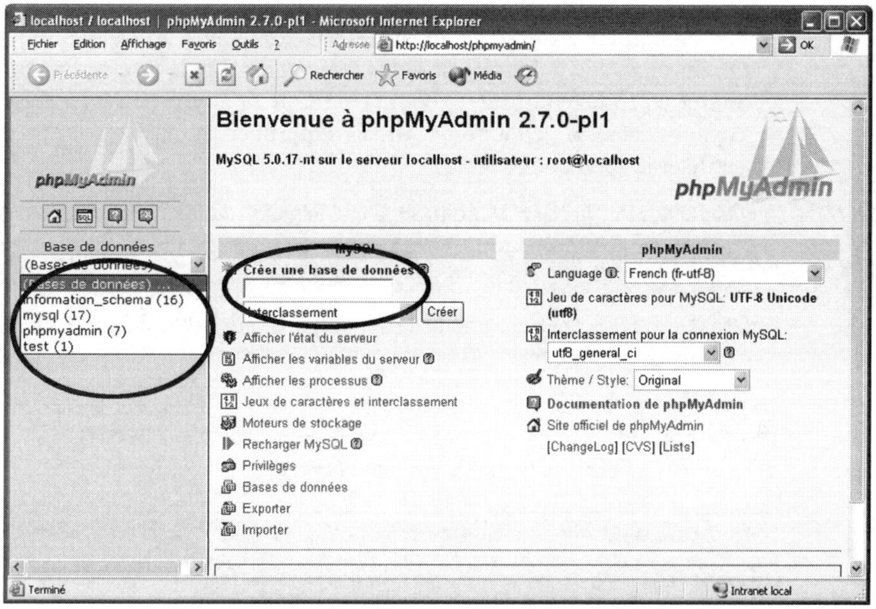

Figure 2-22
L'écran d'accueil du gestionnaire de bases de données phpMyAdmin propose de créer une nouvelle base en indiquant son nom dans le champ central, ou de la sélectionner dans la liste déroulante de gauche si elle existe déjà.

> **Pour ceux qui désirent passer directement à l'utilisation de Dreamweaver**
>
> La partie suivante traite des fonctions qui vous permettent de créer, modifier ou supprimer une base de données et ses éléments (tables, champs, enregistrements...) grâce à phpMyAdmin. Nous indiquerons aussi la procédure pour configurer un compte utilisateur et comment définir ses droits pour accéder à une base de données depuis des pages dynamiques. Ces connaissances vous seront indispensables lors de l'élaboration de votre propre base de données par la suite ; cependant, si vous désirez étudier cette partie plus tard, vous pouvez passer directement à l'utilisation de Dreamweaver. Dans ce cas, pour pouvoir réaliser les démonstrations dans Dreamweaver qui utilisent la base de l'application `SCORE`, il faut restaurer la sauvegarde de la base de données (`score_db.sql`) disponible sur le site de l'éditeur www.editions-eyrolles.com, pour l'installer sur votre serveur MySQL (voir procédure de restauration d'une base à la fin de cette partie). De même, si vous ne créez pas le compte de l'utilisateur `score` comme indiqué dans cette partie, vous pouvez quand même configurer une connexion à la base (dans Dreamweaver) en utilisant le compte préconfiguré par défaut (remplacer dans ce cas le nom de l'utilisateur `score` par `root` et ne pas mettre de mot de passe).

Si on observe les choix proposés dans la liste des bases (menu déroulant de gauche), on découvre quatre bases par défaut :

- `information_schema` : c'est une base de données qui stocke toutes les informations à propos des autres bases que le serveur MySQL entretient. Dans cette base, il existe plusieurs tables en lecture seule.

- `mysql` : la base `mysql` est très importante car elle contient toutes les tables qui permettent de configurer et de gérer les différents droits des utilisateurs pour accéder aux autres bases de données du serveur (nous verrons à la fin de ce chapitre comment créer et configurer un compte utilisateur pour pouvoir avoir accès à la base MySQL depuis vos scripts dynamiques). Il ne faut donc jamais supprimer cette base sous peine de ne plus pouvoir utiliser le serveur MySQL.
- `phpmyadmin` : la base de données `phpmyadmin` (à ne pas confondre avec le gestionnaire lui-même : « phpMyAdmin ») permet, entre autres, de créer des documents PDF à partir des tables MySQL ou encore de gérer l'authentification de multiple utilisateurs par cookies...
- `test` : la base `test` est une base secondaire sans table destinée uniquement à réaliser des essais de connexion.

Soyez rassuré, dans le cadre de cet ouvrage, vous n'aurez pas à gérer ces différentes bases. Par contre, nous utiliserons souvent ce menu pour accéder à la base de données utilisateur que nous allons créer dans la partie suivante (`score_db`).

Soyez prudent dans la modification des données...

Hormis la base de données `test`, les trois autres bases installées par défaut sont très importantes dans le fonctionnement du serveur de base de données. Aussi, nous vous conseillons d'être très prudent si vous désirez modifier le contenu d'une de ces trois bases, car une mauvaise manipulation risque de rendre inopérant votre serveur MySQL.

Création d'une base de données

Pour vous initier à l'utilisation de phpMyAdmin, vous allez créer une petite base de données en reprenant l'exemple de l'application `SCORE` présentée précédemment. Cette première base est très simple et comporte seulement trois tables.

Définition du type de chaque champ

Pour chaque table, il faut préalablement désigner le type de chacun de ses champs. Pour illustrer ce choix, nous avons utilisé la table `ventes`, pour laquelle nous avons détaillé la nature et la taille des cinq champs qu'elle contient (il convient d'en faire autant avec les autres tables avant de déterminer le type de chaque champ) :

- `ID` – identifiant de l'enregistrement (clé primaire) : nombre entier positif ;
- `commerciauxID` – identifiant du commercial (correspond à la clé primaire de la table `commerciaux`) : nombre entier positif ;
- `mois` – mois relatif à l'enregistrement : numéro du mois (de 1 à 12) ;
- `annee` – année relative à l'enregistrement : 4 chiffres au format de l'année ;
- `résultat` – montant du résultat mensuel : nombre de 10 chiffres avec 2 décimales.

Dans la terminologie des bases de données, on distingue trois grandes familles de types de champs :

- type numérique (entier ou décimal) ;
- type texte (chaîne de caractères) ;
- type date et heure.

Pour chacune de ces familles, il existe un nombre important de types de données, dont vous trouverez la liste en annexe. Le choix du type de données au sein d'une même famille est important pour l'optimisation de la base, car il détermine le meilleur compromis entre les valeurs nécessaires et l'espace mémoire utilisé. Pour notre première base, nous nous limiterons à l'utilisation des principaux types qui sont résumés dans les tableaux ci-dessous :

Tableau 2-1 – Principaux types de champs numériques

Type	options* (en maigre) et paramètres* obligatoires (en gras)	Taille mémoire (en octets)	Description
TINYINT	(M) UNSIGNED	1	Entier entre 0 et 255 en non signé (UNSIGNED) et -128 et +127 en signé (sans option).
SMALLINT	(M) UNSIGNED	2	Entier entre 0 et 65 535 en non signé (UNSIGNED) et -32 768 et +32 767 en signé (sans option).
INT	(M) UNSIGNED	4	Entier entre 0 et 16 777 215 en non signé (UNSIGNED) et -8 388 608 et +8 388 607 en signé (sans option).
DECIMAL	**(M,D)**	M	Nombre signé enregistré sous forme de chaîne de caractères.

(*) Définition des options et des paramètres obligatoires :
(M) indique le nombre maximal de chiffres, avec une limite à 255.
(M,D) indique le nombre maximal de caractères et le nombre de décimales affichées.
UNSIGNED indique qu'il s'agit d'un nombre positif. Dans ce cas, il n'y a pas de bit de signe et la valeur positive maximale est plus importante.

Tableau 2-2 – Principaux types de champs de texte

Type	options* (en maigre) et paramètres* obligatoires (en gras)	Taille mémoire (en octets)	Description
CHAR	**(M)** BINARY	M < 256	Chaîne de caractères d'une longueur fixe de M caractères.
VARCHAR	**(M)** BINARY	L+1	Chaîne de caractères d'une longueur variable limitée à M caractères. La longueur réelle de la chaîne est L (L<256).
TEXT		L+2	Texte de 1 à 65 535 caractères. La longueur réelle du texte est L (L<65 536).

Tableau 2-2 – Principaux types de champs de texte (*suite*)

Type	options* (en maigre) et paramètres* obligatoires (en gras)	Taille mémoire (en octets)	Description
ENUM	**'valeur1', 'valeur2'...**		Énumération de valeurs avec un maximum de 65 535 valeurs différentes.
(*) Définition des options et des paramètres obligatoires : (M) indique le nombre maximal de chiffres, avec une limite à 255. BINARY indique que la chaîne de caractères sera sensible à la casse dans les opérations de comparaison et de tri (option à utiliser avec précaution).			

Tableau 2-3 – Principaux types de champs dates et heures

Type	options* (en maigre) et paramètres* obligatoires (en gras)	Taille mémoire (en octets)	Description
DATETIME		8	Date au format AAAA-MM-JJ HH:MM:SS de 1000-01-01 00:00:00 à 9999-12-31 23:59:59
TIME		3	Heure au format HH:MM:SS de -838:59:59 à 838:59:59
DATE		3	Date au format AAAA-MM-JJ de 1000-01-01 à 9999-12-31
YEAR		1	Année au format AAAA de 1901 à 2155

À partir de ces informations, il faut maintenant attribuer à chaque champ des trois tables de la base, le type de donnée qui lui correspond le mieux selon les exigences formulées dans le cahier des charges.

Les trois tableaux ci-après indiquent les choix qui ont été réalisés pour l'application `SCORE` :

Tableau 2-4 – Types des champs de la table ventes

Table ventes de la base score_db			
Nom du champ	**Type**	**Taille/Valeurs**	**Description**
ID	SMALLINT		Petit entier (max 65 535 en UNSIGNED). Identifiant : **clé primaire de la table.**
commerciauxID	TINYINT		Très petit entier (max 255 en UNSIGNED).
mois	TINYINT		Nous indiquerons les différents mois dans un format numérique (1, 2, 3,...12). Le type TINYINT convient donc aussi pour ce champ.
annee	YEAR		Format Année.
resultat	DECIMAL	10,2	Nombre décimal de 10 chiffres max dont 2 après la virgule.

Tableau 2-5 – Types des champs de la table commerciaux

Table commerciaux de la base score_db			
Nom du champ	**Type**	**Taille/Valeurs**	**Description**
ID	TINYINT		Très petit entier (max 255 en UNSIGNED). Identifiant : **clé primaire de la table.**
nom	VARCHAR	50	Chaîne de 50 caractères maximum.
prenom	VARCHAR	50	Chaîne de 50 caractères maximum.
email	VARCHAR	100	Chaîne de 100 caractères maximum.
agencesID	TINYINT		Très petit entier (max. 255 en UNSIGNED).

Tableau 2-6 – Types des champs de la table agences

Table agences de la base score_db			
Nom du champ	**Type**	**Taille/Valeurs**	**Description**
ID	SMALLINT		Petit entier (max 65 535 en UNSIGNED). Identifiant : **clé primaire de la table.**
ville	VARCHAR	50	Chaîne de 50 caractères maximum.
secteur	VARCHAR	50	Chaîne de 50 caractères maximum.

Création de la base de données avec phpMyAdmin

Une fois le choix des types de champs réalisé, nous pouvons commencer la création de la base dans phpMyAdmin. Dans la zone de saisie du centre, saisissez le nom de la nouvelle base, `score_db`, puis cliquez sur le bouton `Créer` (voir figure 2-23). Le nom de la nouvelle base doit alors s'afficher dans le cadre de gauche avec la mention « Aucune table n'a été trouvée dans cette base ».

Création d'une table avec phpMyAdmin

Dans le cadre de droite, saisissez le nom de la table à créer (`ventes`, par exemple, pour la première table de la base `score_db`), renseignez le nombre de champs (5 pour notre exemple) puis cliquez sur le bouton `Exécuter` (voir figure 2-24). L'écran suivant est un formulaire destiné à renseigner les noms, types et paramètres des champs à créer (voir figure 2-25). Pour chaque champ à définir, reportez dans les colonnes `Champs`, `Type` et `Taille/Valeurs` de ce formulaire les informations données précédemment (voir le tableau 2-4 pour notre exemple). Considérons que tous les champs sont indispensables et laissons les informations de la colonne `null` de chaque champ avec l'option `not null`. Il faut ensuite indiquer que le champ `ID` fait office de clé primaire et cocher à cet effet la case `primaire` à l'extrême droite du formulaire. D'autre part, afin que les données de ce champ soient toujours différentes (une clé primaire doit toujours être unique), nous sélectionnerons l'option `auto_increment` dans la liste déroulante de la colonne `extra` (le compteur est automatiquement incrémenté à chaque ajout d'un nouvel enregistrement). Maintenant il ne reste plus qu'à cliquer sur le bouton `Sauvegarder` pour créer cette nouvelle table.

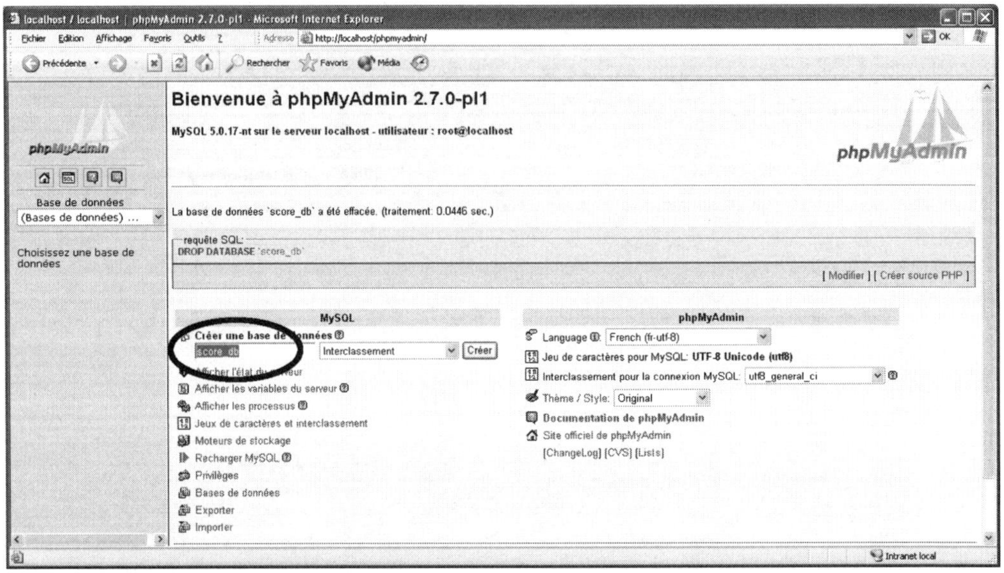

Figure 2-23

L'écran d'accueil de phpMyAdmin vous invite à saisir le nom d'une nouvelle base.

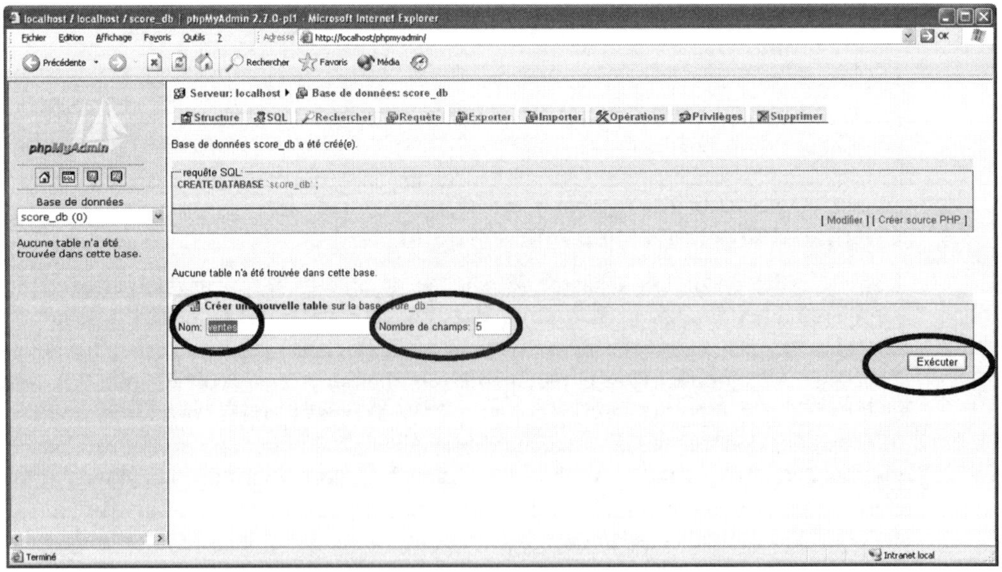

Figure 2-24

Pour créer une nouvelle table, il faut commencer par indiquer son nom et le nombre de champs qu'elle contient.

Figure 2-25
Toutes les informations relatives à la nouvelle table doivent être renseignées dans ce formulaire.

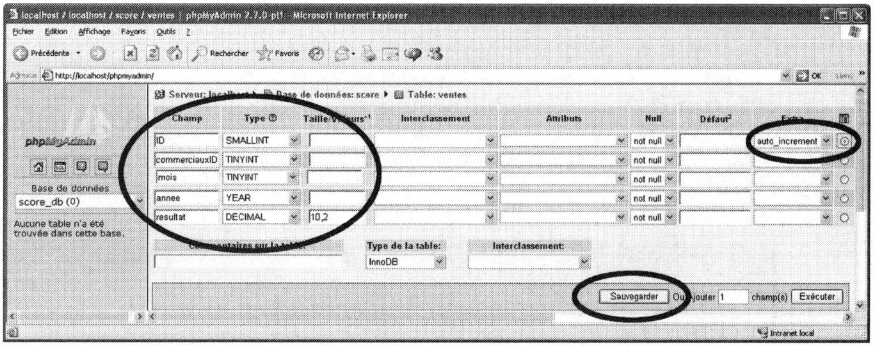

Si vous n'avez pas fait d'erreur, un nouvel écran indique la requête SQL produite automatiquement par phpMyAdmin, ainsi qu'un tableau récapitulatif des propriétés de la nouvelle table (voir figure 2-26). Il convient ensuite de renouveler cette procédure pour la création des deux autres tables (en utilisant les informations des tableaux 2-5 et 2-6), afin que la structure de la base de données `score_db` soit complète. Pour cela, il faudra revenir à l'écran correspondant à la première étape de la procédure de création d'une table en cliquant sur le nom de la base `score_db` dans le cadre de gauche (voir figure 2-27). Dans le cadre de droite, vous retrouvez les deux champs de création d'une nouvelle table, dans lesquels vous indiquez maintenant `commerciaux` pour le nom de la table, et `5` pour le nombre de champs. Au terme de la création de cette deuxième table, vous procéderez de la même manière avec la dernière table `agences`, qui ne contient que trois champs (voir les formulaires de création de ces deux tables, figures 2-28 et 2-29).

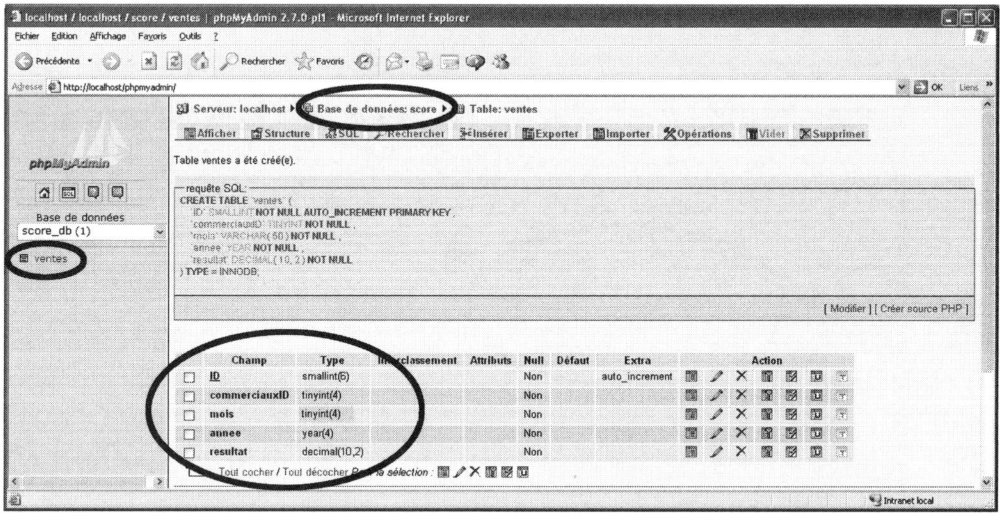

Figure 2-26
Après validation, un tableau récapitulatif des propriétés de la nouvelle table créée s'affiche à l'écran.

> **Lien de retour vers la base à retenir...**
>
> Si par la suite vous vous perdez dans les différents écrans de phpMyAdmin, souvenez-vous simplement qu'un clic sur le lien portant le nom de la base de données sur laquelle vous travaillez (ce lien est situé en haut de chaque écran : voir figure 2-26) vous permettra de revenir à l'écran central qui affiche toutes les tables de la base et toutes les actions que l'on peut effectuer sur chacune d'entre elles.

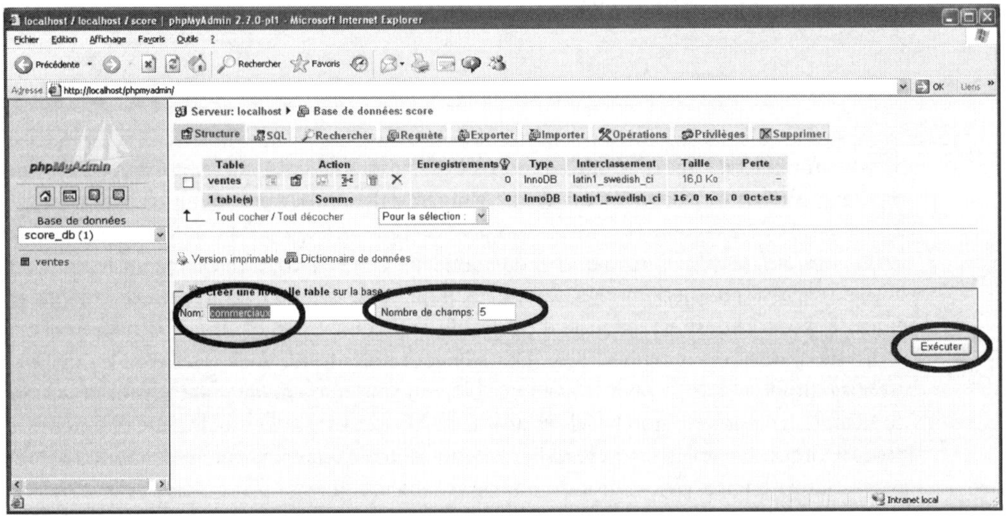

Figure 2-27

Après la création de la première table ventes, suivez la même procédure pour créer les deux autres tables de la base.

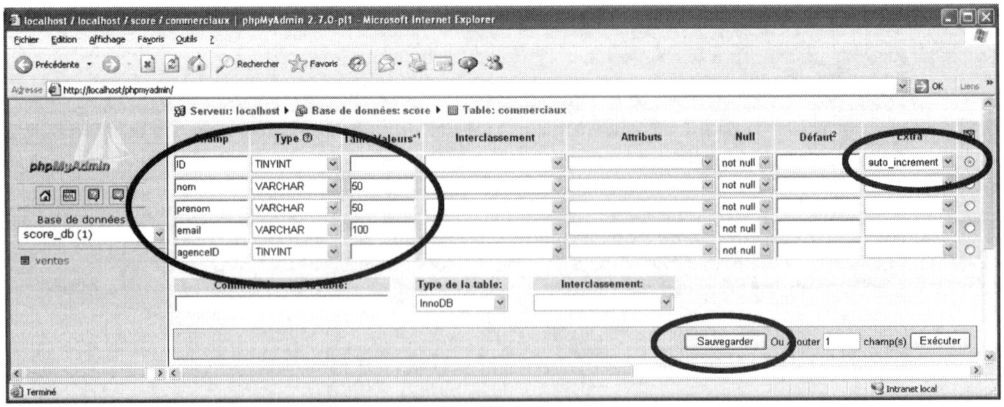

Figure 2-28

Formulaire de création de la table commerciaux.

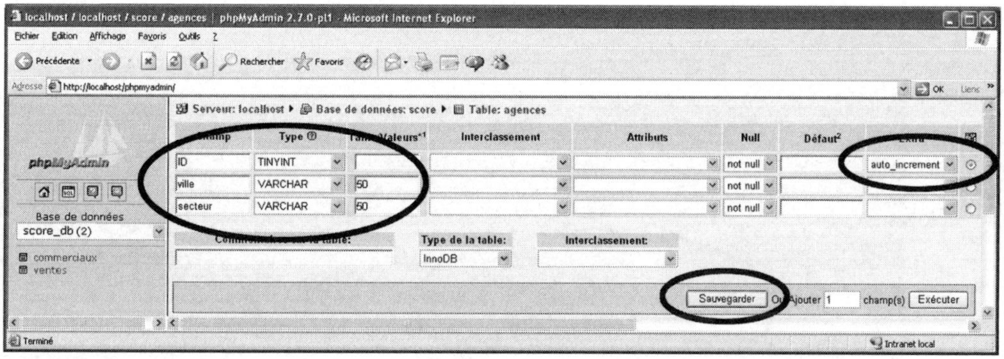

Figure 2-29
Formulaire de création de la table agences.

Insertion d'enregistrements avec phpMyAdmin

Afin d'ajouter quelques enregistrements dans les nouvelles tables, nous allons utiliser la fonction `Insérer` de phpMyAdmin (par la suite, avec Dreamweaver, nous développerons des formulaires dédiés à l'ajout d'enregistrements qui seront accessibles dans l'espace administrateur du site SCORE). Pour illustrer la procédure, nous allons détailler les étapes d'ajout d'enregistrements dans la table `commerciaux`. Vous pourrez ensuite suivre la même méthode pour remplir la table `agences`. En ce qui concerne la table `ventes`, nous la laisserons vide dans un premier temps ; elle sera complétée ultérieurement directement avec l'interface de gestion des commerciaux intégrée au site.

Commencez par cliquer sur le nom de la base (`score_db`) dans le cadre de gauche. Dans la partie droite, vous devez obtenir un tableau récapitulatif des tables présentes dans la base (voir figure 2-30). Sur la même ligne que la table concernée, plusieurs actions sont proposées. Ces actions sont repérées par différentes icônes et par une information bulle qui s'affiche si vous laissez le curseur de votre souris immobile sur ces icônes. Par la suite, nous identifierons toujours une action par ce libellé afin d'éviter toute confusion :

- `Afficher` – pour afficher tout le contenu de la table et donc ses différents enregistrements (pas encore actif car la table est vide) ;
- `Sélectionner` – pour afficher une sélection de champs selon certains critères (pas encore actif car la table est vide) ;
- `Insérer` – pour insérer un nouvel enregistrement dans la base ;
- `Propriétés` – affiche les propriétés de la base dans un tableau. À utiliser si on désire modifier la structure de la table (ajouter ou supprimer des champs...) ;
- `Supprimer` – pour supprimer complètement la table et son contenu ;

- `Vider` – pour vider uniquement le contenu de la table (et donc tous les enregistrements qu'elle contient), en conservant sa structure.

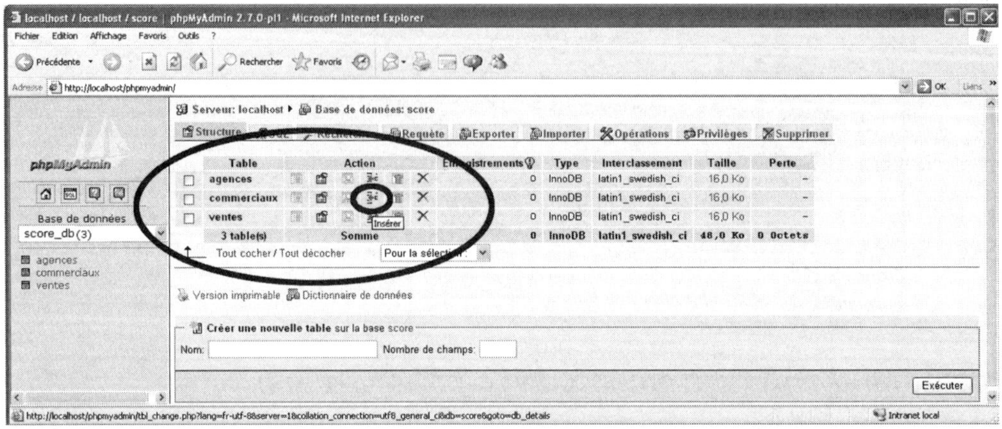

Figure 2-30

Pour chaque table de la base, vous pouvez rapidement réaliser des actions : cliquez simplement sur le lien en rapport avec l'action se trouvant sur la même ligne que le nom de la table.

Dans notre cas, nous désirons ajouter un enregistrement à la table `commerciaux` (pour les valeurs à saisir dans les champs, nous vous suggérons de prendre le premier enregistrement indiqué dans le tableau 2-7 ci-après). Nous allons donc cliquer sur le lien `Insérer`, sur la même ligne que le nom de la table (voir figure 2-30). Un formulaire de saisie pour chaque champ s'affiche alors dans le cadre de droite (voir figure 2-31). Ne saisissez pas de valeur dans le premier champ `ID` puisqu'il est incrémenté automatiquement. Saisissez ensuite les valeurs dans les autres champs, comme indiqué sur la figure 2-31 (il est conseillé de saisir les mêmes valeurs afin d'obtenir par la suite des résultats identiques à ceux des visuels de cet ouvrage). Cliquez ensuite sur `Exécuter` pour enregistrer vos données.

Après l'enregistrement, un message apparaît, qui indique le nombre d'enregistrements insérés, et rappelant la requête SQL produite automatiquement par phpMyAdmin pour effectuer cette action (voir figure 2-32). Vous pouvez aussi observer sur ce même écran que le nombre d'enregistrements indiqué en rapport avec la table `commerciaux` est maintenant de `1` et que les liens `Afficher` et `Sélectionner` sont désormais actifs.

Afin de pouvoir manipuler plusieurs enregistrements dans la suite des démonstrations, nous vous suggérons de saisir dans les tables `commerciaux` et `agences` les enregistrements des tableaux 2-7 et 2-8, en suivant la même démarche que précédemment. Au terme de ces enregistrements, vous devez obtenir un écran semblable à celui de la figure 2-33. Si vous cliquez, par exemple, sur l'action `Afficher` pour voir le contenu de la table `commerciaux`, la liste des agences devrait s'afficher comme sur la figure 2-34.

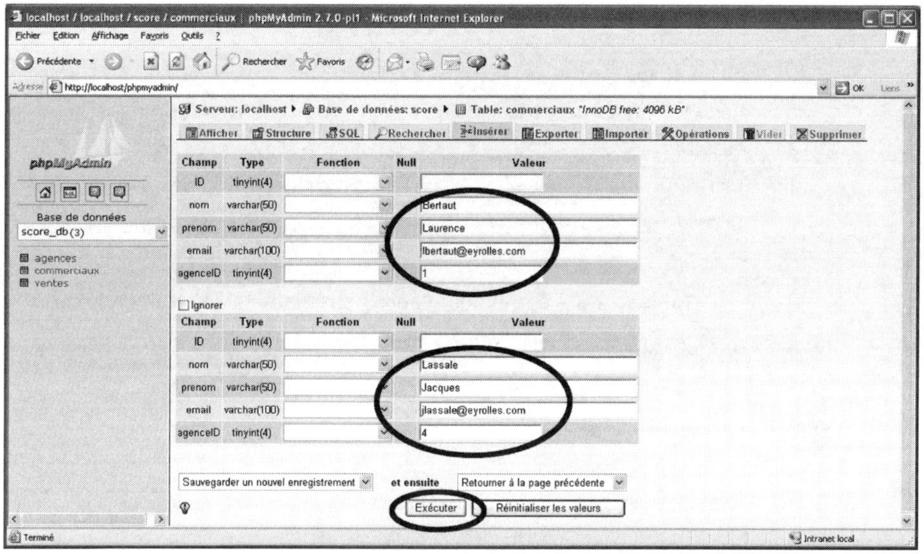

Figure 2-31
Le formulaire d'insertion de phpMyAdmin permet d'ajouter directement des enregistrements dans la table. Le champ de la clé primaire ID étant auto-incrémenté, il n'est pas nécessaire de saisir une valeur dans sa cellule.

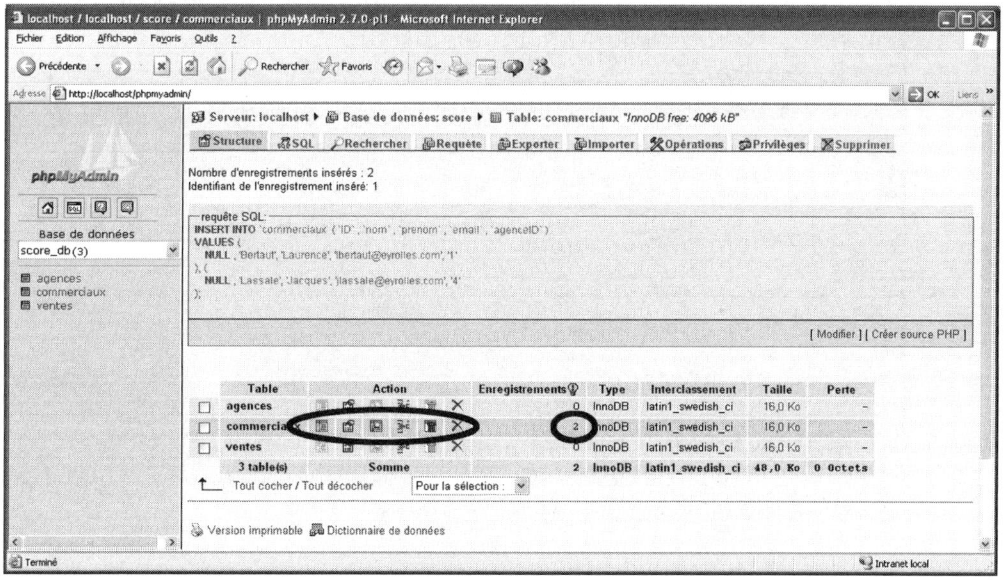

Figure 2-32
Dès que la table contient au moins un enregistrement, tous les liens des actions sur la table deviennent disponibles.

Tableau 2-7 – Exemples d'enregistrements à saisir dans la table commerciaux

ID	Nom	Prénom	email	agenceID
1	Bertaut	Laurence	lbertautt@eyrolles.com	1
2	Lassalle	Jacques	jlassalle@eyrolles.com	4
3	Chassenet	Luc	lchassenet@eyrolles.com	3
4	Dupond	Maurice	mdupond@eyrolles.com	2

Tableau 2-8 – Exemples d'enregistrements à saisir dans la table agences

ID	ville	secteur
1	Paris	Ile-de-France
2	Lille	Nord
3	Marseille	Sud
4	Rennes	Ouest

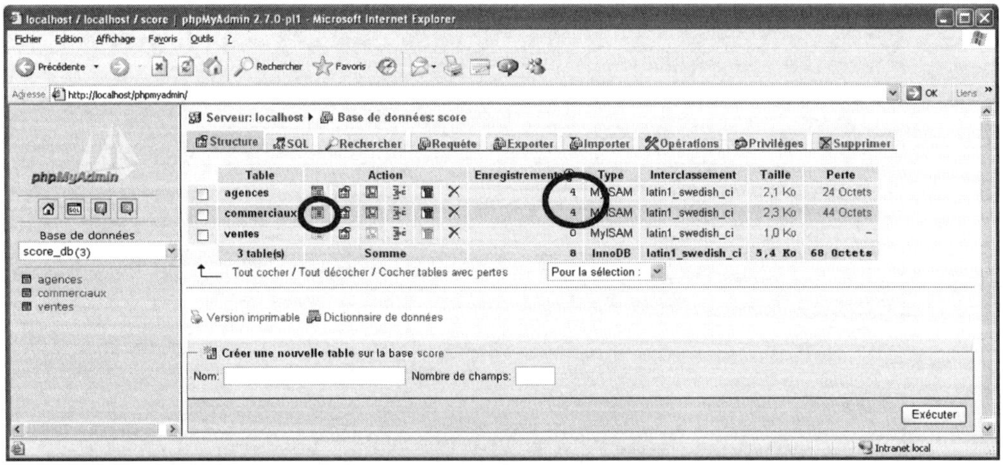

Figure 2-33

Après avoir enregistré toutes les valeurs des tableaux 2-8 et 2-9, les deux tables commerciaux et agences devraient afficher un total de quatre enregistrements chacune.

Modification d'un enregistrement

Dans le cas d'une erreur de saisie, il est possible de modifier un enregistrement de la base. Pour cela, cliquez sur le lien `Afficher` de la table `commerciaux` par exemple (voir figure 2-33). Un écran affichant les différents enregistrements de la table apparaît (voir figure 2-34). Deux actions sont alors disponibles pour chaque enregistrement :

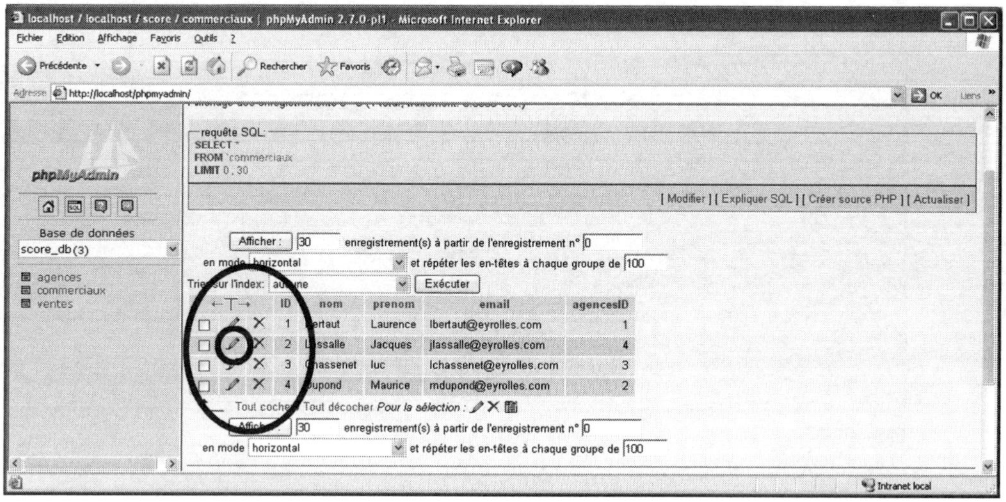

Figure 2-34

L'action Afficher permet de prendre connaissance du contenu des enregistrements de chaque table, d'afficher le contenu d'une table, et de modifier ou supprimer l'un de ses enregistrements.

- `Modifier` – permet d'afficher de nouveau un formulaire de saisie et de modifier le contenu d'un enregistrement.
- `Effacer` – efface complètement l'enregistrement concerné de la table.

Dans notre exercice, nous allons cliquer sur le lien `Modifier` en face du nom `Lassalle`. Dans l'écran qui s'affiche (voir figure 2-35), vous devez retrouver le même masque de saisie que lors de l'enregistrement initial (revoir figure 2-31), hormis le fait que les valeurs des champs sont déjà initialisées. Au passage, remarquez que le champ `ID` de la clé primaire a été initialisé automatiquement à `2` lors de l'enregistrement précédent grâce à sa propriété d'auto-incrémentation. Il ne reste plus maintenant qu'à modifier la valeur erronée puis valider en cliquant sur le bouton `Exécuter`. Pour l'exemple nous allons saisir une nouvelle valeur dans le champ `Prénom` (saisir `Jean` au lieu de `Jacques`). Le tableau d'affichage du contenu de la table doit maintenant tenir compte de cette modification (voir figure 2-36).

Modification des propriétés d'une table

Pour modifier les propriétés d'une table (ajout ou suppression d'un champ par exemple), nous allons revenir sur l'écran d'affichage des tables en cliquant sur le nom de la base, `score_db`, dans le cadre de gauche (revoir figure 2-33). Parmi les actions disponibles pour chaque table, nous allons maintenant utiliser le lien `Propriétés` (pour l'exemple, cliquez sur le lien `Propriétés` de la table `commerciaux`).

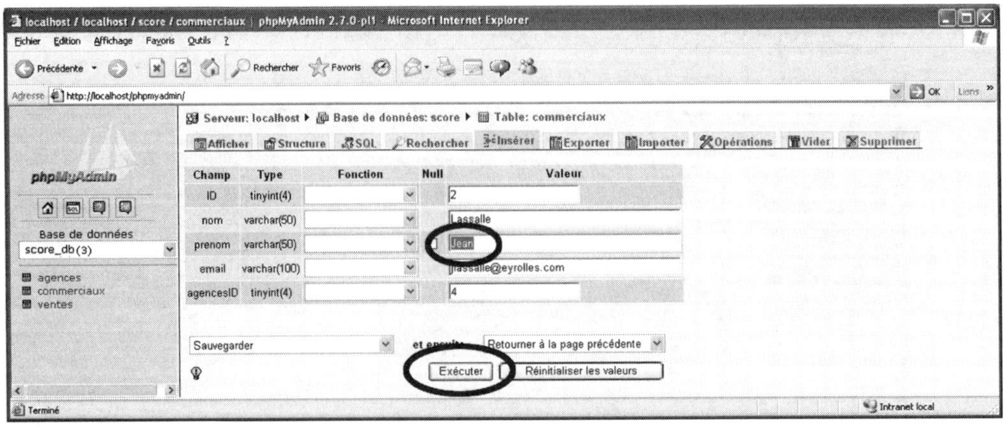

Figure 2-35

Dans la procédure de modification d'un enregistrement, nous retrouvons le même formulaire que celui utilisé lors de l'insertion d'un enregistrement.

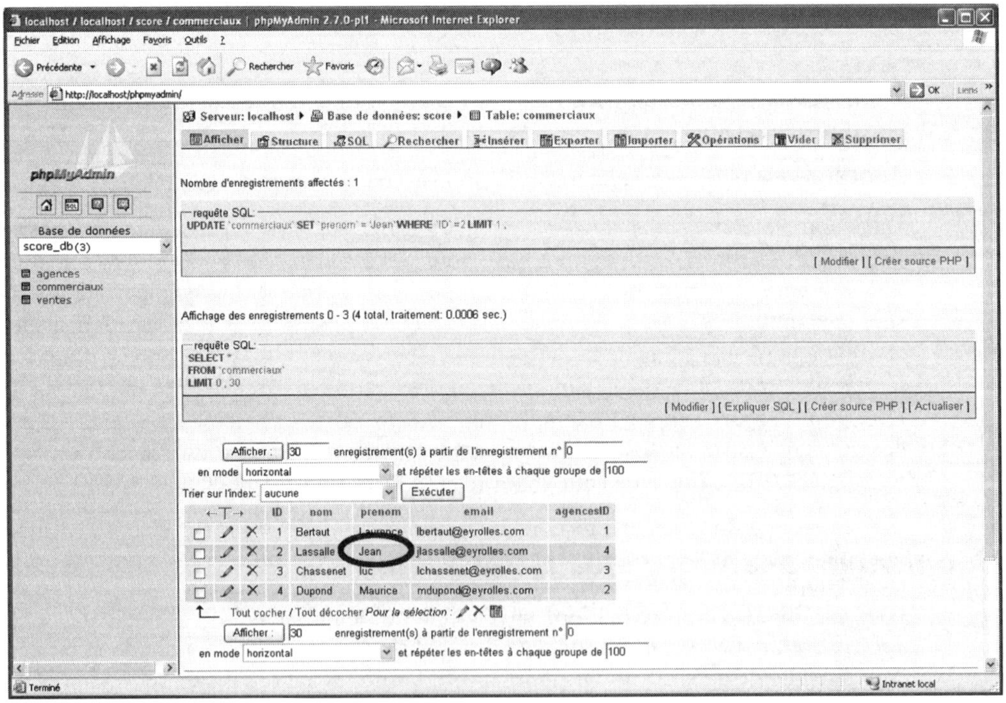

Figure 2-36

Après la modification d'une valeur dans un enregistrement, celle-ci doit apparaître dans le tableau d'affichage des enregistrements de la table.

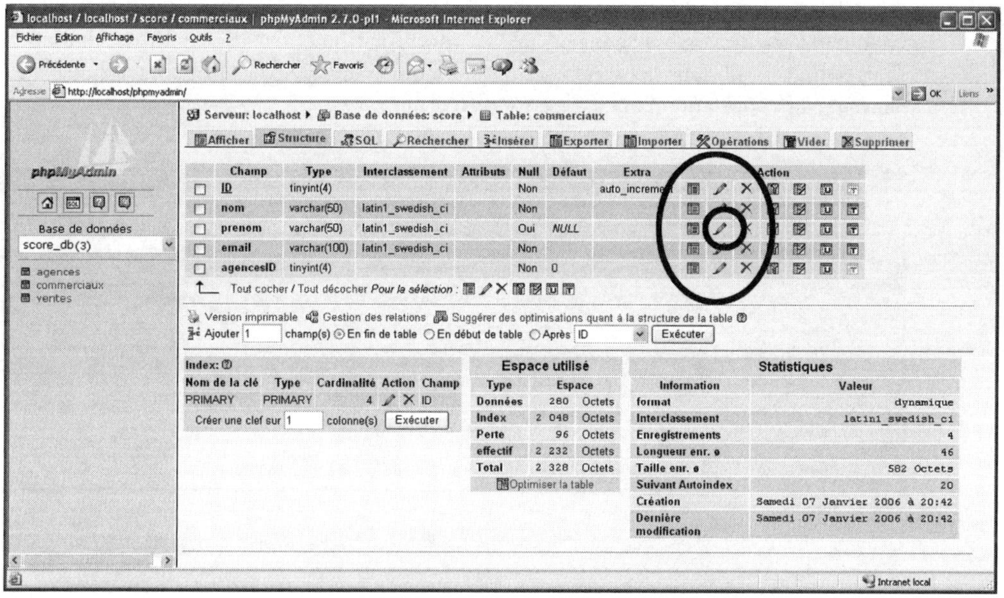

Figure 2-37

L'écran des propriétés de la table permet de sélectionner l'action à réaliser et le champ concerné.

Modification ou suppression d'un champ

L'écran des propriétés (voir figure 2-37) permet d'intervenir sur les caractéristiques de chaque champ de la table. Pour cela, il faut utiliser les icônes des liens actifs à droite du champ à modifier.

Vous trouverez ci-dessous les différentes fonctions de ces liens :

- `Modifier` – permet de modifier les caractéristiques d'un champ ;
- `Supprimer` – permet de supprimer complètement le champ concerné de la table ;
- `Primaire` – définit le champ concerné comme clé primaire de la table ;
- `Index` – définit le champ concerné comme une clé d'index. Une clé d'index permet d'augmenter les performances d'un tri ou d'une recherche si le champ est utilisé comme critère ;
- `Unique` – impose que le champ concerné prenne une valeur différente pour chacun des enregistrements.
- `Texte entier` – permet l'indexation et la recherche sur l'ensemble d'un champ contenant un texte (`FULLTEXT`). Les index `FULLTEXT` sont utilisés avec les tables `MyISAM` et peuvent être créés pour des colonnes de types `CHAR`, `VARCHAR`, ou `TEXT`.

Pour illustrer une de ces actions, nous allons cliquer sur le lien `Modifier` situé sur la ligne du champ `Prénom` de la table `commerciaux`. La modification consiste à rendre ce champ facultatif : sélectionnez `null` dans la colonne du même nom (voir figure 2-38), puis cliquez sur le bouton `Sauvegarder` pour enregistrer votre modification.

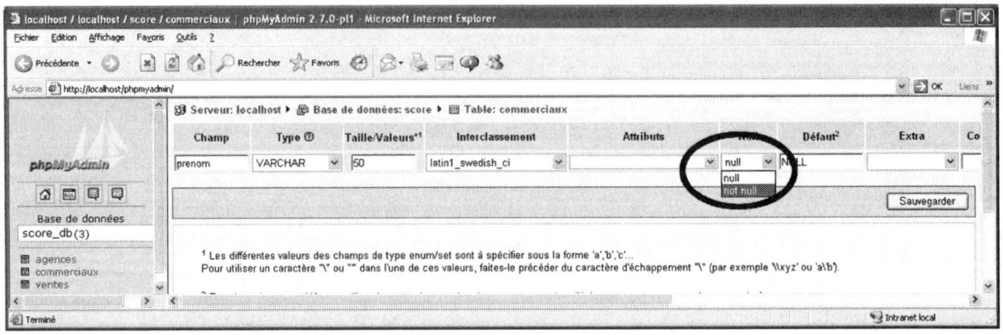

Figure 2-38

Le formulaire de modification des propriétés d'un champ vous permet d'intervenir facilement sur ses différents attributs.

Ajout d'un champ

En cas d'ajout d'un nouveau champ à une table, il faut utiliser les deux zones prévues à cet effet en bas de la partie droite (voir figure 2-39). Après avoir indiqué le nom des champs à ajouter et leur position dans la base par rapport aux champs actuels, vous accéderez à un formulaire semblable à celui de la création initiale d'une table, qu'il convient de valider après l'avoir renseigné.

Configuration des droits d'un utilisateur

Fonctions des tables de la base mysql

Les droits des utilisateurs du serveur MySQL sont définis dans la base `mysql`. Chaque table de cette base permet de configurer des droits d'accès, plus ou moins restreints, aux données pour un utilisateur spécifique (voir figure 2-40).

Si vous sélectionnez la base `mysql` dans le menu déroulant de l'accueil, la liste de ses tables apparaît dans le cadre de gauche, et les actions disponibles sur chacune de ces tables dans le cadre de droite.

Le tableau 2-9 indique les fonctions de ces différentes tables :

Lors de l'installation, MySQL crée toujours un utilisateur `root` sans mot de passe, qui a tous les droits sur toutes les bases. Dans le contexte d'une utilisation en local avec Wamp5 (pour

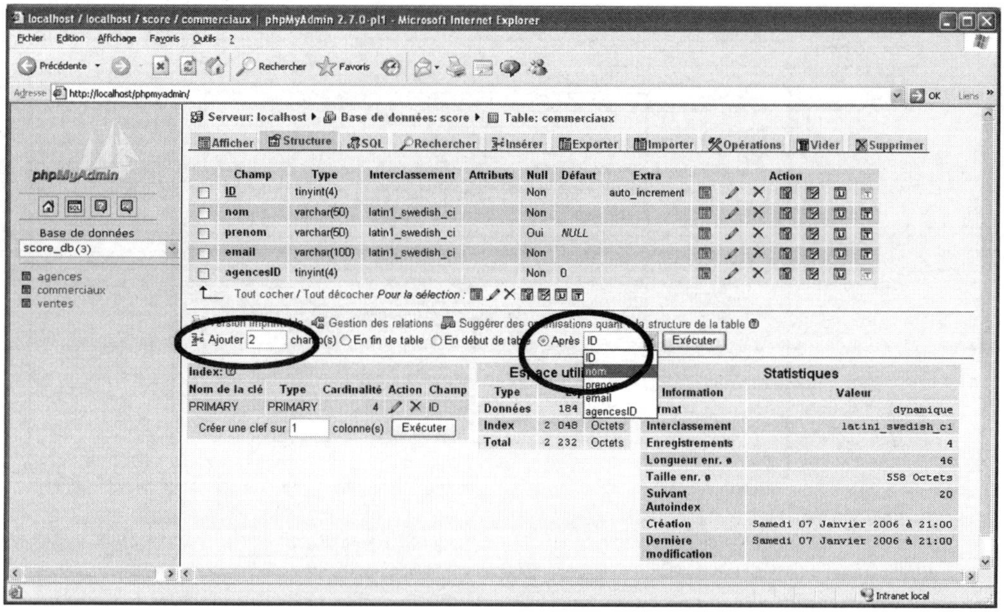

Figure 2-39

Pour accéder au formulaire d'ajout de champ, vous devez utiliser la rubrique Ajouter un champ en bas du cadre de droite.

Tableau 2-9 – Fonctions des tables de la base mysql

Table	Fonctions
columns_priv	Stocke les droits d'accès d'un utilisateur sur les colonnes d'une table.
db	Stocke les droits d'accès d'un utilisateur sur une base de données.
host	Permet de restreindre les droits en cas de connexion à partir d'un ordinateur particulier.
tables_priv	Stocke les droits d'accès d'un utilisateur sur les tables d'une base de données.
user	Stocke les utilisateurs, leur mot de passe et les droits d'accès globaux.

le développement de votre application par exemple), cela n'est pas dangereux. En revanche, sur un serveur distant, le mot de passe de l'utilisateur `root` dans la table `user` doit toujours être renseigné (voir figure 2-41).

Nous pourrions très bien configurer les droits d'un utilisateur directement dans les tables de la base mysql, cependant phpMyAdmin met à votre disposition un assistant de création d'utilisateur que nous allons détailler dans la section suivante.

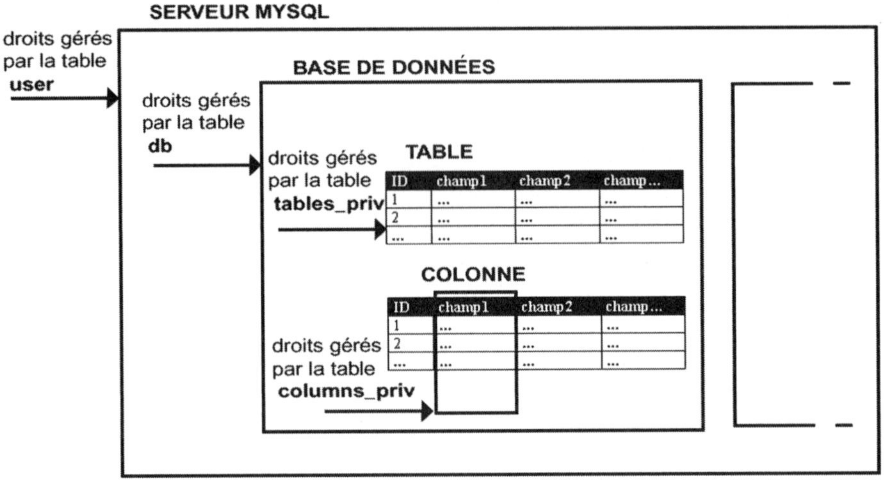

Figure 2-40

Les droits des utilisateurs peuvent être définis à différents niveaux du serveur de base de données. Les tables de la base mysql permettent de configurer ces paramètres pour chaque utilisateur.

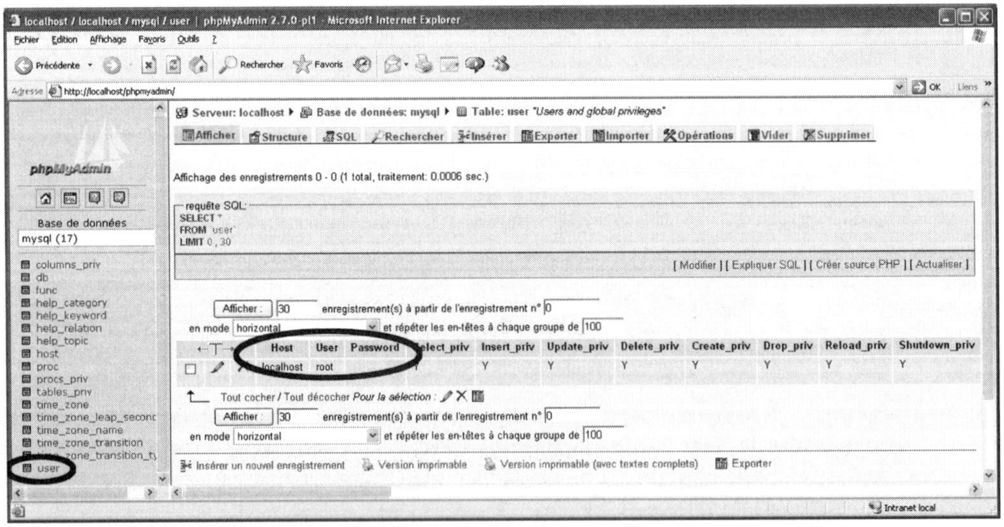

Figure 2-41

Par défaut, la table user est préconfigurée avec l'utilisateur root sans mot de passe.

Création d'un utilisateur MySQL en mode assisté

Vous allez maintenant créer un nouvel utilisateur et paramétrer ses droits en configurant un compte utilisateur `score` pour accéder exclusivement à la base `score_db` (voir figure 2-42).

Les paramètres de ce compte seront repris par la suite pour configurer la « connexion à la base » utilisée dans vos scripts PHP. Nous vous conseillons donc d'employer les valeurs suggérées, afin d'éviter toute erreur de configuration par la suite.

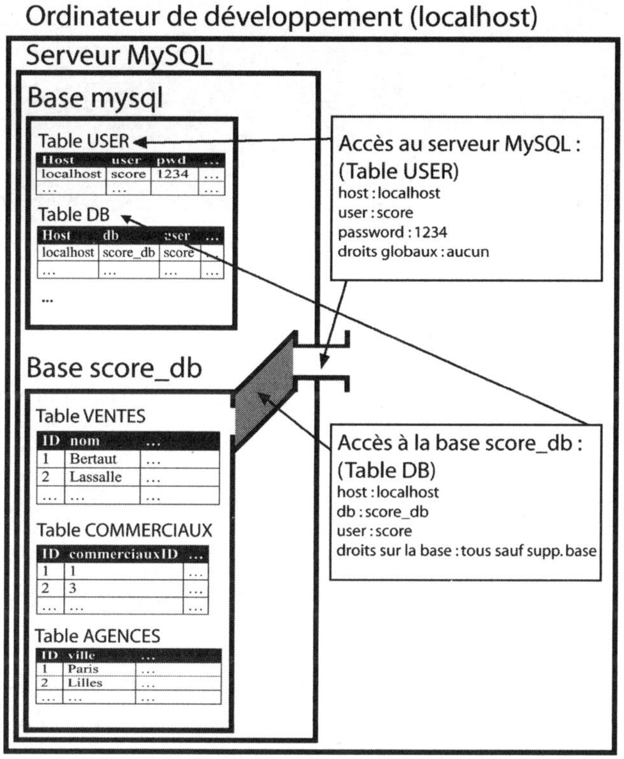

Figure 2-42
Schéma de principe du contrôle d'accès d'un utilisateur score à la base score_db.

> **Le compte root par défaut**
>
> Si vous ne créez pas de compte utilisateur, vous pourrez quand même configurer une connexion à la base en utilisant le compte `root` préconfiguré par défaut dans MySQL (dans ce cas, il faut remplacer dans le fichier de connexion le nom de l'utilisateur par `root` et ne pas indiquer de mot de passe). Attention ! L'usage de ce compte root sans mot de passe est évidemment limité à un usage local. Vous devez impérativement vous assurer que tous les comptes `mysql` possèdent bien un mot de passe si votre base de données doit être reliée à Internet.

Placez-vous dans la page d'accueil du gestionnaire – sélectionnez par exemple `(Base de données)` dans le menu de sélection des bases de données situé à gauche – puis cliquez sur le lien `Privilèges` (voir figure 2-43).

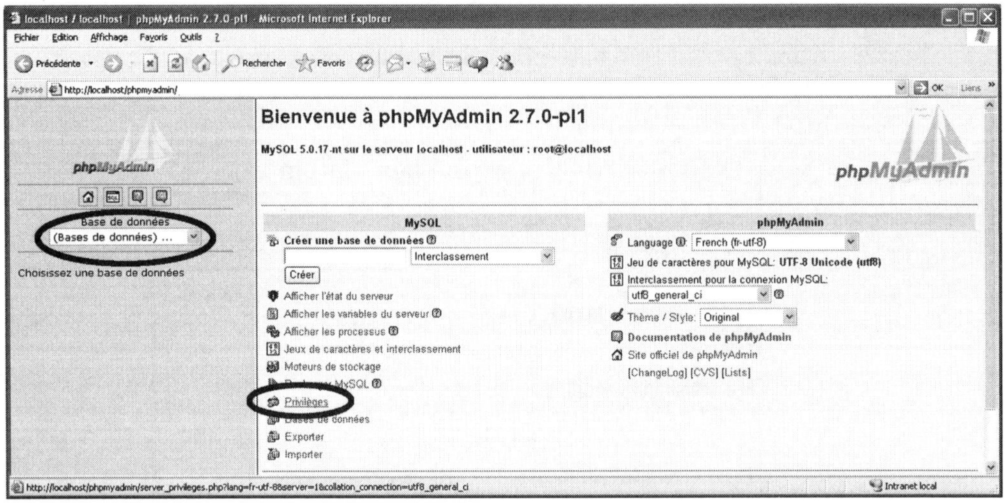

Figure 2-43

Le lien Privilèges de l'écran d'accueil de phpMyAdmin permet d'accéder à l'assistant de création d'un utilisateur.

Dans la nouvelle fenêtre, cliquez sur le lien `Ajouter un utilisateur` situé en dessous du tableau des utilisateurs (voir figure 2-44).

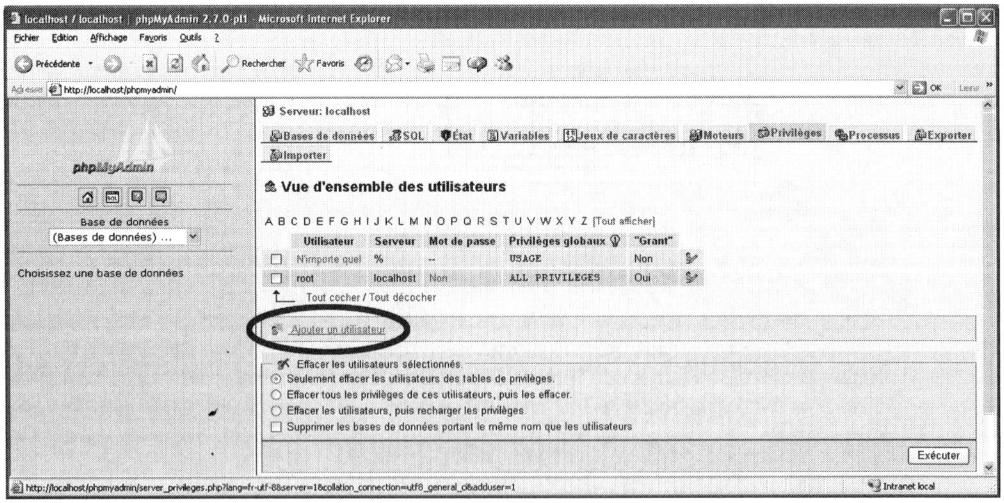

Figure 2-44

Cet écran affiche les utilisateurs existants de votre base de données. En cliquant sur le lien Créer un utilisateur, vous pouvez accéder au formulaire d'ajout d'un nouvel utilisateur.

Entrez le nom d'utilisateur `score` et sélectionnez `localhost` dans le menu déroulant `Serveur`. Saisissez ensuite deux fois le mot de passe correspondant à cet utilisateur (soit `eyrolles` dans notre exemple) et cliquez sur le bouton `Exécuter` sans accepter d'autre option (voir figure 2-45). À noter que si vous validiez un droit à ce niveau (privilèges globaux), cela permettrait à l'utilisateur de l'exploiter sur toutes les bases du serveur MySQL, et non exclusivement sur la base `score_db`.

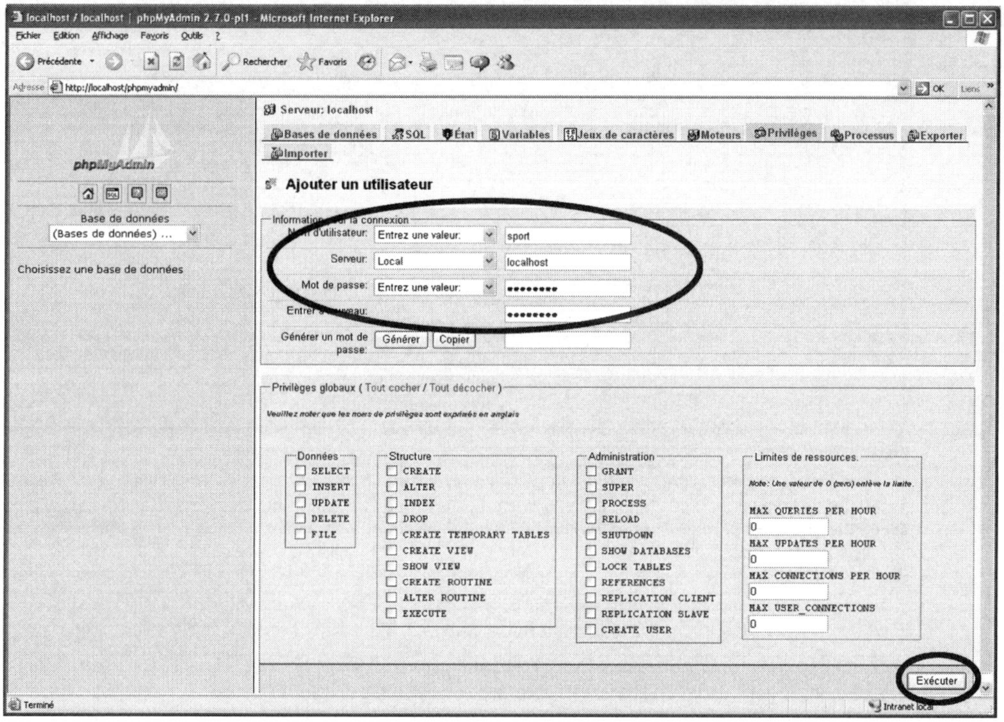

Figure 2-45

Pour ajouter un nouvel utilisateur, il suffit d'indiquer son nom, son serveur (en général localhost) et son mot de passe.

Après validation, un écran vous informe que le nouvel utilisateur `score@localhost` (c'est-à-dire l'utilisateur `score` depuis un accès `localhost`) a bien été créé et vous propose de modifier éventuellement ses attributions. Un peu plus bas, dans le même écran de confirmation, se trouve une rubrique intitulée `Privilèges spécifiques à une base de données`. Sélectionnez la base `score_db` dans le menu déroulant (voir figure 2-46) pour accéder automatiquement au formulaire d'ajout d'un privilège d'accès à la base `score_db`.

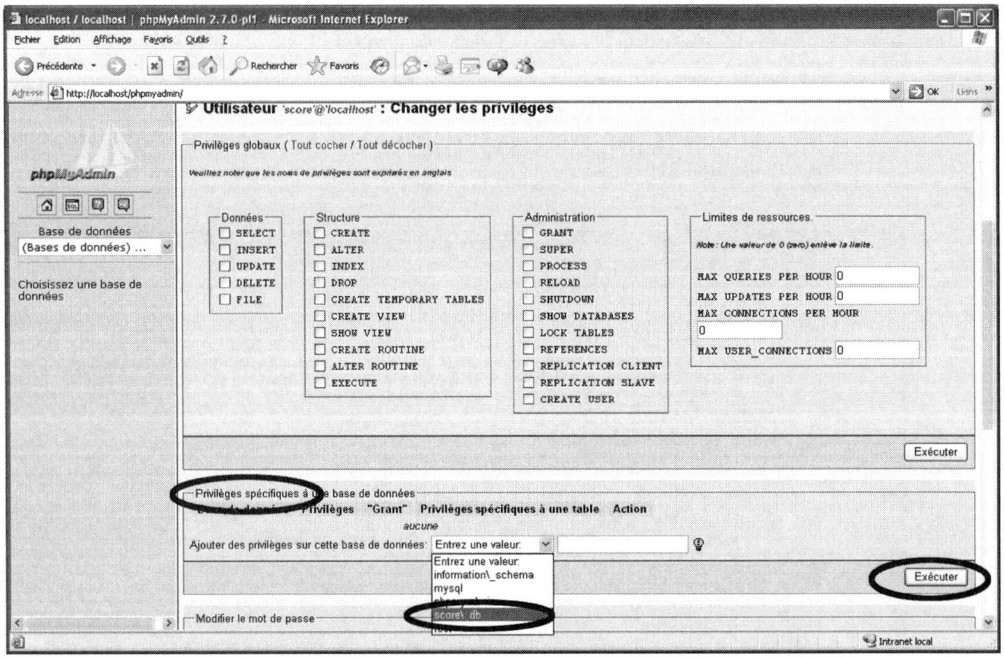

Figure 2-46

Après l'enregistrement du nouvel utilisateur, le gestionnaire affiche un écran de confirmation qui indique que l'utilisateur score@localhost a bien été ajouté à la table users. En dessous du formulaire des privilèges globaux, un menu déroulant permet de sélectionner une base de données existante pour accorder des privilèges spécifiques à l'utilisateur score.

Cochez les droits que vous désirez affecter à l'utilisateur pour la base concernée (par exemple autorisez tous les droits relatifs aux données et à la structure, mais pas à l'administration) puis validez en cliquant sur le bouton `Exécuter` (voir figure 2-47).

Les droits de l'utilisateur `score` sont désormais configurés pour accéder exclusivement à la base `score_db`. Si vous consultez ensuite la vue d'ensemble des utilisateurs (cliquez sur l'onglet `Privilèges`), vous constatez qu'un nouvel utilisateur `score` s'affiche (voir figure 2-48).

Sauvegarde et restauration d'une base de données

Il est toujours recommandé de faire une sauvegarde de secours de ses programmes, et il en est de même pour les bases de données. Cependant, la démarche est quelque peu différente, car nous n'allons pas copier un simple fichier, mais enregistrer les requêtes MySQL qui ont été utilisées pour créer la structure de la base, et éventuellement celles qui ont permis d'insérer des enregistrements dans les tables. Ces requêtes, une fois enregistrées dans un fichier, pourront ensuite être utilisées dans phpMyAdmin pour recréer à l'identique la base sauvegardée.

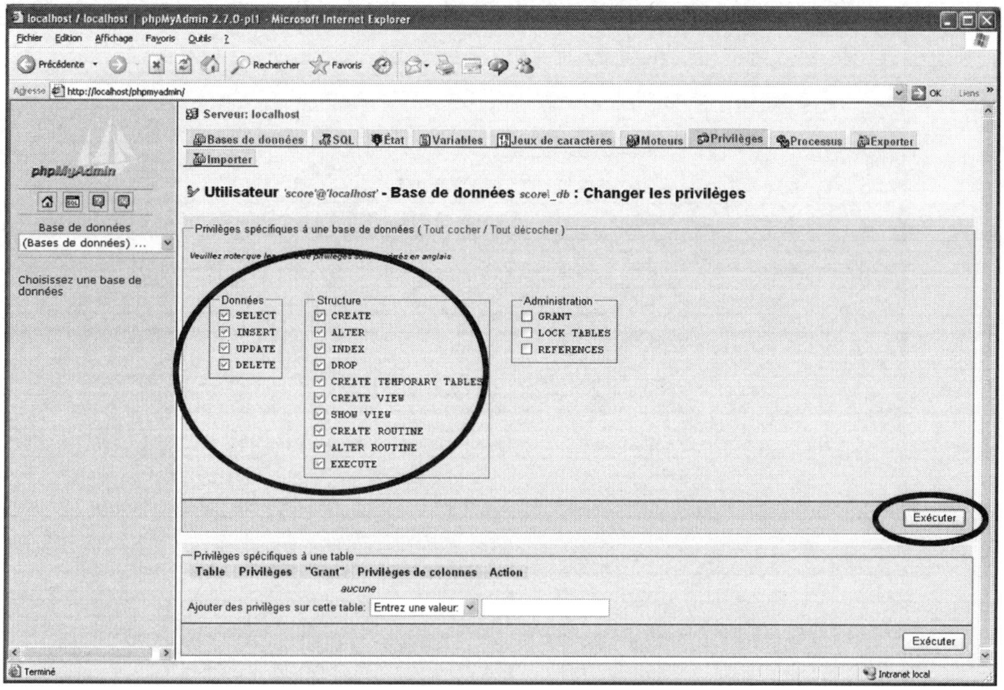

Figure 2-47

Le tableau des privilèges spécifiques à une base de données permet de définir un droit d'accès à une base spécifique.

Sauvegarde

Passons maintenant à la pratique. Pour cela, nous allons commencer par nous assurer que la base à sauvegarder est bien sélectionnée dans la liste déroulante de gauche (voir figure 2-49). Dans la partie droite, nous allons cliquer sur l'onglet `Exporter` situé en haut de l'écran. La nouvelle page de droite contient plusieurs cadres. Le premier, intitulé Exporter, permet de sélectionner les tables à exporter et le format d'exportation (dans notre cas, nous choisirons toutes les tables et conserverons le format SQL initialisé par défaut).

Le second cadre, appelé `Options SQL`, nous permettra d'ajouter un DROP TABLE (cochez pour cela l'option portant le même nom) qui supprimera automatiquement les anciennes tables de la base avant d'y inclure les nouvelles, évitant ainsi la génération d'un message d'erreur si une table de même nom existait déjà. C'est aussi dans ce même cadre que l'on pourra choisir d'exporter la structure, les données ou les deux ensembles (dans notre cas, nous validerons les deux). Le troisième cadre, dénommé `Transmettre`, nous permettra d'indiquer que nous désirons générer un fichier (cliquez pour cela dans la case à cocher intitulée `Transmettre`) et de choisir le type de compression à utiliser – prendre l'option `aucune` dans notre cas (voir figure 2-49).

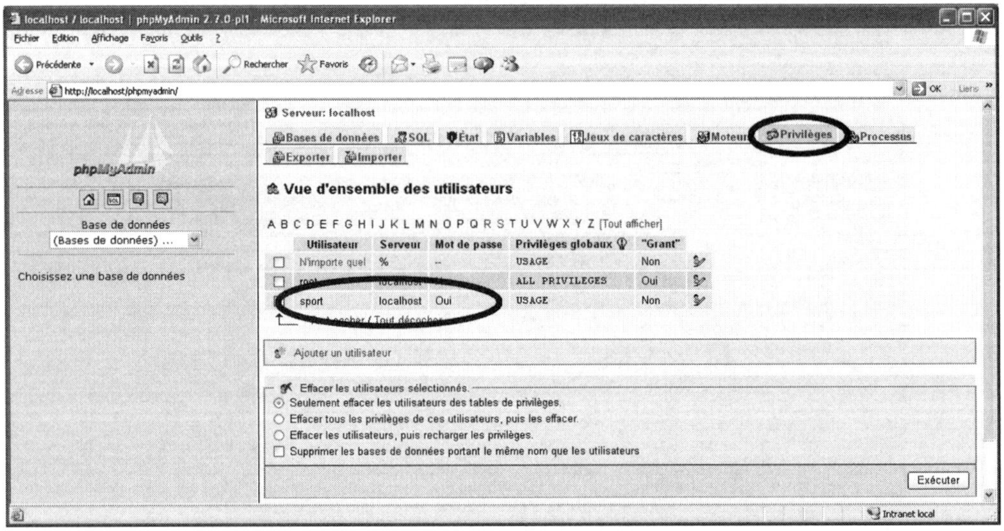

Figure 2-48
Dans la vue d'ensemble des utilisateurs, on constate que l'utilisateur score est désormais configuré.

Tableau 2-10 – Liste de quelques privilèges globaux de l'utilisateur score avec leur description et la valeur correspondant à l'exemple

Champ	Exemple de valeur	Description
Host	localhost	Nom de l'ordinateur à partir duquel l'utilisateur se connecte à la base. (En général, si les scripts qui envoient les requêtes à la base se trouvent sur le même ordinateur que la base, on utilise `localhost`.)
User	score	Nom de l'utilisateur.
Password	eyrolles	Mot de passe utilisateur (peut être crypté si on sélectionne la fonction `PASSWORD`).
Select_priv	N	Droit d'effectuer des recherches (avec `SELECT`).
Insert_priv	N	Droit d'effectuer des insertions (avec `INSERT`).
Update_priv	N	Droit d'effectuer des mises à jour (avec `UPDATE`).
Delete_priv	N	Droit d'effectuer des destructions (avec `DELETE`).
Create_priv	N	Droit de créer des bases ou des tables.
Drop_priv	N	Droit de détruire des bases ou des tables.
Reload_priv	N	Droit administrateur qui permet d'écrire sur disque des tables de la base mysql.
Shutdown_priv	N	Droit administrateur pour arrêter le serveur MySQL.
Process_priv	N	Droit administrateur pour contrôler les processus utilisateur.
File_priv	N	Droit d'écrire ou de lire dans des fichiers (avec `LOAD DATA` et `INTO OUTFILE`).

Tableau 2-10 – Liste de quelques privilèges globaux de l'utilisateur score avec leur description et la valeur correspondant à l'exemple (*suite*)

Champ	Exemple de valeur	Description
Grant_priv	N	Permet à l'utilisateur d'accorder à d'autres utilisateurs les droits que lui-même possède.
References_priv	N	Droit lié aux clés étrangères (`FOREIGN KEY`).
Index_priv	N	Droit de créer ou de détruire des index.
Alter_priv	N	Droit de modifier une table.

Tableau 2-11 – Liste de quelques privilèges spécifiques à la base score_db avec leur description et la valeur correspondant à l'exemple

Champ	Exemple de valeur	Description
Host	localhost	Nom de l'ordinateur à partir duquel l'utilisateur se connecte à la base. (En général, si les scripts qui envoient les requêtes à la base se trouvent sur le même ordinateur que la base, on utilise `localhost`).
Db	score_db	Nom de la base de données sur laquelle on va autoriser les droits d'accès ci-dessous.
User	score	Nom de l'utilisateur.
Select_priv	Y	Droit d'effectuer des recherches (avec `SELECT`).
Insert_priv	Y	Droit d'effectuer des insertions (avec `INSERT`).
Update_priv	Y	Droit d'effectuer des mises à jour (avec `UPDATE`).
Delete_priv	Y	Droit d'effectuer des destructions (avec `DELETE`).
Create_priv	Y	Droit de créer des bases ou des tables.
Drop_priv	Y	Droit de détruire des bases ou des tables.
Grant_priv	N	Permet à l'utilisateur d'accorder à d'autres utilisateurs les droits que lui-même possède.
References_priv	Y	Droit lié aux clés étrangères (`FOREIGN KEY`).
Index_priv	Y	Droit de créer ou de détruire des index.
Alter_priv	Y	Droit de modifier une table.

Nous pouvons maintenant valider en cliquant sur le bouton `Exécuter` placé en bas de l'écran. Une première fenêtre de téléchargement apparaît, dans laquelle on vous demande de confirmer l'enregistrement sur votre ordinateur (cliquez sur `Enregistrer` pour accepter). Un deuxième écran (voir figure 2-50) vous demande de sélectionner le répertoire de sauvegarde (prenez soin de vérifier l'emplacement du répertoire qui vous est proposé par défaut ou de choisir un répertoire dédié aux archives de votre projet, afin de savoir où retrouver votre fichier lors de la restauration !).

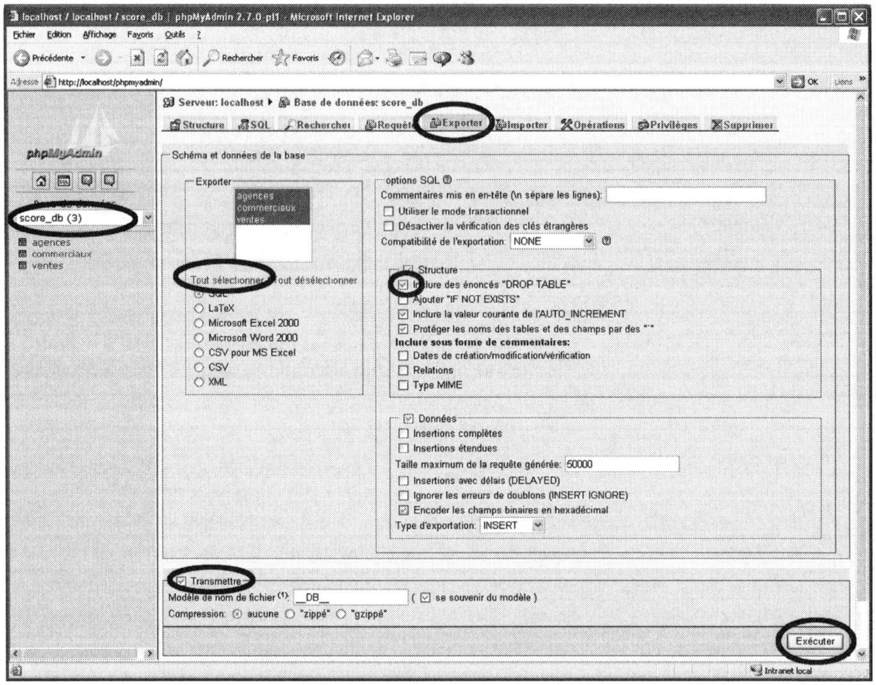

Figure 2-49

Pour sauvegarder une base, on utilise le formulaire de l'onglet Exporter.

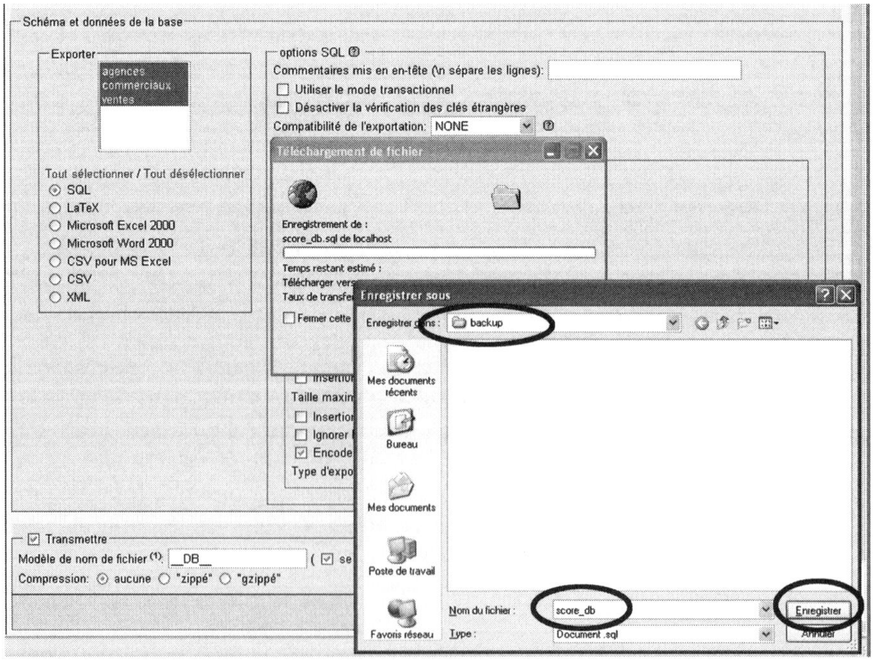

Figure 2-50

L'explorateur de fichiers vous permet de choisir l'emplacement dans lequel vous allez pouvoir sauvegarder votre base de données.

Après validation, l'enregistrement s'effectue sur votre ordinateur et nous vous suggérons d'utiliser l'explorateur Windows pour vous assurer que le fichier est bien enregistré à l'endroit indiqué. Par curiosité, si vous ouvrez ce fichier `score_db.sql` avec un simple éditeur (Bloc_notes par exemple), vous devez retrouver les requêtes indiquées ci-après. Ces requêtes SQL sont destinées à recréer des structures de tables conformes à l'origine (`CREATE TABLE`), puis à provoquer des ajouts d'enregistrements dans les tables (`INSERT INTO`) selon les valeurs présentes actuellement dans la base :

```
-- phpMyAdmin SQL Dump
-- version 2.7.0-pl1
-- http://www.phpmyadmin.net
--
-- Serveur: localhost
-- Généré le : Samedi 07 Janvier 2006 à 22:31
-- Version du serveur: 5.0.17
-- Version de PHP: 5.1.1
--
-- Base de données: `score_db`
--
-- --------------------------------------------------------
--
-- Structure de la table `agences`
--
DROP TABLE IF EXISTS `agences`;
CREATE TABLE `agences` (
  `ID` tinyint(4) NOT NULL auto_increment,
  `ville` varchar(50) NOT NULL default '',
  `secteur` varchar(50) NOT NULL default '',
  PRIMARY KEY  (`ID`)
) ENGINE=MyISAM DEFAULT CHARSET=latin1 AUTO_INCREMENT=5 ;
--
-- Contenu de la table `agences`
--
INSERT INTO `agences` VALUES (1, 'Paris', 'Ile-de-France');
INSERT INTO `agences` VALUES (2, 'Marseille', 'Sud');
INSERT INTO `agences` VALUES (3, 'Lille', 'Nord');
INSERT INTO `agences` VALUES (4, 'Rennes', 'Ouest');
-- --------------------------------------------------------
--
-- Structure de la table `commerciaux`
--
DROP TABLE IF EXISTS `commerciaux`;
CREATE TABLE `commerciaux` (
```

```
  `ID` tinyint(4) NOT NULL auto_increment,
  `nom` varchar(50) NOT NULL default '',
  `prenom` varchar(50) default NULL,
  `email` varchar(100) NOT NULL default '',
  `agencesID` tinyint(4) NOT NULL default '0',
  PRIMARY KEY  (`ID`)
) ENGINE=MyISAM DEFAULT CHARSET=latin1 AUTO_INCREMENT=5 ;
--
-- Contenu de la table `commerciaux`
--
INSERT INTO `commerciaux` VALUES (1, 'Bertaut', 'Laurence',
'lbertaut@eyrolles.com', 1);
INSERT INTO `commerciaux` VALUES (2, 'Lassalle', 'Jean', 'jlassalle@eyrolles.com',
4);
INSERT INTO `commerciaux` VALUES (3, 'Chassenet', 'luc',
'lchassenet@eyrolles.com', 3);
INSERT INTO `commerciaux` VALUES (4, 'Dupond', 'Maurice', 'mdupond@eyrolles.com',
2);
-- --------------------------------------------------------
--
-- Structure de la table `ventes`
--
DROP TABLE IF EXISTS `ventes`;
CREATE TABLE `ventes` (
  `ID` smallint(6) NOT NULL auto_increment,
  `commerciauxID` tinyint(4) NOT NULL default '0',
  `mois` varchar(50) NOT NULL default '',
  `annee` year(4) NOT NULL default '0000',
  `resultat` decimal(10,2) NOT NULL default '0.00',
  PRIMARY KEY  (`ID`)
) ENGINE=MyISAM DEFAULT CHARSET=latin1 AUTO_INCREMENT=1 ;
--
-- Contenu de la table `ventes`
--
```

Restauration

Pour restaurer une base, il faut que celle-ci soit déjà créée (revoir la procédure de création d'une base figure 2-24). Ensuite, sélectionnez-la dans la liste de gauche comme précédemment et cliquez sur le lien portant son nom en dessous de la liste. Notons que la base `score_db` doit être créée, mais qu'elle peut être vide de toute table ; si ce n'est pas le cas, nous vous invitons à supprimer les tables pour bien comprendre la procédure de restauration (pour supprimer une table, cliquez sur le lien `Supprimer` correspondant à la table).

Dans la partie droite, cliquez sur l'onglet `Importer` en haut de l'écran. La nouvelle page propose un formulaire vous demandant de sélectionner l'emplacement du fichier source. Cliquez sur le bouton `Parcourir` (voir figure 2-51). Choisissez ensuite, dans l'explorateur, le fichier précédemment sauvegardé et cliquez sur `Ouvrir` pour valider votre choix. Le chemin du fichier est alors copié dans le champ à gauche du bouton `Parcourir`, et il ne reste plus qu'à cliquer sur le bouton `Exécuter` pour démarrer la restauration. Toutes les requêtes du fichier s'exécutent alors et s'affichent en haut de l'écran. Au terme de la restauration, les tables de la base sont de nouveau visibles dans le gestionnaire (voir figure 2-52).

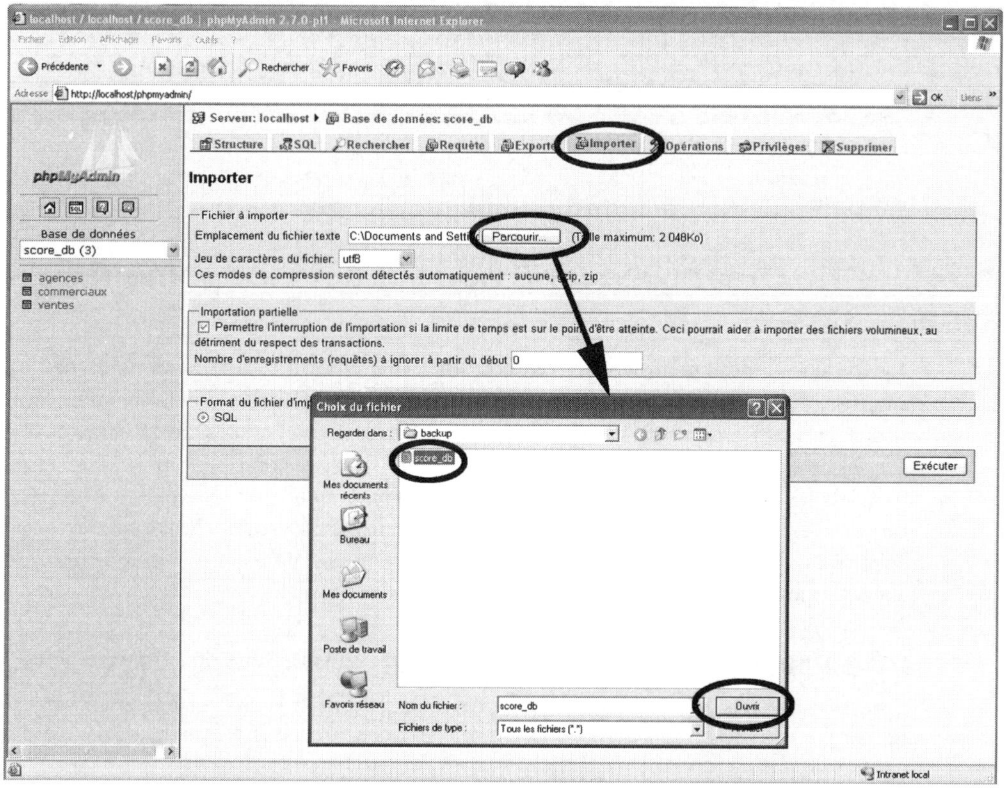

Figure 2-51

Pour la restauration d'une base de données, il faut utiliser le formulaire de l'onglet Importer en précisant l'emplacement du fichier de restauration score_db.sql.

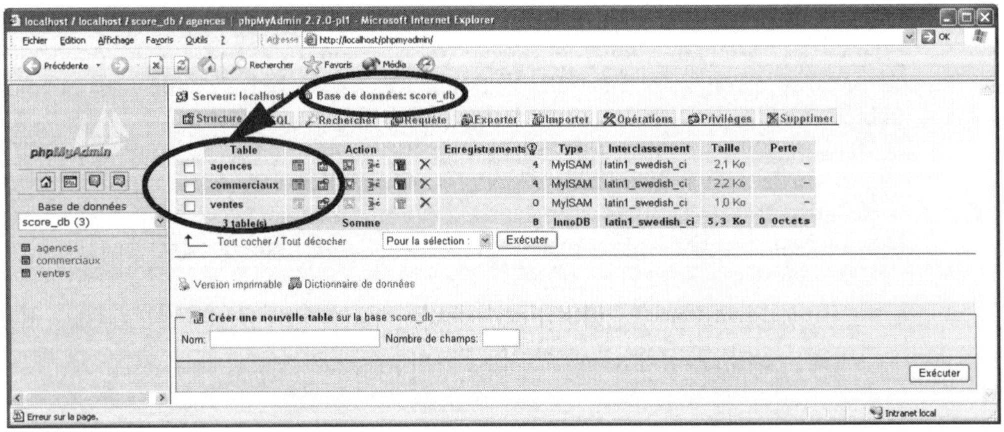

Figure 2-52

Une fois la base de données restaurée, il suffit de cliquer sur le lien portant son nom, en haut de l'écran, pour vérifier que toutes les tables ont bien été importées.

Interface de Dreamweaver 8 pour le développement de sites dynamiques

La version 8 de Dreamweaver permet de concevoir des applications dynamiques pour Internet. Pour cela, Macromedia offre un environnement de développement comprenant, d'une part, un éditeur WYSIWYG éprouvé qui a fait le succès de Dreamweaver chez les graphistes, et, d'autre part, des outils de création de scripts côté serveur, qui devraient séduire à la fois les programmeurs expérimentés, avec son éditeur en mode `Code`, et les développeurs qui peuvent concevoir des pages dynamiques en mode visuel. Pour intégrer ces nouvelles fonctions, l'interface de Dreamweaver s'est enrichie de panneaux supplémentaires que nous vous proposons de découvrir ensemble.

Les panneaux présentés sont dédiés aux pages dynamiques de Dreamweaver 8

Cette section a pour but de vous présenter les différents panneaux de Dreamweaver 8, qui sont utilisés pour la réalisation de pages dynamiques. Ce n'est donc pas un inventaire exhaustif des fonctionnalités traditionnelles de l'éditeur Dreamweaver, et nous vous invitons à consulter un ouvrage dédié à la découverte de cet outil si vous désirez approfondir vos connaissances dans ce domaine. Nous vous conseillons l'ouvrage d'Arthur Caouissin, *Dreamweaver 8*, paru aux Éditions Eyrolles.

L'espace de travail

Configuration de l'espace de travail

La version 8 propose deux espaces de travail au choix. Le premier est optimisé pour les designers (les différents panneaux latéraux se trouvent à droite et les pages s'ouvrent en mode

`Création` par défaut), alors que le second est conçu pour les programmeurs (les différents panneaux latéraux se trouvent à gauche et les pages s'ouvrent en mode `Code` par défaut). Dans le cadre de cet ouvrage, nous utiliserons l'espace de travail destiné aux designers. Lors du premier démarrage de Dreamweaver, il vous faut choisir l'espace qui vous convient le mieux (voir figure 2-53). Il faut alors vérifier que le bouton radio de gauche a bien été coché avant de valider cette fenêtre.

Si toutefois vous avez déjà choisi l'autre espace, il est possible de modifier votre choix par le biais du menu de Dreamweaver (voir figure 2-56) : `Fenêtre>Présentation de l'espace de travail>designer`.

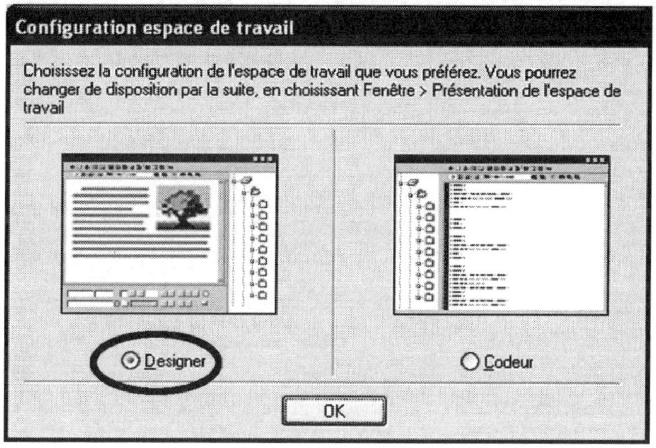

Figure 2-53
Lors du premier démarrage de Dreamweaver, vous pouvez choisir l'espace de travail qui vous convient le mieux. Toutefois, sachez que vous pourrez toujours modifier votre choix à l'aide du menu de Dreamweaver.

Présentation de l'espace de travail

Au démarrage de Dreamweaver, un menu regroupant différents liens vous invite à ouvrir un document déjà enregistré, à créer une nouvelle page vierge, ou à utiliser les nombreux exemples proposés par Macromedia pour réaliser votre nouveau document. Si vous cliquez sur le lien `PHP` de la rubrique `Créer`, une page vide apparaît au centre de l'interface (voir figure 2-55). Cette zone correspond à la fenêtre de document. L'espace de travail de Dreamweaver 8 (voir figure 2-58) est doté de nombreux panneaux que vous pouvez regrouper à votre convenance. Pour déplacer un panneau, il suffit de le saisir par la poignée (zone grisée à petits points située en haut à gauche de chaque panneau : voir figure 2-57) et de le déplacer à l'endroit désiré, en maintenant le bouton gauche de la souris appuyé. Pour passer d'un sous-panneau à un autre, il suffit de cliquer sur son onglet. Le panneau peut être déplié afin d'afficher les différents sous-panneaux qu'il contient en cliquant sur la flèche de gauche ; on procède de la même manière pour le replier.

Pour fermer le panneau et le faire disparaître de l'espace de travail, il faut cliquer sur l'icône qui se trouve à sa droite et sélectionner l'option `Fermer le groupe de panneaux`. Pour l'afficher de nouveau, il faut dérouler le menu `Fenêtre` et valider le panneau correspondant. Pour

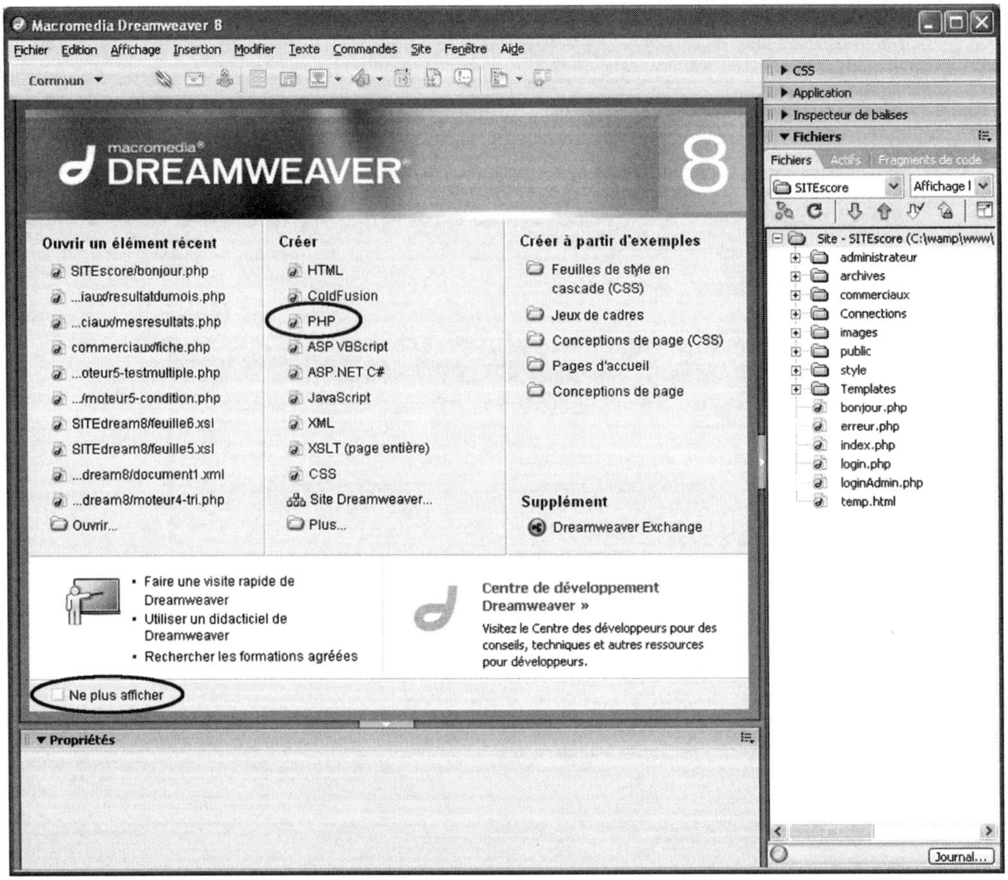

Figure 2-54

Lors du premier lancement du logiciel, un menu regroupant différents liens destinés à créer ou à ouvrir un document s'affiche dans la fenêtre centrale. Nous vous conseillons de conserver ce menu, car il vous permettra d'accéder rapidement aux derniers documents sur lesquels vous avez travaillé, ou encore d'ouvrir une nouvelle page PHP comme l'illustre le visuel. Cependant, si vous désirez que ce menu ne soit plus affiché par la suite, vous pouvez cocher l'option Ne plus afficher, située en bas du menu.

connaître les fonctions de chaque bouton, il suffit de passer la souris dessus, une infobulle s'affiche alors et vous indique le rôle du bouton concerné.

La barre d'outils standard

La barre d'outils standard vous semblera certainement familière, car elle regroupe des fonctions communes à de nombreux logiciels de l'environnement Windows (si cette barre d'outils n'est pas visible, vous pouvez rapidement la faire apparaître en l'activant depuis le menu

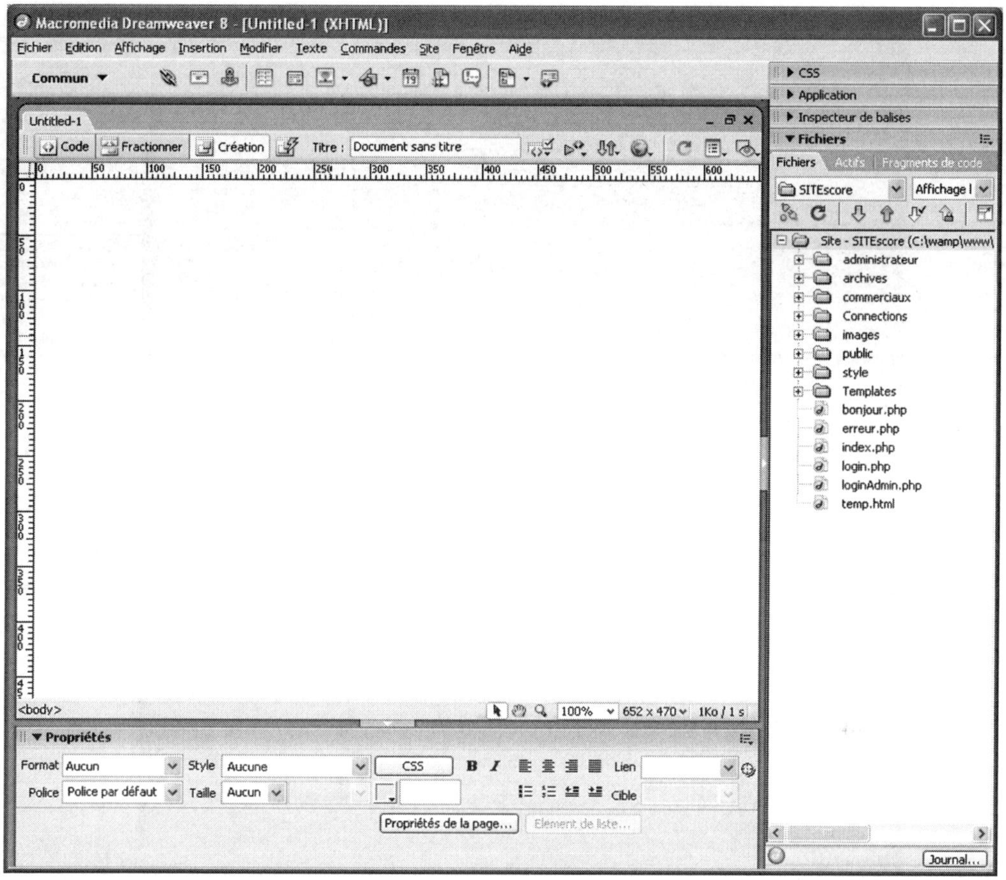

Figure 2-55

Si vous cliquez sur le lien PHP de la rubrique Créer (voir figure 2-54), une nouvelle page vierge s'affiche dans la fenêtre Document.

`Affichage > Barre d'outils`). On y retrouve, dans l'ordre de leur position (de gauche à droite), plusieurs boutons correspondant aux fonctions suivantes (voir figure 2-59) :

- `Nouveau` – permet d'ouvrir un nouveau document en choisissant son format (PHP, HTML, selon un modèle...).
- `Ouvrir` – permet d'ouvrir un fichier existant.
- `Sauvegarder` – permet d'enregistrer rapidement le document en cours d'utilisation.
- `Sauvegarder tout` – permet d'enregistrer tous les documents ouverts dans l'espace de travail.

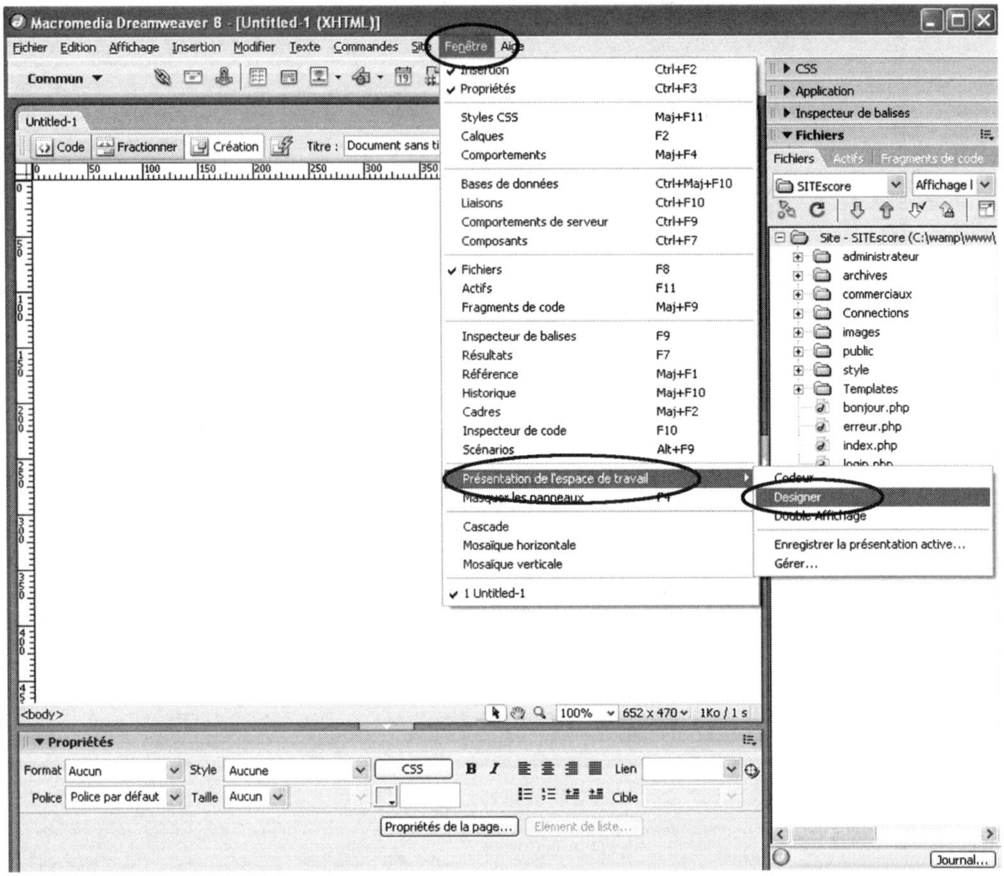

Figure 2-56

Le menu de Dreamweaver vous permet de changer rapidement de modèle d'espace de travail.

Figure 2-57

La poignée de chaque panneau vous permet de le déplacer très facilement vers l'endroit désiré à l'aide de votre souris.

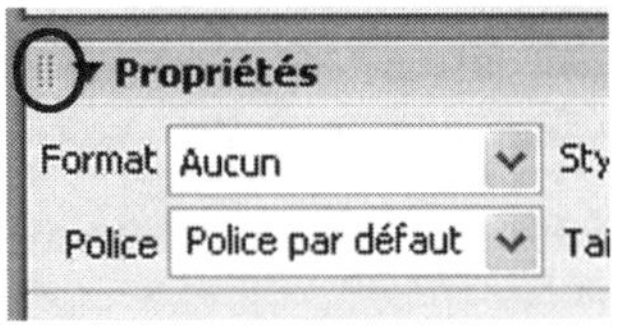

- `Couper` – permet de déplacer dans le Presse-papiers de Windows un élément de la page (texte, code...) pour pouvoir l'utiliser ailleurs.
- `Copier` – permet de copier dans le Presse-papiers de Windows un élément de la page (texte, code...) pour pouvoir l'utiliser ailleurs.

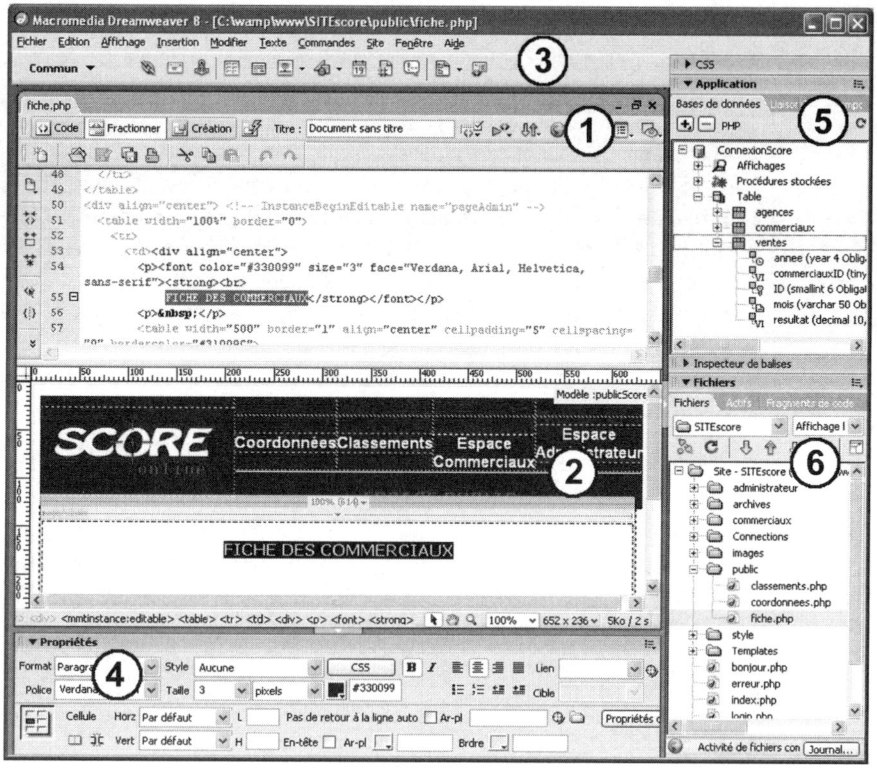

Figure 2-58

L'interface de Dreamweaver 8 est composée d'une fenêtre de document (repère 2) surmontée de deux barres d'outils (repère 1). En haut de l'interface, on retrouve une barre de menu et une troisième barre d'outils nommée Insertion (repère 3). À noter, pour les utilisateurs de la première version MX de Dreamweaver, que cette barre d'outils correspond au panneau Insertion de la version 6. En bas, le panneau Propriétés est ancré par défaut (repère 4), alors que tous les autres panneaux visibles sont regroupés dans la partie droite de l'interface (repères 5 et 6).

- `Coller` – permet de récupérer le contenu du Presse-papiers pour l'insérer dans la page.
- `Annuler` – permet d'annuler la dernière commande réalisée.
- `Répéter` – permet de rétablir la dernière commande annulée.

Figure 2-59

La barre d'outils standard regroupe des fonctions identiques à celles de la plupart des éditeurs de texte traditionnels.

La barre d'outils Document

Les boutons de la barre d'outils `Document` regroupent plusieurs fonctions diverses que nous proposons de découvrir ci-après dans l'ordre de leur position (voir figure 2-60) :

- `Afficher en mode code` – permet d'afficher uniquement la fenêtre du code source.
- `Afficher en mode code et création` – permet d'afficher les deux fenêtres ensemble.
- `Afficher en mode création` – permet d'afficher uniquement la fenêtre `Wysiwyg`.
- `Affichage Live Data` – permet d'afficher les valeurs des champs dynamiques directement dans la fenêtre `Wysiwyg`. Cette fonction ne peut être employée que si la page active a été enregistrée avec une extension adaptée (`.php` par exemple). Dans le cas d'une page statique (`.html`), une fenêtre vous demande de modifier son extension. La commande `Live Data` est aussi accessible depuis le menu `Affichage>Live Data` et permet de tester les pages dynamiques directement dans l'espace de travail en mode `Création`. Vous pouvez ainsi afficher les données produites par la requête de la page ou encore paramétrer la fenêtre `Live Data` (menu `Affichage>Paramètres Live Data`) pour simuler le passage de paramètres, comme si vous les aviez saisis dans un formulaire en ligne.
- `Champ titre` – permet de renseigner directement la balise HTML de titre de la page en cours de développement.

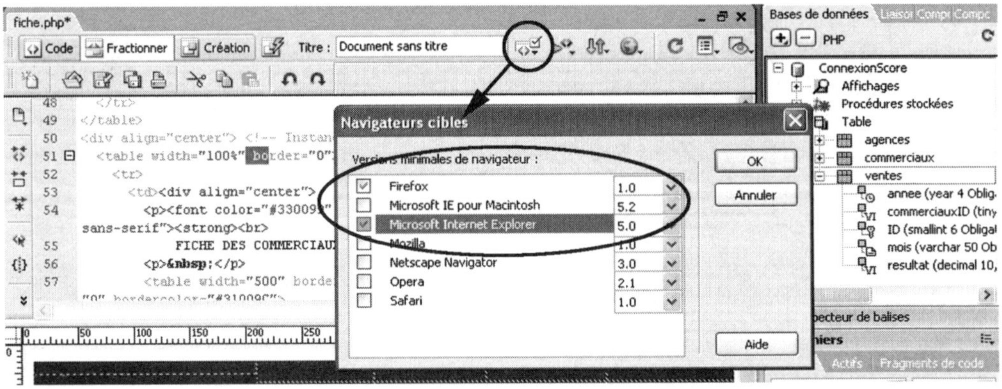

Figure 2-60

La barre d'outils document permet d'accéder rapidement à de nombreuses fonctions d'affichage ou de gestion des fichiers. Un bouton permet de définir les navigateurs ciblés afin d'afficher les erreurs liées aux codes non supportés par ces navigateurs.

- `Erreurs selon les navigateurs` – permet de vérifier la prise en charge des codes de votre page selon une liste des différentes versions de navigateurs. Cette liste pourra être configurée grâce à un panneau de choix, accessible dans la dernière option de ce même bouton (voir figure 2-60). À noter que si des erreurs sont détectées, le visuel du bouton comportera un petit triangle orange afin d'attirer votre attention sur les problèmes rencontrés lors du test.
- `Valider le marqueur` – permet de valider le document actif ou la balise sélectionnée.

- `Gestion des fichiers` – permet d'accéder à différentes commandes autorisant notamment à acquérir la page ou à la placer sur le serveur distant, si vous n'avez pas opté pour le travail de groupe.
- `Aperçu et débogage` – permet d'afficher ou de tester la page dans un navigateur Internet.
- `Actualiser` – permet d'actualiser la page dans la fenêtre `Document` en mode `Création`, après avoir réalisé des modifications dans la fenêtre en mode `Code`.
- `Afficher les options` – permet de définir plusieurs options dont certaines sont visibles selon le mode sélectionné (`Code` ou `Création`). Pour toutes les afficher, il faut sélectionner le mode `Code et Création`.
- `Assistance visuelle` – permet de vous fournir des supports visuels différents en vue de la conception de vos pages.

Afficher ou déplacer une barre d'outils

Si une barre d'outils n'apparaît pas dans votre espace de travail, vous pouvez y remédier par le menu `Affichage`, en sélectionnant `Barre d'outils en bas` et en validant ensuite l'option `Insertion`, `Standard` ou `Document` selon la barre concernée. De même, vous pouvez disposer les barres d'outils à l'endroit de votre choix dans l'espace de travail. Il suffit pour cela de les déplacer par leur poignée (barre verticale située à droite de la barre d'outils) avec la souris, en maintenant le bouton doit enfoncé.

La barre d'outils Insertion

La barre d'outils `Insertion` comporte neuf catégories qui permettent d'activer chacune un panneau différent. La sélection des catégories s'effectue par un menu déroulant reprenant les intitulés des catégories. Chacune d'elles comporte des boutons classés par thème (`Commun`, `Mise en forme`, `Texte`, `Tableau`...), qui permettent d'insérer des éléments dans la page.

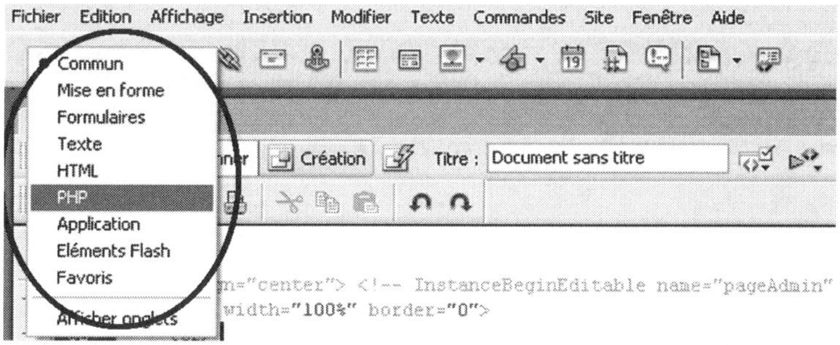

Figure 2-61
Dans la barre d'outils Insertion, la sélection des différentes catégories est réalisée grâce à un menu déroulant intégré à la barre d'outils. La dernière option permet de modifier sa configuration pour remplacer le menu déroulant par des onglets de sélection semblables à ceux du panneau Insertion de la version 6.

L'insertion peut être effectuée par un simple bouton placé dans le panneau, ou à l'aide d'un deuxième menu déroulant correspondant à une sous-catégorie (dans ce cas, la présence d'un menu déroulant est signalée par une petite flèche située à côté du bouton).

À noter, pour les utilisateurs de l'ancienne version MX, que dans la version 6 cette barre d'outils était gérée comme un panneau ancrable portant le même nom, doté de multiples onglets. Depuis la version MX 2004, ces sous-panneaux ont été redistribués dans les différentes catégories afin d'en limiter le nombre. Ainsi, par exemple, les anciens sous-panneaux `Tableaux`, `Cadres` et `Scripts` sont regroupés dans la version 8 au sein d'une catégorie unique nommée `HTML`. De même, une nouvelle catégorie `Favoris` a été ajoutée pour rassembler les éléments fréquemment utilisés. Pour accéder à la configuration de cette catégorie `Favoris`, il suffit de faire un clic droit dans le panneau et de choisir la dernière option `Personnaliser les favoris`. Sachez enfin que vous pouvez facilement revenir au système des onglets de la version 6 en sélectionnant la dernière option de cette liste déroulante (voir figure 2-61).

Dans le cadre de cet ouvrage, nous allons détailler uniquement les catégories qui permettent de produire des objets dynamiques.

Catégorie PHP

La catégorie `PHP` regroupe des outils spécifiques au langage PHP (voir figure 2-62). Toutes ces commandes peuvent être utilisées directement dans le code source en complétant manuellement leurs attributs. Cette catégorie est dédiée aux pages PHP et n'est visible que si le fichier de votre page a été enregistré avec l'extension .php, ou si vous avez précisé qu'il s'agissait d'un document dynamique PHP lors de sa création. Nous illustrerons l'utilisation de ces fonctions dans un prochain chapitre consacré à l'utilisation de l'éditeur de code. En effet, certaines de ces fonctions nécessitant d'être complétées directement dans l'éditeur de code, elles sont destinées à des utilisateurs avertis connaissant les bases du code PHP (ce que vous serez bientôt, au terme de la lecture du chapitre 5). Cependant, si vous désirez connaître les différentes fonctions de ces boutons, vous pouvez vous référer au descriptif de la figure 5-12.

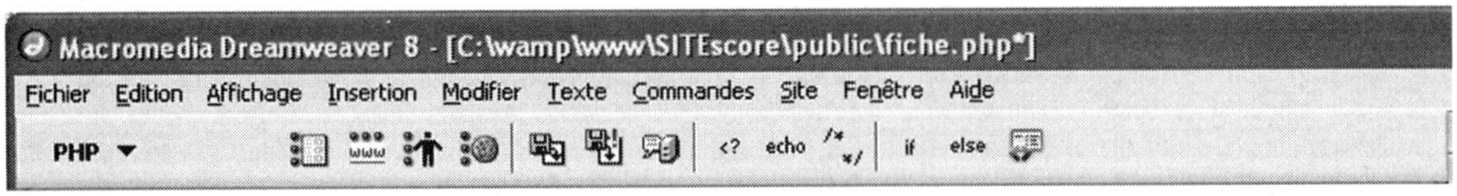

Figure 2-62
La catégorie PHP met à votre disposition toute une série de boutons qui vous permettront d'insérer du code PHP directement dans l'éditeur.

Catégorie Application

Le concept d'une application est de faciliter la création de scripts fréquemment employés, en exploitant un assistant qui utilise un ou plusieurs comportements de serveur. On retrouve ainsi de nombreuses similitudes entre les applications et les comportements de serveur (disponibles depuis le panneau `Application>Comportements de serveur`), voire des fonctions strictement identiques, hormis le fait que certaines seront déclenchées par un bouton de la barre d'outils `Insérer` et d'autres à l'aide d'un menu déroulant du panneau `Application`.

Contrairement aux boutons de la catégorie `PHP` destinés à une assistance en mode `Code`, ceux de la catégorie `Application` peuvent être exploités en mode `Création` et ne nécessitent donc aucune connaissance du code PHP pour être utilisés. Ces fonctions permettent de créer des scripts dynamiques en mode `Création` en complétant un simple formulaire de paramétrage. Certaines insertions proposées dans cette catégorie sont semblables, voire identiques, à celles des comportements de serveur proposés dans le panneau `Application` détaillé ci-après. Pour gérer ces nombreuses applications, les concepteurs Macromedia ont ajouté plusieurs menus déroulants regroupant ainsi les applications par thèmes (Données dynamiques, Afficher la région, Pagination du jeu...). Les fonctions des boutons et des menus déroulants de la catégorie `Application` sont les suivantes (voir figure 2-63 de gauche à droite) :

- `Insertion d'un jeu d'enregistrements` – ce bouton ouvre une fenêtre de configuration d'un jeu d'enregistrements. Un jeu d'enregistrements stocke des données issues d'une requête envoyée au serveur MySQL, et permet d'en disposer dans la page dynamique depuis la fenêtre `Liaisons` (cette fonction est identique à celle disponible depuis le sous-panneau `Applications/Comportements serveur` ou dans la catégorie `Liaisons`).
- `Insertion de données dynamiques` – ce bouton permet d'accéder à un menu déroulant afin d'insérer un tableau dynamique (un tableau dynamique est un tableau HTML qui contient toutes les données d'un jeu d'enregistrements), une variable dynamique disponible dans la fenêtre `Liaisons` (une variable dynamique peut être la valeur d'un champ particulier d'un jeu d'enregistrements ou une variable préalablement déclarée dans le panneau `Liaisons)`. À noter qu'on obtient le même résultat par un simple glisser-déplacer dans la fenêtre `Document` d'une donnée située dans la fenêtre `Liaisons`), ou tout élément dynamique d'un formulaire (champ texte, case à cocher, bouton radio, menu déroulant).
- `Insertion d'une région répétée` – ce bouton permet de répéter une zone définie autant de fois qu'il y a de données répondant à la requête demandée (cette fonction est identique à celle disponible depuis le sous-panneau `Applications/Comportements serveur`).
- `Afficher une région` – ce bouton permet d'accéder à un menu déroulant afin de rendre conditionnel l'affichage d'une région selon l'état d'un jeu d'enregistrements (vide ou non vide), ou selon la position de la page affichée dans le cas d'une gestion de données paginées (s'il s'agit ou non de la première ou de la dernière page).
- `Pagination du jeu d'enregistrements` – ce bouton permet d'accéder à un menu déroulant, afin d'insérer une barre de navigation complète (au format texte ou graphique) destinée à la gestion paginée de données issues d'un jeu d'enregistrements, ou à différents éléments de pagination utilisables individuellement (déplacer vers la première page, vers la précédente, vers la suivante ou vers la dernière).

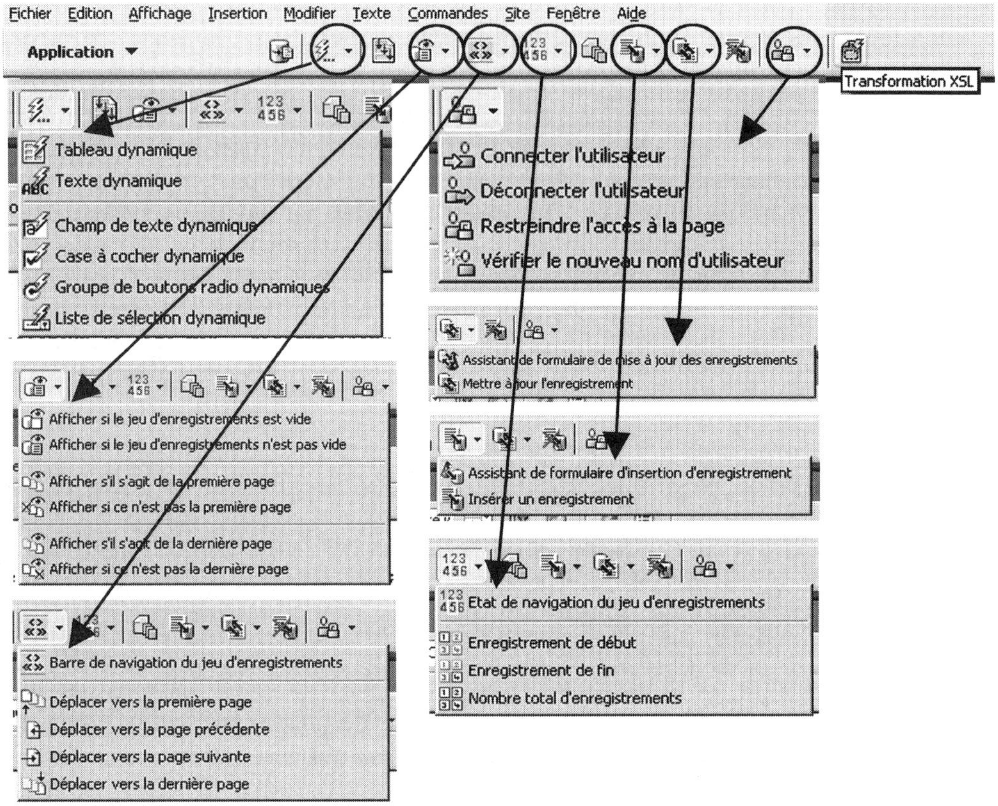

Figure 2-63

Les différents boutons et menus déroulants de la catégorie Application de la barre d'outils Insertion permettent d'ajouter très facilement des objets dynamiques dans une page en mode Création.

- `Afficher le nombre d'enregistrements` – ce bouton permet d'accéder à un menu déroulant afin d'insérer une barre d'état de navigation (texte dynamique qui indique les numéros des enregistrements affichés ; par exemple : `Enregistrement X à Y sur Z`), ou chacun de ses éléments individuellement (début, fin ou le nombre total d'enregistrements).
- `Ensemble des pages Principale-détails` – ce bouton permet de configurer rapidement un ensemble de pages afin d'afficher dans un premier temps la liste des résultats d'une requête, puis chacune des fiches détaillées correspondant à chaque résultat.
- `Insérer un enregistrement` – ce bouton permet d'accéder à un menu déroulant afin d'insérer un enregistrement dans la base à l'aide d'un assistant (cette fonction est complètement automatisée et vous propose d'intégrer très rapidement un formulaire d'insertion

adapté à la structure du jeu concerné) ou à l'aide du comportement `Insérer un enregistrement` (disponible aussi dans le panneau `Comportements de serveur`), qui nécessite la création préalable d'un formulaire avant d'intégrer le script d'insertion dans la base.

- `Mettre à jour l'enregistrement` – ce bouton permet d'accéder à un menu déroulant afin de mettre à jour un enregistrement de la base à l'aide d'un assistant (cette fonction est complètement automatisée et vous propose d'intégrer très rapidement un formulaire de mise à jour adapté à la structure du jeu concerné) ou à l'aide du comportement `Mettre à jour un enregistrement` (disponible aussi dans le panneau `Comportements de serveur`), qui nécessite la création préalable d'un formulaire avant d'intégrer le script de mise à jour de la base.
- `Supprimer l'enregistrement` – ce bouton permet d'intégrer dans la page le code nécessaire pour supprimer un enregistrement spécifique dans la base de données.
- `Authentification de l'utilisateur` – ce bouton permet d'accéder à un menu déroulant afin de configurer différents scripts pour gérer l'authentification d'un utilisateur (ces applications sont des nouveautés de la version 8 et n'étaient donc pas disponibles dans la première version de Dreamweaver MX). Vous pourrez ainsi configurer l'application `Connecter l'utilisateur` (script de vérification du login et du mot de passe de l'utilisateur dans la base de données ; si le résultat est positif, l'utilisateur pourra accéder aux pages protégées, sinon il sera redirigé vers une page d'erreur) ; `Déconnecter l'utilisateur` (script à insérer dans les pages protégées, qui permettra à l'utilisateur de se déconnecter par un simple clic sur un lien ou lors du chargement d'une page spécifique) ; `Restreindre l'accès à la page` (script à intégrer dans les pages que l'on désire protéger afin de contrôler si l'utilisateur a bien été préalablement authentifié) ; ou encore `Vérifier le nouveau nom d'utilisateur` (script qui examinera que le login à créer n'existe pas déjà dans la base de données lors de la création d'un nouveau compte utilisateur).
- `Transformation XSL` – ce bouton permet d'accéder à un formulaire de configuration permettant de créer une page XSLT côté serveur.

> **Configuration de l'affichage des attributs d'accessibilité des formulaires**
>
> Par défaut, Dreamweaver 8 fera apparaître un panneau de configuration des attributs d'accessibilité, lors de chaque ajout d'un nouvel objet de formulaire (ainsi que pour les cadres, médias et images). Tous les paramètres de cette boîte de dialogue étant optionnels, nous vous conseillons de désactiver l'affichage de cette boîte de dialogue en phase d'apprentissage pour les objets de formulaire, depuis le panneau `Préférences` (Menu : `Fichier>Préférences>Catégorie Accessibilité` puis décocher l'option `Afficher les attributs lors de l'insertion` pour les formulaires).

La fenêtre Document

La fenêtre `Document` est la fenêtre principale de l'espace de travail (voir figure 2-64). Elle apparaît sous trois formes possibles :

mode **Création** – zone représentant la page de création au format WYSIWYG (représentation graphique de la page identique à ce qu'on obtiendra dans le navigateur lors de la publication) ;

mode **Code** – zone d'affichage du code source de la page ;

mode **Mixte** – affichage combiné des deux fenêtres ci-après.

Pour passer d'un mode à l'autre, vous pouvez utiliser le menu **Affichage**, puis choisir le mode désiré (**Création**, **Code**, **Mixte**), ou encore utiliser les boutons correspondants de la barre d'outils (voir figure 2-64).

Figure 2-64

Selon votre profil, la fenêtre Document peut apparaître sous trois modes différents : mode Création (format WYSIWYG uniquement), mode Code (éditeur de code uniquement) ou mode Mixte comme dans la figure 2-64. Pour passer d'un mode à l'autre, vous pouvez utiliser les trois boutons de la barre d'outils Document (en haut à gauche de ce visuel). En bas de la fenêtre Document, vous disposez aussi d'un sélecteur de balises (à gauche), qui vous permettra de sélectionner facilement un élément de la page, et d'un indicateur de dimension et de transfert (à droite).

En mode **Code**, vous avez la possibilité de faire apparaître la liste complète des fonctions PHP classées par ordre alphabétique, en utilisant la touche **Ctrl** combinée avec la barre d'espace. Cette fonctionnalité est très pratique lorsque vous désirez saisir du code PHP (voir figure 2-65).

Figure 2-65

En mode Code, l'utilisation du raccourci clavier Ctrl + Espace vous permet d'afficher une liste des fonctions PHP mises à jour.

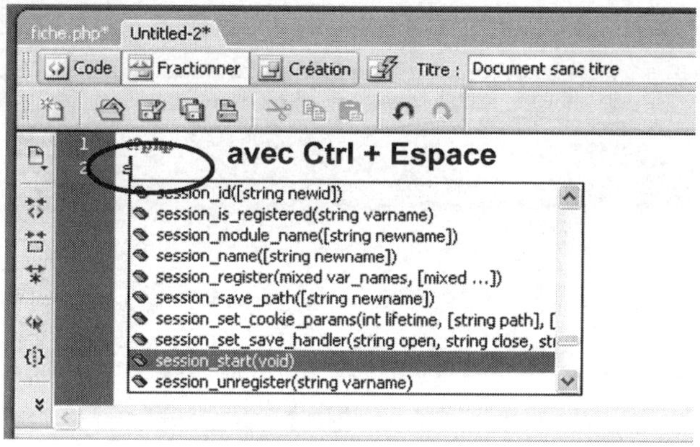

Onglets de sélection de page

Lorsque plusieurs pages sont ouvertes simultanément, vous pouvez passer de l'une à l'autre par le menu **Affichage**, puis en sélectionnant la page désirée en bas du menu. Une autre méthode, beaucoup plus rapide, consiste à utiliser les onglets de sélection des pages, placés en haut de la fenêtre (voir figure 2-66). Ces onglets peuvent aussi être déplacés latéralement à l'aide de deux petites flèches situées à droite du panneau, lorsque leur nombre est trop important par rapport à la largeur de la fenêtre.

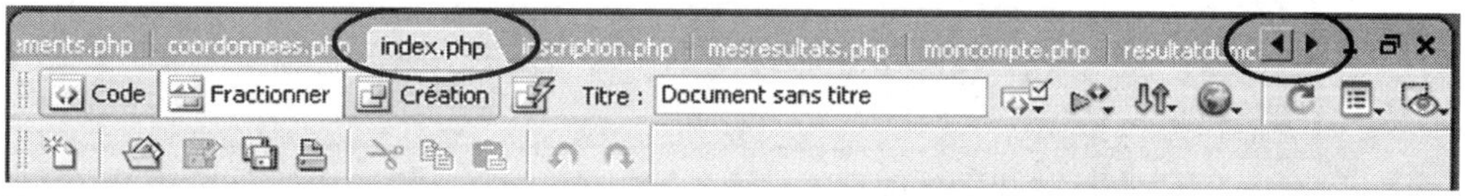

Figure 2-66

Pour passer rapidement d'une page ouverte à une autre, vous pouvez utiliser les onglets qui apparaissent en haut de la fenêtre Document.

Le sélecteur de balise

Cette fonction est très appréciable lorsqu'on désire sélectionner précisément un élément HTML de la page Web en mode **Création**. En effet, il suffit pour cela de cliquer sur la balise concernée dans le sélecteur (voir figure 2-67) pour que tout le code correspondant apparaisse en surbrillance. Ce sélecteur est également intéressant pour identifier la partie de code correspondant à un élément graphique ou à un tableau, car celle-ci est mise en surbrillance dans la zone de code.

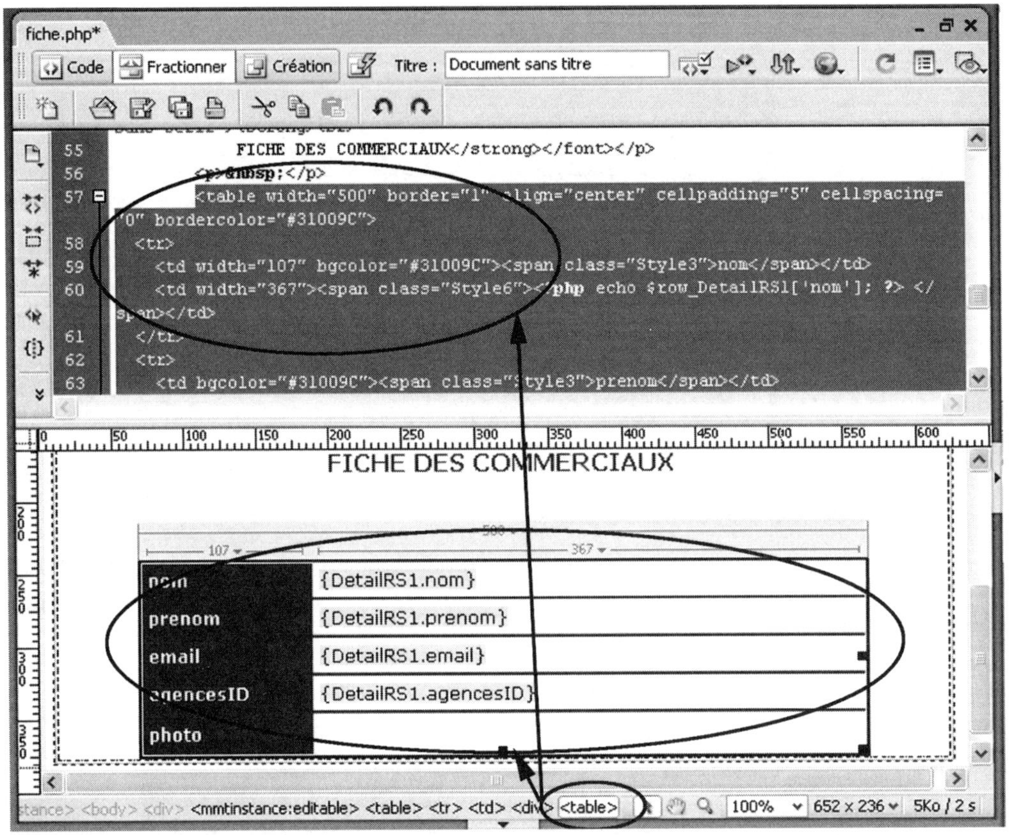

Figure 2-67

Le sélecteur de balise permet de sélectionner d'une manière précise et rapide une balise HTML du code source ou dans la fenêtre Document. Dans cet exemple, la balise <table> a été sélectionnée à l'aide du sélecteur de balise.

Les indicateurs de dimension et de transfert

L'indicateur de dimension (voir figure 2-68, à gauche) permet de sélectionner une résolution d'écran dans le menu déroulant qui s'affiche lors d'un clic sur la petite flèche située à droite de l'indicateur. Vous pouvez ainsi redimensionner automatiquement la fenêtre `Document` de votre espace de travail pour être dans la même configuration que l'internaute qui utilisera cette résolution d'écran.

L'indicateur de transfert donne le poids de la page (voir figure 2-68, à droite) et le temps nécessaire pour l'afficher sur un poste client selon le type de connexion dont il dispose. Par défaut, le type de connexion est paramétré pour réaliser les calculs dans le cas d'un modem de 28,8 Kbps. Vous pouvez cependant modifier ce paramètre dans le menu `Édition` puis `Préférences` et catégorie `Barre d'état` (voir figure 2-69), ou encore en cliquant sur la flèche de l'indicateur de dimension et en sélectionnant `Modifier la taille`.

Figure 2-68
Les indicateurs de dimension et de transfert permettent de tester vos pages en fonction de différents profils d'utilisateurs.

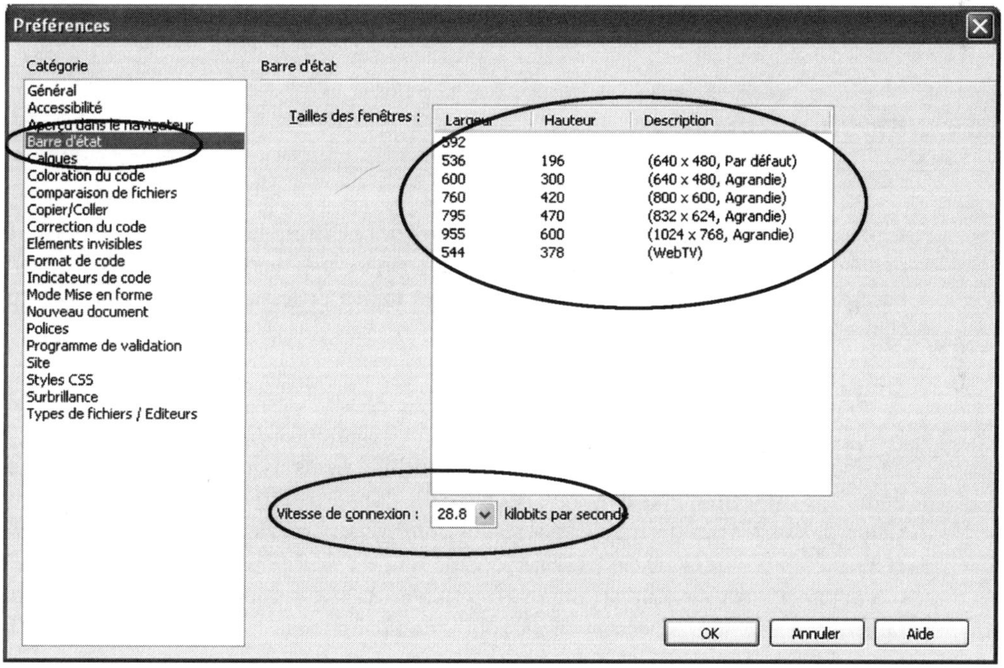

Figure 2-69
Le paramétrage des indicateurs de dimension et de transfert peut être modifié dans le panneau Préférences, catégorie Barre d'état.

Le panneau Résultat

Si vous cliquez sur l'onglet `Référence` du panneau `Résultat`, vous aurez la bonne surprise de découvrir que les manuels de poche PHP (actualisés avec les nouvelles fonctions PHP 5), SQL, ainsi que XSLT et XML des éditions O'Reilly, sont intégrés à la liste des ressources disponibles (voir figure 2-70). Vous pourrez vous y référer rapidement pour connaître tous les détails des fonctions PHP, des commandes SQL, des fichiers XML et des fonctions XSLT.

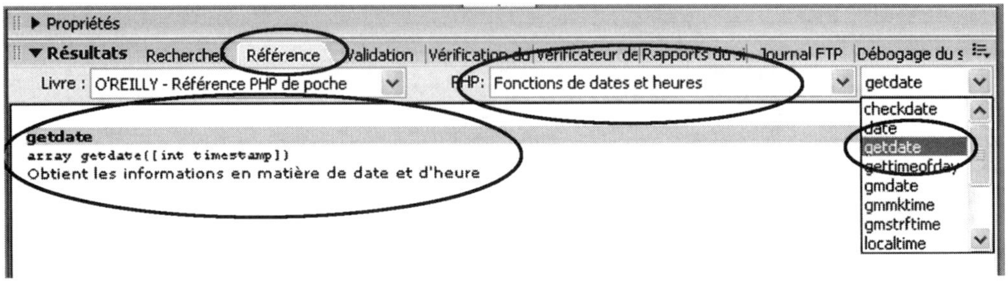

Figure 2-70
Les manuels PHP et SQL sont accessibles depuis l'onglet Référence du panneau Résultat

Le panneau Application

Onglet Bases de données

L'onglet `Bases de données` permet de configurer les différents paramètres d'une connexion à une base de données. La fenêtre du sous-panneau permet ensuite d'afficher la structure de la base de données en détaillant ses différentes tables et les champs qui la constituent (voir figure 2-71).

Onglet Liaisons

L'onglet `Liaisons` permet d'ajouter un élément dynamique directement dans votre page avec un simple glisser-déplacer. Avant de disposer d'éléments dynamiques dans cet onglet, il faut définir le moyen d'accéder aux sources de données, en cliquant sur le bouton `+` (voir figure 2-72). Si vous désirez accéder à des données stockées dans une base de données, il faut créer un jeu d'enregistrements, aussi appelé requête SQL. Vous serez aussi amené à utiliser des données issues d'autres sources (formulaire, URL, session, cookie, variables de serveur ou encore variables d'environnement) et il faudra alors créer une liaison adaptée à chacune de ces sources.

Onglet Comportements

Un comportement serveur est un script côté serveur (en PHP dans le cadre de cet ouvrage) qui réalise une action définie. L'onglet `Comportements de serveur` du panneau `Application` permet d'insérer un comportement côté serveur aussi simplement que pour ajouter un comportement classique côté client (code JavaScript intégré dans la page HTML). Vous n'avez absolument pas besoin de connaître des instructions PHP pour intégrer un comportement dans votre page, car il suffit de compléter un simple formulaire pour le configurer. Notez que vous retrouvez des comportements semblables, voire identiques, dans le sous-panneau

Figure 2-71
L'onglet Bases de données du panneau Application affiche tous les éléments de la base à laquelle on peut accéder dès que la connexion est établie.

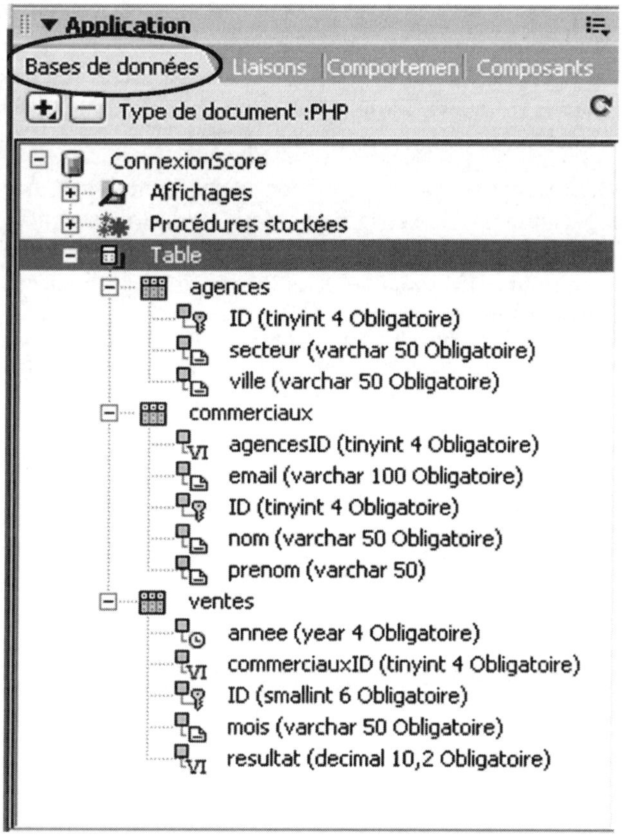

Figure 2-72
L'onglet Liaisons du panneau Application permet d'ajouter facilement des éléments dynamiques dans la page par un simple glisser-déplacer. Toutefois, avant de disposer de ces éléments, il faut créer un jeu d'enregistrements ou déclarer une variable dynamique en cliquant sur le bouton +.

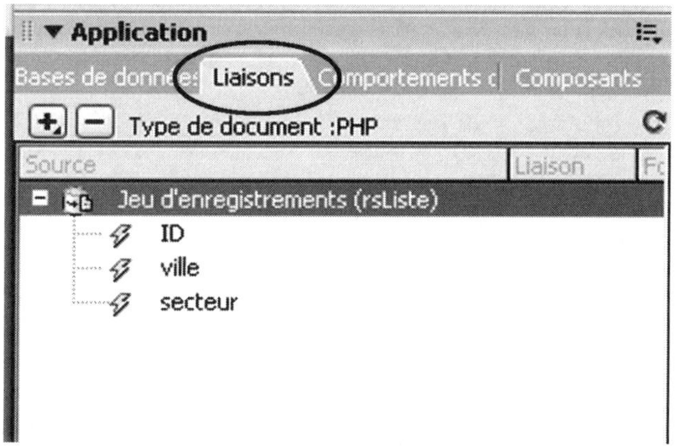

`Application` de la barre d'outils `Insertion`. Pour afficher les comportements disponibles, il suffit de cliquer sur le bouton + du panneau. Par défaut, vous disposez d'une série de comportements standards, mais par la suite, vous pourrez aussi créer vos propres comportements serveur et les ajouter à ce menu. Parmi les comportements serveur disponibles par défaut, vous trouvez les fonctions suivantes (voir figure 2-73) :

- `Jeu d'enregistrements (requête)` – fonction de configuration d'un jeu d'enregistrements. Un jeu d'enregistrements stocke des données issues d'une requête envoyée au serveur MySQL et permet d'en disposer depuis la fenêtre `Liaisons`. Ce script de requête SQL est identique à celui qui est disponible dans l'onglet `Liaisons` ou depuis le sous-panneau `Insertion/Application`.
- `Région répétée` – permet de répéter une zone définie autant de fois qu'il y a de données répondant à la requête demandée. Cette fonction est identique à celle qui est disponible depuis le sous-panneau `Insertion/Application`.

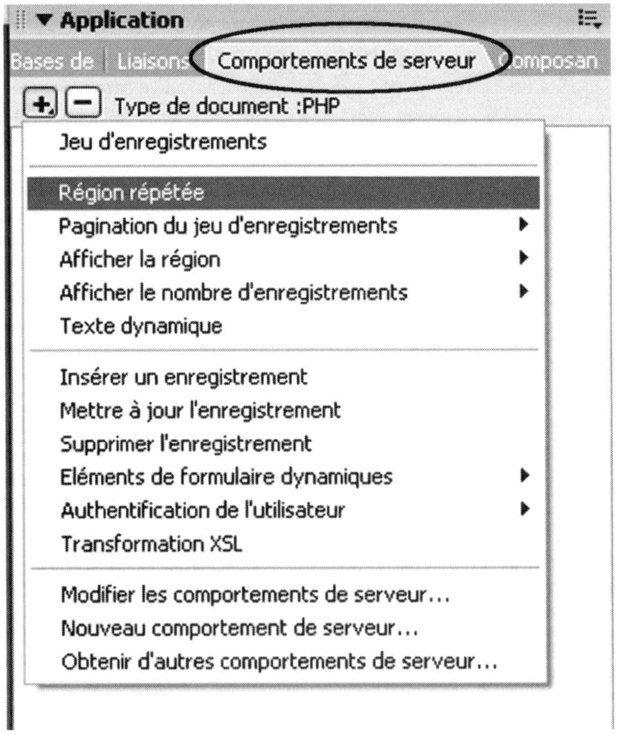

Figure 2-73
L'onglet Comportements du panneau Application permet d'intégrer des scripts serveur en mode Création sans avoir à saisir une seule instruction PHP.

- `Pagination d'un jeu d'enregistrements` – permet d'afficher les résultats d'une requête avec un nombre défini de données par page (plusieurs options possibles).

- `Afficher une région` – permet d'afficher ou de masquer une région définie d'une page selon les résultats d'une requête (plusieurs options possibles).
- `Afficher le nombre d'enregistrements` – permet d'afficher le nombre de données issues d'une requête (plusieurs options possibles).
- `Texte dynamique` – permet d'afficher des données issues d'une requête en un endroit défini de la page. Cette fonction est identique à celle qui est disponible depuis le sous-panneau `Insertion/Application` ou par glisser-déplacer depuis le panneau `Liaisons`.
- `Insérer un enregistrement` – permet de créer le script complémentaire à un formulaire d'ajout d'un nouvel enregistrement (le formulaire doit déjà être créé).
- `Mettre à jour un enregistrement` – permet de créer le script complémentaire à un formulaire de modification d'un enregistrement préalablement sélectionné (le formulaire doit déjà être créé).
- `Supprimer un enregistrement` – permet de créer un script de suppression d'un enregistrement préalablement sélectionné.
- `Élément de formulaire dynamique` – permet d'intégrer dans un formulaire des éléments dynamiques (champ, case, bouton, liste, menu) qui seront initialisés par des valeurs issues du panneau `Liaisons` (jeu d'enregistrements, variable de session, variable de serveur, paramètres d'URL...).
- `Authentification de l'utilisateur` – permet de configurer différents scripts pour gérer l'authentification d'un utilisateur. Vous pourrez ainsi configurer l'application `Connecter l'utilisateur` (script de vérification du login et du mot de passe de l'utilisateur dans la base de données ; si le résultat est positif, l'utilisateur pourra accéder aux pages protégées, sinon il sera redirigé vers une page d'erreur) ; `Déconnecter l'utilisateur` (script à insérer dans les pages protégées, qui permettra à l'utilisateur de se déconnecter par un simple clic sur un lien ou lors du chargement d'une page spécifique) ; `Restreindre l'accès à la page` (script à intégrer dans les pages que l'on désire protéger afin de vérifier si l'utilisateur a bien été préalablement authentifié) ; ou encore `Vérifier le nouveau nom d'utilisateur` (script qui vérifiera que le login à créer n'existe pas déjà dans la base de données lors de l'enregistrement d'un nouveau compte utilisateur).
- `Transformation XSLT -` permet de configurer un formulaire afin de créer une page XSLT côté serveur.

Le panneau Fichiers

Onglet Fichiers

La fenêtre de ce sous-panneau permet d'afficher l'arborescence des fichiers du site, mais aussi l'arborescence complète de votre ordinateur (voir figure 2-75). Elle fonctionne de la même façon que l'explorateur Windows, grâce à la branche `Bureau` située en bas de la fenêtre, qui permet d'accéder à tous les fichiers situés sur votre ordinateur. On peut ainsi ouvrir n'importe quel fichier du site actif ou des autres sites sans quitter l'interface de Dreamweaver, et le déplacer ou le copier par un simple glisser-déplacer. Cependant, si vous faites glisser un fichier d'un autre site, Dreamweaver le copie, puis l'ajoute à l'emplacement où vous le déposez ; si au contraire vous le faites glisser au sein du même site, Dreamweaver le déplace depuis son emplacement initial vers l'emplacement où vous le déposez. Vous pouvez également rechercher un fichier sur le site local ou distant. Utilisez pour cela les commandes `Retrouver sur le site local` et `Retrouver sur le site distant` du menu `Modifier`. Notez que si vous cherchez un texte ou une balise à l'intérieur d'un fichier, il faut alors utiliser une autre commande, accessible cette fois depuis le menu de l'interface de travail : `Édition>Rechercher et remplacer`.

Les actions de la barre de boutons sont décrites ci-après (voir figure 2-75, de gauche à droite) :

- `Connecter à un hôte distant` – permet d'établir la connexion par FTP (*File Transfert Protocol*) avec le site distant. Une fois la connexion établie, les répertoires de votre serveur distant sont visibles dans la fenêtre si vous sélectionnez le choix `Affichage distant` dans le menu déroulant de droite.
- `Actualiser` – met à jour les répertoires du site local et du site distant (cette action peut aussi être provoquée par une action sur la touche F5). Ce bouton est utilisé pour déclencher manuellement une mise à jour des répertoires si vous n'avez pas activé les options `Actualiser automatiquement la liste des fichiers locaux` ou `Actualiser automatiquement la liste des fichiers distants` dans la boîte de dialogue `Définition du site`.
- `Acquérir` – permet de transférer les fichiers sélectionnés de votre serveur distant vers le disque dur de votre ordinateur. Il est à noter que le fichier transféré de cette manière est copié au même niveau sur l'arborescence du site local que celui où il était placé sur le site distant (au besoin, si le répertoire n'existe pas, il est créé lors du transfert).
- `Placer` – permet de réaliser l'opération inverse, à savoir, de placer des fichiers de votre disque dur vers le serveur distant. Comme pour la fonction `Acquérir`, le fichier est copié au même niveau sur l'arborescence du site distant que celui où il se trouvait côté local.
- `Extraire` – ce bouton est utilisable uniquement si l'option `Activer l'archivage et l'extraction de fichier` est activée pour le site en cours (option à configurer dans la boîte de dialogue `Définition du site`). Dans ce cas, il transfère une copie du fichier du serveur distant vers le site local et donne au fichier l'état `extrait` sur le serveur.
- `Archiver` – ce bouton est utilisable uniquement si l'option `Activer l'archivage et l'extraction de fichier` est activée pour le site en cours (option à configurer dans la boîte de dialogue `Définition du site`). Dans ce cas, il transfère une copie du fichier local vers le serveur distant, de manière à ce qu'il puisse être modifié par d'autres membres de l'équipe. Le fichier local passe alors en lecture seule.

Figure 2-74
Si vous travaillez en équipe, vous pouvez activer l'extraction et l'archivage dans la fenêtre Définition d'un site, onglet Avancé, rubrique Infos distantes. Vous devez alors préciser le nom associé au fichier que vous manipulez ainsi que votre adresse e-mail.

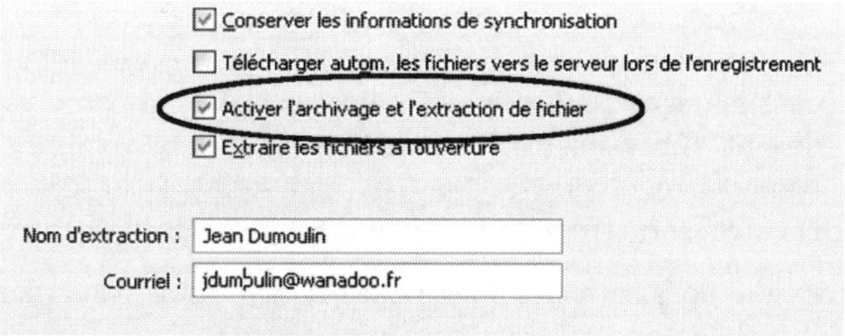

Figure 2-75
L'onglet Site du panneau Fichiers affiche la liste des fichiers d'un site, et en autorise la gestion et l'organisation.

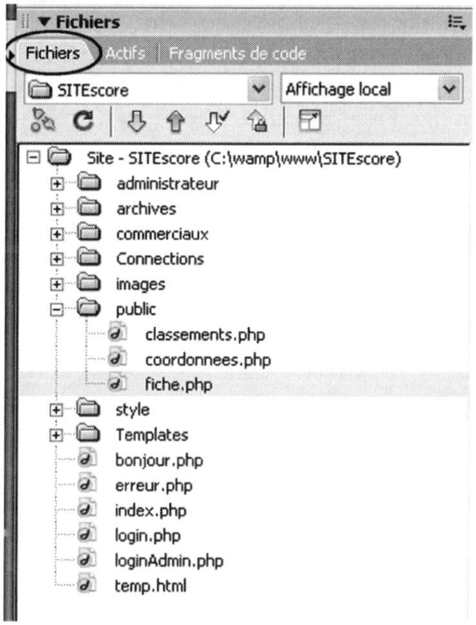

Utilisez Archiver et Extraire uniquement pour le travail en équipe

Si vous travaillez en équipe, vous avez la possibilité d'archiver et d'extraire des fichiers sur les serveurs local et distant. L'utilisation de l'extraction permet d'indiquer que vous êtes actuellement en train de travailler sur le fichier, et évite qu'une autre personne puisse le modifier au même moment. Lorsqu'un fichier est extrait, Dreamweaver affiche le nom de la personne qui l'a ouvert dans le panneau `Site`, ainsi qu'une coche rouge (si le fichier a été récupéré par un membre de l'équipe autre que vous-même) ou verte (si c'est vous qui avez extrait le fichier) en regard de son icône. En ce qui concerne l'archivage d'un fichier, cela équivaut à le mettre à la disposition des autres membres de l'équipe, qui peuvent le consulter et le modifier. Lorsque vous archivez un fichier après l'avoir changé, la version locale de ce fichier devient accessible en lecture seule et un cadenas apparaît en regard du fichier dans le panneau `Site` pour vous empêcher de l'altérer. Si vous êtes la seule personne à travailler sur le serveur distant, nous vous conseillons de ne pas valider l'extraction et l'archivage dans la fenêtre `Définition d'un site` (onglet `Avancé`, rubrique `Infos distantes`) et d'utiliser uniquement les commandes `Acquérir` et `Placer` pour transférer des fichiers sans avoir à les archiver ou à les ouvrir.

- `Développer/Réduire` – (sous Windows uniquement) permet de faire apparaître l'interface FTP en pleine page et d'obtenir un affichage à deux volets. Dans la partie droite sont affichés les fichiers du site local, alors que dans la partie gauche sont visibles ceux du site distant. Cette interface n'est autre que le développement du sous-panneau `Site` et comporte une barre de boutons identique à celle décrite ci-dessus. Le même bouton `Développer/Réduire` permet de revenir à l'espace de travail.

En dessous de la barre des boutons se trouvent deux menus déroulants, dont les fonctions sont décrites ci-dessous (voir figure 2-75) :

Le menu déroulant `Site` indexe tous les sites que vous avez définis et permet de changer de site en le sélectionnant dans sa liste. Pour ajouter un site ou modifier les informations d'un site existant, choisissez `Modifier les sites` en bas du menu ; la fenêtre `Définition du site` s'affiche alors à l'écran (reportez-vous à la section « Configuration d'un site dynamique » ci-après pour plus d'informations sur les champs de cette fenêtre).

Le menu déroulant `Affichage` permet de choisir les fichiers qui sont visibles dans la fenêtre du panneau. Vous pouvez ainsi sélectionner l'affichage des fichiers du site local, du site distant, du site d'évaluation ou encore ouvrir une carte graphique du site basée sur la relation entre les documents.

Onglet Actifs

Cet onglet permet d'accéder à toutes les ressources communes (`actifs`) utilisées dans le site concerné (voir figure 2-76). Vous pouvez insérer la plupart des `actifs` d'un site dans un document, en les faisant glisser dans la fenêtre de document en mode `Code` ou en mode `Création`, ou bien en utilisant le bouton `Insérer`. Différentes catégories d'`actifs` sont disponibles : image, couleur, URL, flash, film, script, modèle, bibliothèque. Par exemple, vous pouvez appliquer des couleurs à un texte sélectionné en mode `Création` ou encore insérer une image ou une URL dans un document. Tous les `actifs` peuvent donc être ajoutés à un document ou être attribués à un de ses éléments, excepté les modèles, qui doivent être affectés au document entier.

Le panneau Propriétés

Le panneau `Propriétés` est contextuel et affiche toutes les informations ou paramètres liés à l'objet sélectionné (voir figure 2-77). Par exemple, si vous choisissez une image, il liste tous les attributs de l'image, comme sa hauteur, sa largeur, l'emplacement du fichier image dans l'arborescence du site, le type d'alignement de l'image dans la page ou encore l'URL vers laquelle elle établit un lien s'il s'agit d'une image cliquable. Ces attributs peuvent être ainsi facilement modifiés grâce aux champs correspondants dans le panneau `Propriétés`. Dans le coin inférieur droit du panneau, une petite flèche vous permet d'accéder à des attributs supplémentaires qui permettent une configuration avancée de l'objet sélectionné.

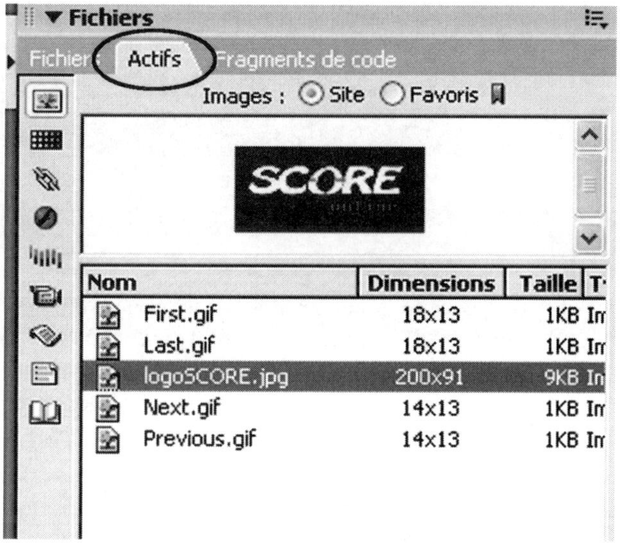

Figure 2-76
L'onglet Actifs du panneau Fichiers permet de stocker des éléments (images, couleurs, URL, modèles...), de manière à pouvoir les insérer rapidement dans les différentes pages du site.

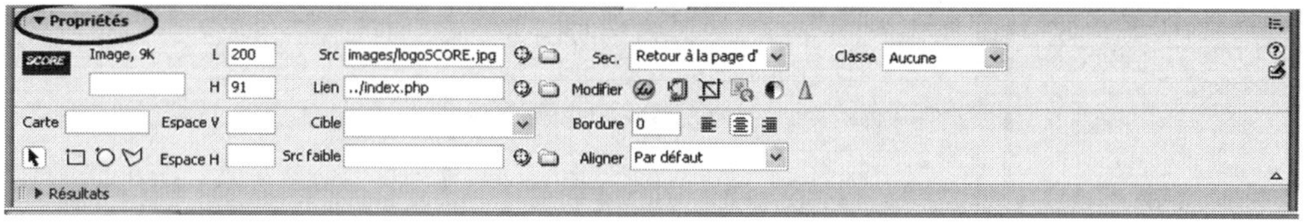

Figure 2-77
Le panneau Propriétés d'une image permet de changer facilement les valeurs de ses différents attributs.

Pour certains objets, le panneau comporte des boutons de liaison dynamique (icône représentant un éclair), qui permettent de lier l'objet à une source dynamique (voir figure 2-78). Ces boutons sont particulièrement intéressants pour réaliser des objets de formulaire dynamique (dans ce cas, la valeur par défaut est initialisée par une donnée dynamique), ou encore pour récupérer une source de données afin d'afficher une image dynamique. Ces boutons étant gérés par des scripts dynamiques, ils n'apparaissent dans le panneau `Propriétés` d'un élément que si la page porte l'extension `.php`.

Le panneau Historique

Le panneau `Historique` (voir figure 2-79) vous sera fort utile pour revenir en arrière en annulant les dernières actions effectuées. En effet, ce panneau garde en mémoire une trace de vos cinquante dernières actions, ce qui permet d'annuler plusieurs étapes d'un coup ou de répéter celles déjà effectuées. Il est à noter que vous pouvez augmenter ou diminuer cette valeur par le biais de la fenêtre des préférences générales en précisant le nombre maximal d'étapes de

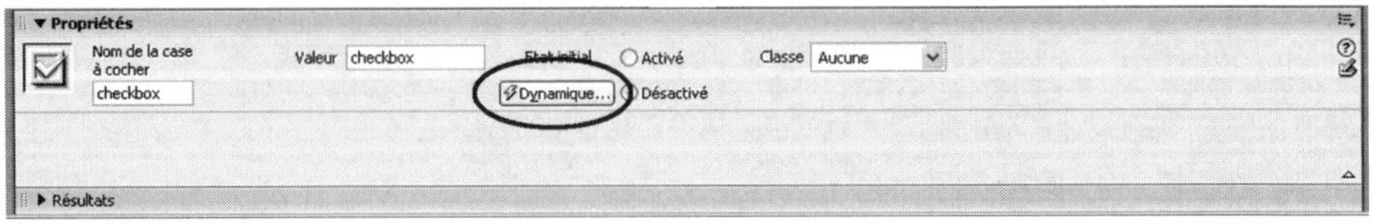

Figure 2-78
Le panneau Propriétés d'un élément de formulaire contient un bouton Dynamique qui permet de le lier à une source dynamique.

l'historique (pour accéder à cette fenêtre : depuis le menu, cliquez sur `Édition>Préférences>Général`). Si le panneau `Historique` n'est pas présent dans votre espace de travail, vous pouvez l'afficher par le menu `Fenêtre>Historique` ou encore en utilisant la combinaison de touches `Maj + F10`. Sachez cependant que pour annuler la dernière action réalisée, vous pouvez utiliser la commande universelle `Ctrl + Z` (pour PC) ou `Pomme + Z` (pour Mac).

Figure 2-79
Le panneau Historique mémorise toutes vos actions et vous permet d'annuler rapidement les dernières actions effectuées.

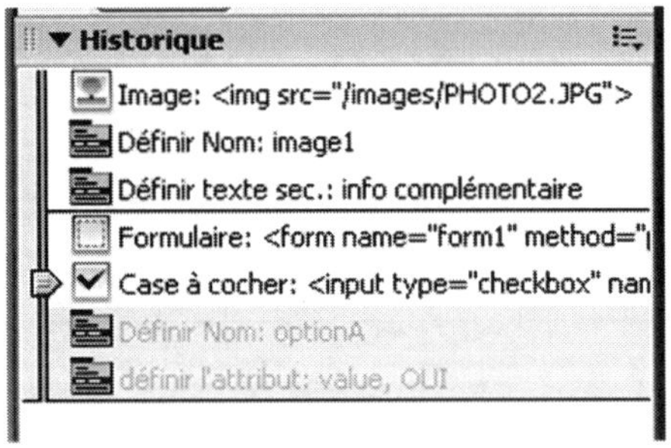

Configuration d'un site dynamique dans Dreamweaver 8

Avant même de commencer sa première page avec Dreamweaver, il est fortement recommandé de définir la configuration du site, surtout si vous désirez développer des pages dynamiques en interaction avec une base de données. Vous devez pour cela préciser l'emplacement de vos fichiers sur votre serveur local, la technologie serveur employée (PHP dans notre cas), la manière dont vous allez accéder au serveur d'évaluation, ou encore si vous désirez partager votre serveur distant et comment vous comptez y transférer vos fichiers.

Depuis le menu, sélectionnez `Site` puis `Gérer les sites`. Dans le panneau `Gérer les sites`, cliquez ensuite sur le bouton `Nouveau` (voir figure 2-80). La fenêtre `Définition d'un site` s'affiche alors à l'écran. Vous pouvez utiliser l'assistant (onglet `Élémentaire`) ou le mode `Avancé` (onglet `Avancé`). Dans le cadre de cette première création, nous allons utiliser l'assistant. Nous commenterons les écrans de l'onglet `Avancé` à l'occasion de la modification du paramétrage de ce même site dans la partie suivante.

Figure 2-80
Pour créer un nouveau site, choisissez dans le menu : Site>Gérer les sites, puis cliquez sur le bouton Nouveau et sélectionnez Site dans la liste déroulante qui s'affiche.

Définition d'un nouveau site en mode assisté étape par étape

Étape 1 : modification des fichiers

Partie 1 – Saisir le nom du site `SITEscore` dans le champ de la première fenêtre de la définition d'un site (voir figure 2-81 : si vous ne voyez pas cet écran, vérifiez que vous êtes bien sous l'onglet `Élémentaire`).

Partie 2 – L'écran suivant vous demande si vous désirez utiliser une technologie serveur. Validez l'option `Oui` puis sélectionnez PHP MySQL dans le menu déroulant qui s'affiche alors dans la même fenêtre. Confirmez vos choix en cliquant sur le bouton `Suivant` (voir figure 2-82).

Partie 3 – Vous devez maintenant choisir comment vous allez travailler sur vos fichiers pendant le développement. Vous avez les choix suivants :

- modifier et tester localement (mon serveur d'évaluation est situé sur cet ordinateur) ;
- modifier localement, puis télécharger sur le serveur distant d'évaluation ;
- modifier directement sur le serveur distant d'évaluation à l'aide du réseau local ;
- modifier directement sur le serveur distant à l'aide d'une connexion FTP ou RDS.

Vous allez choisir la première option (voir figure 2-83), puisque vous comptez travailler avec la suite Wamp5 qui est installée sur votre ordinateur et vous permettra de tester localement vos fichiers dynamiques. Un autre champ, en bas, vous demande de préciser le lieu de stockage de vos fichiers sur votre ordinateur. Cliquez sur l'icône du répertoire, à droite du champ, pour parcourir votre disque local à l'aide de l'explorateur de fichiers (voir figure 2-84) et placez-vous sous le répertoire `C:\wamp\www\`. Ce répertoire correspond à la racine de votre serveur Web, et vous devez voir le répertoire `SITEscore` déjà créé dans la partie précédente (si le répertoire du site n'existe pas encore, vous pouvez le créer à ce niveau en cliquant sur

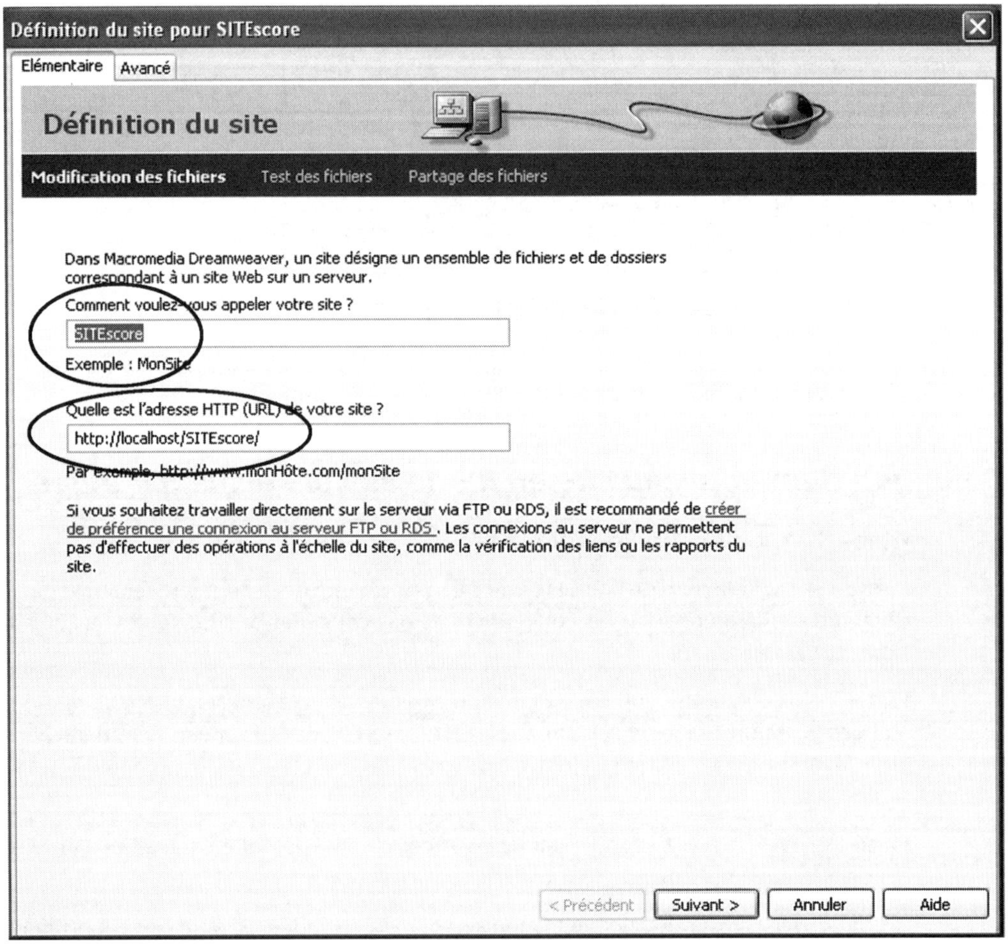

Figure 2-81
La première étape de configuration d'un site consiste à saisir le nom du projet auquel il se rapporte.

l'icône `Créer un nouveau répertoire` en haut à droite de la fenêtre de l'explorateur). Cliquez deux fois sur ce répertoire pour l'ouvrir, puis sur le bouton `Sélectionner` pour valider votre choix. De retour à l'écran de la partie 3, cliquez sur le bouton `Suivant`.

Étape 2 : test des fichiers

Dreamweaver utilise le protocole HTTP pour communiquer avec votre serveur d'évaluation local ; c'est pourquoi il a besoin de connaître l'URL que vous utiliserez pour tester votre site. Le champ concerné est déjà initialisé par l'URL `http://localhost/` ; il ne vous reste plus qu'à ajouter le nom du répertoire correspondant à votre nouveau site, soit : `http://localhost/`

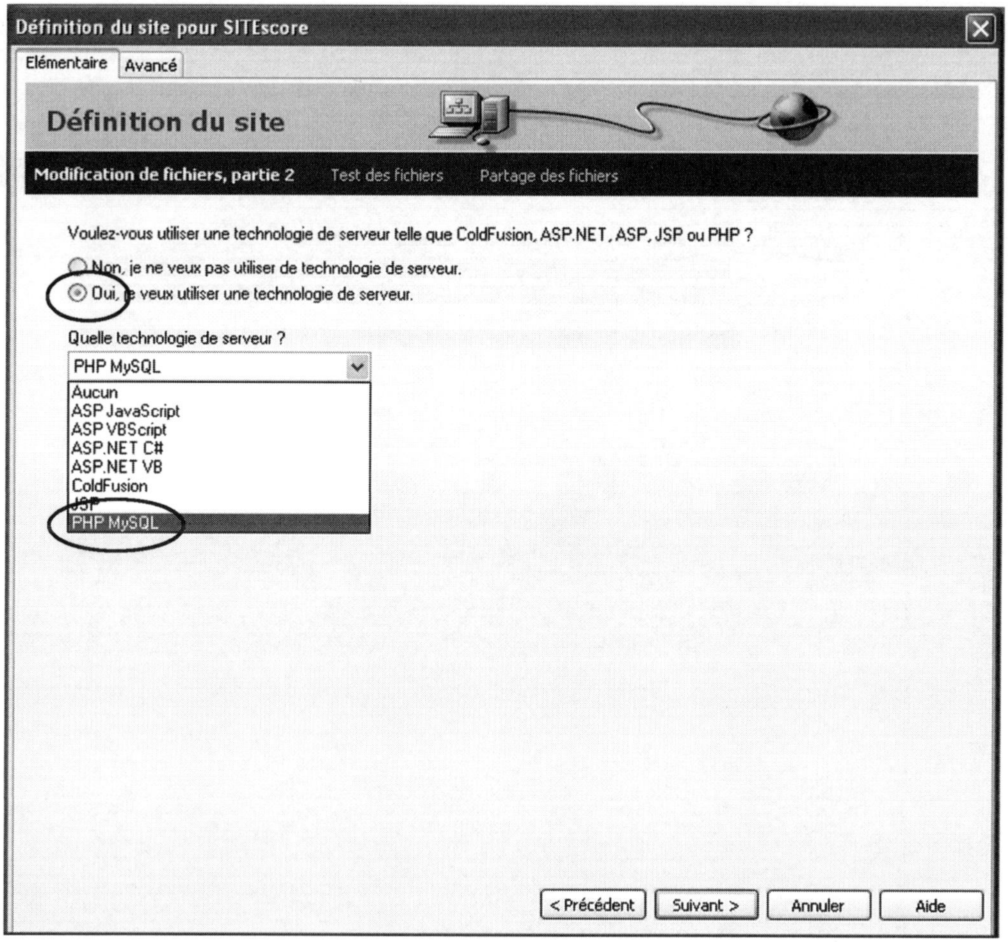

Figure 2-82

Pour réaliser un site dynamique, il faut indiquer que vous désirez utiliser une technologie serveur et la choisir dans le menu déroulant (choisissez PHP dans le cadre de cet ouvrage).

`SITEscore/`. Si Wamp5 est actif, vous pouvez cliquer sur le bouton `Tester` l'URL afin de vous assurer que tout est en état de fonctionner (voir figure 2-85). Un message vous indiquant que le test du préfixe de l'URL a réussi s'affiche ; si ce n'est pas le cas, vérifiez que Wamp5 est bien démarré (clic droit sur son icône) et que le répertoire sélectionné a bien été créé. Cliquez ensuite sur `Suivant` pour confirmer votre choix.

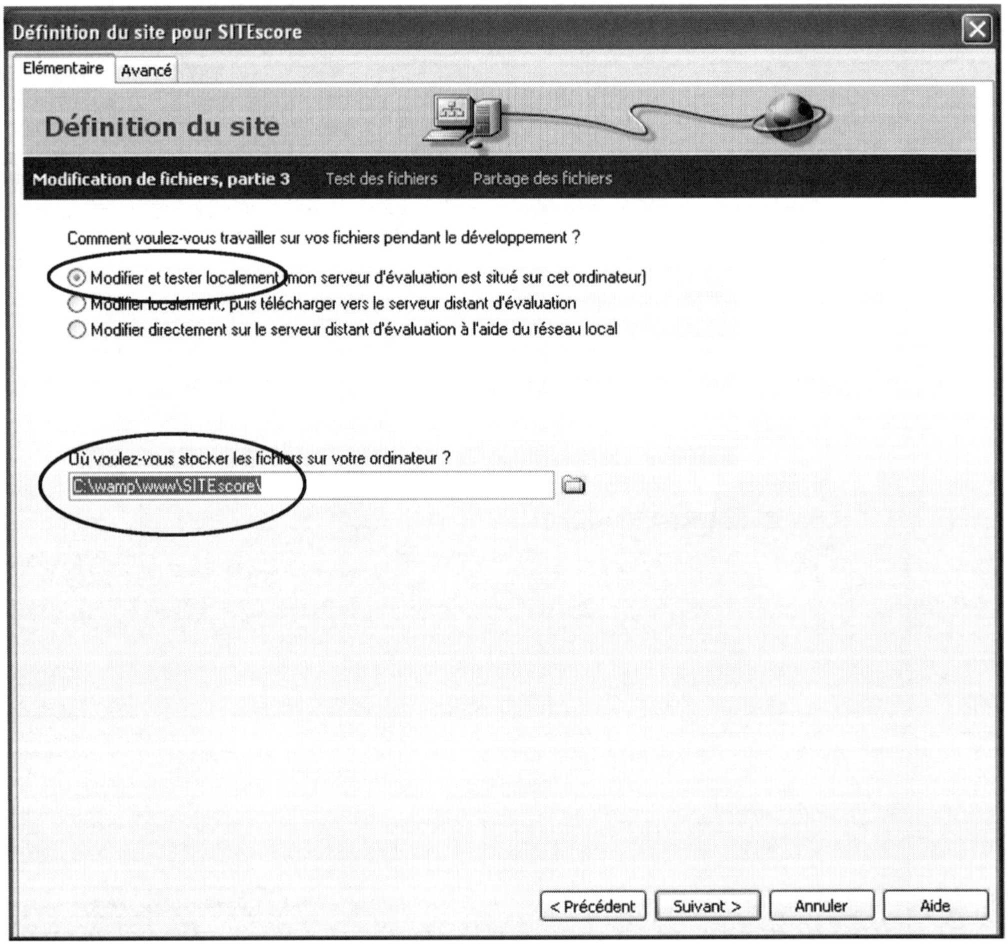

Figure 2-83

Si vous avez installé Wamp5 sur votre ordinateur et que vous désirez l'utiliser comme serveur d'évaluation, il faut choisir la première option Modifier et tester localement. Sur ce même écran, vous devez aussi sélectionner le répertoire de votre ordinateur sur lequel seront enregistrés les fichiers de votre site.

Étape 3 : partage des fichiers

Le dernier écran de configuration vous demande si vous désirez partager un serveur distant avec les membres de votre équipe. Cliquez sur `Non` dans un premier temps et validez ensuite en cliquant sur le bouton `Suivant`. Vous pourrez évidemment configurer ultérieurement les paramètres de votre serveur distant. Nous commenterons d'ailleurs ci-après la démarche à suivre pour ajouter les paramètres d'un site distant en utilisant les écrans de l'onglet `Avancé`.

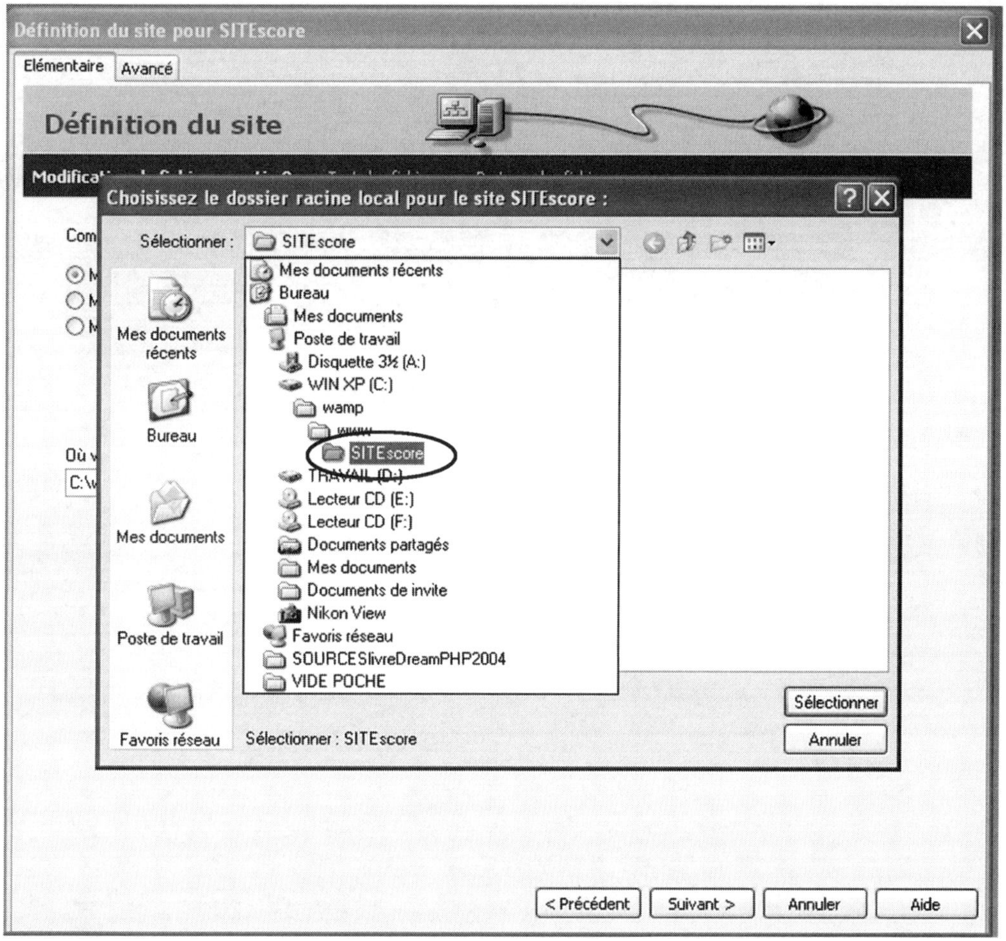

Figure 2-84

Utilisez l'explorateur de fichiers pour sélectionner le répertoire SITEscore.

Étape finale : résumé

La dernière partie résume tous les paramètres choisis lors des étapes de la définition de ce nouveau site (voir figure 2-87). Assurez-vous que chacune des options désirées soit correcte et cliquez sur le bouton `Terminé` pour valider. À l'affichage du panneau `Gérer les sites`, cliquez de nouveau sur le bouton `Terminé` : Dreamweaver enregistre alors tous les paramètres dans le cache et retourne à l'espace de travail en présélectionnant le panneau `Fichiers` (onglet `Fichiers`) sur le répertoire local `SITEscore` (voir figure 2-88).

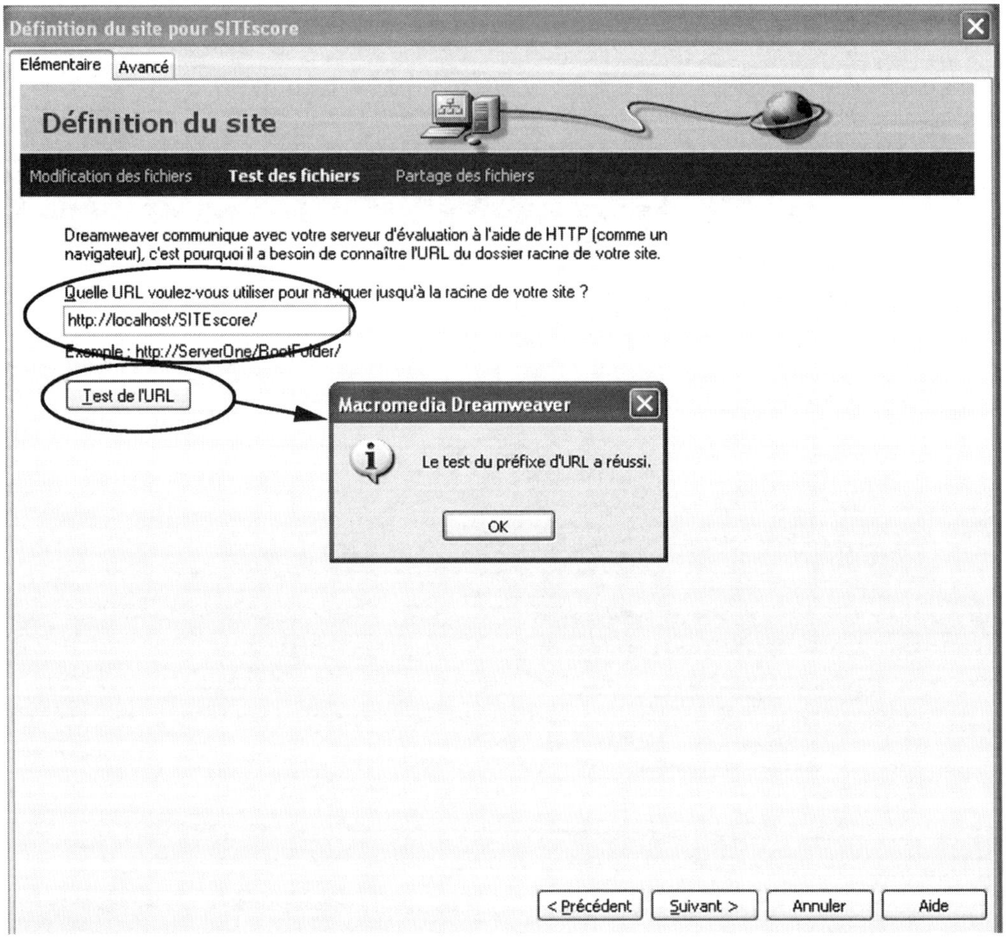

Figure 2-85

Complétez l'URL suggérée par Dreamweaver en ajoutant SITEscore à la suite, puis assurez-vous que celle-ci est active en cliquant sur le bouton Tester.

Modification de la définition d'un site en mode Avancé

Pour modifier les paramètres d'un site préalablement configuré, vous pouvez parcourir à nouveau tous les écrans détaillés lors de sa création et intervenir dans l'écran concerné (onglet `Élémentaire`). Une autre solution consiste à utiliser les rubriques de l'onglet `Avancé`, qui permettent de modifier plus rapidement tous les paramètres du site. Nous vous proposons d'utiliser cette deuxième méthode pour illustrer l'ajout des paramètres FTP d'un site distant. L'accès à votre site distant vous permettra par la suite de publier votre site sur votre serveur de production, mais il ne peut être réalisé que si vous disposez d'un hébergement et des para-

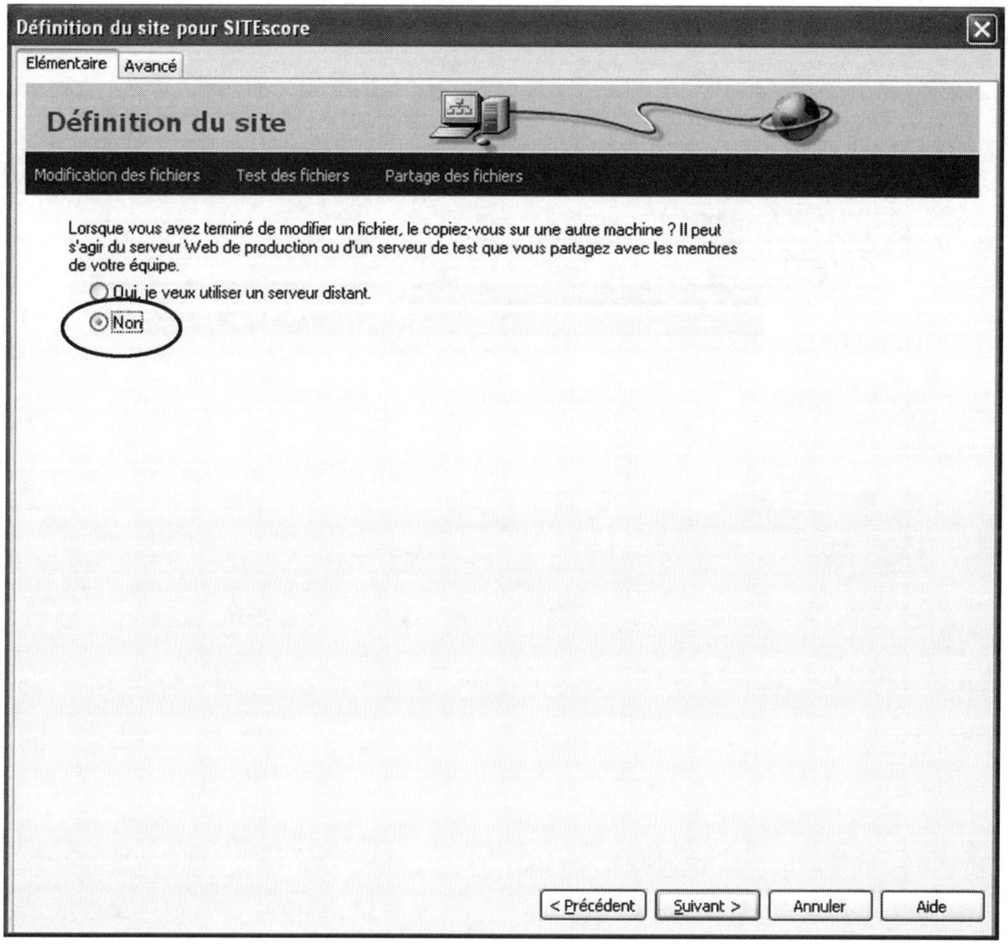

Figure 2-86
Dans un premier temps, nous ne configurerons pas les paramètres du site distant.

mètres de son compte FTP. Si tel n'est pas le cas, vous pourrez bien sûr modifier ces informations ultérieurement lors de la mise en ligne de votre site. Cela ne change rien aux procédures de développement de votre site qui suivent, puisqu'il sera testé en local sur votre ordinateur.

Depuis le menu, sélectionnez `Site>Gérer les sites` afin d'afficher la fenêtre `Gérer les sites` (voir figure 2-89). Cette fenêtre comporte une zone de sélection des sites déjà installés sur votre ordinateur et plusieurs boutons dans la partie de droite :

- `Nouveau` – pour créer un nouveau site ;

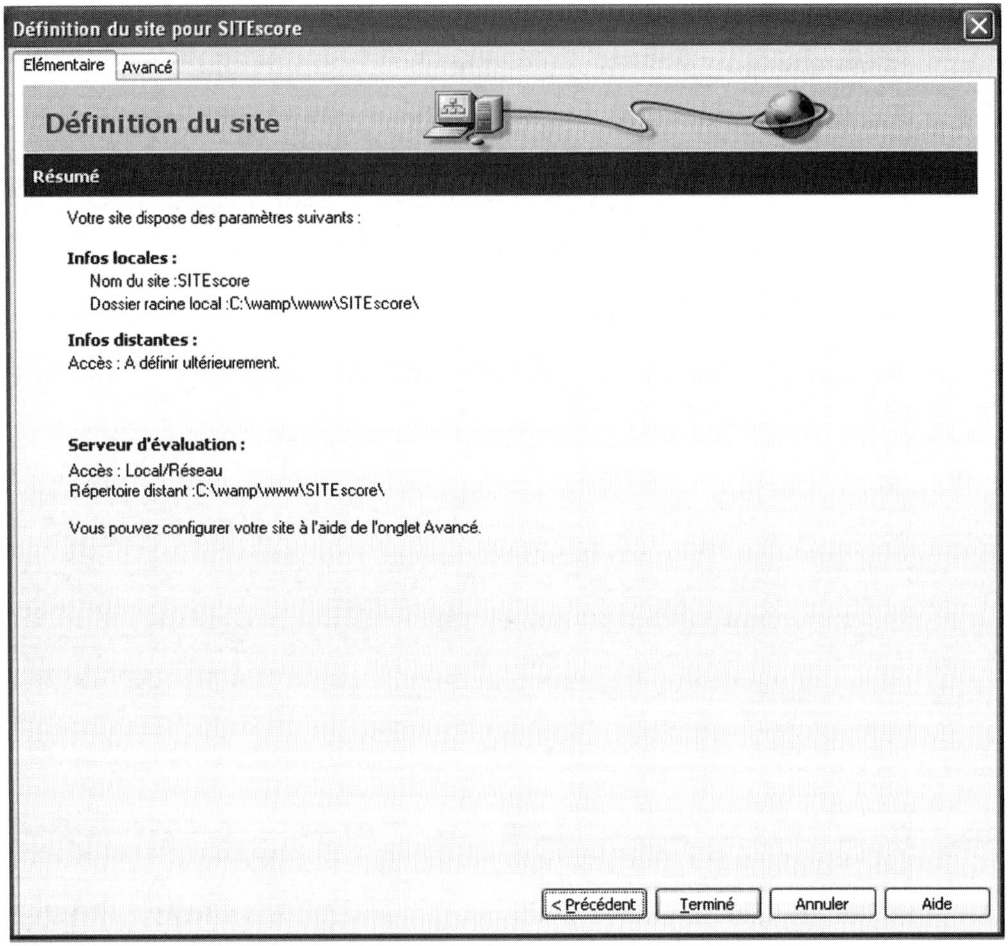

Figure 2-87

Le dernier écran affiche les différents paramètres de la configuration du site. Il ne reste plus qu'à cliquer sur le bouton Terminer pour valider la création du site.

- `Modifier` – pour modifier les paramètres d'un site existant (il faut évidemment le sélectionner dans le cadre de gauche au préalable) ;
- `Dupliquer` – pour copier les paramètres d'un site, afin de les utiliser pour un autre site dont la configuration est semblable ;
- `Supprimer` – pour supprimer complètement la configuration d'un site.
- `Exporter` – pour transférer le profil complet d'un site dans le cas d'une installation sur un autre ordinateur ;

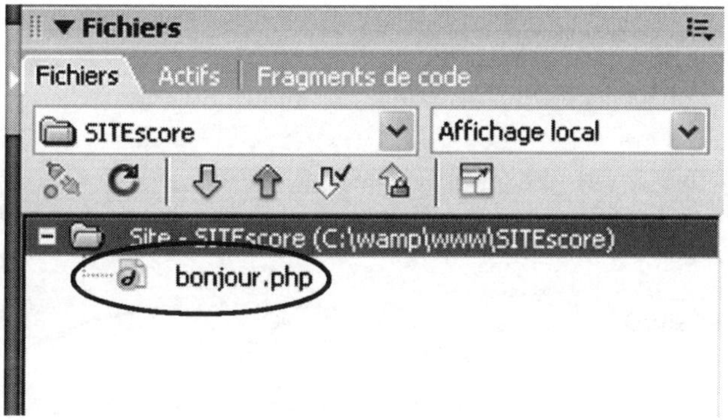

Figure 2-88
Après la validation, le panneau Fichiers doit afficher automatiquement le contenu du nouveau site.

Figure 2-89
La fenêtre Gérer les sites permet de créer, modifier, dupliquer ou transférer toute la configuration d'un site.

- `Importer` – pour récupérer le profil complet d'un site lors d'une nouvelle installation sur votre ordinateur, vous évitant ainsi de devoir ressaisir tous les paramètres de configuration du site.

Pour notre exemple, nous allons sélectionner le site à modifier (`SITEscore`) dans le cadre de gauche, et cliquer ensuite sur le bouton `Modifier`. Nous nous retrouvons alors dans la même fenêtre `Définition du site pour SITEscore` que lors de sa création (revoir figure 2-81). Cliquez cette fois sur l'onglet `Avancé` du panneau `Définition du site`.

Infos locales

La première rubrique sélectionnée affiche la page dédiée aux informations locales (voir figure 2-90). Dans les deux premiers champs, nous retrouvons le nom du site et le chemin dans lequel sont stockés les fichiers du site qui ont été définis lors de sa création. Le troisième champ permet de préciser le dossier spécial où seront stockés les fichiers images (il est d'usage de toujours séparer les médias dans la structure d'un site Internet ; ainsi, les fichiers HTML, images, sons, vidéos, etc., sont toujours enregistrés dans des répertoires différents). Le champ `Adresse HTTP` permet d'indiquer l'URL sous laquelle votre site sera consultable depuis un navigateur. Ainsi, Dreamweaver peut vérifier la validité des hyperliens que vous avez intégrés dans le site. L'option `Cache` permet de mémoriser les informations du site et accélère ainsi les différents traitements de l'éditeur. Vous pouvez cocher cette option, mais elle sera surtout indispensable pour les sites de grande envergure.

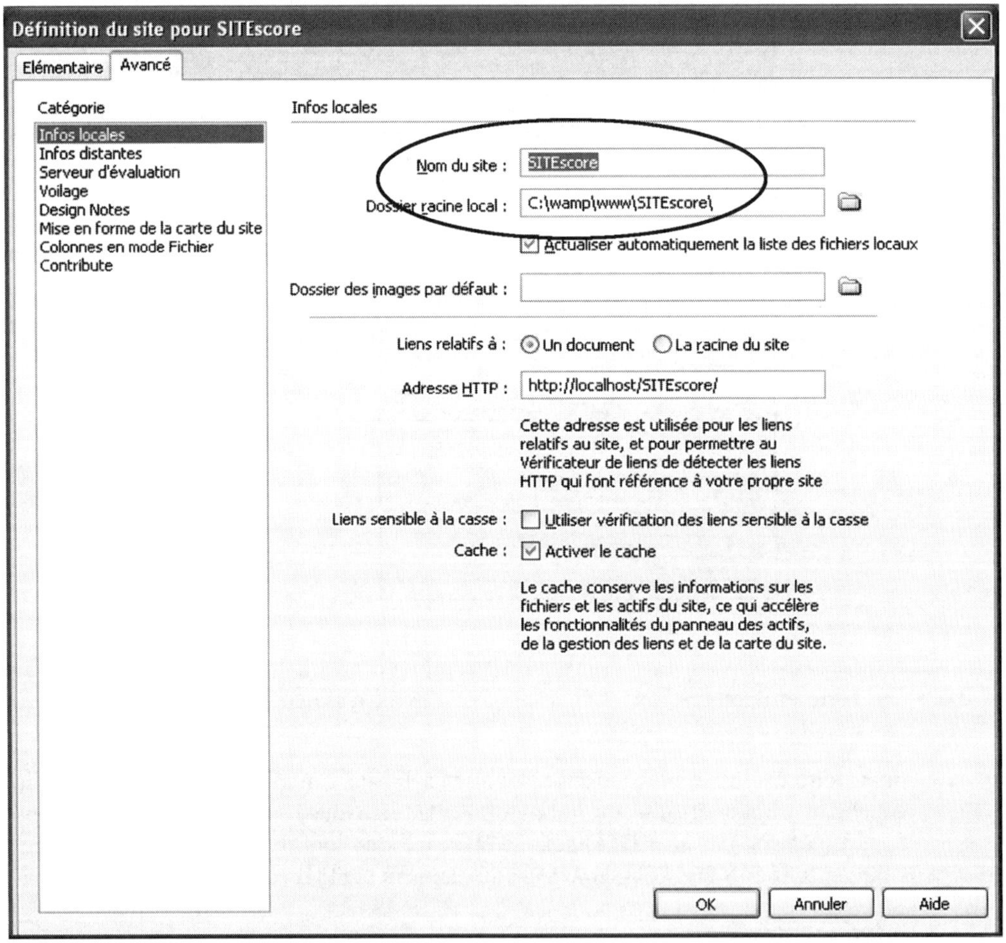

Figure 2-90

La rubrique Infos locales de la fenêtre Définition du site permet de définir le nom du site et le dossier racine sous lequel seront stockés les fichiers du projet.

Infos distantes

Sélectionnez ensuite la rubrique `Infos distantes` dans le cadre de gauche (voir figure 2-91). Dans la partie de droite, sélectionnez l'option `FTP` dans le menu déroulant. Saisissez ensuite les paramètres de votre compte FTP dans les champs appropriés qui apparaissent dans cette fenêtre. Les informations concernant l'hôte FTP, le répertoire de l'hôte, le nom de l'utilisateur et le mot de passe doivent être fournis par votre hébergeur (à titre d'illustration, vous trouverez dans le tableau 2-12 des exemples de paramètres possibles pour un compte FTP).

Au terme de votre saisie, vous pouvez vérifier l'exactitude de vos informations en cliquant sur le bouton `Tester`. Cliquez ensuite sur `OK` puis sur le bouton `Terminer` de la fenêtre `Modifier les sites` pour confirmer vos modifications.

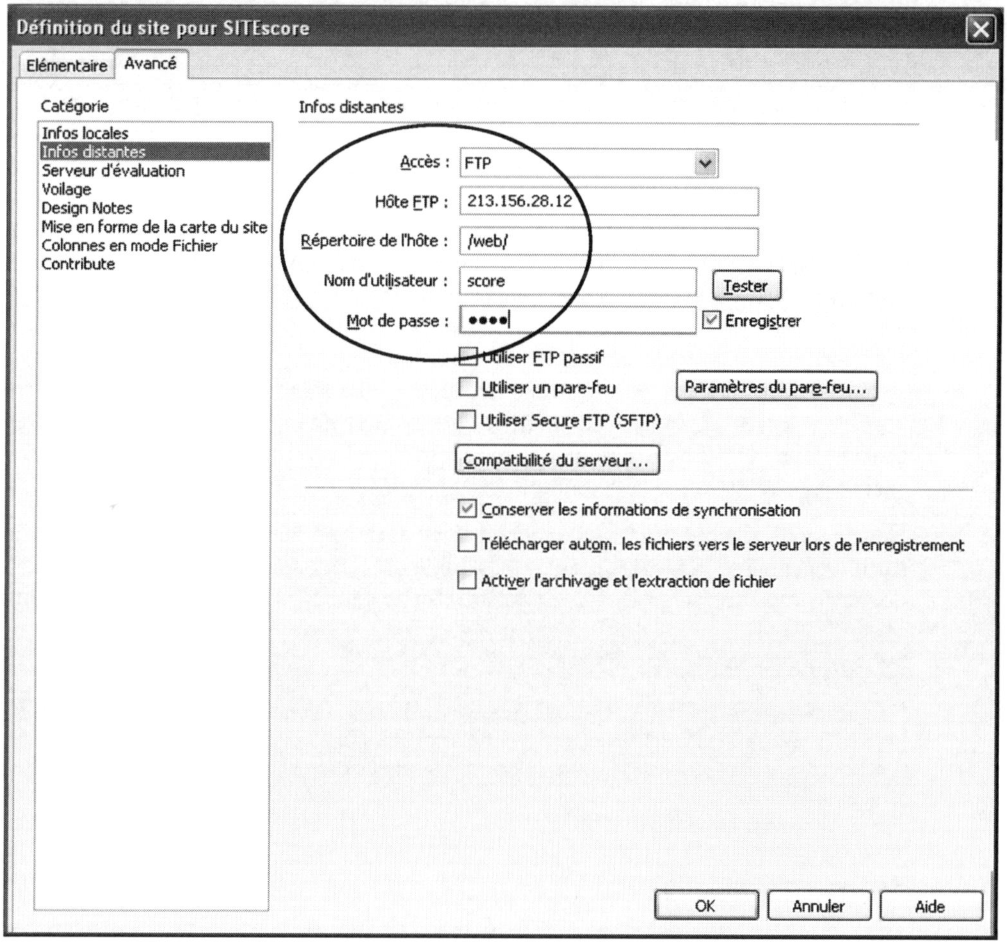

Figure 2-91

La rubrique Infos distantes de la fenêtre Définition du site permet de définir les différents paramètres pour la publication de votre site sur le serveur distant en FTP.

Tableau 2-12 – Description des paramètres d'un compte FTP et exemple de configuration. Ces paramètres doivent vous être communiqués par votre hébergeur.

Nom du champ	Description	Exemple de paramètres
Hôte FTP	Adresse Internet (nom ou IP) du serveur FTP.	217.194.194.174
Répertoire	Répertoire distant dans lequel vous devez télécharger vos fichiers (champ optionnel chez certains hébergeurs).	/web/
Nom de l'utilisateur	Nom du compte FTP.	ftp_score
Mot de passe	Mot de passe FTP.	1234

Dans la partie inférieure de la fenêtre, d'autres options peuvent également être configurées. Selon les particularités de votre connexion à Internet ou de votre pare-feu, vous pouvez utiliser l'option `FTP passif` ou configurer précisément les paramètres de votre pare-feu (si votre réseau local en est équipé) dans la fenêtre `Préférences` de Dreamweaver. L'option `Secure FTP (SFTP)` permet de vous connecter en mode sécurisé codé si votre site distant a été configuré en conséquence. En bas de la page, trois autres options peuvent être activées. `Conserver les informations de synchronisation` permet de synchroniser automatiquement les fichiers de votre site local et de votre site distant. `Télécharger automatiquement les fichiers sur le serveur` permet de mettre automatiquement à jour vos fichiers sur le serveur distant lors de chaque enregistrement exécuté en local. Enfin, `Activer l'archivage et l'extraction de fichier` vous permet de travailler en équipe sur le même serveur distant. Dans ce cas, vous devez indiquer votre identifiant et votre e-mail dans les champs qui s'affichent après avoir validé cette option.

Nous venons de configurer la connexion FTP et nous pourrions valider nos modifications et sortir de la fenêtre `Définition du site` maintenant. Cependant, nous vous suggérons de sélectionner la rubrique `Serveur d'évaluation` afin de découvrir les options qu'elle contient.

Le protocole WebDAV, une autre alternative d'accès distant

Certains serveurs, comme Apache Web Server ou Microsoft Internet Information Server, permettent d'utiliser le protocole WebDAV. Ce protocole, Web-based Distribued Authoring and Versioning, permet de gérer les problèmes de versions et d'autorisations qui se posent dès que l'on travaille à plusieurs sur le même projet.

Serveur d'évaluation

La page de la rubrique `Serveur d'évaluation` regroupe tous les paramètres destinés à configurer le serveur de test selon les scripts utilisés (voir figure 2-92). Tous ces paramètres ont déjà été configurés lors de la création du site en mode `Élémentaire` et vous n'avez donc aucune modification à effectuer ; toutefois, il est intéressant de faire la correspondance entre ces deux représentations pour bien comprendre l'utilité de chaque champ.

Dans le cadre de cet ouvrage, le modèle de serveur est le couple PHP/MySQL. L'accès se fait en mode local puisque le serveur Web, le moteur PHP et le serveur MySQL (installés avec la suite Wamp5) sont disponibles sur l'ordinateur de développement où est installé Dreamweaver. Le dossier du serveur d'évaluation est le même que celui de la racine locale (revoir page `Infos locales`) : `C:\wamp\www\SITEscore\`. De même, l'URL sous laquelle sera disponible le site sur le serveur d'évaluation est `http://localhost/SITEscore/`, car la racine du serveur `http://localhost` se trouve au niveau du dossier `C:\wamp\www\`.

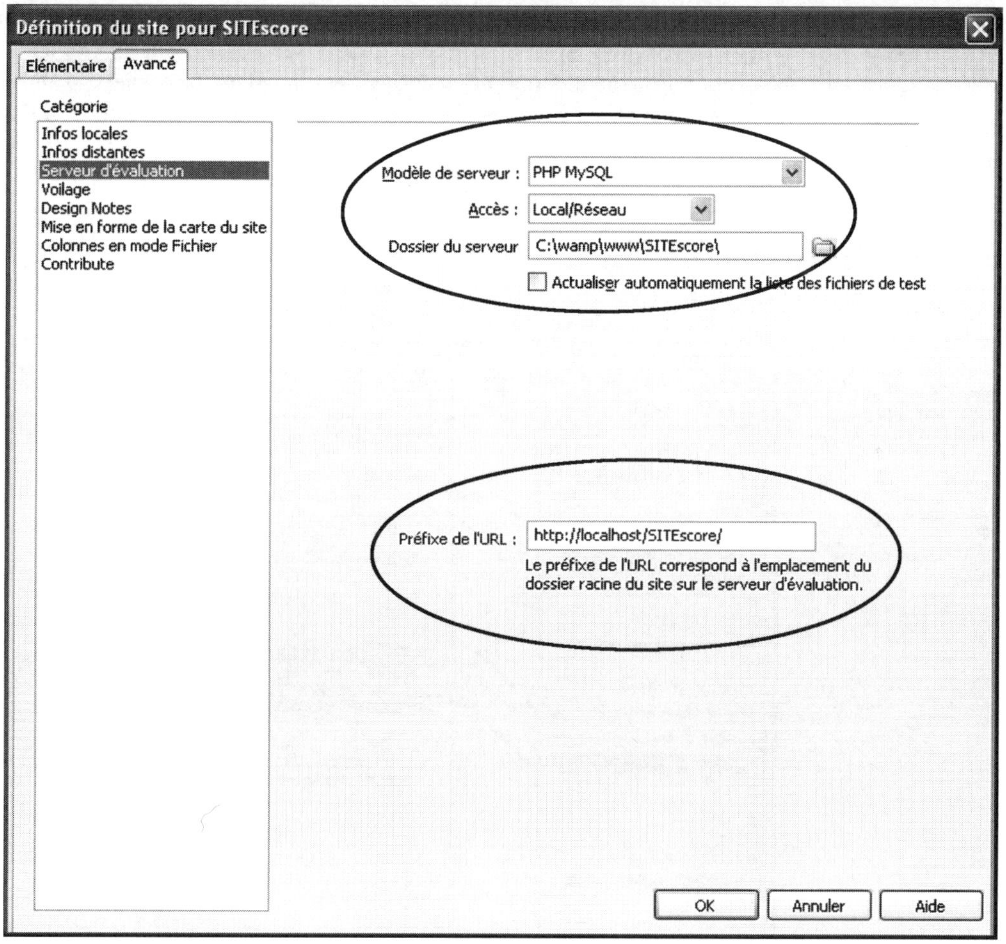

Figure 2-92

La rubrique Serveur d'évaluation de la fenêtre Définition du site permet de définir les différents paramètres du serveur qui testera les scripts dynamiques PHP et les accès à la base de données MySQL.

Création d'une connexion à une base de données

Le concept de la connexion à la base

Les paramètres du site étant définis et la base de données `score_db` créée, nous pouvons maintenant configurer la connexion à cette base, afin d'accéder aux données depuis les pages PHP du site. Pour bien comprendre le concept de la connexion à la base, nous allons la comparer à l'ouverture d'un « canal » entre la base et les pages dynamiques du site (voir figure 2-93). Ce canal permettra par la suite d'accéder aux différents champs qui constituent les tables de la base et de créer des requêtes SQL pour exploiter une sélection d'enregistrements (choisis grâce aux jeux d'enregistrements que nous allons détailler dans la partie suivante). Cependant, l'activation de ce canal ne peut être effectuée qu'après une identification de l'utilisateur qui en fait la demande. Dans la partie précédente, dédiée au gestionnaire de base de données phpMyAdmin, nous avons créé un compte utilisateur `score` dans la table `user` de la base `mysql`. Ce sont ces paramètres qui vont être utilisés dans le cadre du paramétrage ci-dessous afin que `score` soit reconnu par le serveur MySQL comme un utilisateur de la base `score_db`.

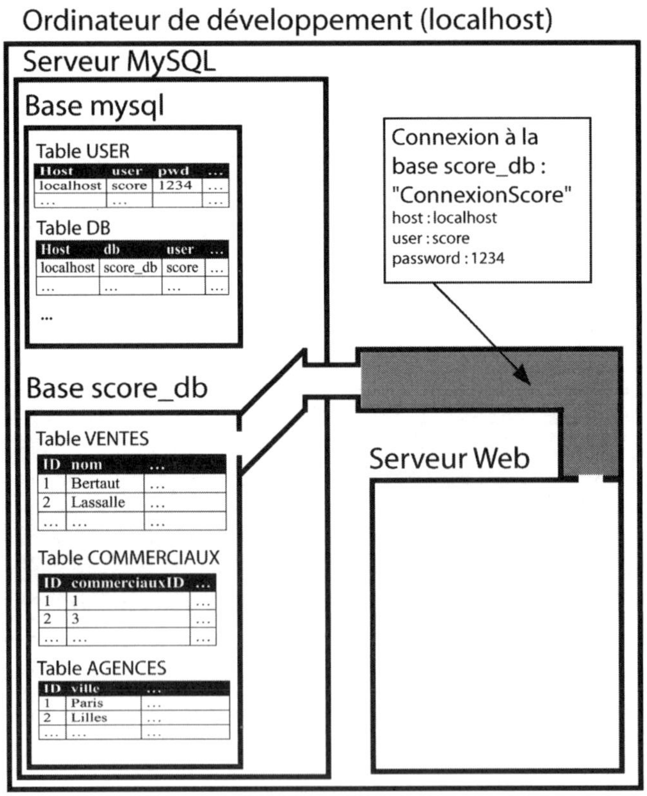

Figure 2-93
Schéma de principe d'une connexion à la base de données : la connexion peut être comparée à un « canal » qui permet le dialogue entre le serveur Web et le serveur MySQL.

Procédure de création d’une connexion

1. Ouvrez une page PHP dans Dreamweaver : menu `Fichier>Nouveau`, sélectionnez `Page dynamique` et `PHP` puis cliquez sur `Créer` (voir figure 2-94).
2. Déroulez le panneau `Application` et sélectionnez l’onglet `Bases de données`.
3. Cliquez sur le bouton + et sélectionnez la rubrique `Connexion MySQL` qui s’affiche dans le menu contextuel (voir figure 2-95).

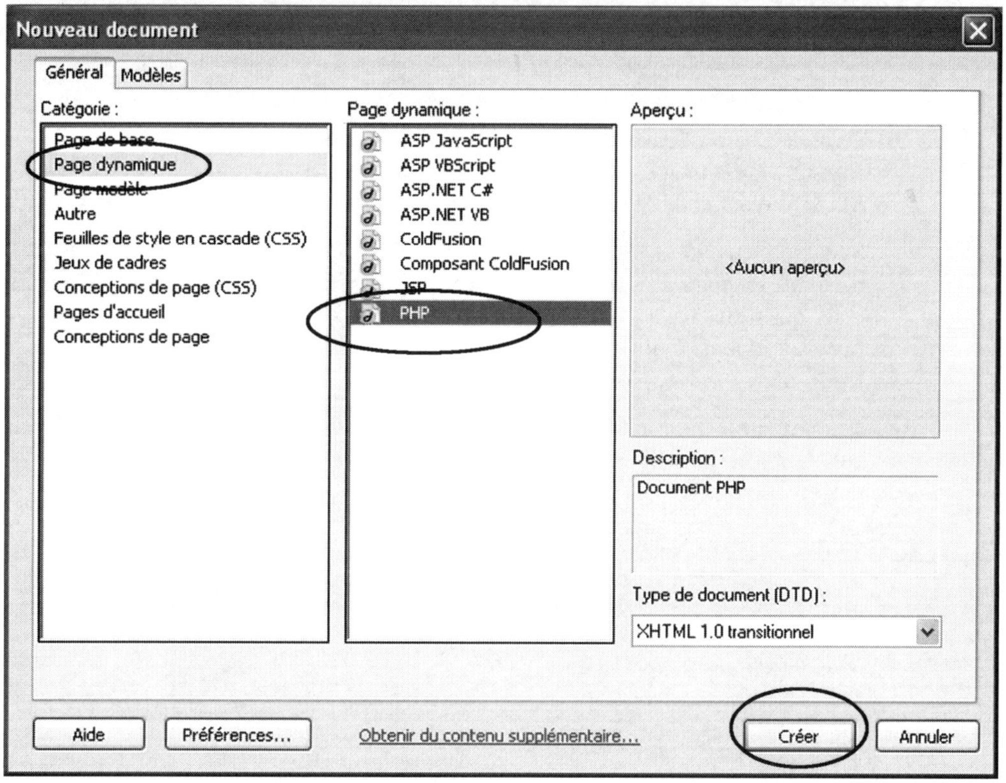

Figure 2-94
Pour créer une connexion, commencez par ouvrir une page dynamique PHP.

4. La fenêtre `Connexion MySQL` doit alors s’afficher.
5. Saisissez un nom pour la connexion que vous allez créer. Donnez-lui un nom explicite sans utiliser d’espace. Dans le cadre de notre application nous utiliserons `Connexion-Score`.

Figure 2-95
Depuis le panneau Bases de données, cliquez sur + et sélectionnez Connexion MySQL pour ouvrir la fenêtre de paramétrage de la connexion à la base.

6. Dans le champ `Serveur MySQL`, indiquez l'ordinateur sur lequel est installé le serveur MySQL. Cela peut être une adresse IP ou un nom de serveur ; dans notre cas, le serveur MySQL étant installé sur le même serveur que PHP, nous saisissons `localhost`.
7. Saisissez ensuite les paramètres de l'utilisateur `score` (revoir le tableau 2-10 pour mémoire) : nom de l'utilisateur = `score` et mot de passe = `eyrolles`. Cependant, pour ceux qui n'ont pas défini l'utilisateur `score` dans la partie précédente, il peuvent entrer provisoirement l'utilisateur installé par défaut sur la base MySQL : nom de l'utilisateur = `root`, pas de mot de passe.
8. Cliquez sur le bouton `Sélectionner` pour afficher toutes les bases de données disponibles sur votre serveur d'évaluation (voir figure 2-96). Sélectionnez la base `score_db` et validez en cliquant sur le bouton `OK`.

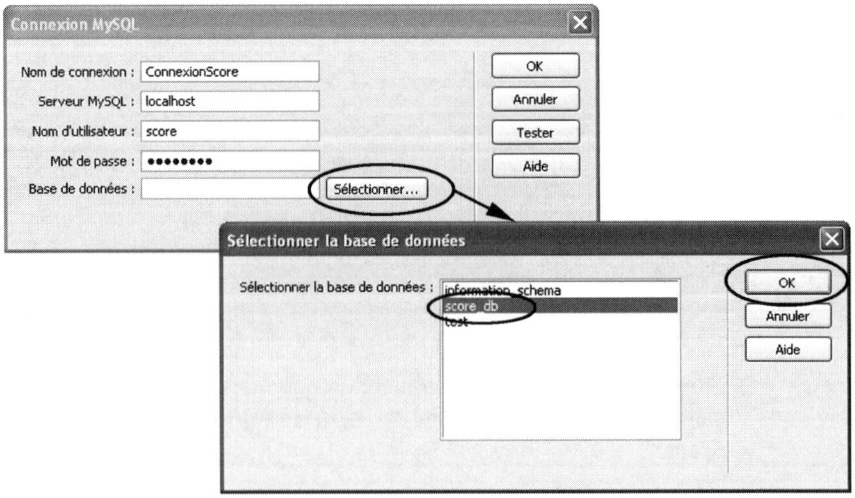

Figure 2-96
Saisissez les paramètres du compte utilisateur score dans la fenêtre de connexion, puis cliquez sur le bouton Sélectionner pour afficher la liste des bases disponibles sur le serveur MySQL.

9. La base sélectionnée doit alors être affichée dans le champ `Base de données`. Vous pouvez maintenant vérifier si la connexion est valide en cliquant sur le bouton `Tester`. Un message doit alors vous informer que la connexion est établie si tous vos paramètres sont corrects (voir figure 2-97). Si la connexion échoue, vérifiez de nouveau les paramètres ci-avant (`Serveur`, `Nom`, `Mot de passe`) et assurez-vous que Wamp5 est bien actif.

10. Fermez la fenêtre du message et confirmez la création de la connexion en cliquant sur le bouton `OK`.

11. La connexion à la base de données est désormais établie, et une icône représentant la base `score_db` doit apparaître dans la fenêtre `Bases de données`. Vous pouvez alors cliquer successivement sur les `+` qui précèdent les noms des branches de l'arborescence (`ConnexionScore`, `Table`, puis `commerciaux` par exemple) pour déplier l'arbre de la base de données et faire apparaître les différents champs qui constituent chacune des tables (voir figure 2-98).

> **Attention, le répertoire Connections ne doit pas être supprimé**
>
> Après la création d'une connexion, un sous-répertoire est automatiquement créé dans l'arborescence du site (`C:\wamp\www\SITEscore`). Il se nomme `Connections` et contient un fichier PHP portant le nom de la connexion qui vient d'être configurée (voir figure 2-99). Ce fichier regroupe tous les paramètres de votre connexion (nom du serveur MySQL, login du compte, mot de passe, nom de la base de données) et doit être transféré sur le serveur distant lors de la publication du site. Évidemment, ce répertoire et ce fichier ne doivent en aucun cas être supprimés, au risque d'interrompre toutes les interactions entre la base de données et les pages dynamiques du serveur.

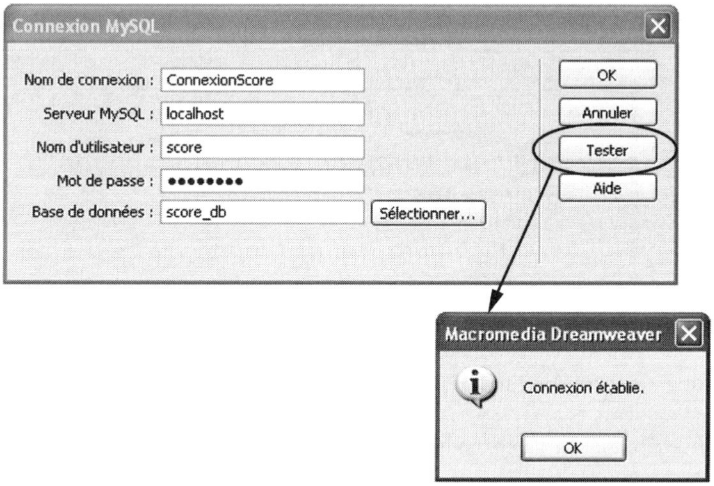

Figure 2-97
Avant de valider votre connexion, vous pouvez tester si tous les paramètres sont corrects en cliquant sur le bouton Tester.

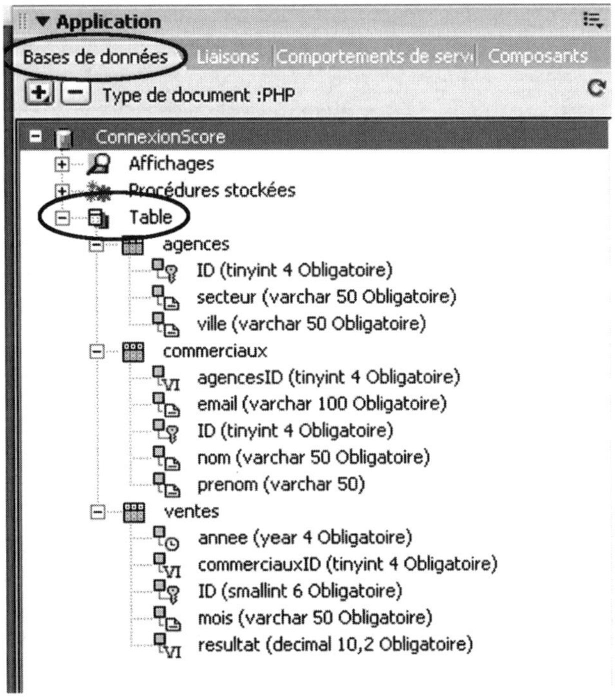

Figure 2-98
Une fois la connexion établie, vous pouvez consulter tous les champs disponibles dans chacune des tables de la base de données.

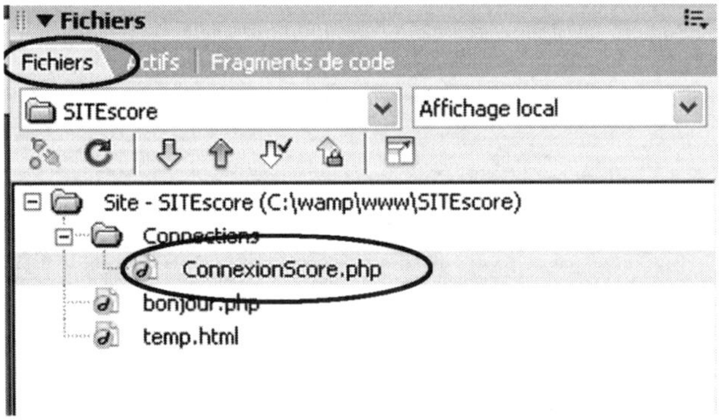

Figure 2-99
Lors de la création d'une connexion, un répertoire Connections et un fichier portant le nom de la connexion ConnexionScore.php sont automatiquement créés dans l'arborescence du site.

Si on ouvre le fichier `ConnexionScore.php` dans l'éditeur de code de Dreamweaver, on remarque qu'il contient tous les paramètres de la connexion qui vient d'être créée (pour ouvrir `ConnexionScore.php`, double-cliquez sur le fichier dans le panneau `Site`, puis cliquez sur le bouton `Afficher en mode Code` si vous n'y êtes pas déjà) :

ConnexionScore.php

```
<?php
# FileName="Connection_php_mysql.htm"
# Type="MYSQL"
# HTTP="true"
$hostname_ConnexionScore = "localhost";
$database_ConnexionScore = "score_db";
$username_ConnexionScore = "score";
$password_ConnexionScore = "eyrolles";
$ConnexionScore = mysql_pconnect($hostname_ConnexionScore,
$username_ConnexionScore, $password_ConnexionScore) or
trigger_error(mysql_error(),E_USER_ERROR);
?>
```

Paramétrage d'un jeu d'enregistrements

Le concept du jeu d'enregistrements

Nous avons déjà abordé la structuration d'une base de données (revoir la partie dédiée au gestionnaire phpMyAdmin). Pour pouvoir exploiter les enregistrements de la base, nous allons devoir extraire un sous-ensemble de données d'une ou plusieurs tables de la base. Cet ensemble d'enregistrements s'appelle un *jeu d'enregistrements* et forme une nouvelle table à son tour, puisqu'il est formé de champs et d'enregistrements selon la requête d'extraction employée. Pour créer un jeu d'enregistrements, nous allons donc devoir élaborer une requête de base de données, qui se caractérisera par les critères de sélection des enregistrements et par les champs demandés (voir figure 2-100). Les requêtes sont écrites en SQL (*Structured Query Language*), qui est un langage structuré permettant de récupérer des données d'une base. Heureusement, Dreamweaver 8 permet de créer des requêtes simples en mode assisté, à l'aide d'un formulaire avec lequel vous n'avez pas besoin de connaître ce langage. Cependant, si vous désirez créer des requêtes SQL élaborées, il vous faut passer en mode `Avancé` et rédiger manuellement les requêtes (l'apprentissage du SQL sera abordé plus tard, au chapitre 4).

Pour transmettre la requête SQL à la base de données, il est indispensable qu'une connexion soit préalablement établie avec le serveur MySQL (reportez-vous à la partie précédente pour la création d'une connexion à la base, si ce n'est pas déjà fait). La requête et le jeu d'enregistrements emprunteront le « canal » de la connexion `ConnexionScore`, que nous avons déjà configuré. Les différentes informations qui constituent une requête permettent de sélectionner la table (ou les tables) de la base à laquelle la connexion nous donne accès, et permettent aussi de définir les critères de sélection des enregistrements et les noms des champs qu'on désire exploiter dans la page dynamique du site (voir figure 2-101). En réponse, le serveur MySQL renvoie un jeu d'enregistrements en rapport. Ces enregistrements sont ensuite utilisés comme éléments dynamiques dans la page PHP qui a provoqué la requête.

> **Procédures de paramétrage d'un jeu d'enregistrements**
>
> Pour paramétrer un jeu d'enregistrements, Dreamweaver propose deux modes : `Simple` et `Avancé`. Nous détaillerons ici les fenêtres et les procédures pour ces deux modes ; cependant pour le mode `Avancé`, nous vous invitons à consulter le chapitre 4 pour approfondir la rédaction des requêtes SQL.

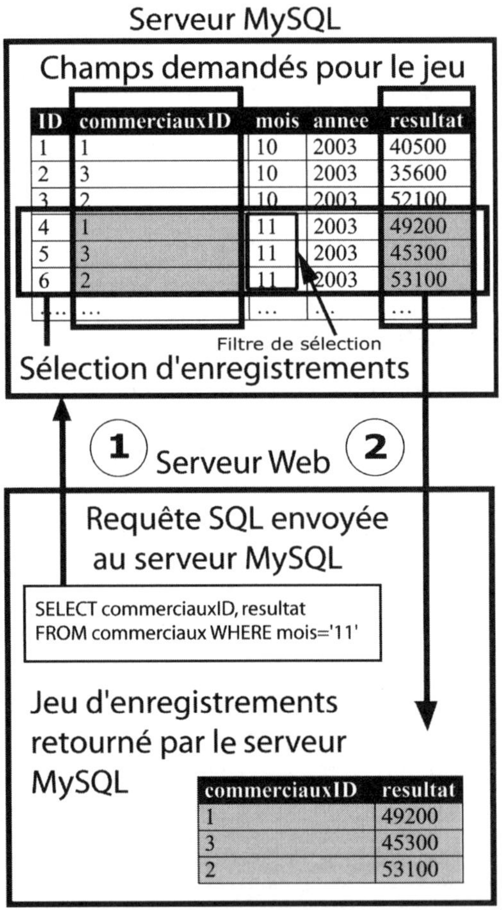

Figure 2-100
Le jeu d'enregistrements est une extraction de certaines données d'une table de la base selon la requête envoyée au serveur MySQL. Ce diagramme d'échange serveurs Web/MySQL sera par la suite utilisé pour illustrer chaque jeu d'enregistrements de ce chapitre.

Fenêtre de paramétrage d'un jeu d'enregistrements en mode Simple

La fenêtre de paramétrage d'un jeu d'enregistrements est composée de deux parties (voir figure 2-102). Dans la partie supérieure, vous indiquez les informations indispensables qui définissent le jeu, alors que dans la partie inférieure, vous pouvez structurer votre requête pour sélectionner tout ou partie des champs de la table, définir un filtre de sélection des enregistre-

Figure 2-101
Schéma de principe d'une requête et d'un jeu d'enregistrements : la requête SQL et le jeu d'enregistrements utilisent le « canal » de la connexion à la base de données pour passer du serveur Web au serveur MySQL et vice versa.

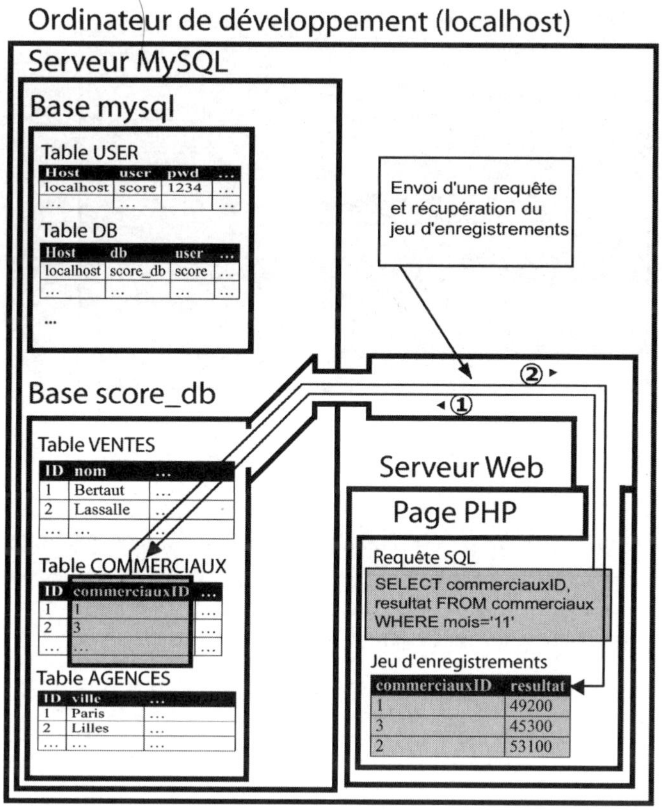

ments ou encore préciser dans quel ordre seront triés les enregistrements retournés par le serveur MySQL. Vous trouverez ci-dessous la description de chacune de ces zones :

- `Nom` – indiquez ici le nom du nouveau jeu d'enregistrements.
- `Connexion` – sélectionnez la connexion à la base utilisée pour transférer la requête au serveur MySQL et pour récupérer les enregistrements renvoyés.
- `Table` – sélectionnez ici la table dans laquelle seront extraits les enregistrements.
- `Colonnes` – choisissez `Toutes` pour extraire l'ensemble des champs ou `Sélectionnés` pour extraire les seuls champs sélectionnés dans la fenêtre située en dessous de cette option.
- `Filtre` – permet de paramétrer une sélection d'enregistrements selon un critère défini.
- `Trier` – permet de trier les enregistrements retournés par le serveur MySQL.

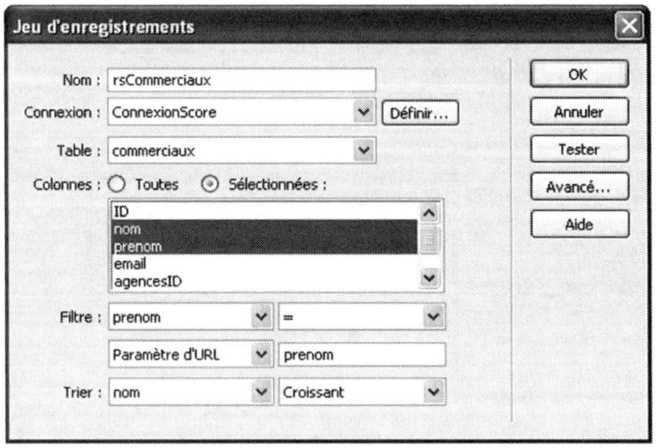

Figure 2-102
Fenêtre de création d'un jeu d'enregistrements en mode Simple. Si la fenêtre est déjà en mode Avancé, vous pouvez revenir en mode Simple en cliquant sur le bouton situé à droite de la fenêtre.

Procédure de paramétrage d'un jeu d'enregistrements en mode Simple

1. Assurez-vous que Wamp5 est bien actif et qu'une connexion à la base a déjà été créée en cliquant sur l'onglet `Bases de données` du panneau `Application` (revoir la procédure détaillée ci-dessus si elle n'a pas encore été créée). Ouvrir une nouvelle page PHP (menu `Fichier>Nouveau>Page dynamique + PHP`).
2. Cliquez ensuite sur l'onglet `Liaisons` du panneau `Application`.
3. Cliquez sur le bouton + puis sélectionnez `Jeu d'enregistrements (Requête)` afin d'afficher la fenêtre de création du jeu d'enregistrements (voir figure 2-103).

Figure 2-103
Pour ouvrir la fenêtre de paramétrage d'un jeu d'enregistrements, il faut cliquer sur le bouton + du panneau Liaisons puis sélectionner Jeu d'enregistrements.

4. Nommez le nouveau jeu d'enregistrements (utilisez uniquement des lettres, des chiffres ou encore le caractère de soulignement « _ », mais ni espace ni caractères spéciaux). Il est d'usage de faire précéder le nom du jeu du préfixe `rs` pour *RecordSet* ; c'est pourquoi, pour notre exemple, nous utiliserons le nom `rsCommerciaux`, qui représente un jeu d'enregistrements issu de la table `commerciaux` précédemment créée.

5. Sélectionnez la connexion désirée dans le menu déroulant (prendre la connexion `ConnexionScore` que nous venons de créer). Au besoin, vous pouvez cliquer sur le bouton `Définir`, qui affiche une nouvelle fenêtre pour créer, dupliquer ou modifier une connexion si celles qui sont disponibles ne vous conviennent pas (voir figure 2-104). Dès que la sélection de la connexion est effectuée, Dreamweaver récupère la liste des tables contenues dans la base de données afin d'actualiser les choix possibles dans le menu déroulant de la table.

6. Sélectionnez la table concernée par la requête dans le menu déroulant `Table`. Pour notre exemple, nous choisirons la table `commerciaux`.

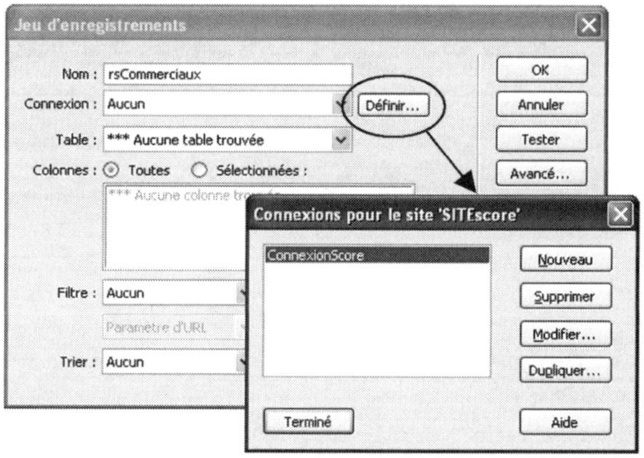

Figure 2-104
Dans la fenêtre de création du jeu d'enregistrements, vous devez saisir le nom de ce nouveau jeu et sélectionner la connexion dans le menu déroulant. Vous pouvez aussi cliquer sur le bouton Définir pour créer une nouvelle connexion, ou encore pour modifier ou dupliquer une connexion existante.

7. Pour le choix `Colonnes`, vous pouvez opter pour `Toutes` (voir figure 2-106 ; dans ce cas, tous les champs de la table sont retournés dans le jeu d'enregistrements) ou pour `Sélectionnés` (voir figure 2-108 ; il faut alors préciser le nom des champs désirés dans la fenêtre située en dessous – utilisez la touche `Ctrl` (pour PC) ou `Pomme` (pour Mac) pour une sélection multiple de champs discontinus). Même si la facilité de sélectionner tous les champs est tentante, il est cependant préférable d'extraire seulement les champs nécessaires si vous désirez améliorer les performances de votre site. Après avoir configuré les champs à extraire, vous pouvez tester votre requête en cliquant sur le bouton `Tester`. Vous trouverez ci-après deux tests réalisés avec chacune de ces options (voir figures 2-105 à 2-108).

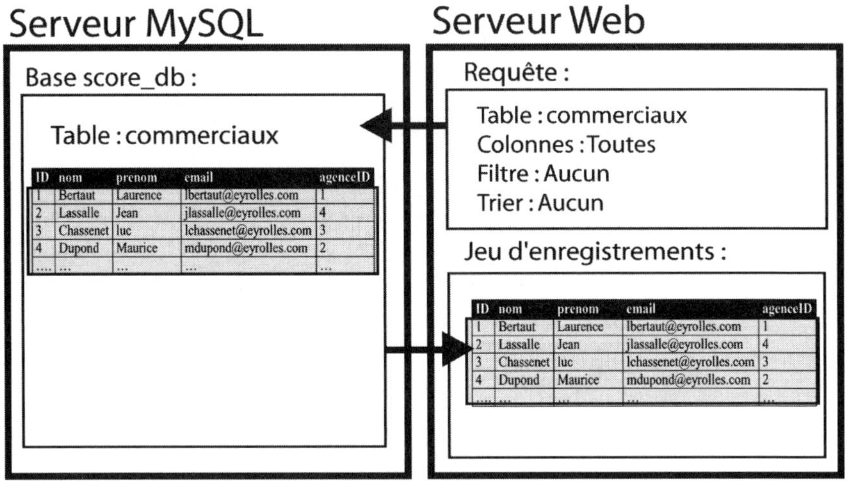

Figure 2-105
Diagramme d'échange serveurs Web/MySQL illustrant un jeu d'enregistrements qui a pour but d'extraire l'intégralité des champs de la table commerciaux.

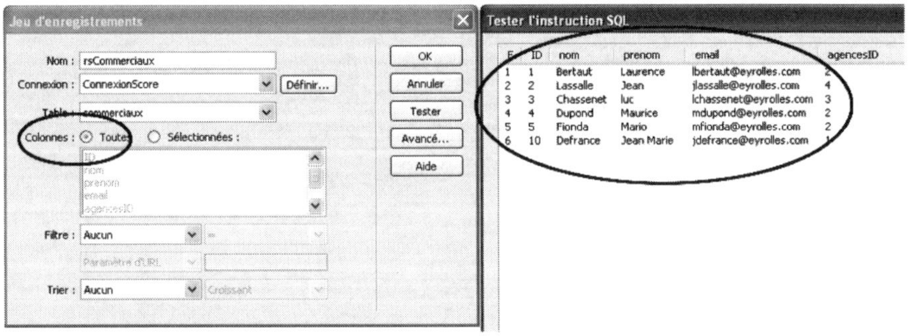

Figure 2-106
Résultat d'un test avec l'option Toutes validée. Les données issues de ce jeu représentent tous les champs et tous les enregistrements de la table commerciaux.

8. Dans la rubrique `Filtre`, vous pouvez définir des critères de sélection des enregistrements. Par défaut, le menu déroulant du filtre est initialisé sur `Aucun` (voir figure 2-106) et, dans ce cas, tous les enregistrements de la table sont renvoyés par le serveur MySQL. Nous vous proposons de paramétrer un filtre qui extrait les enregistrements de la table selon la valeur du champ `prénom` (voir figure 2-109). Pour cela, il faut configurer les différents champs du filtre de la manière suivante :

   Sur la première ligne du filtre, sélectionnez le premier menu déroulant sur le nom du champ `prénom`, puis sélectionnez l'opérateur du deuxième menu déroulant sur le signe égal =.

   - **Sur la deuxième ligne**, sélectionnez le premier menu déroulant sur `Paramètre d'URL` et saisissez dans la zone de droite le nom de la variable d'URL. Dans notre exemple, nous définirons la variable `VARprenom`. Cette variable pourra ensuite être passée à la page dynamique directement par l'URL (exemple : `nomdufichier.php?VARprenom=Laurence`) ou à l'aide d'un formulaire configuré en méthode `GET`.

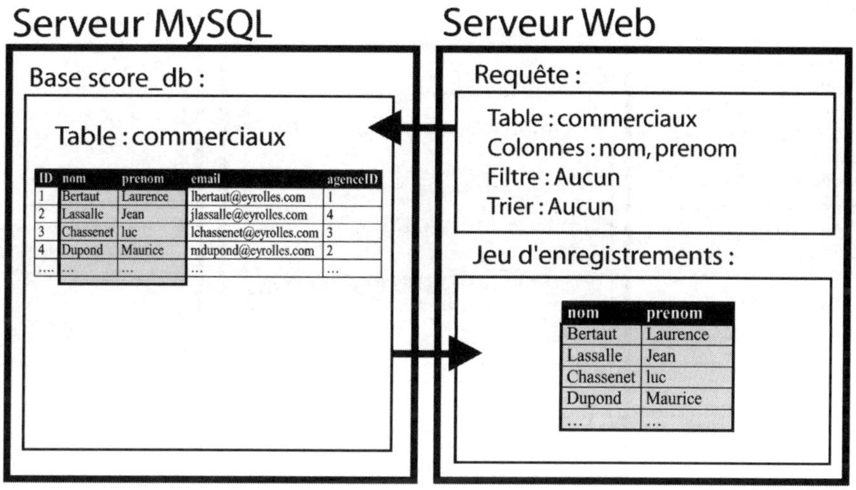

Figure 2-107
Diagramme d'échange serveurs Web/MySQL illustrant un jeu d'enregistrements qui a pour but d'extraire les seuls champs nom et prénom de la table commerciaux.

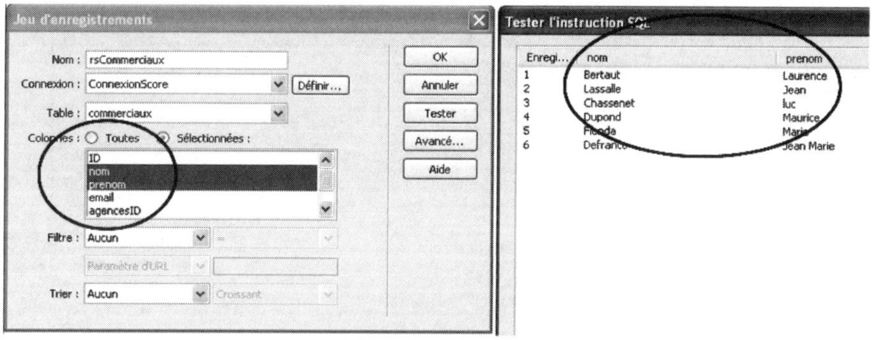

Figure 2-108
Résultat d'un test avec l'option Sélectionnées validée, ainsi que les champs nom et prénom. Ici, tous les enregistrements sont présents, mais seules les valeurs des colonnes nom et prénom sont retournées.

- Cliquez ensuite sur le bouton `Tester`. Une nouvelle fenêtre s'affiche (voir figure 2-110) et vous demande de saisir une valeur test pour simuler le paramètre passé dans l'URL. Saisissez `Laurence` et validez en cliquant sur le bouton `OK`. La fenêtre des résultats donne alors le seul enregistrement correspondant à la requête (voir figure 2-111). Si vous renouvelez le test avec une valeur différente de `Laurence`, alors aucun enregistrement n'est retourné par le serveur MySQL.

9. La dernière ligne de la fenêtre permet de trier les enregistrements retournés par le serveur MySQL selon un champ et un ordre choisis. Pour illustrer cette option, nous allons configurer un jeu d'enregistrements qui affiche tous les champs et enregistrements de la table `commerciaux` (sélectionnez le filtre de nouveau sur `Aucun`), triés selon le champ `nom` par ordre croissant (voir figure 2-112). Pour cela, il suffit de reprendre le jeu précédent et de sélectionner dans le premier menu déroulant le champ `nom`, puis dans le deuxième

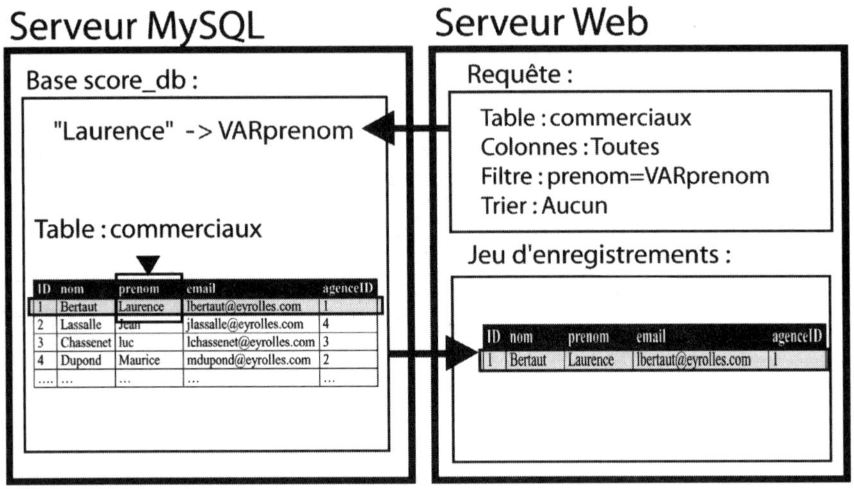

Figure 2-109
Diagramme d'échange serveurs Web/MySQL illustrant un jeu d'enregistrements qui a pour but d'extraire une sélection des enregistrements qui répondent à la condition du filtre (dans l'exemple ci-dessus, le champ prénom doit être égal à la valeur Laurence).

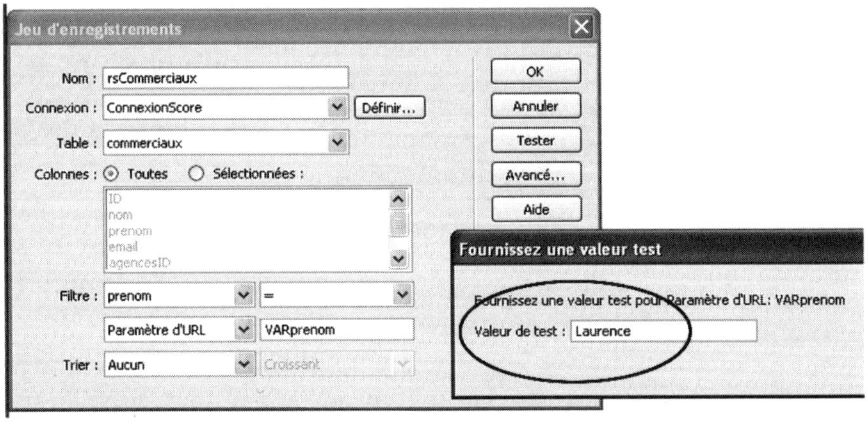

Figure 2-110
Après avoir cliqué sur le bouton Tester, saisissez une valeur de test pour la variable VARprenom afin de vérifier le bon fonctionnement de votre requête.

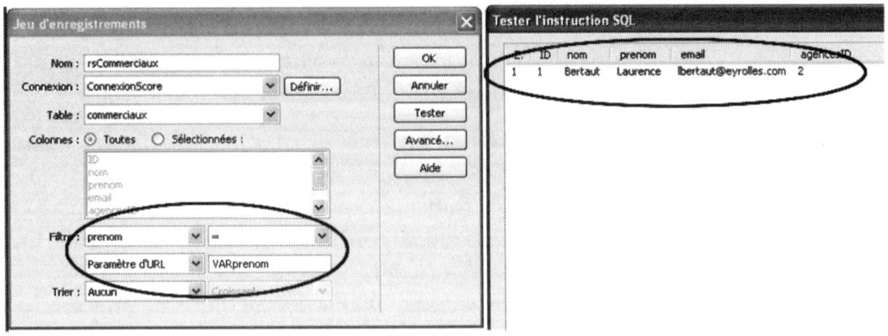

Figure 2-111
Voici le résultat d'un test avec le filtre suivant : prenom=VARprenom (la valeur de la variable VARprenom fournie dans la boîte de dialogue étant Laurence). Seul l'enregistrement répondant à la requête est renvoyé par le serveur MySQL.

menu déroulant l'ordre `croissant`. Cliquez ensuite sur le bouton `Tester` pour afficher le résultat (voir figure 2-113).

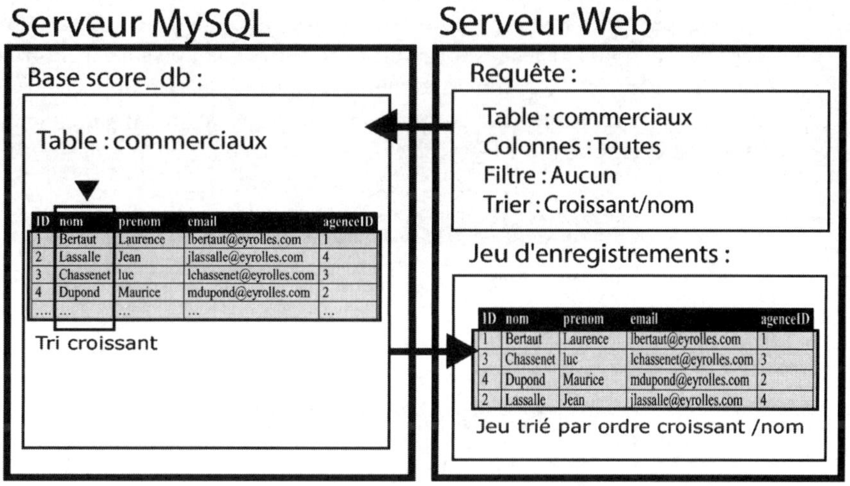

Figure 2-112
Diagramme d'échange serveurs Web/MySQL illustrant un jeu d'enregistrements qui a pour but d'extraire l'intégralité des champs de la table commerciaux, et de les trier selon les valeurs du champ nom par ordre croissant.

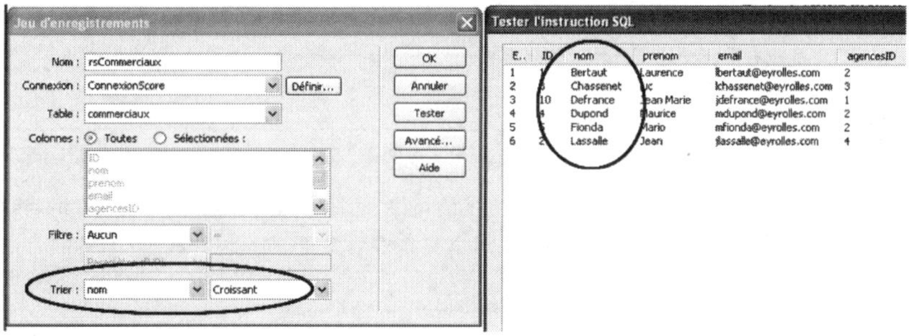

Figure 2-113
Résultat d'un test avec tri croissant sur le champ nom. Les enregistrements retournés sont classés selon l'ordre alphabétique des noms de chaque enregistrement.

10. Enfin, si vous désirez enregistrer l'un de ces jeux d'enregistrements pour pouvoir en exploiter les valeurs dans votre page dynamique, il sera alors affiché dans la fenêtre `Liaisons` (voir figure 2-114).

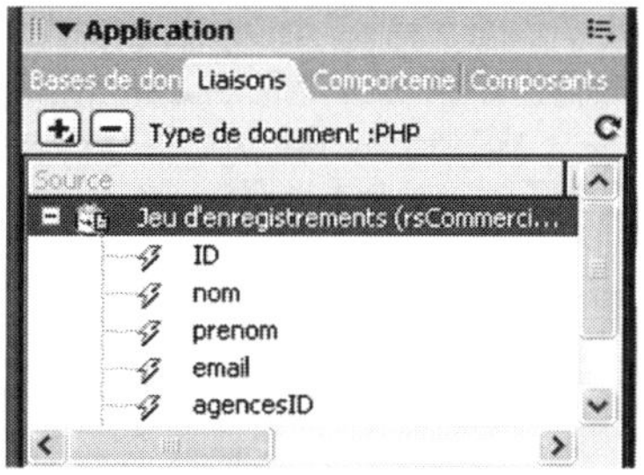

Figure 2-114
Après la création du jeu d'enregistrements, les champs sont disponibles depuis la fenêtre Liaisons du panneau Application.

Fenêtre de paramétrage d'un jeu d'enregistrements en mode Avancé

Afin de comparer le paramétrage en modes `Simple` et `Avancé`, nous vous suggérons de configurer d'abord un jeu en mode `Simple` avant de basculer en mode `Avancé`. Pour l'exemple, commencez par paramétrer en mode `Simple` un jeu destiné à récupérer les colonnes `ville` et `secteur` de la table `agences`, avec un filtre sur le champ `secteur`, et triées selon l'ordre croissant du champ `ville` comme indiqué à la figure 2-115. Pour accéder à la fenêtre de création d'un jeu d'enregistrements en mode `Avancé`, vous devez cliquer sur le bouton `Avancé` situé à droite de la fenêtre (voir figure 2-115).

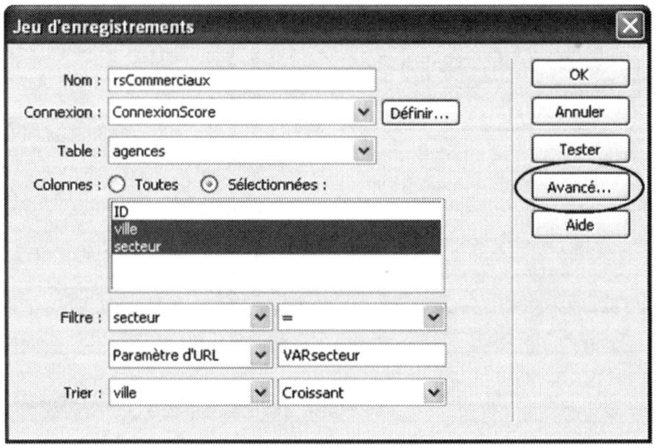

Figure 2-115
À partir du mode Simple, vous pouvez passer en mode Avancé en cliquant sur le bouton Avancé à droite de la fenêtre.

> **Pour en savoir plus sur les requêtes SQL, reportez-vous au chapitre 4**
>
> La fenêtre de paramétrage d'un jeu d'enregistrements en mode `Avancé` permet de créer des requêtes plus sophistiquées, mais nécessite la connaissance du langage SQL. Cependant, dans le cadre de cette présentation de l'interface, nous n'aborderons pas l'écriture des requêtes SQL et nous vous invitons à consulter le chapitre 4 qui traite de ce sujet.

Si on observe la fenêtre (voir figure 2-116), on remarque que les deux premières informations sont identiques aux zones de saisie du même nom du mode `Simple`. Dans la zone `Nom`, vous devez donc saisir le nouveau nom du jeu d'enregistrements à créer, et dans le menu déroulant `Connexion`, vous devez sélectionner la connexion à utiliser pour accéder à la base de données, comme nous l'avons déjà détaillé pour le mode `Simple`.

La zone de texte SQL, quant à elle, intègre toutes les options du paramétrage correspondant aux informations `Table`, `Colonne`, `Filtre` et `Tri` du mode `Simple`, comme le démontre notre exemple :

- `SELECT ville, secteur` – indique la sélection des **colonnes** des champs `ville` et `secteur`.
- `FROM agences` – précise que la **table** `agences` est concernée par la requête.

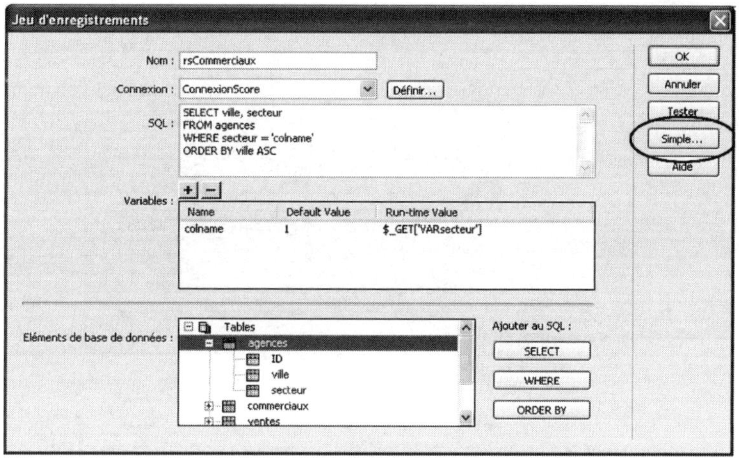

Figure 2-116

Fenêtre de création d'un jeu d'enregistrements en mode Avancé. On remarque que les paramètres du mode Simple sont conservés mais présentés différemment. Pour revenir en mode Simple, il suffit de cliquer sur le bouton Simple situé à droite de la fenêtre.

- `WHERE secteur='colname'` – paramètre le **filtre** des enregistrements sur le critère `secteur ='colname'` (dans ce cas, la variable `'colname'` doit être définie dans le champ des variables).
- `ORDER BY ville ASC` – paramètre le **tri** par rapport à l'ordre alphabétique du champ `ville`.

La zone `Variables` permet de définir de nouvelles variables qui seront utilisées dans la requête SQL. Pour insérer une variable, il faut cliquer sur + puis, dans la fenêtre qui s'ouvre (voir figure 2-117), saisir le nom de la variable (`Name`), sa valeur par défaut (`Default value`), puis sa valeur d'exécution (`Runtime value`). En guise d'exemple, voici les valeurs qu'il faudrait saisir pour chacun des champs, afin de recréer une variable identique à celle créée automatiquement par Dreamweaver lors du passage du mode `Simple` au mode `Avancé` (revoir figure 2-115) :

- `Name : colname` (ce nom doit correspondre au nom utilisé dans la définition du filtre de la requête SQL ; par défaut, Dreamweaver a choisi le nom `colname`, que nous allons conserver).
- `Default value : 1` (ici encore, Dreamweaver a choisi la valeur `1` automatiquement, mais nous pourrions choisir une valeur différente selon l'application à créer ou encore dans le cadre de tests de requête, comme nous allons le voir ci-après).
- `Runtime value : $_GET['VARsecteur']` (représente la variable passée en paramètre d'URL. Par exemple, vous pourriez créer cette variable à l'aide d'un formulaire configuré en méthode `GET` dont le champ de saisie porterait le nom `VARsecteur`).

De la même manière que nous avons réalisé des tests en mode `Simple`, nous pouvons aussi les réaliser en mode `Avancé`. Cependant, la boîte de dialogue vous demandant d'indiquer la valeur de test ne s'affiche pas dans ce mode. Il faut donc, au préalable, changer la valeur par défaut de la variable `colname` pour y saisir la valeur à tester (cliquez dans la zone `Variable` ; sur le

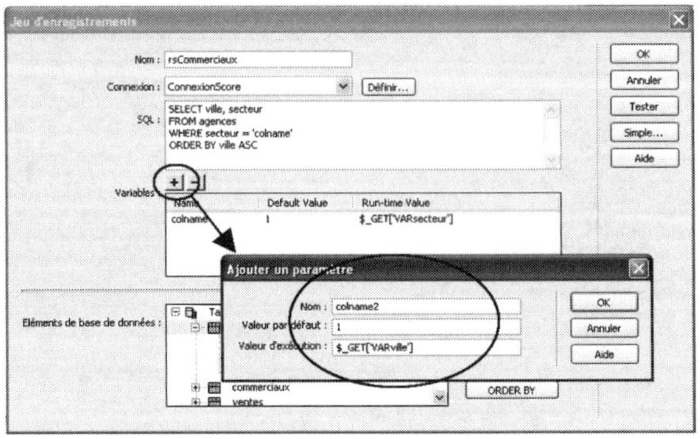

Figure 2-117
Fenêtre d'ajout d'une nouvelle variable utilisable dans la requête SQL.

champ de la valeur par défaut, mettre `sud` à la place du `1` pour l'exemple, afin de sélectionner l'agence de ce secteur). Cliquez ensuite sur le bouton `Tester` pour afficher les résultats de votre requête (voir figure 2-119). Après les tests, il convient de remettre une valeur par défaut neutre (`1` par exemple) pour ne pas perturber le fonctionnement de l'application.

La dernière zone, intitulée **`Éléments de base de données`**, est un assistant qui permet de créer des requêtes SQL à l'aide des boutons d'insertion `SELECT`, `WHERE` et `ORDER BY`. Pour utiliser cet éditeur SQL, vous devez au préalable sélectionner le champ concerné dans le cadre de gauche puis cliquer sur l'un des boutons d'insertion. Par exemple, si vous désirez ajouter le champ `ID` à notre jeu d'enregistrements précédent, vous devez dérouler l'arborescence de la table `agences` et sélectionner le champ `ID`, puis cliquer sur le bouton `SELECT`. Le champ `ID` est alors automatiquement ajouté dans la requête SQL (voir figure 2-120). Le principe est identique pour les deux autres boutons `WHERE` (filtre) et `ORDER BY` (tri).

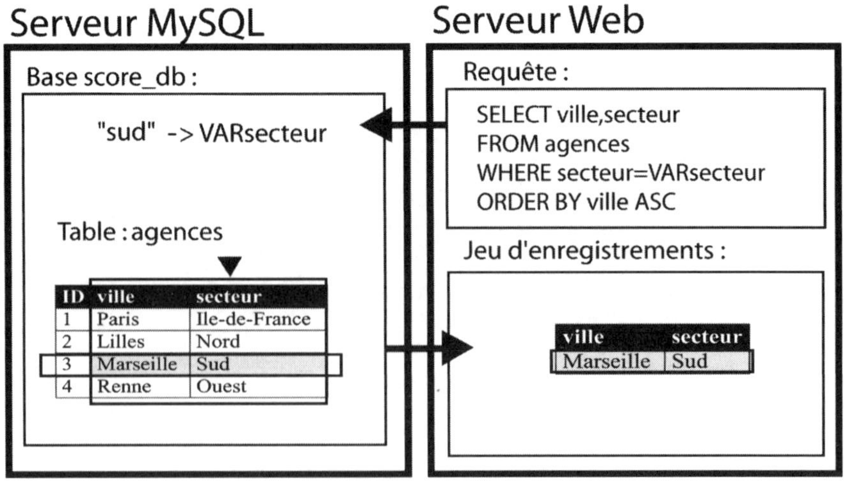

Figure 2-118
Diagramme d'échange serveurs Web/MySQL illustrant un jeu d'enregistrements qui a pour but d'extraire les champs ville et secteur de la table agences selon une sélection répondant à la condition du filtre (dans l'exemple ci-dessus, le champ secteur doit être égal à la valeur sud).

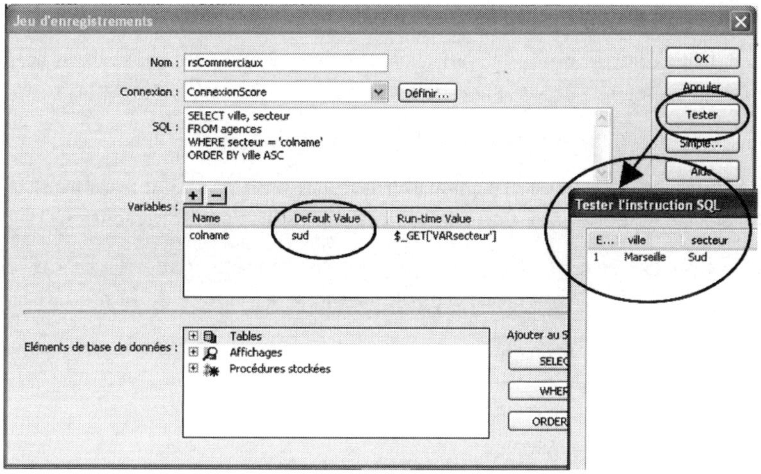

Figure 2-119
En mode Avancé, vous pouvez aussi réaliser des tests de requête, mais il faut au préalable remplacer la valeur par défaut de la variable par la valeur à tester (dans l'exemple ci-dessus, nous avons remplacé 1 par sud).

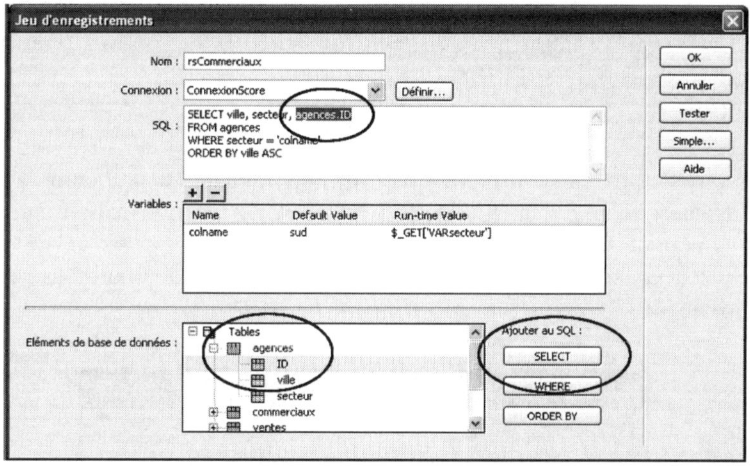

Figure 2-120
Dans la zone inférieure de la fenêtre, Dreamweaver met à votre disposition un assistant afin de vous aider dans la création des requêtes SQL.

Procédure de paramétrage d'un jeu d'enregistrements en mode Avancé

Pour illustrer cette procédure, nous vous proposons de créer le même jeu d'enregistrements que celui qui a été utilisé comme exemple dans la présentation de l'interface précédente (revoir figure 2-116). Cependant, nous n'allons pas convertir le jeu du mode `Simple` au mode `Avancé`, mais nous allons indiquer toutes les étapes pour le créer entièrement à l'aide de la fenêtre en mode `Avancé`.

1. Assurez-vous qu'une connexion à la base a déjà été créée en cliquant sur l'onglet `Bases de données` du panneau `Application` et ouvrez une nouvelle page PHP.

2. Cliquez ensuite sur l'onglet `Liaisons` du même panneau.
3. Cliquez sur le bouton + puis sélectionnez `Jeu d'enregistrements (Requête)` afin d'afficher la fenêtre `Jeu d'enregistrements`.
4. Dans la fenêtre de création, cliquez sur le bouton `Avancé`.
5. Dans les zones `Nom` et `Connexion`, saisissez un nouveau nom pour le jeu à créer (`rsAgences`) et sélectionnez une connexion à la base (`ConnexionScore`).
6. Saisissez ensuite l'instruction de la requête dans la zone de texte SQL (voir figure 2-121 : respectez scrupuleusement la syntaxe de la requête ci-après).

```
SELECT ville, secteur
FROM agences
WHERE secteur='colname'
ORDER BY ville ASC
```

Figure 2-121
En mode avancé, la requête SQL devra être saisie directement dans la zone de texte SQL.

7. Saisissez maintenant la variable SQL en cliquant sur le bouton + de la zone `Variable`. Dans la boîte de dialogue qui s'affiche, entrez les informations suivantes : `colname` pour le nom de la variable, `sud` pour la valeur par défaut et `$ _GET ['VARsecteur']` pour la valeur d'exécution (voir figure 2-122). Cliquez sur le bouton `OK` pour fermer la boîte de dialogue.

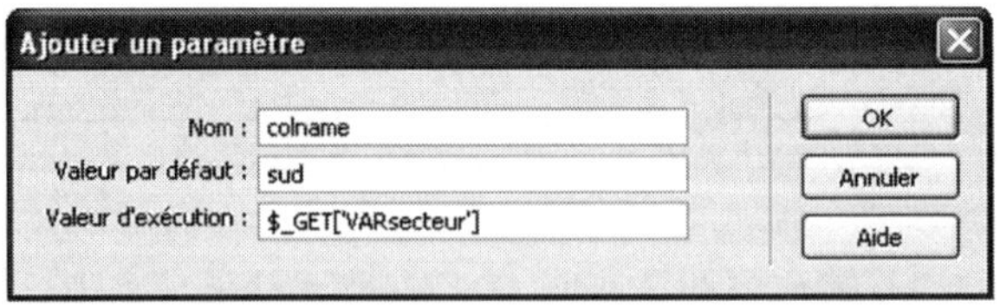

Figure 2-122
Pour utiliser une variable dans une requête SQL, il faut au préalable définir ses paramètres.

8. De retour sur la fenêtre du jeu d'enregistrements, cliquez sur le bouton `Tester` pour afficher le résultat de la requête.
9. Si le résultat vous convient (voir figure 2-123), fermez la fenêtre des résultats et remplacez la valeur par défaut `sud` par `1` dans la zone `Variables` (voir figure 2-124). Validez enfin la fenêtre en cliquant sur `OK` et vérifiez que vous retrouvez bien vos champs dans la fenêtre `Liaisons`.

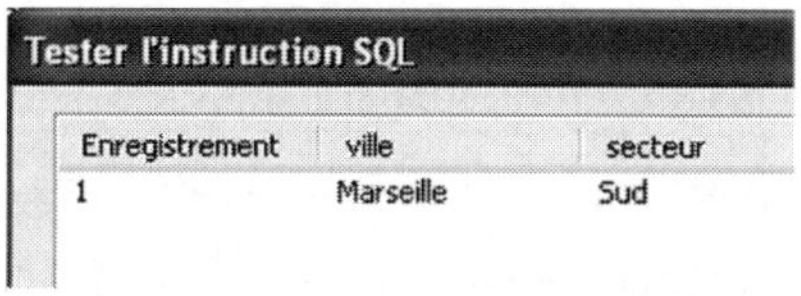

Figure 2-123
La fenêtre de test de la requête SQL vous permet de vérifier votre jeu d'enregistrements avant sa création.

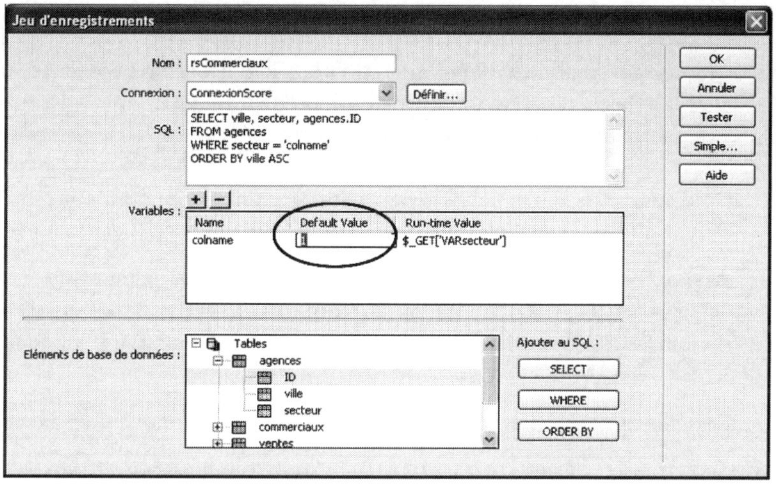

Figure 2-124
Avant de valider votre jeu d'enregistrements, il faut remplacer la valeur par défaut utilisée pour les tests.

Jeu d'enregistrements avancés pour requêtes avancées

L'exemple que nous venons d'utiliser pour expliquer l'interface avancée et détailler la procédure de création est intéressant d'un point de vue pédagogique, pour bien comprendre la correspondance entre les différentes zones de la fenêtre du mode `Avancé` et celles du mode `Simple`. Cependant, cet exemple ne justifie pas l'usage du mode `Avancé` puisqu'il peut être réalisé en mode `Simple`. En effet, l'usage du mode `Avancé` n'est justifié que pour la réalisation de jeux impossibles à réaliser en mode `Simple`, ce mode ne pouvant réaliser que des jeux avec filtre monocritère utilisant des opérateurs de comparaison de base (`égal à`, `supérieur à`, `inférieur à`...), un tri sur un champ unique et une extraction de champs issus d'une seule table. Tous les autres cas doivent être traités en mode `Avancé`. Aussi, pour vous donner quelques exemples d'applications qui nécessitent l'usage du mode `Avancé`, nous vous proposons de commenter la création de deux jeux d'enregistrements utilisant des requêtes avancées et ne pouvant être réalisés qu'en mode `Avancé`.

Exemple 1 : extraction de données issues de deux tables

Pour ce premier exemple, nous désirons obtenir une liste des noms des commerciaux ainsi que les noms de leur agence. Or, dans la table `commerciaux`, nous n'avons que l'identifiant de l'agence `agenceID` de disponible ; il faut donc récupérer ces deux informations dans deux tables différentes et les rassembler dans un seul et même jeu d'enregistrements.

Voici la procédure à suivre :

1. Assurez-vous qu'une connexion à la base a déjà été créée, en cliquant sur l'onglet `Bases de données` du panneau `Application`, et ouvrez une nouvelle page PHP.
2. Cliquez ensuite sur l'onglet `Liaisons` du panneau `Application`.
3. Cliquez sur le bouton + puis sélectionnez `Jeu d'enregistrements (Requête)` afin d'afficher la fenêtre de création d'un jeu d'enregistrements.
4. Dans la fenêtre de création, cliquez sur le bouton `Avancé`.
5. Dans les zones `Nom` et `Connexion`, saisissez un nouveau nom pour le jeu à créer (`rsCommerciauxAgences`) et sélectionnez une connexion à la base (`ConnexionScore`).
6. Assurez-vous que la zone SQL est vide. Depuis l'assistant SQL (`Éléments de base de données`, en bas), sélectionnez le champ `ville` de la table `agences`, puis cliquez sur le bouton `SELECT` à droite. La première partie de la requête doit alors apparaître dans la zone SQL.
7. Répétez la même démarche avec le champ `nom` de la table `commerciaux`.
8. Sélectionnez ensuite le champ `agenceID` de la table `commerciaux` et cliquez sur le bouton `WHERE`. Celui-ci doit apparaître dans la zone SQL, précédé de l'instruction `WHERE`.
9. Placez votre pointeur derrière `commerciaux.agenceID` dans la zone SQL et saisissez le signe égal.

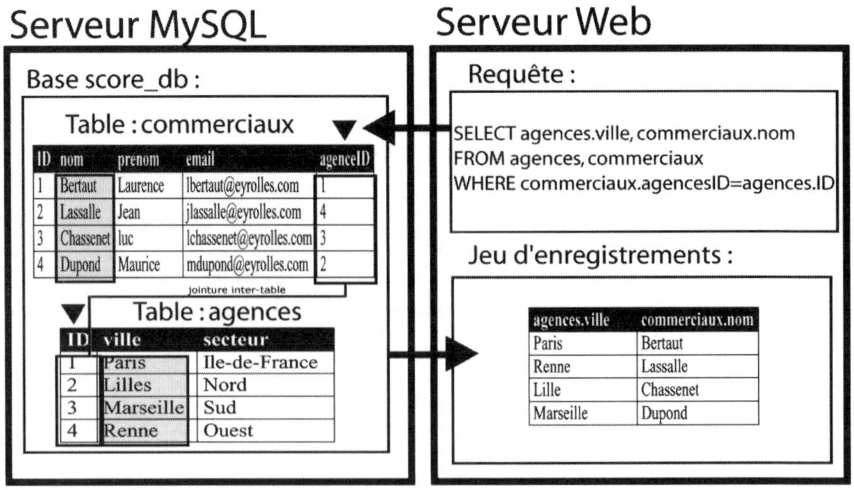

Figure 2-125
Diagramme d'échange serveurs Web/MySQL illustrant un jeu d'enregistrements qui a pour but d'extraire les champs agences.ville et commerciaux.nom de deux tables différentes : agences et commerciaux.

10. Retournez dans l'assistant et sélectionnez maintenant le champ `ID` de la table `agences`, puis cliquez sur le bouton `WHERE`. Le champ sélectionné doit apparaître à la fin de votre requête.
11. Vous pouvez maintenant tester votre nouveau jeu en cliquant sur le bouton `Tester`.

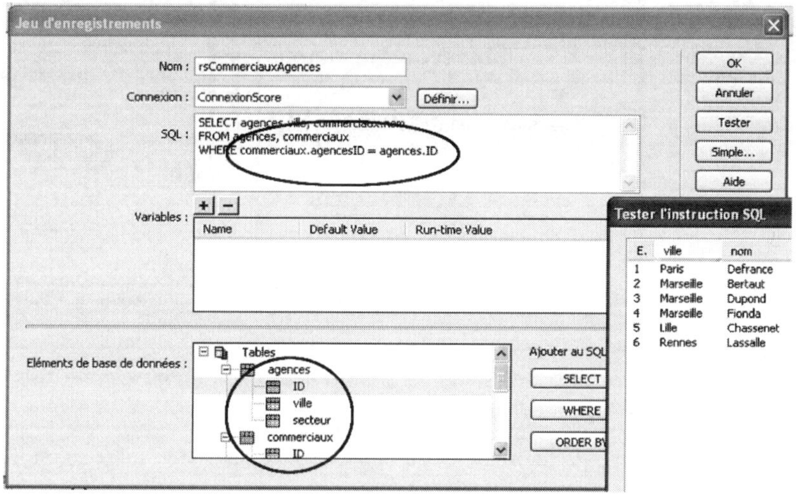

Figure 2-126
Le mode Avancé d'un jeu d'enregistrements permet d'extraire des champs issus de deux tables différentes.

Exemple 2 : requête de recherche avancée

Pour ce deuxième exemple, nous désirons faire une recherche dans la liste des noms des commerciaux, afin de récupérer ceux dont les noms contiennent une chaîne de caractères particulière (dans l'exemple, nous prendrons la lettre `a` pour faire la recherche). Voici la procédure à suivre :

1. Assurez-vous qu'une connexion à la base a déjà été créée en cliquant sur l'onglet `Bases de données` du panneau `Application`, et ouvrez une nouvelle page PHP.
2. Cliquez ensuite sur l'onglet `Liaisons` du panneau `Application`.
3. Cliquez sur le bouton + puis sélectionnez `Jeu d'enregistrements (Requête)` afin d'afficher la fenêtre de création d'un jeu d'enregistrements.
4. Dans la fenêtre de création, cliquez sur le bouton `Avancé`.
5. Dans les zones `Nom` et `Connexion`, saisissez un nouveau nom pour le jeu à créer (`rsRechercheCommerciaux`) et sélectionnez une connexion à la base (`ConnexionScore`).
6. Dans la zone de l'assistant SQL (en bas), sélectionnez le champ `nom` de la table `commerciaux`, puis cliquez sur le bouton `SELECT`. La première partie de la requête doit alors apparaître dans la zone SQL.

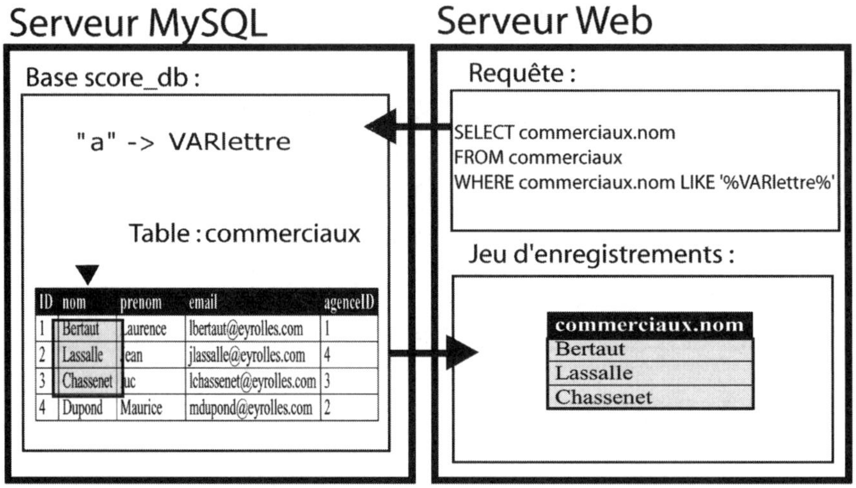

Figure 2-127
Diagramme d'échange serveurs Web/MySQL illustrant un jeu d'enregistrements qui a pour but d'extraire les enregistrements dont le champ commerciaux.nom contient la valeur de la chaîne de caractères passée en paramètre (ici, VARlettre=a).

7. Sélectionnez ensuite le même champ `nom`, mais cliquez cette fois sur le bouton `WHERE`. Celui-ci doit apparaître dans la zone SQL.
8. Placez votre pointeur derrière `commerciaux.nom` dans la zone SQL et saisissez le code suivant : `LIKE '%collettre%'`
9. Cliquez ensuite sur le bouton + de la zone `Variables` et saisissez les paramètres suivants :
   - Nom = `collettre`
   - Valeur par défaut = `a`
   - Valeur d'exécution = `$_GET['VARlettre']`
10. Validez la boîte de dialogue et testez votre nouveau jeu en cliquant sur le bouton `Tester` (voir figure 2-128).

Copie d'un jeu d'enregistrements d'une page à une autre

Contrairement aux définitions de connexion au serveur, qui sont stockées dans un répertoire spécifique (voir dossier `Connections` du site) et qui peuvent donc être utilisées dans toutes les pages d'un même site, les jeux d'enregistrements sont intégrés dans la page où l'on désire exploiter les champs, et ne peuvent pas être utilisés dans une autre page. Cependant, il est souvent nécessaire de récupérer un jeu d'enregistrements déjà créé dans une page du site pour l'utiliser dans une autre page. Pour vous faciliter la tâche, voici la procédure à suivre pour copier un jeu d'enregistrements d'une page à une autre :

1. Ouvrez le panneau `Liaisons` de la page où se trouve le jeu à copier.

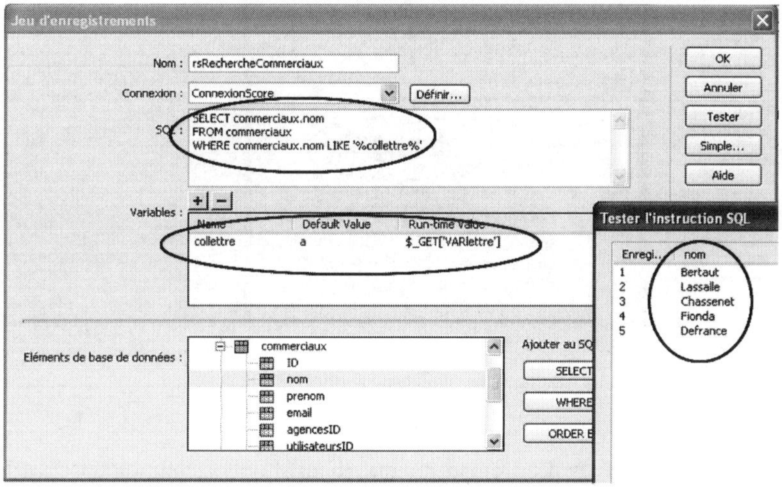

Figure 2-128
Le mode Avancé d'un jeu d'enregistrements permet de créer tout type de requête SQL.

2. Cliquez sur le jeu désiré avec le bouton droit de la souris et choisissez `Copier` dans le menu contextuel (voir figure 2-129).
3. Ouvrez la nouvelle page dans laquelle vous désirez coller le jeu et déroulez le panneau `Liaisons`.
4. Cliquez du bouton droit de la souris dans la fenêtre `Liaisons` et choisissez cette fois `Coller` dans le menu contextuel (voir figure 2-130). Votre jeu d'enregistrements doit alors apparaître dans le panneau `Liaisons`.

Figure 2-129
Pour copier un jeu d'enregistrements, sélectionnez-le, cliquez du bouton droit et choisissez Copier.

Modification ou suppression d'un jeu d'enregistrements

Par la suite, si vous désirez modifier les paramètres d'un jeu d'enregistrements, il suffit de double-cliquer sur son nom (attention : à droite de son icône et non sur son icône) dans la

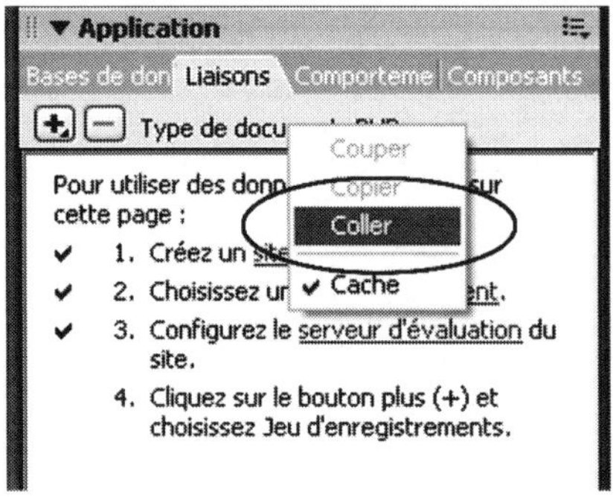

Figure 2-130
Pour ajouter un jeu précédemment copié, il suffit de faire un clic droit dans le panneau Liaisons et de valider l'option Coller.

fenêtre du panneau `Liaisons`. La fenêtre de paramétrage s'ouvre alors de nouveau, et vous pouvez ainsi y apporter les corrections désirées (voir figure 2-131).

Pour détruire un jeu d'enregistrements, il suffit de le sélectionner dans la fenêtre du panneau `Liaisons` et de cliquer sur le bouton - pour le supprimer définitivement du code de la page dynamique.

Utilisation d'un jeu d'enregistrements et du mode Live Data

Au même titre que toutes les variables stockées dans le panneau `Liaisons`, les champs d'un jeu d'enregistrements peuvent être facilement insérés dans une page dynamique. Pour vous aider dans cette tâche, Dreamweaver a élaboré toute une série de fonctions et de comportements, que vous trouverez dans la barre d'outils `Insertion/Application` et dans le panneau `Application/Comportements de serveur`. Le chapitre suivant sera d'ailleurs consacré à l'utilisation de ces différents outils dans le cadre de la création de pages dynamiques fréquemment utilisées.

En complément du mode `Création`, Dreamweaver propose la possibilité d'afficher les données dynamiques d'une page grâce au mode `Live Data` (revoir figure 2-60 pour situer le bouton d'affichage des données dynamiques dans la barre d'outils document). Si cette option n'est pas activée, la fenêtre `Document` fournit une représentation visuelle de la page, affichant les noms des variables dynamiques insérées, mais sans leur valeur. Cependant, lors du test de votre site sur le serveur, les valeurs des données dynamiques, qui se substituent aux noms des variables intégrées dans la page, peuvent modifier considérablement votre mise en page. D'autre part, l'affichage des données dans une page dynamique atteste souvent du bon fonctionnement de la connexion serveur et des requêtes SQL utilisées. Il est donc souvent intéressant d'utiliser le mode `Live Data` lorsqu'on travaille sur la conception d'une page dynamique. Nous vous proposons de découvrir son utilisation au travers d'un exemple très simple, destiné à afficher des variables d'un jeu d'enregistrements dans la page d'un site.

1. Pour illustrer cet exemple, nous allons reprendre le jeu d'enregistrements de la figure 2-110. Ouvrez une page PHP et créez le jeu d'enregistrements `rsCommerciaux` en utilisant les mêmes paramètres.

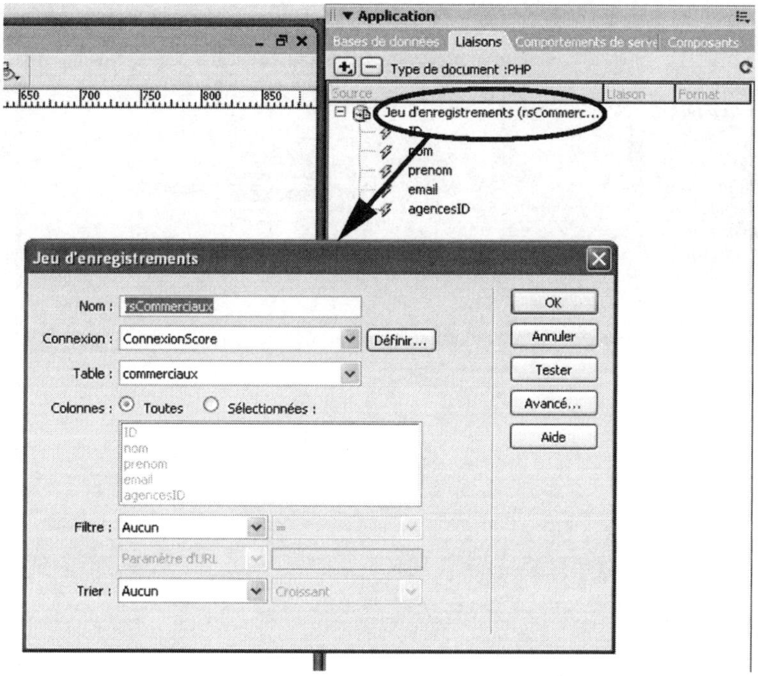

Figure 2-131
Pour modifier un jeu d'enregistrements, vous pouvez ouvrir sa boîte de configuration en double-cliquant sur son nom, dans le panneau Liaisons.

2. Dans la fenêtre `Document`, créez rapidement un tableau de sorte à accueillir les données du jeu d'enregistrements. Placez les variables du jeu d'enregistrements du panneau `Liaisons` dans les cellules du tableau par un simple glisser-déplacer (voir figure 2-132).

3. Cliquez sur le bouton `Live Data` (affichage des données dynamiques, situé à droite des trois boutons de modes de la fenêtre `Document`). La barre d'outils `Live Data` doit alors apparaître sous le panneau `Insertion`. Cliquez sur le bouton `Paramètres` à droite de cette barre, renseignez la zone `Demande d'URL` de la boîte de dialogue, comme indiqué sur la figure 2-133, puis validez en cliquant sur `OK`. Il est à noter qu'on peut mémoriser plusieurs valeurs dans la zone `Demande d'URL`, ce qui permet de réaliser rapidement des tests différents sans avoir à ressaisir leur valeur à chaque fois.

4. Les données doivent maintenant remplacer les noms des variables dans le tableau. Dans le champ de saisie de la barre `Live Data`, remplacez `Laurence` par le prénom `Jean`. Si la case `Actualisation automatique` est cochée (à gauche de la barre `Live Data`), les données du tableau de la page doivent être remplacées immédiatement par celles du commercial `Jean Lassalle`, sinon vous pouvez cliquer sur le bouton d'actualisation (flèche bleue en rond) pour mettre à jour les données affichées (voir figure 2-134). Notez que si la connexion à votre base de données est lente, il est préférable de ne pas valider l'option `Actualisation automatique`, lorsque vous travaillez dans la fenêtre `Live Data`, et d'actualiser plutôt vos données en cliquant sur le bouton `Actualisation` en fonction des besoins.

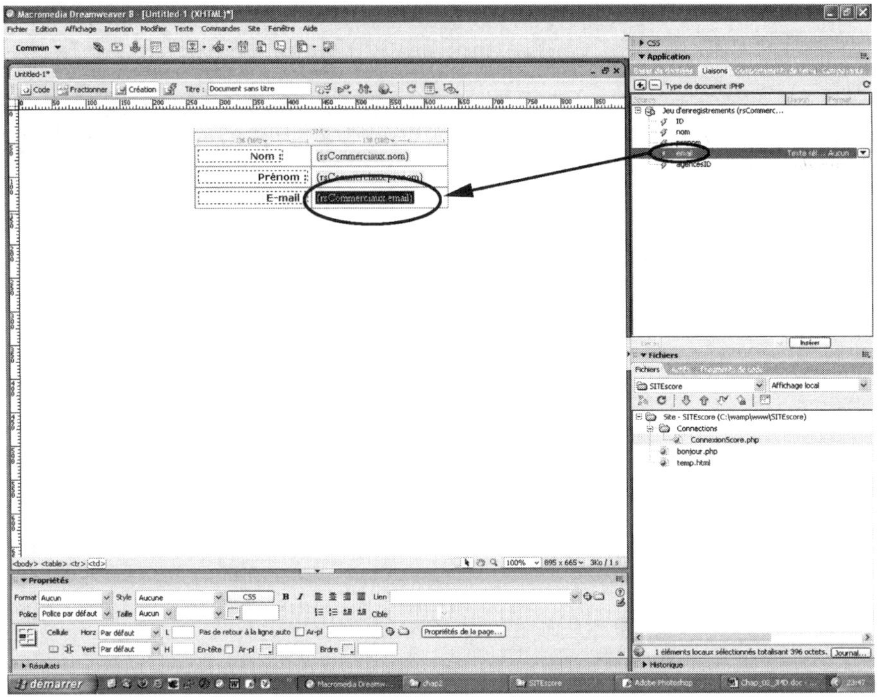

Figure 2-132
Les variables du jeu d'enregistrements peuvent facilement être intégrées dans la page par un simple glisser-déplacer. Lorsque le mode Live Data n'est pas activé, les variables sont représentées par leur nom encadré par des accolades.

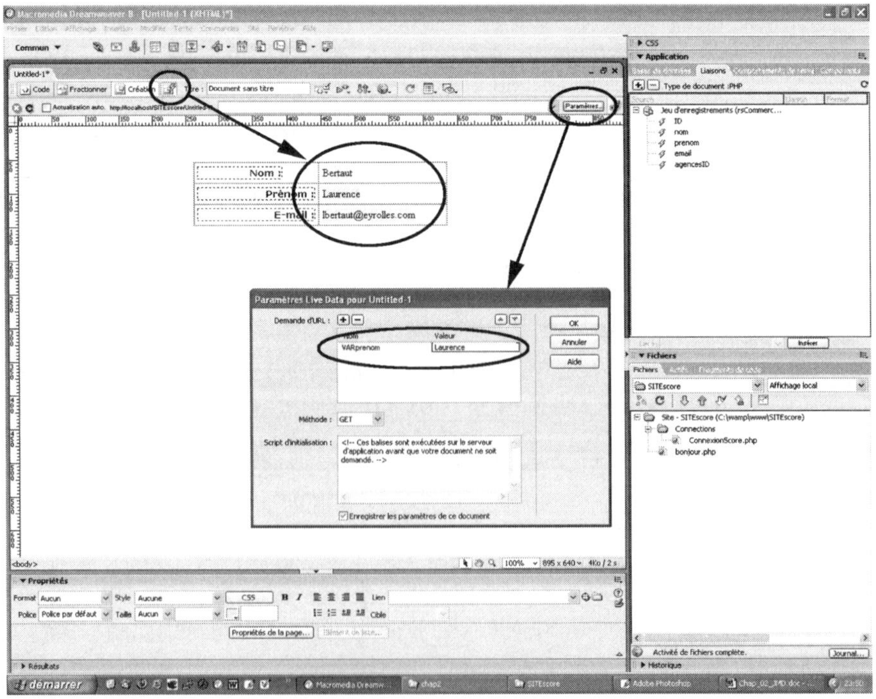

Figure 2-133
Dès que le mode Live Data est activé, une nouvelle barre apparaît en dessous de la barre d'outils standard. Pour modifier la valeur du paramètre d'URL, on peut utiliser la boîte de dialogue de paramètres Live Data en cliquant sur le bouton Paramètres.

Figure 2-134

Pour modifier la valeur d'un paramètre d'URL, on peut aussi changer directement la valeur de la variable dans le champ de saisie central. Après sa modification, il faut cliquer sur le bouton Actualisation si la case Actualisation automatique n'est pas validée.

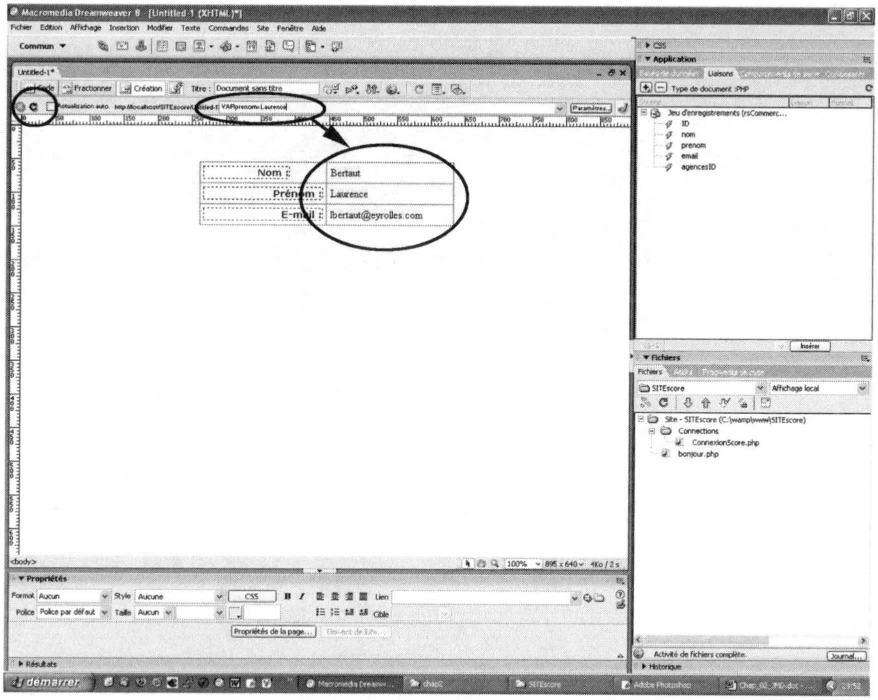

> **Les liens hypertextes ne fonctionnent pas en mode Live Data**
>
> Les liens ne fonctionnent pas en mode `Création` ; pour tester l'interaction entre vos pages, vous devez utiliser la fonction `Aperçu` dans le navigateur de Dreamweaver ou, mieux encore, visualiser votre page dans le navigateur depuis le Web Local de Wamp5, après l'avoir sauvegardée (clic droit sur l'icône de Wamp5 et sélectionnez Web Local).

3

Création de pages dynamiques courantes

Dans le chapitre précédent, nous avons installé et configuré tous les éléments indispensables à la mise en œuvre d'une plate-forme de développement de sites dynamiques. Nous sommes désormais en mesure d'exploiter les informations d'une base de données, et nous allons pouvoir commencer à développer des pages dynamiques à l'aide de l'interface de Dreamweaver en mode `Création`.

Cette partie détaillera les procédures de création des pages les plus courantes dans un site dynamique. Nous exploiterons pour cela uniquement l'interface visuelle de Dreamweaver (mode `Création`). Cette méthode a l'avantage de pouvoir construire une page dynamique sans aucune connaissance préalable d'instructions PHP et de requêtes SQL. Ceux qui désirent concevoir des sites dynamiques plus élaborés trouveront dans les chapitres 4 et 5 toutes les informations nécessaires pour intervenir directement dans le code des scripts PHP et composer des requêtes SQL avancées.

Pour illustrer le fonctionnement de chacune des créations courantes décrites dans cette partie, nous appliquerons les différentes procédures au projet `SCORE` et nous utiliserons la base de données `score_db` créée dans la partie précédente. Cependant, avant de commencer à détailler les procédures de création des différentes pages de cette application, nous allons définir la structure du site et préparer les différents modèles de pages qui seront utilisés par la suite. Vous pouvez les créer vous-même en suivant les indications ci-après.

Comment passer rapidement à la création des pages dynamiques ?

La partie qui suit vous indiquera toutes les informations et la démarche pour créer vous-même la structure du site `Score`. Cependant, si vous désirez passer tout de suite à la réalisation des pages dynamiques, vous pouvez copier tout le répertoire `SITEscore_STRUCTURE` (disponible dans un kit ressource de l'ouvrage, téléchargeable à l'adresse www.editions-eyrolles.com) dans le dossier racine de Wamp5 (`www`) et le renommer ensuite `SITEscore`, pour qu'il remplace le répertoire actuel. Cette version contient toute la structure du site, avec ses pages PHP créées, mais vides de tout contenu dynamique. Cela vous permettra de commencer directement la création des pages dynamiques sans avoir à vous soucier de faire l'arborescence du site et ses modèles. Dans le dossier archives de `SITEscore_STRUCTURE`, vous trouverez aussi une sauvegarde de la base de données nommée `score_db_STRUCTURE.sql`, que nous conseillons d'utiliser pour restaurer la vôtre afin que vous puissiez obtenir des résultats semblables à ceux des illustrations de cet ouvrage.

Une autre version de la structure du site, appelée `SITEscore_CHAP03`, est également disponible dans le kit ressource de l'ouvrage. Cette deuxième version est semblable à la structure du site que vous devriez obtenir au terme de ce chapitre 3. Vous trouverez aussi, dans son dossier archive, une sauvegarde de la base, nommée `score_db_CHAP03.sql`, correspondant à la structure que devrait avoir le site à la fin de ce chapitre. Vous pourrez vous y référer pour comparer vos réalisations, ou encore pour remplacer le site complet avant de passer au chapitre suivant.

Méthodes de test des pages dynamiques

Au cours de ce chapitre, vous aurez souvent l'occasion de tester votre page dynamique. Pour cela, plusieurs méthodes sont possibles avec Dreamweaver et Wamp5 (voir figure 3-1) :

- **Test de la page en mode Live Data** – Le mode `Live Data` vous permet de remplacer le nom des variables par leur valeur, sans sortir de la fenêtre `Document`. Vous pouvez aussi configurer les paramètres de la barre d'outils `Live Data` pour programmer différentes valeurs de test. Cette méthode est particulièrement intéressante pour apprécier la mise en page de votre réalisation dynamique. Les données remplacent les variables dans la page, et vous pouvez avoir ainsi une première idée du fonctionnement dynamique de la page. Cependant, les liens hypertextes ne fonctionnent pas et certaines pages dynamiques ne peuvent pas être testées par cette méthode (page d'insertion par exemple). Pour accéder au mode `Live Data`, il suffit de cliquer sur le bouton `Affichage des données dynamiques` (à droite des trois boutons de sélection des modes de la fenêtre `Document`).
- **Test en aperçu dans un navigateur** – Dreamweaver propose une solution pour tester la page depuis un navigateur de votre choix. Cette méthode nécessite l'enregistrement de la page (une boîte de dialogue s'affichera si la page ne l'a pas été avant le test). Elle est intéressante à utiliser pour des tests ponctuels d'une page, car elle est très rapide, mais si vous avez de nombreux essais à effectuer, il est préférable de visualiser votre page dans le `Web Local de Wamp5`. Pour tester une page en aperçu, sélectionnez `Fichier>Aperçu dans un navigateur` puis choisir le navigateur (Internet Explorer ou Firefox). Vous pouvez aussi

utiliser le bouton en forme de planette situé dans la barre d'outils document `Aperçu/Debogage dans le navigateur`, puis sélectionner le navigateur ou encore utiliser la touche F12 pour afficher rapidement l'aperçu dans le navigateur configuré par défaut.

- **Test en Web local** – Pour tester votre page en situation réelle (navigation depuis la page d'index du site), vous pouvez utiliser le serveur local de Wamp5. Il faut cependant penser à enregistrer la page avant de la tester. Pour passer en Web local, il suffit de sélectionner `localhost` dans le manager de `Wamp5`. La liste de vos sites est alors proposée, et il suffit de cliquer sur l'un des dossiers pour afficher la page d'accueil du site correspondant. Il est conseillé de laisser toujours la fenêtre du Web local active ; vous pouvez ainsi basculer très rapidement du Web local à l'éditeur Dreamweaver et vice versa, en utilisant la combinaison de touches `Alt + Tabulation`. Après une modification d'une page, il suffit de cliquer sur la touche `F5` pour afficher la version actualisée dans le navigateur. De même, pour sauvegarder votre page dans Dreamweaver, il est intéressant d'utiliser le raccourci clavier `Ctrl + S`. Ainsi, en utilisant judicieusement ces trois raccourcis, vous pouvez développer puis tester vos pages aussi facilement qu'avec l'aperçu.

Structure du site Score

Création de l'interface du site

Le but de cette application n'étant pas orienté sur la conception graphique d'un site mais sur la réalisation d'applications dynamiques, l'interface du site `SCORE` est très simple. La navigation entre les différents écrans est assurée par un menu horizontal placé en haut de page. Ce menu est constitué à l'aide d'un simple tableau. La cellule de gauche contient toujours le logo de l'application, et un lien lui est appliqué, afin de revenir sur la page d'accueil, quel que soit l'endroit où on se trouve. Un répertoire `images` est créé afin d'héberger toutes les images du site. Les autres cellules du tableau contiennent les liens contextuels du menu. Une feuille de styles est placée dans le répertoire `style`, et les liens du menu sont attachés à cette feuille de styles, afin de changer la couleur du texte au survol de la souris. Le site est divisé en quatre espaces principaux : l'espace d'accueil (où se trouve le fichier `index.php`), l'espace `public` (avec ses écrans libres d'accès), l'espace `commerciaux` (dont l'utilisation est réservée aux commerciaux après identification) et l'espace `administrateur` (destiné uniquement à l'administrateur). Chaque écran est enregistré dans un répertoire spécifique à sa zone, sauf pour l'écran d'accueil, qui est enregistré sous la racine du site. Pour faciliter la création et la maintenance de tous ces écrans, mais aussi pour respecter la charte graphique du site, nous allons créer un modèle par espace, comme le précise le tableau 3-1 ci-après.

Procédure pour la création d'un modèle

1. Depuis le menu `Fichier` sélectionnez `Nouveau`. Sélectionnez `Page dynamique` et `PHP` puis validez.

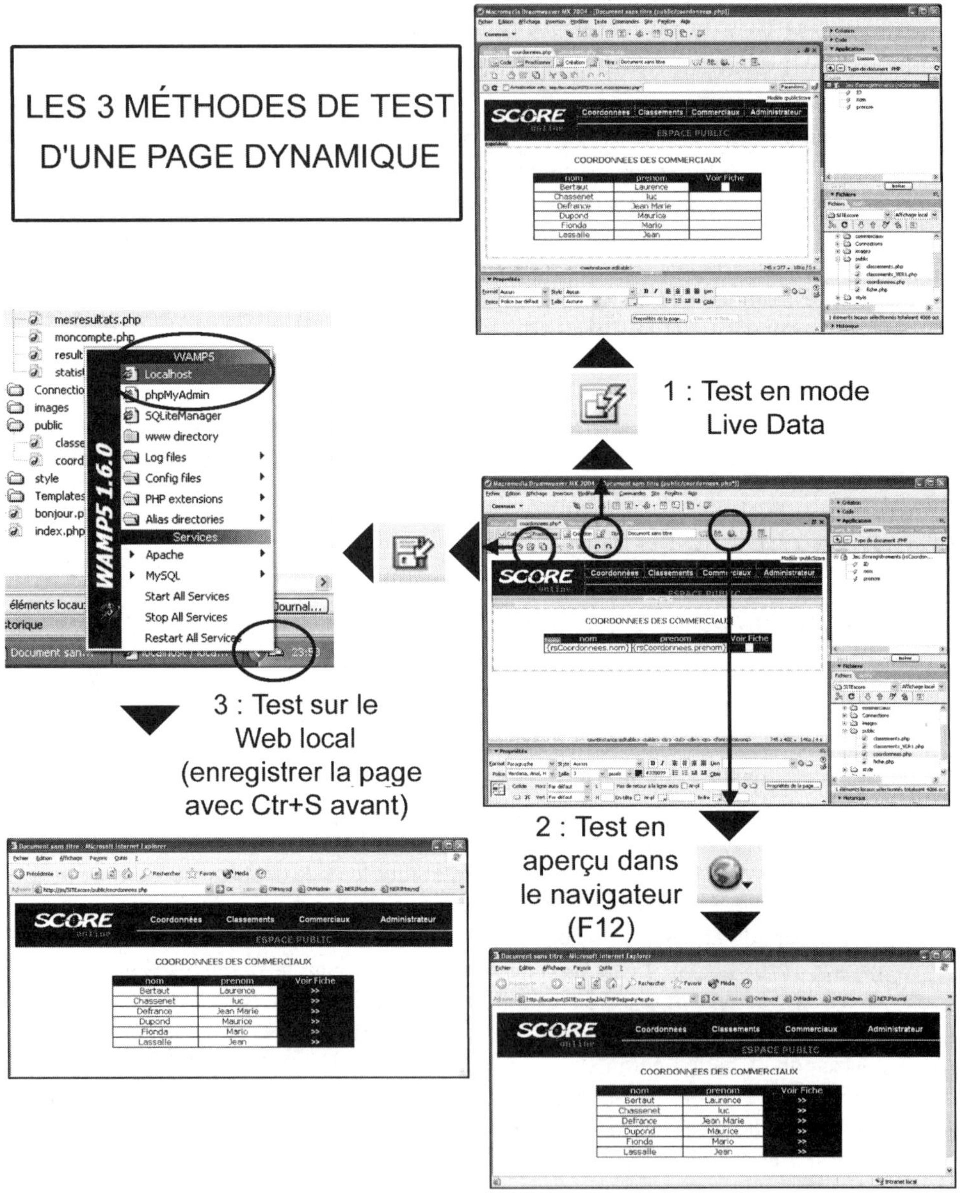

Figure 3-1

Pour tester une page dynamique, vous pouvez utiliser le mode Live Data, l'aperçu dans un navigateur (touche F12) ou encore le Web Local, après avoir enregistré votre page.

Tableau 3-1 – Utilisation des différents modèles d'écran du site Score

Nom du modèle	Utilisation
accueilScore.dwt.php	Espace accueil : utilisé dans un premier temps uniquement par la page d'index placée sous la racine du site.
adminScore.dwt.php	Espace administrateur : tous les écrans créés dans le répertoire administrateur le sont selon ce modèle.
commerciauxScore.dwt.php	Espace commerciaux : tous les écrans créés dans le répertoire commerciaux le sont selon ce modèle.
publicScore.dwt.php	Espace public : tous les écrans créés dans le répertoire public le sont selon ce modèle.

2. Créez un tableau en haut de la page, pour accueillir le logo et les différents liens hypertextes du menu (voir les noms des fichiers à lier au menu selon le modèle créé dans les figures 3-4 à 3-7). Appliquez le style désiré aux liens du menu et une couleur de fond au tableau.

3. Créez une zone modifiable sous le tableau : créez un tableau d'une seule cellule, sélectionnez-le et, depuis le menu, faites `Insertion>Objets de modèle>Régions modifiables`.

4. Enregistrez la page comme modèle : depuis le menu, faire `Fichier>Enregistrer comme modèle`. Saisissez le nom du modèle (voir liste des noms de modèle du tableau 3-1) et validez en cliquant sur le bouton `Enregistrer` (voir figures 3-2 et 3-3).

Plan de navigation

Le plan de navigation permet d'avoir une vue d'ensemble du site et des liaisons inter-écrans qui relient chacune des pages. On peut aussi identifier clairement les différents espaces créés et les pages qui leur sont rattachées (voir figure 3-8). Nous verrons plus loin que Dreamweaver propose une représentation de ces différents liens inter-écrans avec la carte du site (voir figure 3-12). Cependant, il est toujours indispensable d'établir un plan de navigation au préalable, afin de bien appréhender la structure du site qu'on désire construire.

Pour tester la navigation inter-écran, nous allons commencer par réaliser toutes les pages du site dès maintenant, en utilisant le modèle approprié et en l'enregistrant dans le dossier correspondant à son espace. Nous nous contenterons de les personnaliser en indiquant uniquement le nom de la page dans la zone modifiable de chaque écran.

Procédure de création d'un écran du site à partir d'un modèle

1. Depuis le menu `Fichier` cliquez sur `Nouveau` (ou, plus rapide, utilisez la combinaison de touches `Ctrl + N`).

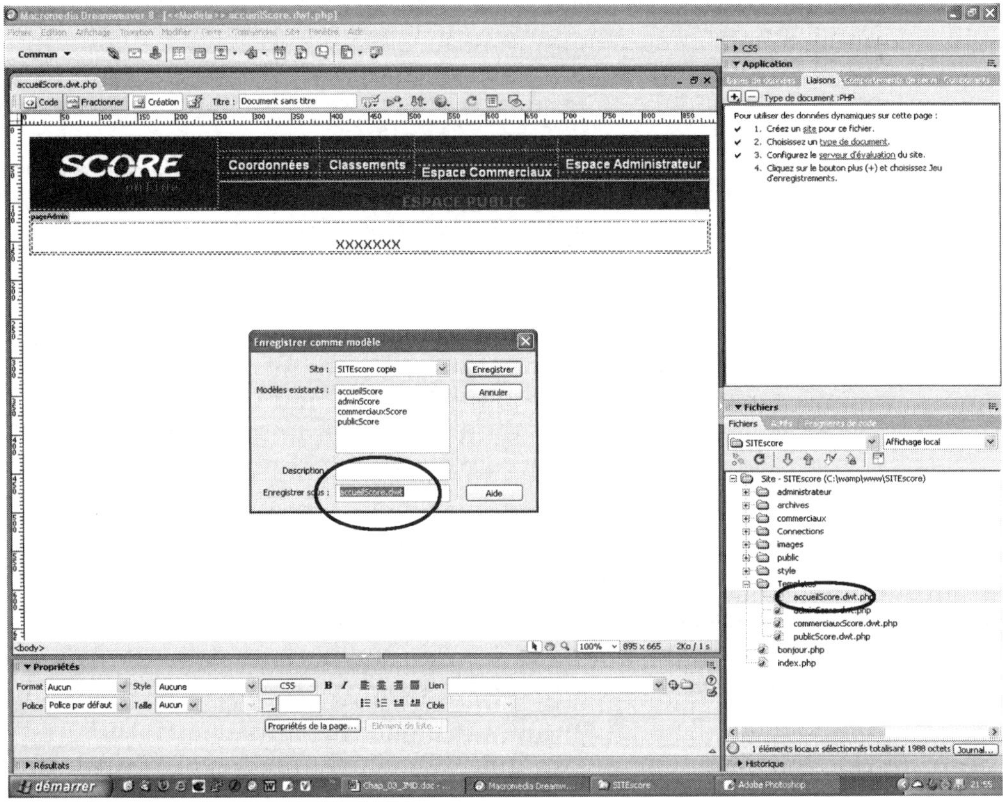

Figure 3-2

Créez le menu, définissez une région modifiable et enregistrez la nouvelle page comme modèle.

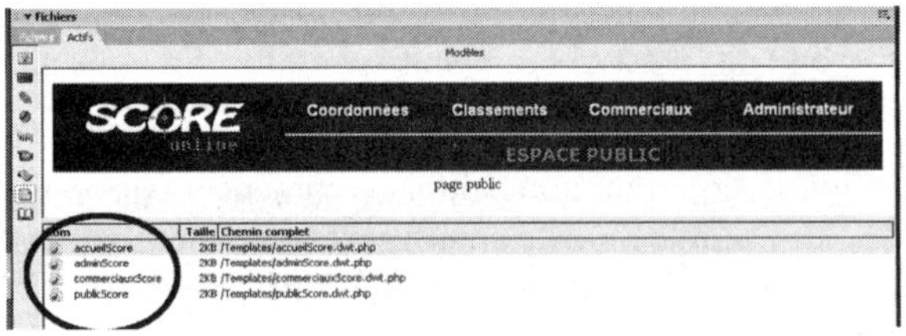

Figure 3-3

Quatre modèles sont créés afin de faciliter la maintenance du site. Chaque modèle correspond à un espace différent du site.

2. Cliquez sur l'onglet `Modèles` et choisissez le modèle désiré dans la liste, puis cliquez sur `Créer` (voir figure 3-9).
3. Saisissez le titre en haut de la zone modifiable et enregistrez la nouvelle page sous le nom du fichier adapté, en prenant bien soin de sélectionner au préalable le bon dossier (voir figure 3-10).
4. Renouvelez l'opération pour tous les fichiers figurant dans la liste du tableau 3-2.

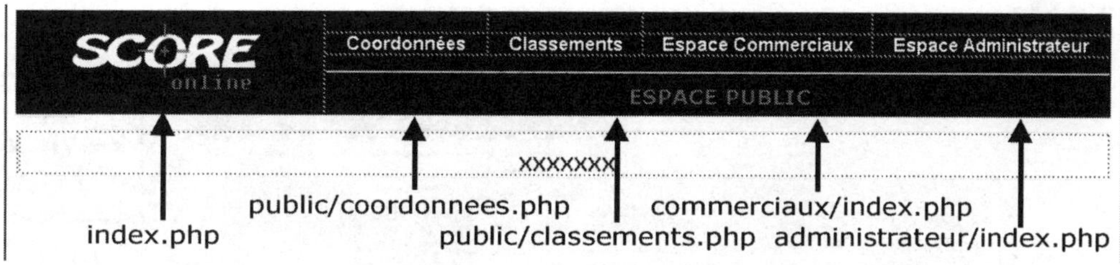

Figure 3-4
Liens hypertextes du modèle accueilScore.dwt.php.

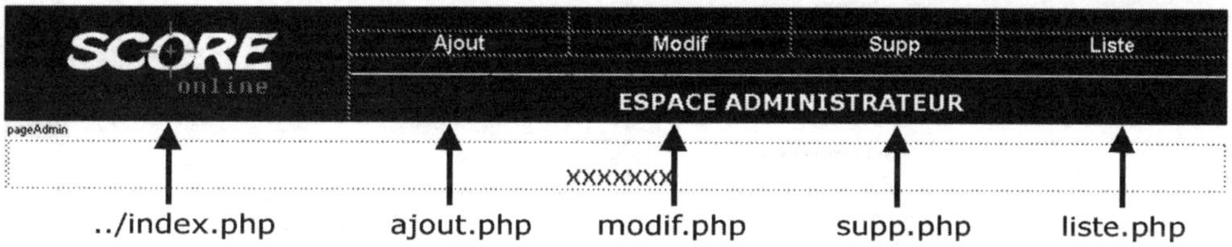

Figure 3-5
Liens hypertextes du modèle adminScore.dwt.php.

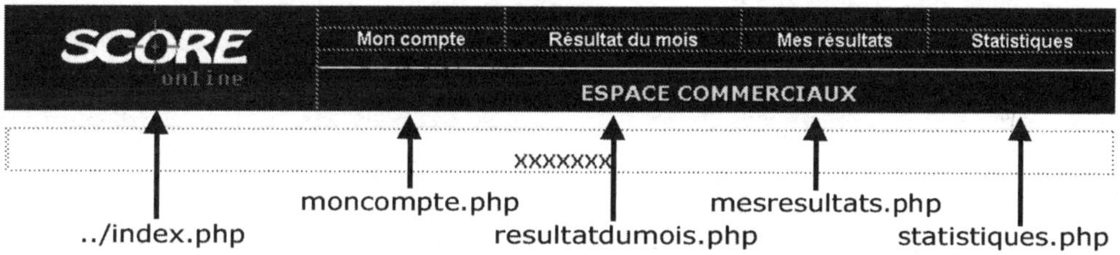

Figure 3-6
Liens hypertextes du modèle commerciauxScore.dwt.php.

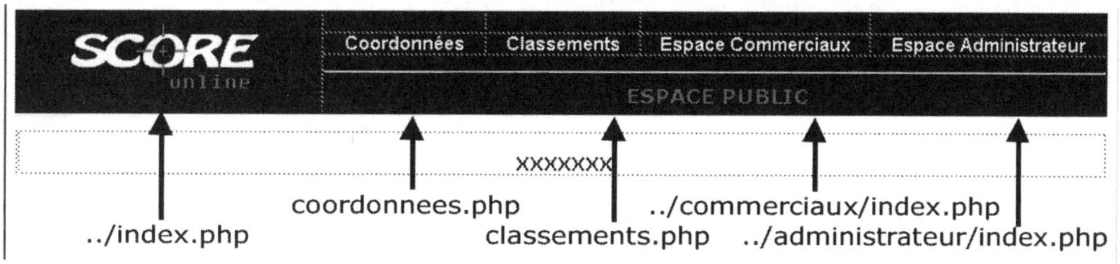

Figure 3-7
Liens hypertextes du modèle publicScore.dwt.php.

Figure 3-8
Plan de navigation du site Score.

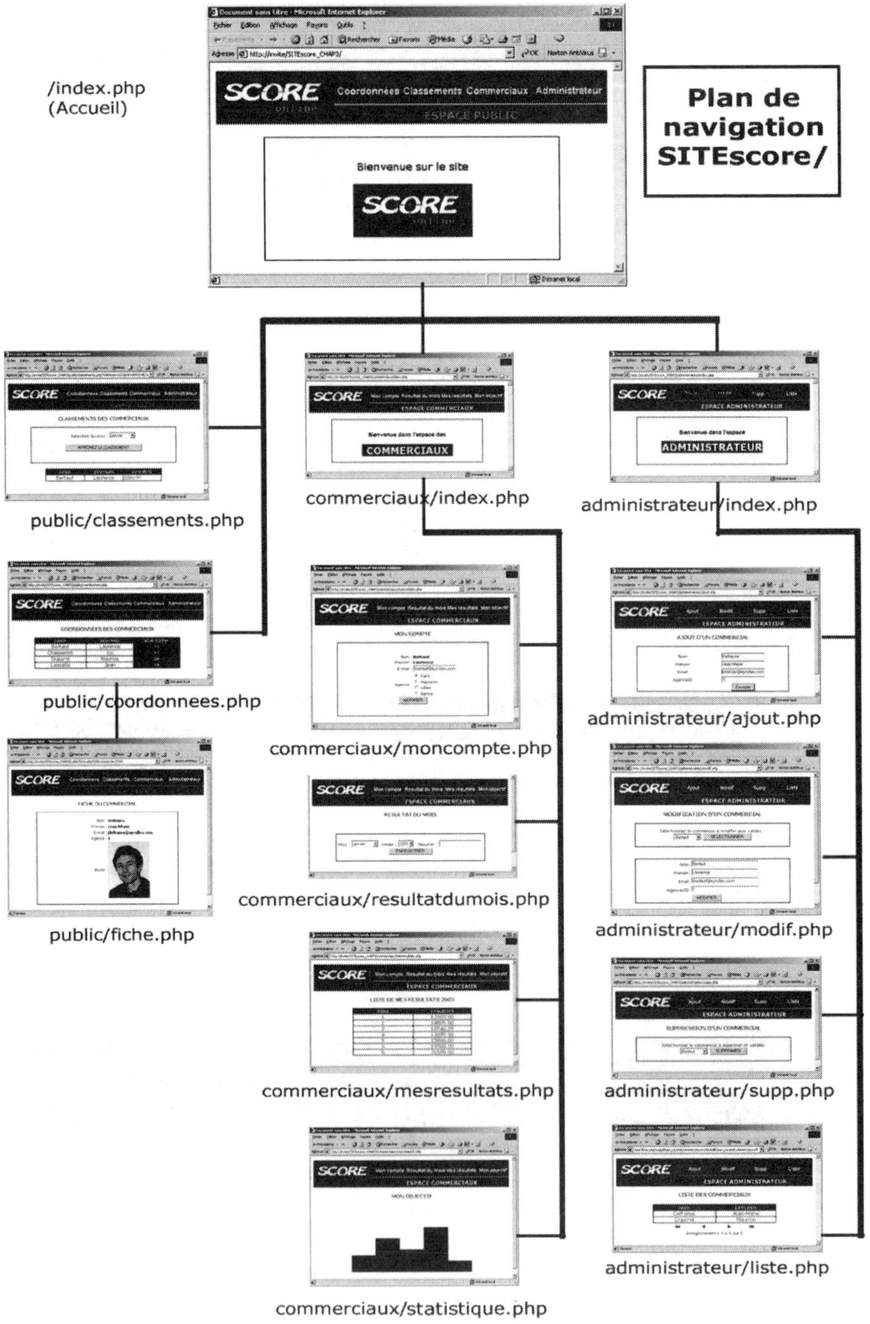

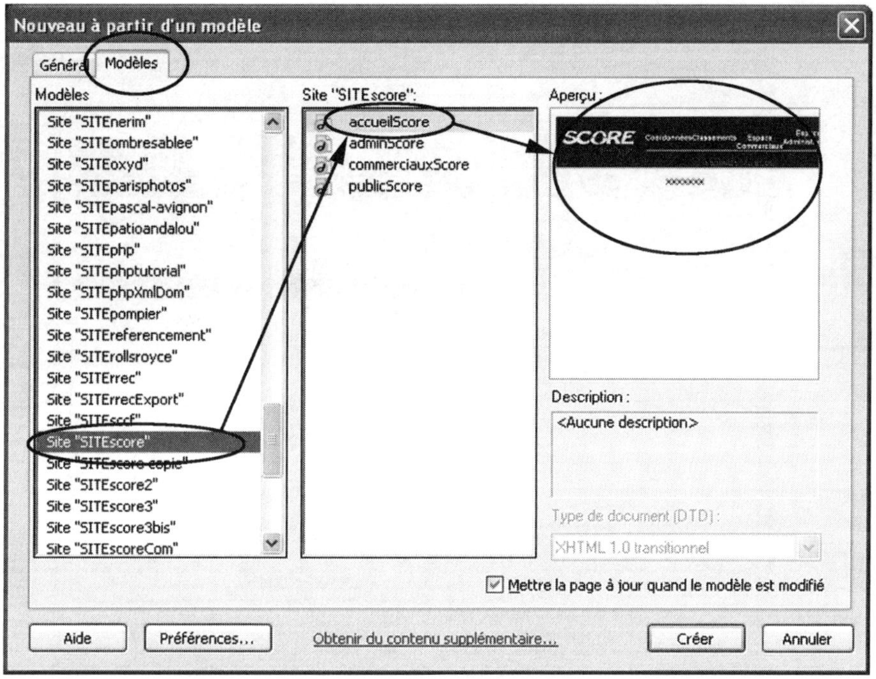

Figure 3-9
Pour créer un nouveau fichier à partir d'un modèle, sélectionnez le site dans la zone de gauche, puis le modèle désiré parmi ceux du site, dans la zone du centre.

Arborescence des fichiers et carte du site

Parmi les deux représentations de la structure du site, l'arborescence des fichiers, disponible dans la fenêtre du panneau `Fichiers`, est particulièrement importante. Elle permet de repérer facilement tous les répertoires qui composent le site et d'ouvrir les différents fichiers qu'ils contiennent en double-cliquant sur le nom du fichier désiré (voir figure 3-11).

La représentation de la carte du site, quant à elle, permet d'apprécier les différents liens hypertextes qui relient les pages entre elles et de repérer rapidement la présence de liens cassés (voir figure 3-12). Vous pouvez aussi modifier la structure du site dans la carte, en ajoutant, modifiant ou supprimant des liens. Dreamweaver met automatiquement à jour la carte du site pour indiquer les modifications apportées. Il est également possible de modifier la présentation de la carte du site de façon à afficher ou cacher les fichiers masqués et dépendants. Cela est utile pour mettre en évidence certains éléments de contenu importants et ne pas présenter des éléments de moindre intérêt. Avant d'afficher la carte du site, il faut s'assurer que le fichier de tête de la carte (la racine) a bien été défini (voir figure 3-13).

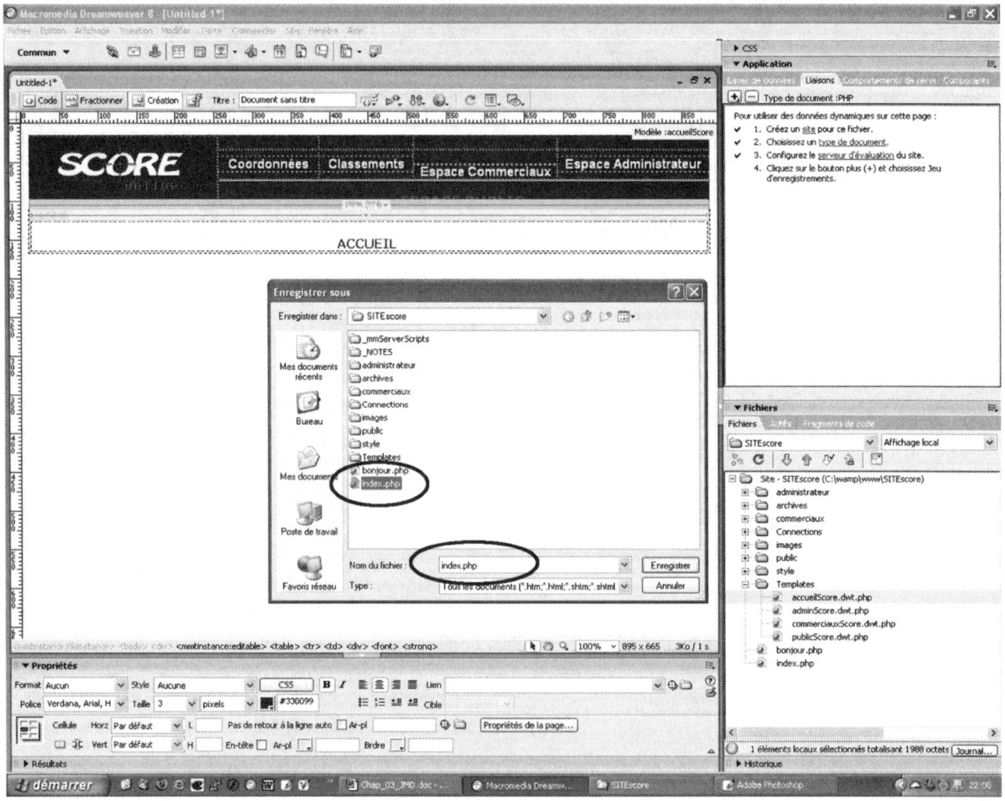

Figure 3-10

Après avoir changé le titre de l'écran, enregistrez la nouvelle page dans le répertoire correspondant à son espace.

Tableau 3-2 – Nomenclature de toutes les pages du site Score

Dossier	Nom du fichier	Description
/	index.php	Zone Accueil : page qui s'affiche par défaut dès qu'on se connecte sur le site. Elle contient uniquement le logo du site et un message d'accueil. Son menu permet d'accéder aux trois espaces du site.
/public/	coordonnees.php	Zone Public : écran d'affichage de la liste des commerciaux, avec lien contextuel sur le fichier fiche.php pour afficher les coordonnées.
/public/	fiche.php	Zone Public : écran d'affichage des coordonnées d'un commercial et de sa photo.
/public/	classements.php	Zone Public : écran d'affichage du classement des commerciaux.
/commerciaux/	index.php	Zone Commerciaux : écran d'accès à la zone Commerciaux (identification du commercial).

Tableau 3-2 – Nomenclature de toutes les pages du site Score (*suite*)

Dossier	Nom du fichier	Description
/commerciaux/	moncompte.php	Zone Commerciaux : écran de modification de la fiche du commercial (modification limitée au mail et à l'agence).
/commerciaux/	resultatdumois.php	Zone Commerciaux : écran de saisie d'un nouveau résultat mensuel.
/commerciaux/	mesresultats.php	Zone Commerciaux : écran d'affichage de tous les résultats d'un commercial.
/commerciaux/	statistique.php	Zone Commerciaux : écran d'affichage des statistiques.
/administrateur/	index.php	Zone Administrateur : écran d'accès à la zone Administrateur
/administrateur/	ajout.php	Zone Administrateur : écran de saisie d'un nouveau commercial.
/administrateur/	modif.php	Zone Administrateur : écran de modification des informations d'un commercial sélectionné.
/administrateur/	supp.php	Zone Administrateur : écran de suppression d'un commercial.
/administrateur/	confirmation.php	Zone Administrateur : écran de confirmation de la suppression d'un commercial.
/administrateur/	liste.php	Zone Administrateur : écran d'affichage de la liste des commerciaux enregistrés dans la base.

Page d'affichage d'une liste simple

Une liste simple est matérialisée par un tableau affichant tous les champs et tous les enregistrements d'un jeu. Une colonne de tableau correspond à un champ du jeu, et une ligne à un enregistrement. Il faut donc créer au préalable un jeu d'enregistrements qui va puiser dans une table les données à afficher dans le tableau. Après la création du jeu d'enregistrements, deux méthodes peuvent être utilisées pour réaliser une page contenant une liste simple.

Dans la première, nous utilisons le bouton `Tableau dynamique` de la barre d'outils `Insertion/Application`. Vous devez renseigner une boîte de dialogue, et la fonction intègre automatiquement les variables dans un tableau créé selon la structure du jeu sélectionné. Nous allons appliquer cette première méthode à la réalisation de la page `liste.php` de l'espace `administrateur`.

Dans la deuxième méthode, nous devons d'abord réaliser un tableau par la méthode traditionnelle, puis nous ajoutons, au cas par cas, les différents champs dans les cellules du tableau. Nous allons appliquer cette deuxième méthode à la conception de la page `mesresultats.php` de l'espace `commerciaux`.

Procédure de création de la page liste.php

1. Ouvrez le fichier `liste.php` du dossier `administrateur` en double-cliquant sur le nom du fichier dans la fenêtre du panneau `Fichiers`.

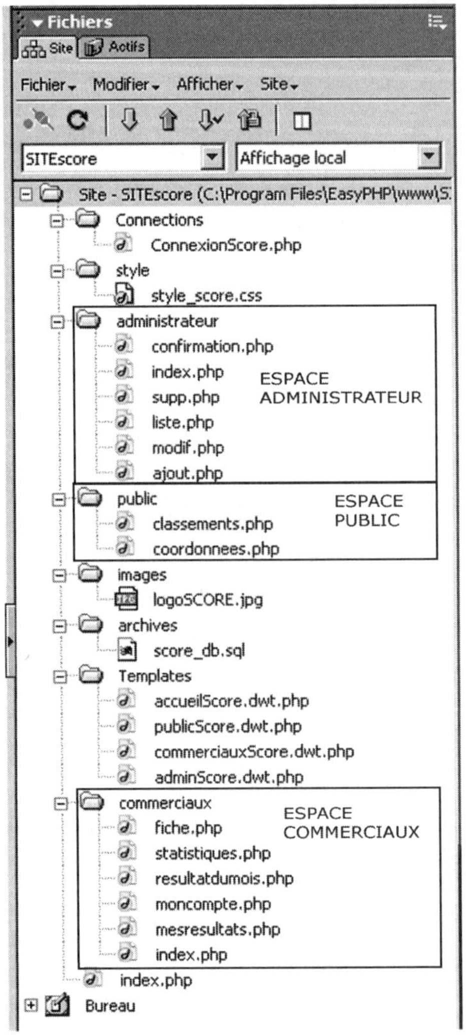

Figure 3-11
Arborescence des répertoires et fichiers du site Score.

2. Insérez un nouveau jeu d'enregistrements : cliquez sur le bouton + depuis le panneau `Liaisons`. Saisissez le nom `rsListeCommerciaux`, sélectionnez la connexion `Connexion-Score` et la table `commerciaux` dans les menus déroulants. Validez l'option `Sélectionnées`, sélectionnez les champs `nom` et `prénom` dans la liste, et validez la création (voir figure 3-14).
3. Positionnez le pointeur dans la zone modifiable de la page, puis cliquez sur le bouton `Données dynamiques : Tableau dynamique` puis sur `Tableau dynamique` depuis la barre d'outils `Insertion/Application` (voir figure 3-15).

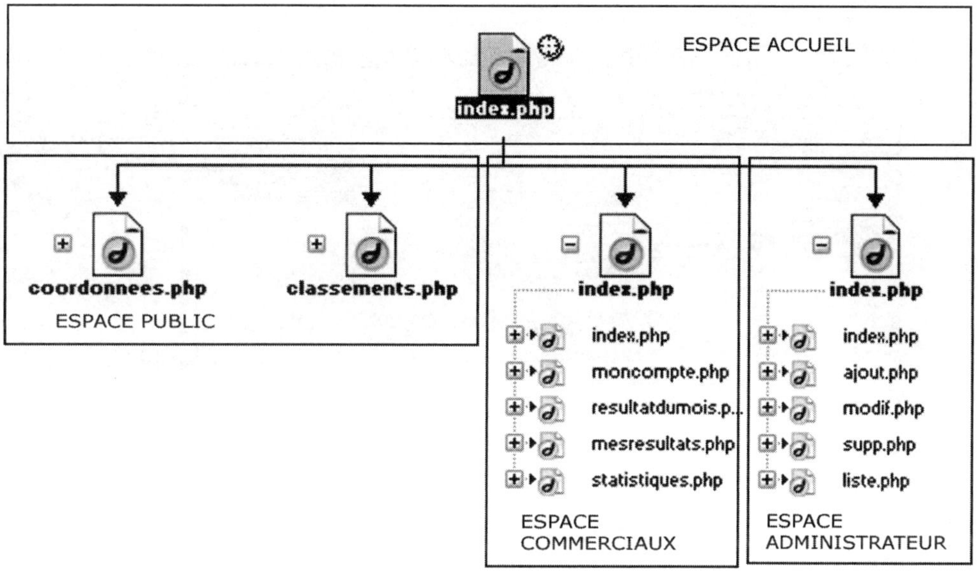

Figure 3-12

La carte du site permet d'apprécier la navigation inter-écran et de détecter d'éventuels liens cassés.

4. Complétez la boîte de dialogue en choisissant le jeu d'enregistrements `rsListeCommerciaux` dans le menu déroulant. Sélectionnez l'option `Tous les enregistrements` afin d'afficher tout le contenu de la table sans limite sur la même page (voir figure 3-15). Validez en cliquant sur le bouton `OK`.
5. Le tableau dynamique apparaît alors au milieu de l'écran, et vous pouvez lui appliquer la mise en forme que vous désirez, comme pour un tableau statique (voir figure 3-16).
6. Si vous cliquez sur le bouton `Live Data`, toutes les données de la table `commerciaux` s'affichent dans le tableau qui vient d'être créé (voir figure 3-17).
7. Vous pouvez maintenant enregistrer votre fichier et le visualiser depuis un navigateur. Pour cela, vous pouvez utiliser la touche d'aperçu `F12` (plus rapide) ou passer dans le Web local de Wamp5. Pour passer dans le Web local, cliquez sur l'option `localhost` du manager de Wamp5, puis cliquez sur le dossier `SITEscore`. Lorsque vous êtes sur le site, cliquez sur le lien `Espace administrateur` de l'écran d'accueil, puis sur le lien `Liste` du menu (voir figure 3-18).

Procédure de création de la page mesresultats.php

Par la suite, les commerciaux qui se rendront dans l'espace `commerciaux` devront s'identifier pour y accéder. Nous utiliserons pour cela le champ `ID` de chaque commercial. Actuellement,

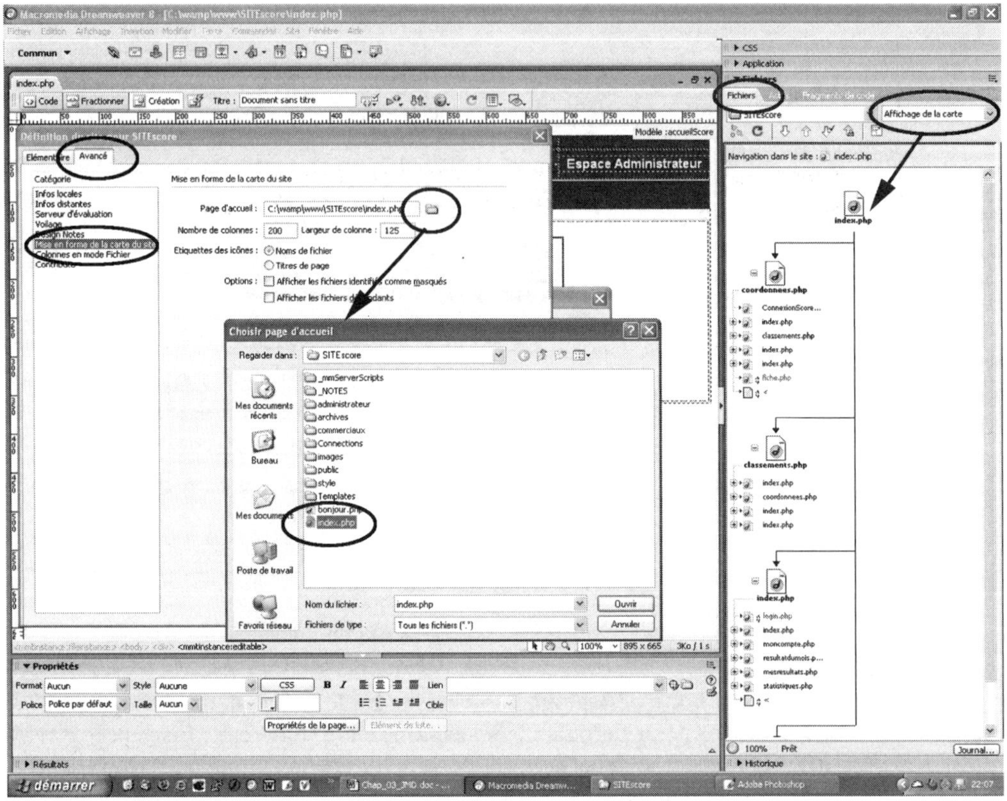

Figure 3-13

Pour afficher la carte du site, il faut au préalable définir le fichier index.php de la racine du site comme point d'entrée de la carte (fenêtre de définition du site, rubrique Mise en forme de la carte du site).

Figure 3-14

Créez le jeu d'enregistrements rsListeCommerciaux avant de créer un tableau dynamique.

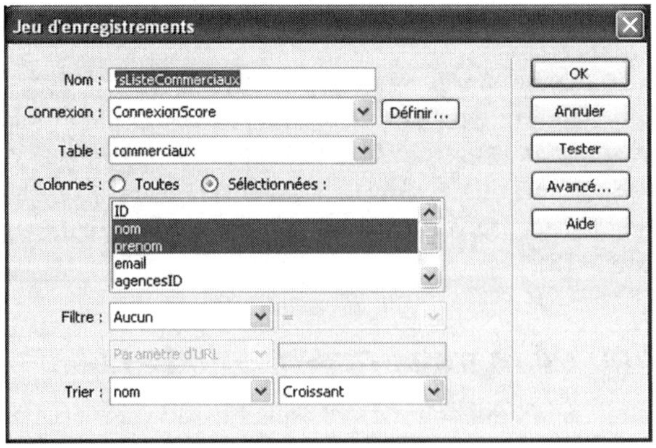

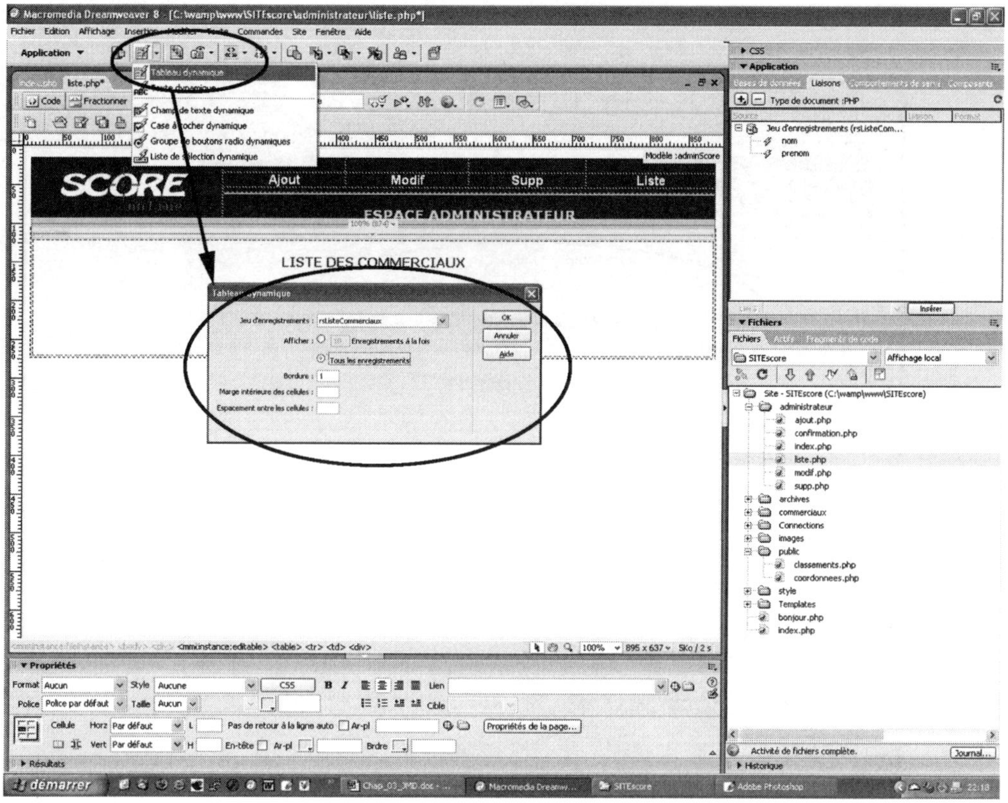

Figure 3-15

Dans la boîte de dialogue de création d'un tableau dynamique, sélectionnez le jeu d'enregistrements rsListeCommerciaux et l'option Tous les enregistrements, puis validez.

cependant, nous ne disposons pas encore de cette information ; c'est pourquoi nous testerons nos différentes réalisations en considérant que le commercial est déjà reconnu. Cette information sera ensuite disponible dans une variable de session `VARcommerciauxID`. Il faudra donc ajouter une ligne de code provisoire dans toutes les pages que nous allons créer pour cet espace, en attendant que le système d'authentification soit réalisé.

1. Ouvrez le fichier `mesresultats.php` du dossier `commerciaux`.
2. Créez un nouveau jeu d'enregistrements `rsListeResultat` selon les paramètres ci-après.
3. Cliquez sur le bouton `Tester` et saisissez l'identifiant du commercial (`1` par exemple), puis validez. Les résultats de la requête sont alors affichés (voir figure 3-19). Si vous n'avez pas de résultat, vérifiez la bonne configuration de votre jeu et que vous disposez bien de quelques résultats mensuels pour le commercial sélectionné. Pour cela, nous

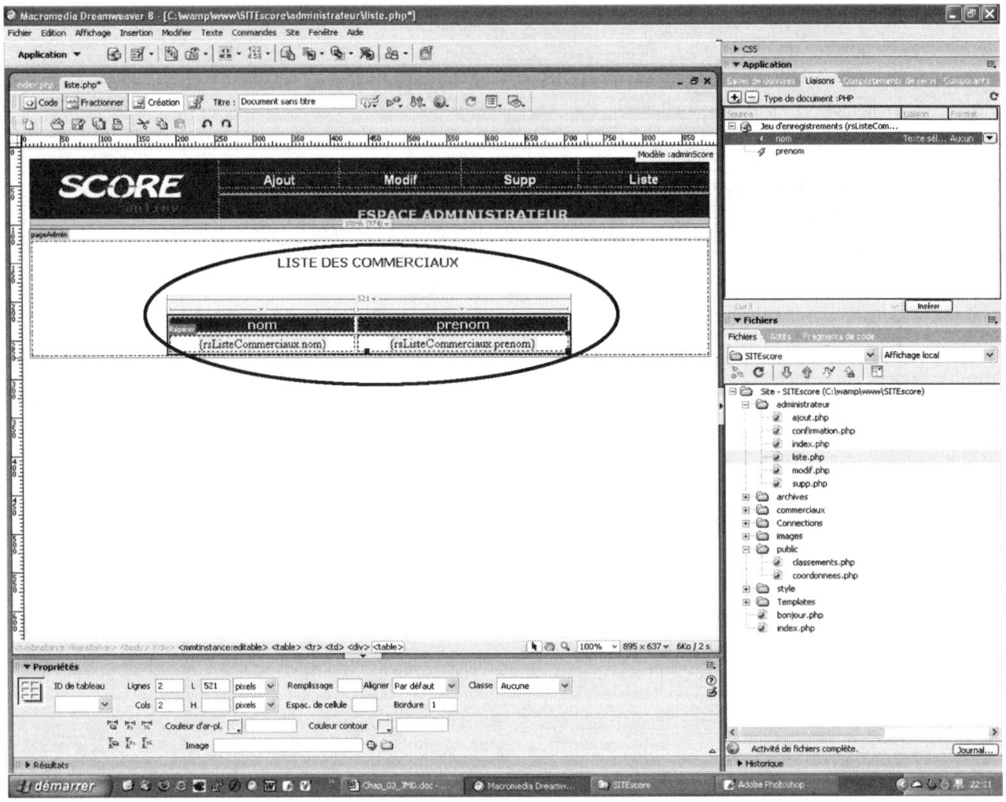

Figure 3-16

Après sa configuration, le tableau dynamique apparaît au milieu de l'écran, et vous pouvez lui appliquer la mise en forme que vous désirez, comme pour un tableau statique.

vous conseillons d'actualiser votre base de données `score_db` à l'aide de la sauvegarde placée dans le dossier `archives` du site `SITEscore_STRUCTURE`, disponible dans le kit ressource de l'ouvrage (www.editions-eyrolles.com), ou d'attendre de créer la page `resultatdumois.php` comme indiqué ci-après.

4. Fermez la fenêtre de résultat et validez la création de votre jeu en cliquant sur le bouton `OK`.

5. Positionnez votre pointeur dans la zone modifiable de la page et créez un tableau de 2 lignes et 2 colonnes. Appliquez-lui la mise en forme désirée (police, couleur, dimension...) et nommez les têtes de colonnes `mois` et `résultats`.

6. Ouvrez la fenêtre du panneau `Liaisons` et déroulez les champs du jeu d'enregistrements `rsListeCommerciaux`, en cliquant sur le petit + qui précède l'icône du jeu. Sélectionnez le champ `mois` et déplacez-le dans la cellule du tableau (colonne `mois`). Renouvelez cette opération avec le champ `resultat` (voir figure 3-20).

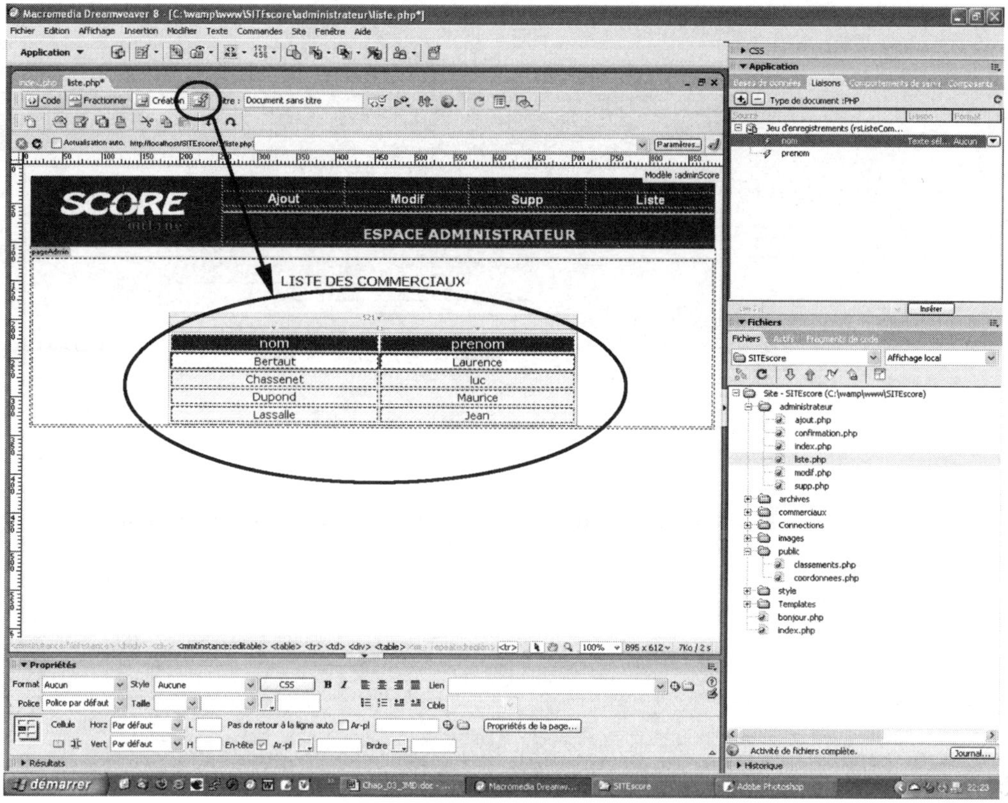

Figure 3-17

Pour afficher votre page avec ses éléments dynamiques, cliquez sur le bouton Live Data.

7. Sélectionnez la ligne du tableau qui contient maintenant les variables `mois` et `resultat`. Ensuite, cliquez sur l'onglet `Comportements serveur` du panneau `Application` et cliquez sur le bouton +. Sélectionnez la fonction `Région répétée` dans la liste et complétez la boîte de dialogue en sélectionnant le jeu d'enregistrements `rsListeResultat`, et en validant l'option `Tous les enregistrements`. Validez en cliquant sur le bouton `OK` (voir figure 3-21).

Comportement serveur Région Répétée

Lors de la création de région répétée avac la nouvelle version Dreamweaver 8 dont nous diisposions pour nos tests, nous avons remarqué que l'insertion des fragments de code PHP du comportement serveur n'était pas toujours effectuée au bon endroit.

Pour remédier à ce problème, il suffit de passer en mode `Code` et de déplacer le premier fragment `<?php do { ?>` avant la balise `<tr>` ainsi que le second fragment `<?php } while (...) ?>` après la balise `</tr>`, ceci afin que les instructions de la boucle PHP encadrent correctement le code de la ligne du tableau HTML que l'on désire répéter.

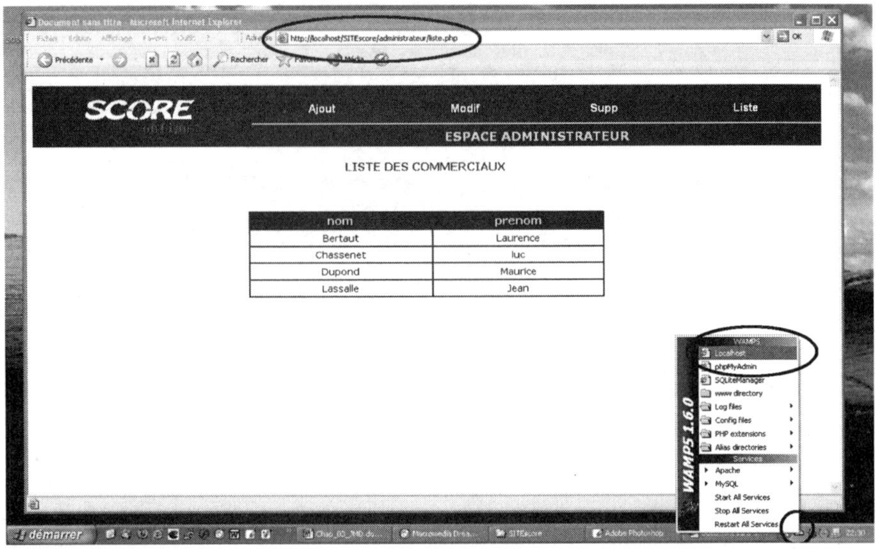

Figure 3-18
Test de la page liste.php dans Web local.

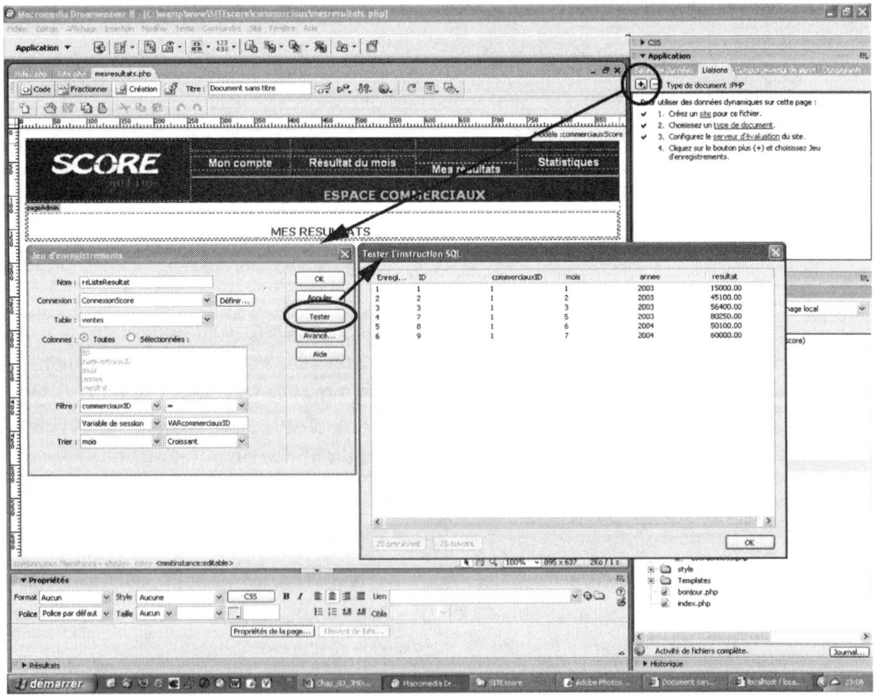

Figure 3-19
Si vous appuyez sur le bouton Tester, une boîte de dialogue vous demande d'indiquer quel commercial vous désirez sélectionner, puis vous affichez ses résultats dans la fenêtre de test.

Tableau 3-3 – Paramètres du jeu d'enregistrements rsListeResultat

Zone	Valeur	Commentaires
Nom	rsListeResultat	
Connexion	ConnexionScore	
Table	VENTES	
Colonnes	Toutes	
Filtre	commerciauxID = Variable de session VARcommerciauxID	`VARcommerciauxID` est la variable de session qui contiendra par la suite l'identifiant du commercial. (cette variable sera initialisée provisoirement à 1 par une ligne de code placée en haut de la page).
Trier	mois croissant	Nous désirons présenter les différents résultats classés dans la liste selon l'ordre croissant des mois.

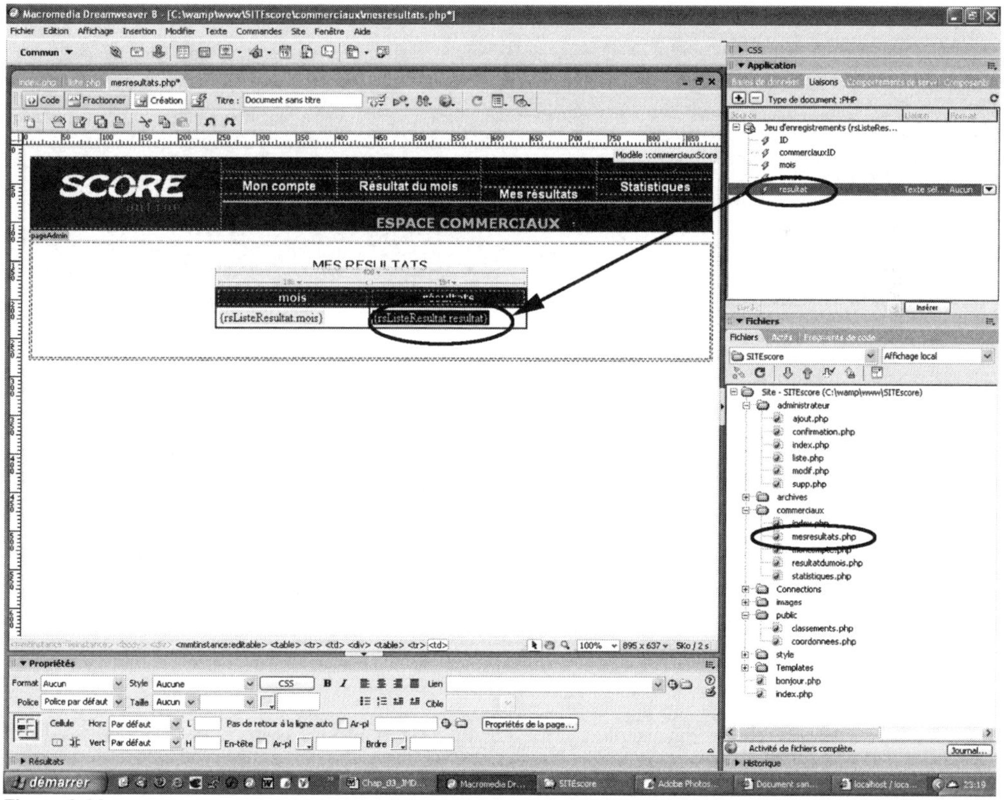

Figure 3-20

Pour intégrer dans un tableau des variables issues d'un jeu d'enregistrements, il suffit de les faire glisser dans les cellules désirées.

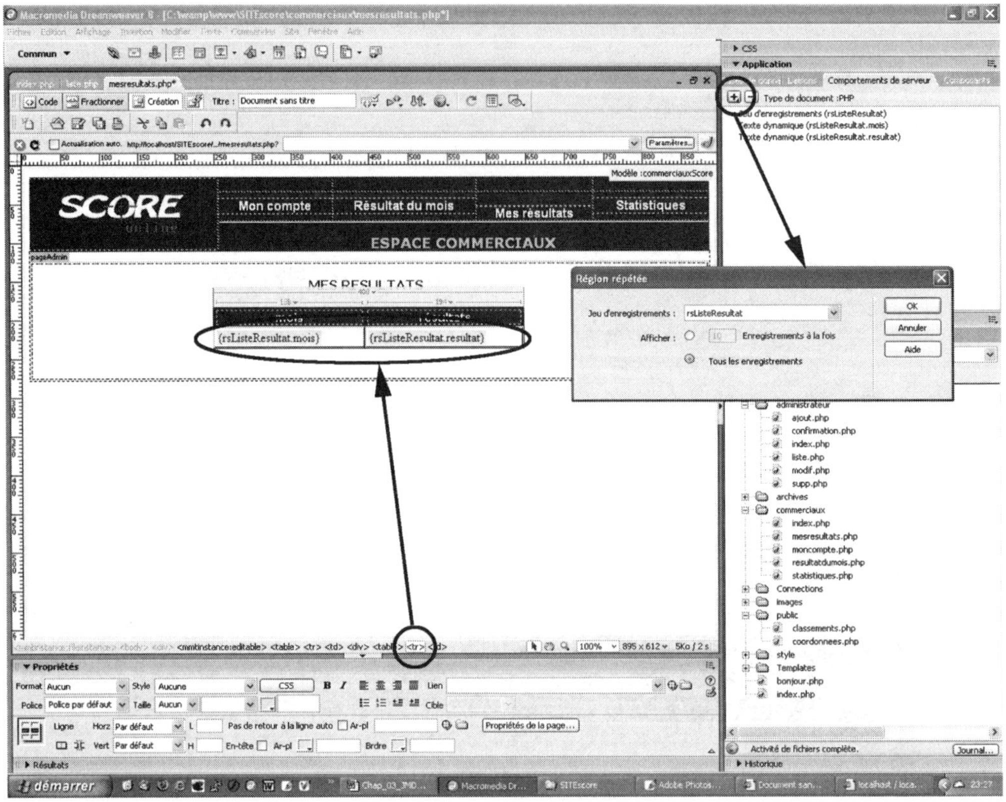

Figure 3-21

La boîte de dialogue d'une région répétée permet de choisir le jeu concerné et le nombre d'enregistrements à afficher par page.

8. Un cadre portant l'étiquette `répété` doit alors entourer dorénavant les deux cellules. La page est théoriquement terminée. Cependant, afin de simuler la future authentification d'un commercial, il faut ajouter une ligne de code provisoire qui forcera la variable de session `VARcommerciauxID` à la valeur `1`. Passez pour cela en mode `Code` et saisissez la ligne de code ci-dessous à la première ligne de la page :

```
<?php $_SESSION['VARcommerciauxID']=1; //simulation de l'utilisateur dont
l'ID=1 ?>
```

9. Cliquez sur le bouton `Live Data` pour afficher les résultats de ce commercial configuré par défaut (`ID=1`, voir figure 3-22).

10. Enregistrez votre page et passez en Web local (ou utilisez l'aperçu avec `F12`) pour tester la nouvelle page depuis votre navigateur.

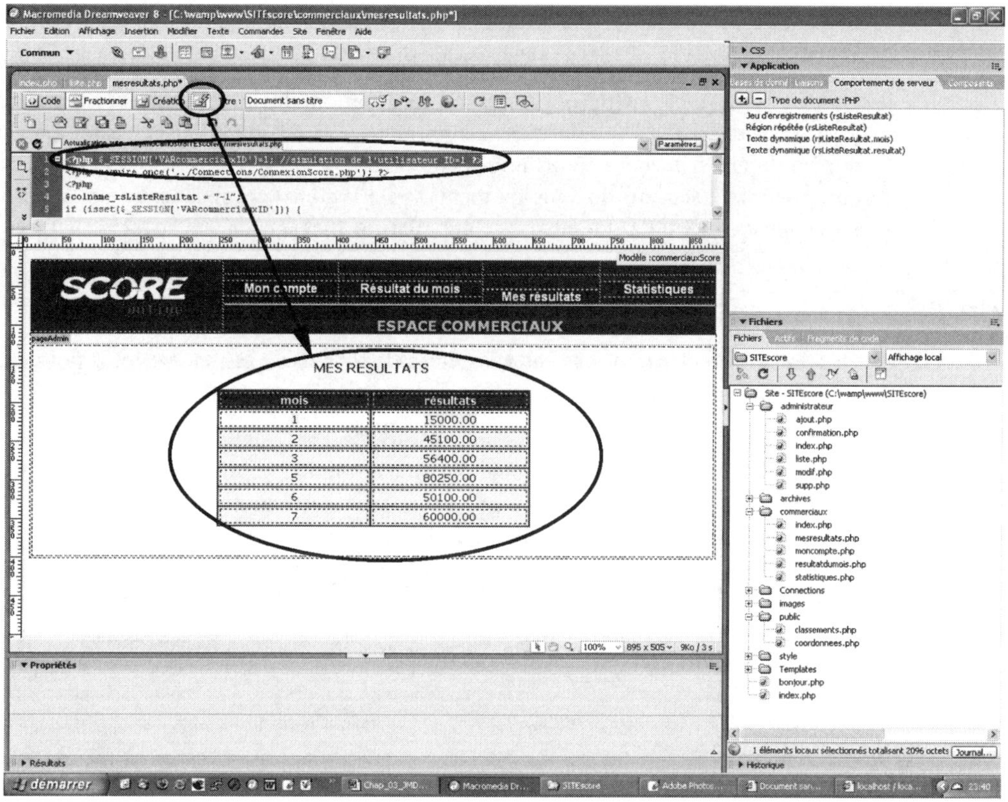

Figure 3-22

En mode Live Data, les données des variables sont directement affichées dans la fenêtre Document.

Page d'insertion de données dans la base

Jusqu'à présent, nous avons toujours inséré des données dans la base à l'aide du gestionnaire phpMyAdmin. En pratique cependant, vous ne serez pas seul à devoir intervenir dans la base, car un site doit pouvoir être mis à jour par un public très varié. Dans ce cas, cette solution n'est plus envisageable, et il faut concevoir des formulaires de gestion de la base adaptés et utilisables par tous. Nous allons donc créer différents formulaires selon la fonction à réaliser (ajout de données, modification, suppression...).

Pour illustrer la création d'un formulaire d'insertion de données, nous allons l'appliquer à deux pages du site en utilisant deux méthodes différentes.

- La première démonstration concerne la création de la page `ajout.php` de la zone `Administrateur`, qui permet d'ajouter de nouveaux commerciaux à la base. Nous utiliserons pour cela une fonction complètement automatisée, disponible depuis la barre d'outils `Inser-`

tion/Application (avec le bouton Insérer un enregistrement puis Assistant de formulaire d'insertion d'enregistrements à droite du panneau).

- La deuxième démonstration concerne la création de la page resultatdumois.php de l'espace commerciaux, qui permet aux commerciaux d'ajouter leur résultat mensuel directement depuis leur navigateur. Pour cette deuxième page d'insertion, nous utiliserons un comportement serveur du sous-panneau Application/Comportements de serveur, disponible dans le menu déroulant sous l'appellation Insérer un enregistrement.

Procédure de création de la page ajout.php

1. Ouvrez le fichier ajout.php du dossier administrateur et placez votre pointeur en dessous du titre, dans la zone modifiable de la page.
2. Cliquez sur le bouton Insérer un enregistrement puis Assistant de formulaire d'insertion d'enregistrements, accessible depuis la barre d'outils Insertion/Application. Complétez la boîte de dialogue selon les informations ci-dessous et validez en cliquant sur le bouton OK (voir figure 3-23).

Tableau 3-4 – Paramètres du comportement Formulaire d'insertion

Zone	Valeur	Commentaires
Connexion	ConnexionScore	
Table	commerciaux ?	Indique dans quelle table les données seront insérées.
Après l'insertion, aller à	liste.php	Cette zone permet d'indiquer la page à afficher après l'insertion des données dans la base. Dans notre cas, nous irons à la page liste.php que nous venons de créer, afin d'afficher la liste des commerciaux mise à jour.
Champs du formulaire	ID Champ masqué	Cette zone permet de changer le paramétrage des différents champs de la table (étiquette, type de variable, valeur par défaut...). Dans notre cas, nous changerons le paramétrage du champ ID en champ masqué, car il est automatiquement incrémenté par la base (il n'est donc pas nécessaire de prévoir un champ de saisie).

3. Dreamweaver crée automatiquement un formulaire de saisie adapté à la table commerciaux et l'insère dans la page. Vous pouvez ensuite le mettre en forme comme vous le désirez avant d'enregistrer la page (voir figure 3-24).
4. Passez maintenant en Web local pour tester le fonctionnement du formulaire dans le navigateur (voir figures 3-25 et 3-26).

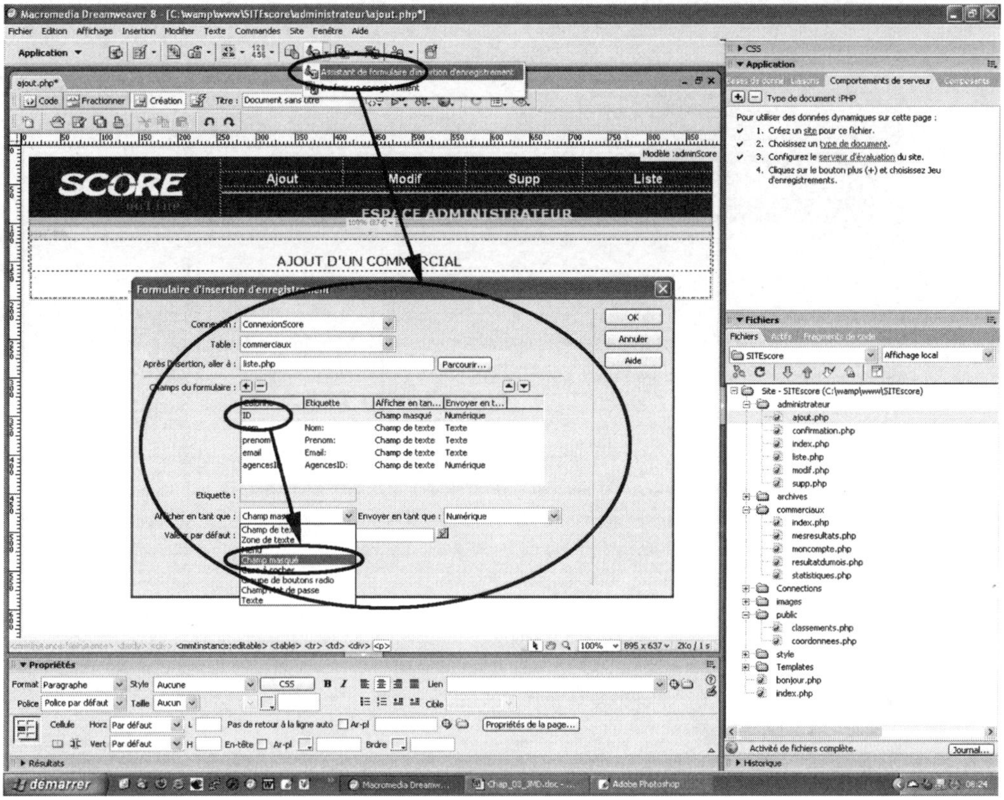

Figure 3-23

La boîte de dialogue de la fonction Formulaire d'insertion d'enregistrement vous permet de modifier le paramétrage de certains champs avant la création du formulaire de saisie.

Procédure de création de la page resultatdumois.php

1. Ouvrez le fichier `resultatdumois.php` du dossier `commerciaux` et placez votre pointeur en dessous du titre, dans la zone modifiable de la page.

2. Insérez un nouveau formulaire en cliquant sur le bouton `Formulaire` du sous-panneau `Insertion/Formulaire`. Dans le panneau `Propriétés` du formulaire, sélectionnez la méthode `GET` et indiquez le nom `resultatdumois.php` dans la zone `Action` (vous pouvez aussi utiliser l'icône du dossier à droite de la zone, pour sélectionner le fichier et éviter ainsi toute erreur de saisie). Créez à l'intérieur du formulaire un tableau de 2 lignes et 3 colonnes. Dans la première cellule, insérez un objet `Liste/Menu` depuis le panneau `Formulaires`. Dans le panneau `Propriétés de l'objet`, nommez-le `mois`, cliquez sur le bouton `Valeurs de la liste` pour saisir les 12 mois de l'année (voir figure 3-27) et validez (`étiquette=nom du mois` et `valeur=numéro du mois`). Dans la seconde cellule, insérez un

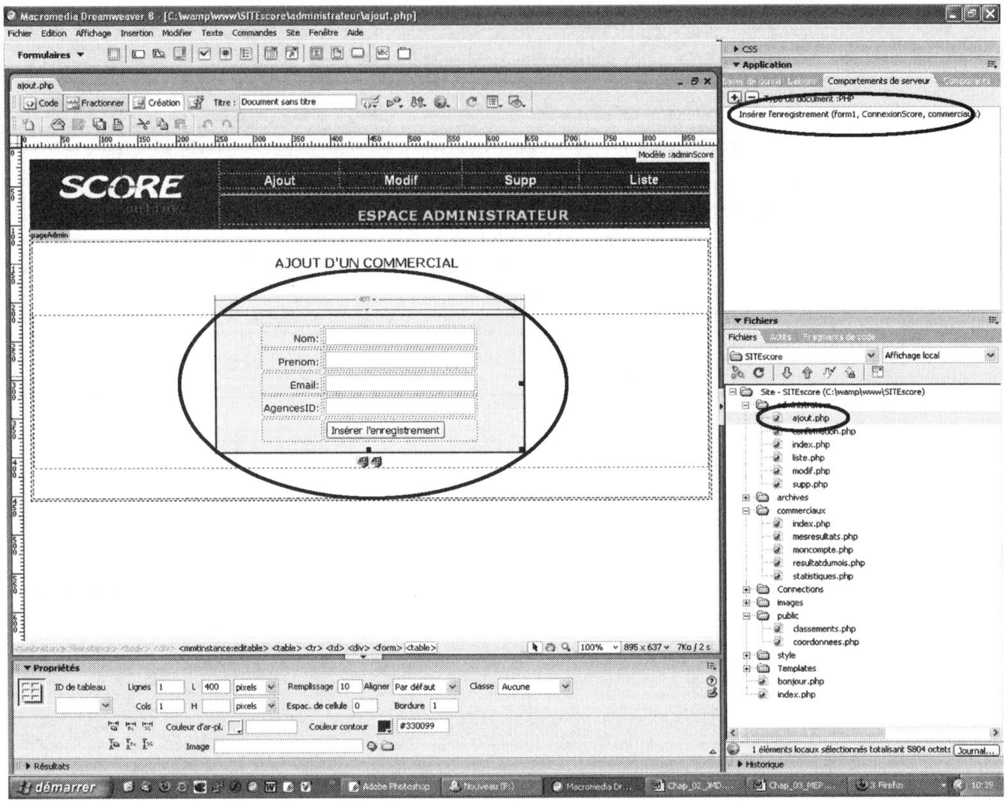

Figure 3-24

Dreamweaver crée automatiquement le formulaire de saisie adapté à la table dans laquelle on désire insérer un nouvel enregistrement.

autre objet `Liste/Menu`, que vous appelez `année`. Cliquez sur le bouton `Valeurs de la liste`, saisissez cette fois les années (contrairement au cas précédent, la valeur est identique à l'étiquette, donc il suffit de renseigner la colonne `Étiquette` avec une année par ligne : 2003, 2004...), puis validez. Dans la troisième cellule, insérez un simple champ que vous nommez `résultat`. Dans la deuxième ligne, insérez un objet `Champ masqué` que vous appelez `commerciauxID` et auquel vous affectez la valeur `1` (ceci afin de pouvoir réaliser des tests en attendant que l'identification du commercial soit mise en œuvre). Enfin, insérez sur la même ligne un bouton de validation standard que vous nommerez `Enregistrer`.

3. Dans le panneau `Application`, cliquez sur l'onglet `Comportements de serveur`. Cliquez ensuite sur le bouton `+` et sélectionnez le choix `Insérer un enregistrement` (une autre alternative pour afficher cette même boîte de dialogue est d'utiliser le bouton `Insérer un enregistrement` puis de sélectionner l'option de même nom depuis le sous-panneau

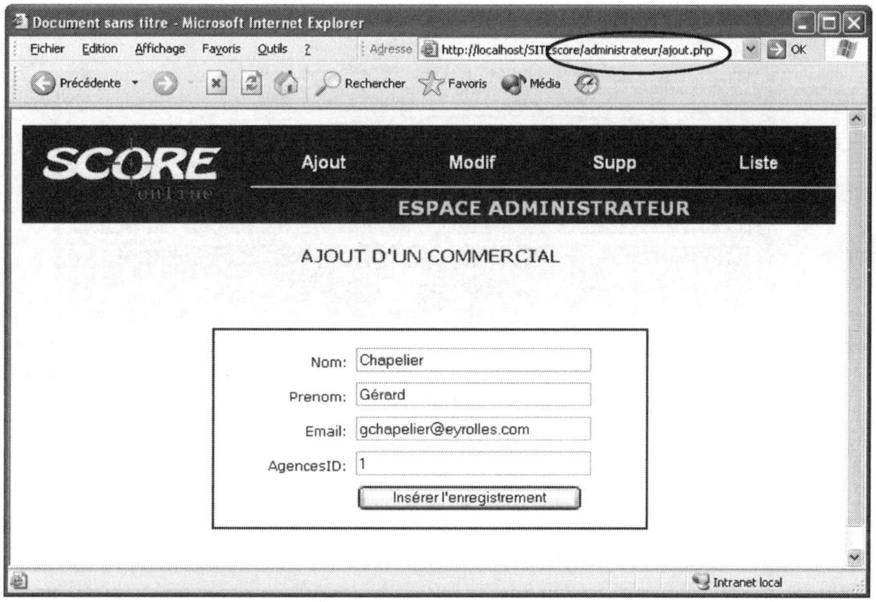

Figure 3-25
Pour tester le fonctionnement du formulaire d'insertion de données dans la base, passez en Web local. Puis saisissez les informations d'un nouveau commercial dans le formulaire.

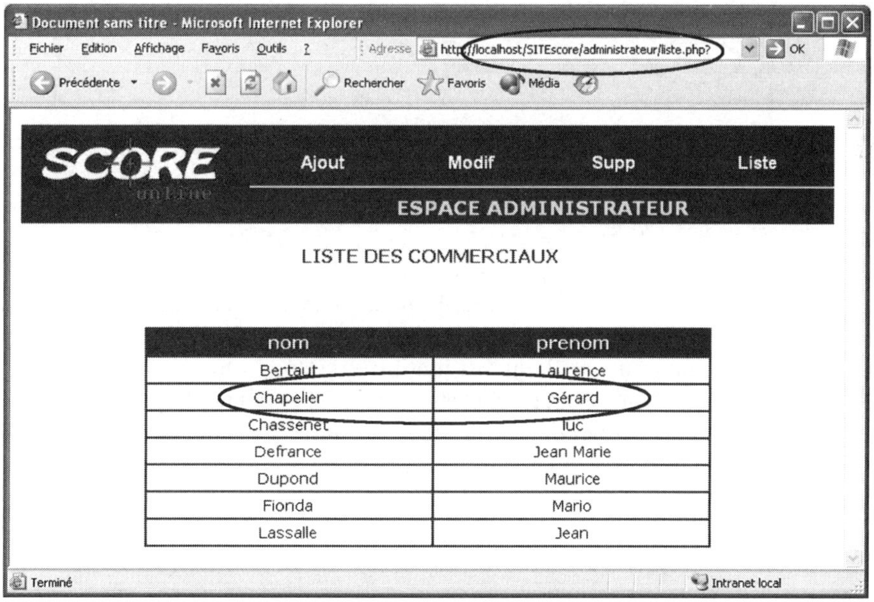

Figure 3-26
Après l'enregistrement dans la base de données, la page liste.php doit s'afficher avec le nom du nouveau commercial.

`Insertion/Application` comme la création précédente). Renseignez la boîte de dialogue selon les informations de la figure 3-28 : sélectionnez la connexion `ConnexionScore`,

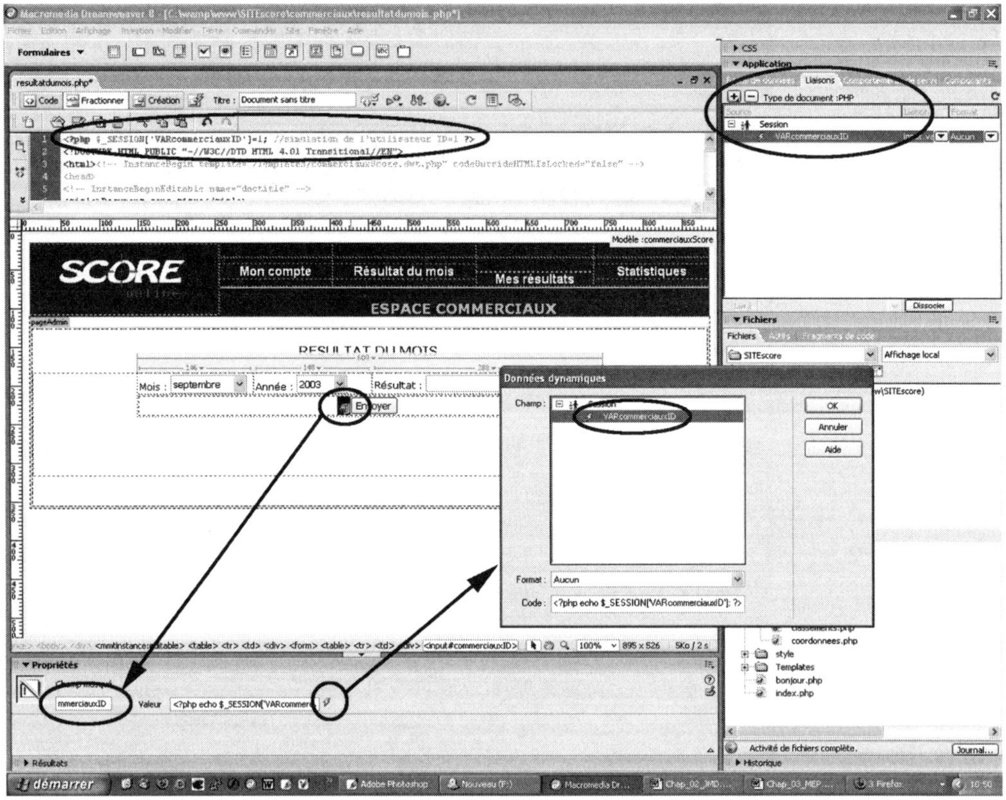

Figure 3-27

Avant d'utiliser le comportement serveur Insertion d'un enregistrement, il faut commencer par créer le formulaire qui lui sera associé.

ainsi que la table `ventes`. Dans la zone `Colonnes`, assurez-vous que toutes les variables mentionnées ont une valeur issue du formulaire (`FORM.commerciauxID`, `FORM.mois`..., sauf la clé primaire `ID` qui est inutilisée). Dans la zone du bas, `Après l'insertion aller à`, cliquez sur le bouton `Parcourir` pour sélectionner le fichier `mesresultat.php`. Ainsi l'utilisateur sera orienté vers cette page juste après la nouvelle insertion. Cliquez sur le bouton `OK` pour valider.

4. Enregistrez votre fichier et ouvrez le Web local pour tester votre nouvelle page dans le navigateur. Depuis l'accueil du site, passez dans l'espace `commerciaux`, cliquez sur le lien `Résultat du mois`, sélectionnez un mois et saisissez un montant dans la zone `Résultat` (voir figure 3-29). Après la validation du formulaire, l'écran `Mes résultats` doit afficher la nouvelle liste des résultats du commercial (voir la figure 3-30). À noter que pour les tests, le commercial est celui dont l'identifiant est `ID=1`, que nous avons configuré précédemment comme valeur par défaut.

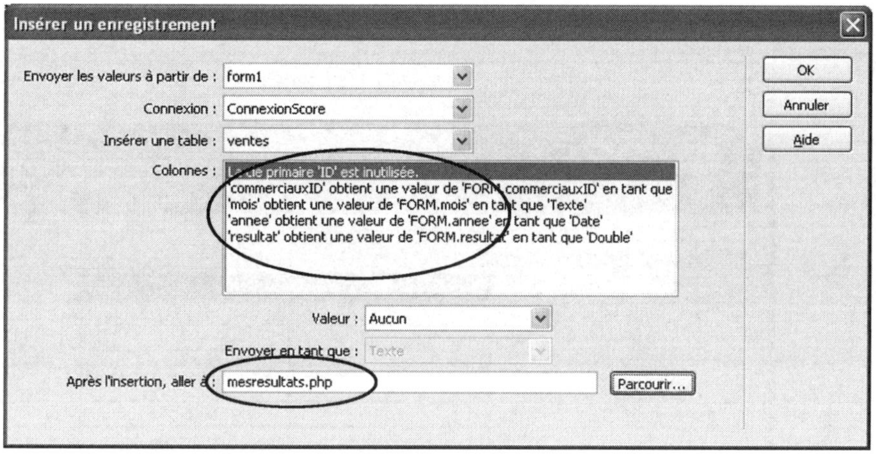

Figure 3-28
La boîte de dialogue du comportement serveur Insérer un enregistrement vous permet de sélectionner la table dans laquelle doit être inséré l'enregistrement.

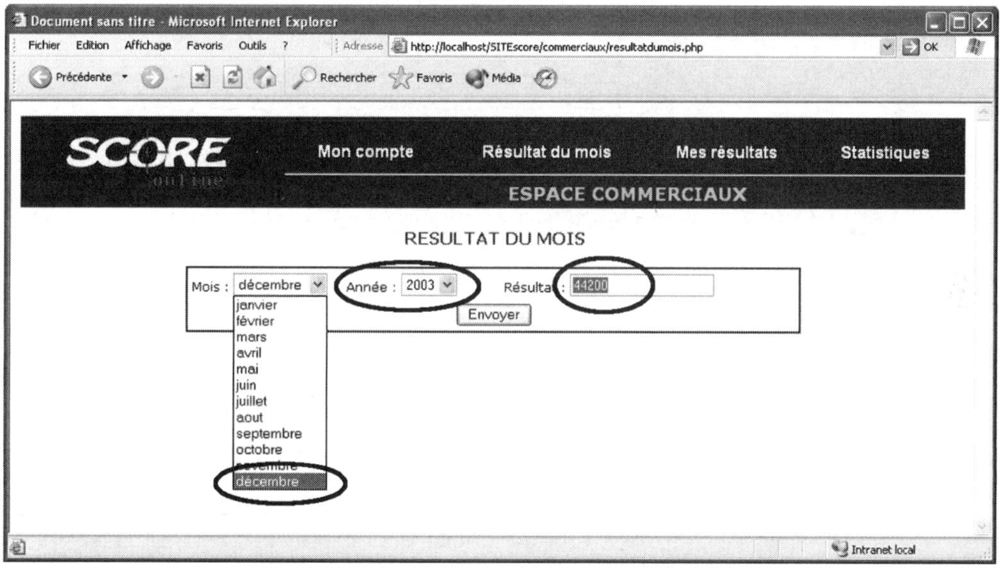

Figure 3-29
L'écran Résultat du mois permet désormais d'ajouter de nouveaux résultats dans la table ventes.

Attention aux doubles saisies !

Actuellement, si vous saisissez deux résultats pour le même mois, la base de données crée un deuxième enregistrement qui fait doublon avec le premier. Il faut donc veiller à éviter ce genre de manipulation lors des premiers tests. Nous remédierons par la suite à ce problème, en intégrant un script qui détectera s'il existe déjà un enregistrement identique dans la base, auquel cas il aiguillera l'information vers une requête de mise à jour et non pas d'insertion.

Figure 3-30

Après l'insertion d'un nouveau résultat, la page Mes résultats affiche la liste actualisée des résultats.

Page de suppression de données dans la base

Au cours de la vie d'une base de données, certains enregistrements sont amenés à disparaître. Il faut par conséquent préparer une page permettant de réaliser cette action aussi simplement que la création. Cependant, avant de supprimer un enregistrement, il faut l'avoir sélectionné. Il faut donc prévoir un premier jeu d'enregistrements qui récupère tous les enregistrements susceptibles d'être supprimés, afin de renseigner un menu déroulant dynamique qui fait office de sélecteur de l'enregistrement à supprimer. Dans un second temps, une requête de suppression est envoyée à la base, afin d'éliminer définitivement l'enregistrement préalablement sélectionné.

Nous allons appliquer cette procédure pour créer la page `supp.php` de la zone `Administrateur`.

Procédure de création de la page supp.php

1. Ouvrez le fichier `supp.php` du dossier `administrateur`.
2. Depuis le panneau `Liaisons`, cliquez sur le bouton + pour créer un jeu d'enregistrements.

3. Renseignez les zones de ce nouveau jeu selon les informations ci-dessous, puis validez (voir figure 3-31).

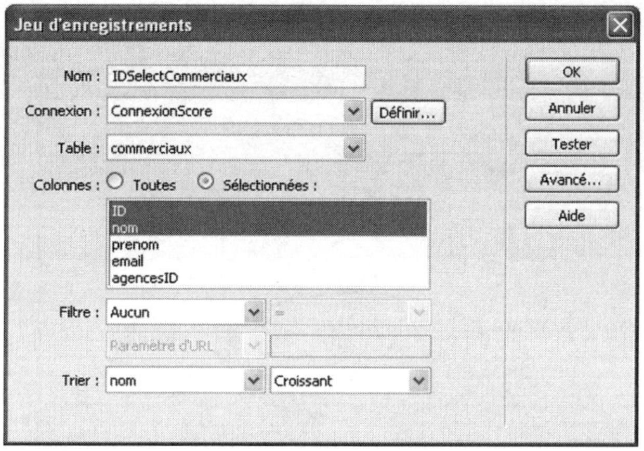

Figure 3-31
Le paramétrage de ce jeu d'enregistrements permet de récupérer la liste des commerciaux actuellement enregistrés dans la base. Les données ainsi ramenées seront par la suite utilisées dans la liste du menu déroulant dynamique de sélection.

Tableau 3-5 – Paramètres du jeu d'enregistrements rsSelectCommerciaux

Zone	Valeur	Commentaires
Nom	rsSelectCommerciaux	
Connexion	ConnexionScore	
Table	commerciaux	
Colonnes	Sélectionnées : ID nom	Pour réaliser le menu déroulant dynamique, nous n'avons besoin que des champs ID (qui est la valeur dans la liste du menu) et nom (qui sert d'étiquette dans la liste du menu).
Filtre	Aucun	Nous désirons récupérer tous les enregistrements de la table commerciaux.
Trier	nom Croissant	Dans la liste du menu, les noms des commerciaux sont ainsi classés par ordre alphabétique.

4. Après la validation, le jeu doit être visible dans la fenêtre `Liaisons`. Cliquez ensuite dans la zone modifiable et insérez un nouveau formulaire (cliquez sur le bouton `Formulaire` dans la barre d'outils `Insertion/Formulaire`). Dans le panneau `Propriétés de l'objet formulaire`, indiquez le fichier `supp.php` dans la zone `Action` et sélectionnez la méthode `GET`.

5. Créez un tableau à l'intérieur du formulaire et insérez dans la première ligne un objet `Liste/Menu` depuis la barre d'outils `Insertion/Formulaire`. Dans les propriétés de l'objet, nommez l'objet `commerciauxID` et cliquez sur le bouton `Dynamique`. Dans la boîte

de dialogue qui s'affiche, sélectionnez le jeu `rsSelectCommerciaux`, `ID` dans la zone `Valeur` et `nom` dans la zone `Étiquette`, puis validez en cliquant sur `OK` (voir figure 3-32). Enfin, ajoutez un bouton de validation de formulaire dans la deuxième ligne du tableau, dont l'étiquette est remplacée par `Supprimer` dans le panneau de ses `Propriétés`.

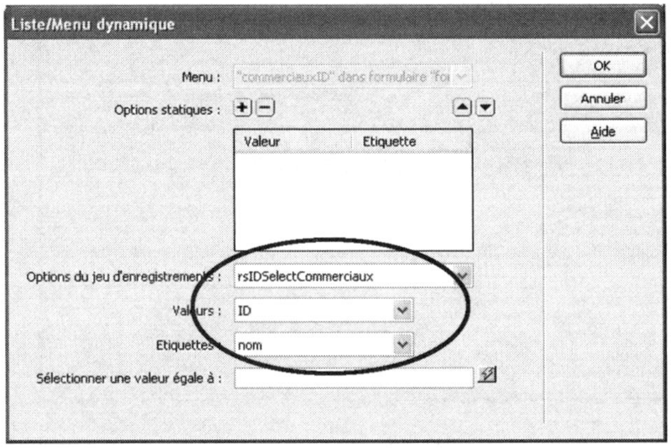

Figure 3-32
La boîte de dialogue de ce menu dynamique est configurée pour afficher les données issues du jeu d'enregistrements rsSelectCommerciaux.

6. Depuis le panneau `Application/Comportements de serveur`, cliquez sur le bouton + et sélectionnez le comportement `Supprimer l'enregistrement`. Configurez ensuite la boîte de dialogue qui s'affiche avec les informations ci-dessous, puis validez en cliquant sur `OK` (voir figure 3-33).

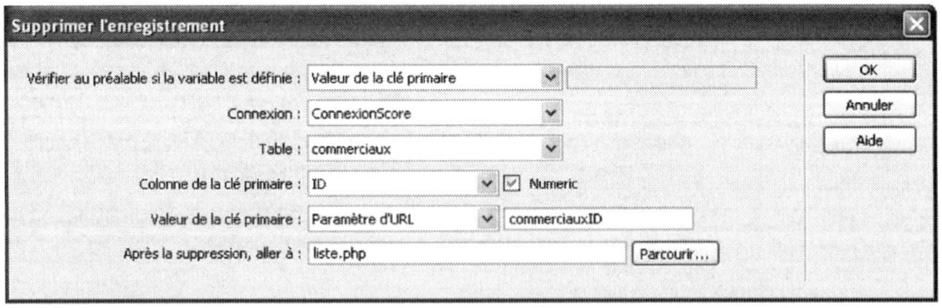

Figure 3-33
Le paramétrage de ce comportement de serveur permet de supprimer l'enregistrement dont l'identifiant a préalablement été sélectionné par le menu dynamique de sélection (commerciauxID).

7. Votre page de suppression est maintenant terminée. Il ne reste plus qu'à l'enregistrer sous `supp.php` et à la tester avec le Web local.

8. Ouvrez votre navigateur sur le Web local. Allez dans l'espace `administrateur` et commencez par ajouter un nouveau commercial de votre choix dans la base. Passez ensuite sur l'écran de `Suppression` et testez votre nouvelle page en supprimant le commercial que vous venez d'ajouter (voir figure 3-34).

Tableau 3-6 – Paramètres du comportement Supprimer l'enregistrement

Zone	Valeur	Commentaires
Vérifier au préalable si la variable est définie	Valeur de la clé primaire	Dans cette zone, nous devons indiquer la condition pour que s'exécute la suppression. Dans notre cas, la variable qui doit être définie est la clé primaire, qui est passée en paramètre d'URL par le menu déroulant de sélection.
Connexion	ConnexionScore	
Table	commerciaux	Indique dans quelle table les données sont supprimées.
Colonne de la clé primaire	ID	La clé primaire de la table est le champ ID.
Valeur de la clé primaire	Paramètre d'URL commerciauxID	La valeur de la clé primaire, qui permet de sélectionner l'enregistrement à supprimer, est le paramètre d'URL commerciauxID envoyé par le menu déroulant dynamique.
Après la suppression aller à :	liste.php	Cette zone permet d'indiquer la page affichée après la suppression de l'enregistrement dans la base. Dans notre cas, nous allons à la page liste.php afin d'afficher la liste des commerciaux mise à jour.

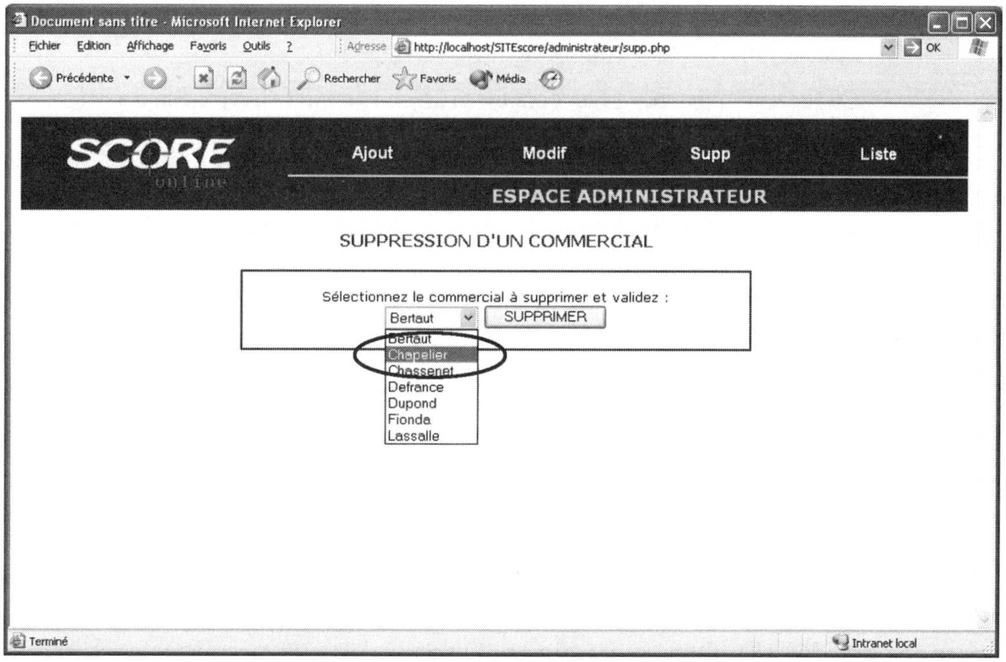

Figure 3-34

L'écran de suppression permettra par la suite à l'administrateur de supprimer rapidement un commercial de la base.

Page de confirmation de traitement

Dans le cas de la suppression d'un commercial, aucun message n'a informé l'opérateur de la suppression effective de l'enregistrement sélectionné. Nous vous proposons maintenant de créer une page spécifique à cette tâche. Elle est donc appelée après le traitement, et il faut lui communiquer l'identifiant de l'enregistrement supprimé, afin de rédiger un message contextuel indiquant à l'opérateur que le traitement a bien été effectué. La page dans laquelle nous allons intégrer ce message se nomme `confirmation.php` et se trouve dans le dossier `administrateur`.

Procédure de création de la page confirmation.php

1. Ouvrez la page `confirmation.php` du dossier `administrateur` (si besoin, créez une nouvelle page à partir du modèle `administrateur` si elle n'existe pas).
2. Cliquez sur le bouton + du panneau `Liaisons` et sélectionnez `Variable d'URL`. Dans la boîte de dialogue, indiquez le nom de la variable `commerciauxID`, puis validez. La variable doit ensuite apparaître dans la fenêtre du panneau de `Liaisons` (voir figure 3-35).
3. Dans la zone modifiable de la page, saisissez un texte de confirmation de traitement. Faites ensuite glisser la variable d'URL de la fenêtre de `Liaisons` jusqu'à l'endroit où vous désirez l'insérer dans votre texte (voir figure 3-35).
4. Cliquez sur le bouton `Live Data` et saisissez le nom de la variable d'URL, suivi du signe égal et d'une valeur de test dans le champ de paramètres de la barre d'outils `Live Data` (par exemple `commerciauxID=4`), puis cliquez sur le bouton d'actualisation de la barre `Live Data`. Le nom de la variable d'URL intégré dans votre texte doit alors être remplacé par la valeur de test (voir figure 3-36). À noter que si un message d'erreur s'affiche, vous signalant que la variable `commerciauxID` n'est pas déclarée lors du passage en Live Data, vous pourrez résoudre ce problème en ajoutant la ligne de code suivante en haut de la page (en mode `Code`) :

```
<?php if(!isset($_GET['commerciauxID'])) $_GET['commerciauxID']=0 ; ?>
```

5. Ouvrez de nouveau la page `supp.php`, puis double-cliquez sur le comportement `Supprimer l'enregistrement` qui se trouve dans la fenêtre des `Comportements de serveur` (panneau `Application`). Dans la première boîte de dialogue, cliquez sur le bouton `Parcourir` en bas, pour changer le nom du fichier, qui s'affiche après le traitement. Dans l'explorateur de fichiers, choisissez ensuite le fichier `confirmation.php` et validez. Il est à noter que, dans la partie basse de l'explorateur de fichiers, se trouve une zone `URL` et un bouton `Paramètres` qu'il est possible d'utiliser si vous désirez passer plusieurs paramètres d'URL dans le fichier sélectionné. De retour dans la boîte de dialogue du comportement `Supprimer l'enregistrement`, il ne vous reste plus qu'à confirmer votre modification en

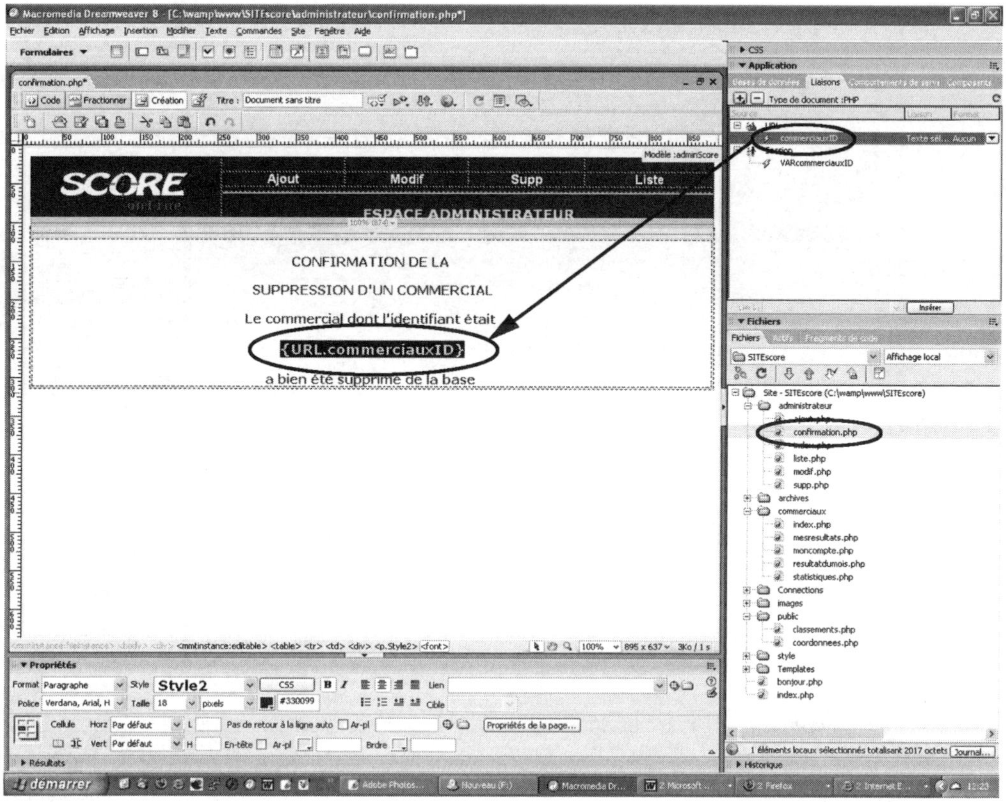

Figure 3-35

Pour insérer un paramètre d'URL dans le texte de votre page, il suffit de le faire glisser depuis le panneau de Liaisons.

cliquant sur le bouton `OK` (voir figure 3-37). Enregistrez enfin la page `supp.php` avant de la fermer.

6. Si vous testez le fonctionnement de la page de suppression directement depuis le navigateur du Web local, la page de confirmation apparaît après son exécution en rappelant l'identifiant du commercial qui vient d'être supprimé (voir figure 3-38).

Page de modification de données dans la base

La page de modification d'un enregistrement fait partie des fonctions indispensables pour gérer une base de données. Nous allons détailler deux méthodes différentes pour réaliser ce type de page très courant dans les écrans d'administration de base de données.

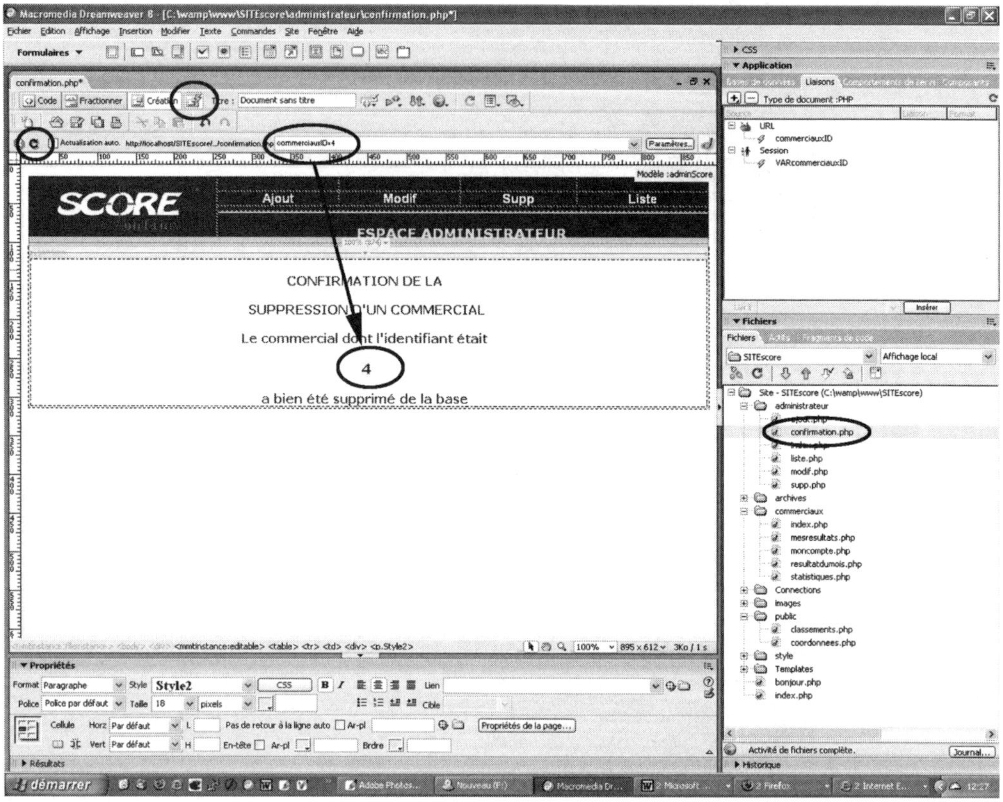

Figure 3-36

En mode Live Data, la variable d'URL est remplacée par la valeur de test.

Dans la première méthode, nous utilisons une fonction automatisée disponible dans la barre d'outils `Insertion/Application` grâce au bouton `Formulaire de mise à jour des enregistrements`. Nous l'appliquerons à la création de la page `modif.php` de l'espace `administrateur`, qui permet à l'administrateur de mettre à jour toutes les informations relatives à un commercial.

La deuxième méthode exploite le comportement de serveur `Mettre à jour l'enregistrement`. Avec cette méthode, nous devons au préalable créer un formulaire de modification intégrant des éléments de formulaire dynamique préinitialisés avec des valeurs issues de la base de données. Même si cette deuxième méthode est plus compliquée à mettre en œuvre, elle s'avère souvent mieux adaptée pour réaliser des écrans de mise à jour sur mesure. Nous l'appliquerons à la création de la page `moncompte.php` de l'espace `commerciaux`, qui permet aux commerciaux de mettre à jour eux-mêmes certaines informations de leur fiche.

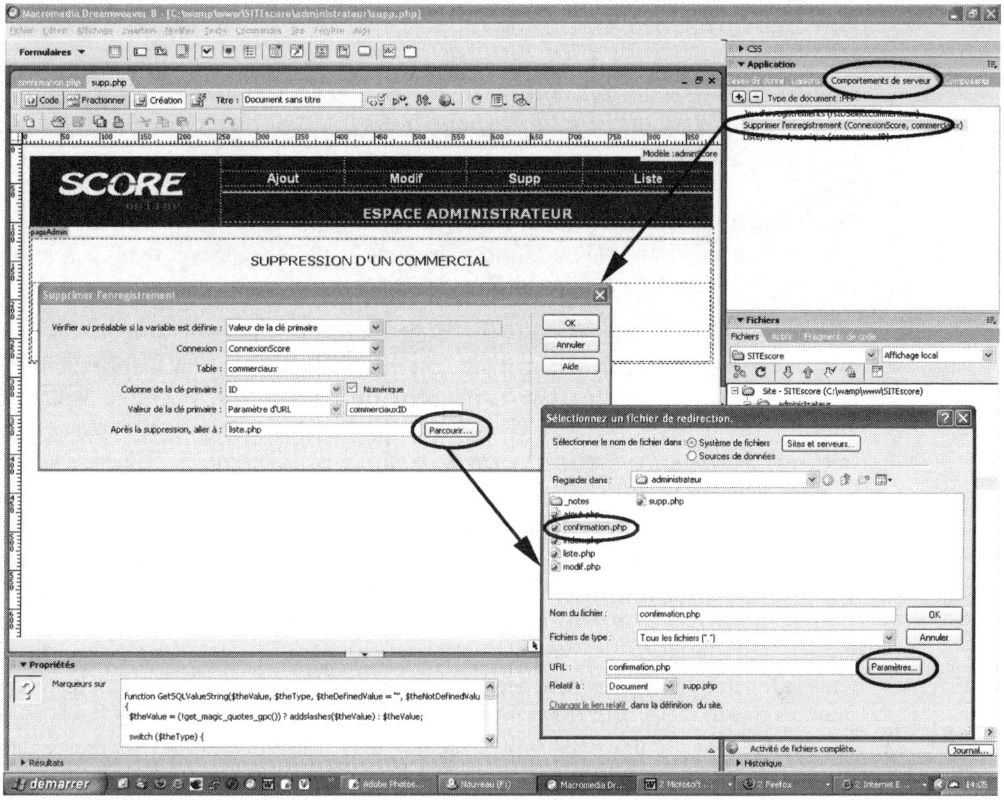

Figure 3-37

Si vous désirez que l'écran de la page de confirmation s'affiche après une suppression, il faut modifier les paramètres du comportement Supprimer l'enregistrement dans la page supp.php.

Figure 3-38

L'écran de confirmation rappelle l'identifiant du commercial qui a été supprimé et s'affiche dès que le traitement de suppression est terminé.

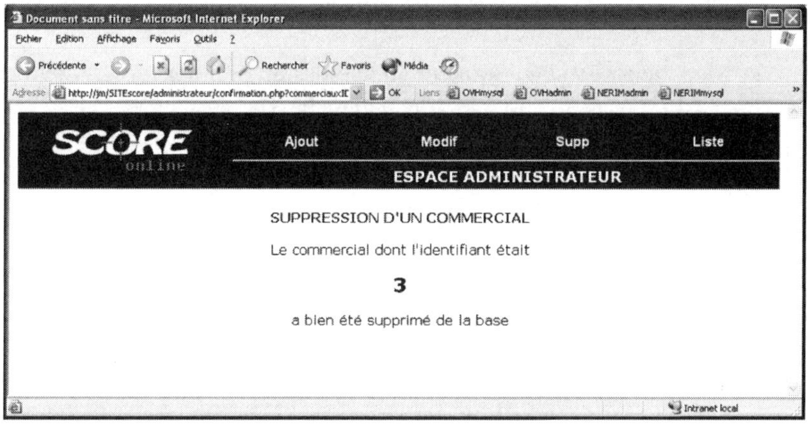

Procédure de création de la page modif.php

1. Comme pour la création de la page `supp.php`, il faut sélectionner au préalable le commercial à modifier. Pour éviter de recréer un autre jeu d'enregistrements, vous pouvez copier celui qui a déjà été constitué dans la page `supp.php` (voir figure 3-31). Pour cela, ouvrez la page `supp.php`, faites un clic droit sur le jeu `rsSelectCommerciaux` dans le panneau `Liaisons`, puis sélectionnez l'option `Copier`. Fermez la page `supp.php` et ouvrez la page `modif.php`. Faites un clic droit dans le panneau `Liaisons` (dans la zone grise située en haut du panneau) et sélectionnez l'option `Coller`. Un jeu identique (`rsSelectCommerciaux`) à celui de la page `supp.php` est alors ajouté au panneau `Liaisons`.

2. Dans la zone modifiable de la page, insérez un formulaire et configurez la zone `Action` avec le fichier `modif.php` et la méthode sur `GET`. Placez-vous dans le formulaire et créez un tableau de 2 lignes. Insérez dans la première ligne un objet `Liste/Menu` depuis le panneau `Formulaires`. Dans le panneau `Propriétés de l'objet`, nommez-le `commerciauxID` et cliquez sur le bouton `Dynamique`. Dans la boîte de dialogue qui s'affiche, sélectionnez les valeurs selon le tableau 3-7. Il est à noter que contrairement au menu dynamique de la page `supp.php`, qui n'est affiché qu'une seule fois, dans le cas d'une modification, il faut veiller à ce que la valeur par défaut du menu déroulant soit initialisée à la valeur précédemment sélectionnée. La démarche, pour initialiser le menu, consiste à configurer le champ `Sélectionner une valeur égale à` en cliquant sur l'icône avec l'éclair située à sa droite (voir figure 3-39), puis à choisir le paramètre d'URL `commerciauxID` disponible dans la fenêtre `Données dynamiques` (si le paramètre `commerciauxID` n'est pas encore configuré dans cette fenêtre, il suffit de cliquer sur le bouton + de la fenêtre `Liaisons`, de sélectionner `Variable d'URL` et de saisir `commerciauxID` dans la fenêtre `Variable d'URL`). Enfin, ajoutez un bouton de validation de formulaire dans la deuxième ligne du tableau et remplacez son étiquette par `Sélectionner`, dans le panneau des `Propriétés` (voir figure 3-39).

Dans le panneau `Liaisons`, cliquez sur le bouton + pour créer un deuxième jeu d'enregistrements. Configurez les différentes zones de la boîte de dialogue du jeu selon les informations ci-après, puis validez (voir figure 3-40).

3. Placez ensuite votre pointeur en dessous du premier formulaire, dans la région modifiable de la page, et cliquez sur le bouton `Mettre à jour l'enregistrement` puis `Assistant de formulaire de mise à jour des enregistrements` dans le panneau `Insertion/Application`. Renseignez la boîte de dialogue de ce comportement selon les informations ci-après, puis validez (voir figure 3-41).

4. Le formulaire de mise à jour doit s'afficher dans la page (voir figure 3-42). Mettez en forme le tableau et le texte selon vos préférences.

6. Cliquez sur le bouton `Live Data` pour tester le formulaire. Le menu déroulant et le formulaire doivent être initialisés avec les valeurs du commercial sélectionné. Dans le champ des paramètres d'URL de la barre `Live Data`, vous pouvez changer la valeur de la variable `commerciauxID` afin de tester différents enregistrements (voir figure 3-43).

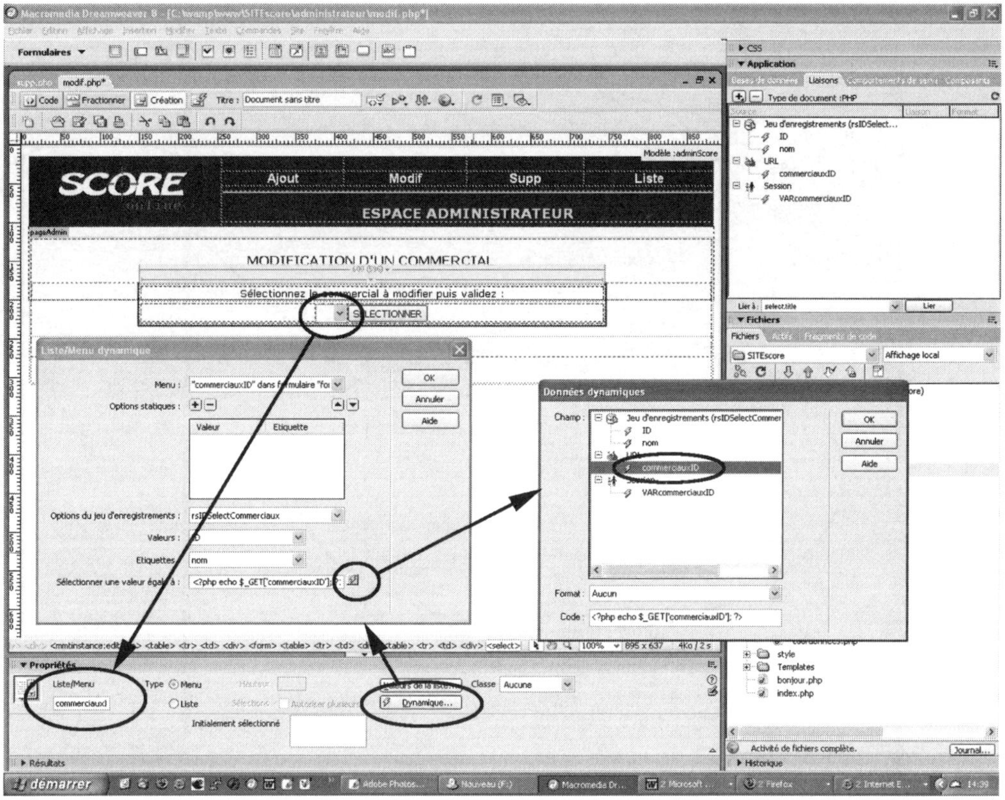

Figure 3-39

La boîte de dialogue de l'objet Liste/Menu permet de configurer les options de l'affichage dynamique de la liste dans le menu déroulant.

Tableau 3-7 – Paramètres de l'objet Liste/Menu du formulaire

Zone	Valeur	Commentaires
Options du jeu d'enregistrements	rsSelectCommerciaux	Jeu d'enregistrements utilisé pour afficher la liste dynamique du menu.
Valeur	ID	Les données du champ ID sont utilisées pour les valeurs de la liste du menu.
Étiquette	nom	Les données du champ nom sont utilisées pour les étiquettes de la liste du menu.
Sélectionner une valeur égale à	<?php echo $_GET['commerciauxID']; ?>	Cette information permet d'initialiser la liste avec la dernière valeur commerciauxID sélectionnée. Ce code est récupéré en cliquant sur le petit bouton avec un éclair à droite du champ. Il faut ensuite sélectionner la variable commerciauxID dans la liste des champs et cliquer sur OK.

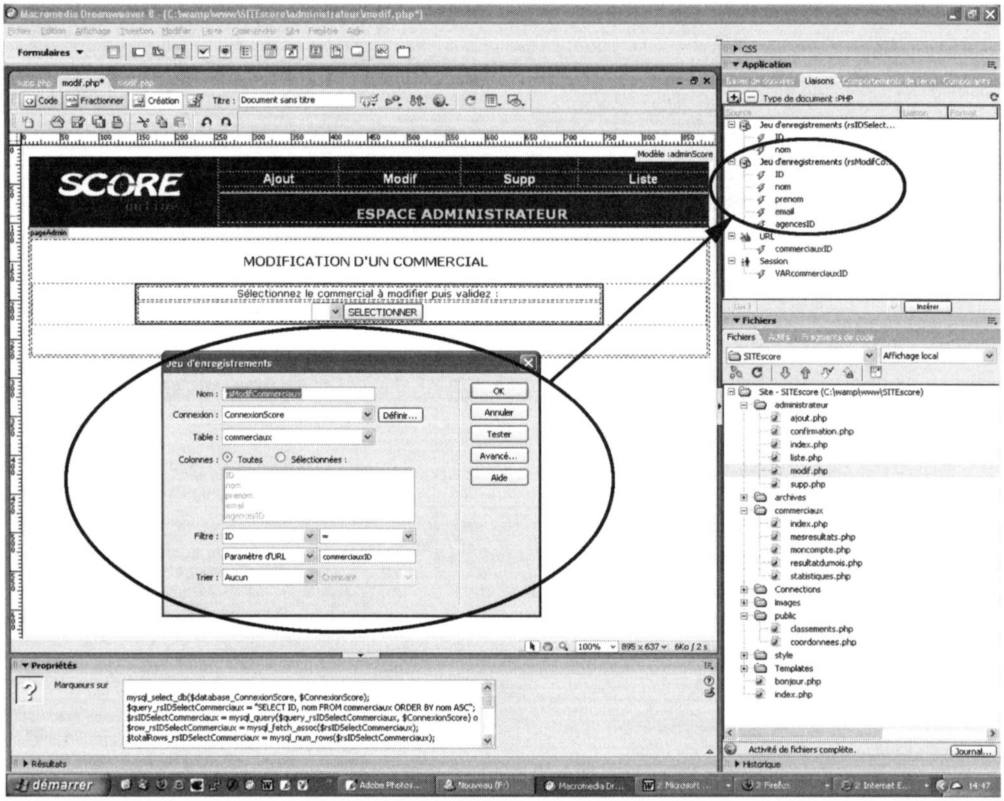

Figure 3-40

Le jeu d'enregistrements rsModifCommerciaux permet de récupérer toutes les informations correspondant au commercial sélectionné par le paramètre d'URL commerciauxID.

Tableau 3-8 – Paramètres du jeu d'enregistrements rsModifCommerciaux

Zone	Valeur	Commentaires
Nom	rsModifCommerciaux	
Connexion	ConnexionScore	
Table	commerciaux	
Colonnes	Toutes	Dans le cas de cet écran de modification, nous désirons pouvoir mettre à jour tous les champs de la table.
Filtre	ID = Paramètre d'URL commerciauxID	ID est le nom de l'objet menu qui envoie sa valeur en paramètre d'URL lors de la sélection du commercial à modifier. Il faut donc configurer le filtre pour que seul l'enregistrement, dont le champ commerciauxID correspondant, soit renvoyé.
Trier	Aucun	Théoriquement, notre requête ne doit retourner qu'un seul enregistrement ; il n'y a donc rien à trier.

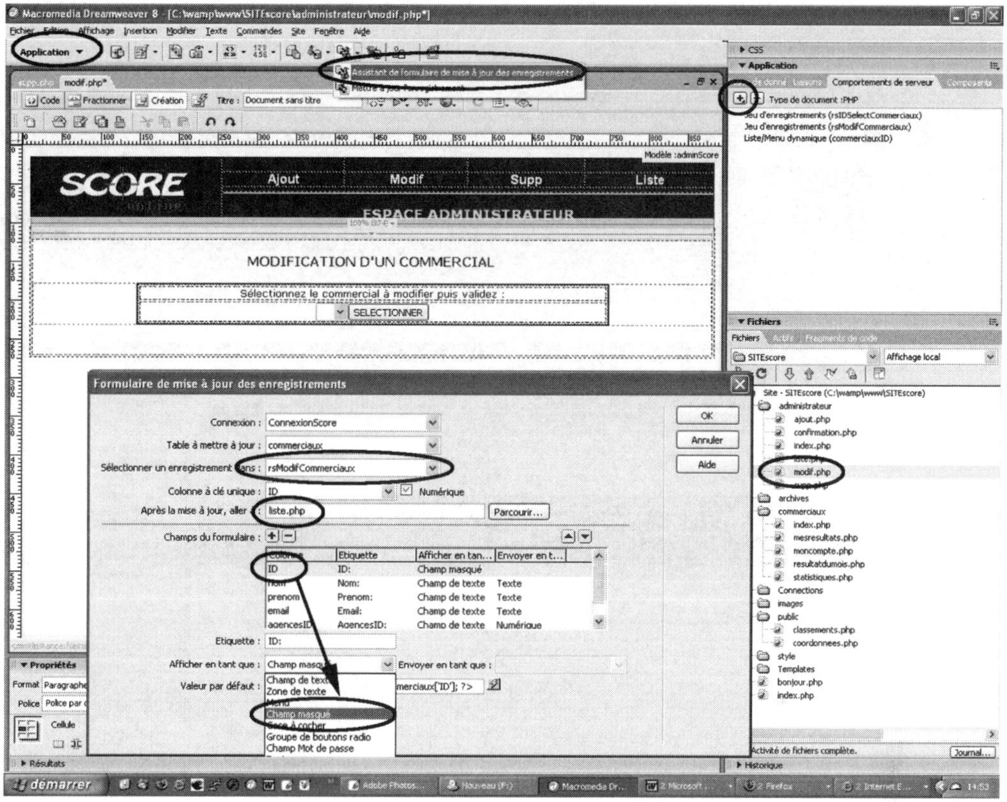

Figure 3-41

L'application Formulaire de mise à jour est configurée pour actualiser tous les champs de l'enregistrement du commercial sélectionné.

Tableau 3-9 – Paramètres de l'application Assistant de formulaire de mise à jour des enregistrements

Zone	Valeur	Commentaires
Connexion	ConnexionScore	
Table	commerciaux	Indique dans quelle table les données sont modifiées.
Sélectionnez un enregistrement dans :	rsModifCommerciaux	Indique dans quel jeu d'enregistrements doit être sélectionné l'enregistrement à modifier afin d'initialiser les valeurs des différents champs.
Colonne de la clé primaire	ID	La clé primaire de la table est le champ ID.
Après la modification aller à	liste.php	Cette zone permet d'indiquer la page qui est affichée après la modification de l'enregistrement dans la base. Dans notre cas, il s'agit de la page liste.php afin d'afficher la liste des commerciaux mise à jour.

Tableau 3-9 – Paramètres de l'application Assistant de formulaire de mise à jour des enregistrements (*suite*)

Zone	Valeur	Commentaires
Champs du formulaire	ID Champ masqué	Cette zone permet de changer le paramétrage des différents champs de la table (étiquette, type de variable, valeur par défaut...). Nous changeons le paramétrage du champ ID en champ masqué, car il est automatiquement incrémenté par la base ; il n'est donc pas nécessaire de prévoir un champ de saisie.

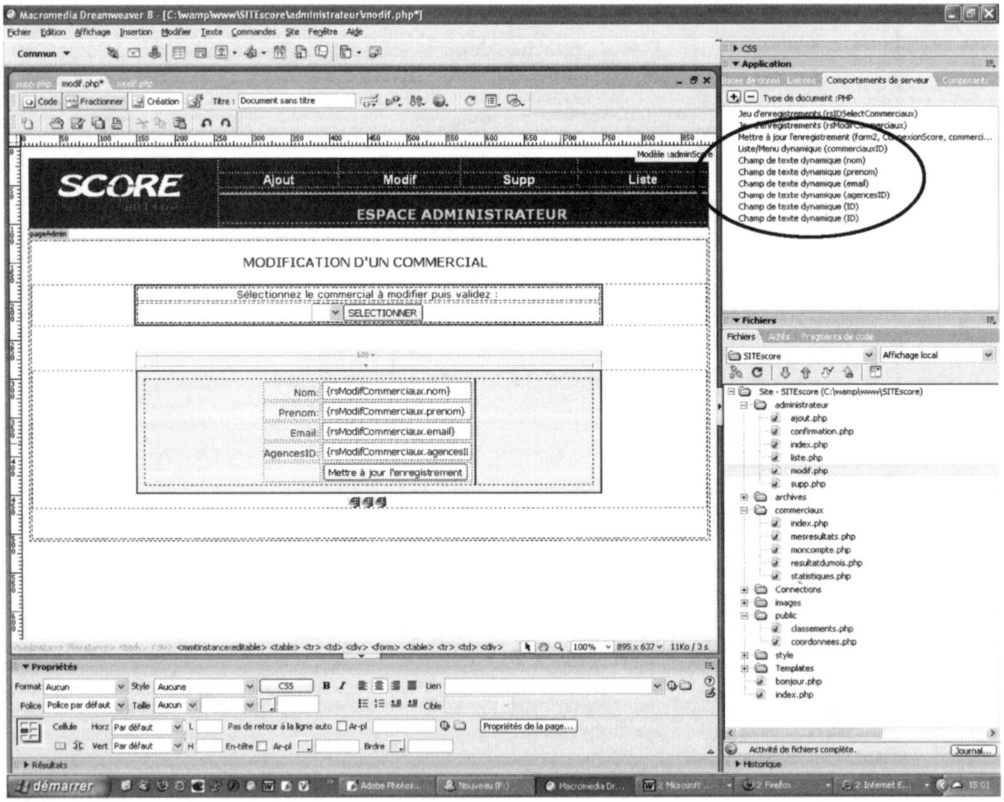

Figure 3-42

Le formulaire de mise à jour est désormais intégré dans la page. Il ne reste plus qu'à tester son fonctionnement en mode Live Data.

7. Enregistrez la page et testez le fonctionnement dans le Web local pour vous assurer que les données sont bien actualisées dans la base.

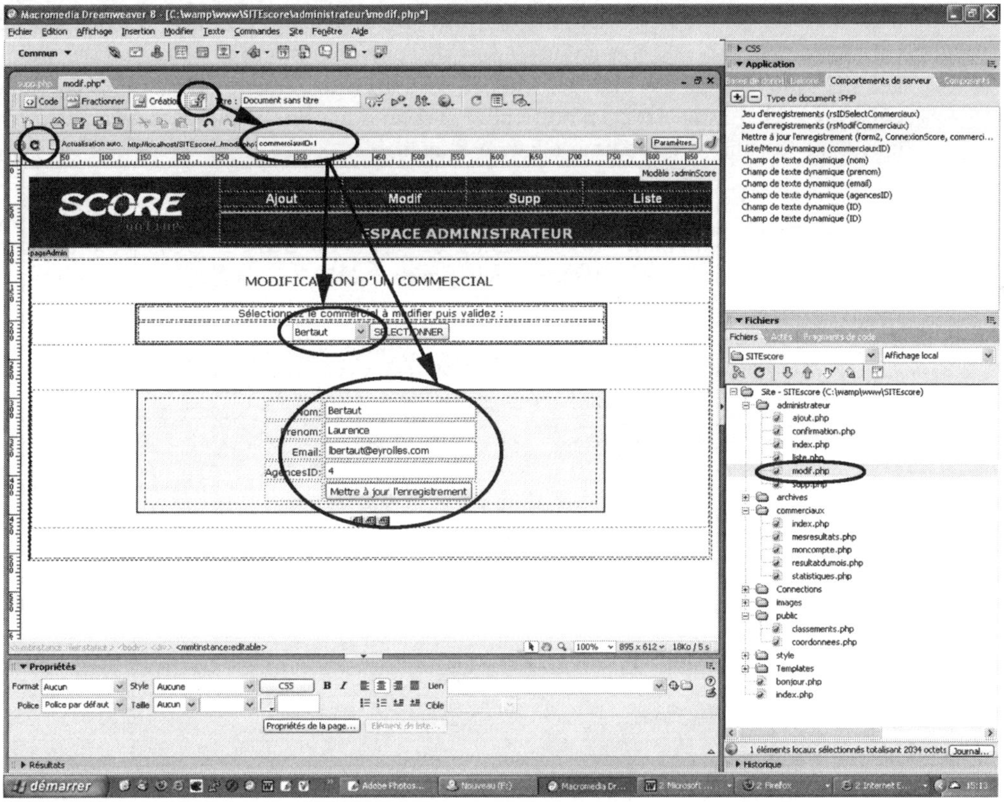

Figure 3-43
En mode Live Data, vous pouvez changer la valeur de test afin d'afficher différents enregistrements dans le formulaire de mise à jour.

Déclaration des variables

Selon la configuration de votre serveur, il est possible que des messages d'erreur apparaissent pour vous signaler que la variable `commerciauxID` n'est pas déclarée (notamment lors de l'appel de la page depuis le lien du menu). Dans ce cas, il suffit d'ajouter les lignes de code suivantes en haut de votre page en mode `Code`. Le détail de ces instructions sera abordé dans le chapitre 5 de cet ouvrage.

```
<?php
if(!isset($_GET['commerciauxID'])) $_GET['commerciauxID']=0;
//init de commerciauxID si non déclaré
?>
```

Procédure de création de la page moncompte.php

La page `moncompte.php` étant destinée aux commerciaux pour modifier leur fiche, nous n'avons pas besoin de créer un formulaire avec un menu de sélection comme dans le cas précédent (l'identifiant du commercial est déjà connu et sera par la suite stocké dans la variable de session `VARcommerciauxID` lors de l'identification). D'autre part, les modifications autorisées se limitent aux changements de l'e-mail et de l'agence à laquelle il est rattaché : par conséquent, le formulaire de modification à créer comportera uniquement un champ e-mail et une série de boutons radio pour changer d'agence.

1. Ouvrez le fichier `moncompte.php` dans le dossier `commerciaux`.
2. Cliquez sur le bouton + du panneau `Liaisons` et créez un nouveau jeu d'enregistrements selon les paramètres ci-dessous (voir figure 3-44).

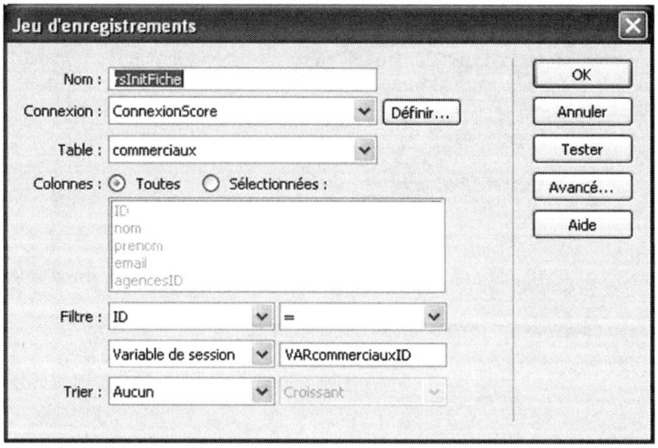

Figure 3-44
Boîte de dialogue du jeu rsInitFiche.

Tableau 3-10 – Paramètres du jeu d'enregistrements rsInitFiche

Zone	Valeur	Commentaires
Nom	rsInitFiche	
Connexion	ConnexionScore	
Table	commerciaux	
Colonnes	Toutes	Dans le cas de cet écran de modification, nous désirons pouvoir mettre à jour tous les champs de la table.

Tableau 3-10 – Paramètres du jeu d'enregistrements rsInitFiche (*suite*)

Zone	Valeur	Commentaires
Filtre	ID = Variable de session VARcommerciauxID	VARcommerciauxID est la variable de session qui contiendra par la suite l'identifiant du commercial.
Trier	Aucun	Théoriquement, notre requête ne doit retourner qu'un seul enregistrement ; il est donc inutile de trier.

3. Positionnez votre pointeur dans la zone modifiable et créez un tableau de 5 lignes et 2 colonnes. Dans la première colonne, insérez sur les 4 premières lignes le nom des différentes informations de la fiche du commercial (nom, prénom, e-mail, agence), et sur la cinquième ligne, un bouton de validation de formulaire. Dans la deuxième colonne, insérez un objet `Champ de texte` du panneau `Formulaires` au niveau de la ligne `E-mail`. Dans le panneau `Propriétés de l'objet`, saisissez `email` pour le nom et cliquez sur le bouton (avec un éclair) à droite de la zone `Val.Init`. Dans la boîte de dialogue `Données dynamiques`, sélectionnez le champ `email` et validez en cliquant sur le bouton `OK` (voir figure 3-45).

4. Passez ensuite à la ligne de l'agence, dans la même colonne, et insérez 4 boutons radio précédés du nom de chaque agence (`Paris`, `Marseille`, `Lille`, `Rennes`). Dans le panneau `Propriétés`, attribuez le même nom `agencesID` à chacun des 4 boutons radio, de sorte à les regrouper dans la même série à choix unique. Personnalisez chaque bouton en leur donnant une valeur différente (prendre 1, 2, 3 et 4). Cliquez ensuite sur le bouton `Dynamique` dans le panneau `Propriétés`, après avoir sélectionné le premier bouton radio. Dans la boîte de dialogue `Groupe de boutons radio dynamiques`, cliquez sur le bouton avec un éclair (à droite de la zone de la valeur). Dans la deuxième boîte de dialogue `Données dynamiques`, sélectionnez le champ `agencesID` du jeu d'enregistrements `rsInitFiche`, puis validez en cliquant sur `OK` dans les deux boîtes. Désormais, les 4 boutons radio sont de couleur bleue, ce qui signifie qu'ils sont devenus des éléments dynamiques (voir figure 3-46).

5. Maintenant, faites glisser la variable `nom` du jeu d'enregistrements du panneau `Liaisons` dans la première cellule de la deuxième colonne (en face de l'étiquette `Nom :`). Répétez l'opération pour la cellule du dessous, mais cette fois avec la variable `prénom`. Placez votre pointeur à gauche du bouton `Modifier` et cliquez sur le bouton `Champ masqué` de la barre d'outils `Insertion/Formulaires` afin d'ajouter cet objet dans la page. Dans le panneau `Propriétés de l'objet`, saisissez le nom `ID` et cliquez sur le bouton avec un éclair (à droite de la zone `Valeur`). Dans la fenêtre `Données dynamiques`, sélectionnez la variable `ID` dans le jeu `rsInitFiche` puis validez (voir figure 3-47).

6. Cliquez sur le bouton + du panneau `Comportements de serveur` et sélectionnez `Mettre à jour un enregistrement`. Renseignez les zones de la boîte de dialogue selon les informations de la figure 3-48 puis validez.

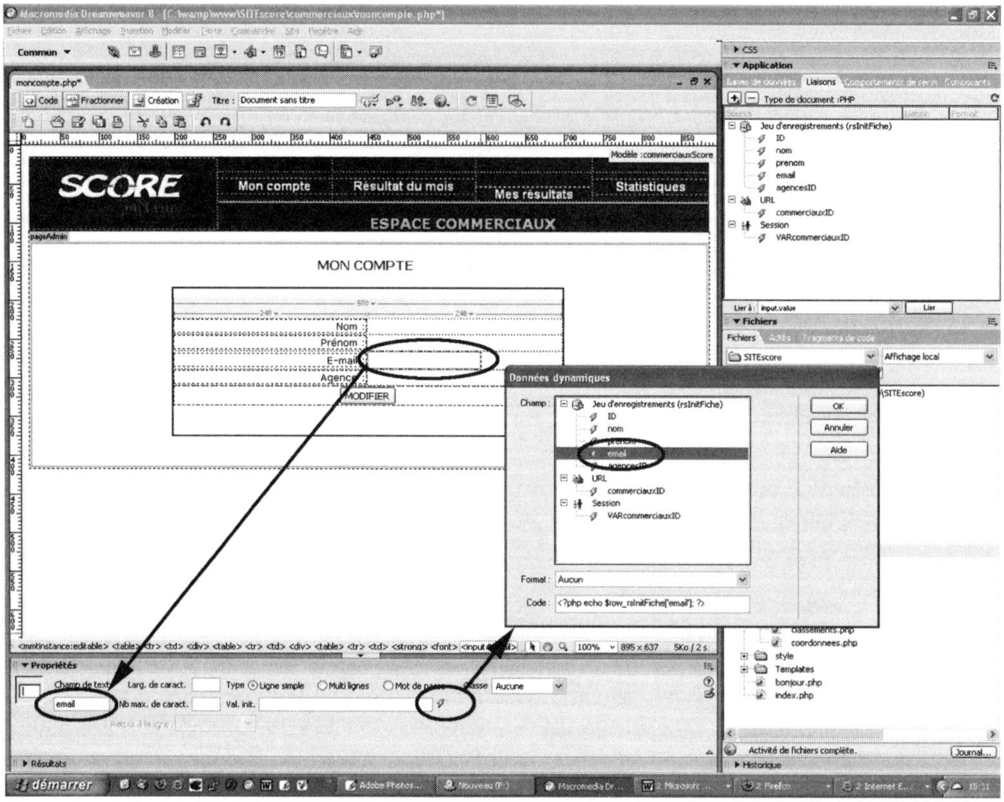

Figure 3-45

Configuration de la valeur initiale du champ e-mail.

7. Dans la fenêtre du document, le tableau doit devenir bleu, indiquant qu'il est désormais dynamique. Cliquez sur le bouton `Live Data` pour vous assurez que votre script d'initialisation fonctionne correctement. Le tableau devient jaune, indiquant que nous sommes en mode de test. Vérifiez que les valeurs `nom`, `prénom` et la valeur initiale du champ de saisie `email` sont bien affichées. De même, assurez-vous qu'un des boutons radio est bien validé par défaut, sinon revoir l'étape correspondant à l'élément qui n'est pas initialisé (voir figure 3-49).

8. Mettez en forme votre tableau et le texte du formulaire, puis enregistrez la page source `moncompte.php`. Basculez en Web local et testez le fonctionnement de la page de mise à jour de la base depuis le navigateur (voir figure 3-50).

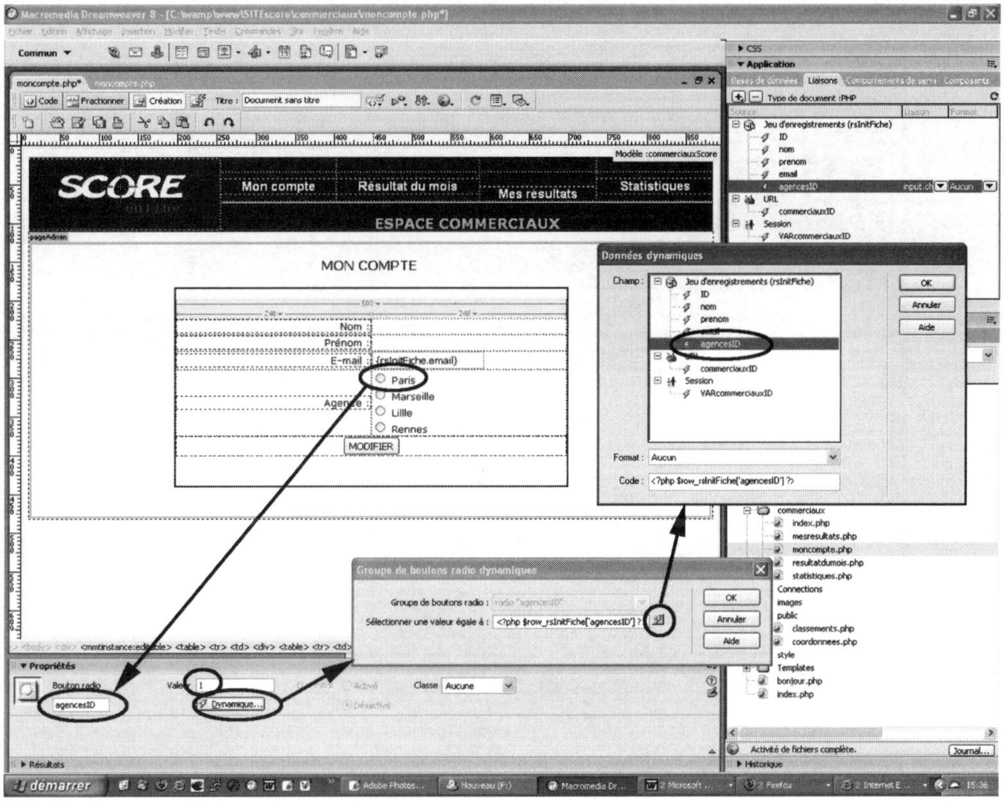

Figure 3-46
Configuration d'un bouton radio dynamique.

Page avec barre et état de navigation

Lorsque nous avons créé la page `liste.php` intégrant l'affichage d'un tableau des différents commerciaux enregistrés dans la base, nous avons indiqué dans le paramétrage de l'application `Tableau dynamique` que nous désirions afficher toutes les informations dans la même page (revoir figure 3-15). Cependant, si cette liste devient trop importante, il est intéressant de pouvoir afficher le même tableau sur plusieurs pages. Pour cela, Dreamweaver propose l'application `Barre de navigation`, qui réalise automatiquement le découpage du tableau selon le nombre d'enregistrements désiré par page, et intègre une barre de navigation pour gérer le passage d'une page à l'autre. Dans le même registre, Dreamweaver propose aussi une autre application, nommée `État de navigation`, qui permet d'indiquer le numéro des enregistrements affichés et le nombre total d'enregistrements du jeu.

Nous allons appliquer ces deux applications à la modification de la page `liste.php`, pour afficher la liste des commerciaux sur plusieurs pages.

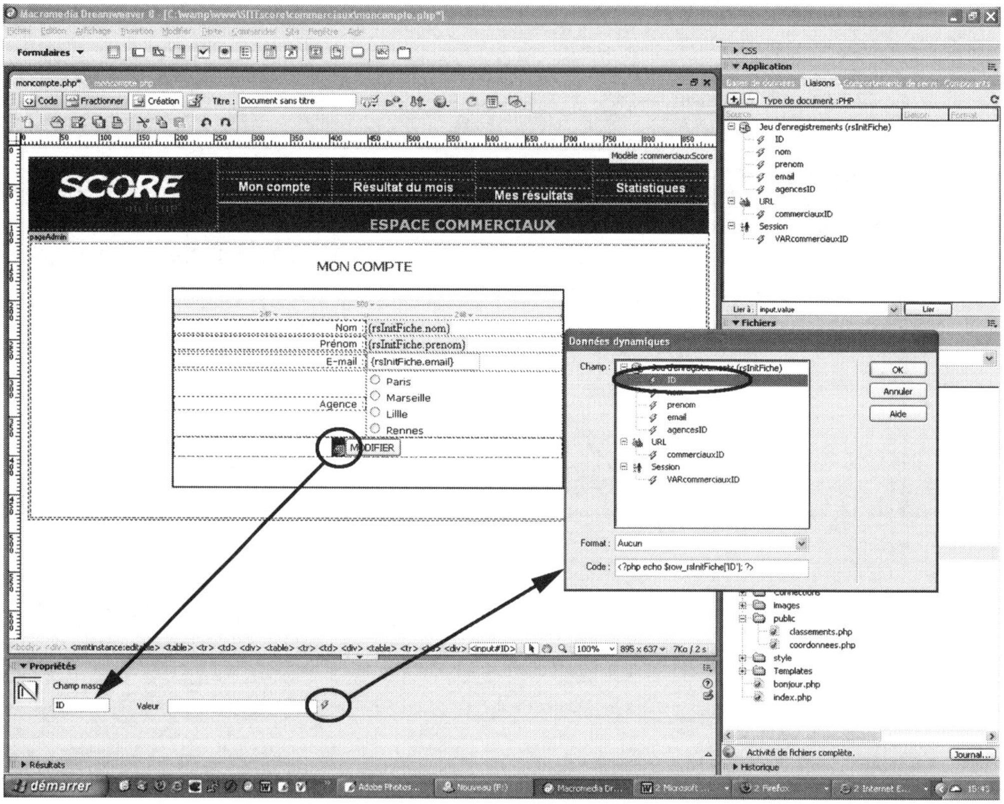

Figure 3-47

Configuration de la valeur par défaut du champ masqué.

Procédure d'ajout d'une barre de navigation dans la page liste.php

1. Ouvrez la page `liste.php` dans le dossier `administrateur`.
2. Avant de créer la barre de navigation, nous allons modifier le paramétrage de la région répétée afin de lui indiquer d'afficher seulement deux enregistrements par page (nous prendrons cette valeur pour les tests ; par la suite, vous pourrez choisir le nombre d'enregistrements que vous désirez). Pour cela, cliquez sur le nom du comportement `Région répétée` dans la fenêtre `Comportements de serveur`. Dans la boîte de dialogue, validez l'option du haut dans la zone `Afficher`, saisissez `2` pour le nombre d'enregistrements, puis validez votre modification.
3. Placez votre pointeur sous le tableau de données dans la zone modifiable de la page. Cliquez sur le bouton `Pagination du jeu d'enregistrements`, puis sur `Barre de navigation du jeu d'enregistrements` accessible depuis la barre d'outils `Insertion/Application`.

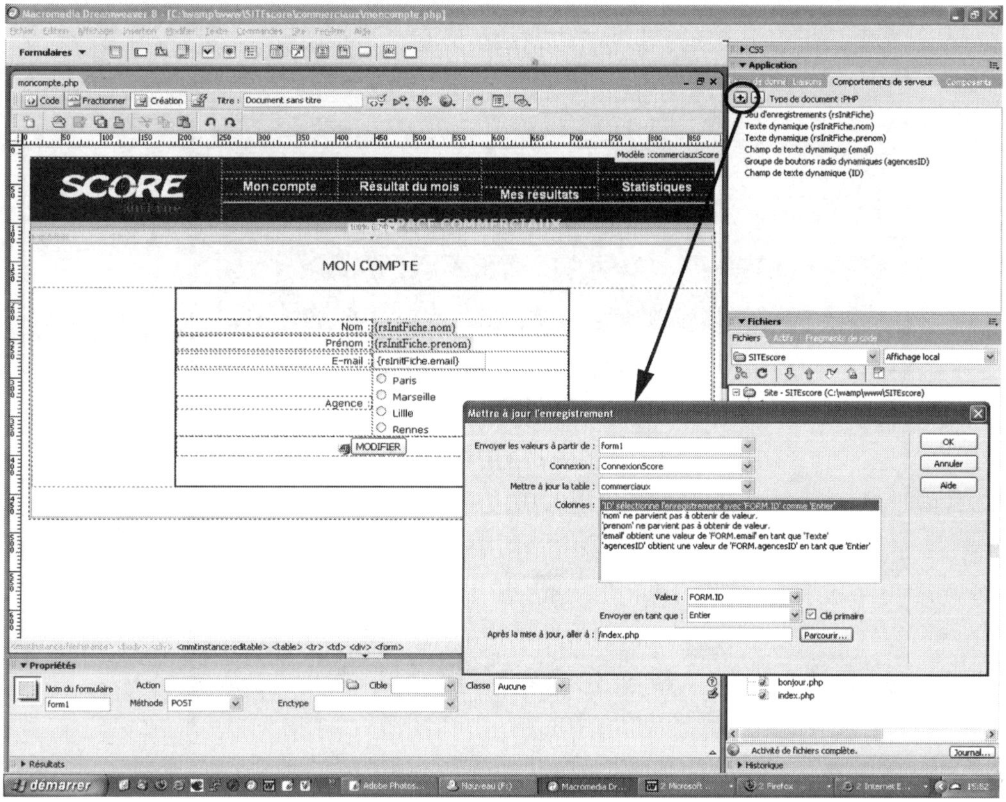

Figure 3-48
Ajout d'un comportement de Mise à jour.

Dans la boîte de dialogue `Barre de navigation`, sélectionnez le jeu `rsListeCommerciaux` et validez l'option `Afficher avec images`.

4. La barre de navigation doit apparaître dans la page (voir figure 3-51). Au passage, ouvrez la fenêtre `Fichiers` et remarquez que Dreamweaver a ajouté la série d'icônes qui est utilisée dans la barre de navigation, directement dans le répertoire `administrateur`. Enregistrez votre page et testez son fonctionnement dans le Web local.

Procédure d'ajout d'un état de navigation dans la page liste.php

1. Placez votre pointeur sous la barre de navigation qui vient d'être ajoutée. Cliquez sur le bouton `Afficher le nombre d'enregistrements` puis sur `État de navigation d'un jeu d'enregistrements` dans barre d'outils `Insertion/Application`. Dans la boîte de dialogue qui s'affiche, sélectionnez le jeu d'enregistrements `rsListeCommerciaux` et validez (voir figure 3-52).

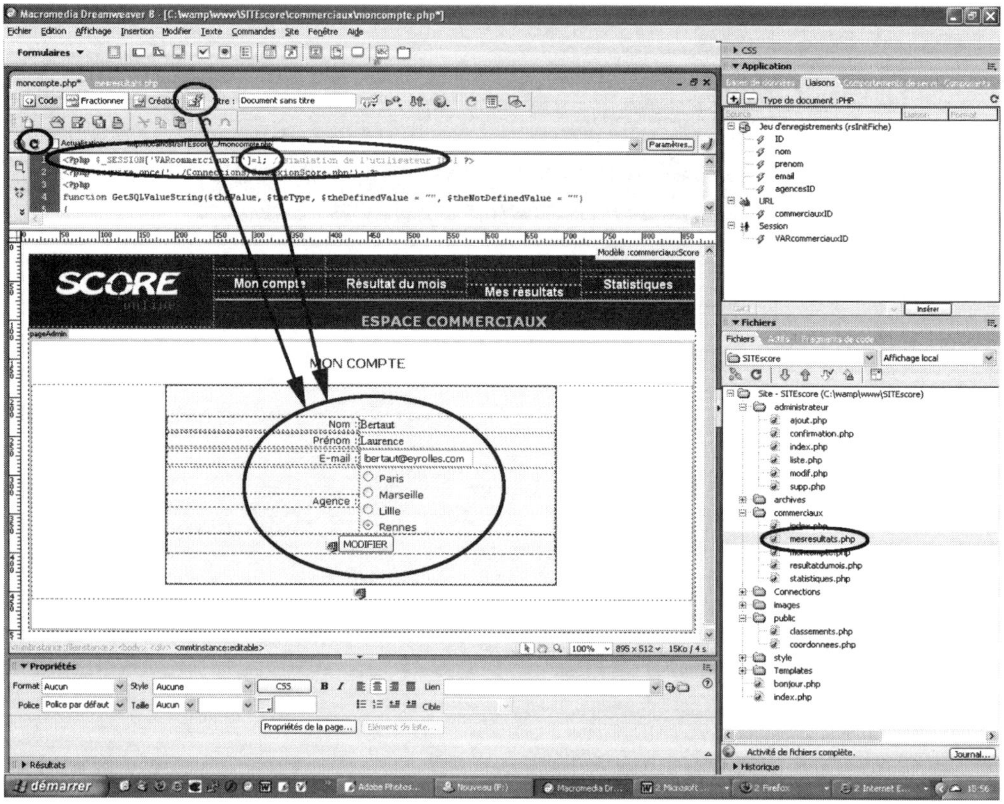

Figure 3-49

Test en mode Live Data de l'initialisation des éléments du formulaire de mise à jour.

2. Une ligne de texte intégrant trois variables dynamiques apparaît sous la barre de navigation (voir figure 3-52). Mettez en forme ce texte en lui appliquant la police de votre choix et en mettant les variables en gras, par exemple. Dans un premier temps, vous pouvez cliquer sur le bouton `Live Data` pour afficher les données de la première page, puis enregistrer votre page et tester son fonctionnement complet dans le Web local (voir figure 3-53).

Autres comportements de pagination et d'affichage

Le panneau `Comportements de serveur` de Dreamweaver propose d'autres comportements qui permettent de réaliser des paginations et des affichages d'état sur mesure (voir figures 3-54 et 3-55). Vous pouvez ainsi insérer ponctuellement, où vous voulez dans votre page, un élément de pagination ou d'affichage d'état en référence à un jeu d'enregistrements préalablement créé.

Figure 3-50
Test depuis le Web local du formulaire de mise à jour.

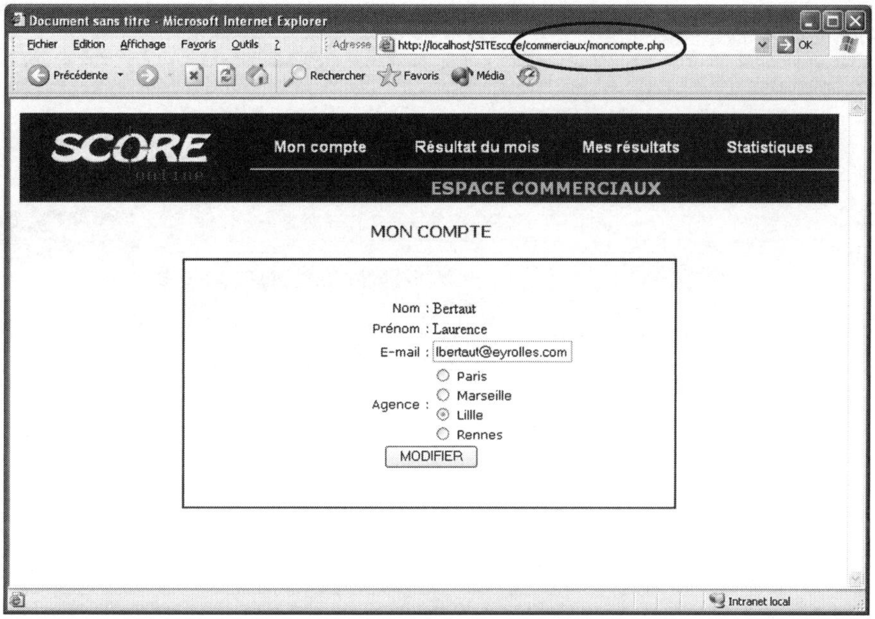

Figure 3-51
Ajout d'une barre de navigation dans Dreamweaver.

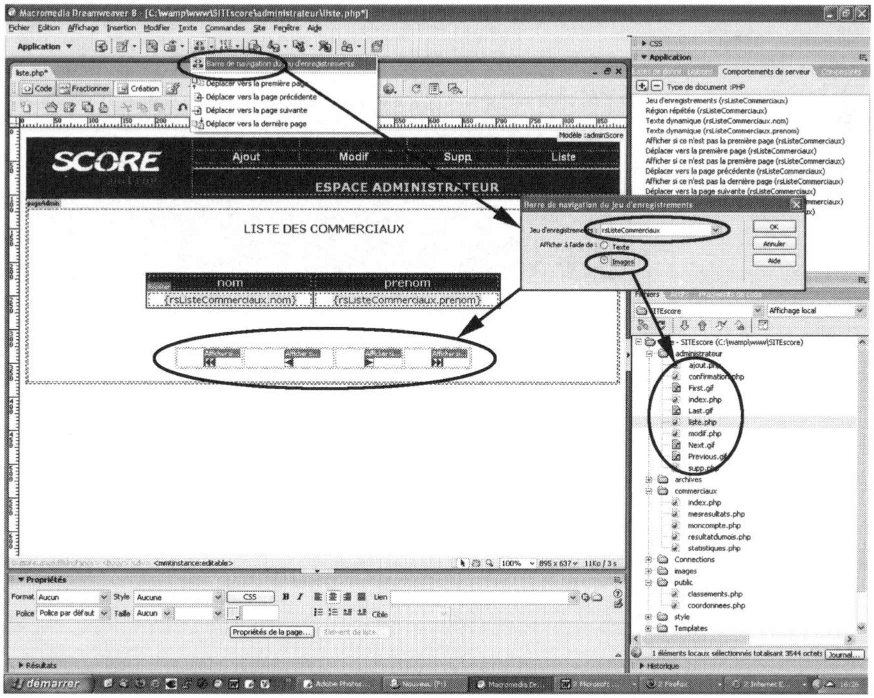

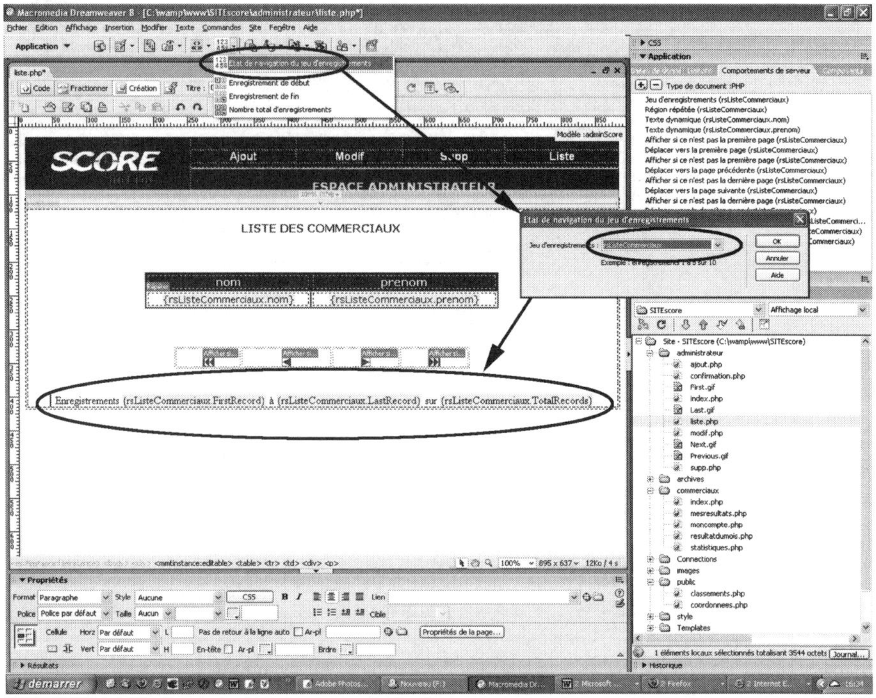

Figure 3-52
Ajout des états de navigation dans Dreamweaver.

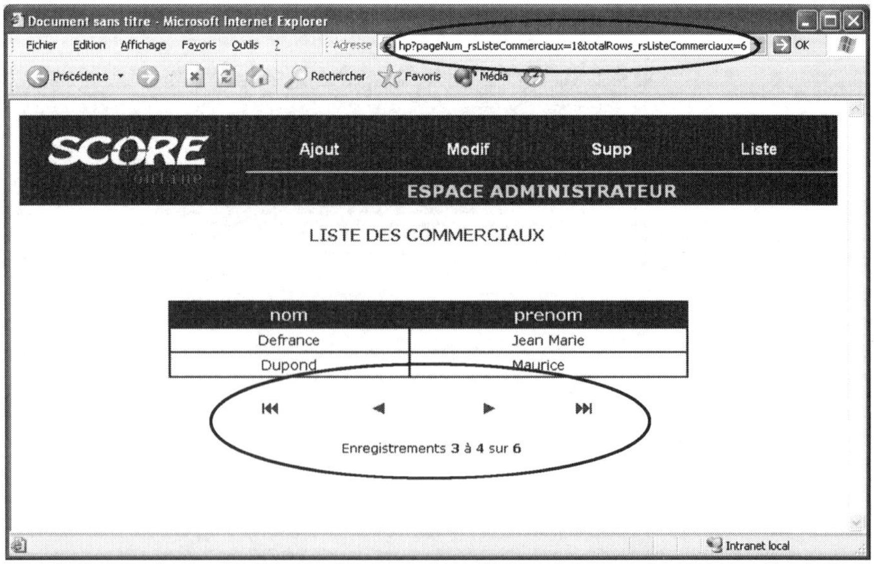

Figure 3-53
État de navigation testé en Web local.

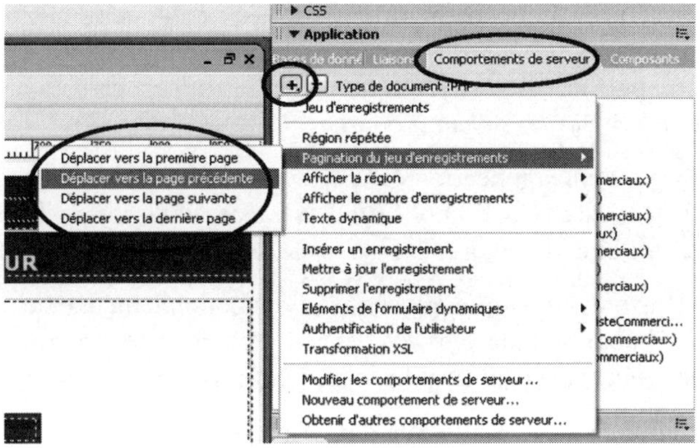

Figure 3-54
Liste des différents comportements de pagination disponibles.

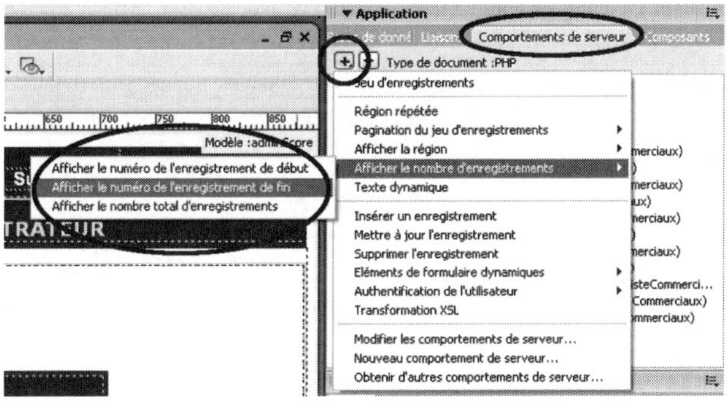

Figure 3-55
Liste des différents comportements d'affichage d'état.

> **Accès aux comportements d'état et de navigation individuels par le panneau Application**
>
> Lorsque vous affichez le menu de la barre de navigation ou de la zone d'état à l'aide de la barre d'outils `Insertion` (revoir figures 3-51 et 3-52), sachez que vous pouvez aussi accéder individuellement aux mêmes comportements de l'onglet `Comportement de serveur` du panneau `Application` (voir figures 3-54 et 3-55).

Pages d'affichage Principale-Détails

Il est fréquent que l'affichage d'informations issues d'une base de données se fasse en deux étapes. Une première page (page `Principale`) affiche une liste des enregistrements disponibles, et une seconde (page `Détails`) le détail de chaque enregistrement. Chaque ligne de la première page contient un lien dynamique qui permet d'appeler la deuxième en passant l'identifiant de l'enregistrement concerné dans un paramètre d'URL. La page `Détails` peut évidemment comporter de nombreuses informations sur l'enregistrement, alors que la page `Principale` affiche uniquement quelques informations nécessaires à son identification. Ce type de structure est très fréquemment utilisé dans les catalogues en ligne ; elle permet d'afficher une première liste de produits correspondant à la rubrique sélectionnée ou à la recherche sur critère réalisée, puis une fiche dynamique détaillée qui est créée à la volée lorsque l'utilisateur clique sur le lien `Détails` d'un produit.

Dreamweaver propose une application qui permet de créer rapidement une structure de deux pages `Principale-Détails`. Cette application est accessible depuis la barre d'outils `Insertion/Application` à l'aide du bouton `Ensemble de pages Principale-Détails`.

Cependant, nous avons remarqué plusieurs dysfonctionnements de cette application de Dreamweaver, et il nous semble plus intéressant de créer une structure `Principale-Détails` manuellement en réalisant séparément les pages `Principale` et `Détails`.

Aussi, nous détaillerons les deux méthodes afin que vous puissiez choisir celle qui vous correspond le mieux. Nous allons donc appliquer successivement ces deux méthodes à l'affichage des coordonnées des différents commerciaux, sous forme d'une fiche individuelle d'informations. Nous utiliserons pour cela les pages `coordonnees.php` et `fiche.php` du dossier `commerciaux`. La page `coordonnees.php` affiche la liste des enregistrements (page `Principale`), et `fiche.php` a pour fonction d'afficher le détail de chaque enregistrement (page `Détails`) sous forme d'une fiche.

Procédure automatique de création de pages Principale-Détails

1. Ouvrez le fichier `coordonnees.php` ainsi que le fichier `fiche.php` dans le dossier `public`.
2. Placez vous dans la page `coordonnees.php` et cliquez sur le bouton `+` du panneau `Liaisons` pour créer un nouveau jeu. Renseignez les zones de saisie selon les paramètres ci-dessous, cliquez sur le bouton `Tester` pour vous assurer que votre requête est valide, puis validez la création du jeu (voir figure 3-56). À noter que le jeu d'enregistrements devra renvoyer toutes les colonnes car ces mêmes informations seront utilisées à la fois pour la page `Principale` et pour la page `Détails`.

3. Placez votre pointeur sous le titre de la page `coordonnees.php`, sélectionnez la catégorie `Application` dans le menu de la barre d'outils `Insertion`, et cliquez sur le bouton `Ensemble des pages Principale-Détails` (voir la situation du bouton en haut de la figure 3-57).
4. Renseignez les champs du panneau selon la configuration désirée (voir figure 3-57). Les `champs de la page principale` permettent théoriquement d'indiquer les données qui seront affichées uniquement dans cette page, et les `champs de la page d'informations détaillées` permettent de sélectionner de la même manière les données que vous désirez afficher dans les pages `Détails`. Cependant, nos essais nous ont démontré que Dreamweaver ne semble pas tenir compte de ces sélections... (nous remédierons par la suite à ce problème en supprimant les champs inutiles directement dans chacune des pages). Le champ `Lier à la page` permet d'indiquer quelle est la donnée qui sera utilisée comme lien pour afficher les pages `Détails` correspondantes. Le champ `Passer la clé unique`

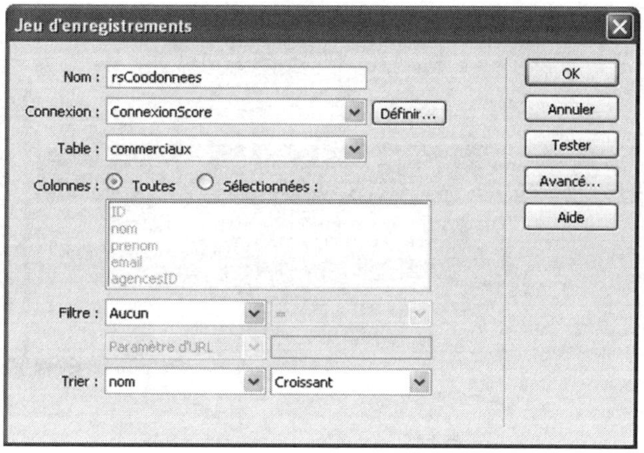

Figure 3-56
Configuration du jeu d'enregistrements pour créer un ensemble de pages Principale-Détails.

Tableau 3-11 – Paramètres du jeu d'enregistrements rsCoordonnees

Zone	Valeur	Commentaires
Nom	rsCoordonnees	
Connexion	ConnexionScore	
Table	commerciaux	
Colonnes	Toutes :	Pour créer un ensemble de pages Principale-Détails, nous aurons besoin de toutes les colonnes, car le même jeu d'enregistrements servira à la fois à la page Principale et aux pages Détails.
Filtre	Aucun	Nous désirons récupérer tous les enregistrements de la table commerciaux.
Trier	nom Croissant	Dans la liste des commerciaux, les noms sont classés par ordre alphabétique.

précise la donnée (en général la clé primaire) qui sera communiquée à la page `Détails` lors de son appel. Le champ `Afficher` permet de régler le nombre d'enregistrements à afficher sur une même page `Principale` et de générer en même temps une barre de navigation en rapport. Enfin sélectionnez le nom de la page qui fera office de page `Détails` en cliquant sur le bouton `Parcourir` (dans notre exemple, nous avons sélectionné la page `fiche.php`). Après avoir configuré ce panneau `Insérer l'ensemble de pages Principale-Détails`, il ne vous reste plus qu'à cliquer sur le bouton `OK` pour valider vos choix.

5. Un premier tableau accompagné d'une barre de navigation et des états de navigation doit alors s'afficher automatiquement dans la page `coordonnees.php` (voir figure 3-58), de même qu'un tableau dans la page `fiche.php` (voir figure 3-59). À noter que comme les pages concernées sont liées à des modèles, il est possible que le tableau de la page `fiche.php` s'intégre en dehors des balises du modèle et ne soit donc pas visible dans la

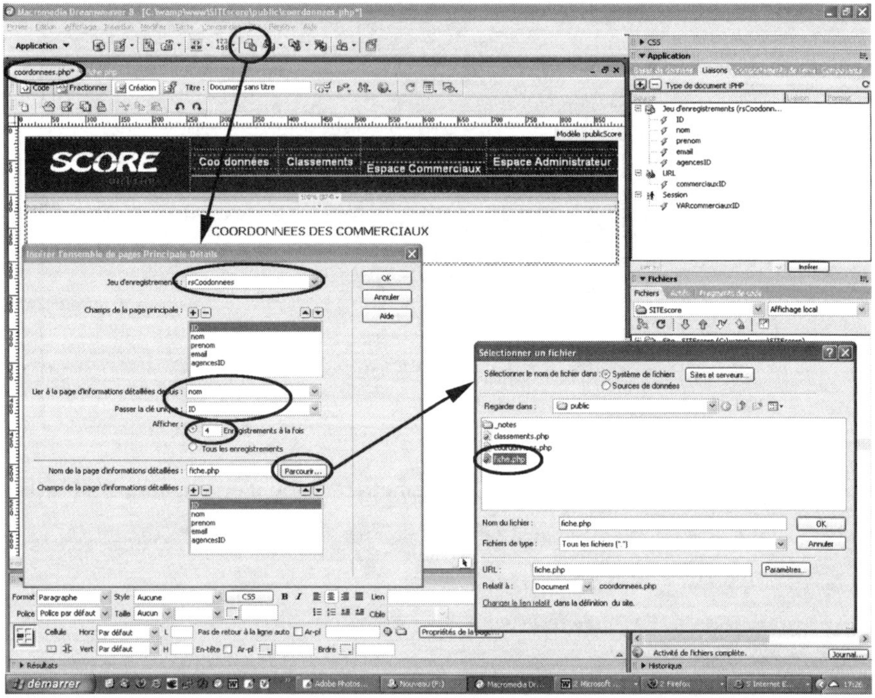

Figure 3-57
Configuration du panneau Insérer l'ensemble de pages Principale-Détails.

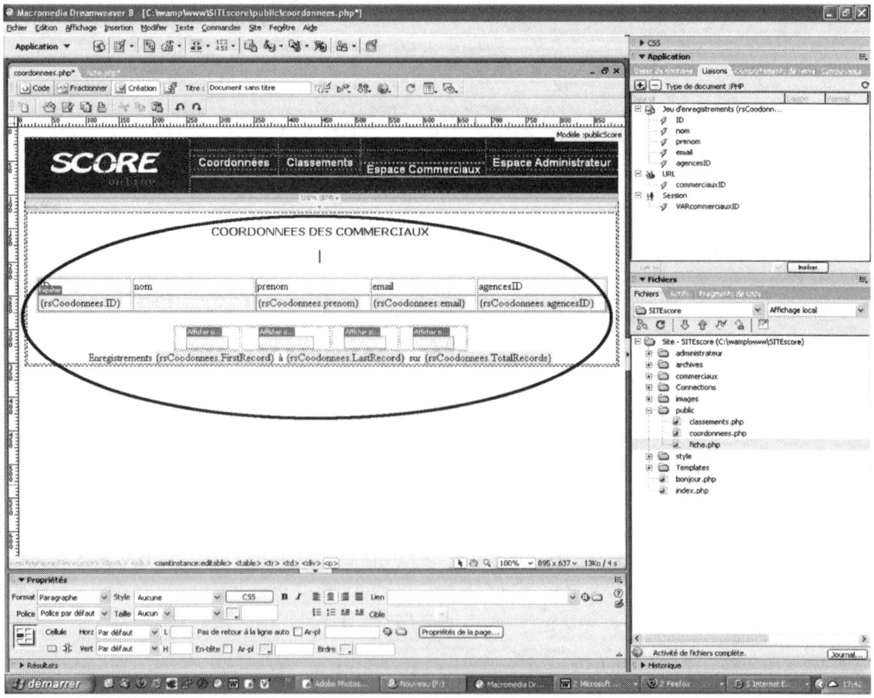

Figure 3-58
Dès la validation du panneau de configuration, le tableau de la liste est inséré automatiquement dans la page Principale.

page. Il vous suffira alors de le déplacer dans la zone modifiable en mode `Code` par un simple `couper-coller`. Votre ensemble de pages `Principale-Détails` est maintenant opérationnel. Il ne vous reste plus maintenant qu'à supprimer les colonnes inutiles (comme nous l'avions suggéré précédemment), à appliquer les mises en forme souhaitées à vos tableaux (voir figure 3-60), et à tester l'ensemble des pages depuis le Web local (voir figure 3-61).

> **Attention au style des liens hypertextes**
>
> Les liens des noms de sélection des commerciaux et de la barre de navigation créés automatiquement dans la page principale héritent du style de la page. Hors, celui-ci est configuré pour les liens du menu de la page sur fond bleu (texte blanc par défaut et rouge pour le *rollover*). Il faut donc appliquer un fond de couleur aux cellules contenant des liens ou leur attribuer un style différent, sinon ils ne seront visibles que si vous les survolez...

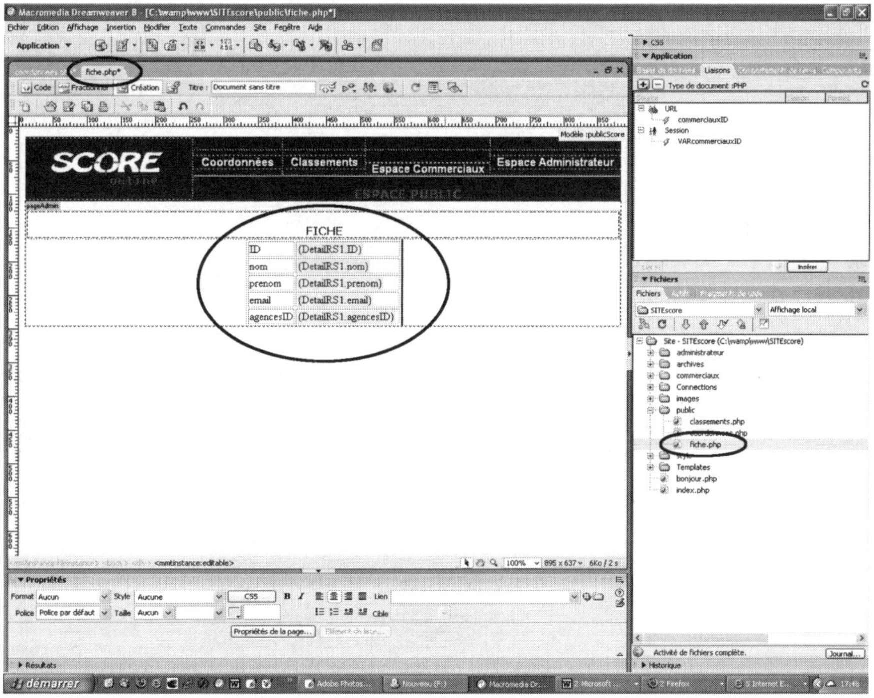

Figure 3-59
L'application insère aussi automatiquement un tableau regroupant les différentes informations de chaque enregistrement dans la page Détails.

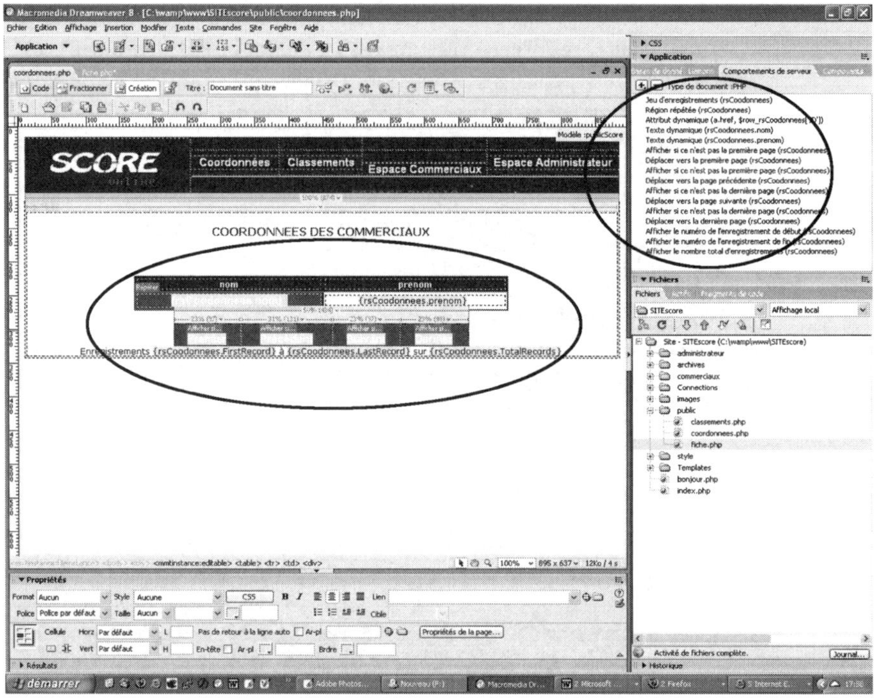

Figure 3-60
Une fois la structure des tableaux réalisée, vous pouvez les mettre en forme comme pour un simple élément statique.

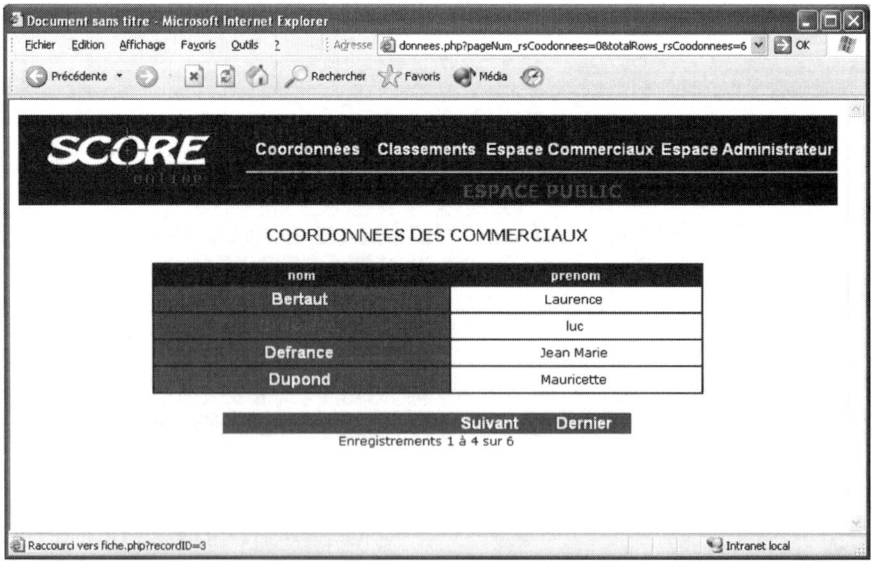

Figure 3-61
Test de l'ensemble de pages Principale-Détails dans le Web Local.

Procédure manuelle de création de pages Principale-Détails

Création de la page coordonnees.php

1. Ouvrez le fichier `coordonnees.php` dans le dossier `public`. À noter que si vous avez déjà réalisé la page `coordonnees.php` avec la méthode automatique précédente, vous pouvez utiliser le modèle `public` pour créer une nouvelle page `coordonnées.php`, afin de disposer d'une page vierge de tout comportement.

2. Cliquez sur le bouton + du panneau `Liaisons` pour créer un nouveau jeu. Renseignez les zones de saisie selon les paramètres ci-dessous, cliquez sur le bouton `Tester` pour vous assurer que votre requête est valide, puis validez la création du jeu (voir figure 3-62).

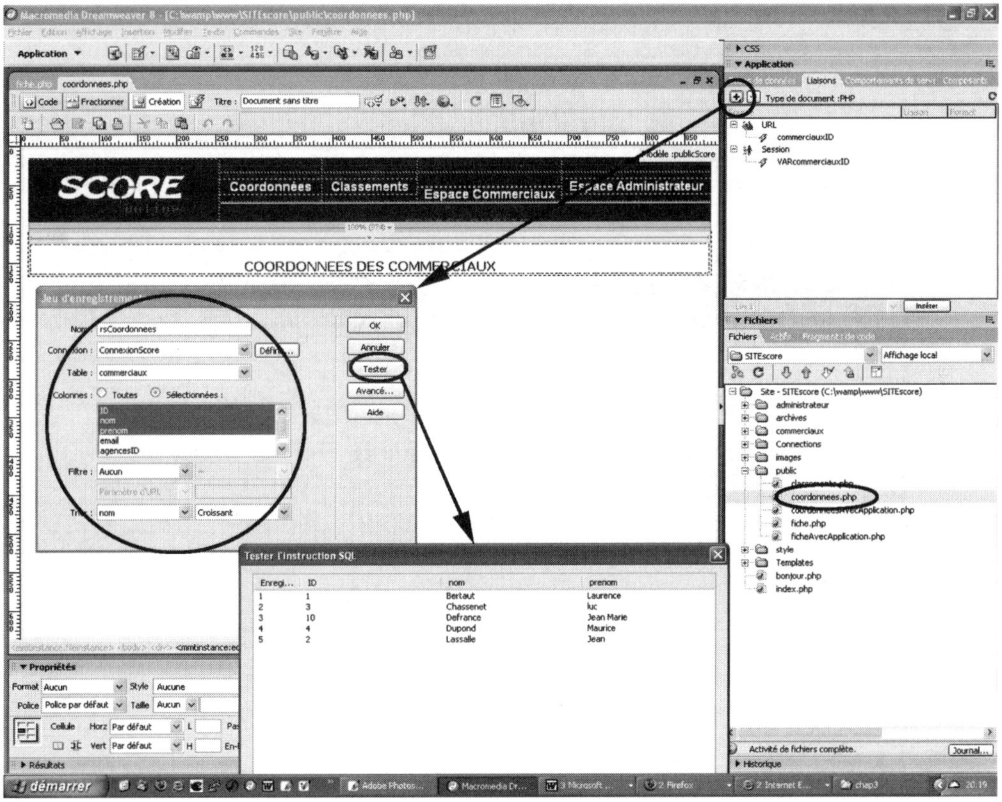

Figure 3-62
Jeu rsCoordonnees pour la création de la page Principale.

Tableau 3-12 – Paramètres du jeu d'enregistrements rsCoordonnees

Zone	Valeur	Commentaires
Nom	rsCoordonnees	
Connexion	ConnexionScore	
Table	commerciaux	
Colonnes	Sélectionnées : ID nom prénom	Pour établir la liste des enregistrements dynamiques, nous n'avons besoin que des champs ID (qui sera par la suite l'identifiant passé à la fiche), nom et prenom (qui seront affichés dans la liste des commerciaux).
Filtre	Aucun	Nous désirons récupérer tous les enregistrements de la table commerciaux.
Trier	nom Croissant	Dans la liste des commerciaux, les noms sont classés par ordre alphabétique.

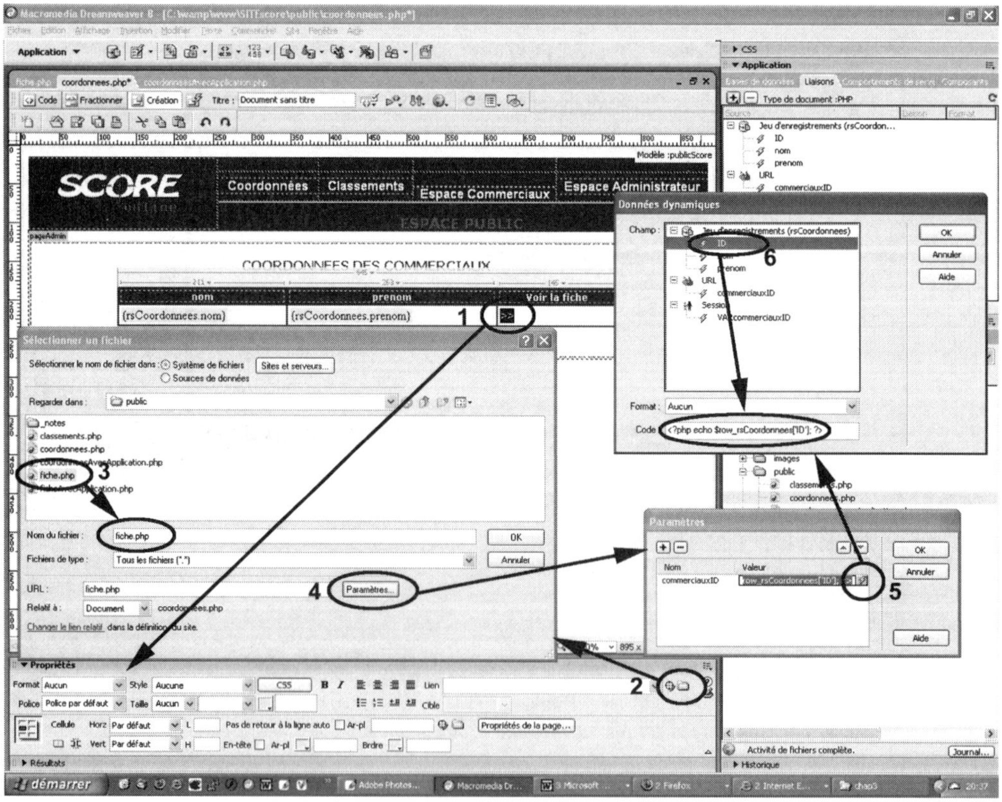

Figure 3-63

Paramétrage du lien appel de fiche.php.

3. Créez un tableau de 2 lignes et 3 colonnes dans la zone modifiable de la page en dessous du titre. Dans la première ligne, indiquez les noms des colonnes (`nom`, `prénom`, `voir la fiche`). Glissez ensuite les champs `nom` et `prénom` du jeu `rsCoordonnees` dans les cellules de la deuxième ligne du tableau (à partir des variables disponibles dans le panneau `Liaisons`).

4. Dans la troisième cellule de la deuxième ligne (celle correspondant au titre de colonne `voir la fiche`), insérez les caractères >> (par exemple). Sélectionnez-les puis, cliquez sur l'icône du petit dossier situé à droite de la zone `Lien` dans le panneau `Propriétés de l'objet`. Dans la boîte de dialogue `Sélectionner un fichier` qui s'ouvre, sélectionnez le fichier `fiche.php` et cliquez sur le bouton `Paramètres` en bas de la boîte, à droite de la zone URL. Une nouvelle boîte de dialogue intitulée `Paramètres` s'ouvre (voir figure 3-63). Cliquez sur le bouton + de cette boîte, saisissez `commerciauxID` dans la colonne `nom`, puis passez dans la cellule de droite et cliquez sur le bouton avec un petit éclair à droite de la zone de saisie. Dans la troisième boîte `Données dynamiques`, sélectionnez le champ `ID` dans le jeu `rsCoordonnees`, et validez toutes les boîtes successivement. La zone `Lien` du panneau de propriétés doit alors être renseignée automatiquement avec la valeur :

```
fiche.php?commerciauxID=<?php echo $row_rsCoordonnees['ID']; ?>
```

   Afin d'afficher tous les commerciaux dans ce même tableau, il faut créer une région répétée de la deuxième ligne. Pour cela, commencez par sélectionner la deuxième ligne du tableau puis cliquez sur le + du panneau `Comportements de serveur`, et sélectionnez `Région répétée` dans la liste du menu. Choisissez le jeu d'enregistrements `rsCoordonnées` dans la boîte de dialogue ainsi que l'option `Tous les enregistrements`, puis validez votre configuration.

5. Cliquez sur le bouton `Live Data` pour vous assurez que le tableau dynamique affiche bien les enregistrements de la table `commerciaux`, puis enregistrez votre page sous le nom `coordonnees.php`. Vous devez maintenant passer à la création de la page `fiche.php`, qui sera appelée par le lien que vous venez de mettre en place dans la colonne `voir la fiche`.

Création de la page fiche.php

1. Ouvrez la page `fiche.php` (si elle n'est pas disponible, utilisez le modèle `public` pour la créer) du dossier `public`.

2. Cliquez sur le bouton + du panneau `Liaisons` pour créer un nouveau jeu. Renseignez les zones selon les paramètres ci-après, puis validez (voir figure 3-64).

3. Créez un tableau de 5 lignes et 2 colonnes dans la zone modifiable de la page, en dessous du titre. Dans la première colonne, renseignez chacune des lignes avec le nom des informations à afficher (`nom`, `prénom`, `e-mail`, `agence`), la dernière ligne n'étant pas exploitée

Tableau 3-13 – Paramètres du jeu d'enregistrements rsFiche

Zone	Valeur	Commentaires
Nom	rsFiche	
Connexion	ConnexionScore	
Table	commerciaux	
Colonnes	Toutes	Dans le cas de cet écran de modification, nous désirons pouvoir mettre à jour tous les champs de la table.
Filtre	ID = Variable d'URL commerciauxID	commerciauxID est la variable d'URL qui sera envoyée par la page coordonnees.php en même temps que l'appel de la page fiche.php.
Trier	Aucun	Théoriquement, notre requête ne doit retourner qu'un seul enregistrement ; il n'y a donc rien à trier.

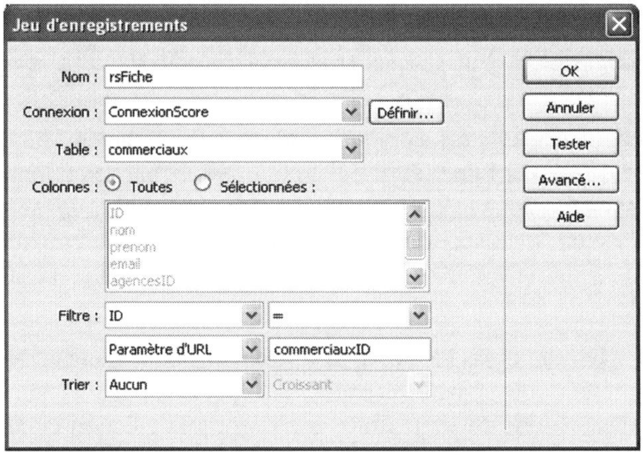

Figure 3-64
Jeu rsFiche de la page fiche.php.

dans cette partie. Glissez ensuite les variables correspondantes dans les cellules de la colonne de droite (voir figure 3-65).

4. Enregistrez la page sous `fiche.php` et basculez en Web local pour tester le fonctionnement complet de la structure, en cliquant sur le lien `Coordonnées` depuis le menu de l'espace `Public` (voir figures 3-66 et 3-67).

Page d'affichage d'une image dynamique

Un site dynamique peut aussi afficher, dans une même page, des images différentes selon l'enregistrement sélectionné. Le nom des images est, dans ce cas, indexé dans un champ spécifique de la table des enregistrements. Pour réaliser l'intégration d'une image dynamique

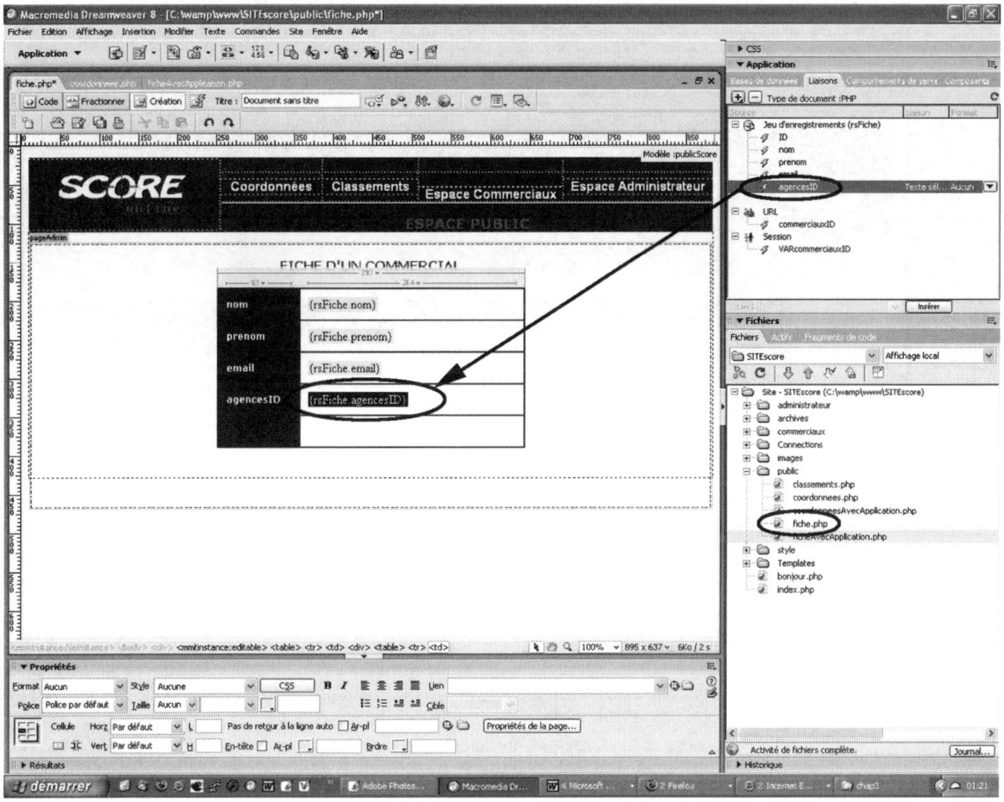

Figure 3-65
Création du tableau de la fiche.

dans une page, il existe deux méthodes. Dans la première, nous utiliserons la fenêtre du panneau `Liaisons` pour lier la variable contenant le nom du fichier image à l'emplacement d'affichage qui lui est réservé dans la page. Dans la deuxième méthode, nous utiliserons l'inspecteur de `Propriétés` pour assurer cette même liaison. Nous vous proposons de détailler ci-après ces deux méthodes en les appliquant à l'intégration d'une photo dans la fiche du commercial. Pour les deux méthodes, il faut au préalable ajouter un champ supplémentaire dans la table `commerciaux`, afin d'enregistrer le nom de la photo pour chaque enregistrement.

Ajout du champ photo à la table commerciaux et préparation des photos

1. Ouvrez le gestionnaire de base de données phpMyAdmin. Pour cela, il suffit de cliquer sur l'option `phpMyAdmin` du manager de Wamp5.

Figure 3-66

Test de la page coordonnees.php depuis le Web local. Pour voir la fiche d'un commercial, il suffit de cliquer sur le lien de la colonne Voir la fiche en regard de son nom.

2. Sélectionnez la base `score_db` dans le menu déroulant de gauche. Dans la partie droite, cliquez sur le lien `Propriétés` sur la ligne de la table `commerciaux`. Descendez dans la page jusqu'à la rubrique `Ajouter un champ`. Validez les options par défaut (`1 en fin de table`) en cliquant sur le bouton `Exécuter`. Dans le formulaire de saisie, renseignez les zones `Champ=photo`, `Type=VARCHAR`, `Taille=50`, sélectionnez l'option `null` dans la zone `Null` et saisissez le nom de fichier `photo0.jpg` pour le champ `Défaut`. Validez vos informations en cliquant sur le bouton `Sauvegarder` (voir figure 3-68).

3. Cliquez ensuite sur le nom de la base, `score_db`, dans la partie de gauche. Dans la partie de droite, cliquez maintenant sur le lien `Afficher` de la table `commerciaux`. La liste des enregistrements est alors affichée avec la valeur `photo0.jpg`, dans chaque cellule de la colonne `photo`. Cliquez successivement sur le lien `modifier` de chaque enregistrement, pour changer le nom du fichier photo correspondant (prendre par exemple `photo1.jpg`, `photo2.jpg`...). Au terme de vos différentes modifications, le tableau des enregistrements devrait être semblable à celui de la figure 3-69. Les changements nécessaires dans la base de données sont alors terminés et vous pouvez fermer le gestionnaire.

4. Avant de passer à la configuration dans Dreamweaver, il faut aussi préparer les fichiers photos que vous voulez afficher dans la page. Prenons par exemple des fichiers JPEG de

Figure 3-67
Test de la page fiche.php depuis le Web local.

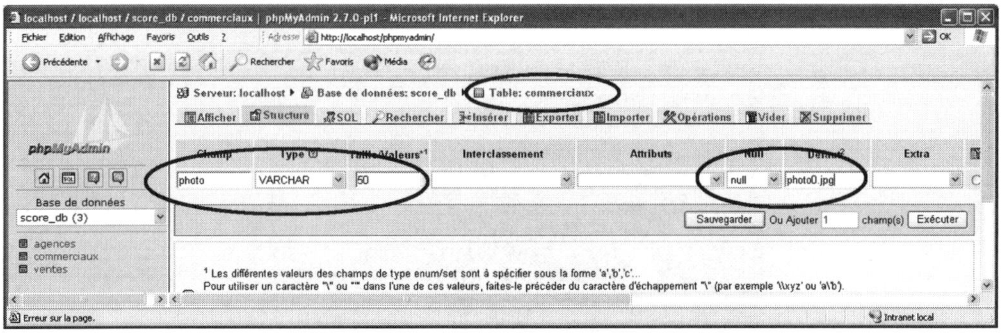

Figure 3-68
Ajout d'un nouveau champ photo à la table commerciaux.

150 × 200 pixels, que nous allons enregistrer sous les mêmes noms que ceux saisis dans la base : `photo0.jpg`, `photo1.jpg`... La photo d'indice 0 est la photo qui est affichée par défaut si le champ n'a pas été renseigné lors de la création de l'enregistrement. Tous ces fichiers sont stockés dans le répertoire `images` du site (voir figure 3-70).

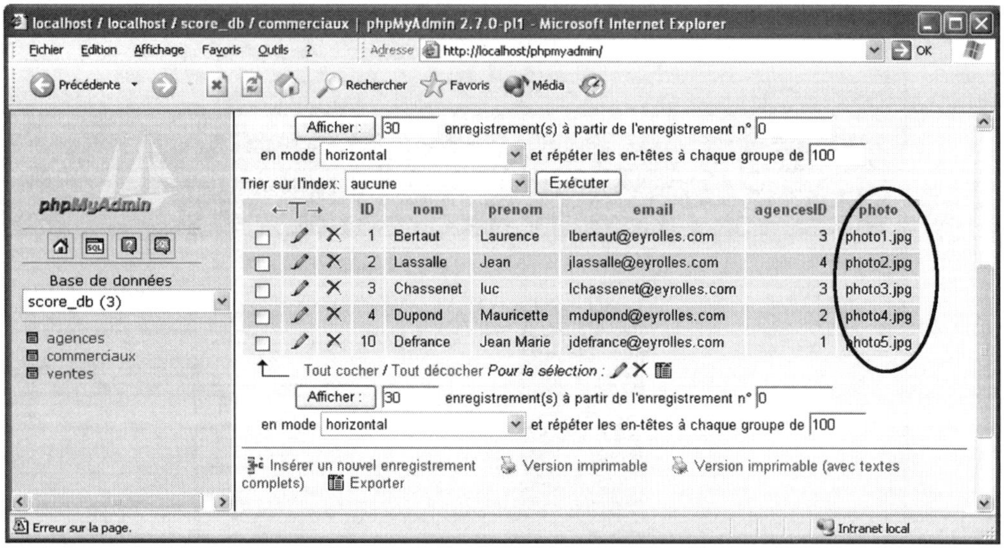

Figure 3-69
Initialisation de la colonne photo.

Figure 3-70
Emplacement des fichiers photos.

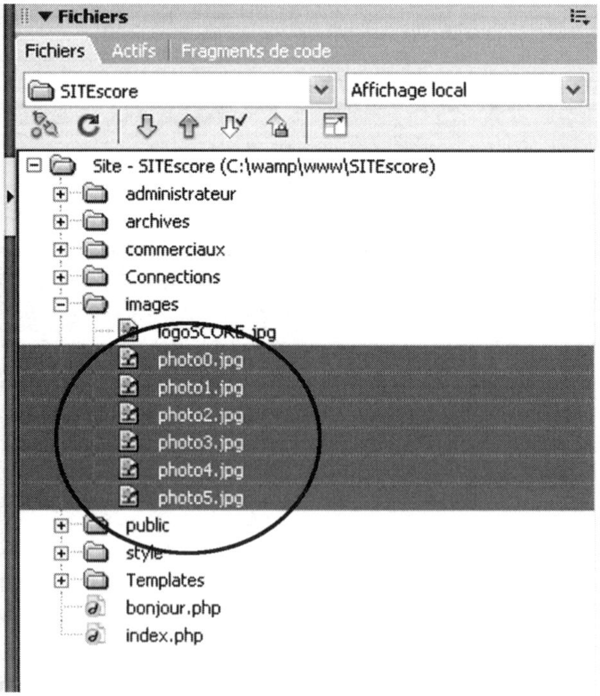

> **Modification de la table commerciaux par importation SQL**
>
> Dans le répertoire `archives` du SITEscore_STRUCTURE, vous trouverez une exportation de la table `commerciaux` dont la structure a été préalablement modifiée pour pouvoir afficher les photos des commerciaux. Cette exportation se nomme `commerciaux_tb_AvecPhoto.sql`, et il suffit de l'importer dans votre base pour qu'elle remplace votre table actuelle (revoir si besoin la procédure d'importation présentée au chapitre 2).

Intégration d'une image dans la page fiche.php à l'aide du panneau Liaisons

1. Ouvrez la page `fiche.php` du dossier `public`.
2. Ajoutez une cinquième ligne au tableau, saisissez le texte `photo` dans la première colonne et insérez la photo `photo0.jpg` du dossier `images`, dans la seconde colonne. Assurez-vous qu'elle est bien sélectionnée dans la page et cliquez ensuite sur le champ `photo` dans le panneau `Liaisons`, après avoir déroulé le jeu d'enregistrements `rsFiche` (voir figure 3-71). Si le champ `photo` n'est pas disponible dans le jeu d'enregistrement de la fiche, il faudra le réactualiser (ouvrir le jeu en double-cliquant sur son nom dans le panneau `Liaisons` et valider la fenêtre du jeu en cliquant sur `OK`) afin d'y ajouter la colonne `photo` précédemment créée. En bas du panneau `Liaisons`, cliquez sur le bouton `Lier`. La photo doit alors être remplacée par une petite icône grise représentant une photo dynamique.
3. Dans le panneau `Propriétés` de la photo, cliquez dans la zone `Src` et ajoutez, devant le lien dynamique, le chemin du répertoire où se trouve la photo (`../images/`). Vous devez alors avoir le code suivant dans cette zone : `../images/ <?php echo $row_rsFiche['photo']; ?>`
4. Cliquez sur le bouton `Live Data` et saisissez, dans le champ de la barre `Live Data`, le paramètre `commerciauxID=10` afin de simuler l'identifiant du commercial qui sera par la suite envoyé par le lien `voir la fiche` de la page `coordonnees.php`. Cliquez ensuite sur le bouton de réactualisation situé à gauche de la barre `Live Data`. Comme avant, vous voyez les informations de l'enregistrement apparaître à la place des variables du tableau, mais avec cette fois la photo correspondant à l'enregistrement sélectionné (voir figure 3-72). Si vous désirez afficher un autre enregistrement, il suffit de modifier l'identifiant du commercial dans la zone de saisie de la barre `Live Data` : `commerciauxID=2` (par exemple) puis de cliquer sur le bouton de réactualisation de la barre `Live Data`.
5. Enregistrez votre fichier et testez l'ensemble du fonctionnement dans le Web local.

Figure 3-71
Configuration d'une photo dynamique dans Dreamweaver 8.

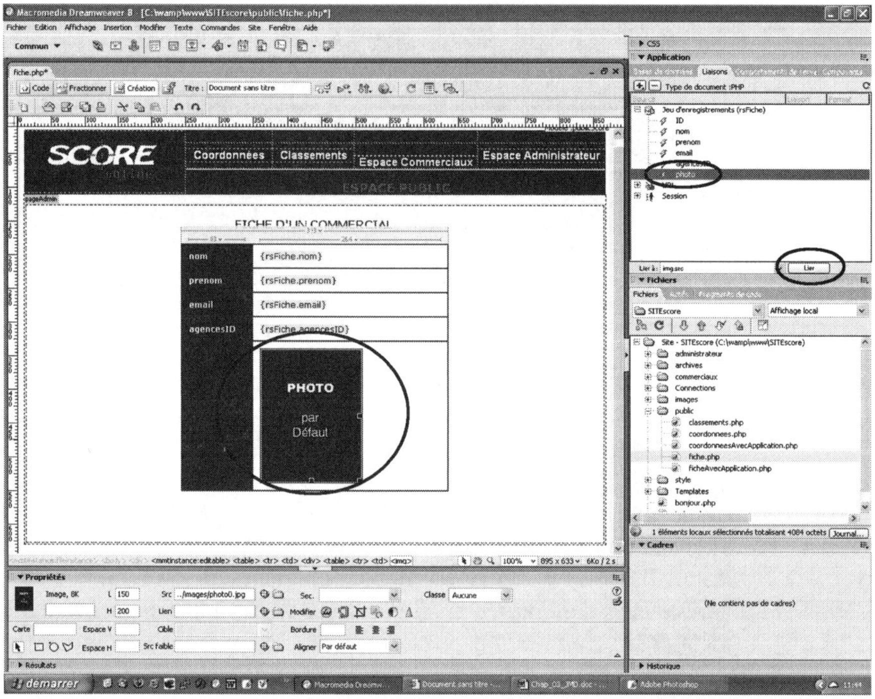

Figure 3-72
Test de l'affichage de la photo en Live Data.

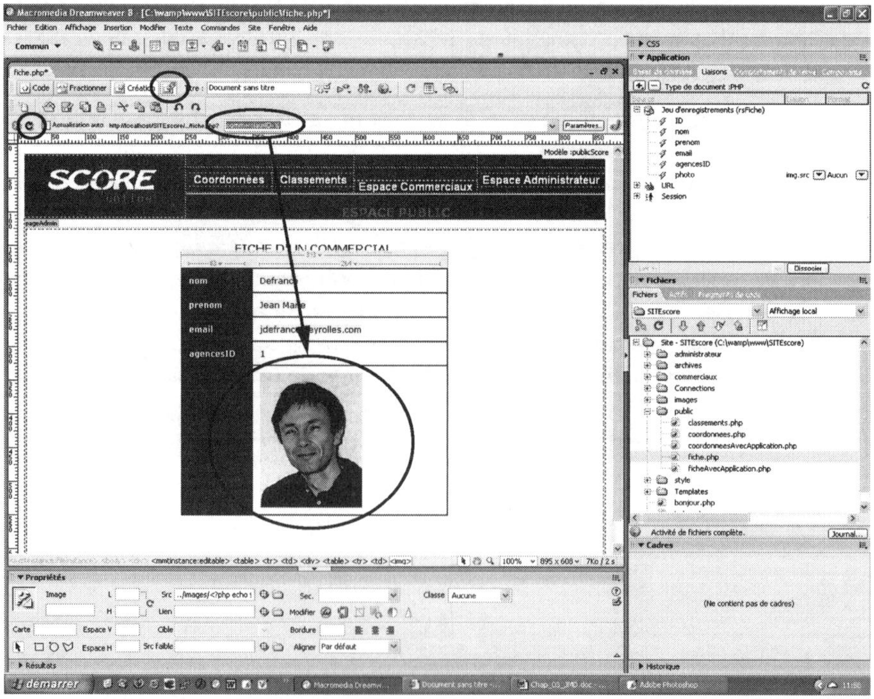

Intégration d'une image dans la page fiche.php à l'aide du panneau Propriétés

> **Revenir à l'état initial de la page fiche.php**
>
> Avant de tester cette seconde méthode, vous devez évidemment partir d'une page `fiche.php` dans laquelle la photo n'est pas encore intégrée. Pour cela, nous vous suggérons de remonter le curseur du panneau `Historique` de 3 étapes en arrière, afin de disposer d'une page `fiche.php` semblable à celle que nous avions avant la démonstration de la première méthode.

1. Ouvrez la page `fiche.php` du dossier `public`.
2. Insérez l'image `photo0.jpg` dans le tableau, comme dans la première méthode. Cliquez sur l'image pour la sélectionner. Dans le panneau `Propriétés`, cliquez sur le petit dossier à droite de la zone `Src`. Dans la boîte de dialogue `sélectionnez source de l'image`, puis cliquez en haut de la fenêtre sur l'option `Sélectionner le nom du fichier dans : Sources de données`. Vous basculez sur une autre fenêtre qui vous affiche le contenu du panneau `Liaisons` (voir figure 3-73). Choisissez le champ `photo` dans la branche du jeu `rsFiche`, puis, dans la zone `URL` du bas de la fenêtre, ajoutez le chemin qui mène à la photo. Vous devez obtenir dans cette zone le code suivant : `../images/<?php echo $row_rsFiche['photo']; ?>` .Validez la fenêtre en cliquant sur `OK`.
3. Cliquez sur le bouton `Live Data`. Vous devez voir la même page que dans la méthode précédente (revoir figure 3-72). Là aussi, vous pouvez tester l'ensemble dans le Web local.

Pages d'authentification

Quatre comportements serveur dédiés à la création d'un système d'authentification de l'utilisateur sont présentés dans Dreamweaver. Nous vous proposons donc de décrire leur utilisation dans le cadre d'un exemple pratique.

Pour illustrer cette démonstration, nous allons prendre pour objectif de créer un système d'authentification pour les commerciaux qui désirent accéder à leur espace privatif.

Le système d'authentification du projet `Score` doit permettre d'autoriser l'accès aux pages de l'espace `commerciaux` uniquement aux commerciaux préalablement enregistrés dans une table de la base de données (table `commerciaux`), et disposant de leur identifiant (ID) et de leur mot de passe (voir repère 1 figure 3-74, nous utiliserons pour cela le comportement `Connecter l'utilisateur`). Nous devrons donc modifier la table `commerciaux` de la base de données pour y ajouter un champ `pass` au préalable, afin de mémoriser les mots de passe de chaque commercial (pour les tests, nous utiliserons les paramètres de l'utilisateur JM Defrance, soit `ID=10` et `pass=1234`). Les écrans à protéger ne devront pas être accessibles si l'utilisateur n'a pas été identifié (voir repère 2 figure 3-74, nous utiliserons pour cela le comportement `Restreindre`

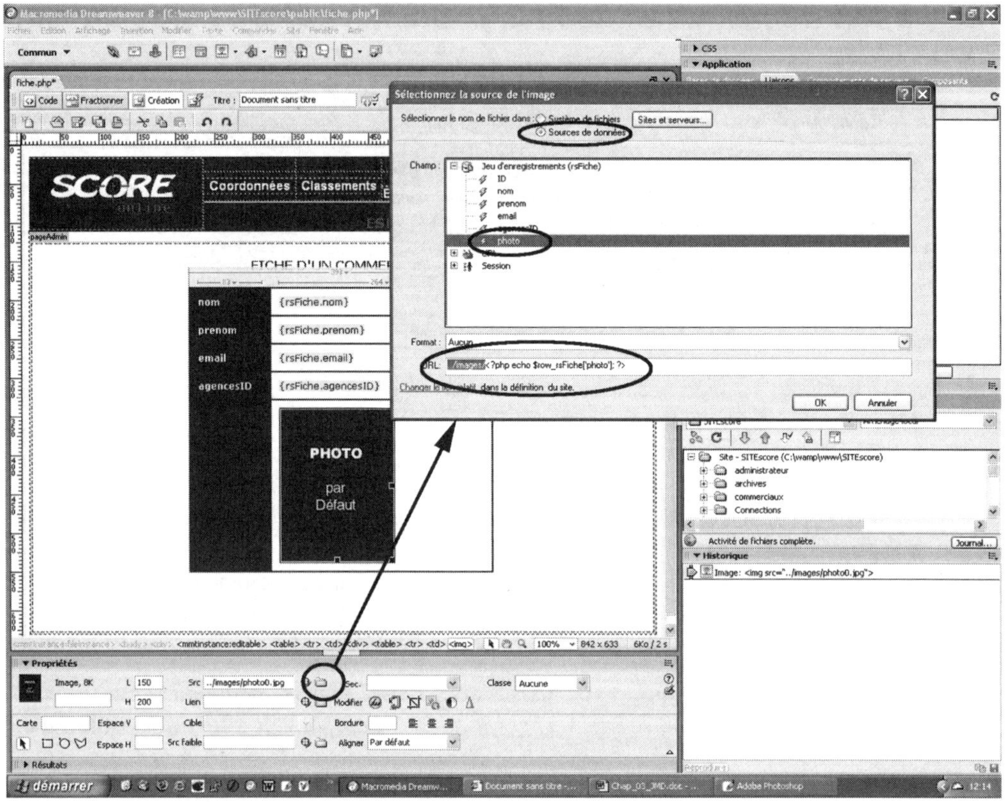

Figure 3-73

Configuration d'une photo dynamique avec le panneau Propriétés de l'image.

`l'accès à la page`). Nous intégrerons aussi, dans chacun des écrans protégés, un système de déconnexion (`logout`) afin de permettre à l'utilisateur de se déconnecter en toute sécurité (voir repère 3 figure 3-74, nous utiliserons pour cela le comportement `Déconnecter l'utilisateur`). Le nom de l'écran utilisé pour afficher le formulaire de connexion s'appellera `login.php` et sera enregistré dans le répertoire `public`. Nous ajouterons aussi un écran spécifique nommé `erreur.php` dans le même répertoire, afin d'afficher un message d'erreur si les paramètres sont erronés. Les écrans protégés seront enregistrés dans le répertoire `commerciaux`. Pour intégrer automatiquement les comportements nécessaires (contrôle et déconnexion), nous utiliserons le modèle dédié aux pages de cet espace commerciaux (`commerciauxScore.dwt.php` dans le répertoire `Templates`).

Enfin, un écran spécifique permettra d'ajouter de nouveaux comptes utilisateurs et devra vérifier que le login n'existe pas déjà avant de générer sa création (voir repère 4 figure 3-74, nous

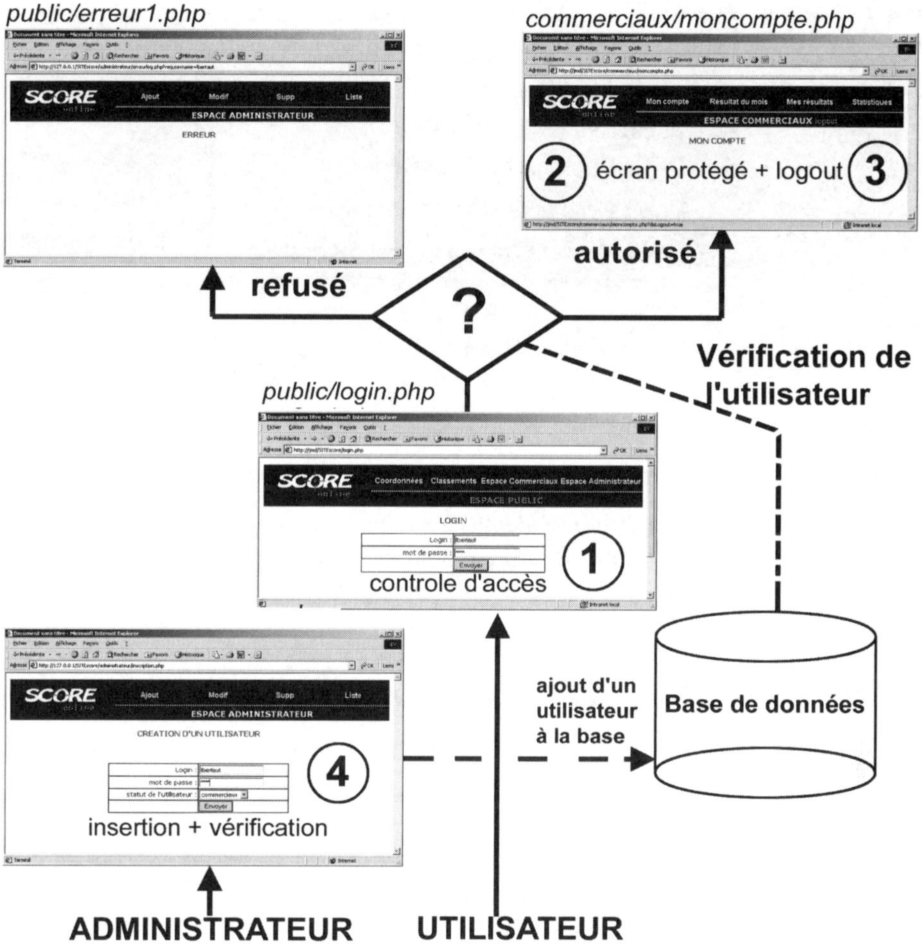

Figure 3-74

Plan de navigation entre les différents écrans du système d'authentification. Les comportements de serveur de la famille « Authentification d'un utilisateur » sont repérés par les indices 1 à 4 et correspondent aux options des menus de la figure 3-75.

n'utiliserons pas le comportement `Vérifier le nouveau nom utilisateur` dans le cadre de cette étude de cas, mais il sera exploité dans la boutique MX à la fin de cet ouvrage).

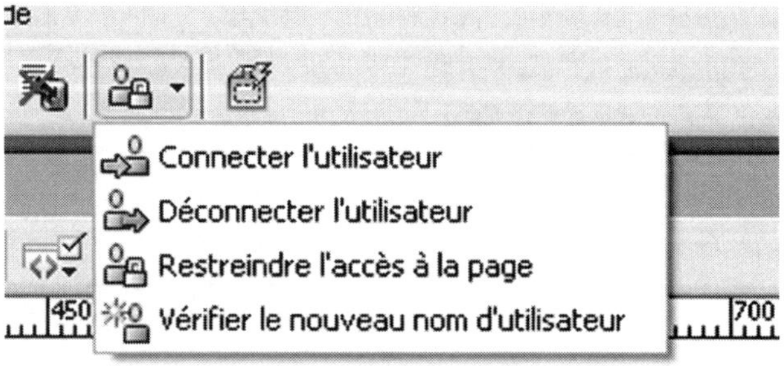

Figure 3-75
Les quatre comportements de la famille Authentification de l'utilisateur peuvent être configurés à partir du menu des comportements de serveur du panneau Application, mais aussi à partir du menu de la catégorie Application de la barre d'outils Insertion.

Modification de la base de données score_db

Comme nous allons utiliser l'identifiant `ID` de la table `commerciaux` en guise de login, il est inutile de créer un champ spécifique pour ce paramètre. Par contre, pour gérer les mots de passe des commerciaux, nous allons ajouter un champ `pass` supplémentaire à la table `commerciaux`.

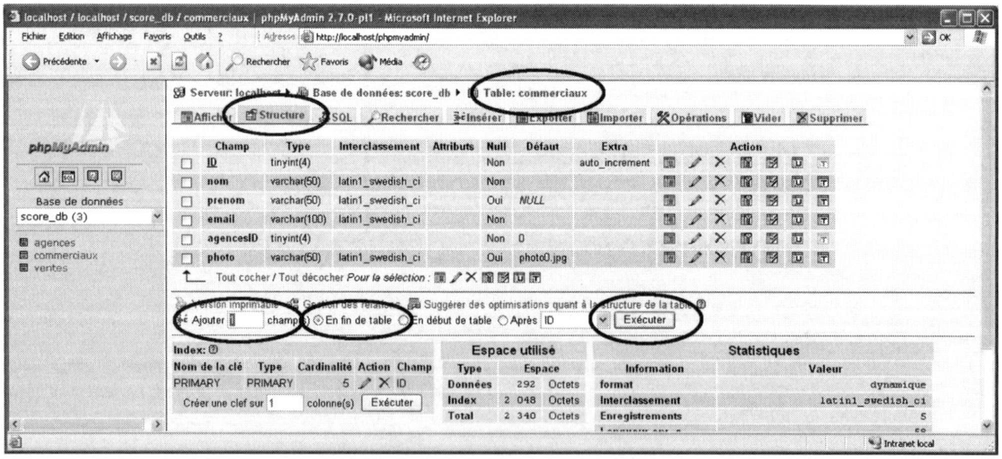

Figure 3-76
Pour mettre en place le système d'authentification, nous allons créer un champ supplémentaire à la table commerciaux afin de mémoriser le mot de passe de chaque commercial. Pour insérer ce champ, affichez l'écran de la structure de la table commerciaux et configurez le formulaire d'ajout d'un nouveau champ comme l'illustre la figure ci-dessus.

Pour accéder au formulaire de création d'une nouvelle table, sélectionnez la base de données `score_db` dans la partie gauche du gestionnaire `phpMyAdmin`. Dans la partie droite du gestionnaire, cliquez sur le bouton `structure` de la table `commerciaux`. Renseignez les champs de la rubrique `Ajouter` en indiquant `1` pour le nombre de champs, et en choisissant de l'ajouter en fin de table (voir figure 3-76), puis validez en cliquant sur le bouton `Exécuter`.

Dans le formulaire de création du champ, saisissez son nom, son type, sa taille maximale et sa valeur par défaut (afin d'éviter d'attribuer un mot de passe à tous les commerciaux pour nos tests, nous avons décidé de leur donner un mot de passe par défaut : 1234, voir figure 3-77). Cliquez ensuite sur le bouton `Sauvegarder`.

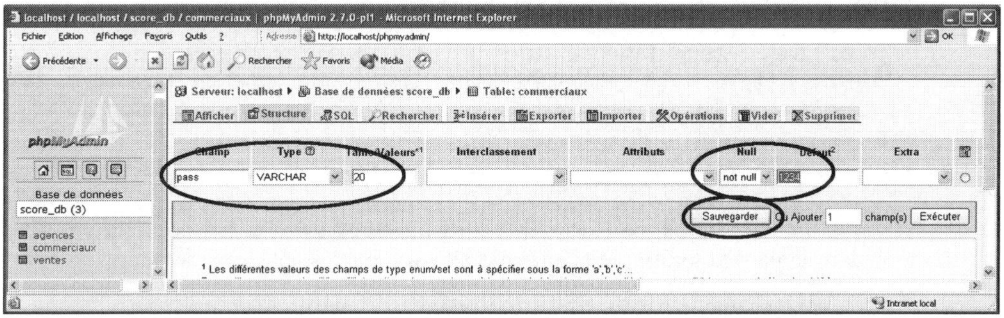

Figure 3-77

Configurez le formulaire de création du nouveau champ comme l'illustre la figure ci-dessus.

Afin de vérifier que tous les comptes des commerciaux sont bien configurés, cliquez sur l'onglet `Afficher` et profitez-en pour noter deux ou trois couples d'identifiant et de mot de passe pour réaliser les tests (voir figure 3-78).

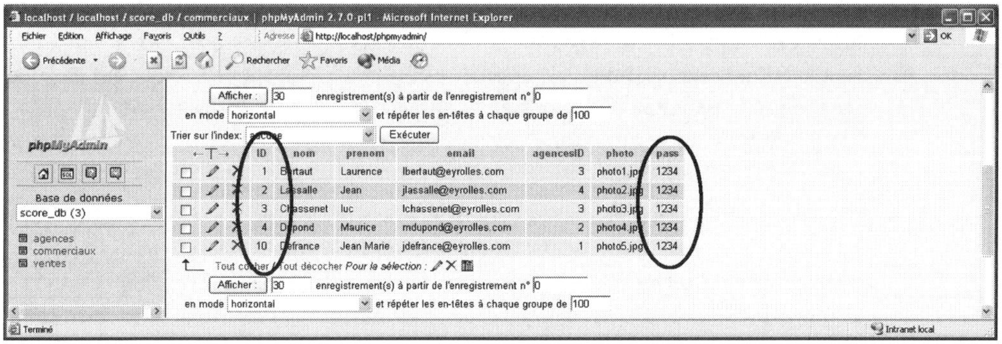

Figure 3-78

Après avoir créé le nouveau champ, cliquez sur afficher afin de vous assurer que tous les comptes sont bien configurés.

> **Modification de la table commerciaux par importation SQL**
>
> Dans le répertoire `archives` du SITEscore_STRUCTURE, vous trouverez une exportation de la table `commerciaux` dont la structure a été préalablement modifiée pour pouvoir intégrer des comportements d'authentification dans vos pages. Cette exportation se nomme `commerciaux_tb_AvecLogin.sql`, et il suffit de l'importer dans votre base pour qu'elle remplace votre table actuelle (revoir si besoin la procédure d'importation présentée dans le chapitre 2).

Procédure de création de la page login.php et erreur1.php

> **Deux manières pour créer un même comportement d'authentification**
>
> Dans les procédures qui suivent, nous allons générer tous les comportements de serveur à l'aide du menu du panneau `Application/Comportements de serveur`, mais sachez qu'il est aussi possible de réaliser les mêmes actions à l'aide des boutons de la catégorie `Application` de la barre d'outils `Insertion` (voir figure 3-75).

1. Ouvrez le fichier `erreur.php` depuis le répertoire `public`. Saisissez un message d'erreur dans la partie modifiable et enregistrez votre page sous le même nom.
2. Ouvrez ensuite le fichier `login.php` depuis le répertoire `public`.
3. Dans le fichier `login.php`, commencez par créer un formulaire (voir figure 3-79). Pour cela, cliquez dans la page en dessous du titre (`login`, par exemple) en mode `Création`. Sélectionnez la catégorie `Formulaire` dans la liste déroulante de la barre d'outils `Insérer`, puis cliquez sur le bouton `Formulaire`. Placez votre curseur à l'intérieur du formulaire délimité par les traits pointillés rouges, et insérez un tableau de 2 colonnes et de 3 lignes. Saisissez les libellés « Identifiant » et « Mot de passe » dans la colonne de gauche, puis insérez un champ dans chacune des deux cellules de droite qui s'y rapportent, et renseignez leur nom avec `ID` et `pass`. À noter que nous avons choisi de prendre les mêmes noms que ceux des colonnes de la table `utilisateurs` correspondants, mais vous pourriez éventuellement choisir des noms différents. Sélectionnez le champ du mot de passe puis, dans le panneau des propriétés, cliquez sur le bouton radio `mot de passe` qui permettra de faire apparaître des étoiles dans le champ à la place de votre mot de passe, lors de la saisie. Enfin, ajoutez un bouton de soumission dans la dernière ligne du tableau.
4. Cliquez sur l'onglet `Comportements de serveur` du panneau `Application`, puis cliquez sur le bouton + afin de dérouler le menu des comportements. Sélectionnez ensuite le comportement `Connecter un utilisateur` depuis `Authentification de l'utilisateur` du menu principal. Dans le panneau de configuration, renseignez les différents champs selon l'exemple de la figure 3-80. Le champ `Obtenir l'entrée du formulaire` doit être configuré avec le nom du formulaire précédemment créé (dans notre cas, nous utiliserons le nom par défaut `form1`). Les champs `Nom d'utilisateur` et `Mot de passe` doivent corres-

pondre aux noms des deux champs associés du formulaire (`ID` et `pass`). Le champ `Valider à l'aide de la connexion` doit être configuré avec la connexion du site (`ConnexionScore`). Dans le champ `Tableau`, sélectionnez la table `commerciaux`. Les champs `Colonne`, `Nom d'utilisateur` et `Colonne Mot de passe` doivent être paramétrés avec les noms des colonnes de la table `commerciaux` correspondants, soit `ID` et `pass`. Les deux champs suivants permettent d'indiquer vers quelle page sera redirigé l'utilisateur, si la connexion a réussi ou si elle échoue. Enfin, la dernière partie du panneau permet de choisir si la restriction d'accès contrôle le niveau d'accès de l'utilisateur, et dans ce cas quelle colonne de la table `utilisateurs` définit ce niveau (dans notre exemple, nous n'utiliserons pas cette option).

5. Après la validation du panneau de configuration, un nouveau comportement `connecter un utilisateur` doit apparaître dans le panneau `Comportements de serveur`. Enregistrez votre page et testez-la dans le Web Local. Dans votre navigateur, saisissez `public/login.php` directement dans le champ d'adresse, après le chemin de la racine du site, soit par exemple : `http://localhost/SITEscore/public/login.php`. L'écran de login doit apparaître. Commençons par tester la saisie d'un identifiant ou mot de passe erroné. Saisissez par exemple `10` et `8888`. Le mot de passe étant mauvais, vous devez être redirigé vers l'écran d'erreur 1 (voir figure 3-81). Cliquez sur le lien, de sorte à revenir à l'écran de login. Saisissez ensuite un identifiant et un mot de passe corrects, cette fois (prendre par exemple `10` et `1234`, s'ils existent dans votre table). Vous devez alors être redirigé vers la page `moncompte.php`.

Procédure de création de pages protégées dans l'espace commerciaux

1. Ouvrez le modèle `commerciauxScore.dwt.php` dans le dossier `Templates`. Afin de répercuter les scripts de contrôle dans toutes les pages de l'espace `commerciaux`, nous allons modifier le modèle correspondant. Ainsi, toutes les pages créées à partir de ce modèle seront protégées de la même manière.

2 Déroulez le menu des `Comportements de serveur` comme dans la création précédente, mais choisissez cette fois `Restreindre l'accès à la page`, depuis `Authentification d'un utilisateur` du menu principal. Renseignez les champs selon l'exemple de la figure 3-82. Parmi les options disponibles dans ce panneau, la première, `Restreindre en fonction du`, permet de choisir si l'on désire ou non gérer le statut de l'utilisateur (`comm`, `admin`...). Évidemment, si vous optez pour la restriction avec un contrôle du niveau d'accès, il faut avoir configuré le comportement précédent, `connecter l'utilisateur`, en rapport. De même, si vous avez opté pour cette solution, il faut aussi créer des niveaux à l'aide du bouton `Définir`, et ensuite ne pas oublier de les sélectionner avant de valider votre configuration (dans notre exemple, nous n'utiliserons pas cette option). Le champ `Si l'accès est refusé, aller à` doit indiquer la page qui sera affichée si l'accès est refusé (dans notre cas, nous avons sélectionné la page `login.php` située dans le répertoire `public`).

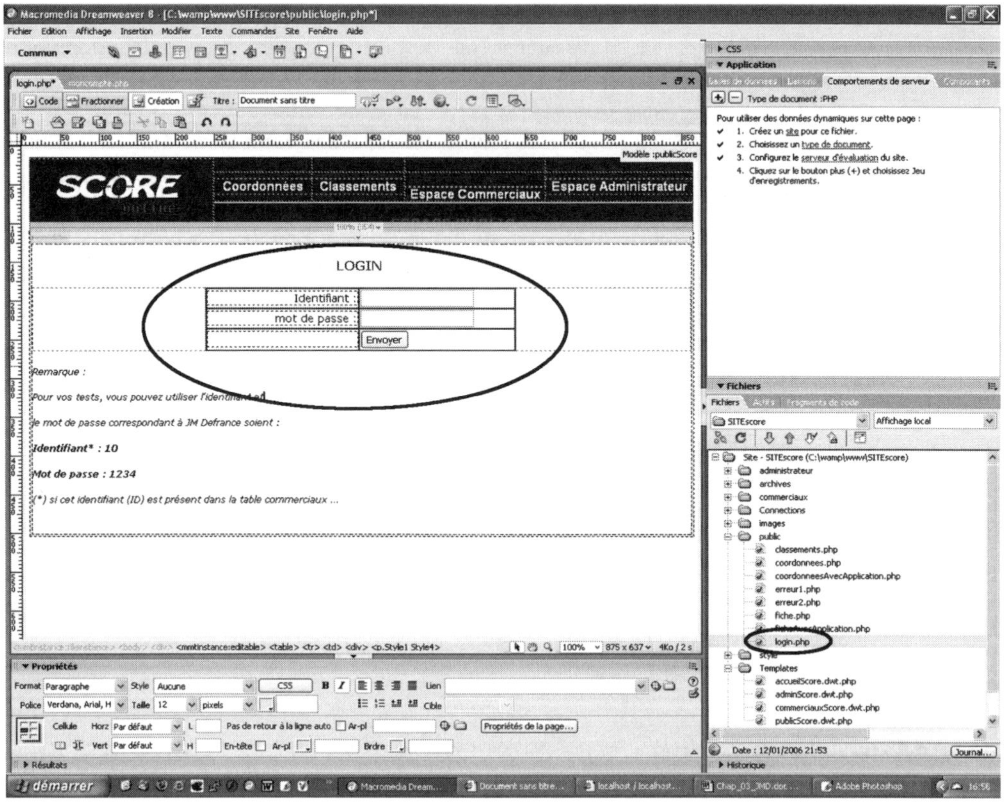

Figure 3-79

Création du formulaire dans l'écran login.php.

3. Après la validation du panneau de configuration, un nouveau comportement, `Restreindre l'accès à la page`, doit apparaître dans le panneau `Comportements de serveur`. Enregistrez votre modèle et confirmez la mise à jour des pages dépendantes du modèle, en validant les deux boîtes de dialogue de la figure 3-83.

4. L'intérêt de modifier le modèle des commerciaux `commerciauxScore.dwt.php` est de disposer du comportement de restriction d'accès dans toutes les nouvelles pages qui seront désormais créées à partir de ce modèle. Théoriquement, les modifications du modèle devraient être aussi copiées dans les différentes pages déjà réalisées, dépendantes de ce modèle. Cependant, si vous vérifiez ces différentes pages, vous découvrirez que le comportement de restriction d'accès n'a pas été copié (`Restreindre l'accès à la page()` n'apparaît pas dans la liste des comportements du panneau `Comportements de serveur`). En effet, le script du comportement étant ajouté au-dessus des balises `<html>`, il ne peut pas être mis à jour dans les pages dépendantes du modèle. Il existe deux solutions pour

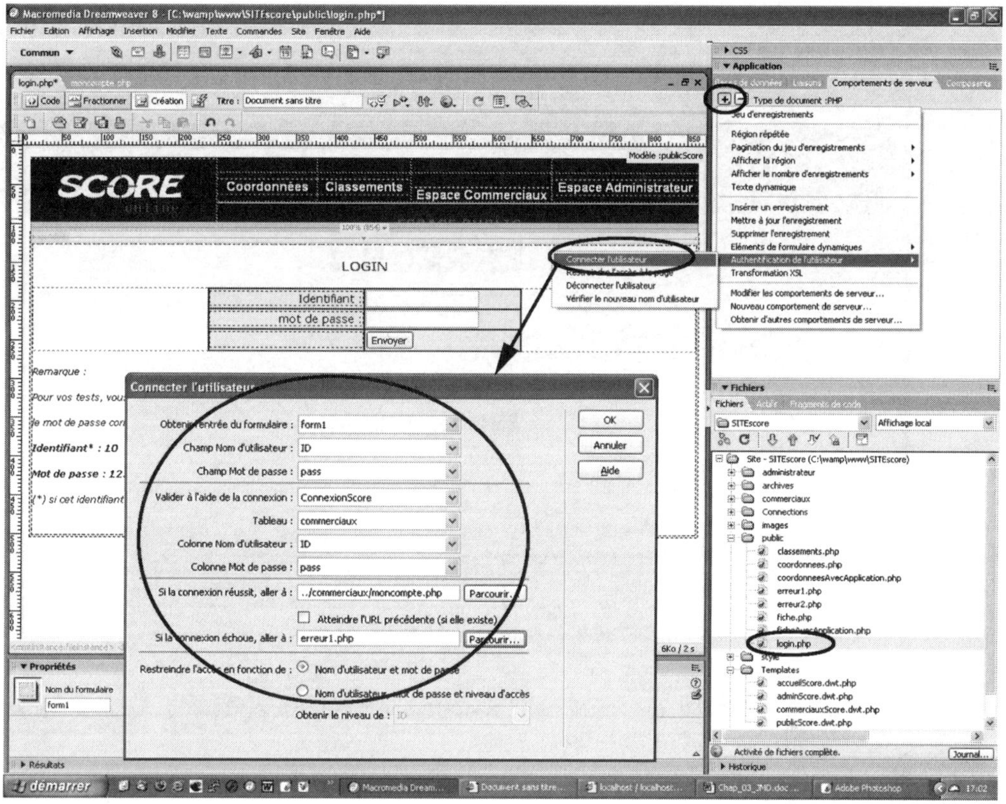

Figure 3-80

Paramétrage du panneau de configuration Connecter l'utilisateur.

résoudre ce problème : reconfigurer le même comportement de restriction d'accès dans toutes les pages du répertoire `commerciaux` déjà élaborées, ou refaire des pages à partir du nouveau modèle. Dans notre cas, nous opterons pour la première solution qui est beaucoup plus rapide. Nous vous invitons à l'appliquer en renouvelant la création du comportement de restriction d'accès dans les 5 pages du répertoire `commerciaux`, avant de poursuivre la conception du système d'authentification.

5. Lors des différentes créations des pages du répertoire `commerciaux`, que nous avons effectuées depuis le début de ce chapitre, nous avions ajouté à chaque fois une ligne de code PHP en tête de chaque page, afin de pouvoir tester provisoirement son fonctionnement avec un commercial par défaut (nous avions pris le commercial dont `ID=1`). Maintenant que le système d'authentification est opérationnel, il est temps de remplacer cette ligne de code et d'affecter à cette variable provisoire le véritable identifiant du commercial authentifié, qui a été mémorisé dans la session. Pour cela, il suffit de remplacer (en mode

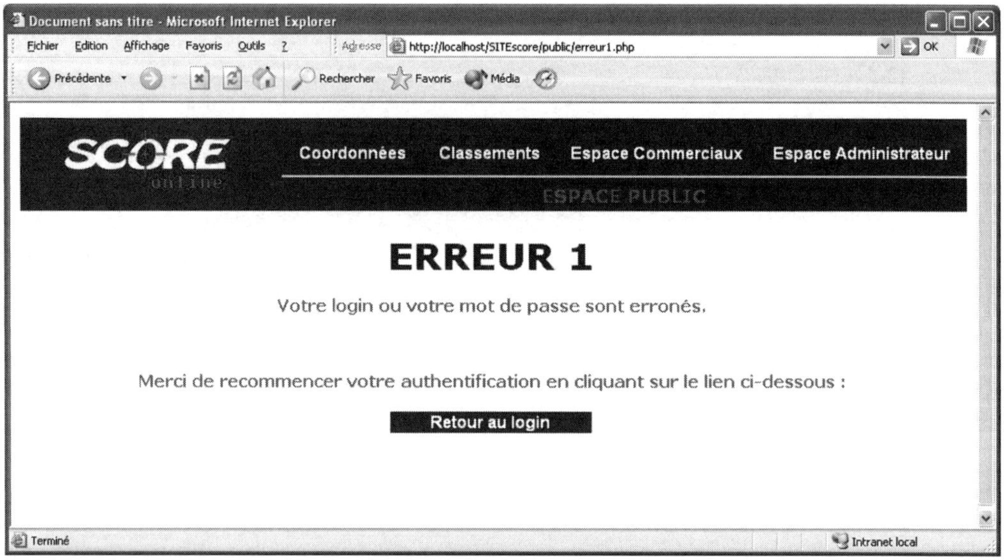

Figure 3-81
Test du comportement Connecter l'utilisateur : si l'identifiant ou le mot de passe sont incorrects, vous devez être redirigé automatiquement vers l'écran d'erreur erreur1.php.

`Code`), dans toutes les pages du répertoire `commerciaux`, la ligne de code provisoire par le code PHP ci-après (voir figure 3-84) :

```
<?php
session_start();
if(isset($_SESSION['MM_Username']))
$_SESSION['VARcommerciauxID']=$_SESSION['MM_Username'];
//initialisation de l'ID du commercial ?>
```

6. Enregistrez toutes vos pages et passez ensuite dans le Web Local. Dans l'écran d'accueil, essayez d'accéder à la page protégée sans vous identifier, en cliquant sur le lien `espace commerciaux`. Si le système fonctionne correctement, vous devez alors être redirigé vers la page `login.php`. Renseignez le formulaire de la page `login.php` avec le login et le mot de passe d'un utilisateur enregistré (par exemple, `10` et `1234`), puis validez. Vous devez alors être redirigé vers la page `moncompte.php` de l'espace des commerciaux, si le système fonctionne.

Procédure de création d'un lien logout dans les pages protégées

1. Ouvrez de nouveau le modèle `commerciauxScore.dwt.php` dans le dossier `Templates`.
2. Commencez par créer un lien `logout` dans le menu de la page (voir le lien logout dans le menu du haut de la figure 3-85). Comme l'URL de ce lien sera configurée automatique-

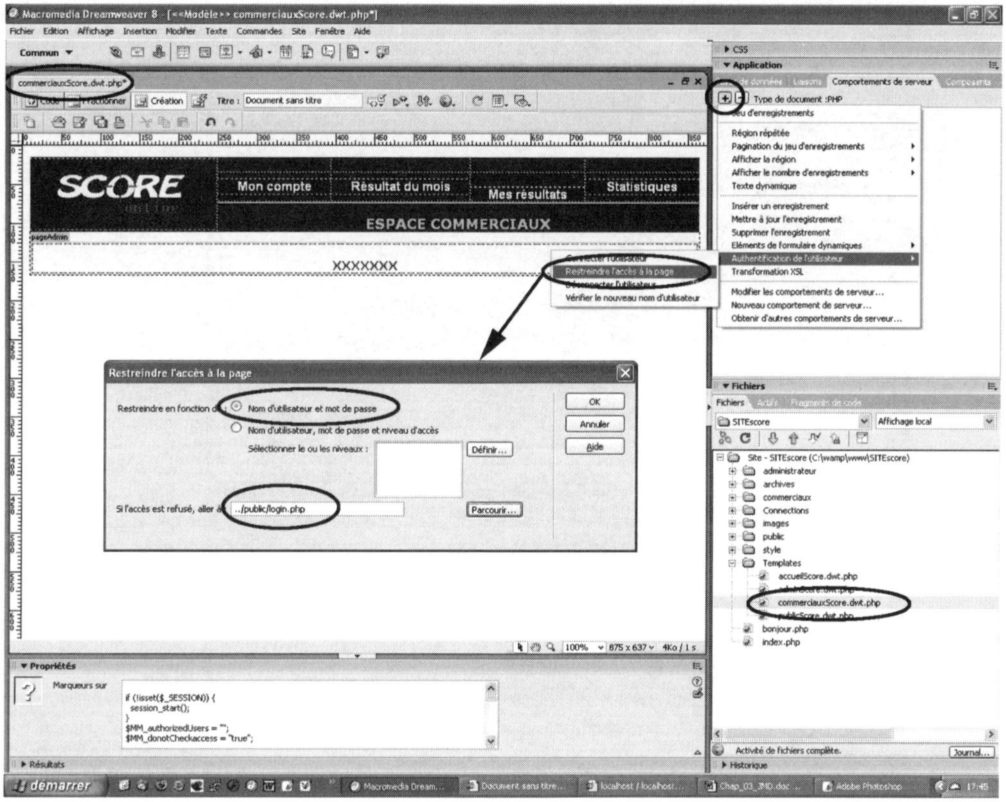

Figure 3-82

Paramétrage du panneau de configuration Restreindre l'accès à la page.

ment par le comportement de serveur, il suffit de sélectionner le mot `logout` dans le menu, et de saisir un `#` dans le champ lien de son panneau de propriétés pour le convertir en lien hypertexte.

3. Déroulez le menu des `Comportements de serveur` et choisissez `Déconnecter l'utilisateur` depuis `Authentification d'un utilisateur` du menu principal. Renseignez les champs selon l'exemple de la figure 3-85. Parmi les options disponibles dans ce panneau, la première, `Se connecter quand`, permet de choisir si la connexion sera générée par un clic de l'utilisateur sur un lien hypertexte ou lors du chargement d'une page spécifique. Dans le cas de l'utilisation d'un lien (c'est le nôtre), il faut le prendre dans la liste déroulante qui rassemble tous les liens détectés dans la page. Comme nous avons pris l'initiative d'en créer un au préalable, celui-ci figure dans cette liste, et il suffit maintenant de le sélectionner. Le champ `Une fois terminé, aller à` doit indiquer la page qui

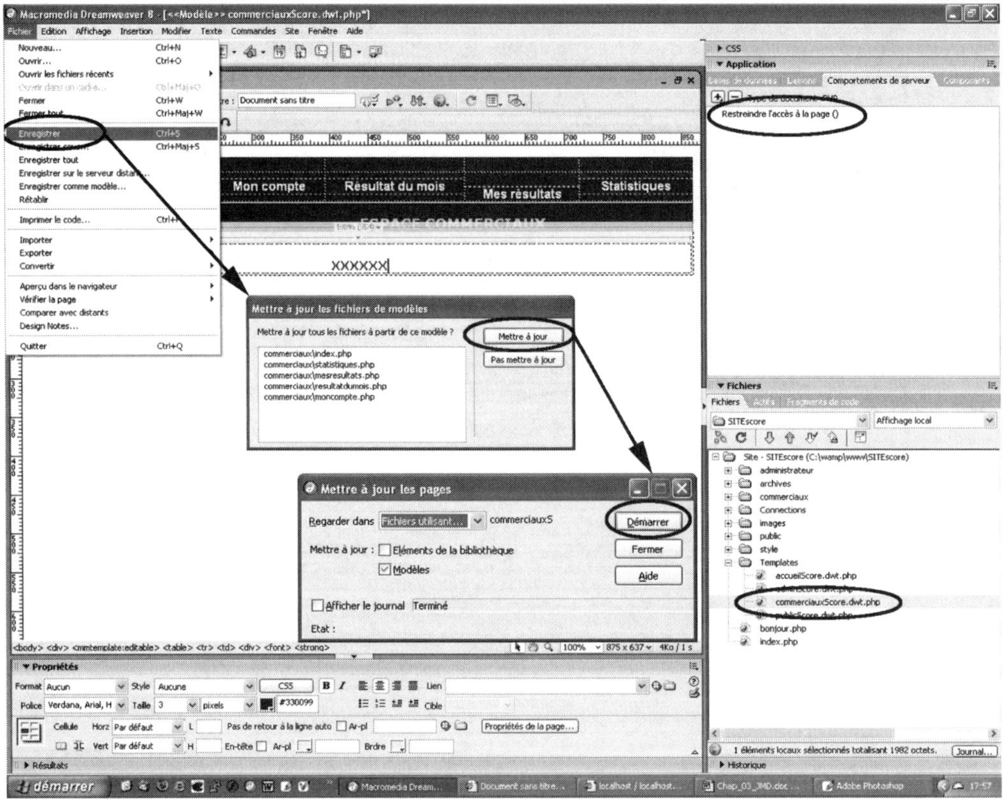

Figure 3-83

Enregistrement du modèle et confirmation des mises à jour de tous les fichiers du répertoire commerciaux.

sera affichée après la déconnexion (nous choisirons la page `login.php` située dans le répertoire `public`).

4. Après la validation du panneau de configuration, un nouveau comportement `Déconnecter l'utilisateur` doit apparaître dans le panneau `Comportements de serveur`, en dessous du précédent. Enregistrez le modèle et confirmez la mise à jour des pages dépendantes de ce modèle. Encore une fois, nous vous invitons à vérifier que le nouveau comportement ajouté dans le modèle a bien été dupliqué dans toutes les pages attachées à ce modèle. En effet, une partie du nouveau comportement étant insérée à l'extérieur des balises `<html>`, il est possible que toutes les modifications ne soient pas reportées dans les pages déjà créées. Une première solution consiste à recréer toutes les pages de l'espace commerciaux à partir du nouveau modèle. L'autre solution, qui est de reproduire le même comportement `Déconnecter l'utilisateur` dans chaque page de l'espace des commerciaux, ne fonctionnera pas dans cet exemple. En effet, le lien logout étant intégré dans une par-

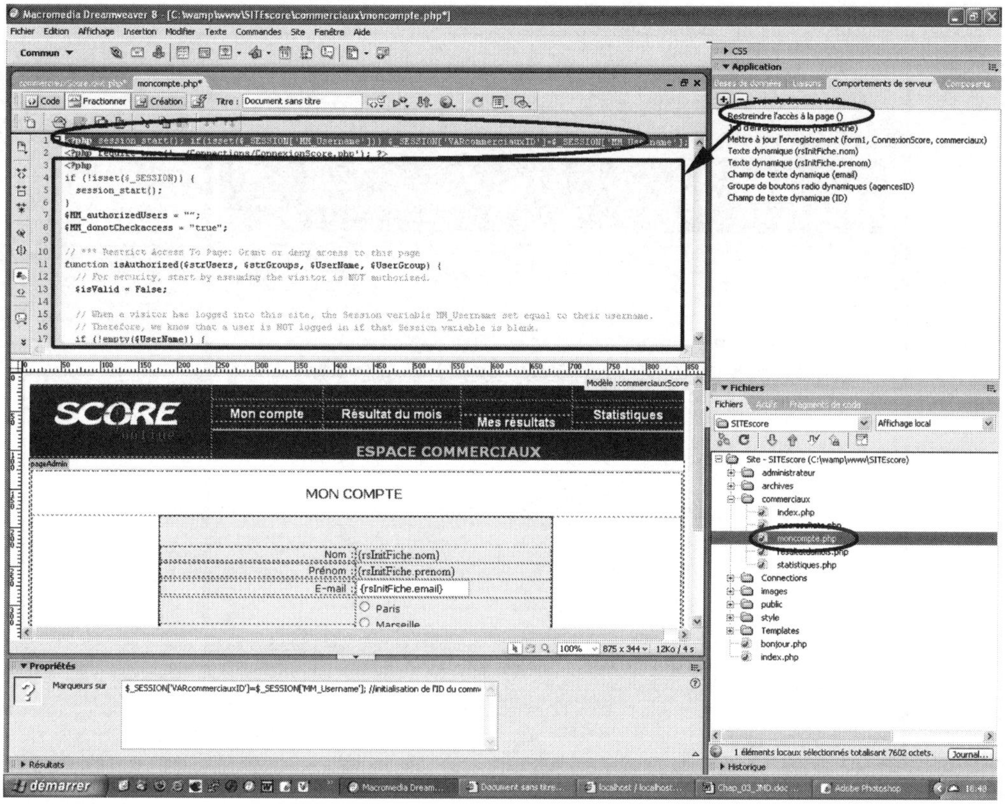

Figure 3-84

Remplacement de la ligne de code provisoire par une instruction d'affectation de la variable VARcommerciauxID par la variable de session MM_Username, générée automatiquement par le comportement Connecter l'utilisateur (à faire dans tous les fichiers du répertoire commerciaux).

tie non modifiable de la page, le comportement vous renverra une erreur vous indiquant qu'un morceau du code à changer est verrouillé. Cependant, pour contourner ce problème, il suffit de repérer le fragment de code PHP correspondant au comportement `Déconnecter l'utilisateur` dans la page modèle, puis de le copier ensuite en mode `Code`, en haut de chaque page du répertoire `commerciaux` (pour repérer ce code, reportez-vous à la figure 3-86).

5. Testez ensuite le lien logout dans le Web Local. Connectez-vous de nouveau à la page `moncompte.php` en vous identifiant avec l'écran `login.php`, puis cliquez sur le lien `logout`. Si le système fonctionne correctement, vous devez alors être redirigé vers la page `login.php`.

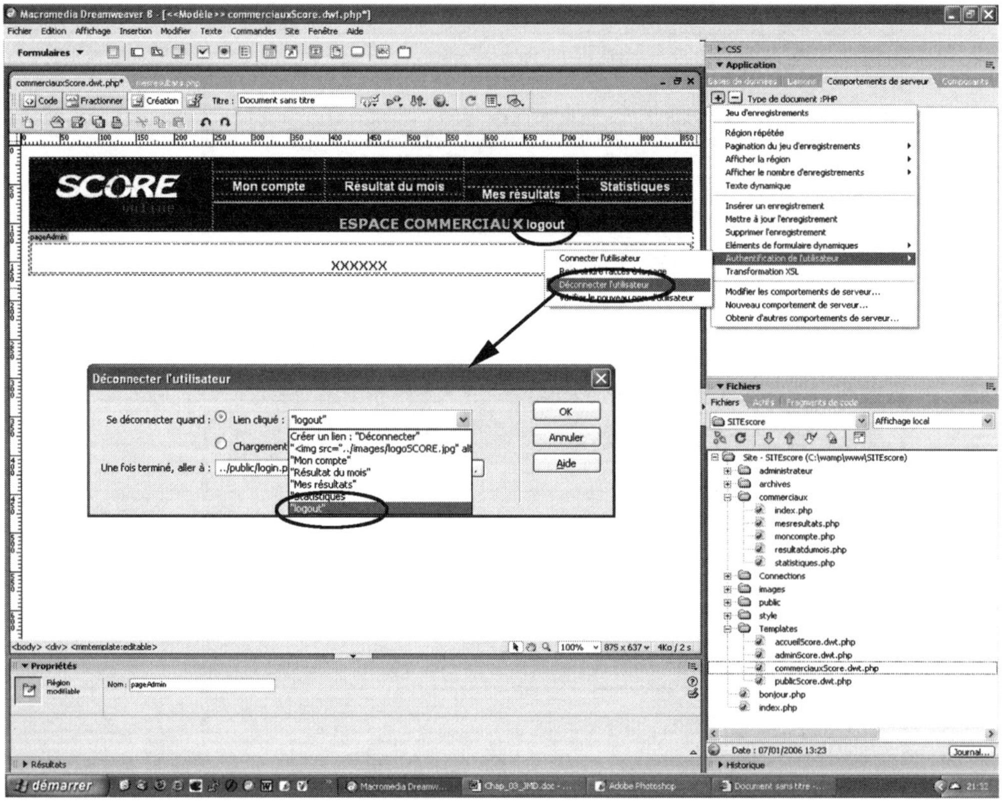

Figure 3-85

Paramétrage du panneau de configuration Déconnecter l'utilisateur.

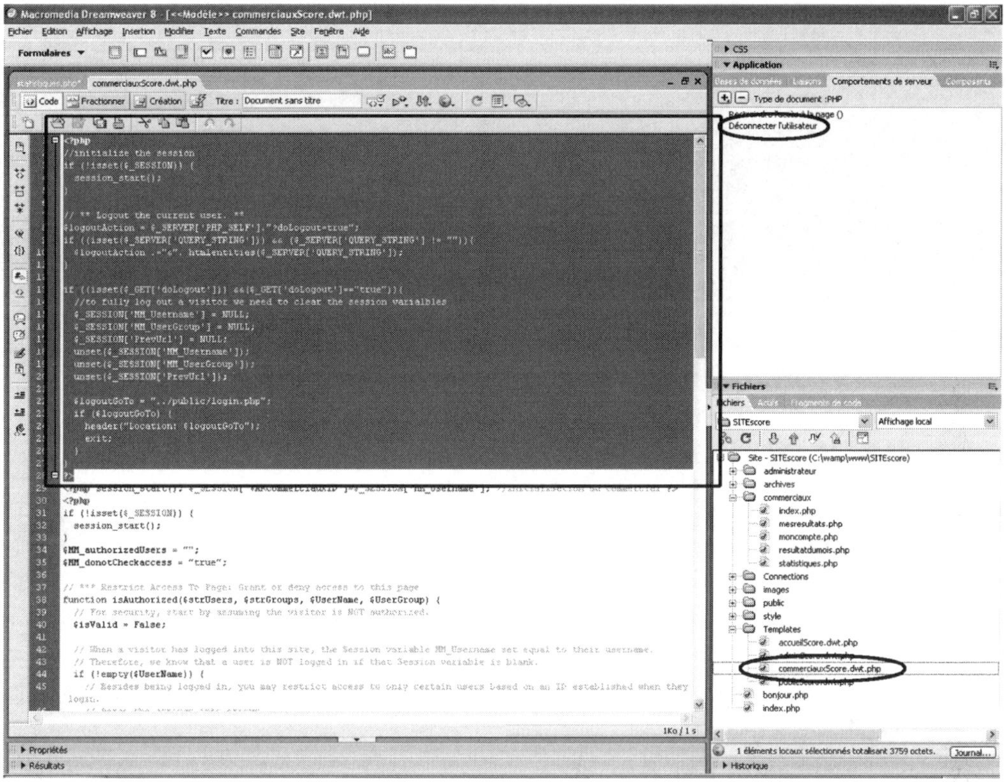

Figure 3-86

Fragment de code du comportement Déconnecter l'utilisateur à copier dans le haut de chaque page de l'espace des commerciaux.

Remarques sur les problèmes liés aux modèles de page

Les problèmes rencontrés dans l'intégration des comportements d'authentification, dans les modèles de page de cette étude de cas, peuvent être facilement évités lors de vos futures réalisations. Il suffit pour cela de créer tous les comportements d'authentification nécessaires dans le modèle, avant de composer les pages dépendantes qui doivent être protégées.

4

Commandes SQL avancées

Le langage SQL (*Structured Query Language*) est un langage normalisé d'interrogation de bases de données. Puisqu'il est normalisé, il est indépendant du type des bases de données : les mêmes commandes peuvent donc être exploitées quelle que soit la base utilisée (Access, MySQL...). Les commandes SQL peuvent ainsi gérer tout type d'action sur le serveur de bases de données MySQL, depuis la simple manipulation des enregistrements jusqu'à la création, modification ou suppression d'une base, d'une table ou d'un champ.

Les commandes SQL peuvent être transmises au serveur MySQL de trois manières différentes selon l'action qu'on désire réaliser (voir tableau 4-1).

La première manière consiste à utiliser un logiciel comme le gestionnaire phpMyAdmin ou encore le client MySQL (le client MySQL permet la saisie de commandes en ligne de code directement sur le serveur). Cependant, l'utilisation de ces outils nécessite d'avoir un compte administrateur ouvert sur le serveur de la base et demande un apprentissage préalable. Aussi, nous utiliserons ces méthodes uniquement dans le cadre de la création ou de la modification de la structure d'une base de données.

La deuxième manière repose sur l'utilisation des jeux d'enregistrements ou des comportements de serveur disponibles en mode `Création` dans Dreamweaver. Cette deuxième méthode a l'avantage d'être très simple : tous les internautes peuvent utiliser les pages dynamiques ainsi créées, depuis une interface Web et sans avoir obligatoirement un compte sur le serveur MySQL. Cependant, elle reste limitée aux manipulations standards (sélection simple, ajout, modification ou suppression d'enregistrements...).

La troisième manière revient à utiliser l'éditeur de code de Dreamweaver pour développer des scripts PHP. Ces derniers créent des requêtes dans la base, à partir de données qui leur sont envoyées (à l'aide d'un formulaire en ligne par exemple). Cette dernière méthode permet aussi de créer des pages dynamiques disponibles en ligne, comme avec les comportements de serveur ou les jeux d'enregistrements, mais demande des connaissances et une bonne expérience de la programmation PHP.

Tableau 4-1 – Tableau de choix d'une méthode pour intervenir sur une base de données

Commandes	Actions	Méthodes conseillées		Chapitre à consulter
CREATE ALTER DROP	Création ou modification d'une base ou d'une table.	* * * *	phpMyAdmin (nécessite un compte administrateur).	Chapitre 2
		*	Client MySQL (nécessite un compte administrateur).	non abordé dans cet ouvrage
SELECT INSERT UPDATE DELETE REPLACE	Manipulations standards de données.	* * * * *	Utiliser les jeux d'enregistrements et les comportements serveur de Dreamweaver.	Chapitres 3 et 4
	Manipulations élaborées de données.	* * *	Développer des scripts PHP dans l'éditeur de code de Dreamweaver.	Chapitres 5 et 6

Dans le cadre de cet ouvrage, nous nous intéresserons uniquement à la rédaction des requêtes destinées à la manipulation des données. En ce qui concerne la création ou la modification de la structure de la base de données, nous n'écrirons pas de requête pour ces actions, car nous utiliserons le gestionnaire de base phpMyAdmin, en suivant les procédures déjà traitées dans le chapitre 2.

Dans le chapitre suivant, consacré au langage PHP, nous étudierons les différentes fonctions employées dans la composition des scripts de traitement d'une commande SQL, alors que dans le présent chapitre nous nous limiterons à l'exploitation des fonctions de Dreamweaver qui se substituent à l'utilisation de ces scripts PHP. Ainsi, lorsque nous formons un jeu d'enregistrements, Dreamweaver élabore un script PHP qui permet de transmettre la requête saisie au serveur MySQL. Grâce aux jeux d'enregistrements de Dreamweaver, nous disposons d'une interface avec MySQL et nous n'aurons pas à nous soucier pour l'instant de la conception de ces fonctions PHP. La notion du jeu d'enregistrements ayant déjà été traitée dans le chapitre 2, et son utilisation en mode `Simple` dans le chapitre 3, nous allons maintenant nous intéresser à son exploitation en mode `Avancé` pour écrire des requêtes SQL plus complexes.

Le tableau 4-2 vous présente les différentes commandes SQL destinées à la manipulation de données, leur fonction respective et leur syntaxe simplifiée. Nous compléterons plus loin ces informations par une syntaxe détaillée des commandes. Chaque commande sera illustrée par plusieurs exemples qui accompagneront leur présentation.

Tableau 4-2 – Principales instructions SQL de manipulation d'enregistrements

Commande SQL	Fonction	Syntaxe simplifiée
SELECT (commande utilisée pour tous les jeux d'enregistrements)	Recherche et extraction de données. Différentes options peuvent être exploitées pour sélectionner les enregistrements, les champs retournés, ou l'ordre dans lequel sont ramenés les enregistrements.	SELECT champ1, champ2, ... FROM table1, table2, ... WHERE critère(s) de sélection ORDER BY information sur le tri
INSERT	Ajout d'enregistrement(s) dans la base.	INSERT INTO table (champ1, champ2, ...) VALUES (valeur1, valeur2, ...)
UPDATE	Modification d'enregistrement(s).	UPDATE table SET champ = valeur WHERE critère(s) de sélection
DELETE	Suppression d'enregistrement(s).	DELETE FROM table WHERE critère(s) de sélection
REPLACE	Remplacement d'enregistrement(s). (équivalent aux commandes DELETE et INSERT exécutées successivement)	REPLACE FROM table WHERE critère(s) de sélection

Commande SELECT

Dans un groupe d'enregistrements sélectionnés grâce à un (ou plusieurs) critère, la commande `SELECT` permet de rechercher puis d'extraire les champs demandés d'une (ou plusieurs) table. Les résultats retournés peuvent être triés ou groupés selon les options retenues afin de former les jeux d'enregistrements. `SELECT` est la commande utilisée dans tous les jeux d'enregistrements de Dreamweaver ; il est donc très important de bien maîtriser toutes ses variantes si vous désirez concevoir des jeux d'enregistrements en mode `Avancé`.

Différentes clauses peuvent compléter la commande `SELECT` afin de préciser l'opération à réaliser. Par exemple, la clause `WHERE` permet de sélectionner les enregistrements à extraire ; la clause `ORDER BY` permet quant à elle de trier les résultats après leur sélection. Nous vous proposons de détailler ces différentes clauses et de les illustrer par des exemples, afin de bien comprendre leur fonctionnement.

Conditions de test pour la commande SELECT

Pour bien comprendre les spécificités de chacune des clauses, nous vous suggérons de réaliser vous-même les exemples qui illustrent chaque requête. Pour cela, il vous suffit d'ouvrir une nouvelle page PHP et, depuis le panneau `Liaisons`, de créer un nouveau jeu d'enregistrements en mode `Avancé`, saisir le code de la requête dans la zone SQL, et cliquer sur le bouton `Tester` pour vérifier son fonctionnement. Vous pouvez ainsi tester la syntaxe de la requête et l'adapter en modifiant ses paramètres selon vos besoins. D'autre part, afin de partir d'une base commune et de pouvoir interpréter correctement les résultats des exemples que nous vous présentons dans ce chapitre, nous vous indiquons, dans les figures 4-1 à 4-3, les enregistrements des différentes tables qui ont servi à nos essais.

Tableau 4-3 – Syntaxe de la commande SELECT et exemples d'utilisation

Fonction	Sélection d'enregistrements
Syntaxe détaillée	SELECT [DISTINCT | DISTINCTROW] [table.]champ, ... | * [FROM table, ...] [WHERE expression_de_sélection] [GROUP BY [table.]champ, ...] [HAVING expression_de_sélection] [ORDER BY champ [ASC | DESC]] [LIMIT [debut,] nb_lignes]
Légende	[xxx] : le code xxx est facultatif (attention : les crochets [et] ne doivent surtout pas être saisis dans le code). xxx **|** yyy : le signe « | » sépare des groupes de code alternatifs (il faut donc choisir de saisir soit xxx, soit yyy). xxx **...** : la suite du code peut être complétée par des groupes de code de même structure que xxx.
Exemples	exemple 1 : SELECT * FROM commerciaux exemple 2 : SELECT nom FROM commerciaux WHERE nom='Defrance' exemple 3 : SELECT commerciaux.nom, agences.ville FROM agences, commerciaux WHERE commerciaux.agencesID=agences.ID

Base de données à importer

Dans le répertoire SITEscore du kit de ressources dédié à cet ouvrage, vous trouverez une exportation de la base de données `score_db` dont la structure et le contenu correspondent exactement à ceux de la base que nous avons utilisée pour réaliser les démonstrations de ce chapitre. Cette exportation se nomme `score_db_CHAP04.sql`, et il suffit de l'importer dans votre base pour qu'elle remplace votre structure actuelle (revoir si besoin est la procédure d'importation présentée au chapitre 2).

Commande SELECT simple

Dans sa forme la plus simple, la commande `SELECT` peut être employée sans la clause **`WHERE`**. Dans ce cas, en l'absence d'expression de sélection, tous les enregistrements de la table sont retournés. Pour préciser d'inclure uniquement certaines colonnes dans le résultat, il faut les énumérer après la commande `SELECT`. S'il y a plus d'une colonne à renvoyer, il faut séparer les différents noms des colonnes par une virgule (voir figure 4-4). Enfin, si des champs de même nom, issus de tables différentes, peuvent être ambigus, il est indispensable de les faire précéder du nom de la table à laquelle ils appartiennent, afin de lever l'ambiguïté. Ce rappel du nom de la table est souvent utilisé dans les requêtes créées par l'assistant Dreamweaver, même si le cas traité ne l'exige pas. Enfin, il est possible de remplacer l'énumération des colonnes désirées par le caractère « * » : toutes les colonnes de la table sont alors retournées dans le résultat de la requête.

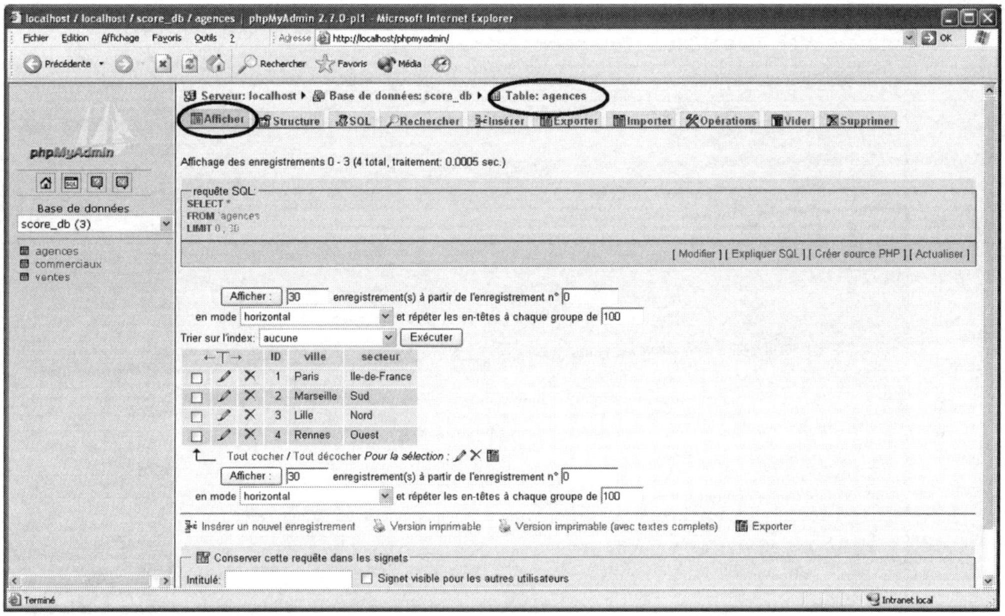

Figure 4-1
Affichage des enregistrements de la table agences utilisés dans nos exemples.

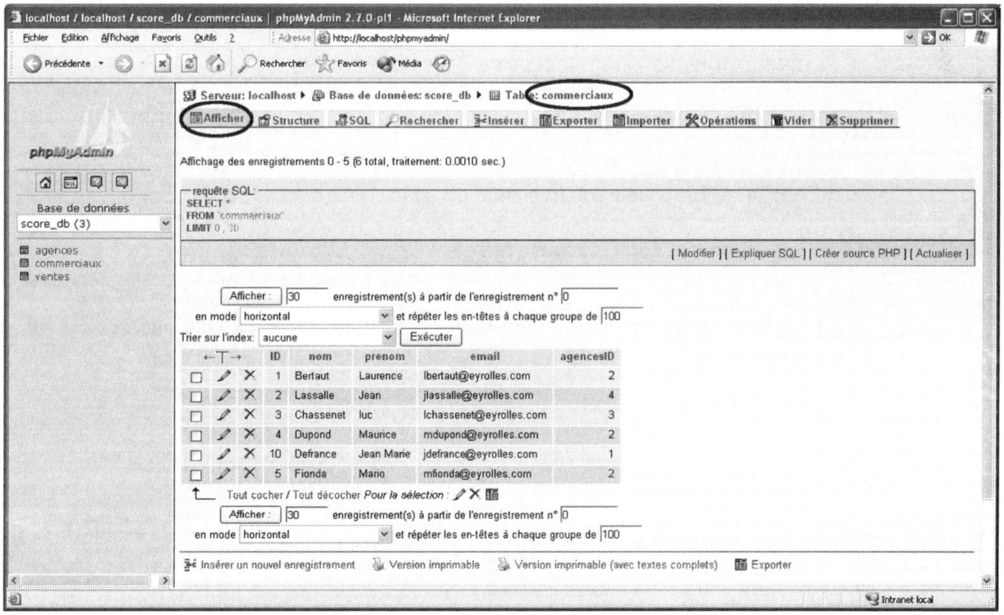

Figure 4-2
Affichage des enregistrements de la table commerciaux utilisés dans nos exemples.

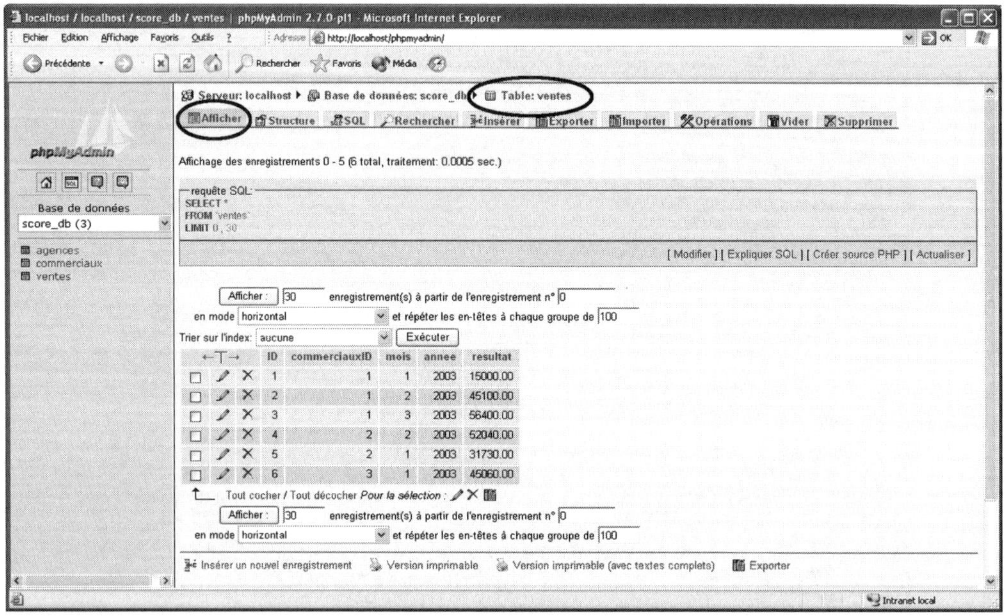

Figure 4-3
Affichage des enregistrements de la table ventes utilisés dans nos exemples.

Voici quelques exemples :

- pour obtenir tous les champs de tous les commerciaux :

```
SELECT * FROM commerciaux
```

- pour obtenir les noms et prénoms de tous les commerciaux :

```
SELECT nom, prenom FROM commerciaux
```

- pour obtenir tous les identifiants des commerciaux et des agences sans sélection particulière :

```
SELECT commerciaux.ID, agences.ID FROM commerciaux, agences
```

Commande SELECT avec des alias

Il est souvent pratique de définir des noms d'alias différents des noms des champs de la base. On peut ainsi les réutiliser pour définir des expressions de sélection ou encore lorsqu'on emploie des fonctions, comme nous allons le voir ci-après. Pour définir un nom de champ

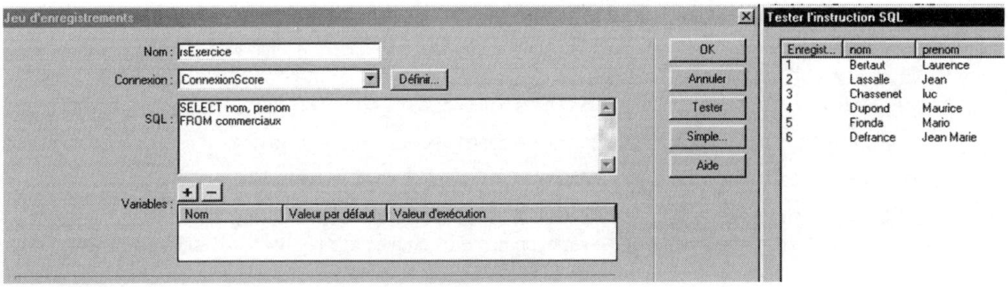

Figure 4-4

Test réalisé avec un jeu d'enregistrements : requête simple.

alias, il suffit de faire suivre l'expression qu'il représente par l'instruction AS et par le nom de l'alias désiré (voir figure 4-5).

Par exemple, voici la commande à saisir pour obtenir tous les identifiants des commerciaux sous l'alias `id1`, ainsi que leur nom :

```
SELECT commerciaux.ID AS id1, nom FROM commerciaux
```

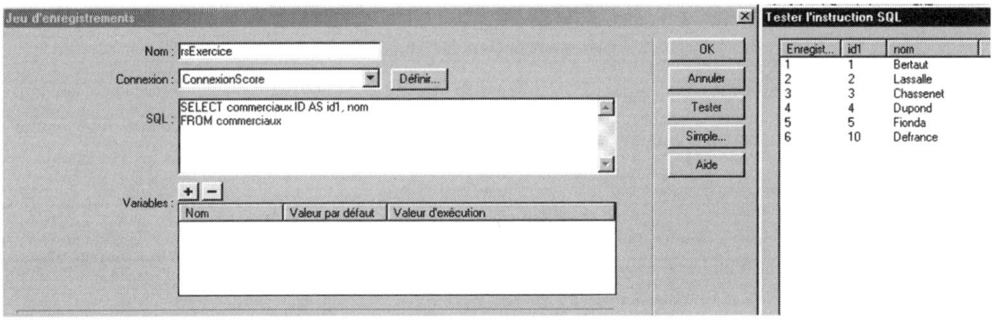

Figure 4-5

Test réalisé avec un jeu d'enregistrements : requête avec alias.

Commande SELECT avec des fonctions MySQL

De nombreuses fonctions MySQL peuvent être utilisées dans les requêtes. Elles viennent se substituer au nom d'un champ juste après la commande SELECT. Ces fonctions permettent, entre autres, de réaliser des calculs mathématiques ou des concaténations. Elles servent aussi à préparer une date (enregistrée dans la base au format MySQL : AAAA-MM-JJ), afin qu'elle soit retournée et affichée au format français (JJ-MM-AAAA). Vous trouverez ci-après une liste non exhaustive des fonctions MySQL disponibles.

Tableau 4-4 – Liste non exhaustive des principales fonctions MySQL

Fonction	Description
ABS(nbr1)	Renvoie la valeur absolue du nombre nbr1.
ASCII(car1)	Renvoie le code ASCII du caractère car1.
AVG(ch1)	Renvoie la moyenne arithmétique des valeurs du champ ch1.
CONCAT(elem1, [elem2, ...])	Renvoie la concaténation de tous les éléments, un élément pouvant être un champ, un nombre ou un caractère ; dans le cas d'un caractère, il convient de l'encadrer entre simples cotes.
COUNT(ch1)	Renvoie le nombre d'enregistrements non nuls du champ ch1. Notez que si on utilise COUNT(*), on obtient le nombre total d'enregistrements de la table, quel que soit le champ.
CURDATE()	Renvoie la date courante au format AAAA-MM-JJ.
CURTIME()	Renvoie l'heure courante au format HH:MM:SS.
ENCRYPT(chaîne[,clé])	Renvoie la chaîne cryptée, avec la clé si elle est précisée.
HEX(nbr1)	Renvoie la valeur hexadécimale du nombre nbr1.
IFNULL(elem1,elem2)	Renvoie elem1 s'il est NULL ; sinon renvoie elem2.
LAST_INSERT_ID()	Renvoie la dernière valeur créée pour un champ auto-incrémenté.
MAX(ch1)	Renvoie la plus grande des valeurs du champ ch1.
MIN(ch1)	Renvoie la plus petite des valeurs du champ ch1.
NOW()	Renvoie la date et l'heure courantes.
PASSWORD(chaîne)	Renvoie la valeur cryptée de « chaîne » avec la fonction utilisée pour les mots de passe de MySQL.
REVERSE(chaîne)	Renvoie l'expression miroir de la chaîne.
SIGN(elem1)	Renvoie le signe de elem1.
SUM(ch1)	Renvoie la somme des valeurs du champ ch1.
TRIM(chaîne)	Renvoie la valeur de « chaîne » après avoir éliminé les espaces placés au début et à la fin.
USER()	Renvoie le nom de l'utilisateur courant.
VERSION()	Renvoie la version de MySQL.

Lorsqu'on utilise des fonctions MySQL, il est très pratique de définir un nom de champ alias pour exploiter simplement le résultat de la fonction à partir du jeu d'enregistrements.

Dans l'exemple qui suit, on désire obtenir les résultats des ventes avec le texte « Euros » collé à la fin du montant. Pour manipuler plus facilement les données ainsi créées, on définit un alias nommé `resultateuro` pour représenter ce nouveau champ dans le jeu d'enregistrements (voir figure 4-6) :

```
SELECT mois, concat(resultat,' Euros') AS resultateuro FROM ventes
```

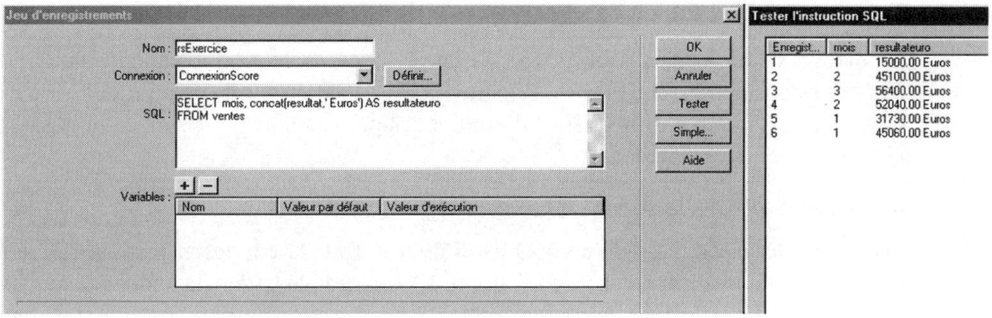

Figure 4-6
Test réalisé avec un jeu d'enregistrements : requête avec la fonction CONCAT().

Commande SELECT avec la clause DISTINCT

Si, dans les résultats sélectionnés, deux enregistrements sont identiques, la clause `DISTINCT` permet de ne retourner dans le jeu d'enregistrements qu'un seul des deux enregistrements.

Dans les exemples ci-dessous, nous posons l'hypothèse que deux enregistrements identiques (Bertaut Laurence) ont été créés dans la table `commerciaux`.

Si on n'utilise pas la clause `DISTINCT`, voici ce qu'on obtient :

```
SELECT nom, prenom FROM commerciaux
```

Tableau 4-5 – Jeu d'enregistrements obtenu sans la clause DISTINCT

nom	prenom
Bertaut	**Laurence**
Lassalle	Jean
Bertaut	**Laurence**

Avec la clause `DISTINCT`, le résultat devient le suivant :

```
SELECT DISTINCT nom, prenom FROM commerciaux
```

Tableau 4-6 – Jeu d'enregistrements obtenu avec la clause DISTINCT

nom	prenom
Bertaut	**Laurence**
Lassalle	Jean

Commande SELECT avec la clause WHERE

La clause `WHERE` permet d'introduire l'expression de sélection à laquelle doit répondre le résultat retourné. Plusieurs types d'opérateurs peuvent être utilisés pour définir l'expression de sélection. Nous vous proposons d'étudier ci-après quelques-unes de ces expressions selon le type d'opérateur choisi.

Expressions de sélection avec des opérateurs de comparaison

On utilise des opérateurs de comparaison pour définir la condition mathématique à vérifier pour que l'enregistrement soit sélectionné. Vous pouvez faire la comparaison entre deux champs de la base (cas des jointures), entre un champ et un nombre, ou entre un champ et une chaîne de caractères (dans ce cas, la chaîne de caractères doit être encadrée par des cotes simples « ' »).

Tableau 4-7 – Liste des opérateurs de comparaison qui peuvent être utilisés dans une requête SQL

Opérateur	Fonction
=	égal
>	supérieur
>=	supérieur ou égal
<	inférieur
<=	inférieur ou égal
<>	différent

Dans l'exemple qui suit, nous désirons obtenir une sélection des résultats supérieurs à 40 000, ainsi que l'identifiant des commerciaux et le mois correspondants :

```
SELECT commerciauxID, mois, resultat FROM ventes WHERE resultat>40000
```

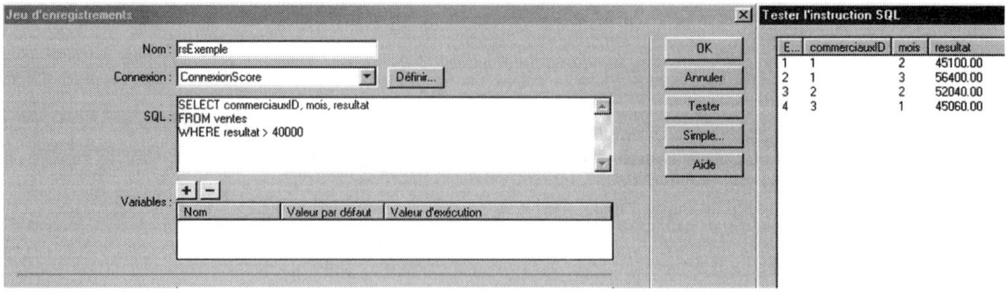

Figure 4-7

Test réalisé avec un jeu d'enregistrements : requête avec la clause WHERE resultat>40000.

Dans ce deuxième exemple, nous désirons obtenir l'enregistrement du commercial dont le nom est égal à **Bertaut** :

```
SELECT * FROM commerciaux WHERE nom='Bertaut'
```

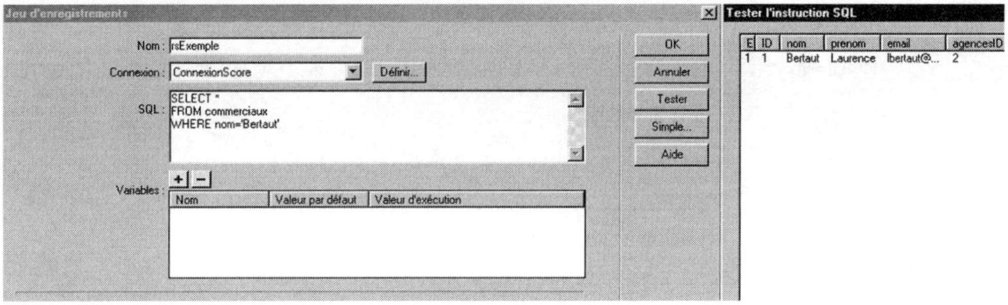

Figure 4-8

Test réalisé avec un jeu d'enregistrements : requête avec la clause WHERE nom='Bertaut'.

Dans ce troisième exemple, nous désirons obtenir le nom du commercial dont l'identifiant est égal à 2, ainsi que la ville de son agence. Dans ce cas, les informations étant placées dans deux tables différentes, il est nécessaire de faire une jointure entre les deux tables pour récupérer les informations correspondantes (**commerciaux.agencesID=agences.ID**) :

```
SELECT commerciaux.nom, agences.ville FROM commerciaux, agences
WHERE commerciaux.agencesID=agences.ID AND commerciaux.ID=2
```

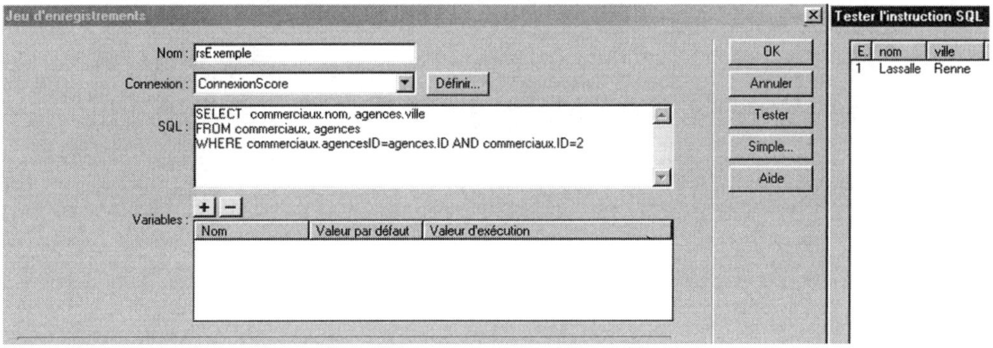

Figure 4-9

Test réalisé avec un jeu d'enregistrements : requête avec la clause WHERE commerciaux.agencesID=agences.ID AND commerciaux.ID=2.

Expressions de sélection avec des opérateurs logiques

Lorsque les critères de sélection sont multiples, l'expression de sélection finale doit être composée des différentes expressions de sélection, reliées entre elles par des opérateurs logiques. Plusieurs opérateurs logiques peuvent être utilisés selon le lien désiré entre les expressions. Vous trouverez ci-après la liste des opérateurs logiques utilisables dans une requête MySQL.

Tableau 4-8 – Liste des opérateurs logiques qui peuvent être utilisés dans une requête SQL

Opérateur	Fonction
AND	Les expressions reliées entre elles par AND doivent toutes être vérifiées (VRAI ou TRUE).
OR	Au moins l'une des expressions reliées entre elles par OR doit être vérifiée (VRAIE ou TRUE).
NOT	L'expression précédée par NOT ne doit pas être vérifiée.
Si vous manipulez plusieurs opérateurs logiques, il faut **utiliser des parenthèses** pour définir la structure de l'expression.	

Dans l'exemple suivant, nous désirons obtenir les résultats de janvier 2003 (valeur du champ `mois` égale à 1, et celle du champ `annee` égale à 2003) et l'identifiant des commerciaux correspondants :

```
SELECT commerciauxID, resultat FROM ventes WHERE mois=1 AND annee=2003
```

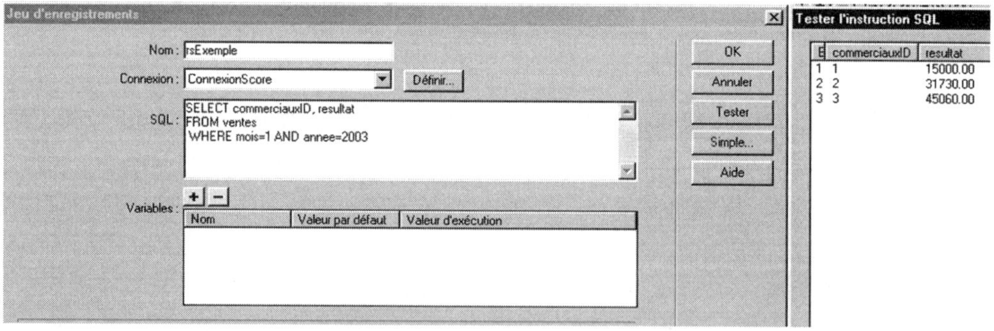

Figure 4-10

Test réalisé avec un jeu d'enregistrements : requête avec la clause WHERE mois=1 AND annee=2003.

Dans ce deuxième exemple, nous désirons obtenir les résultats de janvier ou février 2003 (valeur du champ `mois` égale à 1 ou à 2 et celle du champ `annee` égale à 2003), le mois et l'identifiant des commerciaux correspondants :

```
SELECT commerciauxID, mois, resultat FROM ventes WHERE (mois=1 OR mois=2) AND
annee=2003
```

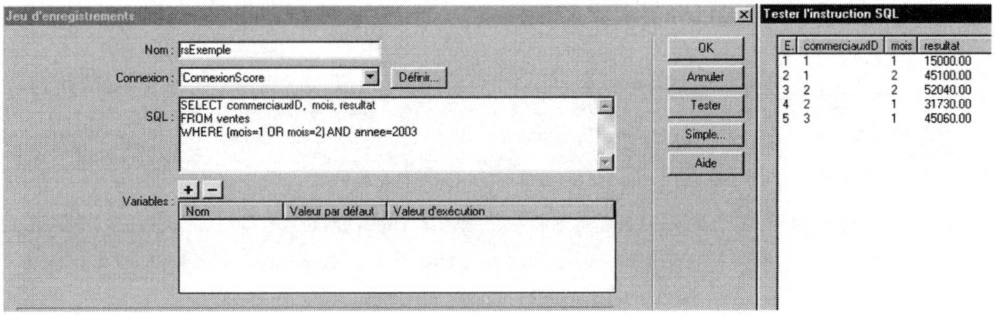

Figure 4-11

Test réalisé avec un jeu d'enregistrements : requête avec la clause WHERE (mois=1 OR mois=2) AND annee=2003.

Dans ce troisième exemple, nous désirons obtenir les résultats de tous les mois sauf janvier et février (valeur du champ `mois` différente de 1 ou 2), le mois et l'identifiant des commerciaux correspondants :

```
SELECT commerciauxID, mois, resultat FROM ventes WHERE NOT (mois=1 OR mois=2)
```

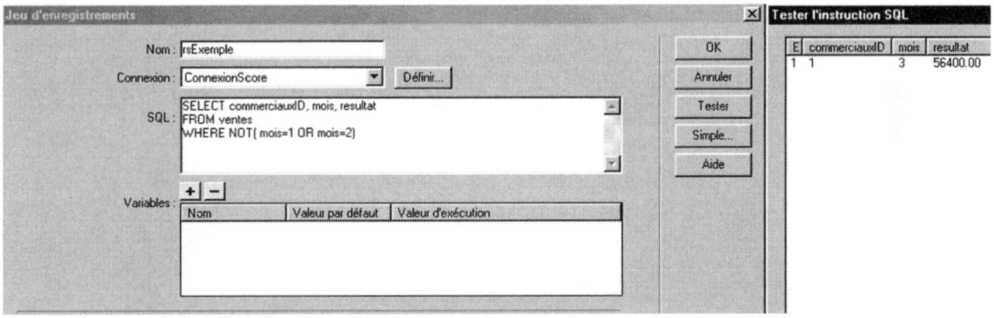

Figure 4-12

Test réalisé avec un jeu d'enregistrements : requête avec la clause WHERE NOT (mois=1 OR mois=2).

Expressions de sélection avec des opérateurs de recherche

On utilise des opérateurs de recherche pour définir une condition spécifique (qui n'est ni logique, ni de comparaison) à vérifier pour que l'enregistrement soit sélectionné. Il existe plusieurs types d'opérateurs de recherche selon la condition désirée. Vous trouverez ci-après le tableau des opérateurs de recherche les plus fréquents.

Dans l'exemple suivant, nous désirons obtenir les résultats compris entre 30 000 et 50 000, le mois et l'identifiant des commerciaux correspondants :

Tableau 4-9 – Liste des opérateurs de recherche qui peuvent être utilisés dans une requête SQL

Opérateur	Fonction
LIKE	Permet de sélectionner un champ dont la valeur commence par, finit par ou contient une chaîne de caractères (% et _ accompagnent souvent LIKE pour définir les caractères de substitution dans la chaîne).
BETWEEN	Permet de sélectionner un champ dont la valeur est comprise dans une plage de valeurs.
IN	Permet de sélectionner un champ dont la valeur appartient à une liste de valeurs.
IS NULL	Permet de sélectionner un champ dont la valeur est NULL.
IS NOT NULL	Permet de sélectionner un champ dont la valeur n'est pas NULL.

Tableau 4-10 – Caractères de substitution qui peuvent être utilisés dans une requête SQL

Caractère	Utilisation
_ (caractère de soulignement)	Remplace un caractère quelconque.
%	Remplace aucun caractère quelconque ou plusieurs.

```
SELECT commerciauxID, mois, resultat FROM ventes WHERE resultat BETWEEN 30000 AND
50000
```

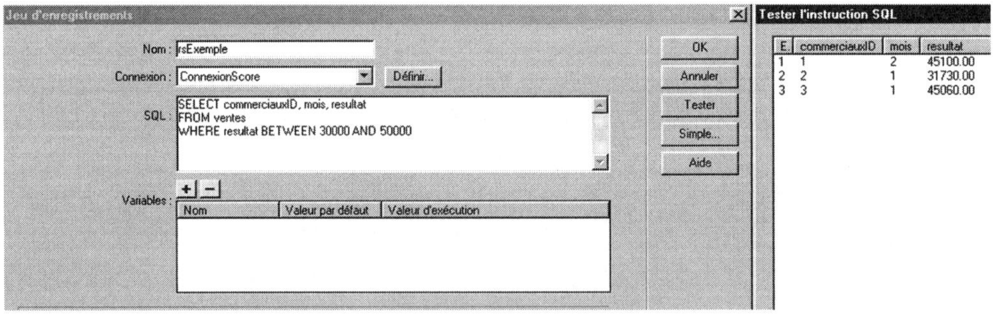

Figure 4-13

Test réalisé avec un jeu d'enregistrements : requête avec la clause WHERE resultat BETWEEN 30000 AND 50000.

Dans ce deuxième exemple, nous désirons obtenir tous les enregistrements de commerciaux dont le nom commence par un `B` :

```
SELECT * FROM commerciaux WHERE nom LIKE 'B%'
```

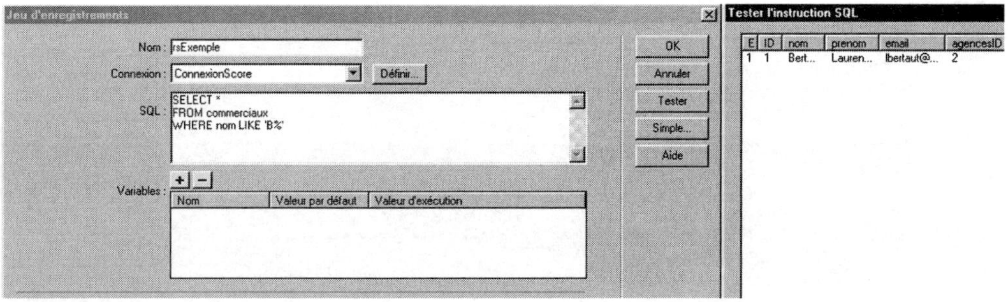

Figure 4-14

Test réalisé avec un jeu d'enregistrements : requête avec la clause WHERE nom LIKE 'B%'.

Dans ce troisième exemple, nous désirons obtenir les villes des agences du sud et de l'ouest :

```
SELECT ID, ville FROM agences WHERE secteur IN ('ouest','sud')
```

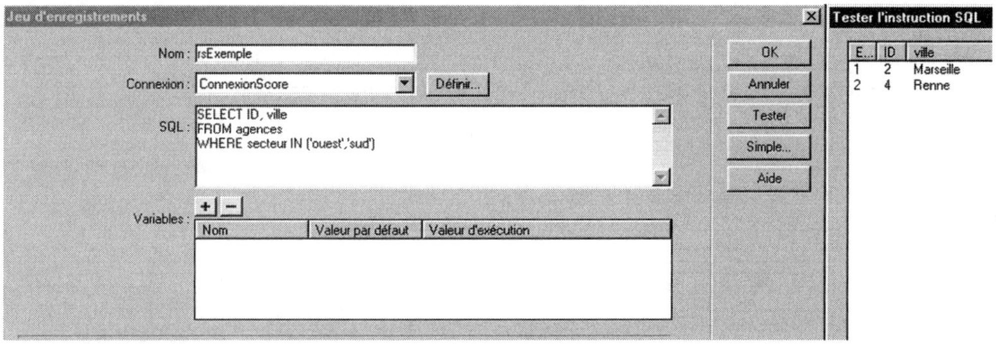

Figure 4-15

Test réalisé avec un jeu d'enregistrements : requête avec la clause WHERE secteur IN ('ouest','sud').

Commande SELECT avec la clause GROUP BY

Les informations récupérées dans les jeux d'enregistrements ne sont pas toujours bien ordonnées. Nous avons déjà vu, dans le chapitre précédent, qu'il était possible de les trier selon un champ spécifique, par ordre croissant ou décroissant (nous allons d'ailleurs commenter le code de cette fonction de tri plus loin, lorsque nous allons aborder la clause `ORDER BY`). Toutefois, il peut être utile de regrouper certains enregistrements selon un champ spécifique. Dans ce cas, il faut utiliser la clause d'agrégation `GROUP BY`.

Dans l'exemple qui suit, nous désirons obtenir tous les identifiants des commerciaux avec le résultat maximal qu'ils ont réalisé, quels que soient le mois et l'année :

```
SELECT commerciauxID, MAX(resultat)
FROM ventes
GROUP BY commerciauxID
```

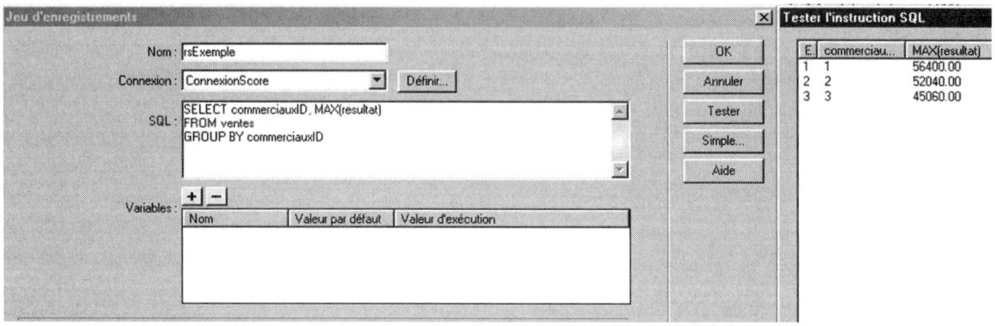

Figure 4-16
Test réalisé avec un jeu d'enregistrements : requête avec la fonction MAX(resultat) et la clause GROUP BY commerciauxID.

Dans ce deuxième exemple, nous désirons obtenir tous les identifiants des commerciaux avec le nombre d'enregistrements qu'ils ont déjà effectués depuis le début :

```
SELECT commerciauxID, COUNT(*)
FROM ventes
GROUP BY commerciauxID
```

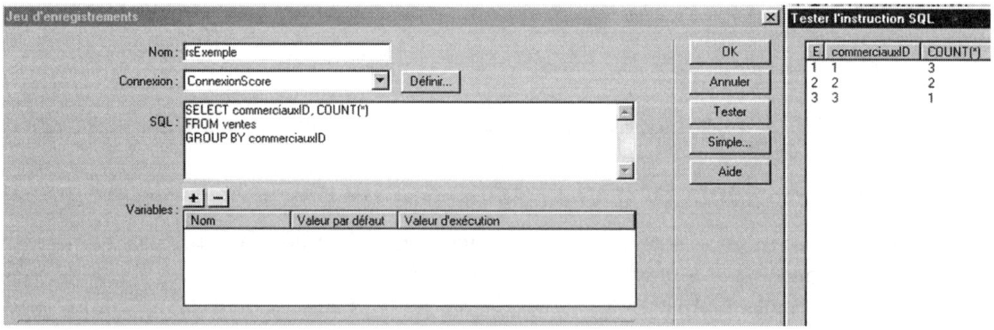

Figure 4-17
Test réalisé avec un jeu d'enregistrements : requête avec la fonction COUNT(*) et la clause GROUP BY commerciauxID.

Commande SELECT avec la clause HAVING

La clause `GROUP BY` appliquée dans l'exemple ci-dessus regroupe les enregistrements par identifiant. Cependant, si vous désirez conserver uniquement certains groupes après l'agrégation, il faut ajouter la clause **HAVING** en complément de **GROUP BY**. La requête ainsi créée est l'équivalent d'une requête classique avec une clause **WHERE**. En effet, la clause **WHERE** ne peut pas être employée avec la clause **GROUP BY**. Les expressions dont nous nous servons en complément de la clause **HAVING** sont donc des expressions de sélection identiques à celles que nous utilisons pour la clause **WHERE**.

Dans l'exemple suivant, nous désirons obtenir un tri des commerciaux (les identifiants des commerciaux compris entre 1 et 2 uniquement), avec la somme des résultats qu'ils ont réalisés, quels que soient le mois et l'année.

```
SELECT commerciauxID, SUM(resultat) AS somme
FROM ventes
GROUP BY commerciauxID HAVING commerciauxID<=2 AND commerciauxID>=1
```

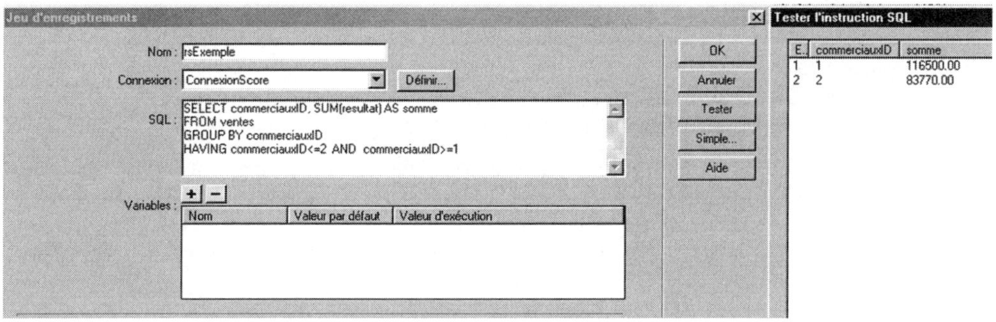

Figure 4-18

Test réalisé avec un jeu d'enregistrements : requête avec la clause GROUP BY commerciauxID HAVING commerciauxID<=2 AND commerciauxID>=1.

Dans ce deuxième exemple, nous désirons obtenir une sélection des commerciaux qui ont déjà enregistré plus d'un résultat, et afficher le nombre exact d'enregistrements qu'ils ont effectués (**nbEnregistrement**) :

```
SELECT commerciauxID, COUNT(ID) AS nbEnregistrement
FROM ventes GROUP BY commerciauxID HAVING COUNT(ID)>1
```

Commande SELECT avec la clause ORDER BY

Dans les différents exemples que nous vous avons proposés jusqu'à présent, les enregistrements étaient retournés dans l'ordre de la saisie initiale (en général, celui de la clé primaire `ID` auto-incrémentée). Cependant, si vous souhaitez présenter les enregistrements dans un ordre différent, vous devez utiliser la clause `ORDER BY` : précisez un (ou plusieurs) champ par rapport auquel le tri s'effectue, en indiquant dans quel sens cela doit se faire. Avec `ASC`, vous triez par ordre croissant, alors qu'avec `DESC`, l'ordre est décroissant ; par défaut, l'ordre est croissant.

Dans l'exemple suivant, nous désirons obtenir un tri des enregistrements selon l'ordre alphabétique du nom :

```
SELECT nom, prenom, agencesID FROM commerciaux WHERE agencesID<4 ORDER BY nom
```

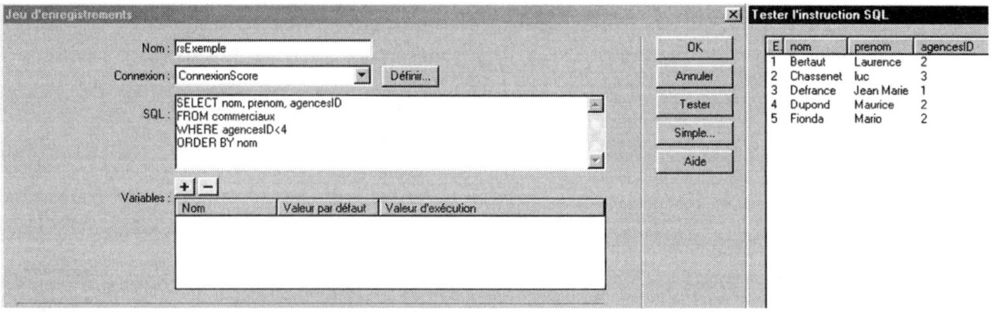

Figure 4-19
Test réalisé avec un jeu d'enregistrements : requête avec la clause ORDER BY nom.

Dans ce deuxième exemple, nous désirons obtenir un tri des enregistrements selon l'ordre croissant de l'identifiant de l'agence `agencesID`, puis selon l'ordre alphabétique du champ `nom`.

```
SELECT nom, prenom, agencesID FROM commerciaux WHERE agencesID<4 ORDER BY
agencesID, nom
```

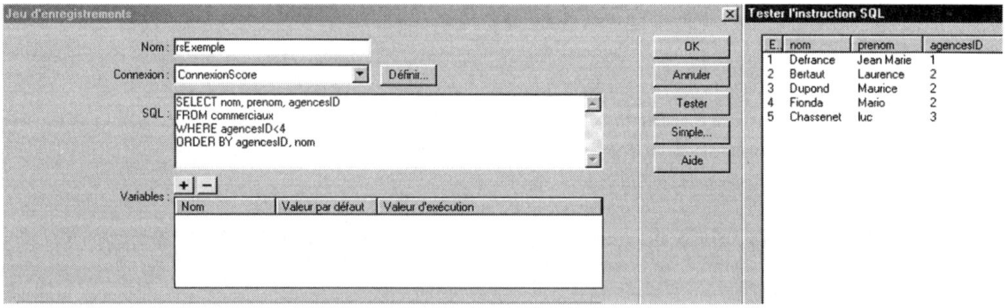

Figure 4-20
Test réalisé avec un jeu d'enregistrements : requête avec la clause ORDER BY agencesID, nom.

Commande SELECT avec la clause LIMIT

La clause `LIMIT` indique le nombre maximal d'enregistrements dans le résultat retourné. Cette clause est toujours placée à la fin de la requête. Si vous faites suivre cette clause d'un seul chiffre, la limite s'applique à partir de la première ligne ; si vous indiquez deux chiffres séparés par une virgule, le premier indique le numéro de ligne à partir duquel la limite précisée par le deuxième chiffre s'applique. Enfin, il faut noter que cette clause est spécifique à MySQL et ne fait pas partie du standard SQL.

Dans l'exemple ci-dessous, nous désirons obtenir une sélection des commerciaux identique à celle de l'exercice précédent, mais limitée aux trois premiers enregistrements :

```
SELECT nom, prenom, agencesID
FROM commerciaux
WHERE agencesID<4 ORDER BY nom LIMIT 3
```

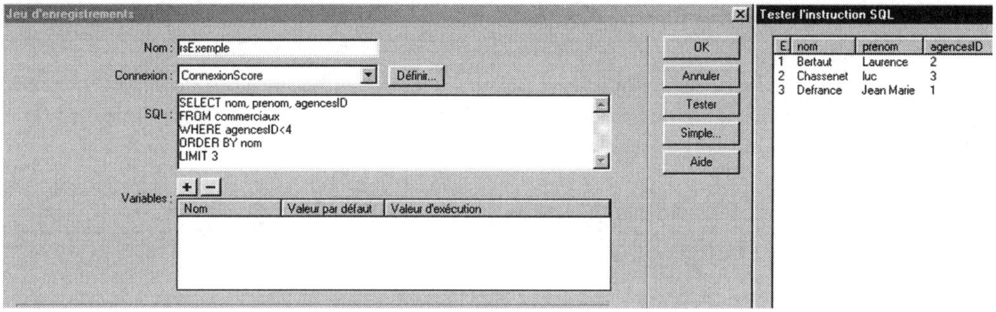

Figure 4-21
Test réalisé avec un jeu d'enregistrements : requête avec la clause LIMIT 3.

Dans ce deuxième exemple, nous désirons obtenir une sélection des commerciaux identique à celle de l'exercice précédent, mais limitée aux trois premiers enregistrements situés après la deuxième ligne des résultats de la sélection initiale :

```
SELECT nom, prenom, agencesID
FROM commerciaux
WHERE agencesID<4
ORDER BY nom LIMIT 2,3
```

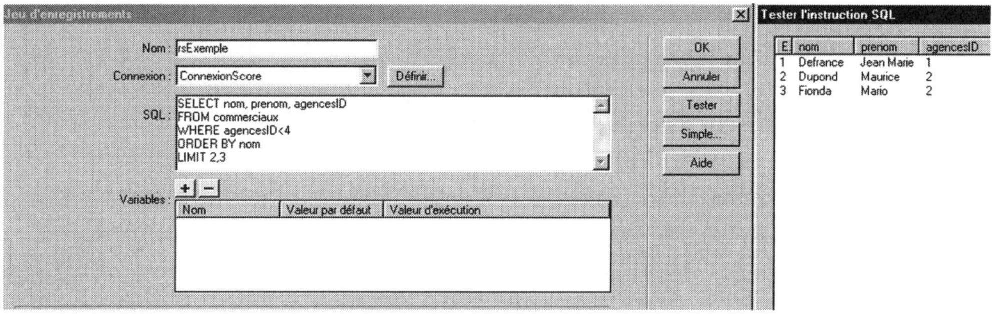

Figure 4-22
Test réalisé avec un jeu d'enregistrements : requête avec la clause LIMIT 2,3.

Commande SELECT avec jointure

La jointure permet de créer des requêtes portant sur des données réparties dans plusieurs tables. Pour réaliser une jointure, on utilise la même syntaxe que pour une requête traditionnelle, mais en indiquant dans la clause `FROM` la liste des tables concernées, séparées par des virgules. On ajoute aussi, dans la clause `WHERE`, l'expression de sélection qui permet le rapprochement entre les tables. En général, cette expression s'exprime par une égalité entre la clé primaire d'une table et la clé étrangère d'une autre (par exemple entre `ID` de la table `commerciaux` et `commerciauxID` de la table `ventes`). Il convient de mentionner le nom de la table en préfixe des noms de champs pour éviter toute ambiguïté, notamment entre deux champs portant le même nom, mais intégrés dans des tables différentes (exemple : `commerciaux.nom`). De même, afin d'éviter de rappeler complètement le nom de chaque table en préfixe des noms de champs, il est intéressant de créer un alias pour chaque nom de table (exemple : dans la clause `FROM`, si on déclare `commerciaux AS c`, on peut utiliser l'appellation `c.nom` dans la clause `WHERE`).

Dans l'exemple ci-dessous, nous désirons obtenir les résultats des commerciaux (issus de la table `ventes`), mais aussi les noms des commerciaux correspondants (issus de la table `commerciaux`) :

```
SELECT commerciaux.nom, ventes.resultat, ventes.mois FROM commerciaux, ventes
WHERE
commerciaux.ID=ventes.commerciauxID ORDER BY ventes.resultat DESC
```

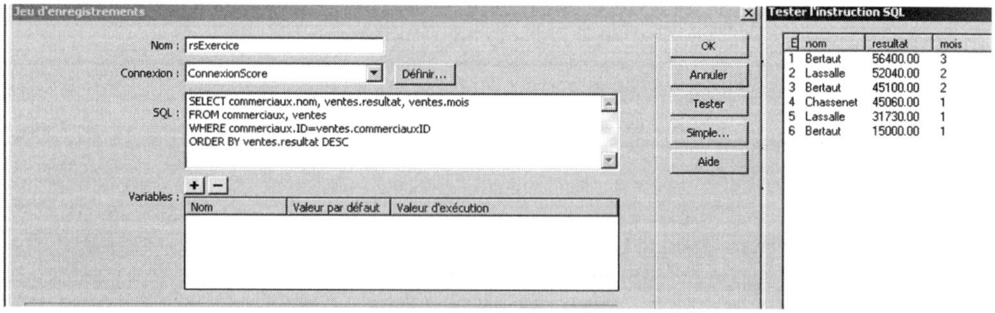

Figure 4-23

Test réalisé avec un jeu d'enregistrements : requête avec jointure sur deux tables.

Dans ce deuxième exemple, nous désirons obtenir la même sélection que dans l'exemple précédent, mais en utilisant des alias pour les deux tables concernées :

```
SELECT c.nom, v.resultat, v.mois FROM commerciaux AS c, ventes AS v WHERE
c.ID=v.commerciauxID ORDER BY v.resultat DESC
```

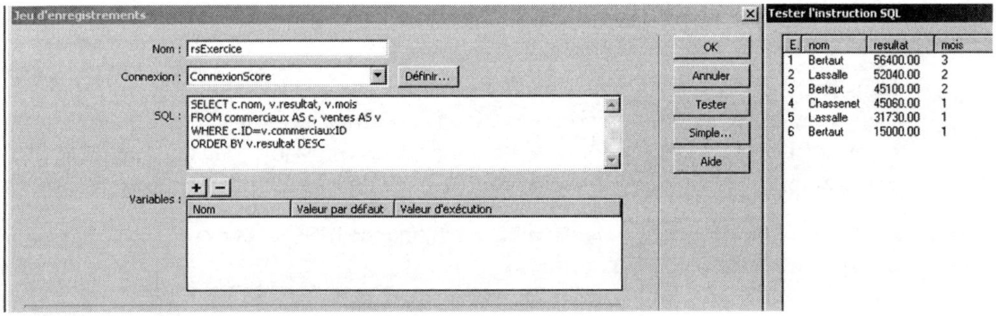

Figure 4-24

Test réalisé avec un jeu d'enregistrements : requête avec jointure et alias de tables.

Dans ce troisième exemple, nous désirons obtenir le même jeu que dans l'exemple précédent avec, en plus, le nom de la ville de l'agence de chaque commercial.

```
SELECT c.nom, v.resultat, v.mois, a.ville
FROM commerciaux AS c, ventes AS v, agences
AS a
WHERE c.ID=v.commerciauxID AND a.ID=c.agencesID ORDER BY v.resultat DESC
```

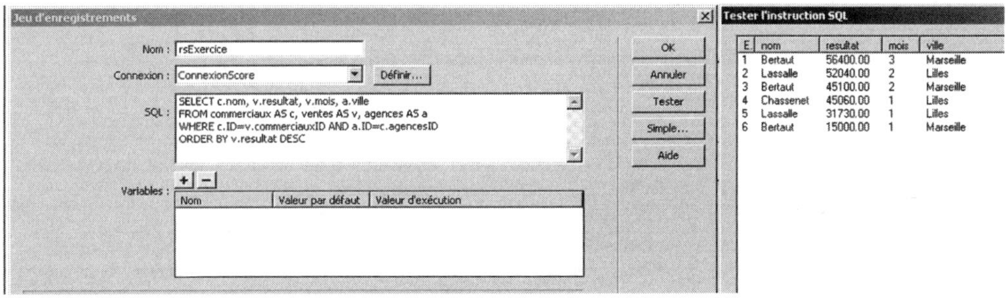

Figure 4-25

Test réalisé avec un jeu d'enregistrements : requête avec jointure sur trois tables et alias.

Commande INSERT

La commande `INSERT` permet d'insérer de nouveaux enregistrements dans la base, et elle peut être utilisée selon plusieurs variantes. Pour ajouter des valeurs dans une table, à partir de variables ou de constantes récupérées par un script, par exemple, il existe deux méthodes différentes que nous détaillerons ci-après (`INTO VALUES` et `INTO SET`). Nous verrons aussi comment il est possible d'utiliser la commande `INSERT` pour ajouter des enregistrements à partir d'une requête (`INTO SELECT`). Cette dernière méthode est très intéressante pour réaliser une copie d'enregistrements d'une table à une autre.

Dans le cas d'insertion directe à partir de valeurs, les textes doivent être encadrés entre guillemets simples, alors que les nombres peuvent s'en passer (exemple : `'bonjour'` ou `2003`). À noter qu'il est également possible d'indiquer des expressions dans une requête (des variables par exemple : `'$var'`). Dans ce cas, elles sont évaluées avant d'être intégrées dans la base.

Tableau 4-11 – Syntaxe de la commande INSERT et exemples d'utilisation

Fonction	Insertion d'enregistrements
Syntaxe de la commande d'insertion **à partir de valeurs** (première méthode).	INSERT INTO table [(champ1, champ2, ..., champN)] VALUES (valeur1, valeur2, ..., valeurN)
Syntaxe de la commande d'insertion **à partir de valeurs** (deuxième méthode).	INSERT INTO table SET champ1=valeur1, champ2=valeur2, ..., champN=valeurN
Syntaxe de la commande d'insertion **à partir d'une autre table**.	INSERT INTO table_cible SELECT * | valeur1, valeur2, ..., valeurN **FROM** table_source [WHERE expression_de_sélection]
Légende	table : table dans laquelle sont insérées les données. champN : nom du champ de la table dans lequel est insérée la valeurN. valeurN : la valeur doit respecter le format standard de son type (exemple : 'bonjour' ou 4562 ou '2003-03-24'). Notez que si la requête est intégrée dans un script PHP, la valeur peut être remplacée par une variable qui est évaluée au moment de l'insertion (exemple : '$var'). xxx | yyy : le code | sépare des groupes alternatifs. Il faut donc choisir de saisir soit xxx, soit yyy. table_source : dans le cas d'un transfert d'une table source vers une table cible, le symbole * peut être utilisé, mais il faut veiller à ce que le nombre de champs des deux tables soit le même.
Exemples	exemple 1 : INSERT INTO agences VALUES(5,'Strasbourg','est') exemple 2 : INSERT INTO agences (ID,ville,secteur) VALUES(5,'Strasbourg','est') exemple 3 : INSERT INTO agences SET ID=5, ville='Strasbourg', secteur='est' exemple 4 : attention, uniquement si la requête est intégrée dans un script PHP. INSERT INTO agences SET ID='$var1', ville='$var2', secteur='$var3' exemple 5 : transfert d'une table INSERT INTO agences SELECT * FROM agencesBIS

Commande INSERT à partir de valeurs : méthode 1

Dans sa première syntaxe, la commande `INSERT` permet d'énumérer partiellement les champs à insérer dans la base (voir l'exemple de la figure 4-28). Cela peut être intéressant dans le cas d'un premier enregistrement partiel, mais il faut alors s'assurer que les champs omis sont bien paramétrés pour être facultatifs (attribut `NULL=null`) ou auto-incrémentés. Dans le cas ou l'énumération des champs n'est pas indiquée, il faut vérifier que l'ordre des valeurs respecte celui des champs de la table (voir l'exemple de la figure 4-26). Sachez cependant que, même si l'énumération est facultative, il est fortement conseillé de toujours spécifier la liste des champs dans lesquels les valeurs doivent s'insérer. En effet, si la structure de la table change, votre requête risque de ne plus fonctionner.

Dans l'exemple ci-dessous, nous désirons ajouter une agence supplémentaire à la table `agences`. Dans la syntaxe employée, nous n'indiquons pas les différents champs de la table dans lesquels les valeurs vont être enregistrées. Il faut donc impérativement que l'ordre des valeurs et leur nombre correspondent à ceux de la table `agences`. Le premier champ `ID` étant la clé primaire (qui est auto-incrémentée), il faut dans ce cas mettre l'indication `NULL` en guise de valeur, pour ne pas entrer en conflit avec celle que MySQL lui attribue automatiquement.

```
INSERT INTO agences VALUES (NULL,'Strasbourg','est')
```

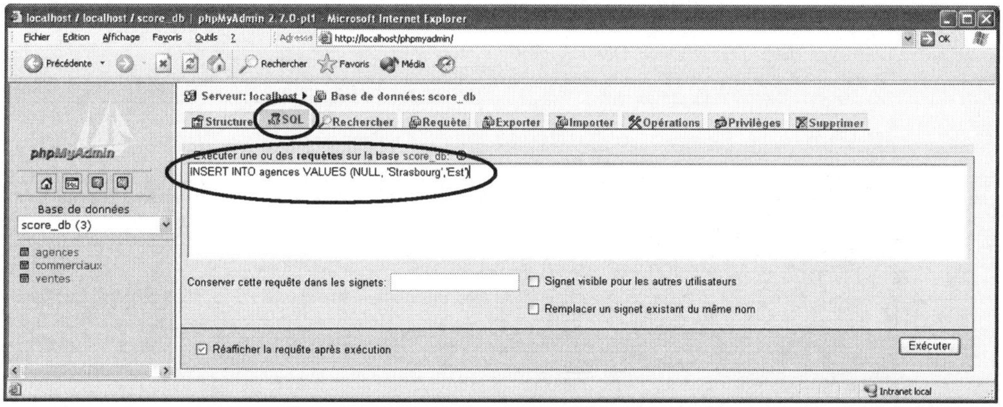

Figure 4-26

Pour tester des commandes d'insertion, vous pouvez utiliser le gestionnaire phpMyAdmin de Wamp 5. Il suffit pour cela de cliquer sur l'onglet SQL, de saisir la requête dans la zone « Exécuter une requête » du gestionnaire, et de cliquer ensuite sur le bouton Exécuter.

Une autre manière d'effectuer le même ajout d'une nouvelle agence est d'utiliser la syntaxe complète de la commande INSERT. Dans ce cas, nous mentionnerons uniquement les deux champs qui reçoivent une valeur (`ville` et `secteur`). La clé `ID` n'étant pas mentionnée ni dans les champs ni dans les valeurs, MySQL lui attribue une valeur par auto-incrémentation du dernier `ID` saisi.

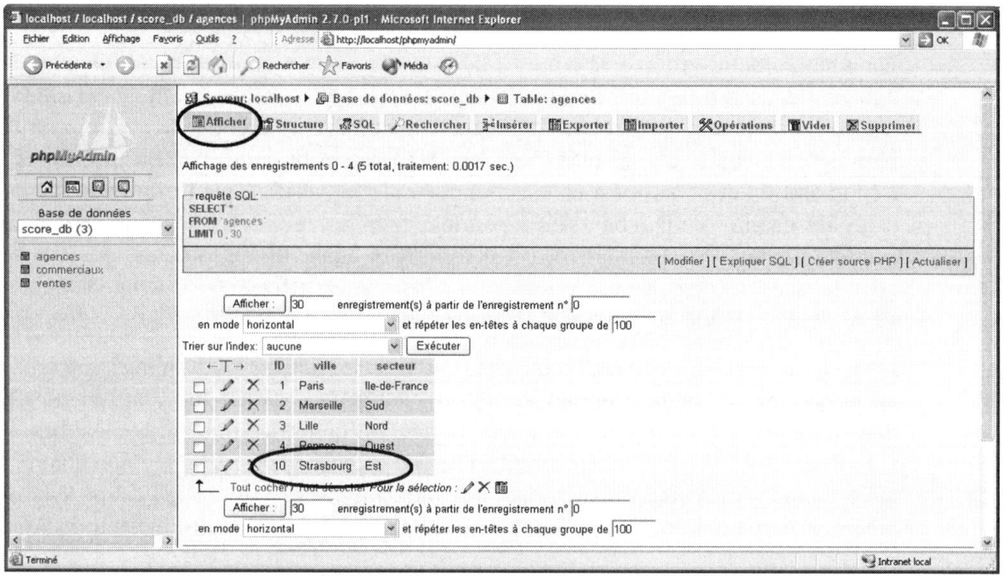

Figure 4-27

Après une insertion, vous pouvez vérifier son bon fonctionnement en affichant le contenu de la table concernée (ici il s'agit de la table agences). Nous pouvons remarquer sur cette figure que la nouvelle agence a bien été ajoutée à la suite des autres enregistrements.

```
INSERT INTO agences (ville, secteur) VALUES ('Strasbourg','est')
```

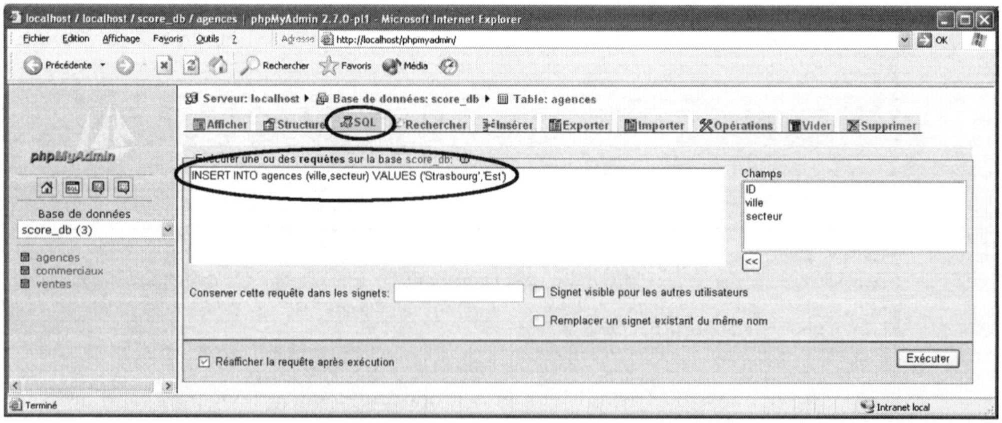

Figure 4-28

Cette deuxième requête d'insertion est équivalente à celle de la figure 4-26, et le résultat obtenu est identique à celui de la figure 4-27.

Commande INSERT à partir de valeurs : méthode 2

Dans la deuxième syntaxe de `INSERT`, les couples champ/valeur doivent être spécifiés et séparés par un signe égal (`champ1='valeur1'`). La clause utilisée n'est plus `VALUES`, mais `SET`.

Dans l'exemple qui suit, nous allons réaliser la même opération d'insertion d'une nouvelle agence que dans les deux exemples précédents (voir figure 4-29) :

```
INSERT INTO agences SET ville='Strasbourg', secteur='est'
```

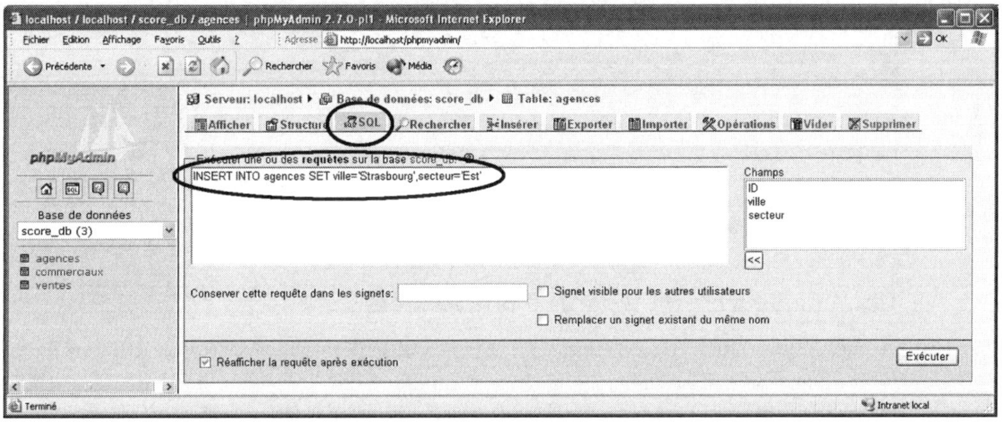

Figure 4-29

Cette troisième requête d'insertion est également équivalente à celle de la figure 4-26, et le résultat obtenu est identique à celui de la figure 4-27.

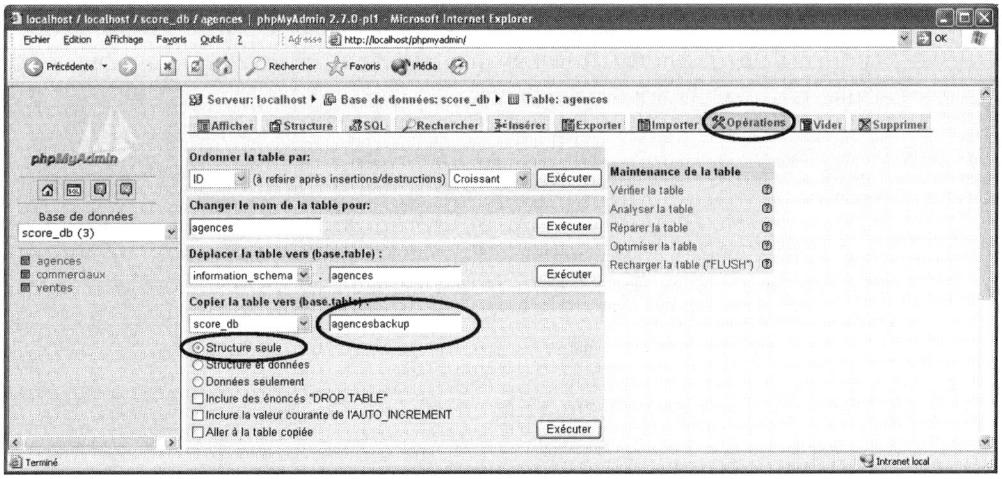

Figure 4-30

Avant de réaliser la sauvegarde d'une table à l'aide de la commande INSERT, il est nécessaire de créer une structure de table identique à celle de la table à transférer. Pour cela, il suffit de cliquer sur le nom de la table agences dans la partie gauche de phpMyAdmin, puis sur l'onglet Opérations et, de saisir le nom de la nouvelle table dans la zone « Copier la table vers » et de cliquer sur le bouton Exécuter.

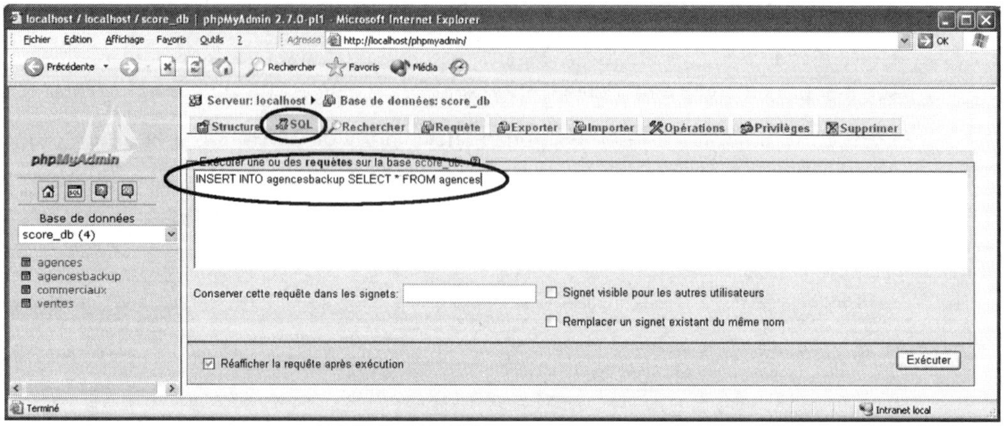

Figure 4-31

Après la création de la structure de la table agencesbackup, saisissez la requête INSERT dans la zone de requête du gestionnaire et cliquez sur Exécuter. Il ne vous reste plus qu'à vérifier ensuite si la copie des données s'est bien effectuée entre les deux tables.

Commande INSERT à partir d'une requête

Avec ce troisième type de syntaxe, il est possible d'insérer le résultat d'une requête dans une table. Dans ce cas, la clause `VALUES` est remplacée par la requête à ajouter. Ce type de syntaxe est particulièrement intéressant dans le cas d'une copie des données d'une table à l'autre (voir l'exemple de la figure 4-31), ou encore pour réaliser la projection d'une table en prélevant certains de ses champs, pour créer une autre table de plus petite taille (voir l'exemple de la figure 4-33).

Dans ce premier exemple, on désire transférer le contenu de la table `agences` dans une table de sauvegarde `agengesbackup`. Il faut évidemment, dans ce cas, que le nombre et les types des champs soient rigoureusement identiques dans les deux tables (voir figure 4-30 pour la copie d'une structure de table) :

```
INSERT INTO agencesbackup SELECT * FROM agences
```

Dans ce deuxième exemple, on désire faire une projection de la table `agences` dans une autre table `tabledesvilles`. Cette table contient uniquement les noms des différentes villes des agences dans un champ `ville`, avec une clé primaire auto-incrémentée `ID` (voir figure 4-32 pour la création de la table cible) :

```
INSERT INTO tabledesvilles (ville) SELECT ville FROM agences
```

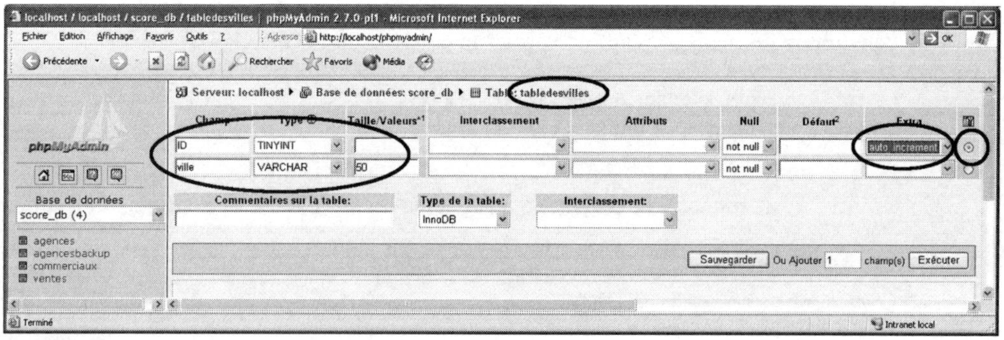

Figure 4-32

Avant de réaliser la projection, il faut commencer par créer la petite table tabledesvilles qui va accueillir les noms de toutes les villes des agences. Pour réaliser la création de cette table, saisissez le nom de la nouvelle table dans la zone de création d'une table, et indiquez 2 pour le nombre de champs, puis renseignez le formulaire comme le montre la figure ci-dessus.

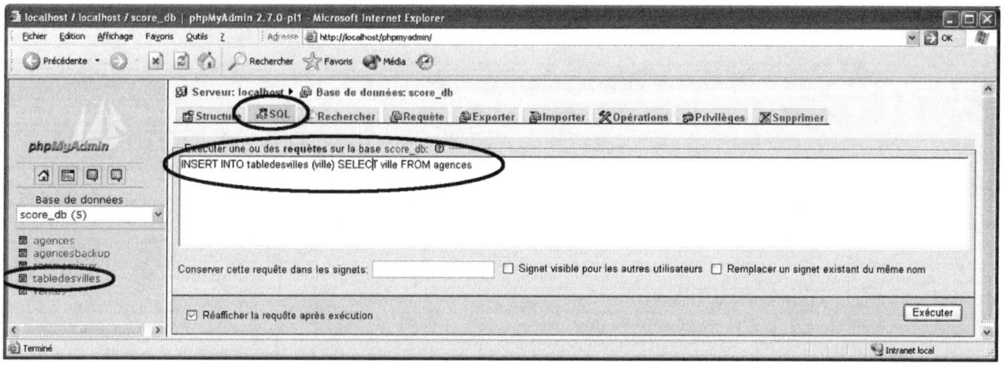

Figure 4-33

Après la création de la structure de la table tabledesvilles, saisissez la requête INSERT dans la zone de requête du gestionnaire et cliquez sur Exécuter. Il ne vous reste plus qu'à vérifier si la projection s'est bien effectuée entre les deux tables.

Commande DELETE

La commande `DELETE` permet de supprimer un enregistrement d'une table. Cette opération de destruction est irrémédiable, et il est judicieux de prévoir un message d'avertissement qui s'affiche avant de valider définitivement la requête. Il est conseillé d'accompagner la commande `DELETE` de la clause `WHERE` (sinon, vous détruisez tous les enregistrements de la table) d'une expression de sélection d'enregistrements à supprimer. Cette même expression peut d'ailleurs être utilisée au préalable dans une requête `SELECT` pour sélectionner et afficher les enregistrements à effacer avec la requête `DELETE` dans l'étape suivante.

Voici un exemple de requête `SELECT` employant la même expression de sélection qu'il conviendra de réaliser avant de valider la commande `DELETE` :

```
SELECT * FROM agences WHERE ville='Paris'
DELETE FROM agences WHERE ville='Paris'
```

Tableau 4-12 – Syntaxe de la commande DELETE et exemple d'utilisation

Fonction	Suppression d'enregistrements
Syntaxe de la commande de suppression	DELETE FROM table [**WHERE** expression_de_sélection] [**LIMIT** [debut,] nb_lignes]
Légende	table : table où se trouvent les enregistrements sélectionnés. [xxx] : le code xxx est facultatif. Attention : les crochets [et] ne doivent surtout pas être saisis dans le code.
Exemple	DELETE FROM agences WHERE ville='Strasbourg'

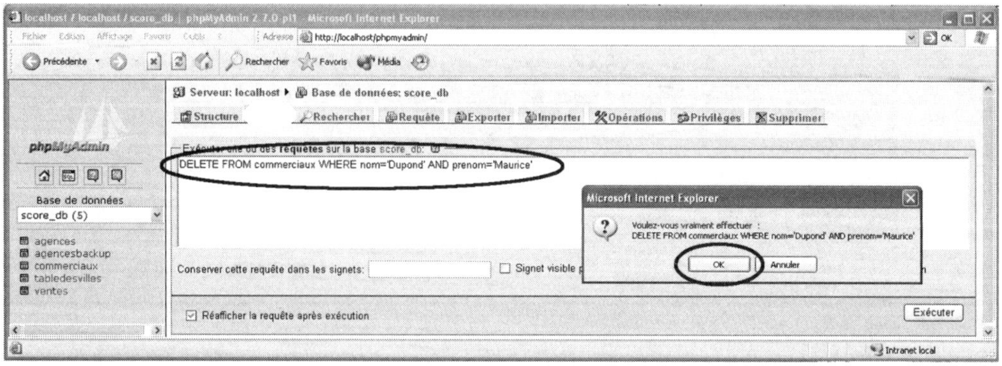

Figure 4-34

La commande DELETE permet de supprimer un enregistrement sélectionné par l'expression qui complète la clause WHERE.

Dans l'exemple ci-dessous, on désire supprimer l'enregistrement du commercial Maurice Dupont :

```
DELETE FROM commerciaux WHERE nom='Dupond' AND prenom='Maurice'
```

Commande UPDATE

La commande `UPDATE` permet de modifier la valeur de certains champs si l'expression de sélection est validée. L'affectation des valeurs est introduite par la clause `SET`, comme pour la commande `INSERT`.

Tableau 4-13 – Syntaxe de la commande UPDATE et exemple d'utilisation

Fonction	Mise à jour d'enregistrements
Syntaxe de la commande de modification	UPDATE table SET chap1=valeur1, champ2=valeur2, ..., champN=valeurN [**WHERE** expression_de_sélection] [**LIMIT** [debut,] nb_lignes]
Légende	table : table où se trouvent les enregistrements sélectionnés. [xxx] : le code xxx est facultatif. Attention : les crochets [et] ne doivent surtout pas être saisis dans le code.
Exemple	UPDATE agences SET ville='Brest' WHERE ID=4

Dans l'exemple ci-dessous, nous désirons mettre à jour certaines informations de la fiche du commercial dont l'identifiant est 2 :

```
UPDATE commerciaux SET email='jlassalle@aol.com', agencesID=3  WHERE ID=2
```

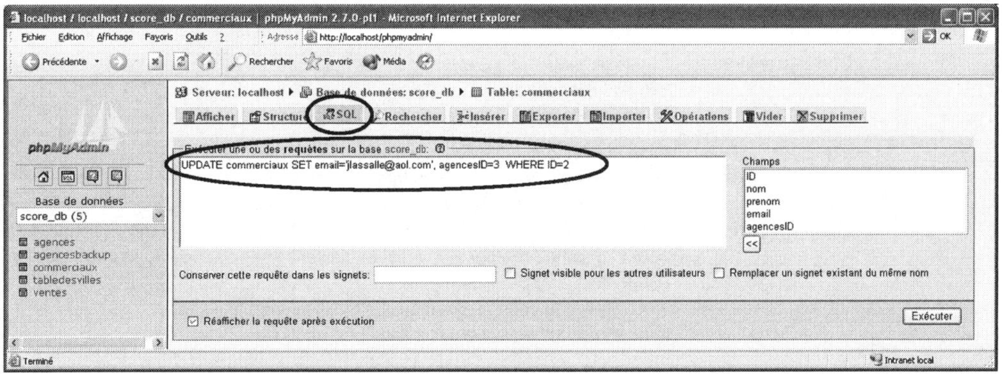

Figure 4-35

La commande UPDATE permet de mettre à jour un enregistrement sélectionné par l'expression qui complète la clause WHERE.

Commande REPLACE

La commande `REPLACE` permet de remplacer un enregistrement existant et donc de modifier les valeurs de ses différents champs. Cependant, cette commande est différente de la commande `UPDATE`, car elle supprime d'abord l'enregistrement sélectionné pour ensuite l'insérer de nouveau avec les nouvelles valeurs des champs. C'est en quelque sorte une combinaison des commandes `DELETE` et `INSERT`. Comme pour `INSERT`, cette commande peut être réalisée selon trois variantes. Les deux premières permettent de remplacer les champs d'un enregistrement selon les informations transmises par des valeurs, alors que la troisième exploite une requête SQL pour fournir les nouvelles données. Dans ce cas, la clause `WHERE` permet de sélectionner le jeu d'enregistrements à utiliser pour le remplacement des champs.

Tableau 4-14 – Syntaxe de la commande UPDATE et exemples d'utilisation

Fonction	Remplacement d'enregistrements
Syntaxe de la commande de remplacement **à partir de valeurs** (première méthode).	REPLACE INTO table [(champ1, champ2, ..., champN)] VALUES (valeur1, valeur2, ..., valeurN)
Syntaxe de la commande de remplacement **à partir de valeurs** (deuxième méthode).	REPLACE INTO table SET chap1=valeur1, champ2=valeur2, ..., champN=valeurN
Syntaxe de la commande de remplacement **à partir d'une requête.**	REPLACE INTO table_cible SELECT * | valeur1, valeur2, ..., valeurN **FROM** table_source [**WHERE** expression_de_sélection]
Légende	table : table dans laquelle les données seront modifiées. champN : nom du champ de la table dans lequel sera insérée la valeurN. valeurN : la valeur doit respecter le format standard de son type (exemple : 'bonjour' ou 4562 ou '2003-03-24'). Notez que si la requête est intégrée dans un script PHP, la valeur peut être remplacée par une variable qui sera alors évaluée au moment de l'insertion (exemple : '$var'). `xxx | yyy` : le code | sépare des groupes alternatifs (il faudra donc choisir de saisir soit `xxx` ou `yyy`). table_source : dans le cas d'un jeu d'enregistrements issu d'une table source pour mettre à jour les champs d'une table cible, le symbole * peut être utilisé, mais il faut veiller à ce que le nombre de champs soit le même dans les deux tables.
Exemples	exemple 1 : REPLACE INTO agences VALUES(4,'Brest','ouest') exemple 2 : REPLACE INTO agences (ID,ville,secteur) VALUES(4,'Brest','ouest')

5

Programmation PHP

Les nombreux comportements de Dreamweaver que nous avons utilisés jusqu'à présent nous ont évité de programmer des scripts PHP directement en ligne de code. Cependant, si les pages dynamiques que nous avons réalisées correspondent aux écrans les plus souvent utilisés, il est parfois nécessaire de personnaliser les scripts ou encore de les créer complètement de A à Z, en saisissant directement les instructions PHP dans un éditeur de code. Ce chapitre sera dédié à la création de scripts PHP à l'aide des éditeurs de code de Dreamweaver. Nous commencerons par un tour d'horizon des nombreux outils d'édition de code que Dreamweaver met à votre disposition. Nous présenterons ensuite la syntaxe des instructions PHP avec des exemples d'utilisation que nous vous conseillons vivement de tester sur votre serveur Web local ou sur votre serveur distant. Nous détaillerons aussi les nombreuses fonctions, les structures de programme et les concepts de la programmation objet, qui vous permettront de développer des scripts fiables et faciles à maintenir. Une fois acquises les connaissances du langage, nous prodiguerons différents conseils pour bien programmer et nous vous suggérerons des techniques pour mettre au point vos programmes. Nous terminerons ce chapitre en appliquant ces connaissances à la réalisation de scripts PHP destinés à améliorer les fonctionnalités du site SCORE.

Outils et éditeurs proposés par Dreamweaver

Dreamweaver dispose de nombreux moyens pour intervenir directement dans le code des pages Web. Certains sont bien adaptés à la gestion des balises HTML ou à l'insertion de balises PHP isolées. D'autres vous permettent d'enregistrer des fragments de code PHP afin d'éviter de les réécrire à chaque utilisation ; ainsi, vous capitalisez vos développements. Même si plusieurs d'entre eux vous paraissent redondants, il est intéressant de tous les étudier afin de connaître leurs avantages et de pouvoir choisir l'outil adapté au contexte de votre intervention.

Outils de gestion de code

Éditeur de code rapide

L'éditeur de code rapide, appelé aussi *Quick tag editor*, permet d'insérer rapidement du code depuis la fenêtre `Document` en mode `Création`. Pour afficher la fenêtre de saisie, sélectionnez l'emplacement où vous désirez insérer votre code dans la fenêtre `Document`, puis appuyez sur les touches `Ctrl` et `T`. Vous pouvez aussi afficher l'éditeur de code rapide depuis le panneau `Propriétés`, en cliquant sur le bouton `Quick Tag Editor` (à l'extrême droite du panneau), après avoir sélectionné l'objet pour lequel vous désirez modifier le code.

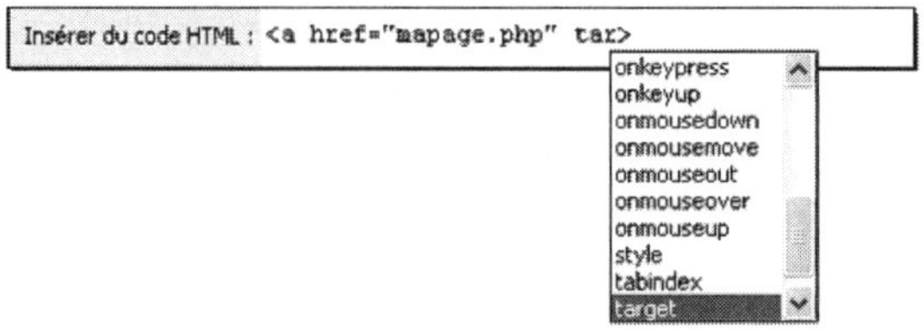

Figure 5-1
L'éditeur de code rapide (Quick tag editor) permet d'insérer rapidement de nouvelles balises depuis la fenêtre Document en mode Création.

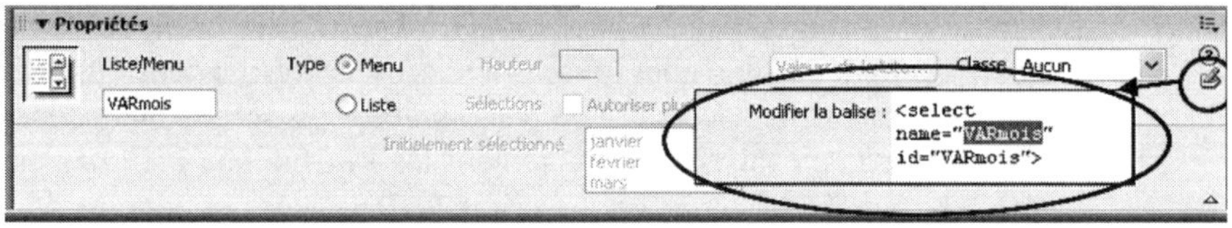

Figure 5-2
En mode Création, vous pouvez afficher et modifier directement le code de l'élément en cliquant sur le bouton Quick tag editor, depuis le panneau Propriétés d'un élément de la page.

Mode Code

Au cours du chapitre 2, nous avons déjà présenté les trois modes de travail disponibles avec Dreamweaver (mode `Création`, mode `Code` ou mode `Mixte`). Cependant, nous nous sommes jusqu'à présent limités à travailler en mode `Création`. Nous allons maintenant nous intéresser plus particulièrement à l'utilisation du mode `Code` et à ses fonctions, afin d'écrire nos propres scripts PHP, alors qu'auparavant nous les avons créés à l'aide des comportements de serveur. Pour passer en mode `Code`, sélectionnez le menu `Affichage>Code`, ou cliquez sur le bouton `Afficher le code` situé à gauche de la barre d'outils Document. Toutes les modifications apportées dans le mode `Création` se répercutent automatiquement dans le mode `Code`. À l'inverse, après avoir effectué des modifications en mode `Code`, vous devez mettre à jour manuellement le document dans le mode `Création`. Il vous suffit pour cela de basculer en mode `Code` et d'appuyer sur la touche `F5`.

Avant de saisir la première ligne de code, assurez-vous que toutes les options sont configurées correctement. Pour cela, cliquez sur le bouton d'options, à droite de la barre d'outils `Document` (voir figure 5-3 ; si cette barre d'outils n'apparaît pas, cliquez sur `Affichage>Barre d'outils` et cochez `Document`).

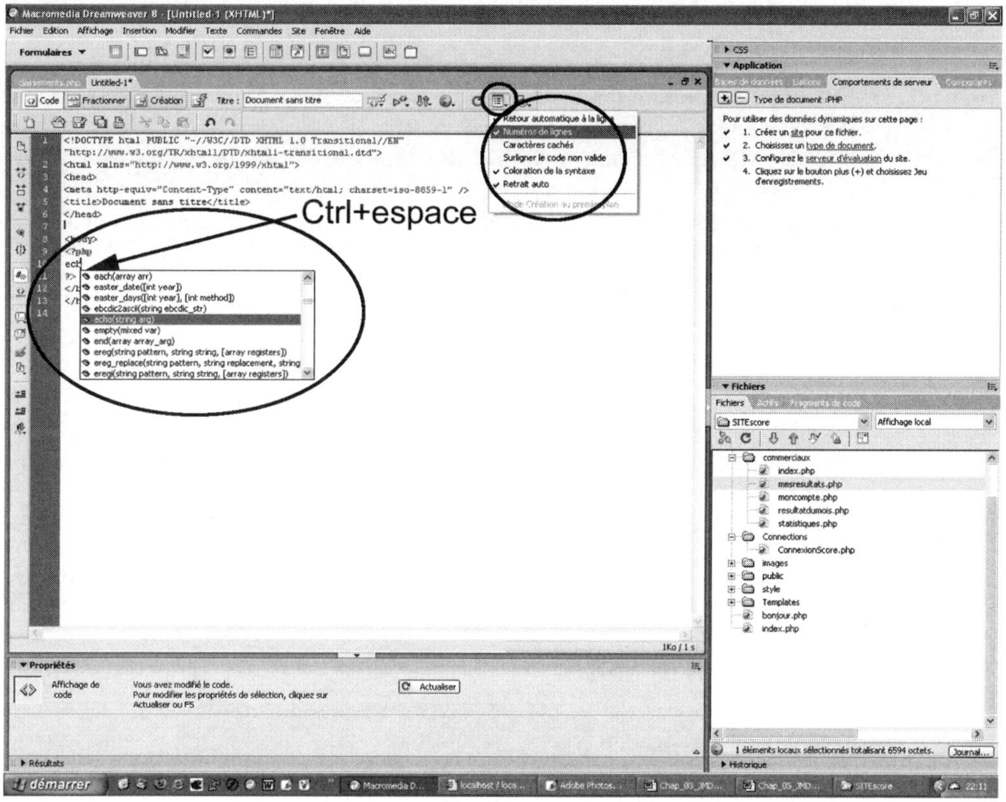

Figure 5-3

Le mode Code de Dreamweaver vous permet de saisir directement vos scripts avec le même confort qu'avec un éditeur dédié au développement de code source. Pour vous faciliter la saisie des fonctions PHP, nous vous conseillons d'utiliser le raccourci clavier Ctrl + Espace. De même, le bouton d'options de la barre d'outils Document vous permet d'activer différentes fonctions de la fenêtre Document, très appréciables pour une utilisation en mode Code.

Options de la barre d'outils document :

- **Retour automatique à la ligne –** Renvoie le code à la ligne lorsqu'il dépasse la largeur de la fenêtre de l'éditeur. Cette option est à utiliser sans modération, car elle apporte un confort de lecture sans insérer aucune balise de retour à la ligne dans le code.

- **Numéro de ligne :** permet d'avoir la numérotation des lignes dans la fenêtre Document en mode `Code` ou dans l'inspecteur de code. Cette option est fort utile lors de vos premiers dépannages de scripts, pour repérer la ligne signalée par le message d'erreur PHP.
- **Caractères cachés :** permet d'afficher ou de masquer tous les caractères cachés de la page (retour à la ligne, espace...).
- **Surligner le code non valide :** surligne le code non valide en jaune. À ce sujet, si vous désirez éviter d'avoir des erreurs de ce type, il est conseillé de respecter l'équilibre du code HTML (une balise d'ouverture doit toujours être fermée) dans lequel vous émulerez des balises HTML à l'aide de scripts PHP (par exemple : `echo "<TABLE>"`). Cela permet notamment aux graphistes de toujours pouvoir afficher correctement le document en mode `Création`, même après l'ajout d'un script PHP dans la page.
- **Coloration de la syntaxe :** la coloration syntaxique est un outil très utile dans la recherche d'une panne et dans son assistance à la saisie. Dreamweaver permet désormais d'utiliser la coloration syntaxique du langage PHP, et il serait regrettable de s'en priver. Il est aussi possible de configurer chaque couleur selon le type de code représenté (pour accéder à cet écran, affichez la fenêtre `Préférences`, rubrique `Coloration syntaxique et PHP`, puis cliquez sur le bouton `Modifier le modèle de coloration`). Cependant, nous vous conseillons de conserver les couleurs attribuées par défaut pour une bonne lisibilité de votre code source.
- **Retrait auto :** automatise la mise en retrait des lignes dès que vous appuyez sur la touche `Entrée` lors de la rédaction du code.

Barre d'outils de codage

La barre d'outils de codage est une des nouveautés de Dreamweaver 8. Elle est composée de boutons qui vous permettent d'effectuer de nombreuses opérations de codage standard (réduction et agrandissement des sélections de code, mise en évidence de code non valide, application et suppression de commentaires, mise en retrait de code, insertion de fragments de code récemment utilisés, etc.). La barre d'outils `Codage` est visible uniquement en mode `Code` et apparaît verticalement sur le côté gauche de la fenêtre `Document` (voir figure 5-4).

Options de la barre d'outils de codage :

- **Documents ouverts** : (repère 1 de la figure 5-4) affiche la liste des documents ouverts. Lorsque vous cliquez sur ce bouton, la liste s'affiche dans la fenêtre `Document` et permet de sélectionner rapidement un autre document (voir repère 1 de la figure 5-4).
- **Réduire balise entière** : (repère 2 de la figure 5-4) réduit tout le contenu compris entre une balise d'ouverture et sa balise de fermeture (comme dans l'exemple du repère 7 de la figure 5-4 dans le cas d'une balise `<table>`). Pour réduire tout le contenu d'une balise complète, placez le point d'insertion sur la balise d'ouverture ou de fermeture, puis cliquez sur le bouton `Réduire` balise entière.

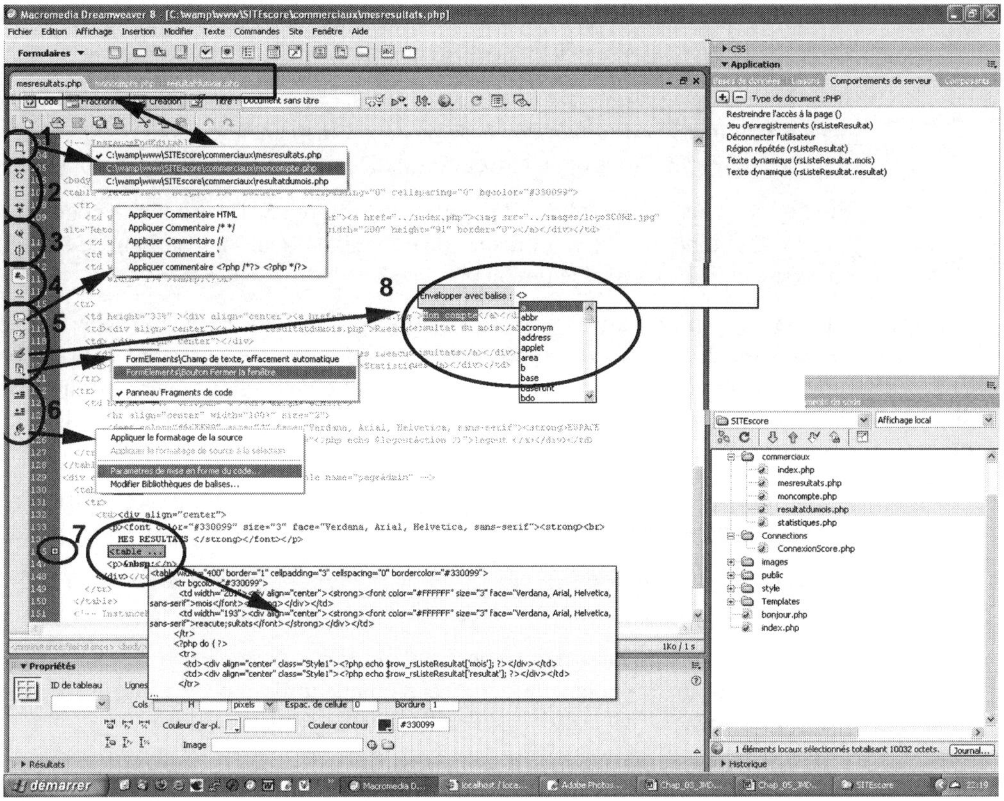

Figure 5-4

Depuis la version 8 de Dreamweaver, une nouvelle barre d'outils de codage a pris place à gauche de la fenêtre Document. Cette barre vous permet d'ajouter rapidement du code dans la page. Pour connaître la fonction de chaque bouton, positionnez le pointeur sur chacun jusqu'à ce qu'une infobulle apparaisse (voir le détail de ces différentes options ci-dessous).

- **Réduire sélection** : (repère 2 de la figure 5-4) permet de réduire uniquement le code sélectionné.
- **Développer tout** : (repère 2 de la figure 5-4) restaure tout le code réduit.
- **Sélectionner balise parente** : (repère 3 de la figure 5-4) sélectionne le contenu et les balises d'ouverture et de fermeture qui encadrent la ligne dans laquelle est placé le point d'insertion.
- **Équilibrer les accolades** : (repère 3 de la figure 5-4) sélectionne tout le code se trouvant à l'intérieur des parenthèses, des accolades ou des crochets qui encadrent la ligne dans laquelle est placé le point d'insertion. Si vous cliquez plusieurs fois sur ce bouton et que toutes vos balises sont équilibrées, Dreamweaver sélectionne finalement les parenthèses,

accolades ou crochets les plus extérieurs du document, ce qui permet de vérifier le bon équilibre des parenthèses, accolades ou crochets.

- **Numéro de ligne** : (repère 4 de la figure 5-4) permet d'avoir la numérotation des lignes dans la fenêtre `Document` en mode `Code` ou dans l'inspecteur de code. Cette option est identique à celle des options de la barre d'outils Document présentée précédemment.
- **Surligner le code non valide** : (repère 4 de la figure 5-4) surligne le code non valide en jaune (cette fonction est aussi disponible depuis le bouton d'options de la barre d'outils `Document` présentée précédemment).
- **Appliquer commentaire** : (repère 5 de la figure 5-4) permet d'encadrer le code sélectionné avec des balises de commentaires, ou d'ouvrir de nouvelles balises de commentaires. Les options de la liste qui s'ouvre, lorsque vous cliquez sur ce bouton, permettent de choisir le type de commentaire selon le code concerné (HTML, PHP, CSS, JavaScript... voir repère 5 de la figure 5-4).
- **Supprimer commentaire** : (repère 5 de la figure 5-4) supprime les balises de commentaires du code sélectionné.
- **Envelopper avec balise** : (repère 5 de la figure 5-4) permet d'encadrer le code sélectionné avec la balise indiquée dans Quick Tag Editor (voir repère 8 de la figure 5-4).
- **Fragments de code récents** : (repère 5 de la figure 5-4) permet de choisir, dans la liste qui s'affiche, un fragment de code récemment utilisé et de l'insérer (l'utilisation du panneau `Fragments de code`, sera détaillé dans la partie suivante).
- **Indentation du code** : (repère 6 de la figure 5-4) ramène la sélection vers la droite.
- **Indentation négative du code** : (repère 6 de la figure 5-4) ramène la sélection vers la gauche.
- **Mise en forme du code source** : (repère 6 de la figure 5-4) applique les formats de code précédemment définis au code sélectionné (ou à la page entière si aucune ligne n'est sélectionnée). Le format de code est configuré dans la fenêtre des `Préférences` de Dreamweaver, catégorie `Format de code`.

Inspecteur de code

Le mode `Mixte` (modes `Code` et `Création` simultanés) est souvent utilisé, car il permet de suivre l'évolution de la page en visuel tout en intervenant rapidement dans le code. Pour afficher votre fenêtre `Document` en mode `Mixte`, vous pouvez cliquer sur le bouton `Afficher les modes Code et Création` depuis la barre d'outils document ou dans le menu `Affichage>Code et création`. Il existe cependant une autre solution, semblable mais plus avantageuse, qui utilise l'inspecteur de code que vous faites apparaître en cliquant sur la touche `F10` ou depuis le menu `Fenêtre>Autres>Inspecteur de code`. Avec l'inspecteur de code, vous disposez des mêmes avantages qu'en mode `Mixte`, mais avec une fenêtre de code flottante que vous pouvez déplacer à votre convenance, et qui permet ainsi de conserver toute la surface utile de la fenêtre en mode **Création**. Notez enfin que le mode **Code** et l'inspecteur de code partagent les mêmes fonctionnalités.

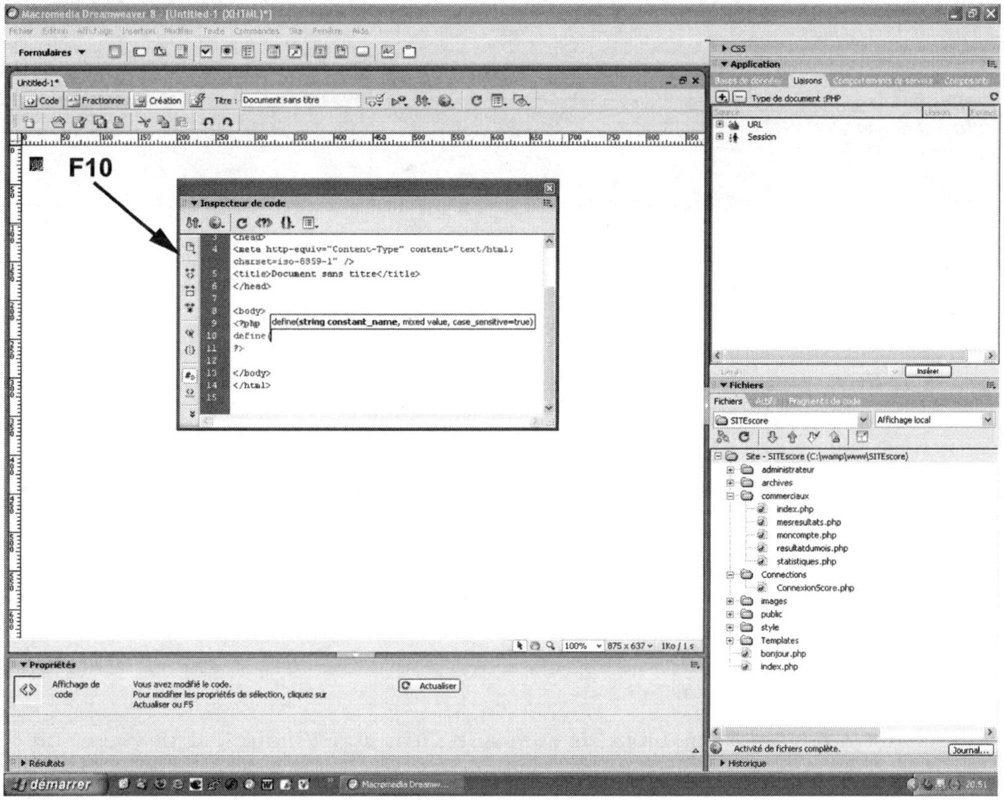

Figure 5-5

L'inspecteur de code est semblable à la fenêtre Document en mode Code, mais permet de conserver toute la surface du visuel en mode Création grâce à son affichage dans une fenêtre flottante.

Indicateur de code

Contrairement aux trois outils présentés précédemment, l'indicateur de code n'est pas un éditeur, mais un assistant qui vous guide dans la saisie de vos codes. Vous pouvez l'utiliser depuis la fenêtre du document en mode `Code` ou depuis l'inspecteur de code. Vous pouvez le configurer dans la fenêtre `Préférences`, rubrique `Indicateur de code` (voir figure 5-6) ; vous pouvez le désactiver ou augmenter son temps de réaction si vous le trouvez trop envahissant. De même, depuis cette fenêtre, il vous est possible de choisir entre trois options pour générer la balise de fermeture automatiquement (la troisième permettant de neutraliser complètement cette fonction) ou de réduire son action à certains types de codes (cochez les cases correspondant aux actions désirées : noms des balises, noms des attributs, valeurs des attributs, valeurs des fonctions...).

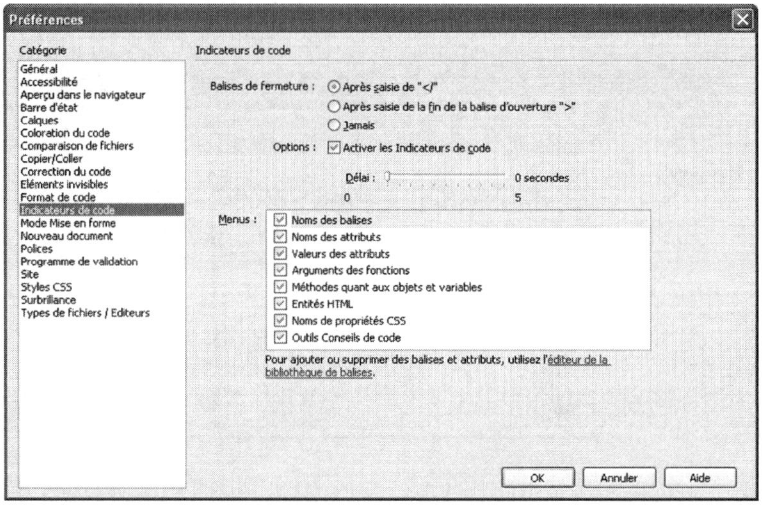

Figure 5-6
La fenêtre Préférences, rubrique Indicateur de code, vous permet de configurer les différentes options disponibles pour l'utilisation de cet assistant.

L'indicateur de code est un outil très pratique dès qu'on commence à bien savoir l'exploiter, et il permet de saisir du code HTML ou PHP facilement et rapidement, sans avoir à se référer à la documentation. Pour illustrer son fonctionnement, nous vous proposons de commenter son utilisation pour la création d'une balise d'un tableau HTML, puis pour le paramétrage des arguments d'une fonction PHP.

- **Création d'une balise de tableau HTML avec l'indicateur de code** (voir figure 5-7). Depuis un éditeur de code (fenêtre mode `Code` ou inspecteur de code), saisissez le début d'une balise de tableau, par exemple `<t`. L'indicateur doit apparaître pour vous assister en vous proposant les différentes balises HTML commençant par `t` (si la première lettre n'est pas suffisante pour afficher la bonne balise, saisir une deuxième lettre, et ainsi de suite jusqu'à l'affichage correct de la balise désirée). Dès que vous pouvez sélectionner la balise désirée dans le menu déroulant, validez-la en appuyant sur la touche `Entrée`. Le début de la balise est complété automatiquement. Appuyez sur la touche `Espace` pour afficher de nouveau l'indicateur de code, mais cette fois en mode `Attribut` (notez qu'une petite icône précède chacun des attributs afin de vous rappeler le type de fonction auquel il appartient). De la même manière que pour les balises HTML, il suffit de valider l'attribut désiré pour qu'il apparaisse dans le code, mais cette fois, le pointeur de la souris est positionné entre les guillemets de la valeur de l'attribut afin de vous faciliter sa saisie. Si les valeurs attendues sont standards, un nouveau menu déroulant vous propose les choix possibles, sinon entrez la valeur vous-même (par exemple `1` pour l'attribut `border`).

Ensuite, vous pouvez appuyer sur la touche du clavier `fin` pour vous placer après les guillemets, puis sur la touche `Espace`, de nouveau, pour saisir un autre argument si besoin. Renouvelez la même opération pour le deuxième argument, et terminez votre saisie par un caractère `>`. Après avoir saisi tout le contenu de la balise, il suffit de taper les deux caractères `</` afin que l'inspecteur affiche automatiquement la balise de fermeture correspondante, soit `</table>` dans notre cas. À noter que vous pouvez aussi choisir, dans la fenêtre des préférences (voir figure 5-6), l'autre option de génération automatique de la balise de fermeture (après la saisie de la fin de la balise d'ouverture `>`).

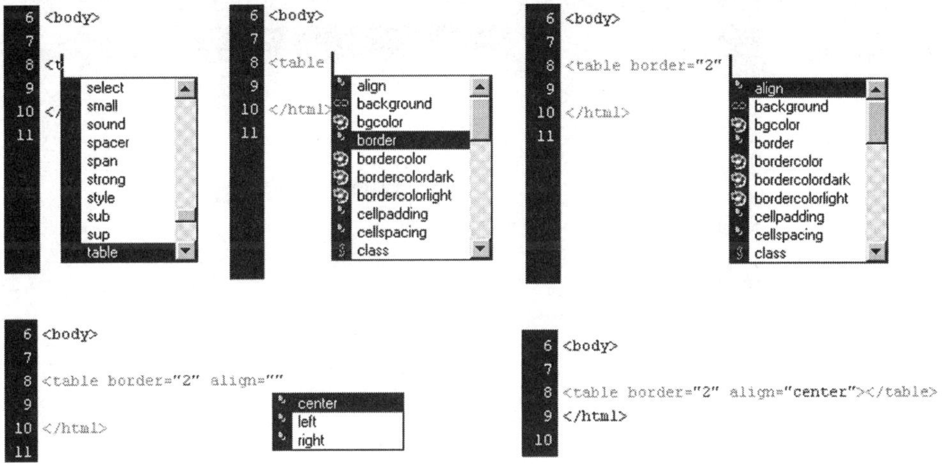

Figure 5-7

L'indicateur de code vous permet de saisir facilement vos balises HTML sans avoir à vous référer à la documentation.

- **Création d'une fonction PHP avec l'indicateur de code.** L'indicateur de code peut aussi gérer les différentes fonctions PHP, ainsi que les variables HTTP (par exemple, si vous tapez `$_` , il vous propose les différents types de variables serveur disponibles dans un menu déroulant : `$_GET`, `$_POST`...). En guise d'illustration, voici la démarche à suivre afin d'exploiter pleinement les possibilités de cet outil, pour déclarer une constante insensible à la casse (nous utilisons pour cela la fonction `define()`, avec comme troisième argument la valeur `1`, voir figure 5-8). Commencez par écrire le début de la fonction dans une zone PHP de votre page (zone encadrée par les balises `<? php` et `?>`), soit « `define()` ». Une zone d'assistance s'affiche alors en dessous de la fonction et vous rappelle le type et le rôle des différents arguments attendus pour la fonction. Commencez à taper en suivant ces indications (il est à noter que, dès que la saisie du premier argument commence, la zone d'assistance disparaît). Si vous ajoutez ensuite une virgule, la zone d'assistance apparaît de nouveau et vous informe sur les arguments restants à entrer. Procédez de la même manière pour tous les paramètres attendus et terminez votre texte par une parenthèse fermante. N'oubliez pas le point-virgule si vous êtes à la fin de l'instruction.

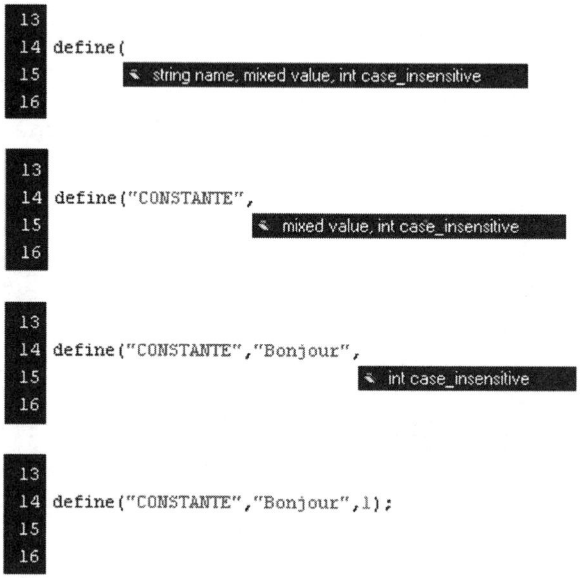

Figure 5-8
L'indicateur de code vous permet de connaître les différents arguments attendus par les fonctions PHP.

Fragment de code

Les fragments de code permettent de stocker des parties de code pré-enregistrées en vue de pouvoir les réutiliser rapidement. Vous pouvez créer et insérer des fragments de code en HTML, JavaScript ou PHP. Dreamweaver contient également quelques morceaux de code prédéfinis. Pour ouvrir la fenêtre des fragments de code depuis le menu, sélectionnez `Fenêtre>Fragments de code` (ou les touches `Maj + F9`).

Le fragment de code peut soit envelopper une sélection, soit se présenter comme un bloc de code. Vous pouvez par ailleurs l'assortir de commentaires destinés aux autres utilisateurs. Notez que les fragments de code se trouvant dans le sous-dossier `Configuration\Snippets` du dossier de l'application Dreamweaver 8, vous pouvez facilement les copier pour les utiliser sur un autre poste ou pour les transmettre à d'autres développeurs.

Voici la procédure pour créer un fragment de code :

1. Cliquez sur l'icône `Nouveau dossier` située en bas du panneau `Fragments de code` et nommez ce dossier `PHP` (voir figure 5-10).
2. Cliquez sur l'icône `Nouveau fragment de code` située en bas du même panneau (voir figure 5-10).

3. La boîte de dialogue `Fragment de code` s'affiche (voir figure 5-9). Saisissez un nom explicite pour votre futur fragment (exemple : `Redirection PHP`), puis décrivez l'action du code dans la zone `Description`. Choisissez l'option `Envelopper la sélection` ou `Insérer le bloc` selon les besoins ; dans notre exemple, nous désirons envelopper la sélection avec les deux blocs de code suivants : `header(Location:" et ");`. Écrivez ensuite votre code dans la (ou les) fenêtre destinée aux codes. Sélectionnez enfin l'option `Type d'aperçu code` en bas de la fenêtre, puis cliquez sur `OK`.

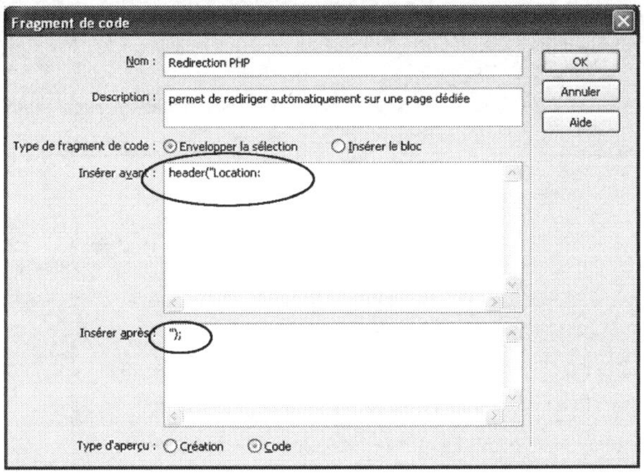

Figure 5-9
La fenêtre de création d'un nouveau fragment permet de saisir le code soit en un seul bloc, soit dissocié en deux parties afin d'envelopper le texte sélectionné, comme dans l'exemple de cette figure.

Voici la procédure pour insérer un fragment de code :

1. Placez le point d'insertion à l'endroit du document qui vous convient (dans le cas d'un fragment d'un seul bloc) ou délimitez la sélection à entourer (dans le cas d'un code enveloppant composé de deux parties).
2. Dans le panneau `Fragments de code`, double-cliquez sur le fragment de code désiré (voir exemple figure 5-10). Vous pouvez également cliquer avec le bouton droit de la souris (Windows) ou maintenir la touche `Contrôle` enfoncée (Macintosh) sur le fragment de code, puis choisir `Insérer` dans le menu contextuel. Vous devez ensuite ajouter le code dans l'éditeur.

Voici enfin la procédure pour modifier ou supprimer un fragment de code :

1. Sélectionnez le fragment de code à modifier ou à supprimer.
2. Cliquez sur l'icône `Modifier le fragment de code` ou `Supprimer` située en bas du panneau `Fragments de code` (voir figure 5-11), selon l'action désirée.

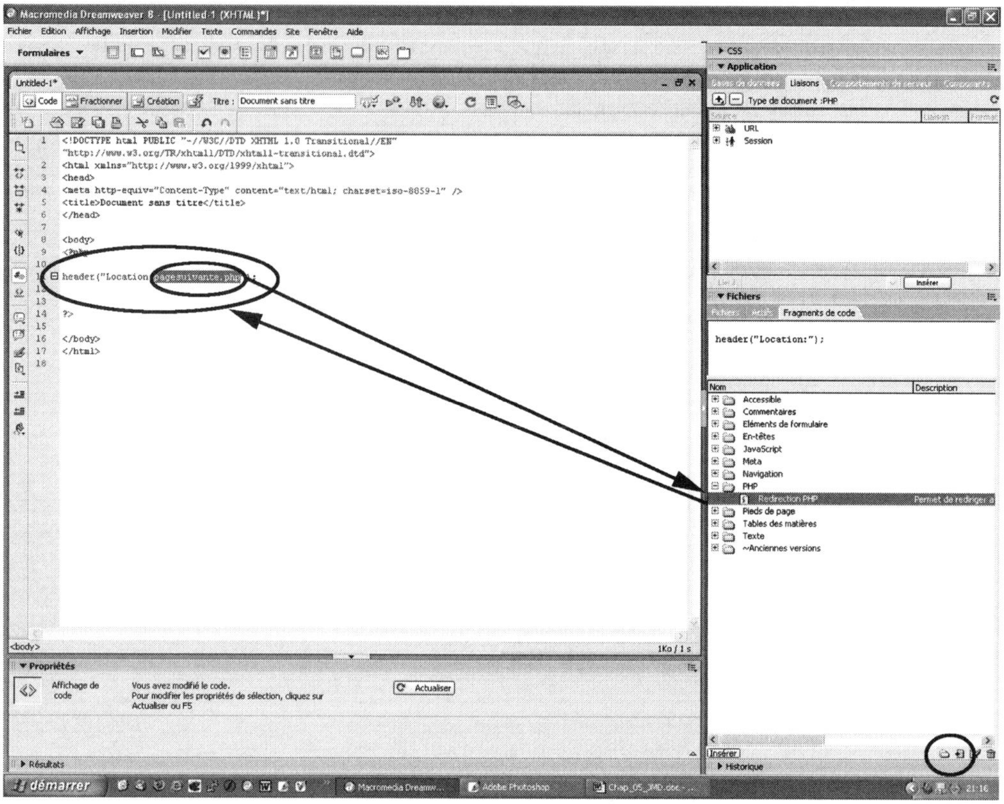

Figure 5-10

Pour insérer un fragment de code, il faut au préalable sélectionner le code à envelopper par le fragment (dans le cas d'un fragment en deux blocs), puis faire un double-clic sur le fragment de code désiré.

Figure 5-11

Les icônes situées en bas de la fenêtre Fragments de code vous permettent d'ajouter, modifier ou supprimer un fragment.

Outils de gestion des balises

La barre d'outils Insertion, la catégorie PHP

Nous avons déjà présenté la catégorie `PHP` de la barre d'outils `Insertion` dans le chapitre 2 (revoir figure 2-68). Elle permet d'insérer rapidement des balises PHP dans la fenêtre `Document` en mode `Code`. Pour que la catégorie `PHP` apparaisse, il faut être dans une page dynamique

PHP (menu `Fichier>Nouveau>Général>Page dynamique + PHP`). Hormis le bouton d'insertion de commentaire, les différents boutons du panneau insèrent des balises PHP de début et de fin (`<?php` et `?>`) qui encadrent le code PHP désiré. Ce panneau est donc bien adapté à l'insertion de codes PHP isolés dans le code source d'une page HTML, et non pour vous assister dans l'édition d'un script PHP de plusieurs instructions. Le bouton situé à l'extrême droite du panneau permet d'appeler le sélecteur de balises que nous détaillerons ci-dessous. Ainsi, vous pouvez accéder à d'autres balises PHP, mais aussi à toutes les balises HTML proposées en standard par Dreamweaver. Les fonctions des boutons de l'onglet PHP sont les suivantes :

- Ajout de variables de formulaires :

```
<?php $_POST[]; ?>
```

- Ajout de variables d'URL :

```
<?php $_GET[]; ?>
```

- Ajout de variables de session :

```
<?php $_SESSION[]; ?>
```

- Ajout de variables de cookies :

```
<?php $_COOKIE[]; ?>
```

- Ajout de la fonction `Inclure` :

```
<?php include(); ?>
```

- Ajout de la fonction `Nécessite` :

```
<?php require(); ?>
```

- Ajout d'un bloc de code PHP :

```
<?php ?>
```

- Ajout de la fonction `Echo` (affichage) :

```
<?php echo ?>
```

- Ajout d'un commentaire dans le code :

```
/*  */
```

- Ajout de la fonction `if` (test d'une condition) :

```
<?php if  ?>
```

- Ajout de la fonction `else` (complémentaire de la fonction `if`) :

```
<?php else  ?>
```

- Ajout d'une balise par le biais du sélecteur de balises (voir le sélecteur de balises détaillé ci-après).

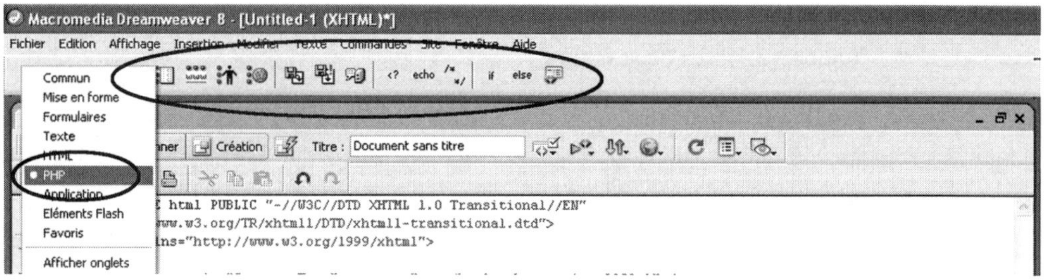

Figure 5-12

La catégorie PHP de la barre d'outils Insertion permet d'ajouter rapidement un code accompagné de ses balises PHP.

Sélecteur de balises

Le sélecteur de balises vous permet d'insérer dans la fenêtre du document une balise quelconque issue des bibliothèques de balises de Dreamweaver (balises PHP ou HTML). Pour insérer une balise à l'aide du sélecteur de balises, nous vous suggérons de suivre les étapes suivantes :

1. Placez le point d'insertion dans le code, cliquez avec le bouton droit de la souris (Windows) ou maintenez la touche `Contrôle` enfoncée (Macintosh), puis choisissez `Insérer la balise`. Vous pouvez aussi cliquer sur le bouton `Plus de balises` du panneau `Insertion/PHP` présenté ci-dessus.
2. Le sélecteur de balises s'affiche (voir figure 5-13). Le panneau de gauche répertorie les bibliothèques de balises prises en charge, tandis que le panneau de droite affiche les balises individuelles du dossier.
3. Déroulez un dossier de bibliothèque et sélectionnez une balise dans la liste de droite.

4. Double-cliquez sur la balise ou cliquez sur le bouton **Insérer** (situé en bas de la fenêtre).
5. Selon la configuration des **Préférences** de Dreamweaver, une seconde fenêtre s'ouvre pour vous demander l'URL du lien. Saisir l'adresse ou utiliser le bouton **Parcourir...** pour la localiser sur votre poste, puis cliquer sur le bouton **OK** pour insérer la balise sélectionnée dans le code, à l'endroit du point d'insertion défini précédemment.

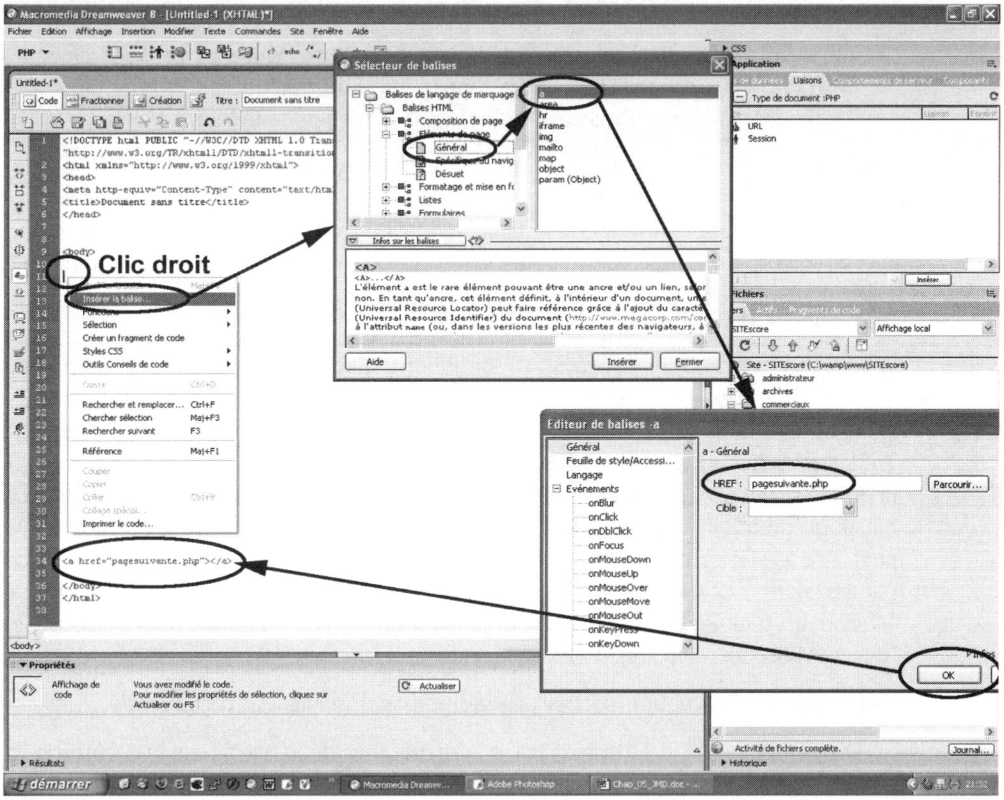

Figure 5-13

Le panneau du sélecteur de balises permet d'ajouter facilement une des nombreuses balises proposées dans les bibliothèques de Dreamweaver.

Éditeur de balises

L'éditeur de balises permet de définir les propriétés d'une balise ou de modifier ses paramètres (attributs, valeurs, format). Les balises ajoutées par l'éditeur de balises sont ensuite disponibles en utilisant l'indicateur de code présenté précédemment. Pour afficher l'éditeur de balises, utilisez l'entrée **Édition** du menu, puis sélectionnez **Bibliothèque de balises**. Dreamweaver propose en standard de nombreuses bibliothèques de balises qui devraient suffire dans la majorité des projets. Néanmoins, vous avez aussi la possibilité d'enrichir ces balises standards avec les vôtres. Il est à noter que cet outil est principalement utilisé pour l'insertion de balises HTML, car dans le cadre de développement de scripts PHP, l'utilisation des fragments de code (qui permettent l'ajout de code PHP sans les balises d'ouverture et de fermeture) est mieux adapté à cet usage.

Voici la procédure à suivre pour ajouter, en utilisant l'éditeur de balises, une option supplémentaire à l'attribut `target` de la balise `<a>` :

1. Ouvrez la boîte de dialogue `Éditeur de la bibliothèque de balises` (menu : `Édition>Bibliothèque de balises`). Développez une bibliothèque de balises, puis une balise, et choisissez un attribut (par exemple l'attribut `target` de la balise `a`).
2. Modifiez les paramètres de l'attribut ou ses valeurs (dans notre exemple, nous avons ajouté une valeur supplémentaire destinée à un cadre qui sera fréquemment utilisé, nommé `menu`) et validez. La balise, ses attributs ou ses valeurs doivent alors être automatiquement modifiés dans le code, selon les options choisies (voir la figure 5-14).

Inspecteur de balises

L'inspecteur de balises est composé de deux fenêtres. Celle du haut affiche les différentes balises qui composent la page sous forme d'une arborescence représentant leur imbrication. Dans la fenêtre du bas (appelée Fiche de propriétés), nous retrouvons les différents attributs utilisables pour la balise sélectionnée. Ce mode de représentation est appréciable pour vérifier la bonne structure de la page (fenêtre du haut) et pour paramétrer un attribut particulier d'une balise qu'on identifie rapidement dans la liste proposée dans la fenêtre du bas. De même, il peut être avantageux d'utiliser cet inspecteur dans le cas d'ajout de variables dynamiques, comme dans l'exemple de la figure 5-15 (pour rendre dynamique les attributs `hauteur` ou `largeur` d'un tableau HTML, par exemple). Pour ouvrir l'inspecteur de balises, sélectionnez le menu `Fenêtre>Inspecteur de balises`.

Voici la procédure pour modifier une balise avec l'inspecteur de balises :

1. Si l'inspecteur de balises n'est pas disponible dans les panneaux, activez-le depuis le menu `Fenêtre>Inspecteur de balises` (ou encore avec la touche `F9`). Cliquez ensuite sur le bouton `Afficher la vue sous forme de liste`, en haut du panneau de l'éditeur de balises. En mode `Code` ou dans l'inspecteur de code, sélectionnez une balise (à l'aide du sélecteur de balises par exemple). Si elle prend en charge des attributs, Dreamweaver les affiche, ainsi que leur valeur actuelle, dans le panneau de l'inspecteur de balises.
2. Modifiez la balise à votre convenance. Pour cela, cliquez sur le nom d'un attribut pour saisir sa valeur ou, s'il accepte les valeurs prédéfinies, sélectionnez-en une dans la liste proposée. De même, si vous devez le paramétrer avec une valeur d'une source de contenu dynamique (une base de données, par exemple), cliquez sur l'icône en forme d'éclair en bout de rangée de l'attribut concerné, puis sélectionnez la source (voir figure 5-15), et validez en cliquant sur le bouton `OK`.

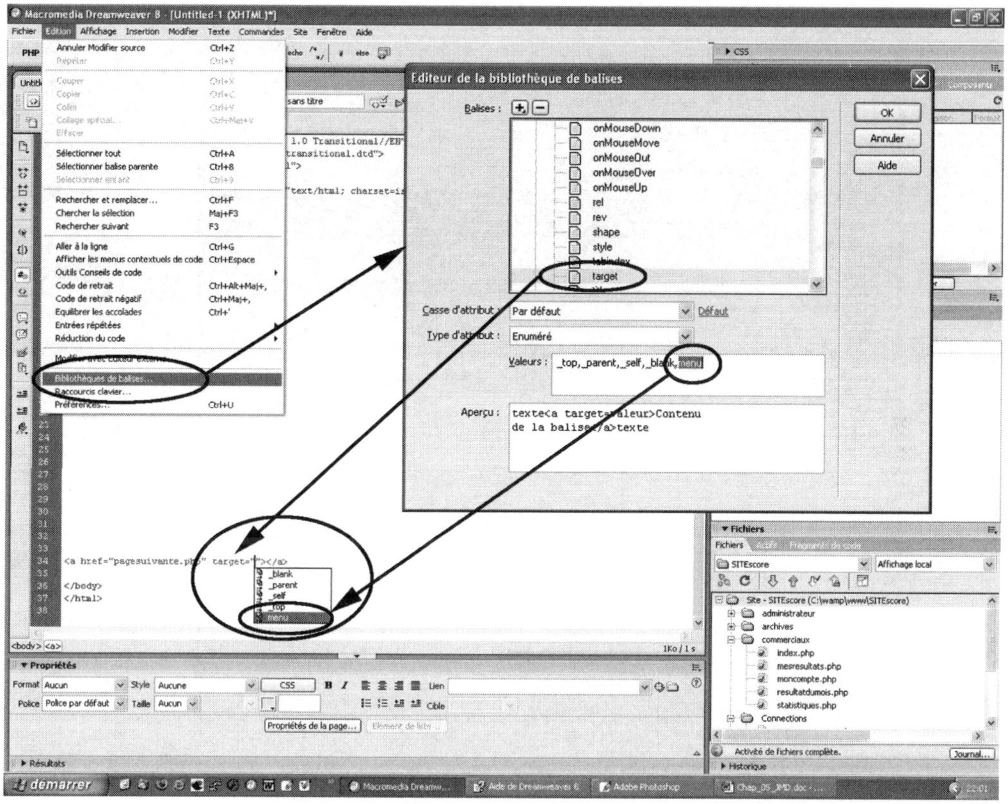

Figure 5-14

L'éditeur de balises permet de modifier ou de créer de nouvelles bibliothèques, des balises de code ou encore leurs attributs.

3. Dès que vous sélectionnez un autre attribut, la mise à jour de celui qui est modifié est effectuée automatiquement dans la fenêtre du document.

Syntaxe de PHP

Extension du fichier et balises de code PHP

Extension de fichier PHP

Comme nous l'avons expliqué dans le chapitre 1, le code PHP doit d'abord être interprété avant d'être envoyé vers le navigateur du client. Pour cela, le code source d'un script est

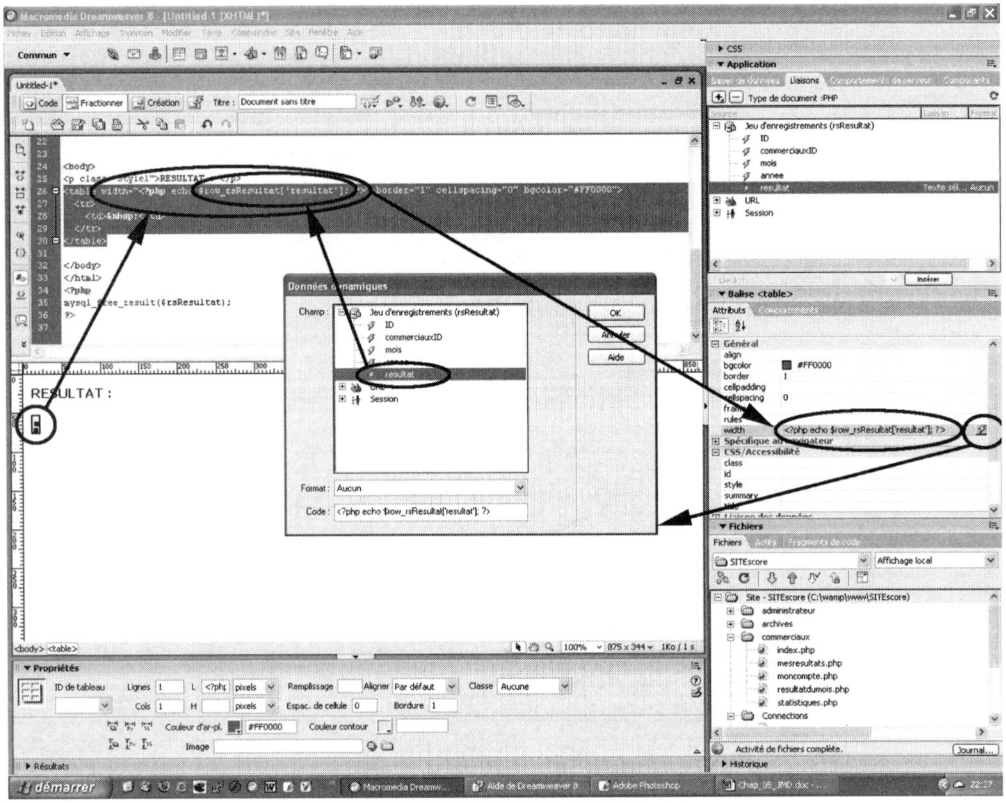

Figure 5-15

L'inspecteur de balises permet de paramétrer facilement les différents attributs d'une balise. Dans le cas d'une valeur d'attribut dynamique, comme dans l'exemple ci-dessus (ajustement de la largeur du tableau en fonction d'une donnée « résultat » de la base), il vous assiste aussi dans son réglage.

toujours enregistré dans un fichier portant l'extension `.php`, pour que l'interpréteur PHP l'identifie (exemple : `mapage.php`).

Balises de code PHP

Le script intégré dans la page doit en plus être encadré par deux balises `<?php` et `?>`, pour que l'interpréteur PHP puisse évaluer le code ainsi délimité (dans cet ouvrage, nous utiliserons toujours ces deux balises car elles sont recommandées pour leur compatibilité avec de nombreuses applications, mais sachez qu'il existe d'autres manières de les écrire, voir tableau 5-1).

Ainsi, lorsque l'interpréteur PHP détecte la balise de début (`<?php`), il traite le code qui suit comme des instructions PHP et l'interprète jusqu'à ce que la balise de fin soit rencontrée.

Tableau 5-1 – Différents types de balises acceptées par PHP

Balise de début	Balise de fin
<?php	?>
<?	?>
<script language="php">	</script>
<%	%>

Après la balise de fin (`?>`), il considère que le code qui suit est en HTML et l'envoie tel quel au navigateur du destinataire.

Voici un exemple d'un premier script PHP :

```
<?php
echo "Bonjour";
?>
```

Dans l'exemple ci-dessus, la première ligne du programme est composée de la fonction `echo` qui affiche `Bonjour` à l'écran. La page PHP peut comprendre uniquement ce script ou du code HTML dans lequel on a intégré le script PHP. Dans ce cas, seul le script PHP délimité par ses balises est interprété par l'interpréteur PHP ; le code HTML est quant à lui retranscrit à l'identique dans la page finale envoyée au navigateur. Si vous enregistrez ce code PHP dans un fichier `bonjour.php` et que vous testez cette page, le navigateur affiche alors `Bonjour`. Par la suite, nous enregistrerons toujours nos fichiers comportant du code PHP avec l'extension `.php`. De même, dans les différents exemples de ce chapitre, nous ne mentionnerons pas ces balises PHP, car nous considérerons que tous les codes affichés doivent être encadrés par ces deux balises `<?php` et `?>`.

La fonction d'affichage echo

Nous avons prévu d'aborder l'étude des fonctions PHP un peu plus loin dans ce même chapitre ; cependant nous utiliserons la fonction `echo` dès le début de cette partie, afin d'afficher facilement les valeurs des variables ou d'émuler du code HTML dans un script PHP. Pour cette raison, voici quelques informations sur l'utilisation de cette première fonction, qui vous permettront de mieux comprendre son utilisation dans les différents exemples de ce chapitre. Sachez, pour commencer, que la fonction `echo` est la seule fonction qui ne nécessite pas l'usage de parenthèses pour encadrer ses arguments. Elle permet d'afficher des textes ou des balises HTML, s'ils sont encadrés par des guillemets simples ou doubles. Par exemple `echo "bonjour";` ou `echo 'bonjour';` affichent le mot « `bonjour` » dans la page Web ; `echo "<br>";` émule la balise HTML `<br>` et provoque un retour à la ligne. La commande `echo` permet également d'afficher la valeur d'une variable, si elle est encadrée par des doubles guillemets ou sans guillemets : par exemple, `echo "$var1";` ou `echo $var1;` affichent la valeur de la variable `$var1` dans la page Web, mais attention, si vous passez dans l'argument le nom d'une variable encadrée par de simples guillemets, vous affichez alors uniquement son nom, et non sa valeur.

Les commentaires

Dans un script PHP (zone encadrée par les balises `<?php` et `?>`), il est possible de commenter le code en utilisant trois syntaxes différentes selon le type de commentaire.

Commentaires de simple ligne //

Si on désire insérer un simple commentaire sur une ligne ou à la fin d'une instruction, il faut écrire deux barres obliques // devant le commentaire à ajouter.

Voici un exemple :

```
echo "Bonjour"; //Ici c'est un commentaire en bout de ligne
// Ici c'est un commentaire sur une ligne complète
```

Commentaires de tête

On peut également utiliser le symbole # , pour commenter une simple ligne. En pratique, cette syntaxe est souvent utilisée en tête de programme pour indiquer les différents paramètres qui caractérisent le script de la page (fonctions réalisées par le script, informations en entrée et en sortie...).

Voici un exemple :

```
###############################################
# Programme  de mise à jour - version du 15.01.2003
# information en entrée : $var1, $var2, $var3, $var4
# information en sortie : actualisation de la table AGENCES
###############################################
```

Commentaires multilignes /* et */

Si on désire avoir plusieurs lignes de commentaire, il faut employer le signe /* en début de la zone de commentaire et */ à la fin.

Voici un exemple :

```
/*
ceci est un commentaire
sur plusieurs
lignes
*/
```

> **Utiliser les commentaires pour déboguer**
>
> Dans le cadre du dépannage d'un script PHP, vous pouvez utiliser les commentaires pour neutraliser une ligne ou un bloc de code. Cela permet de tester la page sans interpréter la partie neutralisée et d'identifier quel script produit l'erreur. Pour plus d'information sur le débogage d'un programme, reportez-vous au paragraphe dédié à la mise en œuvre des programmes, à la fin de ce chapitre.

Les variables

La variable et sa valeur

Les variables sont des symboles auxquels on affecte des valeurs. Après leur affectation, vous pouvez modifier les variables à tout moment au cours du déroulement du programme. Il n'y a pas de déclaration de variable en PHP (contrairement à des langages comme le C), car la variable est créée dès sa première affectation. De même, elles prennent le type correspondant à la valeur affectée. Il est à noter que le type d'une valeur peut lui aussi changer au cours d'un même programme selon la valeur qu'on lui affecte.

Noms des variables

Les noms des variables sont toujours précédés du caractère `$` et suivis du nom choisi pour identifier la variable, qui ne doit comporter que des caractères alphanumériques (sauf le premier caractère, qui ne doit pas être un chiffre) ou le caractère souligné _. En pratique, il est judicieux de choisir un nom explicite et de se fixer une règle de nommage lors du choix d'un nom de variable.

Types des variables

Les variables peuvent être de plusieurs types :

Tableau 5-2 – Les variables PHP peuvent prendre différents types selon leur affectation

Type de variable	Description	Exemples
Chaîne de caractères (string)	Leurs valeurs sont des lettres, chiffres ou symboles. Pour affecter une valeur alphanumérique à une variable, vous devez l'encadrer par des guillemets. Il est à noter que les guillemets peuvent être doubles (") ou simples ('), et qu'une chaîne encadrée par des guillemets simples peut contenir des guillemets doubles et vice-versa, mais si vous devez intégrer des guillemets de même type dans la chaîne, il faut les faire précéder du caractère d'échappement (\).	$var1="Dupond"; $var2="bonjour M. $var1"; $var3="254"; $var4="total=150"; $var5= "d'en face" ; $var5= 'd\'en face'; $var6= 'hight="20" ' ; $var7= "hight=\"20\" " ;

Tableau 5-2 – Les variables PHP peuvent prendre différents types selon leur affectation (*suite*)

Type de variable	Description	Exemples
Numériques entiers (integer)	Leurs valeurs sont uniquement des nombres entiers. Pour affecter un entier à une variable, il ne doit pas être encadré par des guillemets.	$var1=152; $var2=5; $var3=45+$var1;
Numériques décimaux (double)	Leurs valeurs sont uniquement des nombres décimaux. Pour affecter un décimal à une variable, il ne doit pas être encadré par des guillemets. Il est à noter que le séparateur des valeurs décimales utilisé en PHP est le point (`.`) et non la virgule (`,`).	$var1=152.20; $var2=124.50; $var3=45.85+$var1;

Booléens (boolean)	Leurs valeurs sont soit TRUE (vrai), soit FALSE (faux). Ces valeurs sont affectées à la variable en utilisant une expression de condition (ex : $var1==$var2).
	La valeur FALSE peut aussi être le `0`, une chaîne vide "" ou le caractère "0" ; et la valeur TRUE toutes les autres valeurs.
		$var1=5 ;//var num
		$var2=2 ;//var num
		$var3=($var1==$var2);
		/* $var3 est une variable booléenne et sa valeur est FALSE dans ce cas */

Tableaux (array)	Un tableau est une série de valeurs ayant en commun le même nom de variable. Ils peuvent être indicés ou associatifs. Le premier indice d'un tableau est toujours zéro.	$mois[0]="janvier"; $mois[1]="février"; $mois[2]="mars"; ...

Objets (object)	Les objets (ou classes) sont des ensembles de variables et de fonctions définies par l'utilisateur.	class chrono {
		var $var1=2;
		function debut() {this->$var1=time()
		}
		}

Comment connaître le type d'une variable ?

En cours de développement, vous aurez peut-être besoin de connaître le type d'une variable avant de l'exploiter. Dans ce cas, il suffit d'utiliser la fonction `gettype($var1)` qui retourne le type de la variable `$var1`. En phase de mise au point d'un programme, vous pouvez intégrer provisoirement dans votre page l'instruction suivante : `echo gettype($var1);`, qui affiche le type de la variable directement dans la page Web (`string`, `integer`, `double`, `boolean`, `array`, `object`).

Variables simples

La syntaxe la plus simple pour utiliser une variable est d'utiliser son nom précédé d'un caractère `$` (exemple : `$var1`). Cette syntaxe est employée aussi bien pour son affectation que lors de son utilisation au sein d'une page Web (pour les versions de PHP supérieures à 4.2, ce type de variable devra être manipulé uniquement au sein d'une même page). Dans l'exemple ci-dessous, le type de la variable `$var1` est numérique, comme le type de la valeur qui lui est affectée.

```
//affectation d'une variable simple
$var1=100;
//utilisation d'une variable
echo $var1;//ici la valeur de la variable sera affichée dans la page
```

Comment tester si une variable existe ?

Pour tester si une variable a déjà été affectée, il est possible d'utiliser la fonction `isset($var1)` qui retourne `TRUE` (vrai) si la variable existe (si elle est déjà affectée, même avec une chaîne vide ou un 0), et `FALSE` dans les autres cas (si elle n'existe pas encore ou si elle n'a pas été affectée). À l'inverse, la fonction `empty($var1)` permet de tester si une variable est vide (une variable vide vaut 0 dans le cas d'une variable numérique, ou est une chaîne vide dans le cas d'une chaîne de caractères). Si elle est vide, la fonction retourne `TRUE` ; elle retourne `FALSE` dans tous les autres cas. (Attention : si la variable testée contient une chaîne vide ou un 0, les deux fonctions retournent `TRUE`.)

À titre d'exemple, voici un cas pratique : afin d'éviter d'avoir de multiples messages d'erreur du genre `Undefined variable` lors de l'affichage de la page, vous serez certainement amené à vérifier si vos variables sont bien initialisées. Vous pourrez alors utiliser le code suivant (en le plaçant en début de page) qui initialisera la variable en question uniquement si elle n'existe pas encore (l'instruction `if()` utilisée dans ce test est présentée plus loin dans ce même chapitre) :

```
if(!isset($variable)) $variable=" ";
```

Variables de variables

Le nom d'une variable peut lui-même être une variable. Dans ce cas, il faut faire précéder l'identifiant de la variable de variable par deux `$`. Ainsi, dans l'exemple ci-dessous, l'affectation du mot `bonjour` à `$$var1` est équivalent à l'affectation du même mot à la variable traditionnelle `$var2` :

```
$var1=var2;
$$var1="bonjour";
echo $var2; //affiche "bonjour" à l'écran
```

Variables par référence

Depuis PHP 4, il est possible d'affecter à une variable une autre variable par référence. En pratique, la nouvelle variable se comporte comme un alias de la variable initiale. Quand vous affectez une variable par référence, ce n'est pas la valeur d'une variable qui est affectée à une autre variable (ce que l'on appelle l'affectation traditionnelle par copie), mais c'est son adresse mémoire qui devient commune. Ainsi, les deux variables pointent sur la même adresse mémoire, et la modification de la nouvelle variable change aussi la valeur de l'ancienne, et vice versa. Les performances des affectations d'une variable par référence sont cependant bien plus intéressantes que celles d'une affectation classique. En ce qui concerne la syntaxe, pour affecter une variable par référence, il suffit de faire précéder la nouvelle variable du caractère & lors de son affectation :

```
$var1="bonjour";
$var2=&$var1;
// Affectation de var2 par référence (la variable affectée est précédée de &).
$var1="hello"; //modification de $var1
echo $var1; // Les deux variables $var1 et $var2 sont modifiées.
echo $var2; // Elles affichent donc toutes les deux "hello" à l'écran.
```

Variables en tableaux indicés

Les tableaux sont des séries de valeurs regroupées sous le même identifiant. On distingue chaque élément de la série par un indice entre crochets (exemple `$tab1[0]`). Les tableaux utilisant les indices numériques pour distinguer leurs éléments s'appellent des tableaux indicés, et les indices des tableaux commencent toujours à `0`.

> **Comment connaître les valeurs contenues dans un tableau ?**
>
> En cours de développement, vous aurez peut-être besoin d'afficher rapidement le contenu d'un tableau afin de tester votre script. Dans ce cas, il suffit d'utiliser la fonction `print_r($tab1)`, qui affiche directement à l'écran les différentes valeurs du tableau `$tab1`. Par exemple, si vous désirez connaître les valeurs du tableau `$agence` après son affectation (voir le premier exemple de tableau ci-dessous), vous pouvez intégrer provisoirement dans votre page l'instruction :
>
> `print_r($agence)`
>
> qui affiche les informations suivantes dans la page Web :
>
> `Array([0]->Paris [1]->Lille [2]->Marseille)`

Il existe plusieurs manières d'attribuer des valeurs à un tableau. La première consiste à donner sa valeur à chaque élément, en précisant explicitement l'indice de l'élément. L'exemple ci-dessous initialise un tableau mémorisant les noms d'agences du projet `SCORE` :

```
$agence[0]="Paris";
$agence[1]="Lille";
$agence[2]="Marseille";
```

La deuxième manière consiste à ne pas préciser l'indice de l'élément du tableau lors de son affectation. Dans ce cas, le premier élément à qui on donne une valeur est d'indice `0`, et les autres sont incrémentés au fur et à mesure des attributions. L'exemple ci-après réalise exactement la même affectation que l'exemple précédant utilisant des indices :

```
$agence[]="Paris";
$agence[]="Lille";
$agence[]="Marseille";
```

La troisième manière d'affecter un tableau est d'utiliser la fonction `array()`. Il convient dans ce cas de préciser les différentes valeurs du tableau dans les arguments de la fonction (on sépare ces valeurs par des virgules) :

```
//affectation des valeurs
$agence=array("Paris","Lille","Marseille");
//utilisation des variables
echo $agence[0];//affiche "Paris"
```

Variables en tableaux associatifs

Il est également possible de remplacer les indices par un nom explicite (la *clé*). Dans ce cas, le tableau est dit « associatif » (exemple `$tab1["nom"]`).

Nous avons décliné ci-dessous les exemples expliqués précédemment, mais en passant par des tableaux associatifs pour illustrer leur utilisation :

```
$agence["centre"] = "Paris";
$agence["nord"] = "Lille";
$agence["sud"] = "Marseille";
```

ou bien :

```
//affectation des valeurs
$agence=array(
"centre"=>"Paris",
"nord"=>"Lille",
"sud"=>"Marseille");
//utilisation des variables
echo $agence["centre"];//affiche "Paris"
```

Variables en tableaux multidimensionnels

PHP ne gère pas les tableaux à deux dimensions, mais il est toutefois possible de créer une telle matrice en déclarant une autre structure de tableau, à la place des différentes variables du tableau principal. Ainsi, le tableau principal se comporte comme un tableau à deux dimensions (voir le tableau 5-3 et l'exemple ci-après) :

Tableau 5-3 – Matrice équivalant à l'exemple ci-dessous ($tableauprincipal)

[x][y]	[y]=**[0]**	[y]=**[1]**
[x]=**[0]**	A1	A2
[x]=**[1]**	B1	B2

```
//initialisation d'un tableau à 2 dimensions
$ligneA=array("A1","A2");
$ligneB=array("B1","B2");
$tableauprincipal=array ($ligneA,$ligneB);
//utilisation de ses éléments
echo $tableauprincipal[0][0]; //affiche A1
echo $tableauprincipal[0][1]; //affiche A2
echo $tableauprincipal[1][0]; //affiche B1
echo $tableauprincipal[1][1]; //affiche B2
```

Variables HTTP

Les variables HTTP sont des sources de contenu dynamique que vous pouvez utiliser dans une application Web. Il existe plusieurs familles de variables selon la manière dont elles sont initialisées (variable de formulaire, d'URL, de fichier, de session ou de cookie). Toutes ces variables HTTP sont stockées dans des tableaux différents selon leur famille (`$_POST['var1'], $_GET['var1'], $_SESSION['var1'], $_COOKIE['var1']`). Ces tableaux sont disponibles si l'option `track_var` est activée dans le fichier `php.ini`, mais cette option est toujours activée par défaut dans toutes les versions de PHP supérieures à 4.0.2. À noter que l'éditeur Dreamweaver recourt aux tableaux de variables dans tous ses scripts. Par exemple, pour récupérer la variable `$var1` issue d'un formulaire (champ `var1`) utilisant la méthode `GET`, Dreamweaver 8 emploiera la syntaxe suivante : `$_GET['var1']`. Cependant, avant la version 4.1 de PHP, d'anciens tableaux étaient écrits avec une syntaxe plus longue et donc plus difficile à saisir dans le code (`$HTTP_POST_VARS['var1'], $HTTP_GET_VARS['var1'], $HTTP_COOKIE_VARS['var1'], $HTTP_SESSION_VARS['var1']`). Ainsi, selon la version PHP de votre serveur, vous devrez adopter l'une de ces deux syntaxes ; d'ailleurs, sachez que contrairement à la version 8, Dreamweaver MX générait encore des tableaux de la première génération.

Quelle génération de tableaux de variables HTTP doit-on utiliser ?

Dans cet ouvrage, nous utiliserons la deuxième génération de tableaux de variables HTTP (`$_POST['var1'], etc.`) pour être en conformité avec les scripts générés par Dreamweaver 8. Cependant, sachez qu'afin d'assurer la compatibilité avec les versions antérieures, les dernières moutures de PHP (et donc PHP 5) permettent toujours d'utiliser en parallèle les deux générations de tableaux. Nous vous conseillons cependant d'utiliser si possible les tableaux de deuxième génération (`$_POST['var1'], etc.`) pour tous vos nouveaux scripts, car il est possible que l'utilisation de la première génération de tableau ne soit plus autorisée dans une future version de PHP...

Nous vous rappelons que depuis la version 4.2 de PHP, le paramètre `register_globals` du fichier `php.ini` est désormais configuré à `off` par défaut pour des raisons de sécurité. Par conséquent, l'utilisation d'une simple variable pour récupérer une valeur n'est plus possible. Il faut alors recourir aux tableaux des variables HTTP que nous vous avons présentés ci-dessus, pour récupérer la valeur d'une variable. Ainsi, pour une information saisie dans un champ `nomVar` et envoyée par un formulaire en méthode `POST`, on devra prendre la variable HTTP `$_POST['nomVar']` pour obtenir sa valeur. Cependant, si vous désirez utiliser d'anciens scripts sans les modifier, vous pouvez toujours changer la configuration de PHP et mettre le paramètre `register_globals` à `On` dans le fichier `php.ini`. Une autre solution consiste à employer la fonction `import_request_variables()` qui transforme les variables stockées dans les différents tableaux des variables HTTP en variables simples. Par exemple, si vous saisissez la fonction suivante `import_request_variables("gpc", "var_")`, cela vous permettra de retrouver toutes les variables envoyées en GET, POST et COOKIE (grâce à l'option `gpc`) sous le même nom que celui de la variable, mais préfixé par `var_` (ainsi, si vous souhaitez récupérer la valeur d'un champ de formulaire nommé `adresse`, vous devrez alors utiliser la syntaxe `$var_adresse` dans votre script).

Les variables de fichier (lors d'un téléchargement d'un formulaire en méthode POST) subissent les mêmes règles. Ainsi, lorsque le paramètre `register_globals` vaut `On` dans `php.ini`, la variable `$file_name` est identique à la variable HTTP `$_FILES['file']['name']`, de même que les trois autres variables de fichier présentées dans le tableau 5-4. En revanche, si le paramètre vaut `Off` (configuration par défaut pour PHP 4.2 et +), il faudra uniquement utiliser les variables HTTP du tableau 5-4.

Tableau 5-4 – Les variables HTTP sont fréquemment utilisées par Dreamweaver dans l'élaboration des scripts créés par les comportements de serveur

Famille de variable	Syntaxe du tableau de variables	Description
variable de formulaire utilisant la méthode POST	$_POST['var1']	Tableau des variables de formulaire qui stocke les informations récupérées lors d'une requête d'un formulaire utilisant la méthode POST.
variable passée dans l'URL ou issue d'un formulaire utilisant la méthode GET	$_GET['var1']	Tableau des variables d'URL qui stocke les valeurs transmises par l'URL (ex : bonjour.php?var1=100) ou saisies par l'internaute dans un formulaire utilisant la méthode GET.
variable de session	$_SESSION['var1']	Tableau des variables de session qui mémorise des informations enregistrées pendant toute la durée de la visite de l'internaute (la session).
variable de cookie	$_COOKIE['var1']	Tableau des variables de cookie qui permet de récupérer une information stockée au préalable sur le poste client.

Tableau 5-4 – Les variables HTTP sont fréquemment utilisées par Dreamweaver dans l'élaboration des scripts créés par les comportements de serveur (*suite*)

Famille de variable	Syntaxe du tableau de variables	Description
variable de fichier Lors du chargement d'un fichier depuis un formulaire en méthode POST, il est stocké dans un répertoire temporaire. Il conviendra donc de le copier ensuite dans le répertoire désiré (à l'aide de la fonction copy ou move_uploaded_file par exemple).	$_FILES['file'] ['name'] correspond au nom du fichier $_FILES['file'] ['type'] correspond au type MIME du fichier $ _FILES['file'] ['size'] correspond à la taille en octets du fichier $ _FILES['file'] ['tmp_name'] correspond au nom temporaire du fichier	Tableau des informations correspondant à un fichier téléchargé par la méthode POST. Dans les exemples ci-contre, on suppose que le nom du fichier téléchargé (soit le nom du champ du formulaire) est file. ATTENTION : le formulaire dans lequel est intégré le champ de téléchargement de fichier (balise input de type="file") doit être configuré avec l'attribut enctype="multipart/form-data" et la méthode POST.

De même, il est intéressant de noter que ce fichier de configuration `php.ini` contient aussi une option `error_reporting` qui peut être paramétrée selon le niveau de contrôle de vos scripts souhaité. Dans les dernières versions de PHP, cette option est configurée par défaut avec la valeur `E_ALL` qui est le niveau maximal de contrôle. Avec ce paramétrage, toutes les variables non déclarées provoqueront automatiquement un *warning* (`Undefined variable`). Si vous désirez éviter ces messages d'erreur fréquents, l'idéal serait d'ajouter une instruction d'initialisation de la variable concernée (revoir l'utilisation de l'instruction `isset()` présentée au début de ce chapitre), mais vous pouvez aussi remplacer la valeur actuelle de l'option `error_reporting` par `E_ALL & ~ E_NOTICE` ou encore intégrer ponctuellement la fonction `error_reporting(7);` dans le script de la page concernée.

Procédures pour ajouter des variables HTTP

Dreamweaver met à votre disposition deux moyens d'intégrer facilement des variables HTTP dans le code d'une page dynamique.

- Avec la première solution, il faut créer au préalable une variable HTTP à partir du panneau `Liaisons` en cliquant sur le bouton + et en sélectionnant la famille désirée dans la liste du menu. Vous devez alors renseigner le nom de la variable dans la boîte de dialogue, puis valider. La variable créée est ensuite disponible dans la fenêtre du panneau `Liaisons`, et il suffit de la placer dans le script PHP à l'aide d'un glisser-déplacer pour que le code correspondant apparaisse dans la page (voir figure 5-16).
- L'autre solution consiste à utiliser les boutons de la barre d'outils `Insertion/PHP`. Placez-vous dans l'éditeur de code, à l'endroit où vous désirez ajouter la variable, et cliquez sur

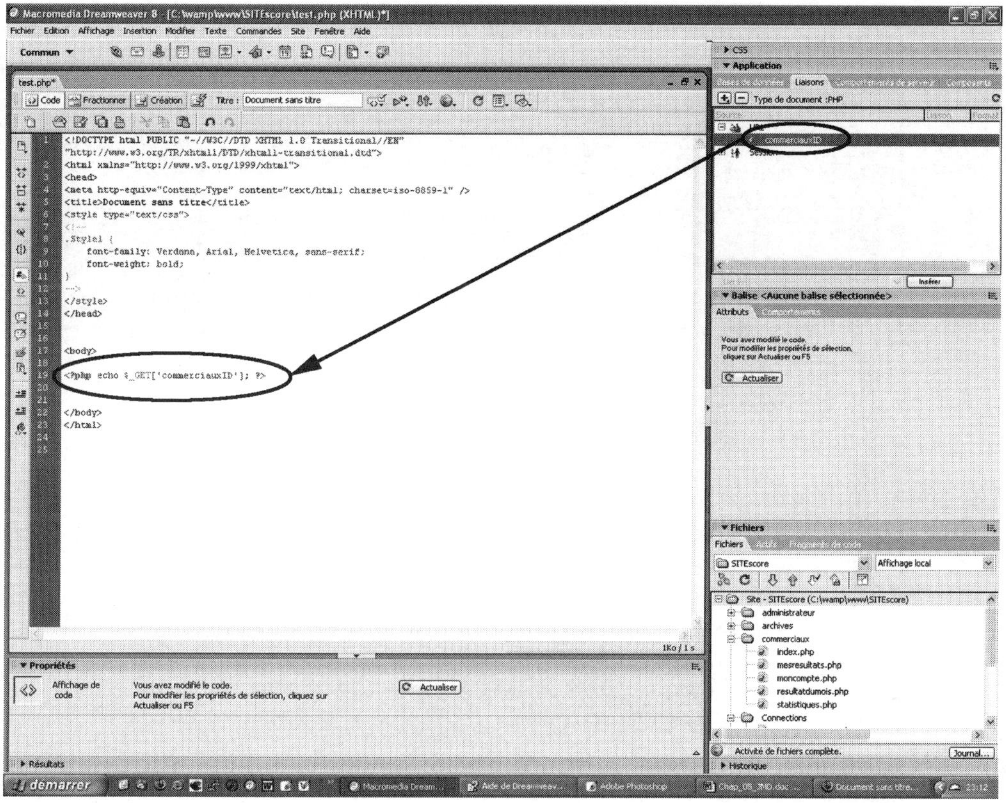

Figure 5-16

Pour ajouter une variable HTTP à partir de la fenêtre Liaisons, il suffit de la faire glisser avec la souris dans l'éditeur de code.

le bouton correspondant à la famille de variables désirée (voir figure 5-17). Il suffit ensuite de compléter le code en ajoutant le nom de la variable concernée.

Il existe aussi d'autres variables prédéfinies qui fournissent des renseignements précieux, comme les noms du navigateur client et du système d'exploitation ou encore l'adresse IP de l'internaute qui consulte votre site. Avec Dreamweaver, vous pouvez facilement exploiter ces variables à l'aide du tableau `$_SERVER['nom_var']`, qui regroupe toutes les variables HTTP. Il est à noter que la plupart de ces valeurs sont attribuées par le serveur : vous pouvez les exploiter dans de multiples applications, mais vous ne devez pas les modifier. Vous trouverez ci-après une liste non exhaustive de ces variables HTTP.

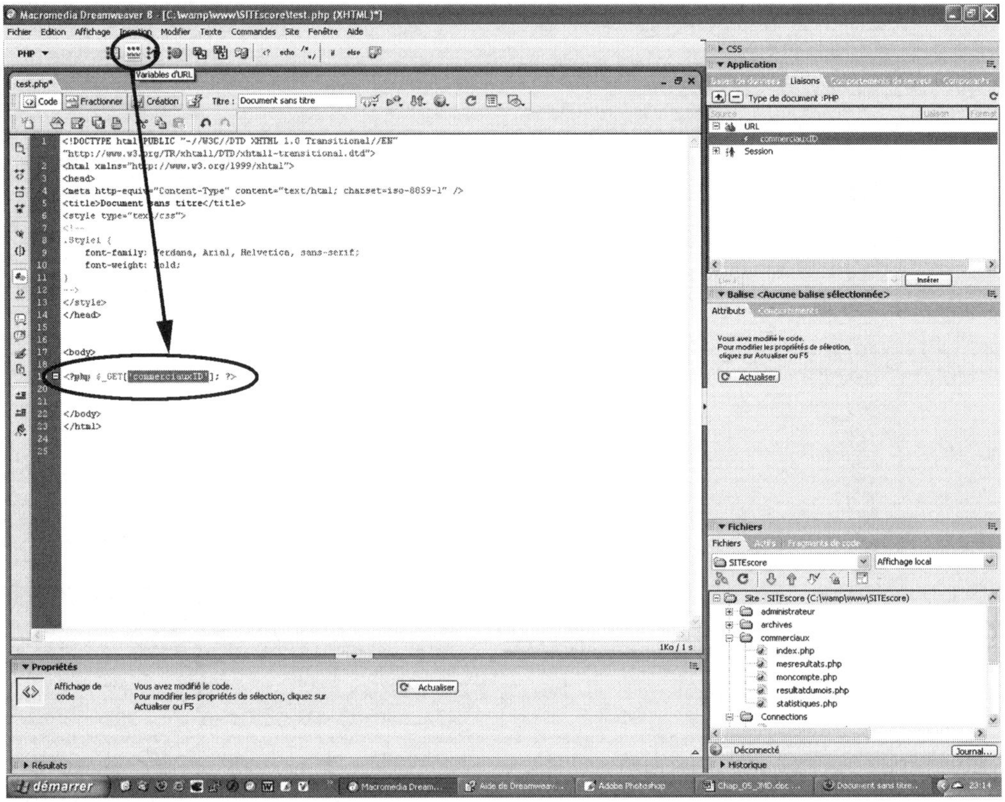

Figure 5-17

La barre d'outils Insertion/PHP comporte quatre boutons qui vous permettent d'ajouter rapidement une variable HTTP dans le code de votre script.

Tableau 5-5 – Liste non exhaustive de quelques variables PHP prédéfinies disponibles sur le serveur Web

Nom de la variable	Définition
$_SERVER['HTTP_USER_AGENT']	Contient le nom et la version du navigateur utilisé par l'internaute.
$_SERVER['HTTP_ACCEPT_LANG UAGE']	Contient le code de la langue paramétrée dans le navigateur de l'internaute (fr par exemple, si le navigateur est en version française).
$_SERVER['REMOTE_ADDR']	Contient l'adresse IP de l'internaute qui consulte la page.
$_SERVER['DOCUMENT_ROOT']	Contient le nom du répertoire de la page affichée.
$_SERVER['QUERY_STRING']	Contient les informations passées dans l'URL après le caractère ?.

Tableau 5-5 – Liste non exhaustive de quelques variables PHP prédéfinies disponibles sur le serveur Web (*suite*)

Nom de la variable	Définition
$_SERVER['PHP_SELF']	Contient le chemin et le nom de la page Web en cours de traitement.
Exemple : echo $_SERVER['PHP_SELF']; //affiche le chemin de la page en cours echo $_SERVER['QUERY_STRING']; /* affiche les informations passées dans l'URL après le point d'interrogation (exemple : si dans l'URL page.php?var1=20, alors var1=20 est affiché à l'écran) */	

Comment connaître les différentes variables HTTP et leur valeur ?

Si vous désirez afficher rapidement toutes les variables HTTP disponibles et leur valeur, il suffit d'utiliser une simple fonction `print_r()` (encadrée dans une balise `<pre>` pour améliorer la mise en forme) comme dans l'exemple de script ci-dessous pour les variables de serveur (voir le résultat obtenu figure 5-18). À noter que cette méthode sera particulièrement intéressante dans le cadre d'un débogage, afin de connaître les valeurs de variables de session, de cookie ou encore passées en POST dans la page :

```
echo "<pre>";
print_r($_SERVER);
echo "</pre>";
```

Variables de jeux d'enregistrements

Lorsque vous créez un jeu d'enregistrements dans une page dynamique avec Dreamweaver, les résultats retournés par le serveur MySQL sont disponibles dans la page sous forme d'un tableau de variables. Le nom du tableau est celui du jeu d'enregistrements créé, précédé du préfixe `$row_`, et la clé est le nom du champ renvoyé (exemple : `$row_rsJeu1['champ1']`).

Procédures pour ajouter des variables de jeux d'enregistrements

Pour ajouter une variable d'un jeu d'enregistrements depuis le panneau `Liaisons`, il suffit de suivre la même procédure que pour les variables HTTP, décrite précédemment : le jeu étant déjà créé et disponible, placez la variable désirée dans le script PHP, à l'aide d'un glisser-déplacer, pour que le code correspondant apparaisse dans la page.

Les constantes

Il est possible de définir des constantes à l'aide de la fonction `define()`. Contrairement aux variables, les valeurs affectées initialement à une constante ne peuvent plus être modifiées.

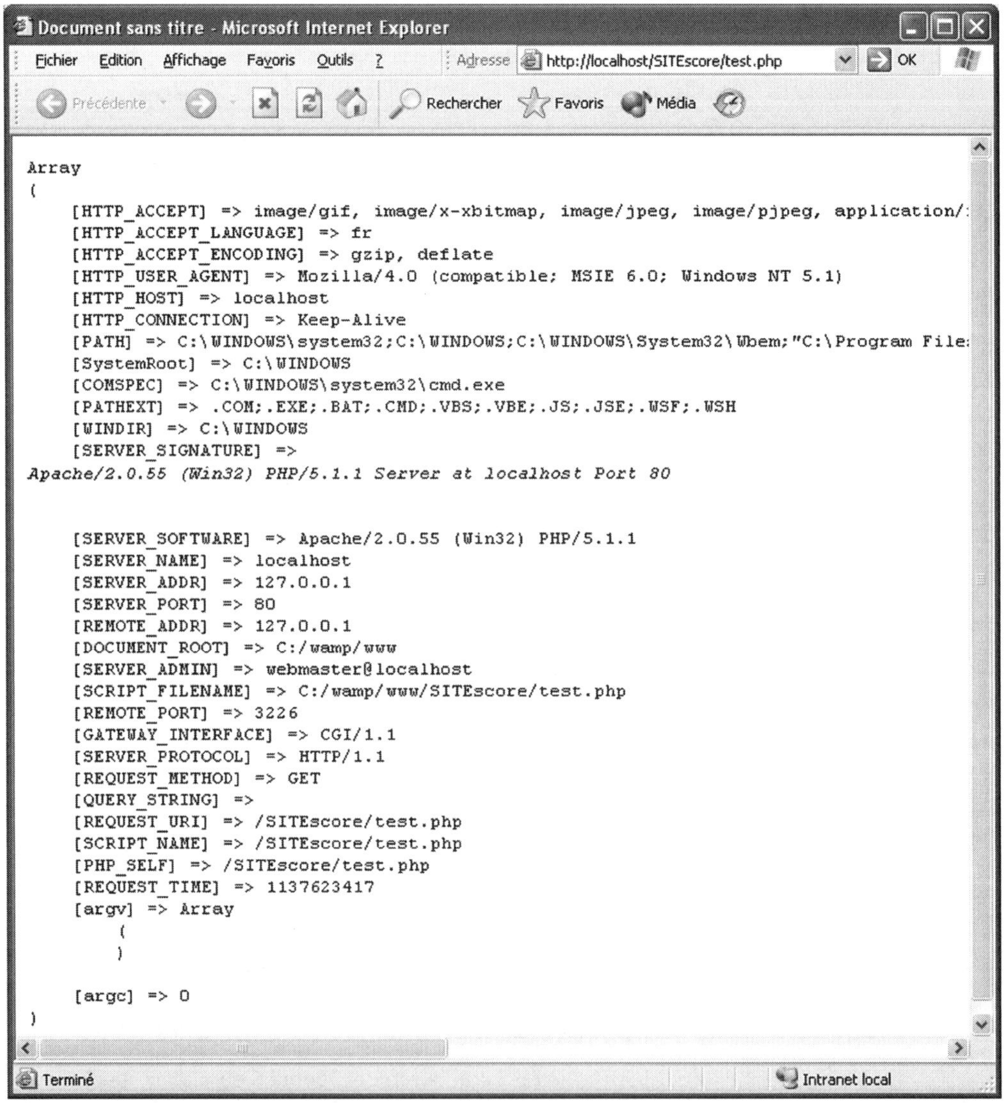

Figure 5-18

Pour afficher toutes les variables serveur disponibles et leur valeur dans votre environnement, il suffit d'utiliser une simple fonction print_r($_SERVER) comme l'illustre l'écran ci-dessus.

Les deux principaux avantages des constantes sont de rendre le code plus explicite et de pouvoir en modifier sa valeur en un seul point, alors qu'elles sont accessibles globalement en tout endroit du code (contrairement aux variables, qui ont une durée de vie limitée à l'exécution du script de la page). Il est d'usage (mais ce n'est pas obligatoire) de nommer des cons-

Tableau 5-6 – Variable de jeu d'enregistrements gérée par Dreamweaver

Famille de variables	Syntaxe	Description
Variable de jeu d'enregistrements (ici, la syntaxe mentionnée correspond à un jeu nommé rsJeu1).	$row_rsJeu1['champ1']	Les variables de jeux d'enregistrements permettent d'utiliser les informations récupérées après une requête envoyée au serveur MySQL.

tantes avec des lettres en majuscules. Vous pouvez accéder à une constante en indiquant uniquement son nom (attention, contrairement aux variables, vous ne devez pas mettre de **$** devant le nom).

Tableau 5-7 – Définition d'une constante

Syntaxe
define (nom_constante, valeur)
Exemple : define("REP_IMAGES", "/monsite/images/");

Pour définir une constante, il faut utiliser la fonction `define()`.

Il est à signaler qu'il existe des constantes prédéfinies par PHP comme `_FILE_`, qui contient le nom du fichier en cours d'utilisation, `_LINE_`, qui contient le numéro de ligne actuellement exécuté, ou encore `PHP_VERSION`, qui contient la version de PHP installée sur le serveur. (`_FILE_` et `_LINE_` sont cependant des exceptions et sont appelées « constantes magiques », car en réalité leur valeur n'est pas figée comme une véritable constante mais peut évoluer au cours du programme.)

Voici un exemple d'utilisation de constantes :

```
define("ANNEENAISSANCE",1960);
define("TEXTE","Je suis né ");
echo TEXTE."en".ANNEENAISSANCE;
//affiche alors "Je suis né en 1960";
```

Expressions et instructions

Les expressions

On appelle « expression » tout regroupement d'éléments du langage de script pouvant produire une valeur (une simple variable **$a** peut donc être considérée comme une expression, puisqu'elle produit une valeur lors de son évaluation). Les expressions sont constituées de variables, d'opérateurs ou encore de fonctions. On les utilise pour construire des instructions ; dans ce cas, elles sont terminées par un point-virgule et elles peuvent être exécutées. Elles servent également pour élaborer des conditions de tests, que nous étudierons plus loin dans le paragraphe dédié aux structures de programme ; dans ce cas, elles sont converties en booléen `TRUE` ou `FALSE` lors de leur évaluation par l'interpréteur PHP.

Voici quelques exemples d'expressions :

```
$a=100
$resultat=fonction()
if ($a>5)
```

Les instructions

On appelle « instruction » une expression terminée par un point-virgule. Les instructions sont traitées ligne par ligne lors de l'interprétation du code PHP.

Voici quelques exemples d'instructions :

```
$a=100;//cette première instruction affecte la valeur 100 à la variable $a
echo $a;//cette deuxième instruction affiche la valeur de $a (soit 100)
```

Les opérateurs

Les opérateurs permettent de lier des variables ou des expressions entre elles. Il existe différentes familles d'opérateurs selon les fonctions réalisées ou les expressions avec lesquelles on peut les employer (affectation, arithmétique, comparaison, logique ou de chaîne).

Opérateurs d'affectation

L'opérateur d'affectation est le plus courant. On peut aussi l'utiliser sous une forme compacte intégrant une opération arithmétique puis une affectation.

Tableau 5-8 – Opérateurs d'affectation

Symbole	Définition
=	affectation de base
+=	addition puis affectation
-=	soustraction puis affectation
*=	multiplication puis affectation
/=	division puis affectation
%=	modulo puis affectation

L'opérateur d'affectation de base permet d'attribuer une valeur issue d'une expression. Les autres opérateurs d'affectation permettent en plus de réaliser des opérations arithmétiques d'une manière très compacte.

Voici quelques exemples :

```
$var1=0;//affectation de base (initialisation de $var1 à 0)
echo $var1;
$var1+=2;//ici $var1 vaut 2 (0+2)
echo $var1;
$var1+=14;//et maintenant $var1 vaut 16 (2+14)
echo $var1;
```

Opérateurs arithmétiques

Lorsqu'on gère des variables de type numérique, on dispose d'opérateurs arithmétiques pouvant réaliser toutes les opérations mathématiques standards. Il est à noter que si on désire forcer la priorité d'exécution d'une opération, il est possible d'utiliser les parenthèses pour encadrer l'expression dont on doit se servir en premier. Enfin, l'incrémentation et la décrémentation (addition ou soustraction d'une unité) sont souvent employées en programmation, et PHP fournit des opérateurs spécifiques pour cette action (++ et --). Notez à ce sujet que vous pouvez placer les opérateurs avant ou après la variable, la différence étant que celle-ci est modifiée avant (ex : `++$a`) ou après (`$a++`) le retour du résultat de l'expression.

Les opérateurs arithmétiques permettent d'appliquer tout type d'opération mathématique à des variables de type numérique

Symbole	Définition
+	addition
-	soustraction
/	division
*	multiplication
%	modulo : l'expression $a % $b retourne le reste de la division de $a par $b.
++	incrément ($a++ ou ++$a)
--	décrément ($a-- ou --$a)

Voici quelques exemples :

```
$var1=5+2;//addition de deux valeurs numériques
echo $var1;
$var2=2+$var1;// addition d'une valeur numérique et d'une variable
echo $var2;
//---------------------------------
$var5=14;
$var4=$var5%5; //14 modulo 5 est égal à 4 (14/5=2 et reste 4)
echo $var4 ;
//---------------------------------
```

```
$var3=($var2+$var1)/2;
//utilisation des parenthèses pour forcer les priorités des opérateurs
echo $var3;
++$var3; //après cette incrémentation, la variable est égale à "$var3+1"
echo $var3;
```

Opérateurs de comparaison

Les opérateurs de comparaison sont utilisés dans les expressions de condition des structures de programme (voir paragraphe sur les structures de programme de ce même chapitre), ou encore avec l'opérateur ternaire présenté ci-après. Ces opérateurs permettent de comparer deux expressions. L'expression résultant de cette comparaison est égale à `TRUE` (`vrai` ou encore `1`) lorsque la condition à contrôler est vérifiée, ou à `FALSE` (`faux` ou encore `0`) dans le cas contraire.

Tableau 5-9 – Opérateurs de comparaison

Symbole	Définition
==	égal
<	inférieur strict
>	supérieur strict
<=	inférieur ou égal
>=	supérieur ou égal
!=	différent

L'opérateur de comparaison permet d'élaborer des expressions de conditions que vous pouvez utiliser dans les instructions de structure de programme (if, while, for...).

Voici quelques exemples d'utilisation d'expressions de condition :

```
$var1=5; //initialise la variable pour le test
$var2=($var1==5);//évaluation de la condition, attention il y a deux signes "="
//teste si $var1 est égale à 5. Après l'évaluation de cette expression de
//condition, la variable $var2 prend la valeur "TRUE" dans le cas présent
//et devient donc une variable de type booléen.
echo $var2;
//si le test est positif, $var2 affiche "TRUE"
//------------------------------------
if($var1>2) //teste l'expression de condition
  {echo "le test est positif";}
```

```
//-----------------------------------
echo ($var1>2)?"le test est positif":"le test est négatif";
//utilisation d'une expression de condition avec l'opérateur ternaire
```

Opérateur ternaire

L'opérateur ternaire permet de réaliser un test rapide d'une expression de condition et d'effectuer une action spécifique selon le résultat du test, tout en restant une instruction très compacte. Nous verrons plus loin qu'il est aussi possible d'utiliser les structures de choix (avec les instructions `if` et `else`) pour réaliser la même action, mais que, dans ce cas, la syntaxe est moins dense.

Tableau 5-10 – Opérateur de choix ternaire

Syntaxe
[expression de condition]?[expression effectuée si vrai]:[expression effectuée si faux]
Exemple: ($var1>2)?($var3="oui"):($var3="non") Dans le cas où $var1 est supérieure à 2, oui est affecté à $var3, sinon c'est non.

L'opérateur de choix ternaire permet de réaliser l'équivalent d'une petite structure de choix comparable à l'utilisation de if et de else.

Voici un exemple :

```
$lg="fr";
echo ($lg=="fr")?"bonjour":"hello";
//le test ternaire est très bien adapté à la personnalisation d'un petit texte
//selon la langue choisie par l'utilisateur (à l'aide d'une variable "$lg"
//initialisée avec "fr" ou "en" par exemple).
```

Opérateurs logiques

Les opérateurs logiques permettent de composer des expressions de condition complexes, à partir de variables booléennes ou d'autres expressions de condition. Ici aussi, vous pouvez utiliser les parenthèses pour forcer les priorités entre les opérateurs, ou simplement pour améliorer la lisibilité du code en encadrant les expressions de condition.

Tableau 5-11 – Opérateurs logiques

Symbole	Exemple	Fonction	définition
&&	$var1 && $var2	ET	Renvoie TRUE (vrai) si les deux variables $var1 ET $var2 sont TRUE.
AND	$var1 AND $var2		

Tableau 5-11 – Opérateurs logiques (*suite*)

Symbole	Exemple	Fonction	définition
||	$var1 || $var2	OU	Renvoie TRUE (vrai) si au moins l'une des deux variables $var1 OU $var2 est TRUE.
OR	$var1 OR $var2		
XOR	$var1 XOR $var2	OU exclusif	Renvoie TRUE (vrai) si l'une des deux variables $var1 OU $var2 est TRUE, mais pas les deux ensemble.
!	!$var1	Négation	Renvoie la négation de $var1.

L'opérateur logique permet de relier logiquement deux expressions booléennes.

Voici deux exemples :

```
if($var1>2) AND ($var1<5)
   {echo "la variable $var1 est plus grande que 2 mais inférieure à 5";}
//------------------------------
if($var1=="jean") OR ($var1=="fred") OR ($var1=="marie")
   {echo "la variable $var1 est jean, fred ou marie";}
```

Opérateurs de concaténation

L'opérateur de concaténation est souvent manipulé pour former des expressions à partir d'éléments de différents types (variable avec du texte par exemple) ou à partir d'autres expressions. L'opérateur employé pour relier ces expressions est le point. Comme pour les opérateurs arithmétiques, il existe une forme compacte d'affectation d'une concaténation. Cette forme est fréquemment utilisée pour cumuler différentes expressions dans une même variable (voir exemple ci-après).

Tableau 5-12 – Opérateur de concaténation

Syntaxe	
Forme normale : [expression 3]=[expression 1].[expression 2] ;	
Légende :	[xxx] : le code xxx est facultatif (attention : vous ne devez surtout pas saisir les crochets [et] dans le code)
Exemple : $var3=$var1."Euros" ; // si $var1 est égale à 50, alors $var3 est égale à "50 Euros"	
Forme compacte : [expression 3].=[expression 2] ;	
Exemple	$var1="Monsieur"; $var1.="Dupond"; Après ces deux instructions, $var1 est égale à Monsieur Dupond.

L'opérateur de concaténation permet de coller deux expressions ensemble et d'en affecter le résultat à l'expression de gauche.

Voici quelques exemples :

```
$var1="jean";
$var2="fred";
$var3=$var1." et ".$var2;
echo $var3;//on affiche "jean et fred " à l'écran
//------------------------------
$var3="Bonjour";
$var3.=$var1;
$var3.=" et ";
$var3.=$var2;
echo $var3;//on affiche "Bonjour jean et fred" à l'écran.
```

Structures de programme

En pratique, il est rare d'avoir des programmes simplement constitués d'une succession d'instructions. En effet, pour contrôler leur déroulement, il est très intéressant de structurer les programmes PHP en utilisant des blocs (délimités par des accolades { et }), des structures de choix (`if`, `else`...) et des boucles (`while`, `for`...). Cette partie vous présente les principaux composants utilisés dans ces structures afin de vous permettre de réaliser des programmes plus élaborés.

Les blocs

Vous pouvez regrouper les instructions à l'aide d'accolades ouvrante { et fermante } pour constituer des blocs de structure. Chaque bloc ainsi constitué se comporte à son tour comme une instruction, et vous pouvez regrouper un ensemble de blocs au sein d'un autre bloc. La création d'un bloc isolé, comme dans l'exemple ci-après, n'a pas d'application pratique ; en revanche, les blocs sont fréquemment utilisés dans différentes structures de programme, et notamment dans les structures de choix, de boucles ou lors de la déclaration de fonctions.

```
//exemple d'un bloc simple
{
$var1="bonjour";
echo $var1;
}
```

Structures de choix

Structures de choix avec if

Les structures de choix sont utilisées pour traiter les alternatives logiques au cours de l'exécution du script, afin d'orienter le déroulement du programme en fonction du résultat de l'alternative. Elles comprennent donc en général une expression de condition qui permet de déterminer l'orientation à prendre. Les expressions de condition sont constituées de variables ou de constantes reliées par des opérateurs logiques. Si l'expression de condition entre parenthèses est vraie, alors l'instruction qui suit est exécutée, sinon il ne se passe rien et le programme continue son déroulement après le bloc du `if` (voir figure 5-19).

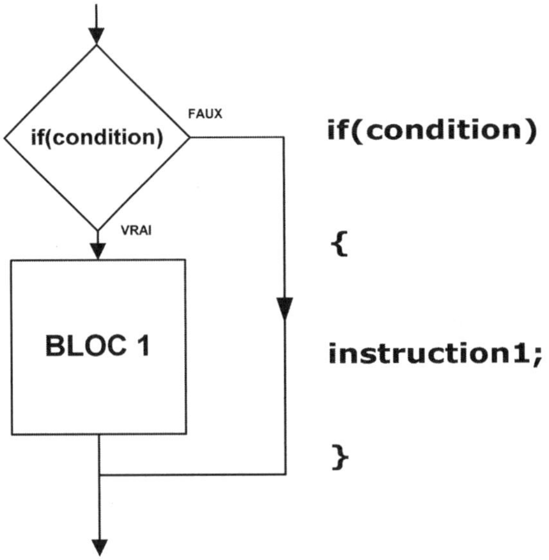

Figure 5-19
Structure de choix if.

Tableau 5-13 – Instruction conditionnelle if

Syntaxe

if (expression_de_condition){
instruction1;
instruction2;
...
}

Forme simplifiée (s'il n'y a qu'une seule instruction à traiter) :if (expression_de_condition)instruction1;

Voici un exemple :

```
if ($var1>4)
  echo "la valeur est supérieure à 4";
/* ci-dessus un exemple de structure "if" avec une seule instruction */
//-----------------------------------
if ($var1>4)
  {//début du bloc IF
  echo "la valeur est supérieure à 4";
  echo "<br> elle est exactement égale à $var1";
   }//fin du bloc IF
//ci-dessus un exemple de structure "if" avec un bloc d'instructions
```

Structures de choix avec if et else

La structure de choix utilisant l'instruction `if` ne traite que les structures de programme où la condition est vraie ; dans le cas contraire, aucune instruction n'est exécutée. Avec l'instruction `else`, vous pouvez définir les instructions à exécuter dans le cas où la condition testée serait fausse. Ces instructions sont regroupées dans un autre bloc qui suit l'instruction `else` (voir figure 5-20).

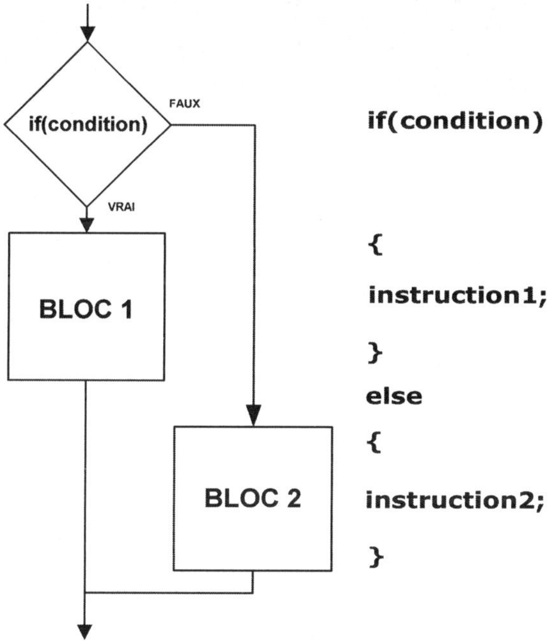

Figure 5-20
Structure de choix if...else.

Tableau 5-14 – Instructions conditionnelles if et else

Syntaxe

if (expression_de_condition) {
instruction1;
instruction2;
...
}
else
{
instruction3;
instruction4;
...
}

Voici un exemple :

```
if ($var1>4)
  {
  echo "la valeur est supérieure à 4";
  echo "<br> elle est exactement égale à $var1 ";
  }
else
  {//début du bloc ELSE
  echo "la valeur est inférieure ou égale à 4";
  echo "<br> elle est exactement égale à $var1";
  }//fin du bloc ELSE
//ci-dessus un exemple de structure "if" avec "else"
```

Structures de choix avec if, elseif et else

En pratique, lors d'un choix, il est fréquent d'avoir plusieurs conditions à tester. Dans ce cas, il faut utiliser l'instruction `elseif`, qui est en quelque sorte une combinaison du `else` et du `if` suivant ; elle se place à la suite d'une instruction `if` pour introduire le bloc à exécuter au cas où sa condition serait fausse (comme le `else`), et introduit une nouvelle condition (comme le `if`). On peut ainsi créer autant de conditions imbriquées qu'on le désire selon le nombre d'instructions `elseif` utilisées (voir figure 5-21).

Figure 5-21
Structure de choix if...elseif...else.

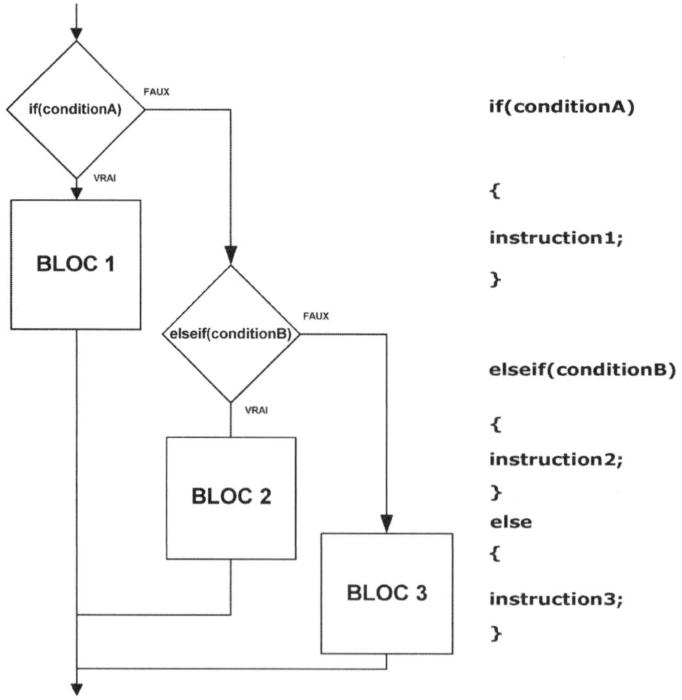

Tableau 5-15 – Instructions conditionnelles if...elseif...else

Syntaxe

if (expression_de_condition) {
instruction1;
instruction2;
...
}
elseif (expression_de_condition)
{
instruction3;
instruction4;
...
}
else
{
instruction5;
instruction6;
...
}

Voici deux exemples de cette structure :

```
//---------------------------Exemple 1
if ($var1>4)
  {
  echo "la valeur est supérieure à 4";
  echo "<br> elle est exactement égale à $var1";
  }
elseif ($var1>2)
  {//début du bloc ELSEIF
  echo "la valeur est supérieure à 2 mais inférieure ou égale à 4";
  echo "<br> elle est exactement égale à $var1";
  }//fin du bloc ELSEIF
else
  {
  echo "la valeur est inférieure ou égale à 2";
  echo "<br> elle est exactement égale à $var1";
  }
/* ci-dessus un exemple de structure "if" avec "else" et une seule instruction
   "elseif" */
//---------------------------Exemple 2
if ($var1>4)
```

```
  {
  echo "la valeur est supérieure à 4";
  echo "<br> elle est exactement égale à $var1";
  }
elseif ($var1>2)
  {//début du bloc 1 ELSEIF
  echo "la valeur est supérieure à 2 mais inférieure ou égale à 4";
  echo "<br> elle est exactement égale à $var1";
  }//fin du bloc 1 ELSEIF
elseif ($var1>1)
  {//début du bloc 2 ELSEIF
  echo "la valeur est supérieure à 1 mais inférieure ou égale à 2";
  echo "<br> elle est exactement égale à $var1";
  }//fin du bloc 2 ELSEIF
else
  {
  echo "la valeur est inférieure ou égale à 1";
  echo "<br> elle est exactement égale à $var1";
  }
/* ci-dessus un exemple de structure "if" avec "else" et deux instructions
   "elseif" */
```

Structures de choix avec switch...case

À la place d'une structure avec plusieurs `elseif`, comme ci-dessus, il est judicieux d'utiliser une structure exploitant l'instruction `switch`. Celle-ci permet de tester l'égalité d'une valeur passée en paramètre (`valeur_testée`) avec une série de valeurs possibles (`valeur1`, `valeur2`...). Si l'une des valeurs concorde avec la valeur testée, alors le bloc d'instructions correspondant est exécuté (voir figure 5-22). Cependant, la réalisation des instructions doit se terminer par une instruction `break`, afin que le programme puisse sortir de la structure de choix. On peut ajouter une branche `default` à la fin d'un bloc, afin de traiter tous les cas non prévus dans la structure.

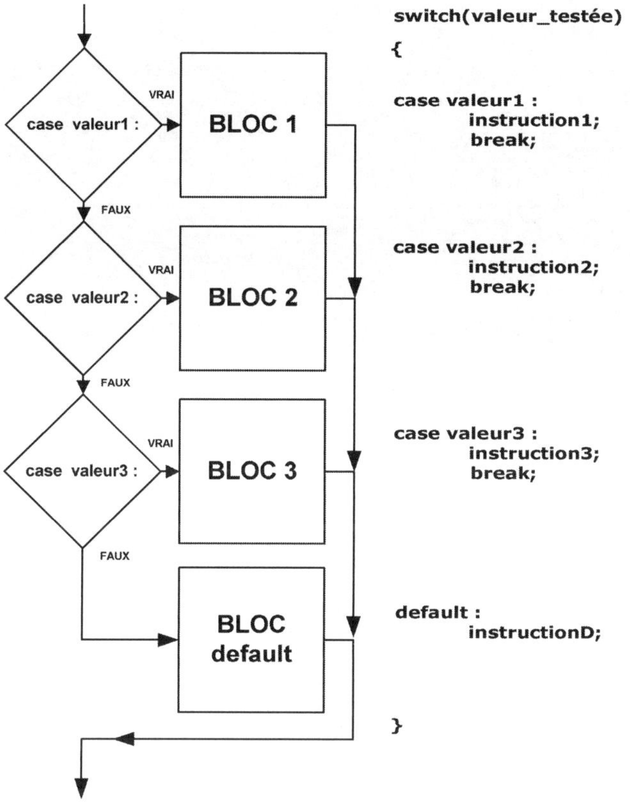

Figure 5-22
Structure de choix SWITCH...CASE.

Tableau 5-16 – Instruction SWITCH...CASE

Syntaxe

switch (valeur_testée) {
case valeur1:
instruction1;
break;
case valeur2:
instruction2;
break;
case valeur3:
instruction3;
break;
...
...
default:
instructionD;
}

Voici un exemple illustrant cette structure de choix :

```
$var1="fr"; //cette variable mémorise la langue choisie par l'internaute
switch($var1)
{
case "fr":
echo "Bonjour";
break;
case "en":
echo "Hello";
break;
case "es":
echo "Hola";
break;
case "de":
echo "Guten Tag";
break;
}
//ci-dessus un exemple qui dit "bonjour" dans la langue de l'internaute
```

Structures de boucle

Structures de boucle avec while

Lorsqu'un ensemble d'instructions doit être exécuté plusieurs fois en fonction d'une condition, il est intéressant d'utiliser les structures de boucles. La structure la plus simple en PHP est réalisée à l'aide de l'instruction `while`. Le bloc d'instructions est exécuté et répété tant que l'expression de condition retourne `TRUE (vrai)`. Lorsque la condition est ou devient fausse `(FALSE)`, le programme sort de la boucle pour continuer et pour passer aux instructions qui se trouvent après la fin du bloc (voir figure 5-23). Pour cette structure, il est fréquent d'employer une variable dédiée au compteur de boucle (exemple : `$i`). Vous devez initialiser cette variable avant la boucle ; ensuite, elle est testée dans l'expression de condition, puis incrémentée (ou décrémentée selon les cas) dans le corps de boucle. La valeur de l'expression de condition étant évaluée avant chaque début de boucle, les instructions du bloc peuvent ne jamais être exécutées si la condition est à `FALSE` dès le début. Il est à noter enfin que pour faire évoluer le compteur de boucle, on utilise généralement un opérateur d'incrémentation ou de décrémentation (`$i++` ou `$i--`) ; il faut veiller à bien choisir le type d'opérateur en fonction de la valeur de l'initialisation du compteur et de l'expression de condition choisie, sinon vous risquez d'obtenir une boucle infinie.

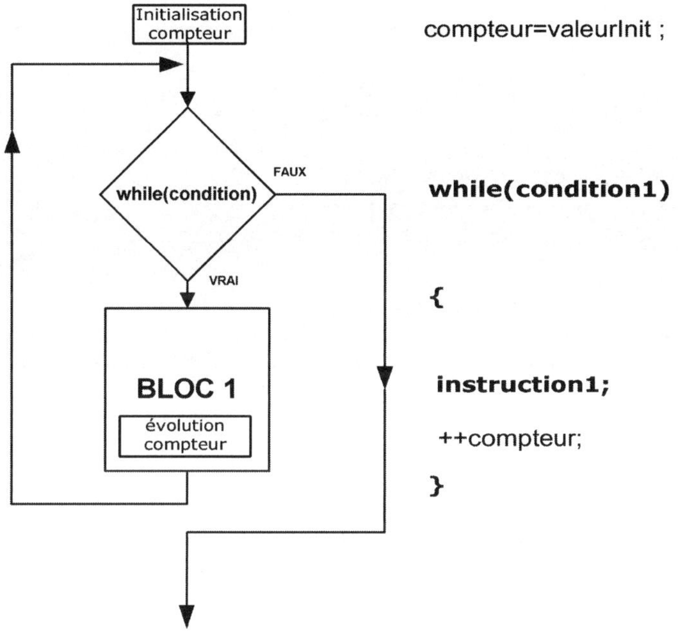

Figure 5-23
Structure de boucle WHILE.

Tableau 5-17 – Instruction de boucle WHILE

Syntaxe

while (expression_de_condition) {
instruction1;
instruction2;
}

Voici deux exemples de boucle `while` :

```
//----------------------------Exemple 1
$i=5; //initialisation du compteur de boucle à 5
while($i>0)
  {
  echo "Encore $i tour(s) à faire <br>";
  $i--; //décrémentation du compteur de boucle
  }
echo "Voilà, c'est enfin terminé";
/* ci-dessus un exemple qui affiche 5 fois le même texte (tant que $i est supérieur
à 0) avant d'afficher le texte final. */
//----------------------------Exemple 2
$i=0; //initialisation du compteur de boucle
```

```
while($i>0)
  {
  echo "Encore $i tour(s) à faire <br>";
  $i--; //décrémentation du compteur de boucle
  }
echo "Voilà, c'est enfin terminé";
//ci-dessus un exemple qui n'affiche pas le texte du corps de boucle car
//l'expression de condition est fausse dès le début.
```

Structures de boucle avec do et while

La structure `do...while` est semblable à la précédente, mais l'expression de condition est évaluée après la première exécution du bloc (le corps de boucle) : celui-ci est donc toujours exécuté au moins une fois, même si l'expression de condition est fausse dès le début (voir figure 5-24). Il est à noter que Dreamweaver utilise cette structure de boucle pour réaliser le comportement serveur **`Région répétée`**.

Voici deux exemples de boucle **`do...while`** :

```
//---------------------------Exemple 1
$i=5; //initialisation du compteur de boucle
do
  {
  echo "Ce texte est affiché au moins une fois <br>";
  $i--; //décrémentation du compteur de boucle
  }
while($i>0);
echo "Fin";
/* ci-dessus un exemple qui affiche 5 fois le même texte (tant que $i est supérieur
à 0) avant d'afficher le texte final. */
//---------------------------Exemple 2
$i=0; //initialisation du compteur de boucle
do
  {
  echo "Ce texte est affiché au moins une fois <br>";
  $i--; //décrémentation du compteur de boucle
  }
while($i>0);
echo "Fin";
/* ci-dessus un exemple qui affiche le texte une seule fois car l'expression de
condition est fausse dès le premier tour. */
```

N'oubliez pas le point virgule !

Contrairement aux boucles `while` traditionnelles, la boucle `do...while` nécessite la présence d'un point virgule après les parenthèses de l'expression de condition du `while`.

Figure 5-24
Structure de boucle DO...WHILE.

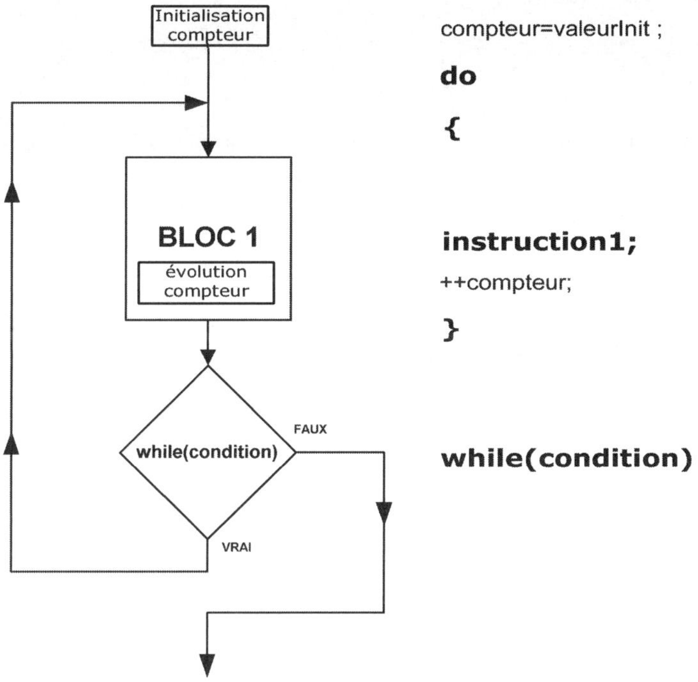

Tableau 5-18 – Instruction de boucle DO...WHILE

Syntaxe

do {
instruction1;
instruction2;
}
while (expression_de_condition) ;

Structures de boucle avec for

L'instruction `for` est une troisième solution pour traiter les boucles. La syntaxe est cependant radicalement différente de celle des deux précédentes structures, car les parenthèses de l'instruction contiennent trois expressions différentes séparées par des points-virgules. Dans le cas de boucles imbriquées, cette syntaxe très compacte est particulièrement appréciable en termes de lisibilité du code.

Tableau 5-19 – Instruction de boucle FOR

Syntaxe	

for (expression1[,...];expression2[,...];expression3[,...]) {
instruction1;
instruction2;
...
}	

Légende	expression1 : expression évaluée en début de boucle. Il est fréquent d'utiliser cette expression pour initialiser le compteur de boucle à l'aide de l'opérateur d'affectation (ex : $i = 5). expression2 : expression évaluée au début de chaque passage de boucle. Si le résultat de l'évaluation est TRUE (vrai), alors le bloc d'instructions de la boucle est de nouveau exécuté et, dans le cas contraire, le programme sort de la boucle pour exécuter les instructions qui suivent le bloc. Il est fréquent d'utiliser cette expression pour tester le compteur de boucle à l'aide d'un opérateur de comparaison (ex : $i > 0). expression3 : expression évaluée à la fin de chaque boucle. Il est fréquent d'utiliser cette expression pour incrémenter ou décrémenter le compteur de boucle à l'aide d'un opérateur d'auto-incrémentation ou décrémentation (ex : $i --). Il est à noter que, pour chaque zone (délimitée par un point-virgule), il est possible d'exécuter plusieurs expressions qui doivent être séparées par de simples virgules. Cela permet notamment de gérer plusieurs variables de compteur. ex : for ($i=5,$x=1;$i>0;$i--,$x++) [xxx] : le code xxx est facultatif (Attention : vous ne devez surtout pas saisir les crochets [et] dans le code.)

Voici un exemple de bloc `for` :

```
for ($i=5;$i>0;$i--)
  {
  echo "Encore $i tour(s) à faire <br>";
  }
echo "Voilà, c'est enfin terminé";
//ci-dessus un exemple qui réalise la même boucle que celle donnée en exemple pour
//l'instruction "while".
```

Structures de boucle avec foreach

Il est également possible d'utiliser la boucle `foreach`, dédiée à la manipulation des tableaux de variables. Cette boucle permet en effet de lire rapidement le contenu d'un tableau sans avoir à écrire beaucoup de code. Vous avez le choix entre deux syntaxes selon le type de tableau à lire (indicé ou associatif). Le principe de cette instruction est semblable à celui d'une boucle pour laquelle un pointeur interne au tableau est placé au début, sur le premier élément du tableau (`0` pour les tableaux indicés et la première clé pour les tableaux associatifs). À chaque tour de boucle, la variable `$var` (voir tableau ci-dessous) contient la valeur de l'élément pointé : vous pouvez ainsi l'exploiter dans les instructions du corps de boucle. À la fin de chaque boucle, le pointeur se déplace sur l'élément suivant dans le tableau, et ainsi de suite jusqu'à la fin du tableau. Il est à noter que dans la syntaxe du tableau associatif, il est aussi possible d'exploiter la clé de chaque élément (**$cle**) dans les instructions du corps de boucle.

Tableau 5-20 – Instruction de boucle pour tableaux FOREACH

Syntaxe pour tableau indicé

foreach($tableau as $var) {
instruction utilisant $var;
}

Syntaxe pour tableau associatif

foreach($tableau as $cle=>$var) {
instruction utilisant $cle et $var;
}

Voici deux exemples d'application de l'instruction **foreach** :

```
//---------------------------Exemple 1
$agence=array("Paris","Lille","Marseille");
foreach ($agence as $ville)
  {
  echo "Ville:$ville <br>";
  }
/* ci-dessus un exemple qui affiche toutes les villes des agences contenues
   dans le tableau indicé $agence. */
//---------------------------Exemple 2
$agence=array("centre"=>"Paris","nord"=>"Lille","sud"=>"Marseille");
foreach ($agence as $cle=>$ville)
  {
  echo "L'agence du secteur $cle se trouve à $ville <br>";
  }
/* ci-dessus un exemple qui affiche tous les secteurs et les villes
correspondantes aux agences contenues dans le tableau associatif $agence. */
```

Instructions de contrôle

Instruction de contrôle avec break

Dans certaines applications, il peut s'avérer nécessaire de sortir de la boucle avant que l'expression de condition ne l'impose (ceci est valable pour toutes les boucles : **while**, **do...while**, **for**, **switch...case** et **foreach**). Dans ce cas, on peut utiliser l'instruction **break** pour quitter la boucle et pour que le programme passe à l'exécution des instructions qui se trouvent après celle-ci. Si plusieurs boucles sont imbriquées, il est alors possible de préciser combien de boucles doivent être stoppées avec l'argument `n` de l'instruction : **`break n`**. L'exécution du programme passe alors directement à la boucle de niveau supérieur, si elle existe (par défaut, cet argument est égal à `1`). Il est à noter que cette instruction est obligatoire dans les structures **`switch...case`** afin d'éviter d'exécuter les instructions qui suivent la branche du `case` sélectionné.

Tableau 5-21 – Instruction de contrôle de boucle BREAK

Syntaxe	
break [n]	
Légende :	n : nombre de boucles imbriquées qui sont interrompues. Par défaut, n est égal à 1. [xxx] : le code xxx est facultatif (attention : vous ne devez surtout pas saisir les crochets [et] dans le code).

Voici un exemple d'application de l'instruction **`break`** :

```
$i=5; //initialisation du compteur de boucle
while($i>0)
  {
  if ($commande[$i]="arret")
    {break;} //arrête la boucle si cette variable est égale à "arret"
  echo "Encore $i tour(s) à faire <br>";
  $i--; //décrémentation du compteur de boucle
  }
echo "Voilà, c'est enfin terminé";
/* ci-dessus un exemple qui reprend le script de la première boucle while, dans
lequel on a ajouté une instruction break conditionnée par la variable $commande.
Si l'expression de condition renvoie TRUE alors le programme sort de la boucle
avant sa fin normale et le message de fin s'affiche. */
```

Instruction de contrôle avec continue

L'instruction **`continue`** est également une instruction de contrôle de boucle, mais, contrairement à l'action **`break`**, elle permet de passer seulement au passage de boucle suivant. De même que pour **`break`**, on peut lui préciser, par le biais d'un argument optionnel, le nombre de passages de boucle qu'on désire court-circuiter.

Tableau 5-22 – Instruction de contrôle de boucle CONTINUE

Syntaxe	
continue [n]	
Légende :	n : nombre de passages de boucle qui sont ignorés. [xxx] : le code xxx est facultatif (attention : vous ne devez surtout pas saisir les crochets [et] dans le code).

Voici un exemple d'application de l'instruction `continue` :

```
$i=5; //initialisation du compteur de boucle
while($i>0)
  {
  if (!($i%2))
    {continue;} //court-circuite l'affichage des tours impairs
  echo "Encore $i tour(s) à faire <br>";
  $i--; //décrémentation du compteur de boucle
  }
echo "Voilà, c'est enfin terminé";
/* ci-dessus un exemple qui reprend le script de la première boucle while, dans
lequel on a ajouté une instruction "continue" qui est exécutée pour tous les tours
impairs (grâce à l'utilisation de l'opérateur modulo dans l'expression de
condition !($i%2)). Au final, l'affichage du message de boucle est réalisé
uniquement sur les tours pairs. */
```

Redirection interpage

Nous venons d'étudier différentes structures qui permettent de gérer le cheminement du programme au sein d'une même page. Cependant, il est fréquent de devoir rediriger le programme automatiquement vers une autre page du site. Cette redirection peut être le résultat d'un test de condition (revoir les instructions de choix `if`, `else`, `elseif` et `switch`) ou bien se situer à la fin d'un script PHP (par exemple : après un script d'ajout d'un nouvel enregistrement, il est intéressant de rediriger l'internaute vers une page affichant la liste actualisée de tous les enregistrements présents dans la base). Pour réaliser une redirection dans un script PHP, il existe plusieurs solutions utilisant des langages différents (PHP, JavaScript ou HTML). Chacune de ces solutions ayant ses avantages et ses inconvénients, nous vous proposons de les commenter ci-dessous, afin que vous puissiez utiliser la technique la mieux adaptée à vos besoins.

Redirection en PHP

La fonction `header()` permet de rediriger l'internaute vers une page ou une URL sans intervention de sa part. L'inconvénient de cette fonction est que vous devez toujours l'utiliser avant tout envoi vers le navigateur, qu'il s'agisse de codes HTML ou d'affichages provoqués par des fonctions PHP comme **echo()** ou **print()**. Il faut donc veiller particulièrement à ce que cette fonction soit appelée au début du script.

Tableau 5-23 – Fonction de redirection HEADER()

Syntaxe	
header("Location:nom_cible")	
Légende :	nom_cible : la cible vers laquelle on redirige l'internaute peut être un chemin relatif comme monfichier.php ou un chemin absolu comme http://www.agencew.com.

Voici un exemple de redirection PHP par la fonction **header()** :

```
<?php
/* ce script permet de rediriger l'internaute vers la page suite.php */
header("Location:suite.php");
?>
```

Voici maintenant un exemple de redirection PHP par la fonction **header()** conditionnée par l'instruction **if** :

```
<?php
//ce script permet de rediriger l'internaute selon l'état de la variable
//$profil vers la page suite.php
if($profil=="admin")
   header("Location:suite.php");
?>
```

Attention aux lignes vides avec les en-têtes !

Il arrive souvent qu'une ligne vide (ou un simple espace) s'insère avant votre première balise PHP. Dans ce cas, aucune fonction agissant sur les en-têtes ne pourra être exécutée (affichage d'un message d'erreur : **Warning: Cannot modify header information**). Il en est de même si vous affichez une chaîne de caractères avec **echo()** ou **print()** avant d'appeler ces mêmes fonctions (ce qui est souvent le cas en phase de débogage...).

Redirection en JavaScript

JavaScript possède aussi une fonction de redirection que vous pouvez exploiter dans le même contexte. Il faut alors utiliser la méthode **windows.location()** pour réaliser cette action. Vous pouvez émuler le script JavaScript grâce à la fonction **echo()**, comme pour une balise HTML, sinon il est placé en dehors des balises PHP (voir les exemples ci-après). Cette solution présente l'avantage de pouvoir intervenir à tout endroit de la page, contrairement à la fonction **header()**, et de pouvoir être temporisée si on l'utilise avec la fonction **setTimeout()**.

Voici un exemple de redirection JavaScript émulée par la fonction **echo()** :

```
<?php
//ce script permet de rediriger l'internaute vers la page suite.php
echo "<script language=\"JavaScript\" type=\"text/javascript\">";
echo "document.location=\"suite.php\";";
echo "</script>";
?>
```

Voici maintenant un exemple de redirection instantanée avec JavaScript :

```
<?php
//le script PHP de cette page est exécuté puis l'internaute est
//redirigé vers la page suite.php.
?>
<script language="JavaScript" type="text/javascript">
<!--
document.location="suite.php";
//-->
</script>
```

Ce troisième exemple montre une redirection temporisée avec JavaScript :

```
<script language="JavaScript" type="text/javascript">
<!--
function redirection(){
  document.location="suite.php";
  }
//-->
</script>
...
<body onLoad="setTimeout('redirection()',2000)">
<?php
echo "Vous allez bientôt être redirigé";
/* Ce script permet de rediriger l'internaute vers la page suite.php après
   une temporisation réglable. */
?>
...
```

Dans l'exemple ci-dessous, il s'agit d'une redirection instantanée avec JavaScript et conditionnée par l'instruction PHP `if` :

```
<?php
//L'internaute est redirigé vers la page suite.php
//selon la valeur de la variable $admin
if($profil=="admin")
  {//début du bloc conditionné
  ?>
  <script language="JavaScript" type="text/javascript">
  <!-
  document.location="suite.php";
  //-->
  </script>
  <?php
  }//fin du bloc conditionné
?>
```

Redirection en HTML

Il existe une troisième possibilité pour rediriger un internaute vers une autre page. Cette solution consiste à utiliser la balise `META Refresh` du HTML. Comme pour le JavaScript, vous pouvez soit émuler cette balise par la fonction `echo` au sein d'un script PHP, soit l'exploiter normalement en dehors des balises PHP. Cette solution a aussi l'avantage de pouvoir être placée à tout endroit de la page, contrairement à la fonction `header()`, et de pouvoir être temporisée selon les besoins (l'attribut `content` indique le nombre de secondes de la temporisation).

Voici un exemple de redirection instantanée avec la balise `META` exécutée par la fonction `echo()` :

```
<?php
echo "<meta http-equiv=\"Refresh\" content=\"0; url=suite.php\">";
?>
```

Ce deuxième exemple est une redirection temporisée avec la balise `META` en dehors des balises PHP :

```
<?php
echo "Vous allez bientôt être redirigé";
?>
<meta http-equiv="Refresh" content="2; url=suite.php">
```

Ce troisième exemple est une redirection avec la balise `META` et conditionnée par l'instruction PHP `if` :

```
<?php
//l'internaute est redirigé vers la page suite.php
//selon la valeur de la variable $admin.
if($profil=="admin")
   {//début du bloc conditionné
   ?>
   <meta http-equiv="Refresh" content="0; url=suite.php">
   <?php
   }//fin du bloc conditionné
?>
```

À la fin de ce chapitre, vous trouverez un exemple d'application des structures de programme au projet `SCORE` : il crée une page d'affichage des résultats des statistiques sous forme d'histogramme.

Fonctions utilisateur

Gestion des fonctions utilisateur

Déclaration et utilisation des fonctions

Une fonction permet d'exploiter une même partie de code à plusieurs reprises dans un programme, ce qui est très intéressant pour les routines standards souvent utilisées en programmation (affichage d'une valeur, calculs mathématiques courants, conversions...). PHP propose de nombreuses fonctions intégrées en standard, que nous étudierons dans la partie suivante (`echo()`, par exemple), mais il est aussi possible de réaliser ses propres fonctions en les déclarant à l'aide du mot-clé `function()`. Dans une fonction, il est possible d'exploiter des variables sans risque de conflit avec celles du programme principal, car elles n'ont qu'une portée locale. La déclaration d'une fonction comporte une tête et un corps. Le mot-clé `function` est placé dans la tête de la fonction, suivi du nom de la fonction et, entre parenthèses, de la liste des arguments attendus séparés par une virgule (lorsque la fonction ne comporte pas d'argument, alors les parenthèses sont vides). La tête de la fonction est suivie du corps encadré par des accolades (comme pour un bloc). Les fonctions ont généralement une valeur de retour, désignée par le mot-clé `return` suivi du résultat renvoyé dans le programme. Il est important de bien comprendre que la valeur retournée avec `return` (exemple : `return $res`) se substitue à l'appel de la fonction (exemple : `moyenne(4,6)`) dans le programme principal, et qu'il est alors possible d'affecter ce résultat à une autre variable (exemple : `$moncalcul=moyenne(4,6);`) pour l'exploiter ultérieurement.

Tableau 5-24 – Fonctions utilisateur

Syntaxe de la déclaration d'une fonction

function nom_de_fonction (arg1,arg2...)
{
instruction1;
instruction2;
...
[**return** $var0;]
}

Syntaxe de l'utilisation d'une fonction
nom_de_fonction (arg1,arg2...) ;
Remarques : - Le nom de la fonction ne doit comporter ni espace ni point. - Les parenthèses permettent de passer des arguments séparés par des virgules. - Les arguments peuvent être des variables ou des constantes. - La durée de vie d'une variable de fonction est limitée au temps d'exécution de la fonction. - return permet de retourner une variable résultat $var0 dans le programme, mais sa présence n'est pas obligatoire. - [xxx] : le code xxx est facultatif (attention : vous ne devez surtout pas saisir les crochets [et] dans le code).

Exemple : Création d'une fonction moyenne() pour le calcul de la moyenne de deux valeurs.
//Déclaration de la fonction ------------------------------------
function moyenne ($a,$b) //tête de la déclaration
{ //début du corps
$res=($a+$b)/2; //instructions de la fonction
return $res; //information retournée au programme
} //fin du corps
//Utilisation de la fonction dans le programme ------------
$moncalcul=**moyenne(4,6);** //appel de la fonction
echo "la moyenne de 4 et de 6 est égale à $moncalcul";

Utilisation avancée des fonctions

Avec le mot-clé `return`, il est possible de renvoyer une variable résultat dans le programme principal. Cependant, dans certaines applications, il est utile de récupérer plusieurs valeurs de résultat. Dans ce cas, la solution consiste à utiliser un tableau en guise de variable retournée par `return()`, comme l'illustre l'exemple ci-dessous :

```
//Déclaration de la fonction -------------------
function calcul($a,$b,$c)
  {
  $res1=($a+$b);
  $res2=($a+$c);
  $res=array ($res1,$res2);
//le résultat est un tableau de valeurs
  return $res;
```

```
  }
//Utilisation de la fonction dans le programme --
$moncalcul=calcul(4,6,5);
echo $moncalcul[0];
echo $moncalcul[1];
/* appel de la fonction et récupération du résultat dans le tableau $moncalcul[],
ainsi les 2 résultats du calcul peuvent être exploités dans le programme
principal. */
```

Les arguments d'une fonction peuvent devenir facultatifs s'ils sont paramétrés avec leur valeur par défaut dans la déclaration. La valeur par défaut d'un argument doit obligatoirement être une constante. De même, il convient de mettre les arguments dotés d'une valeur par défaut à la fin de l'énumération des arguments dans la parenthèse. L'exemple ci-dessous reprend la même fonction **moyenne()** que précédemment, mais avec la possibilité de passer un troisième argument optionnel : si celui-ci n'est pas passé dans l'appel de la fonction, il prend sa valeur par défaut, soit la valeur **euros** dans l'exemple ci-dessous.

Voici un exemple avec passage de 2 paramètres/3 arguments :

```
//Déclaration de la fonction --------------------
function moyenne($a,$b,$c="euros")
// $c est initialisée avec euros par défaut
  {
  $res=($a+$b)/2;
  $res.=$c;
//ajoute l'unité au résultat ex : 5euros
  return $res;
  }
//Utilisation de la fonction dans le programme --
$moncalcul=moyenne(4,6);
/* appel de la fonction avec 2 arguments uniquement */
echo "la moyenne de 4 et de 6 est égale à $moncalcul";
/* dans ce cas, la ligne ci-dessus affiche :
"la moyenne de 4 et de 6 est égale à 5euros" */
```

Voici maintenant un exemple avec passage de 3 paramètres/3 arguments :

```
//Déclaration de la fonction --------------------
function moyenne ($a,$b,$c="euros")
//$c est initialisée à "euros" par défaut
  {
  $res=($a+$b)/2;
  $res.=$c;
```

```
//ajoute l'unité au résulat ex : 5dollars
  return $res;
  }
//Utilisation de la fonction dans le programme --
$moncalcul=moyenne(4,6,"dollars");
//appel de la fonction avec 3 arguments
echo "la moyenne de 4 et de 6 est égale à $moncalcul";
/* dans ce cas, la ligne ci-dessus affiche :
"la moyenne de 4 et de 6 est égale à 5dollars"*/
```

Par défaut, les variables définies dans une fonction ont une portée limitée à la fonction (variables locales). Ainsi, dans l'exemple précédent, vous pouvez très bien exploiter la variable `$res` à la fois dans la fonction et dans le programme principal, sans risque de conflit. De même, il n'est pas possible de récupérer la valeur qui a été affectée à cette variable dans le programme principal sans la retourner avec le mot-clé `return`. Il existe toutefois une solution pour augmenter la portée d'une variable, afin qu'elle puisse être exploitée dans la fonction et dans le programme principal (variable globale) : il faut déclarer la variable dans la fonction en utilisant le préfixe `global`, comme l'illustre l'exemple ci-dessous (attention, selon la version de votre PHP, la syntaxe pour la déclaration et l'utilisation des variables globales peut varier, mais le principe reste le même) :

```
//Déclaration de la fonction -------------------
function moyenne($a,$b)
  {
  global $res; //la variable $res est maintenant de type global
  $res=($a+$b)/2;
  }
//Utilisation de la fonction dans le programme --
moyenne(4,6);
/* La variable $res peut maintenant être exploitée dans le programme principal */
echo $res; //affiche la valeur 5
```

Utilisation de fonctions externes

Inclusion de fichiers avec require()

Pour éviter de déclarer dans chaque programme vos fonctions utilisateur, il est possible de les regrouper dans un même fichier, `mesfonctions.php` par exemple, qui est inséré dans le script grâce à la commande `require()`. Si le fichier appelé ne se trouve pas dans le même répertoire que le fichier appelant, il faut alors préciser le chemin pour accéder au fichier bibliothèque (exemple : `require("bibliotheques\mesfonctions.php")`). Il existe aussi la variante `require_once()`, qui évite d'inclure plusieurs fois le fichier appelé.

Voici un exemple d'inclusion de fichier avec **require()** :

```
//--------------------------------------------
//contenu du fichier mesfonctions.php
<?
function moyenne ($a,$b )
  {
  $res=($a+$b)/2;
  return $res;
  }
?>
//--------------------------------------------
/* Contenu d'un autre fichier utilisant les fonctions du fichier mesfonctions.php
*/
<?php
require("mesfonctions.php");
$moncalcul=moyenne(4,6);
// appel de la fonction
echo "la moyenne de 4 et de 6 est $moncalcul";
?>
```

Inclusion de fichiers avec include()

La commande **require()** est bien adaptée à l'inclusion d'un fichier regroupant des fonctions, car il ne doit être appelé qu'une seule fois en début de la page. Cependant, cette commande n'est pas une fonction et elle reste indépendante des structures de programme. Vous ne pouvez donc pas intégrer une commande **require()** dans une boucle (car elle n'est exécutée qu'une seule fois, quel que soit le nombre de boucles) ou dans une structure de choix (car elle est toujours exécutée, que la condition de choix soit vraie ou fausse). Si vous désirez ajouter un fichier géré par une structure de programme, il faut utiliser la fonction **include()**.Elle est très bien adaptée à l'inclusion de blocs de code que vous pouvez inclure plusieurs fois dans la même page ou conditionner par une instruction de choix. Comme pour la fonction **require()**, il existe aussi la variante **include_once()**, qui évite d'inclure plusieurs fois le fichier appelé.

Voici un exemple illustrant la différence entre **include()** et **require()** :

```
if ($condition=="oui")
  {include('fichier.php')}
/* Dans ce cas, si le test est positif, le fichier est inclus ; dans le cas
contraire,
   il n'est pas inclus. */
//--------------------------------------------
if ($condition=="oui")
```

```
  {require('fichier.php')}
/* Dans ce deuxième cas, le fichier est inclus quel que soit le résultat du test,
car
   il est inclus avant l'interprétation du script. */
```

Bibliothèques de fonctions intégrées à PHP

On appelle bibliothèque un ensemble de fonctions qui permettent de réaliser des tâches relatives à un même domaine. Vous pouvez regrouper ces fonctions dans un fichier commun, comme nous l'avons fait pour les fonctions utilisateur avec `include()`, ou les intégrer à des bibliothèques natives PHP. Dans le deuxième cas, il n'est plus utile de faire référence aux fichiers externes qui contiennent les fonctions, car les fonctions intégrées restent en permanence dans la mémoire du processeur et sont ainsi interprétées automatiquement lors de leur appel. Ces fonctions intégrées sont regroupées en bibliothèques et sont facilement identifiables par leur nom, qui contient souvent un préfixe commun à chaque bibliothèque (exemple : `mysql_connect()`, `strpos()`...). La liste des fonctions intégrées est très importante ; aussi, nous en avons sélectionné quelques-unes, que nous présentons ci-dessous. Sachez que cette liste est loin d'être exhaustive ; nous vous invitons à consulter la documentation PHP (`www.php.net`) si vous désirez exploiter une fonction spécifique.

Fonctions PHP générales

Tableau 5-25 – Principales fonctions PHP générales

Syntaxes et exemples	Descriptions
empty($var)	Retourne le booléen FALSE si la variable $var est définie ou a une valeur ; retourne TRUE dans le cas contraire.
define(nom_cst,valeur,option)	Définit une constante nom_cst qui a pour valeur `valeur`. Par défaut, le nom de la constante est sensible à la casse, mais si l'argument option est égal à 1, alors le nom est insensible à la casse.
header("chaîne")	Produit un en-tête HTTP comme Content-type, Location, Expires...
isset($var)	Retourne TRUE si la variable $var est définie et a une valeur ; retourne FALSE dans le cas contraire.
md5("chaîne")	Fonction de codage qui retourne une chaîne de 32 octets associée à l'argument chaîne.
phpinfo()	Affiche les informations sur l'interpréteur PHP installé sur le serveur.
rand()	Retourne une valeur aléatoire.

Fonctions PHP dédiées aux tableaux

Les tableaux de variables sont fréquemment employés en programmation, et PHP propose de nombreuses fonctions pour gérer leur contenu (tri, navigation dans le tableau, accès aux éléments...). Vous trouverez ci-dessous un récapitulatif des fonctions les plus couramment employées à cet effet.

Tableau 5-26 – Principales fonctions PHP dédiées aux tableaux

Syntaxes et exemples	Descriptions
array_walk($tab1,nom_fonction)	Exécute la fonction nom_fonction sur chaque élément du tableau $tab1.
arsort($tab1)	Trie le tableau $tab1 par ordre décroissant.
asort($tab1)	Trie le tableau $tab1 par ordre croissant.

count($tab1)
$tab1=array("Paris","Rennes","Lille");
echo count($tab1);
//affiche le nombre d'éléments, donc 3
	Retourne le nombre d'éléments contenus dans le tableau $tab1.

current($tab1)	Retourne l'élément courant du tableau $tab1, mais n'avance pas le pointeur interne du tableau.
each($tab1)	Retourne chaque paire clé/valeur du tableau $tab1 et avance le pointeur interne du tableau. Si le pointeur arrive à la fin du tableau, il retourne FALSE.
end($tab1)	Place le pointeur interne sur le dernier élément du tableau $tab1.
key($tab1)	Retourne la clé de la position courante d'un tableau associatif $tab1.
next($tab1)	Avance le pointeur interne du tableau $tab1 et retourne l'élément suivant du tableau ou FALSE en fin de tableau.
prev($tab1)	Recule le pointeur interne du tableau $tab1.
reset($tab1)	Place le pointeur interne sur le premier élément du tableau $tab1.

Fonctions PHP dédiées aux dates

Les fonctions de date et d'heure de PHP se réfèrent au tampon horaire Unix. Ce tampon contient le nombre de secondes qui se sont écoulées depuis le début d'Unix, soit le 1er janvier 1970 à 0h00 (heure Greenwich GMT).

Tableau 5-27 – Principales fonctions PHP dédiées aux dates

Syntaxes et exemples	Descriptions

checkdate($month,$day,$year)
checkdate(03,20,2002);
//retourne TRUE car la date du 20 mars 2002 existe
	Vérifie la validité d'une date et retourne TRUE si elle est valide et FALSE dans le cas contraire.

date("format",$date) $aujourdhui=date("d/m/y"); //retourne la date du jour au format suivant : 30/01/03	Formate une date. Retourne une chaîne de caractères au format imposé par format (il existe de nombreux formats possibles). La date est fournie par $date, mais si ce paramètre n'est pas mentionné, c'est par défaut la date courante qui est retournée.

Tableau 5-27 – Principales fonctions PHP dédiées aux dates (*suite*)

Syntaxes et exemples	Descriptions

mktime($h,$min,$sec,$mon,$day,$year[,int is_dst])
mktime(10,0,0,1,25,2003,1);
//retourne en secondes : 1043481600
	Retourne le tampon UNIX (temps référence en secondes depuis le 1er janvier 1970), correspondant à la date indiquée en paramètre.
	À noter que l'argument optionnel is_dst permet de tenir compte de l'heure d'hiver (si l'heure d'hiver est appliquée, alors is_dst=1 et 0 sinon).

getdate(tampon_UNIX)
//ce script affiche l'heure actuelle
//par ex : il est 18h45
$datejour=getdate();
$heure=$datejour[hours];
$min=$datejour[minutes];
echo "il est ".$heure." h ".$min;
	Appelée sans paramètre, cette fonction retourne un tableau associatif qui contient la date et l'heure actuelles. Si une valeur de tampon UNIX est indiquée, alors le tableau contient les informations en rapport avec ce tampon. Pour récupérer une information de ce tableau, il convient d'utiliser la clé adaptée, comme par exemple :
	$aujourdhui=getdate();
	echo $aujourdhui[mday];//jour du mois (numérique de 1 à 31);
	echo $aujourdhui[mon];// mois (numérique de 1 à 12);
	echo $aujourdhui[year];//année (numérique par ex : 2004);
	echo $aujourdhui[hours];//heure (numérique de 0 à 23);
	echo $aujourdhui[minutes];//minutes (numérique de 0 à 59);
	echo $aujourdhui[secondes];//secondes (numérique de 0 à 59);

Fonctions PHP dédiées aux chaînes de caractères

Certaines fonctions de gestion des chaînes de caractères sont très importantes dans les sites dynamiques. En effet, lorsqu'on ajoute dans une base de données une chaîne comportant des caractères spéciaux (« ' » par exemple), le serveur MySQL signale une erreur. La solution consiste à faire précéder ces caractères spéciaux d'une barre oblique inverse afin de les éviter. La fonction `AddSlashes()` est utilisée dans ce cas, alors que la fonction `StripSlahes()` permet ensuite de les supprimer pour extraire de l'information de la base.

Tableau 5-28 – Principales fonctions PHP dédiées aux chaînes de caractères

Syntaxes et exemples	Descriptions
trim($chaine)	Supprime les espaces initiaux et finaux d'une chaîne de caractères $chaine.
str_replace($ch1,$ch2,$ch3)	Substitue une chaîne $ch2 à toutes les occurrences d'une chaîne de recherche $ch1 dans une chaîne spécifique $ch3.
StripSlashes($chaine) $chaine1="aujourd\'hui"; $chaine2=StripSlashes($chaine1); echo $chaine2; //affiche "aujourd'hui"	Supprime les barres obliques inverses devant les caractères spéciaux de la chaîne $chaine.
AddSlashes($chaine) $chaine1="aujourd'hui"; $chaine2=AddSlashes($chaine1); echo $chaine2; //affiche "aujourd\'hui"	Ajoute une barre oblique inverse devant les caractères spéciaux d'une chaîne $chaine.

Tableau 5-28 – Principales fonctions PHP dédiées aux chaînes de caractères (*suite*)

Syntaxes et exemples	Descriptions
strtolower($chaine)	Renvoie la chaîne $chaine en minuscules.
strtoupper($chaine)	Renvoie la chaîne $chaine en majuscules.

explode($separe,$chaine)
$chaine1="Paris:Rennes:Lille";
$tab1= explode(":",$chaine1);
//retourne le tableau suivant :
array("Paris","Rennes","Lille")
	Scinde la chaîne $chaine en plusieurs parties selon le séparateur $separe. Retourne un tableau des valeurs ainsi séparées.

implode($separe,$tab) $tab=array("Paris","Rennes","Lille"); $chaine1= implode(":",$tab); echo $chaine1; /* affiche la chaîne suivante : "Paris:Rennes:Lille" */	Retourne une chaîne de caractères constituée de tous les éléments du tableau $tab séparés par $separe.

Fonctions PHP dédiées aux fichiers

La plupart des opérations de base réalisables avec des fonctions PHP nécessitent le passage en argument d'un identifiant de fichier que nous noterons `$id` dans le tableau ci-dessous. Cet identifiant est obtenu lors de l'ouverture du fichier à l'aide de la fonction `fopen()`. Pour toutes les opérations d'écriture, il faut s'assurer au préalable que les droits du fichier sont configurés en conséquence (pour cela, vous pouvez rapidement réaliser ce paramétrage à l'aide de la fonction `chmod` de votre outil de FTP).

Tableau 5-29 – Principales fonctions PHP dédiées aux fichiers

Syntaxes et exemples	Descriptions
fopen("nom_fichier","mode") $id=fopen("monfichier.txt","r");	Ouverture d'un fichier selon le mode mode (voir détail ci-dessous). Retourne un identifiant ($id par exemple) qui est nécessaire dans d'autres fonctions de manipulation de fichiers.
Le paramètre mode de la fonction `fopen()` définit les modes d'ouverture suivants : "r" : ouvre un fichier en lecture seule et place le pointeur en début du fichier. "r+" : ouvre un fichier en lecture et en écriture et place le pointeur en début du fichier. "w" : ouvre un fichier en écriture seule et place le pointeur en début du fichier, mais en supprimant le contenu existant. Si le fichier n'existe pas, il est créé. "w+" : ouvre un fichier en lecture et écriture et place le pointeur en début du fichier, mais en supprimant le contenu existant. Si le fichier n'existe pas, il est créé. "a" : ouvre un fichier en écriture seule et place le pointeur à la fin du fichier (ajout). Si le fichier n'existe pas, il est créé. "a+" : ouvre un fichier en lecture et écriture et place le pointeur à la fin du fichier (ajout). Si le fichier n'existe pas, il est créé.	

Tableau 5-29 – Principales fonctions PHP dédiées aux fichiers (*suite*)

Syntaxes et exemples	Descriptions
copy($source,$destination) $fichier="index.php"; copy($fichier,$fichier.'.bak'); //ici, on réalise une copie de sauvegarde "index.php.bak"	Copie le fichier $source dans le fichier $destination (si $destination n'existe pas, il est créé). Si l'opération est effectuée, la fonction retourne TRUE sinon FALSE.
fclose($id)	Ferme un fichier ouvert par la fonction fopen().
fgetc($id)	Lit un caractère du fichier ouvert avec $id.
fgets($id)	Lit une ligne du fichier ouvert avec $id.
file("nom_fichier")	Lit un fichier et retourne un tableau contenant une ligne du fichier dans chacun de ses éléments.
fread($id,"nombre")	Lit un nombre donné d'octets (nombre) du fichier ouvert avec $id.
fwrite($id,"chaine")	Écrit une chaîne de caractères (chaîne) dans un fichier ouvert avec $id.
rewind($id)	Place le pointeur du fichier au début du fichier ouvert avec $id.

Fonctions PHP dédiées à MySQL

PHP dispose de nombreuses fonctions dédiées à la gestion de la base MySQL. Ces fonctions commencent toujours par `mysql_`. Nous vous présentons ci-dessous les plus couramment utilisées.

Tableau 5-30 – Principales fonctions PHP dédiées à MySQL

Syntaxes et exemples	Descriptions

mysql_connect ("nom_hote","login","password")
//ci-dessous la même fonction avec l'option connexion persistante
mysql_pconnect ("nom_hote","login","password")
//exemple : création d'un identifiant de connexion "$id"
$id=mysql_connect ("localhost","score","eyrolles");
	Permet d'établir la connexion avec le serveur de base de données MySQL. Le nom de l'hôte, l'identifiant et le mot de passe sont communiqués comme arguments de cette fonction. Il doivent évidemment être configurés au préalable sur le serveur MySQL (revoir la procédure décrite dans le chapitre 2). Dans le cas d'un hébergement mutualisé, ces informations vous sont transmises par votre hébergeur.
	Cette fonction retourne un identifiant de connexion qu'il convient d'enregistrer dans une variable (ex : $id), afin de pouvoir l'utiliser dans les autres fonctions MySQL.

mysql_select_db ("nom_base_donnees") //exemple : sélection de la base de données "score_db" mysql_select_db ("score_db");	Permet de sélectionner une base de données dont le nom est communiqué en argument de la fonction.
mysql_query ("requete_SQL","id_connexion") //exemples : $result=mysql_query ("SELECT * FROM agences ", $id); $result=mysql_query ($query,$id);	Permet d'envoyer une requête SQL au serveur. Vous pouvez saisir la requête directement dans la fonction ou la déterminer au préalable dans une variable (ex : $query) et la passer en argument dans la fonction.

Tableau 5-30 – Principales fonctions PHP dédiées à MySQL (*suite*)

Syntaxes et exemples	Descriptions

mysql_fetch_array ("resultat_query" [,type_tableau])
//argument optionnel : type_tableau :
//MYSQL_ASSOC : tableau associatif
//MYSQL_NUM : tableau indicé
//MYSQL_BOTH : tableau mixte (par défaut)
//exemple :
$agences=mysql_fetch_array ($result);
	Permet de fournir le résultat de la requête dans un tableau associatif, indicé ou mixte (selon l'argument optionnel type_tableau). La variable contenant le résultat de la requête doit être passée en paramètre dans le premier argument (ex : $result).

mysql_free_result ("id_query") //exemple : mysql_free_result ($result);	Permet de vider les résultats obtenus à l'aide de la précédente requête avant de sortir de la procédure.
Légendes :	[xxx] : le code xxx est facultatif (attention : vous ne devez surtout pas saisir les crochets [et] dans le code).

L'exemple ci-dessous illustre la création d'un script complet de connexion et d'affichage des agences de la base `score_db`.

```
/* Script de connexion à la base score_db et d'affichage de la table agences */
//-------------------------------------------------
$id=mysql_connect("localhost","score","eyrolles");
//Le serveur est localhost, l'identifiant score et le mot de passe eyrolles.
//-------------------------------------------------
mysql_select_db("score_db");
//Sélection de la base de données "score_db".
//-------------------------------------------------
$query="SELECT * FROM agences";
//Élaboration de la requête SQL et enregistrement dans la variable $query.
//-------------------------------------------------
$result=mysql_query($query,$id);
//La requête $query est envoyée au serveur accompagnée son identifiant $id
//-------------------------------------------------
while ($agences=mysql_fetch_array($result))
  {
  echo "L'agence du secteur "$agences[secteur]" est située à "$agences[ville]"
<br>";
  }
//Récupération des données dans le tableau $agences[] et affichage.
//-------------------------------------------------
mysql_free_result($result);
//Libère la mémoire des résultats obtenus.
```

À la fin de ce chapitre, vous trouverez un exemple d'application de la gestion des requêtes SQL au projet `SCORE`, qui lance une requête d'ajout (`INSERT`) ou de modification (`UPDATE`) selon que l'enregistrement concerné existe déjà ou pas.

> **Ne mélangez pas les langages**
>
> Dans le chapitre 1, nous avons vu qu'une page dynamique était composée de scripts PHP intégrés dans une structure de page HTML. Le langage SQL, lui aussi, vient prendre place dans la même page dynamique. On le retrouve notamment en argument de la fonction PHP `mysql_query()` qui permet de transmettre la requête SQL à la base de données. Aussi, comme ces trois langages sont intégrés dans le même code d'une page dynamique, il est très important de ne pas les mélanger, car ils restent des langages différents dont il faut respecter la syntaxe.

Conservation des informations

Temps de vie des variables

Selon le contexte dans lequel les variables sont utilisées, elles ont un temps de vie différent. Ainsi, celui d'une variable de fonction est limité à la durée de la fonction, alors que celui d'une variable de programme est restreint à la durée d'utilisation de la page dans laquelle elle a pris naissance. Dans chaque cas, il y a toujours une solution pour prolonger son temps de vie (appelé aussi sa « portée »). Si on reprend l'exemple de la variable de fonction, il est possible d'étendre sa portée au programme qui l'appelle en la déclarant comme variable globale (pour plus d'informations sur la déclaration d'une variable globale, revoir la partie de ce chapitre sur les fonctions utilisateur). En ce qui concerne la portée d'une variable de programme, qui est normalement limitée à la page dans laquelle elle a pris naissance, il est également possible de la prolonger aux autres pages grâce à différentes techniques. Cette capacité à allonger la portée d'une variable est très importante, car dans un site interactif, il est fréquent d'avoir besoin de conserver des informations spécifiques à un visiteur durant toute la durée de sa visite (la session). De même, dans un site marchand, il est indispensable de retenir les produits commandés par l'internaute avant de l'aiguiller vers le terminal de paiement en ligne. Dans un autre contexte, les outils de statistiques des visites peuvent ainsi mémoriser le chemin réalisé par chaque internaute, pour ensuite les traiter et en extraire les parcours les plus fréquemment suivis. Enfin, dans un site protégé, il est difficilement concevable de demander l'identifiant et le mot de passe de l'internaute à chaque nouvel écran consulté !

Le protocole HTTP ne conservant aucune information sur les échanges réalisés entre l'internaute et le serveur Web, il faut trouver des solutions pour conserver l'état de certaines variables d'une page à l'autre, pendant toute la durée d'une session ou, mieux encore, d'une session à l'autre. Parmi les différentes techniques disponibles, certaines peuvent augmenter la portée de la variable à la page suivante appelée par l'internaute (formulaires `POST/GET` ou passage de variables par l'URL), d'autres permettent de retenir des variables pendant toute la durée de la session (variables de session ou cookies temporaires), et enfin des procédés plus élaborés peuvent même enregistrer ces variables d'une session à l'autre, voire pour une durée infinie (cookies enregistrés sur le disque de l'internaute ou mémorisation des informations dans une base de données côté serveur). Aussi, nous vous proposons de vous présenter ci-dessous ces différentes méthodes afin que vous puissiez choisir celle qui convient le mieux à votre application.

Utilisez les tableaux de variables HTTP

Avec PHP 5 (et cela depuis PHP 4.2) vous devez désormais toujours utiliser les tableaux de variables HTTP pour récupérer les valeurs à partir d'un formulaire. Concrètement, vous ne pouvez plus vous servir d'une simple variable comme `$nomDeVariable` dans les cas énoncés précédemment. Il conviendra donc d'utiliser $_POST['nomDeVariable'], par exemple, dans le cas de la récupération d'une variable issue d'un formulaire paramétré avec la méthode POST. Cependant, si vous désirez quand même exploiter d'anciens scripts sur un serveur doté d'une version récente de PHP, il vous reste toujours la possibilité de modifier le fichier de configuration de PHP, `php.ini`, en initialisant le paramètre `register_global` avec la valeur `On`.

Les formulaires

L'utilisation des formulaires est très fréquente dans les sites Web. Il y a différents moyens d'exploiter les données envoyées lors de la soumission du formulaire par l'internaute, selon ce que vous désirez faire avec ces informations, et la plate-forme dont vous disposez. Le moyen le plus simple serait de configurer l'attribut `action` de la balise `<form>` pour rediriger les données vers le mail du webmestre (exemple : `<form action=" mailto:info@agencew.com">`). Cependant, si votre serveur Web interprète le PHP, il est plus judicieux de réorienter ces données vers un script PHP (exemple : `<form action-"reception.php">`), qui permet de traiter les informations avant de les envoyer sur l'e-mail du webmestre, de les mémoriser dans une base de données, ou encore de créer une page dynamique exploitant les valeurs ainsi récupérées.

Dans la balise `<form>`, il faut aussi définir l'attribut `méthode`, pour indiquer par quelle technique sont transmises les données. Vous pouvez utiliser deux valeurs : `GET` ou `POST`. La méthode `GET` ajoute les noms des variables et leur valeur à la suite de l'URL (méthode de transmission identique à celle du passage dans l'URL détaillée ci-dessous), alors que la méthode `POST` demande au navigateur d'empaqueter les données avant de les envoyer au serveur. Le script désigné dans l'attribut `action` peut récupérer des données, simplement à l'aide de variables créées automatiquement dans le tableau associatif HTTP correspondant (soit `$_POST[ ]` ou `$_GET[ ]` selon la méthode employée). L'indice du tableau porte dans ce cas le même nom que celui des objets du formulaire correspondant. Par exemple, pour un champ texte nommé `var1` dans la page du formulaire, nous pouvons retrouver sa valeur en utilisant la variable `$_GET['var1']` ou `$_POST['var1']` selon la méthode adoptée lors de l'envoi (`GET` ou `POST`) dans la page cible.

Voici un exemple d'utilisation de formulaire :

```
/* Ci-dessous le formulaire de la page source formulaire.htm. */
<form action="reception.php" methode="POST">
   <table><tr>
   <td>Nom : </td>
   <td><input type="text" name="var1"></td>
   </tr>
   <tr>
   <td>Valider : </td>
   <td><input type="Submit" value="Valider"></td>
   </tr></table>
</form>
//ci-dessous le script PHP de la page cible reception.php
<?php
echo "Bonjour ".$_POST['var1'];
?>
```

Remarque

Selon la configuration de votre serveur, vous risquez d'avoir des messages d'erreur vous informant que l'une des variables utilisées dans la page n'est pas déclarée. Il suffira, dans ce cas, d'ajouter un test en haut de la page afin d'initialiser la variable, si elle n'a pas été encore déclarée. À titre d'illustration, voici le code du test à écrire, correspondant à l'exemple ci-dessus :

```
if(!isset($_POST['var1'])) $_POST['var1']="";
```

Le passage dans l'URL

Pour passer des variables dans l'URL, on doit indiquer, à la suite du chemin menant à la page demandée, le nom de la variable suivi de sa valeur (exemple : `pagesuivante.php?var1=150`). Dans la page cible, il est ensuite possible de retrouver la valeur grâce à une variable portant le même nom, au moyen des tableaux de variables HTTP (exemple : `$_GET['var1']`). Cependant, cette solution est limitée par la longueur de l'URL (255 caractères maximum) et par son manque de confidentialité (les variables et les valeurs sont visibles dans l'URL à chaque passage d'une page à l'autre).

En pratique, on peut utiliser cette technique en paramétrant un lien hypertexte traditionnel qui est déclenché par l'internaute (voir le premier exemple ci-après), ou encore à partir d'un script PHP en utilisant la fonction `header()` (voir le deuxième exemple ci-après).

L'exemple suivant illustre le passage de paramètres par un lien hypertexte :

```
<a href="pagesuivante.php?var1-produit1">produit1</a>
```

Ce second exemple illustre le passage de paramètres par un script PHP :

```
if($selection= ="produit1")
   header("Location:pagesuivante.php?var1=produit1") ;
```

Tableau 5-31 – Passage de variables dans l'URL

Syntaxe	
nom_du_fichier?variable1=valeur1[&variable2=valeur2]	
Exemple : fichier.php?var1=100&var2=bonjour&var3=ok	
Légendes :	[xxx] : le code xxx est facultatif, mais peut être dupliqué autant de fois qu'il y a de variables à passer. Attention : vous ne devez surtout pas saisir les crochets [et] dans le code.

Les cookies

Un *cookie* est une information envoyée par le serveur sur le poste du client, sur lequel elle doit être mémorisée pendant une durée déterminée. Dans certains cas, d'ailleurs, cette durée peut être plus longue que le temps de la visite de l'internaute ; il faut alors enregistrer l'information dans un fichier texte sur le disque dur de l'ordinateur client. Il est à noter que seul le serveur ayant enregistré initialement le cookie sur l'ordinateur client peut y accéder par la suite, ce qui évite qu'un autre serveur ne puisse exploiter les données qui ne le concernent pas. Enfin, vous devez impérativement appeler la fonction `setcookie()` en début de programme, avant tout affichage à l'écran du navigateur.

Tableau 5-32 – Fonction setcookie()

Syntaxe	
setcookie("nom_cookie"`[,value][,expire][,path][,domaine][,secure]`)	
Légende :	[xxx] : le code xxx est facultatif (attention : vous ne devez surtout pas saisir les crochets [et] dans le code).
nom_cookie	Le nom du cookie est le seul argument obligatoire. Le fait d'envoyer un cookie avec uniquement son nom détruit tout cookie portant ce nom sur le navigateur client.
value	Valeur mémorisée dans le cookie. Ce paramètre peut être une valeur ou une variable.
expire	Précise la durée de vie du cookie, exprimée en secondes. En pratique, on utilise la fonction `time()`, à laquelle on ajoute la durée de validation en secondes (exemple : `time()`+360 correspond à 1h).
path	Indique le répertoire dans lequel le cookie est valable. Si on ne précise pas de chemin, le cookie est visible partout sur le site.

Tableau 5-32 – Fonction setcookie() (*suite*)

Syntaxe	
domaine	Indique le domaine pour lequel le cookie est valable. Si on ne définit pas de domaine, c'est celui du serveur qui a créé le cookie qui est pris en compte (attention, le domaine doit obligatoirement comporter deux points, ex : .agencew.com).
secure	Indique que le cookie doit être obligatoirement transmis par une connexion sécurisée (protocole HTTPS) si cet argument est fixé à 1.
Attention :- Vous devez impérativement appeler la fonction `setcookie()` avant toute interprétation de balise HTML.- Les cookies ne sont accessibles qu'après un nouveau chargement de la page. - Si vous envoyez un cookie sans aucune option (uniquement avec son nom), il supprime le cookie portant le même nom sur le poste client.	

Exemples :
setcookie("email","monmail@aol.com",time()+3600);
//cookie email mémorisant le mail "monmail@aol.com" pendant 1h
$unan=365*24*60*60 ; //temps en secondes correspondant à un an
$pwd="1234";
setcookie("pass",$pwd,time()+$unan);//cookie pass mémorisant la valeur de la variable $pwd pendant 1 an
setcookie("admin",$memo,time()+3600,"/prive/",".agencew.com",1);
//cookie admin mémorisant la valeur de la variable $memo pendant 1 h et uniquement dans le répertoire prive pour l'usage exclusif du site agencew.com en mode HTTPS
setcookie("badcooke");
//dans ce cas, le cookie badcooke est supprimé.	

Récupérer un cookie : Les valeurs des cookies sont automatiquement stockées dans le tableau $_COOKIE (ex : $_COOKIE["email"]).	

Bien supprimer un cookie

Nous avons vu que pour supprimer un cookie, il suffit d'envoyer un cookie de même nom, mais sans valeur. Cependant, il est plus prudent d'effacer en même temps la valeur correspondante dans le tableau `$_COOKIE[]` comme l'illustre l'exemple ci-dessous.

Exemple (suppression du cookie `"email"`) :

```
if(isset($_COOKIE['email'])) {
setcookie("email");
unset($_COOKIE['email']);
}
```

Voici un exemple d'utilisation de cookie :

```
<?php
  //cookie comptabilisant le nombre de passages de l'internaute sur la page du site
  //--------initialisation des variables si non déclarées
```

```
  if(!isset($_COOKIE['cookie1'])) $_COOKIE['cookie1']="";
  //---------code du cookie intégré dans le code de la page Web
  ++$_COOKIE['cookie1']; //incrémentation à chaque affichage
  //print_r($_COOKIE);//à utiliser pour les tests
  setcookie("cookie1",$_COOKIE['cookie1'],time()+3600);
  //appel de la fonction "SetCookie()"
  echo $_COOKIE['cookie1'];  //affiche la nouvelle valeur à l'écran
  ?>
```

L'exemple ci-dessus mémorise dans un cookie une seule variable. Si vous désirez garder plusieurs variables dans le même cookie, il faut le gérer comme un tableau (ajouter des crochets après le nom du cookie). L'exemple suivant illustre ce cas, pour le traitement des commandes d'un caddie : il enregistre les différents produits dans un cookie.

```
<?php
  //--------déclaration des variables
  if(!isset($_COOKIE['cpt'])) $_COOKIE['cpt']="";
  if(!isset($_GET['produit'])) $_GET['produit']="";
  else {
  //---------code du cookie intégré dans le code de la page Web
  ++$_COOKIE['cpt']; //incrémentation à chaque affichage
  setcookie("cpt",$_COOKIE['cpt'],time()+3600);//appel de la fonction
"SetCookie()"
  //------Le compteur cpt est repris en clé dans le tableau du second cookie
   $cpt=$_COOKIE['cpt'];//récupération du compteur
   setcookie("caddie[$cpt]",$_GET['produit'],time()+3600);
   print_r($_COOKIE['caddie']); //affichage du caddie pour les tests
   }
  ?>
```

Il est aussi possible d'utiliser un cookie pour contrôler simplement l'accès à une page pendant le temps d'une session, sans avoir à ressaisir le mot de passe. Dans ce cas, pour qu'il soit valide pendant le temps de la session, il suffit de ne pas préciser l'argument `expire`. De plus, afin que le cookie soit utilisable en tant que variable, il faut intégrer une fonction `header()` pour recharger la page dès que le cookie est enregistré dans la session. Le programme ci-dessous comprend le formulaire HTML qui est affiché lors du premier appel de la page, et le script de gestion du cookie.

Voici un exemple de protection d'une simple page nommée `pagePrivee.php` avec un cookie :

```
<?php
//déclaration des variables
  if(!isset($_POST['pwd'])) $_POST['pwd']="";
```

```
  if(!isset($_COOKIE['cookiepass'])) $_COOKIE['cookiepass']="";
  //-------------------------
if($_POST['pwd']=="eyrolles") {
    setcookie("cookiepass",$_POST['pwd']);
  /* Le cookie est enregistré sous le nom cookiepass. */
  header("Location:".$SERVER['PHP_SELF']);
  /* La page est rechargée afin que le cookie soit exploitable sous le nom de
       variable $cookiepass. */
  }
if($_COOKIE['cookiepass']=="eyrolles")
  {
   //print_r($_COOKIE); à utiliser pour les tests
  ?>
  Votre mot de passe est correct
  Mettre ici la zone protégée
  <?php
  }
else
  {
  ?>
  <form method="post" action=" pagePrivee.php"  >
    <table><tr>
    <td><input type="password" name="pwd"></td>
    <td><input type="Submit" value="Entrer"></td>
    </tr></table>
  </form>
  <?php
  }
  ?>
```

Les sessions

En PHP, la gestion des sessions est très facile (surtout depuis PHP 4). Il est cependant intéressant de bien savoir comment cela fonctionne. Dès qu'une nouvelle session est demandée, un identifiant de session est automatiquement créé, auquel on associe ensuite les différentes variables mémorisées durant la session. Concrètement, un fichier temporaire du même nom que l'identifiant de session est créé sur le serveur Web (dans le répertoire `/tmp` sur les serveurs UNIX). Ainsi, lorsqu'une variable doit être actualisée ou ajoutée, on écrit dans le fichier de session ; de même, pour récupérer la valeur d'une variable de session, on lit dans ce fichier. L'identifiant de la session (`PHPSESSID`) est envoyé par le serveur Web via un cookie au poste client, afin de le conserver pendant la durée de sa visite. Toutefois, dans le cas où le client refuse les cookies, PHP transmet automatiquement par l'URL (exemple :

`mapage.php?PHPSESSID=xxxxx`) l'identifiant de la session ouverte, afin d'en assurer la mémorisation pendant la visite de l'internaute.

Tableau 5-33 – Fonctions de gestion des sessions

Fonction	Définition
session_start()	Initialise la session. Si elle n'existe pas encore, un identifiant de session est créé puis transmis dans un cookie. Si elle existe déjà, la fonction actualise toutes les variables qui sont mémorisées dans la session existante. **ATTENTION : vous devez impérativement appeler cette fonction avant toute interprétation de balise HTML.**
session_destroy() Il cependant prudent d'accompagner la fonction de suppression d'une fonction `unset()` afin d'effacer les variables du tableau $_SESSION comme l'illustre l'exemple ci-dessous : unset($_SESSION);	Détruit toutes les données associées à une session.
session_id()	Renvoie l'identifiant de la session en cours.
$_SESSION['var1'] =" valeur"	Mémorise la variable $var1 dans la session en cours. Pour mémoriser une variable "var1" en session, il suffit de l'écrire dans le tableau $_SESSION et il en sera de même pour la modifier (par exemple : $_SESSION['var1']= " valeur" ;).
session_is_registered("var1")	Renvoie dans la session en cours la valeur booléenne TRUE si la variable $var1 est mémorisée, ou FALSE si elle ne l'est pas.

Voici un exemple d'enregistrement et d'utilisation d'une variable de session à ajouter dans 2 pages différentes :

```
/* à mettre en haut d'une première page : enregistrement de la variable $var1
   dans la session en cours */
session_start();
        $_SESSION['var1'] = "bonjour";
/* à mettre en haut d'une autre page : récupération de la variable $var1 depuis
   la session en cours */
session_start();
        echo $_SESSION['var1'];//affiche la valeur récupérée
```

Voici maintenant un exemple de protection d'une simple page pagePrivee.php avec une session :

```
<?php
session_start ();
  //----initialisation des variables
```

```
  if(!isset($_SESSION['pass'])) $_SESSION['pass']="";
  if(!isset($_POST['pwd'])) $_POST['pwd']="";
  //----test la variable de formulaire
  if ($_POST['pwd']=="eyrolles")
    //enregistre la pwd dans la session
    $_SESSION['pass']=$_POST['pwd'];
  //----teste la variable de session
  if ($_SESSION['pass']=="eyrolles")
  {
  //echo print_r($_SESSION); //à utiliser pour les tests
  ?>
  Votre mot de passe est correct
  Vous pouvez mettre ici la zone protégée
  <?php
  }
else
  {
  ?>
  <form method="post" action=" pagePrivee.php"  >
    <table><tr>
    <td><input type="password" name="pwd"></td>
    <td><input type="Submit" value="Entrer"></td>
    </tr></table>
  </form>
  <?php
  }
?>
```

Programmation orientée objet (POO)

Introduction à la POO

Avec l'utilisation des classes, nous pouvons exploiter les avantages de la programmation orientée objet (POO). Avant de commencer à détailler la syntaxe utilisée, nous allons rappeler la définition des différents éléments qui sont employés dans ce mode de programmation.

- **Classe** – Une classe représente un modèle qui est utilisé pour créer les futurs objets (la création d'un objet se conformant à la définition d'une classe est appelée « instanciation »). Elle comporte des variables chargées de décrire les propriétés de l'objet, ainsi que des méthodes qui décrivent son comportement. Par exemple, la classe `voiture` définit le modèle qui est utilisé pour créer des objets correspondant aux différentes voitures immatriculées.

- **Objet** – Un objet est créé avec l'opérateur `new` suivi de la classe qui le décrit (on appelle aussi « instance d'une classe » l'objet ainsi composé). Par exemple, la voiture immatriculée `89W75` peut être un objet de la classe `voiture`).
- **Attribut** – Les attributs sont les caractéristiques d'une classe (constantes, variables internes...) qui personnalisent un objet. Par exemple, la couleur et la vitesse sont des attributs de l'objet immatriculé `89W75`.
- **Méthode** — Une méthode n'est rien d'autre qu'une fonction figurant dans une classe et qui s'applique à un objet. Les méthodes s'appuient sur des paramètres passés lors de leur appel ou sur les attributs déclarés dans la classe (constantes, variables internes...). Par exemple, les actions de freiner ou d'accélérer sont des méthodes disponibles pour l'objet immatriculé `89W75`.
- **Constructeur** – Un constructeur est une méthode particulière qui porte le même nom que la classe, et qui est appelée automatiquement lorsque vous créez une nouvelle instance (donc un nouvel objet). Le constructeur permet, entre autres, d'initialiser par défaut les attributs de l'objet lors de l'instanciation. Par exemple, le constructeur de la classe `voiture` peut initialiser par défaut la vitesse de l'objet à `0` lors de sa création.

Déclaration d'une classe

La définition d'une classe commence par le mot-clé `class` suivi du nom de la classe (exemple : `class voiture`) et, comme pour les fonctions utilisateur, d'un bloc d'instructions délimité par des accolades (exemple : `class voiture{...}`). À l'intérieur de ses accolades, on définit ses propriétés et ses méthodes, qui doivent être exploitées par la suite en utilisant un *accesseur*, et la variable `$this` qui désigne l'objet courant (exemple : `$this->vitesse`). La syntaxe d'un accesseur est constituée des caractères « `->` », qui forment une flèche. On décrit les propriétés (équivalant aux variables de la classe) à l'aide du mot-clé `public`, en PHP 5, suivi du nom de la variable interne (exemple : `public $vitesse;`). On définit les méthodes (équivalant aux fonctions de la classe) à l'aide du mot-clé `function`, suivi du nom de la méthode et du bloc d'instructions qui la compose, comme pour une fonction traditionnelle (exemple : `function freiner{...}`).

Il est possible d'utiliser une méthode particulière appelée « constructeur » pour initialiser un objet dès sa création. En PHP 5, le constructeur doit porter le nom `__construct()`. Afin d'éviter des erreurs dans votre programme, notez bien que le nom `__contruct()` commence par 2 symboles « _ ».

> **Déclarer des propriétés en PHP 4 et en PHP 5**
>
> En PHP 4, il fallait utiliser le mot-clé `var` devant la propriété à déclarer. En PHP 5, pour garder la compatibilité avec le PHP 4, vous pouvez toujours utiliser le mot-clé `var` à la place `de public`, mais sachez que cela risque d'afficher une erreur `E_STRICT` selon la configuration du niveau d'erreur dans le fichier `php.ini`.

Déclarer des constructeurs en PHP 4 et en PHP 5

En PHP 4, le constructeur était une méthode qui devait porter le même nom que la classe (soit `voiture()` pour notre exemple de classe `voiture`). Vous pouvez toujours utiliser cette ancienne méthode en PHP 5 pour garder la compatibilité avec PHP 4, mais il ne faut pas utiliser les deux ensemble au risque de voir s'afficher une erreur `E_STRICT`.

Voici un exemple de déclaration de la classe `voiture` :

```
//déclaration de la classe-----------------------
class voiture
  {
  /* ------------déclaration des propriétés utilisées dans la classe */
  public $couleur;
  public $vitesse;
  /* ------------déclaration du constructeur de la classe voiture */
  function __construct($choix_couleur)
    {
    $this->vitesse=0;
    //Initialise la vitesse à 0 par défaut lors de la création de l'objet.
    $this->couleur=$choix_couleur;
    /* La couleur est affectée selon le paramètre qui est passé en argument lors
       de la création de l'objet. */
    }
  //------------déclaration des méthodes communes à la classe voiture
  function accelerer()
    {
    $this->vitesse++;
    //Incrémente la vitesse si on accélère.
    }
  function freiner()
    {
    if ($this->vitesse>0)
      {$this->vitesse--;}
      /* Décrémente la vitesse si on freine sous la condition que la vitesse
       soit positive.*/
    }
  }//fin de la classe voiture--------------------
```

Déclarer les classes avant de les utiliser en PHP 5

Depuis PHP 5, il est impératif de déclarer les classes avant de les utiliser. Aussi, nous vous conseillons de grouper toutes les déclarations de classe en tête du programme.

Création d'un objet

Pour exploiter une classe, il faut commencer par en créer une nouvelle instance qui donne naissance à un objet. Pour réaliser cela, nous utilisons le mot-clé `new` suivi du nom de la classe que nous désirons instancier. Nous affectons ainsi l'objet nouvellement créé à la variable située à gauche du signe égal (ex : `$coccinelle=new voiture`). Nous avons indiqué, dans le début de ce chapitre, que les variables pouvaient être de plusieurs types (chaîne de caractères, entier, décimal, booléen, tableau et objet). Il est important de bien comprendre que l'instanciation est équivalente à la déclaration d'une nouvelle variable de type `objet`, dont les caractéristiques (attributs et méthodes) correspondent à celles définies par sa classe.

Voici un exemple de création d'un objet et de l'utilisation de ses méthodes :

```
//Début du programme----------------------------
/* Instanciation de la classe voiture création de l'objet voiture_89W75. */
$voiture_89W75=new voiture("rouge");
/* À partir d'ici, l'objet $voiture_89W75 existe. */
echo "Je viens d'acheter une superbe voiture".$voiture_89W75->couleur."<br>";
echo " et, au début, sa vitesse est de".$voiture_89W75->vitesse."km/h<br>";
for ($i=0;$i<5;$i++)
  {
  echo "j'accélère encore <br>";
  $voiture_89W75->accelerer();
  }
echo "sa vitesse est maintenant de".$voiture_89W75->vitesse."km/h<br>";
for ($i=0;$i<5;$i++)
  {
  echo "je freine encore <br>";
  $voiture_89W75->freiner();
  }
echo "sa vitesse est maintenant de ".$voiture_89W75->vitesse." km/h<br>";
//fin du programme------------------------------
```

Nous vous suggérons maintenant de passer à la pratique et de saisir le code de la déclaration de la classe `voiture` et celui du petit programme ci-dessus, qui permet de créer un objet et d'en utiliser ses méthodes (fonctions de la classe) dans une page PHP. Si vous testez ensuite cette page en `Web local`, vous devez obtenir les mêmes informations à l'écran que le code indiqué ici :

```
Je viens d'acheter une superbe voiture rouge
   et au début sa vitesse est de 0km/h
   j'accélère encore
   j'accélère encore
   j'accélère encore
```

```
j'accélère encore
j'accélère encore
sa vitesse est maintenant de 5 km/h
je freine encore
je freine encore
je freine encore
je freine encore
je freine encore
sa vitesse est maintenant de 0 km/h
```

Création d'une sous-classe

Dans certains cas, il est très intéressant de créer des sous-classes d'une classe (appelée dans ce cas la « classe mère »). Les attributs et méthodes d'un objet d'une sous-classe seront **hérités** de ceux de la classe mère, mais **avec en plus des attributs et des méthodes spécifiques** à cette sous-classe. Ce concept est important, car la principale caractéristique de la programmation par objets est cette possibilité pour une classe d'hériter des propriétés et des méthodes d'une autre classe.

- **Sous-classe** – Une sous-classe est une classe qui hérite d'une autre classe (la classe mère), à laquelle on ajoute des propriétés et des méthodes spécifiques (par exemple, `break`, `cabriolet` ou `camionnette` sont des sous-classes de la classe mère `voiture`).
- **Héritage** – L'héritage définit une sous-classe comme appartenant à la même famille qu'une autre classe (classe mère), afin qu'elle hérite des mêmes attributs et méthodes que cette dernière. Par exemple, la sous-classe `camionnette` peut hériter de la classe mère `voiture`, afin de récupérer certains de ses attributs (ex : `couleur`, `vitesse`) ou de ses méthodes (ex : `freiner()`, `accelerer()`).

En ce qui concerne la syntaxe, on déclare une sous-classe comme une classe (`class nom_sous_class`), en ajoutant le mot-clé `extends` et le nom de la classe mère dont elle dépend (ex : `class camionnette extends voiture`). Nous vous proposons d'illustrer ce nouveau concept avec l'exemple ci-dessous, qui permet de créer la sous-classe `camionnette`, qui hérite de tous les attributs et méthodes de la classe `voiture`. En plus de cet héritage, la sous-classe sera dotée d'un attribut supplémentaire concernant le volume de son chargement (`$volume_charge`), calculé à l'aide de paramètres passés en arguments lors de son instanciation (`$haut_charge`, `$larg_charge`, `$long_charge`) :

```
//déclaration de la classe----------------------
class voiture
  {
  public $couleur;
  public $vitesse;
  function __construct($choix_couleur)
```

```
    {
    $this->vitesse=0;
    $this->couleur=$choix_couleur;
    }
  function accelerer()
    {
    $this->vitesse++;
    }
  function freiner()
    {
    if ($this->vitesse>0) {$this->vitesse--;}
    }
  }
//déclaration de la sous-classe camionnette------
class camionnette extends voiture
  {
  /* ------------déclaration des propriétés ajoutées (volume de chargement) */
  public $volume_charge;
  /* ------------déclaration du constructeur de la sous-classe camionnette */
  function __construct($choix_couleur,$haut_charge,$larg_charge,$long_charge)
    {
    $this->volume_charge=$haut_charge*$larg_charge*$long_charge;
    /* initialise la dimension du volume de chargement lors de la création
       de l'objet */
    parent::__construct($choix_couleur);
    /* passage du paramètre $choix_couleur à la classe mère voiture */
    }
  }
//début du programme----------------------------
$camionnette_25HH75=new camionnette("rouge",1.5,1.2,2);
/* création de l'objet camionnette_25HH75 (appelée aussi instanciation) et passage
   des paramètres couleur, hauteur, largeur et longueur du volume de chargement de
   la camionnette.*/
echo "Je viens d'acheter une superbe camionnette ";
echo $camionnette_25HH75->couleur."<br>";
echo " avec un volume de ".$camionnette_25HH75->volume_charge." metres cube<br>";
echo " Au début sa vitesse est de ". $camionnette_25HH75->vitesse. "km/h<br>";
for ($i=0;$i<5;$i++)
  {
  echo "j'accélère encore <br>";
  $camionnette_25HH75->accelerer();
  }
```

```
echo "sa vitesse est maintenant de ".$camionnette_25HH75->vitesse. " km/h <br>";
for ($i=0;$i<5;$i++)
   {
  echo "je freine encore <br>";
  $camionnette_25HH75->freiner();
  }
echo "sa vitesse est maintenant de ". $camionnette_25HH75->vitesse. " km/h <br>";
//-----------------------------------------------
```

Si vous testez ensuite cette page en Web local, vous devez obtenir les mêmes informations à l'écran que le code indiqué ci-dessous :

```
Je viens d'acheter une superbe camionnette rouge
avec un volume de 3.6 metres cube
Au début sa vitesse est de 0km/h
j'accélère encore
j'accélère encore
j'accélère encore
j'accélère encore
j'accélère encore
sa vitesse est maintenant de 5 km/h
je freine encore
je freine encore
je freine encore
je freine encore
je freine encore
sa vitesse est maintenant de 0 km/h
```

Accès aux méthodes parentes

Si une méthode de la classe mère est appelée depuis la classe fille, il faut alors la faire précéder du mot-clé `parent::`. Par exemple, dans la sous-classe `camionnette`, nous appelons le constructeur de la classe mère `voiture` à l'aide de l'instruction suivante :

```
parent::__construct($choix_couleur);
```

Couplage PHP/Flash

Utiliser une interface Flash en interaction avec des scripts PHP permet de réaliser de nombreuses applications qui exploitent à la fois la convivialité des animations Flash et la puissance des scripts PHP. De plus, nous pouvons aussi relier l'interface Flash avec des données issues de la base MySQL via PHP. Cela permet de mémoriser les informations d'une animation Flash en dehors des limites de la session d'un internaute, ou de récupérer des informations complexes d'une base de données MySQL, qui peuvent être affichées par l'interface Flash. Pour illustrer le principe de ces échanges, nous allons vous présenter deux applications simples qui utilisent le couplage PHP/Flash. Nous commencerons par un transfert d'informations depuis l'interface Flash vers un script PHP, puis nous réaliserons l'échange inverse. L'échange des informations avec la base de données étant réalisé depuis le script PHP selon les procédures habituelles, nous ne détaillerons pas cette partie, mais elle pourra facilement être ajoutée en suivant les procédures de création de requêtes SQL détaillées dans cet ouvrage. Libre à vous ensuite d'exploiter ces scripts pour les adapter à votre projet.

Pour ceux qui veulent en savoir plus sur les interfaçages Flash.PHP

Nous ne pouvons présenter ici qu'une simple introduction aux méthodes d'interfaçage entre Flash et PHP, car le sujet est très vaste, et il faudrait un livre complet pour faire le tour de toutes les techniques d'interfaçage. Aussi, nous invitons les personnes qui sont intéressées par ce sujet à consulter un ouvrage du même auteur, dédié exclusivement à ces techniques :

PHP/MySQL avec Flash MX 2004 (collection blanche)

Auteur : Jean-Marie Defrance

Éditeur : Eyrolles

ISBN : 2-212-11468-0

De Flash vers PHP

En guise d'introduction aux techniques de transfert d'informations de Flash vers PHP, nous vous proposons de détailler une méthode très simple qui consiste à utiliser les commandes Flash `GetURL` ou `LoadVariablesNum`.

Transfert avec GetURL

Lorsqu'on utilise `GetURL`, les informations sont envoyées avec la méthode `GET` (passage de variables dans l'URL) ou `POST` (passage de variable dans l'en-tête HTTP). Ainsi, les variables transmises par l'une de ces méthodes sont disponibles dans le fichier PHP, de la même manière que pour des variables envoyées par un formulaire HTML traditionnel. Pour illustrer l'échange de données depuis Flash vers un script PHP, nous vous proposons de créer une zone texte portant le nom `message` dans l'interface Flash, et de transférer sa valeur à un fichier PHP, dans lequel on récupère l'information dans la variable `$message`.

Le script Flash

1. Créez un nouveau document Flash et sauvegardez-le sous le nom `formulaire.fla`.
2. Créez 3 calques : `fond`, `message` et `bouton`.

3. Personnalisez le calque `fond` (texte d'information `Mon message :` et couleur de fond...).
4. Ajoutez une zone texte sur le calque `texte` que vous nommerez `message` (voir figure 5-25).

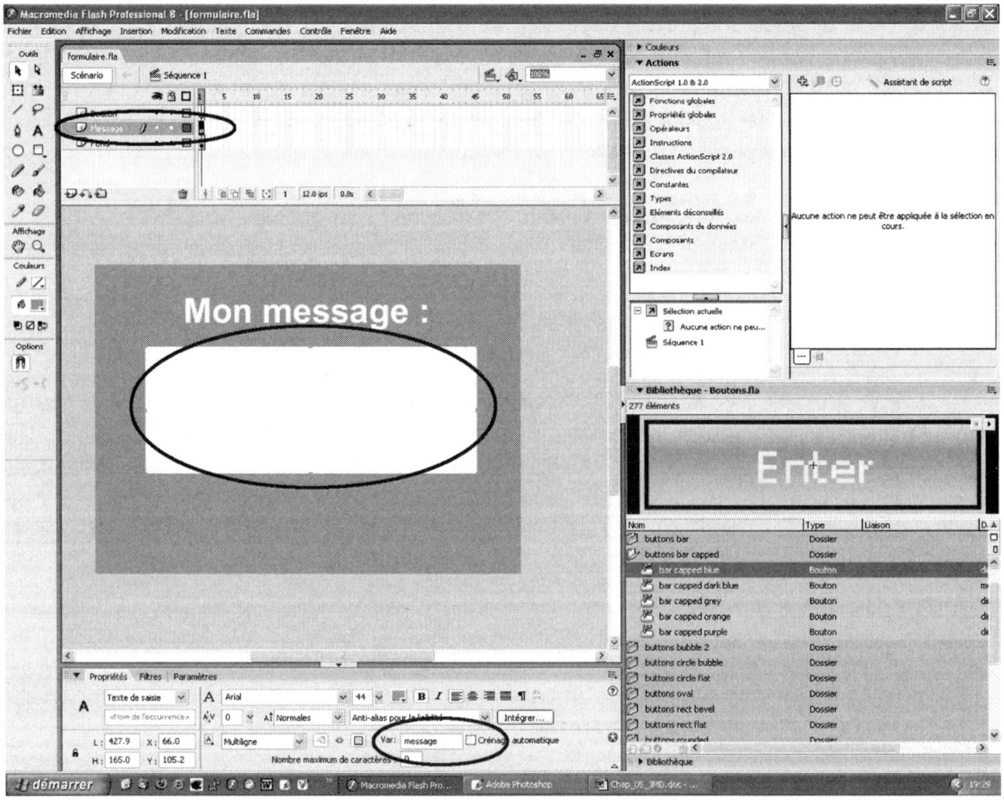

Figure 5-25

Création de la zone texte nommée « message » qui servira à la saisie du message envoyé au script PHP.

5. Ajoutez un bouton depuis la bibliothèque d'objets de Flash (`Fenêtre>Bibliothèques communes>Boutons`) sur le calque `bouton` et saisissez le script d'action suivant (voir figure 5-26) :

```
on (release) {
  getURL("affiche.php","_blank","POST");
}
```

6. Enregistrez votre fichier dans un répertoire `www/SITEflash` créé à cette occasion dans votre serveur local, et publiez-le dans une page HTML sous le même nom que le source, soit `formulaire.htm`.

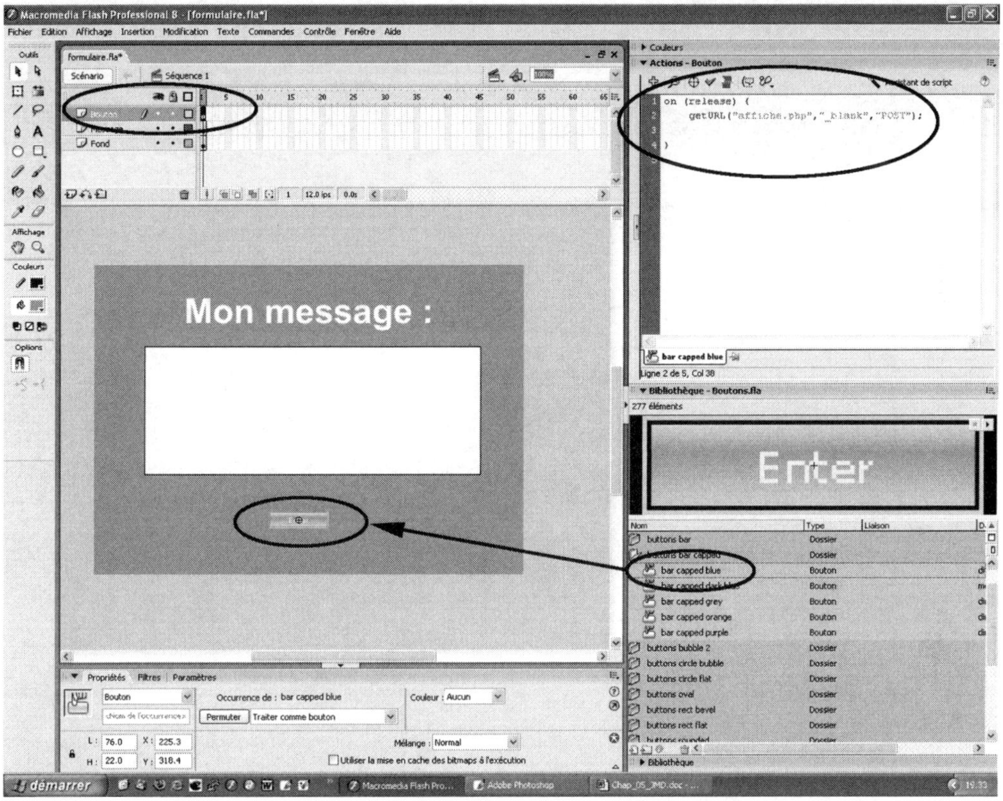

Figure 5-26
Création du bouton et saisie du script qui servira à l'envoi du message au script affiche.php.

Le script PHP

Côté PHP, le script est très simple puisqu'il contient uniquement un test visant à s'assurer de l'existence de la variable `$message`, suivi d'une instruction `echo` qui affiche la valeur de cette dernière. Enregistrez-le sous le nom `affiche.php`, dans le même répertoire que `formulaire.htm`. Il est à noter que ce répertoire doit être situé dans l'espace `www` du serveur local, afin que le moteur PHP puisse interpréter le fichier `affiche.php`. Pour tester le fonctionnement, il suffit maintenant d'appeler le fichier `formulaire.htm` depuis votre Web local, de saisir un texte dans la zone `message` et de cliquer sur le bouton `Envoyer`. Le message doit alors s'afficher dans une nouvelle fenêtre (voir figure 5-27).

Vous trouverez ci-dessous le script du fichier `affiche.php`, destiné à récupérer la variable `$message` envoyée par le formulaire Flash.

```
<?php
//déclaration des variables
  if (!isset($_POST['message']))  $_POST['message']="";
  else
    {
    echo "Vous avez un message : <br><h1> ".$_POST['message']." </h1>";
    //------affichage de la variable $message à l'écran
    }
?>
```

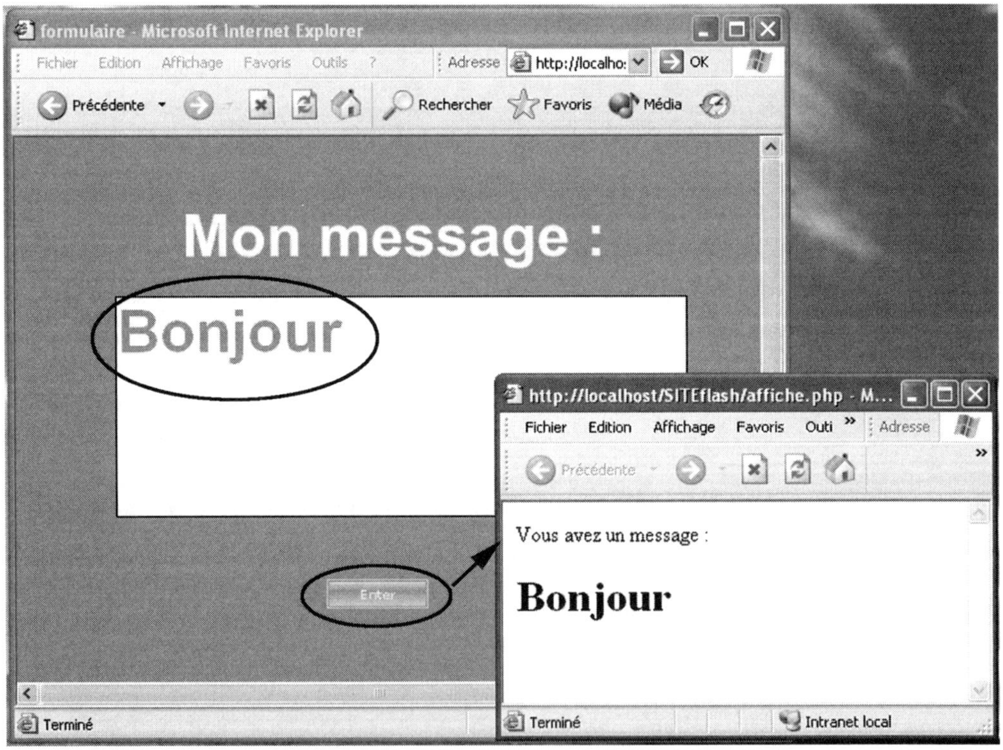

Figure 5-27
Test du transfert de Flash vers PHP.

Alternative avec loadVariablesNum()

Le problème du transfert avec l'instruction `GetURL()` est lié à l'obligation de rediriger l'internaute sur le fichier PHP pour récupérer la variable, et éventuellement l'afficher. Une alternative à cette première solution serait d'utiliser l'instruction `loadVariablesNum()` qui permettrait d'échanger des données (envoyer ou recevoir des variables) avec un fichier PHP, sans quitter l'interface Flash. Nous traiterons l'utilisation de cette instruction dans le cas du transfert de PHP vers Flash ci-dessous. Sachez cependant, qu'en pratique, il est beaucoup plus intéressant de gérer les flux de données au format XML afin d'utiliser les nombreuses fonctions de traitement XML disponibles dans Flash (pour plus d'informations sur ces techniques, reportez-vous à l'ouvrage cité précédemment).

De PHP vers Flash

Transfert avec loadVariablesNum()

Dans le cas du transfert d'un script PHP vers une interface Flash, nous utiliserons aussi une technique très simple qui consiste à exploiter la commande `loadVariablesNum()`. Cependant, il faut au préalable préparer les informations à transmettre en utilisant une syntaxe spécifique (`&$var1="valeur"`), qui permet de relier les couples variable/valeur. Pour réaliser cette action, nous utiliserons une petite fonction dans le fichier `envoi.php` qui assure la formation des paires de variables et de valeurs selon la syntaxe présentée précédemment.

Le script Flash

L'interface Flash est composée cette fois d'une zone de texte **dynamique**, que nous nommons `message`, et d'un bouton auquel nous affectons l'action de lecture des données grâce à la commande `loadVariablesNum()`.

1. Créez un nouveau document Flash et sauvegardez-le sous le nom `lecture.fla`.
2. Créez 3 calques : `fond`, `message` et `bouton`.
3. Personnalisez le calque `fond` (texte d'information `Lire un message :` et couleur de fond...).
4. Ajoutez une zone texte dynamique sur le calque `texte` que vous nommerez `message` (voir figure 5-28).
5. Ajoutez un bouton de la bibliothèque d'objets de Flash (`Fenêtre>Bibliothèque` ou `F11`) sur le calque `bouton` et saisissez le script d'action suivant (voir figure 5-29) :

```
on (release) {
  loadVariablesNum("envoi.php",0);
  }
```

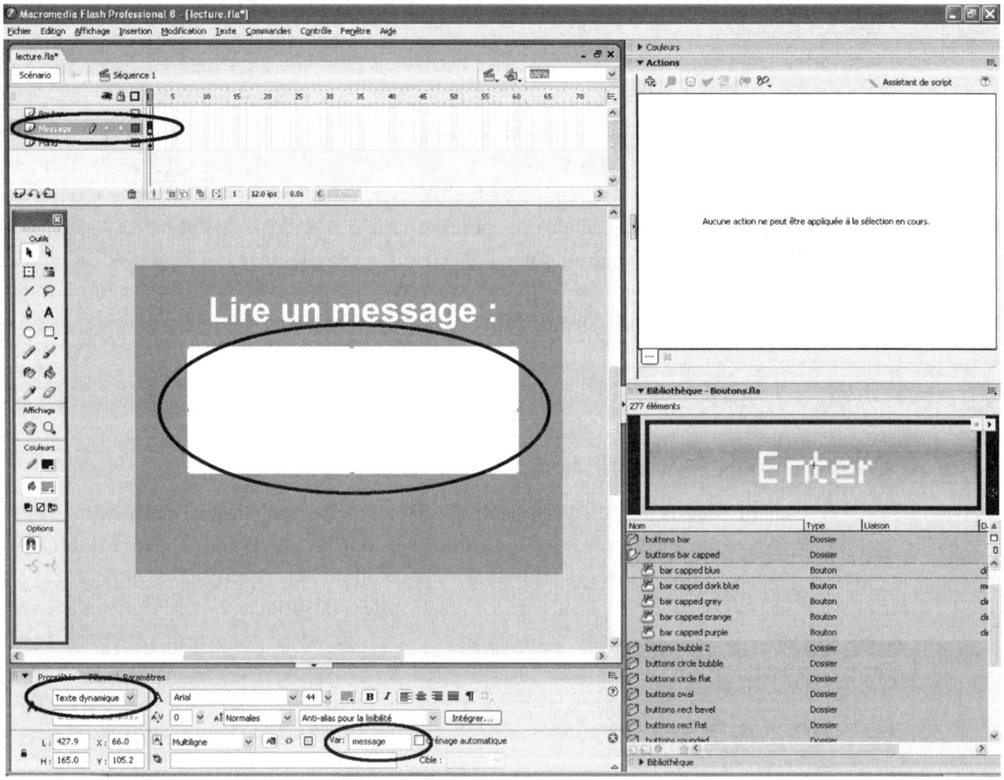

Figure 5-28

Vérifiez bien que la zone de texte est de type dynamique et nommez-la message.

6. Enregistrez votre fichier dans le répertoire `www/SITEflash` de votre serveur local et publiez-le dans une page Web sous le même nom que le source `lecture.htm`.

Le script PHP

Le script PHP doit assurer le couplage variable/valeur selon la syntaxe suivante :

```
&$var1="valeur"
//Dans le cas de plusieurs variables, il est possible de les ajouter à la suite :
&$var1="valeur1"&$var2="valeur2"&$var3="valeur3"
```

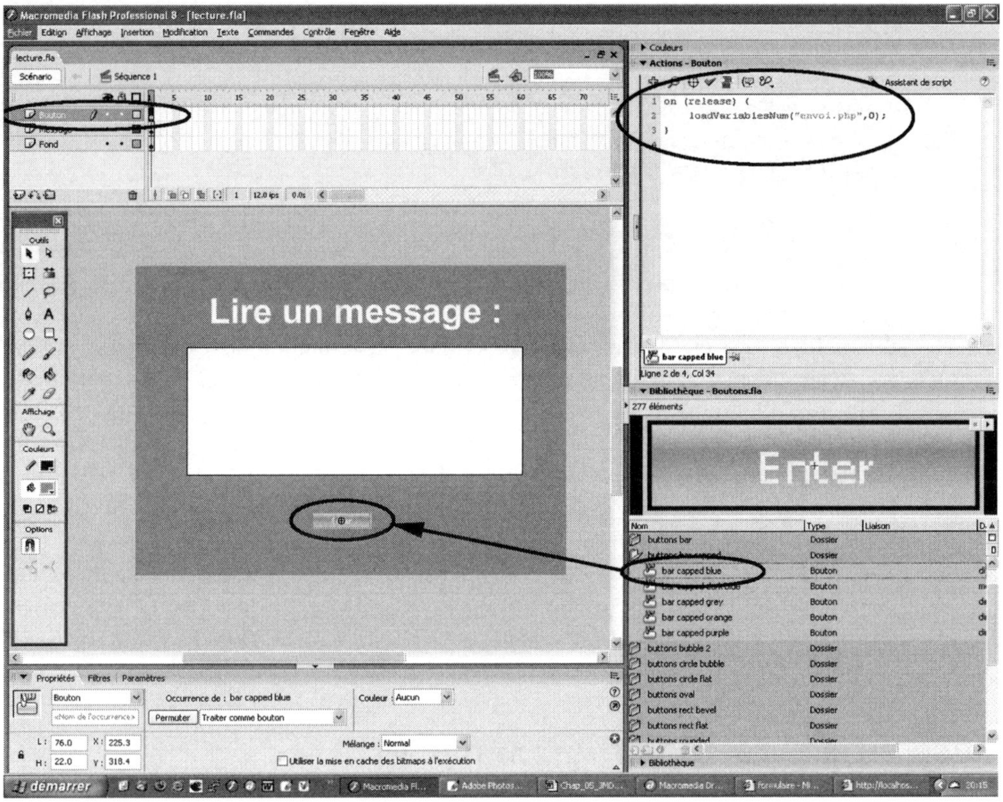

Figure 5-29

Le bouton de lecture comporte la commande loadVariablesNum() pour récupérer la valeur à afficher depuis le fichier envoi.php.

Pour réaliser cette mise en forme, il est judicieux de créer une fonction de couplage que nous nommons `versFlash()` et dont le code est le suivant :

```
function versFlash($var,$val)
  {
  echo "&$var=$val";
  }
```

Le script complet du fichier `envoi.php` est donc le suivant :

```
<?php
function versFlash($var,$val)
  {
```

```
  echo "&$var=$val";
  }
//prepare le message
$message="hello";
//envoie le message au Flash
versFlash("message",$message);
?>
```

Comme dans le cas précédent, vous devez enregistrer le fichier `envoi.php` au même niveau que le fichier `lecture.htm` contenant le Script Web Flash (.swf). Pour les tests, il suffit d'appeler le fichier `lecture.htm` et de cliquer sur le bouton `OK`. Le message `hello` doit alors s'afficher dans la zone de texte dynamique de l'interface Flash (voir figure 5-30). Si votre script ne fonctionne pas correctement, la première étape du dépannage consiste à appeler directement le fichier `envoi.php` dans un navigateur. Il doit alors afficher `&message=hello` à l'écran. Si ce n'est pas le cas, il faut chercher la panne du côté du script PHP jusqu'à ce qu'il affiche correctement le message précédemment cité. Si le message est correct, mais que l'interface Flash ne fonctionne toujours pas, il faut revoir le script du bouton, vérifier que la zone texte se nomme bien `message` et qu'elle est bien configurée en texte dynamique. Il se peut aussi que vous puissiez avoir des problèmes avec la mémoire tampon du navigateur ; dans ce cas, fermez tous les navigateurs actifs pour ouvrir ensuite une nouvelle session et tester de nouveau votre interface.

Mise en œuvre des programmes PHP

Conseils pour bien programmer

Pour bien programmer et créer des scripts qui fonctionnent, bien sûr, mais qui sont également faciles à maintenir, il est conseillé de respecter quelques règles de développement que nous allons énoncer ci-dessous.

Utilisez l'indentation

L'indentation correspond à la mise en forme des blocs de code grâce à des tabulations différentes selon le niveau d'imbrication des structures de boucle ou de choix dans lesquels ils se trouvent. Cela met en valeur les début et fin de boucle et évite notamment de se retrouver avec des accolades de fin ou de début manquantes.

Avec Dreamweaver, vous pouvez décaler facilement le code à partir du menu `Édition>Code de retrait` (ou encore plus facilement avec la touche `Tabulation`). Par la suite, toutes les nouvelles lignes sont décalées du même espace (voir figure 5-31). Pour revenir d'un pas de décalage à gauche, il faut utiliser l'option `Décalage négatif` du menu `Édition` (ou utiliser la touche `Backspace`).

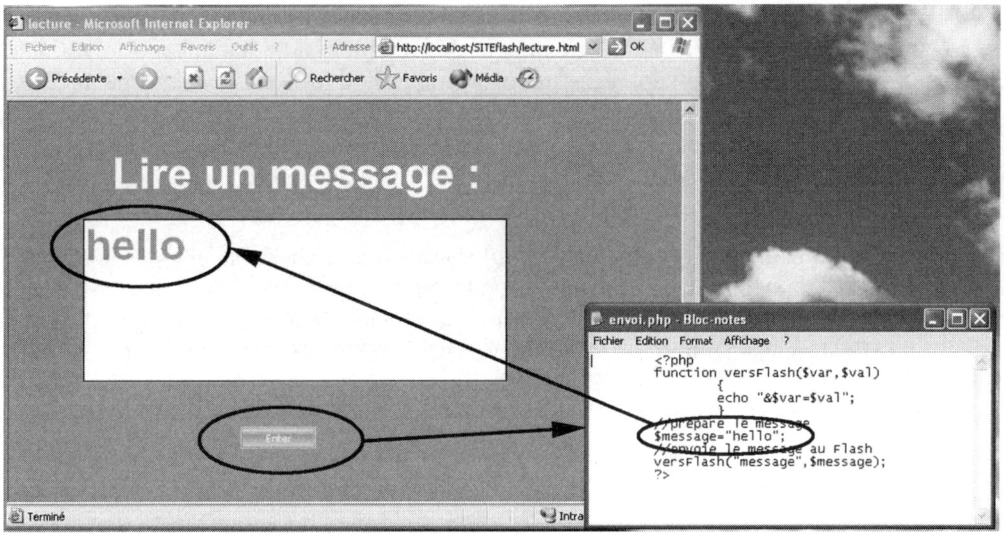

Figure 5-30

Pour tester le transfert d'une variable d'un fichier PHP vers une interface Flash, il suffit d'appeler le fichier lecture.htm contenant le Script Web Flash (.swf) et de cliquer sur le bouton OK pour voir apparaître le message dans la zone d'affichage de l'interface Flash.

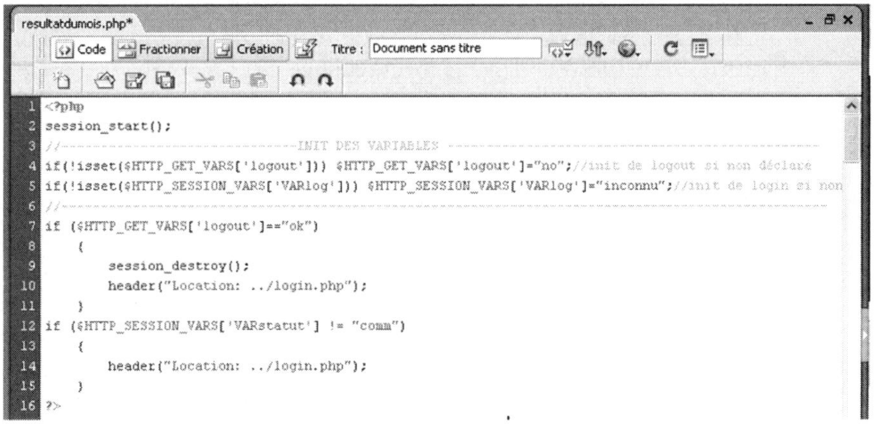

Figure 5-31

Si vous commentez vos scripts et utilisez l'indentation de vos blocs de code pour mettre en évidence leur structure, votre programme devient beaucoup plus simple à lire et donc plus facile à dépanner.

Commentez votre code

Qu'il doive être maintenu par le programmeur lui-même ou par une tierce personne, un programme doit toujours être parfaitement commenté (vous me remercierez peut-être dans quelques mois, lorsque vous devrez modifier votre propre code). Les commentaires d'un programme doivent porter sur des informations liées au contexte de l'application, et non rappeler toutes les descriptions des fonctions issues du manuel PHP. À titre d'illustration, un programmeur se moque de savoir que l'instruction `$a++` incrémente la variable `$a` d'une unité ; en revanche, il apprécie d'être informé sur l'utilisation de ce compteur dans le contexte du programme dans lequel il est employé. Une autre utilisation des commentaires est aussi de préciser les liens qui existent entre plusieurs éléments d'un code. Par exemple, pour les accolades de bloc, une solution astucieuse consiste à commenter chaque accolade de fin de bloc avec un rappel de la condition de choix ou de boucle qui lui a donné naissance.

Avec Dreamweaver, vous pouvez utiliser la syntaxe traditionnelle des commentaires PHP, s'ils sont intégrés dans une zone de code PHP, soit `//` pour commenter une simple ligne, ou `/*` et `*/` pour un commentaire sur plusieurs lignes. N'oubliez pas qu'en dehors des balises PHP, il convient d'utiliser la syntaxe des commentaires HTML, à savoir les balises `<!--` et `-->`.

Nommez les variables et les fichiers

Le choix du nom d'une variable est important. Dès qu'une variable concerne un élément fonctionnel du programme, vous devez la nommer explicitement, et de façon à évoquer sa fonction. Une méthode consiste à concaténer une courte phrase qui caractérise la variable, en ne conservant en majuscule que la première lettre de chaque mot (exemple : prix du produit deviendrait `$prixProduit`). En revanche, les variables d'utilisation ponctuelle, comme les compteurs de boucle ou des variables de fonction, peuvent conserver des appellations courtes et génériques (`$i` par exemple).

En ce qui concerne les noms des fichiers, il est intéressant d'élaborer une convention de nommage dans le cadre du projet, afin de définir un préfixe commun à chaque fichier qui réalise une action d'une même fonctionnalité du programme (exemple : tous les fichiers assurant la gestion du caddie). Hormis le fait de connaître grossièrement l'utilité des fichiers ainsi nommés, nous pouvons facilement les regrouper par fonctionnalité dans l'arborescence d'un répertoire à l'aide d'un simple tri alphabétique (par exemple : `caddie_modif.php` et `caddie_supp.php`).

Utilisez les fonctions

Si vous découpez votre code en parties réutilisables, vous pouvez créer des fonctions faciles à exploiter dans toutes les pages du site. En plus de cet avantage, le code du script principal est plus léger et bien plus lisible. Pour cela, il faut les rassembler dans un fichier commun qu'il convient d'appeler en début de chaque page par la commande `require()`.

Utilisez les fragments de code

Pour être encore plus efficace dans le développement de vos applications et gagner en productivité, vous pourrez avantageusement utiliser les fragments de code de Dreamweaver. Cela vous évitera de ressaisir à chaque développement des parties de code fréquemment utilisées. Par défaut, Dreamweaver est livré avec de nombreux fragments de code standards, classés par thème, que vous trouverez dans le panneau `Code/Fragments de code`. Cependant, dans la version standard il y a peu de fragments PHP et il faudra développer vous-même vos propres fragments avant de pouvoir les intégrer dans vos pages dynamiques (revoir figure 5-9). Il est aussi possible d'importer des groupes de fragments de code afin de pouvoir rapidement disposer d'un ensemble de ressources créées par des développeurs chevronnés. En ce qui concerne l'importation de fragments de code PHP, le site www.phpmx.com propose de nombreux morceaux que vous pourrez facilement ajouter dans votre éditeur Dreamweaver.

Construisez brique par brique

De même qu'un maçon construit une maison brique par brique sur des fondations solides, le programmeur doit commencer par bien analyser le projet dans son ensemble pour en définir sa structure et élaborer des modules correspondant à chaque fonctionnalité. Vous devez réaliser des tests individuels pour chacun des modules dès qu'ils sont opérationnels, et il ne faut surtout pas attendre que tout le site soit créé pour les passer au banc d'essai.

Les erreurs PHP

La syntaxe d'un message d'erreur PHP

Avant d'être envoyée vers le navigateur, la syntaxe des scripts PHP est d'abord analysée puis exécutée. Lors de ces deux étapes peuvent apparaître des erreurs de syntaxe ou de sémantique. Il peut aussi y avoir d'autres types d'erreurs liées à la conception de votre programme (erreur logique) ou au contexte dans lequel il s'exécute (erreur d'environnement). Selon le type d'erreur, des messages différents sont envoyés par PHP et s'affichent dans votre navigateur. Dans un premier temps, il est important de bien les analyser. Aussi, nous proposons de définir leur syntaxe et d'énumérer les différents types d'erreurs qui peuvent se produire.

Tableau 5-34 – Syntaxe d'un message d'erreur

Syntaxe	
Niveau_erreur : message_erreur in nom_fichier on line num_ligne	
Légende	Niveau_erreur : Les niveaux d'erreur peuvent être : Parse_error : erreur de syntaxe lors de l'analyse; Fatal_error : erreur qui arrête le script; Warning : erreur qui se contente d'afficher un avertissement, mais qui permet de poursuivre le script. message_erreur : message correspondant à l'erreur rencontrée (les messages sont souvent identiques au niveau). nom_fichier : nom du fichier dans lequel l'erreur a été détectée. num_ligne : numéro de la ligne où se trouve théoriquement l'erreur.

Voici un exemple d'erreur :

```
//ligne de script qui a produit l'erreur (point-virgule oublié en bout de ligne)
echo "bonjour"
//la version corrigée serait : echo "bonjour" ;
//message d'erreur affiché dans le navigateur :
Parse error: parse error, unexpected T_VARIABLE, expecting ',' or ';' in
c:\wamp\www\sitephp\debugphp\erreur1.php on line 4
```

Si on analyse l'erreur ci-dessus, on peut en déduire les informations suivantes :

- niveau_erreur : `Parse error`
- message_erreur : « `parse error, unexpected T_VARIABLE, expecting ',' or ';'` »
- nom_fichier : `c:\wamp\www\sitephp\debugphp\erreur1.php`
- line num_ligne : `line 4`

Erreur de syntaxe

Une erreur de syntaxe se produit lorsque le code est analysé par l'interpréteur PHP. Elle peut être comparée à une faute de grammaire comme « mon ordinateur *sont* en marche » dans le langage humain. De même, si la syntaxe du langage PHP n'est pas parfaitement respectée, l'analyseur renvoie un message d'erreur.

Voici un exemple d'erreur de syntaxe :

```
$var1=5;
$var2=3;
//ligne de script qui a causé l'erreur
$var3=(2+$var1)*$var2);// << ici il manque une parenthèse
//la version corrigée serait : $var3=((2+$var1)*$var2);
//message d'erreur affiché dans le navigateur
Parse error: parse error, unexpected ')' in c:\wamp\www\sitephp\
debugphp\erreur2.php on line 4
```

Si on analyse l'erreur ci-dessus, on peut en déduire les informations suivantes :

- niveau_erreur : `Parse error`
- message_erreur : `parse error, unexpected ')'`
- nom_fichier : `c:\wamp\www\sitephp\debugphp\erreur2.php`
- line num_ligne : `line 4`

Erreur de sémantique

Si une erreur de syntaxe peut être comparée à une faute de grammaire, une erreur de sémantique se compare à une phrase grammaticalement correcte, mais n'ayant aucun sens, par exemple « j'irai hier ». La syntaxe étant correcte, aucune erreur de syntaxe n'est opposée par l'analyseur, mais une erreur survient lorsque PHP tente d'interpréter le code erroné.

Voici un exemple d'erreur de sémantique :

```
//ligne de script qui a généré l'erreur
define("TVA"); // << ici il manque un argument
//la version corrigée serait : define("TVA",19.6);
//message d'erreur affiché dans le navigateur
Warning: Wrong parameter count for define() in c:\wamp\www\sitephp\
debugphp\erreur3.php on line 2
```

Dans cet exemple, la syntaxe est correcte, mais il manque un argument lors de l'appel à la fonction `define()` qui nécessite au minimum deux paramètres. Si on analyse l'erreur ci-dessus, on peut en déduire les informations suivantes :

- niveau_erreur : `Warning`
- message_erreur : `Wrong parameter count for define()`
- nom_fichier : `c:\wamp\www\sitephp\debugphp\erreur3.php`
- line num_ligne : `line 2`

Erreur de logique

L'erreur de logique est certainement la plus difficile à localiser, car dans la plupart des cas, elle ne provoque aucun message d'erreur. Dans le monde des humains, cela pourrait correspondre au comportement d'une personne qui a perdu la raison : « Je suis fou et je me comporte en dépit de tout bon sens ». Dans une erreur de logique, le code est correct au niveau de la syntaxe et de la sémantique, mais il ne réalise pas ce que le programmeur désire !

Erreur d'environnement

Votre programme peut très bien avoir une syntaxe, une sémantique et une logique correctes et fonctionner normalement dans un contexte donné, mais causer des erreurs dans un autre environnement (serveur Web ou de bases de données, ou accès au réseau différents...). Dans ce cas, il s'agit d'erreurs d'environnement, et si l'environnement ne peut pas être adapté, il faut mettre en place des scripts supplémentaires afin de neutraliser chacune de ces erreurs après identification et analyse des causes.

Configuration du niveau de rapport d'erreur

Le fichier de configuration `php.ini` contient une option `error_reporting` qui peut être paramétrée selon le niveau de contrôle de vos scripts souhaité. Dans les dernières version de PHP, cette option est configurée par défaut avec la valeur `E_ALL` qui est le niveau maximal de contrôle. Avec ce réglage, toutes les variables non déclarées provoqueront automatiquement un warning (`Undefined variable`). Si vous désirez éviter ces warnings fréquents, vous devez vous assurer que toutes vos variables seront toujours initialisées (revoir l'instruction `isset( )` en début de ce chapitre), mais vous pouvez aussi remplacer la valeur actuelle par `E_ALL & ~ E_NOTICE` ou encore intégrer ponctuellement la fonction `error_reporting(7);` dans le script de la page concernée.

Techniques de débogage

Les programmes ne fonctionnent pas toujours du premier coup. Aussi, pour la mise au point de vos programmes, il est intéressant de bien analyser les messages d'erreur et d'utiliser des techniques de débogage qui vous permettent de localiser rapidement l'erreur dans votre script.

Utilisez l'équilibrage des accolades

Sachant que les erreurs d'accolades sont fréquemment à l'origine d'une faute de syntaxe, si on ne respecte pas l'équilibrage des accolades d'ouverture avec celles de fermeture, il est intéressant d'utiliser l'équilibreur d'accolades que Dreamweaver met à votre disposition pour vous assurer que votre programme respecte bien cette règle. Pour activer l'équilibrage d'accolades, commencez par sélectionner une ligne contenant une accolade du bloc à vérifier, puis activez le testeur (sélectionnez `Édition>Équilibrer les accolades` ou cliquez sur le bouton `Équilibrer les accolades` situé dans la barre d'outils de codage). Toute la zone correspondant à un bloc équilibré (selon le niveau d'imbrication) est alors automatiquement sélectionnée. Si vous renouvelez le test, la zone sélectionnée s'étend au niveau d'imbrication supérieur, et ainsi de suite jusqu'au dernier bloc. Il faut alors vérifier qu'il ne reste aucune accolade en dehors de la zone sélectionnée et, si le cas se présente, ajouter l'accolade manquante et renouveler le test (voir figure 5-32).

Détectez les erreurs de logique

Les erreurs de syntaxe ou de sémantique étant toujours accompagnées d'un message qui précise le fichier et la ligne où se trouve le problème, il suffit en général de revoir le code situé à ce niveau pour le résoudre. Cependant, pour les erreurs de logique, il est parfois difficile de localiser les lignes de code qui sont à l'origine du mauvais fonctionnement. Dans ce cas, le moyen le plus simple consiste à commenter les lignes (`utiliser //`) ou les blocs de code (`utiliser /*` et `*/`) susceptibles de provoquer l'erreur, et à tester de nouveau le programme. Ainsi, par recoupements, vous pouvez circonscrire l'erreur de manière exacte.

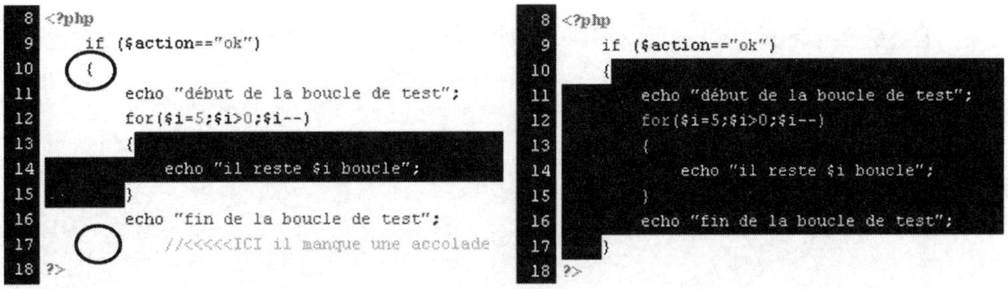

Figure 5-32

L'équilibreur d'accolades de Dreamweaver permet de localiser rapidement un déséquilibre entre le nombre d'accolades d'ouverture et celui des fermetures pour une zone de programme défini. À gauche, l'équilibreur signale un déséquilibre, car il reste un nombre impair d'accolades en dehors de la sélection, alors qu'à droite le test est concluant.

La fonction phpinfo()

La fonction `phpinfo()` affiche tous les paramètres de la configuration de PHP. Pour créer une page d'affichage de ces paramètres, il suffit simplement de saisir cette fonction dans une page PHP (qui serait nommée `phpinfo.php` par exemple), comme indiqué ci-après, et de l'appeler depuis le Web local ou depuis votre serveur distant. Vous pouvez évidemment aussi l'ajouter en bas de vos pages en cours de test, afin d'afficher les différentes variables actives et connaître leur valeur.

Voici le code à écrire dans le fichier `phpinfo.php` pour afficher la configuration de PHP :

```
<?php
phpinfo();
?>
```

Hormis l'affichage de tous les paramètres PHP qui peuvent s'avérer très utiles pour connaître la configuration de votre serveur, la fonction `phpinfo()` montre aussi toutes les valeurs des variables créées avec des requêtes `GET` ou `POST`, ainsi que le contenu des cookies. Dans l'exemple de la figure 5-33, nous appelons le fichier `phpinfo.php` en passant deux paramètres dans l'URL (`var1` et `var2`) : nous les retrouvons dans le tableau `Variables` (en bas de la page `phpinfo`) accompagnées de leur valeur respective.

Les pièges

L'examen des valeurs affectées à certaines variables pour différents endroits du script est souvent nécessaire au dépannage. Pour cela, il est possible d'ajouter, dans votre page à tester, des pièges qui affichent les noms des variables à tester suivis de leur valeur. Vous pourriez évidemment vous contenter d'ajouter dans votre code une simple fonction `echo $var1;` mais cela devient vite illisible si vous désirez tester plusieurs variables dans la même page. Aussi, nous vous suggérons d'utiliser le code ci-après, qui présente l'avantage de

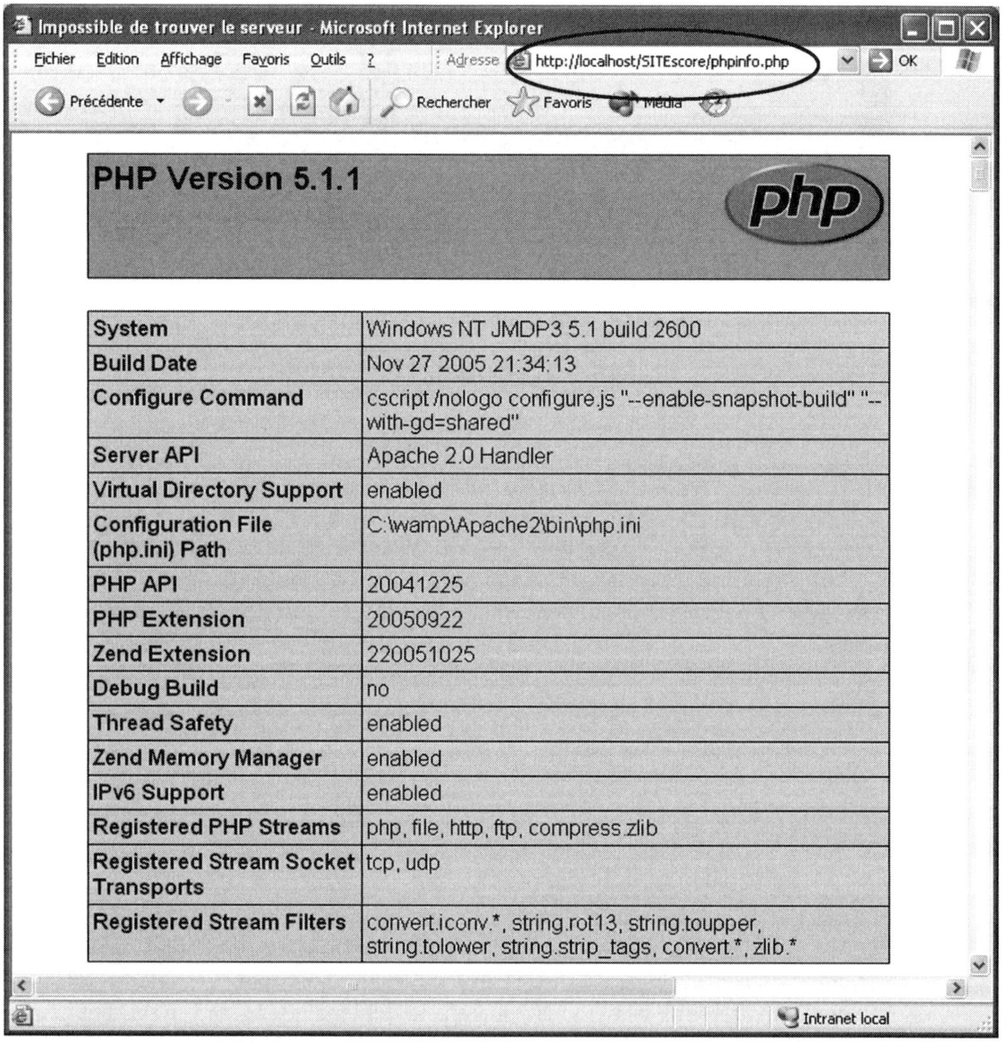

Figure 5-33

L'intégration de la fonction phpinfo() dans une page à tester permet d'afficher de nombreuses informations sur l'état des valeurs actives dans la page (GET, POST, COOKIES...).

rappeler le nom de la variable et d'insérer automatiquement un retour à la ligne à la fin de chaque test. Après son utilisation, il est aussi appréciable de pouvoir localiser rapidement tous les endroits où vous avez ajouté un piège ; dans ce cas, l'astuce consiste à lancer une recherche sur le mot `PIEGE` et à commenter la ligne à de la supprimer complètement si tous les problèmes sont résolus.

```
echo '$var1='.$var1.'<br>'; //----------PIEGE valeur
```

Dans certains cas, l'erreur peut provenir d'un type incorrect de la variable traitée. Pour tester cette information dans le programme, il suffira d'ajouter l'affichage de son type, avec la fonction **gettype()**, à la suite du piège précédent.

```
echo '$var1='.$var1.' de type '.gettype($var1).' <br>'; //-PIEGE type
```

Enfin, pour le dépannage de scripts utilisant des variables de type tableau (comme par exemple toutes les variables HTTP : $_GET, $_POST, $_SESSION, $_COOKIE...), il faudra employer la fonction print_r() que nous avons déjà présentée lors de l'étude des tableaux dans ce même chapitre.

```
print_r($tab1) ; //-------PIEGE tableau
```

Les fonctions de débogage

Une autre possibilité plus élaborée consiste à développer une fonction qui est activée lors du débogage, afin d'afficher ou d'enregistrer une trace de l'action réalisée. Pour activer ou désactiver cette fonction, on peut la passer dans l'URL en l'affectant à 1 pour activer le débogage (ex : **mapage.php?modedebug=1**). Vous pouvez ajouter localement cette fonction au code de la page, mais il est plus judicieux de l'intégrer dans un fichier de fonctions appelé par une commande **require()**. Vous trouverez ci-dessous un exemple de fonctions que vous pouvez utiliser lors de la mise au point de vos programmes en local.

```
<?php
//fonction de débogage à insérer dans la page testée
//-----initialisation des variables
if(!isset($_GET['modedebug'])) $_GET['modedebug']=0;
else  $modedebug=$_GET['modedebug'];
//fonction de débogage à insérer dans la page testée
function debugphp($var1)
              {
              if($GLOBALS["modedebug"]==1)
  echo 'PIEGE:$var1='.$var1.' de type '.gettype($var1).'    <br>';
              }
//affectation d'une variable pour les besoins de l'exemple
$var2="bonjour";
//insertion du piège pour tester la variable $var2
debugphp($var2);
?>
```

Si vous testez l'exemple précédent en passant un paramètre dans l'URL pour indiquer que vous désirez afficher le piège, (exemple : `mapage.php?modedebug=1`) votre navigateur devrait afficher le texte du piège ci-dessous :

```
PIEGE : $var1=bonjour de type string
```

> **Attention**
>
> Si la variable que vous désirez tester n'est pas initialisée, vous risquez de voir apparaître des messages d'erreur `Undefined variable` à l'écran selon la configuration de votre serveur. Pour éviter cela, il suffit d'ajouter la ligne de code suivante avant votre piège. À noter que la syntaxe `$var1` est valable pour une variable interne, mais s'il s'agit d'une variable issue d'un formulaire, d'une session, d'un cookie ou encore passée dans l'URL, il conviendra d'utiliser le tableau de variables HTTP adapté (`$_XXX ['var1']`) :
>
> ```
> If( !isset($var1)) $var1= "variable non déclarée";
> ```

Suppression des messages d'erreur

Si, lors du développement, tous les messages doivent être affichés afin de mettre au point le programme, en production il est préférable d'éviter d'afficher ces messages dans la page Web visible par tous les internautes. Dans ce cas, vous pouvez neutraliser l'apparition de ces messages à l'écran en ajoutant un **@** devant la fonction concernée. Cependant, il faut considérer cette méthode comme une solution de dépannage en attendant de trouver la cause du problème, ou pour empêcher l'affichage d'un simple `warning` qui n'a pas d'incidence sur le fonctionnement du script de la page.

Dans cet exemple, nous allons créer une erreur de division par 0 :

```
$var1=0;//simulation d'une erreur d'affectation pour les besoins du test
echo "------Sans @------<br>";
$testerreur= (5/$var1);//un message de Warning signalera la division par 0
echo "-------Avec @-----<br>";
$testerreur=@(5/$var1);//ici il n'y aura pas de message d'erreur
echo "-------Fin du test-----<br>";
```

Si vous testez ce code dans votre navigateur, il affiche les lignes suivantes :

```
------Sans @------Warning: Division by zero in
c:\wamp\www\sitephp\debugphp\debug2.php on line 4-------Avec @-----------Fin du
test-----
```

Testez vos requêtes SQL dans phpMyAdmin

Si vous développez des pages intégrant des requêtes SQL, il est possible que l'origine de votre erreur vienne d'un résultat erroné ou manquant, remonté par la base, voire d'une erreur de syntaxe dans la requête SQL. Pour éviter ce genre de problème, il est fortement conseillé de tester la requête utilisée avant de l'intégrer dans le script PHP de la page dynamique. Pour tester une requête, il suffit de la copier dans la zone `Exécuter une requête` du gestionnaire phpMyAdmin, et de cliquer sur le bouton `Exécuter`. Le résultat de la requête doit alors s'afficher (voir figure 5-34). Si une erreur est signalée ou si le résultat ne correspond pas à vos attentes, corrigez la requête en conséquence avant de la copier et de la tester dans la page dynamique.

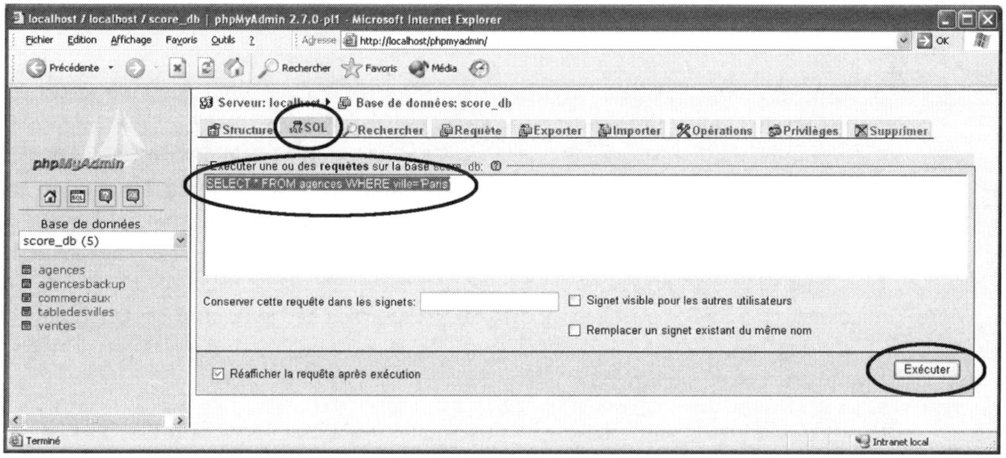

Figure 5-34

Avant d'intégrer votre requête SQL dans un script PHP, il est fortement conseillé de la tester au préalable à l'aide de phpMyAdmin.

Applications au projet SCORE

Création d'une page graphique pour les statistiques

La page des statistiques affiche actuellement la somme des ventes effectuées par tous les commerciaux du groupe, et cela pour chaque mois. Nous allons maintenant utiliser nos connaissances de la programmation en mode `Code` pour réaliser un histogramme : les ventes réalisées chaque mois seront représentées par une barre verticale de couleur, dont la hauteur sera proportionnelle à la somme des ventes. Le numéro du mois concerné sera, quant à lui, affiché en bas de chaque barre de l'histogramme.

Procédures pour la modification de la page statistiques.php

1. Ouvrez le fichier `statistiques.php` situé dans le répertoire `commerciaux` du site.
2. Depuis le panneau `Liaisons`, ouvrez le jeu d'enregistrements `rsStatistiques` (double-cliquez sur le nom du jeu). Depuis la fenêtre du jeu d'enregistrements, passez en mode `Avancé` en cliquant sur le bouton du même nom, et modifiez la zone `SQL` pour obtenir la requête ci-dessous (voir figure 5-35) :

```
SELECT annee, mois*1 AS m, SUM(resultat)/400 AS resmois
FROM ventes
GROUP BY mois
HAVING annee=2003
ORDER BY m
```

3. Dans cette requête, nous divisons par un coefficient de `400` la fonction `SUM()`, afin d'obtenir un affichage en rapport avec la hauteur de l'écran. Pour éviter de gérer la formule complète dans le script PHP, nous déclarons un alias `resmois` correspondant au résultat ainsi obtenu. De même, nous attribuons l'alias `m` au champ mois. La clause `GROUP BY` permet de regrouper tous les résultats par mois avant de les additionner comme nous l'avons indiqué ci-dessus. La clause `HAVING` permet de sélectionner l'année désirée. Enfin, la clause `ORDER BY` provoque un tri des données pour afficher les barres selon l'ordre numérique des mois. Après ces modifications, cliquez sur le bouton `Tester` pour vous assurer du bon fonctionnement de votre requête, puis validez par `OK` pour confirmer vos modifications (voir figure 5-35).
4. Revenez maintenant dans la fenêtre du document en mode `Création` et créez un premier tableau d'une seule ligne et d'une seule colonne (prendre par exemple `hauteur=400` et `largeur=600`). Puis, à l'intérieur de ce tableau, créez un deuxième tableau de deux lignes et d'une colonne (`largeur=50`). Attribuez une couleur d'arrière-plan à la cellule du haut qui représentera par la suite les barres de l'histogramme.
5. Depuis la fenêtre `Liaisons`, déroulez le jeu d'enregistrements `rsStatistiques` et faites glisser la variable `m` dans la cellule du bas (voir figure 5-36).
6. Sélectionnez le premier tableau (celui d'une seule cellule) et cliquez sur le bouton `+` du panneau des comportements serveur pour ajouter une région répétée (valider l'option `Afficher tous les enregistrements`). Si nous testions cette page dans le Web Local, nous observerions que les barres sont répétées verticalement, et non à l'horizontale, comme nous l'avions prévu. Pour résoudre ce problème, nous allons afficher le document en mode `Code` et déplacer le code du début (`<?php do {?>`) et celui de la fin (`<?php} while ... ?>`) de la boucle du comportement répété : ces codes doivent encadrer uniquement l'élément `<TD>...</TD>`, comme indiqué dans la partie de code ci-après. Vous pourrez ensuite tester votre page pour vous assurer que les barres sont bien répétées horizontalement.

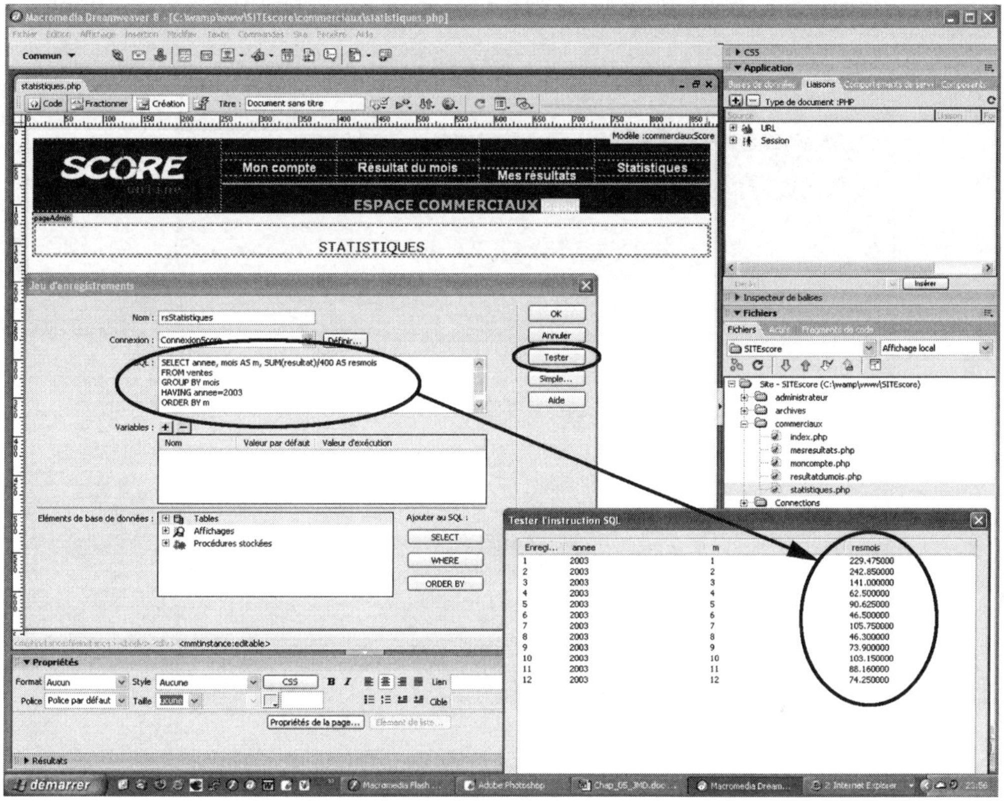

Figure 5-35

Fenêtre de configuration du jeu d'enregistrements rsStatistiques.

Voici la partie de code affichant l'histogramme :

```
<table width="600" height="400" border="0">
  <tr>
  <?php do { ?>
  <td valign="bottom">
    <table width="50" border="0" align="center">
        <tr><td height="<?php echo $row_rsStatistiques['resmois'];?>" bgcolor="
    ↵#FF0000"> </td></tr>
        <tr><td><div align="center"><?php echo $row_rsStatistiques['m'];?>
    ↵</div></td></tr>
    </table>
  </td>
  <?php } while ($row_rsStatistiques=mysql_fetch_assoc($rsStatistiques));?>
  </tr>
</table>
```

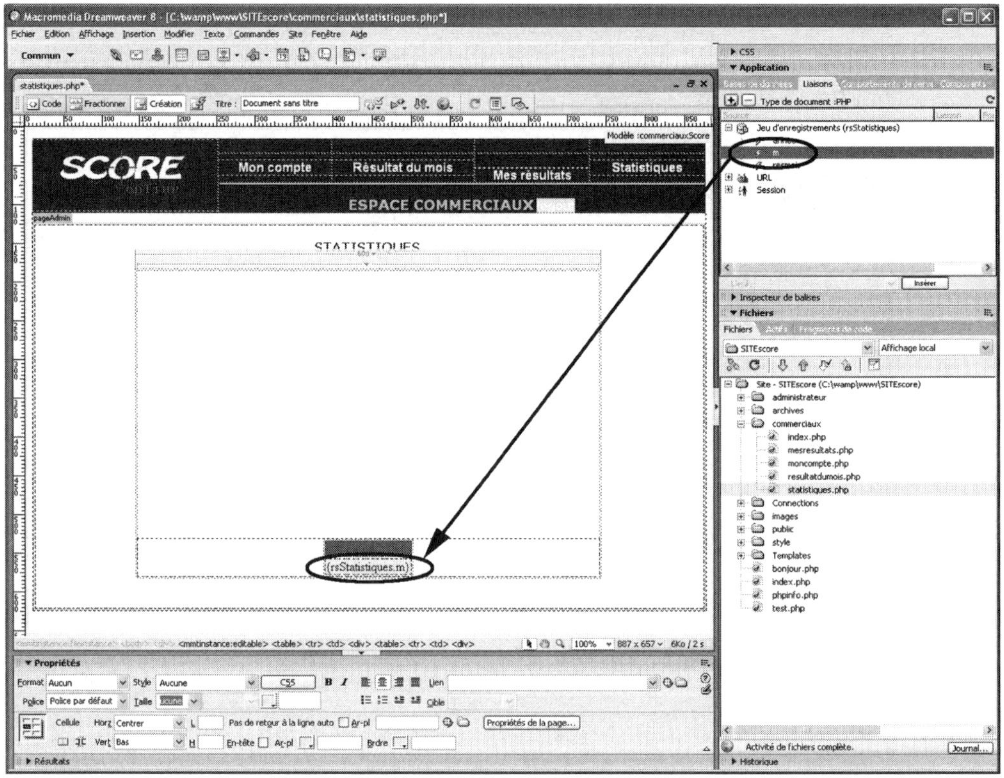

Figure 5-36

Création de la page statistiques.php : la variable m (numéro du mois) du jeu d'enregistrements rsStatistiques est intégrée par un simple glisser-déposer dans la cellule du bas de la barre de l'histogramme.

7. Il nous faut maintenant paramétrer l'attribut `height` de la balise `<TD>` (à laquelle nous avons précédemment attribué une couleur de fond), pour la rendre dynamique, et pour que sa hauteur soit proportionnelle au champ `resmois`. Pour cela, nous pourrions directement modifier le code de la page (voir le code final de la figure 5-38). Cependant, nous allons profiter de cette occasion pour utiliser l'inspecteur de balises que nous avons présenté au début de ce chapitre.

   Ouvrez l'inspecteur de balises depuis le panneau `Balise`, puis sélectionnez la cellule à modifier dans la fenêtre `Document` en mode `Création`. Dans le sous-panneau `Attributs`, cliquez sur la cellule située à droite de l'attribut `height`, puis sur l'éclair qui doit apparaître à droite de la ligne (voir figure 5-37). Dans la boîte de dialogue `Données dynamiques`, sélectionnez le champ `resmois` (déroulez si besoin le jeu d'enregistrements `rsStatistiques`). Validez votre choix. Vous devriez maintenant avoir une page semblable à celle de la figure 5-38.

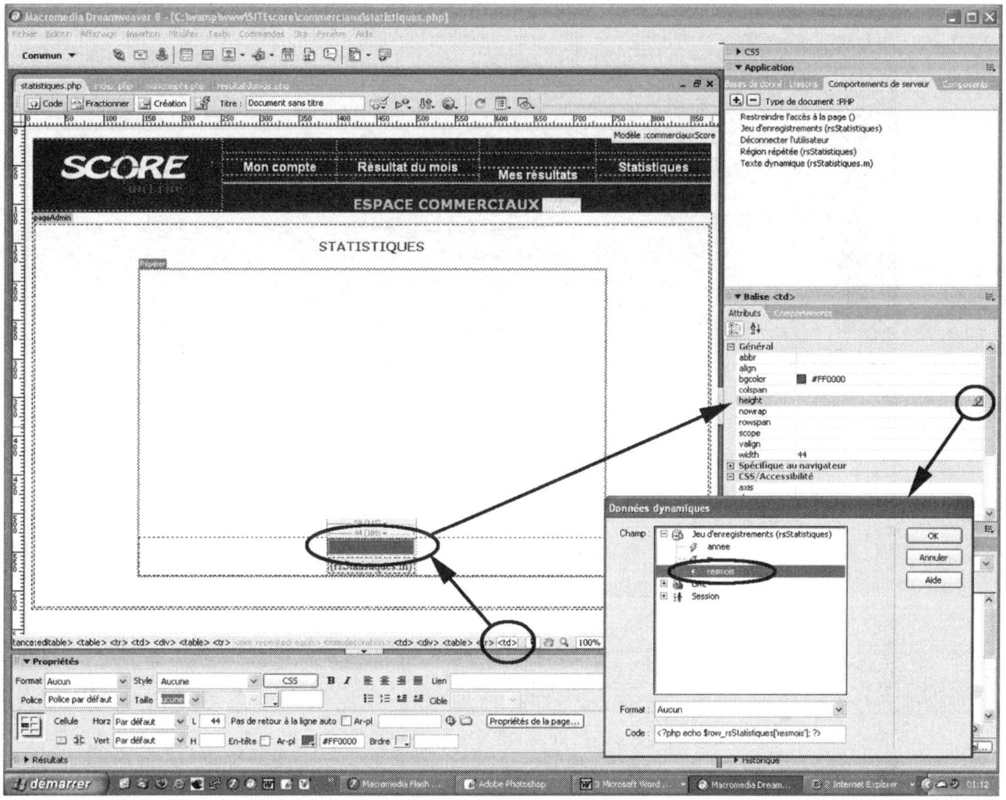

Figure 5-37

Pour paramétrer l'attribut de hauteur de la barre (height), nous utiliserons l'inspecteur de balises comme indiqué sur cette figure.

8. Enregistrez la page sous le nom `statistiques.php` et testez-en le fonctionnement complet en Web local (voir figure 5-39).

Création d'un script de sélection de requêtes SQL

Dans le chapitre 3, nous avons créé une page `resultatdumois.php` qui permet aux commerciaux de saisir leur résultat chaque mois. Cependant, nous avions remarqué lors des essais que, si le commercial saisit un couple mois/année existant, un deuxième enregistrement est créé ; cela va à l'encontre de l'intégrité de la base puisque de multiples enregistrements redondants peuvent être ainsi créés. La solution pour éviter ce problème consiste à interroger la base au préalable, pour savoir si un enregistrement correspondant au même couple mois/année existe déjà ; selon la réponse obtenue, on aiguille le programme vers un formulaire et une requête de mise à jour (`UPDATE`), ou vers un formulaire et une requête d'insertion (`INSERT`).

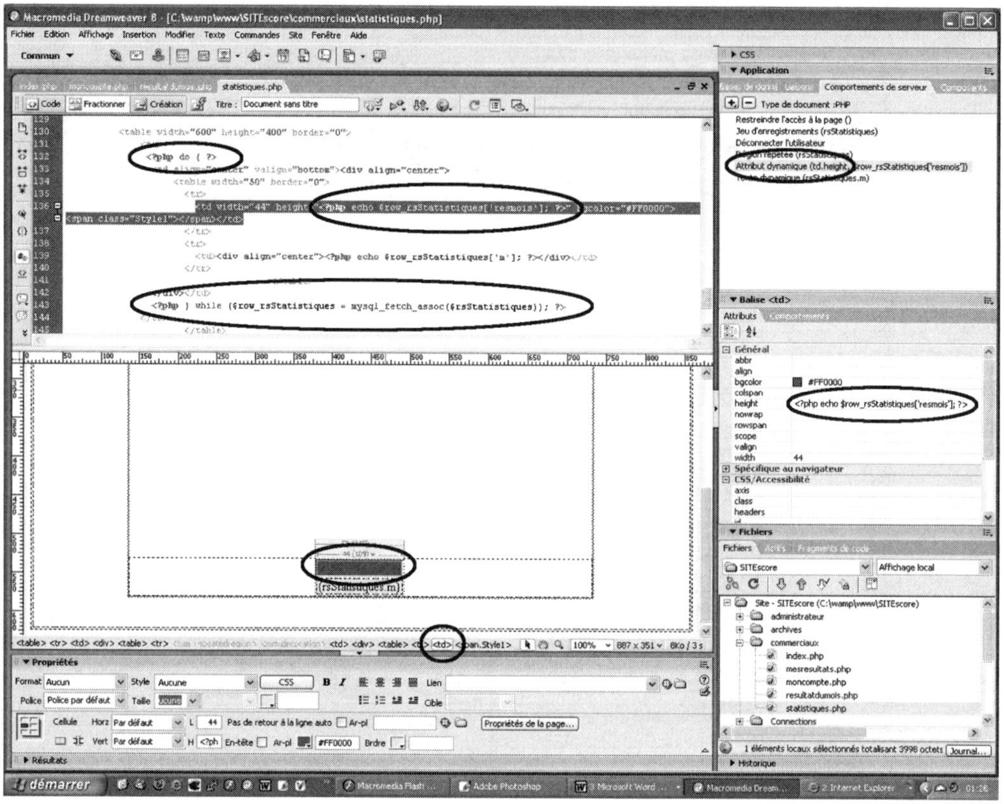

Figure 5-38

Paramètre dynamique de l'attribut height après sa configuration dans Dreamweaver.

Cette modification nécessitant la construction d'une requête avancée et l'intégration d'une structure de choix, nous n'avions pas pu la réaliser jusqu'à présent. Nous vous proposons maintenant d'utiliser les connaissances acquises dans ce chapitre pour remédier à ce problème.

La page actuelle est constituée d'un simple formulaire avec deux menus déroulants `mois` et `année`, ainsi qu'un champ texte pour les résultats. Nous avons également créé un comportement pour enregistrer les informations soumises par le formulaire. Nous vous proposons de mettre cette page en réserve (enregistrez-la par exemple sous le nom `resultatdumoisRES.php`) et de repartir d'une nouvelle page. Nous allons la créer à partir du modèle `commerciauxScore` (depuis le menu : `Fichier>Nouveau>Onglet Modèle>SiteScore` et modèle `commerciauxScore`). Enregistrez la page sous `resultatdumois.php` et suivez la procédure ci-dessous :

1. En mode `Création`, créez un formulaire `formSELECT` avec comme action `resultatdumois.php` et configurez-le en méthode `GET`.

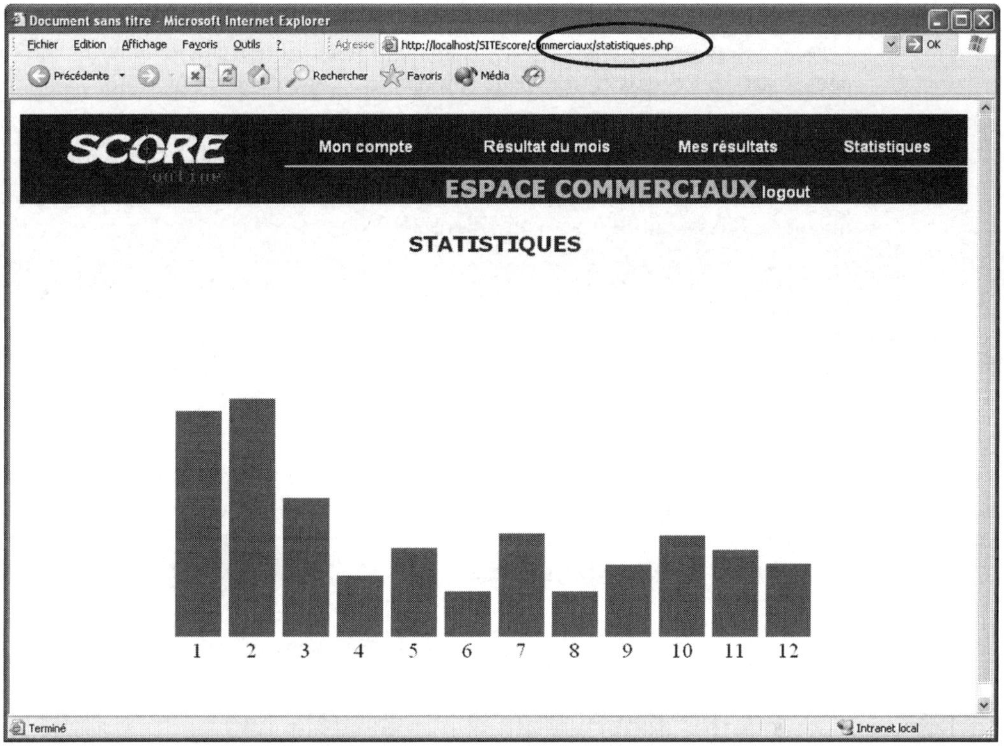

Figure 5-39
Test de la page statistiques.php dans le Web local.

2. À l'intérieur du formulaire, créez un tableau afin d'accueillir les éléments du formulaire (2 lignes et 3 colonnes). Fusionnez la première ligne et saisissez dans cette cellule le message suivant : « Sélectionnez le mois et l'année pour ajouter ou modifier `un résultat :` ».

3. Dans la deuxième ligne, insérez un menu déroulant dans chacune des 2 premières cellules, et un bouton nommé `Selectionner` dans la troisième cellule. Dans celle-ci, ajoutez aussi un champ caché que vous nommerez `soumission`, et dont la valeur sera initialisée avec `1` (ce champ masqué est destiné à indiquer que le formulaire de sélection a bien été validé). Le premier menu déroulant s'appelle `VARmois` : ses valeurs sont paramétrées avec les numéros des mois (de 1 à 12) et ses étiquettes avec le nom de chaque mois correspondant (janvier à décembre). Le deuxième menu se nomme `VARannee` : ses valeurs, ainsi que ses étiquettes, sont paramétrées avec les années, soit `2003, 2004, 2005`...

4. Ouvrez le panneau `Liaisons` et cliquez sur le bouton + pour ajouter une variable d'URL, `VARmois`. Renouvelez ensuite cette démarche pour ajouter une deuxième variable `VARannee`. Vous devrez obtenir une page semblable à celle de la figure 5-40.

5. Créez un nouveau jeu d'enregistrements depuis le panneau `Liaisons`, nommez-le `rsSelectResultat`, puis sélectionnez la connexion `ConnexionScore` et basculez en mode jeu `Avancé` en cliquant le bouton du même nom. Saisissez ensuite la requête suivante en vous aidant de l'assistant SQL (revoir figure 2-120) :

```
SELECT ventes.commerciauxID, ventes.mois, ventes.annee, ventes.resultat,
ventes.ID
FROM ventes
WHERE ventes.commerciauxID=colcommerciauxID AND ventes.mois=colmois
AND ventes.annee=colannee
```

6. Ajoutez aussi trois couples de variables dans la zone `Variables` selon les paramètres suivants, en cliquant pour chaque nouveau couple sur le bouton + de cette zone :

Nom	Valeur par défaut	Valeur d'exécution
colcommerciauxID	1	$_SESSION['VARcommerciauxID']
colmois	1	$_GET['VARmois']
colannee	2003	$_GET['VARannee']

7. Cliquez ensuite sur le bouton `Tester`, afin de vérifier que votre nouveau jeu d'enregistrements est opérationnel. Vous devez alors obtenir un résultat semblable à celui de la figure 5-41. Si les résultats sont corrects, initialisez les trois valeurs par défaut à `-1` et validez votre nouveau jeu en cliquant sur le bouton `OK`.

8. Placez votre pointeur en dessous du formulaire que vous venez de créer et insérez un deuxième formulaire, nommé `formAJOUT`, en méthode `POST` et sans attribut d'action pour l'instant. À l'intérieur de ce formulaire, créez un tableau de 3 lignes et 3 colonnes, afin d'y disposer les composants du formulaire. Dans la première ligne, saisissez le texte « Ajouter un nouveau résultat », et dans la seconde ligne faites glisser la variable dynamique `VARmois` dans la première cellule depuis le panneau `Liaisons`, puis faites de même avec la variable `VARannee` dans la deuxième cellule. Dans la troisième cellule, ajoutez un champ texte depuis le panneau `Insertion/Formulaire` et nommez-le `resultat`. Dans la troisième ligne, ajoutez un bouton de validation, dans la troisième cellule, que vous renommez `Ajouter`. Ajoutez aussi 3 champs masqués `mois`, `annee` et `commerciauxID`. Sélectionnez le champ masqué `commerciauxID` et cliquez sur l'éclair situé à droite du champ `valeur` du panneau des propriétés. Sélectionnez ensuite le champ `VARcommerciauxID` dans la fenêtre `Données dynamiques` (rubrique Session) et validez la fenêtre en cliquant sur le bouton `OK`. Sélectionnez ensuite l'autre champ masqué `mois` et, depuis le panneau `Propriétés`, cliquez sur l'éclair situé à droite du champ `valeur`, puis sélection-

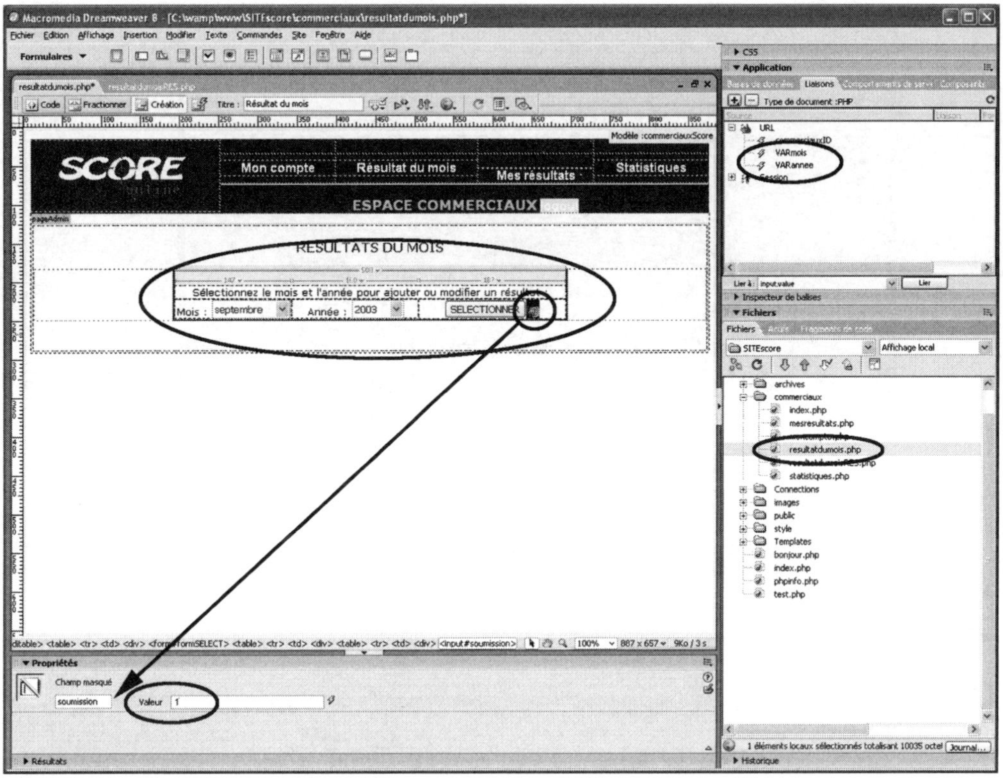

Figure 5-40

Création du formulaire de sélection d'un nouveau résultat. On remarque que le panneau Liaisons comporte les deux variables d'URL que nous venons de créer.

nez le champ du même nom dans la fenêtre `Données dynamiques` (rubrique URL, voir figure 5-42). Faites la même opération avec le champ masqué `annee`.

9. Le formulaire de modification étant semblable à celui de l'ajout que nous venons de créer, nous allons sélectionner tout le formulaire `formAJOUT` (pour être sûr de sélectionner le formulaire complet, cliquez sur la balise `<form>` dans le sélecteur de balises, en bas de la fenêtre du document) pour le copier (`Édition>Copier` ou raccourci clavier `Ctrl + C`). Placez votre pointeur ensuite en dessous de ce formulaire et collez le formulaire à cet endroit (`Édition>Coller` ou raccourci clavier `Ctrl + V`). Dès que le formulaire est copié, renommez-le `formMODIF` et renommez aussi le bouton de validation `Modifier`. Lorsqu'on duplique des éléments de même nom, Dreamweaver corrige cela en ajoutant un chiffre 2 après le nom des éléments dédoublés. Cependant, dans notre cas, les deux formulaires doivent comporter des noms d'éléments identiques.

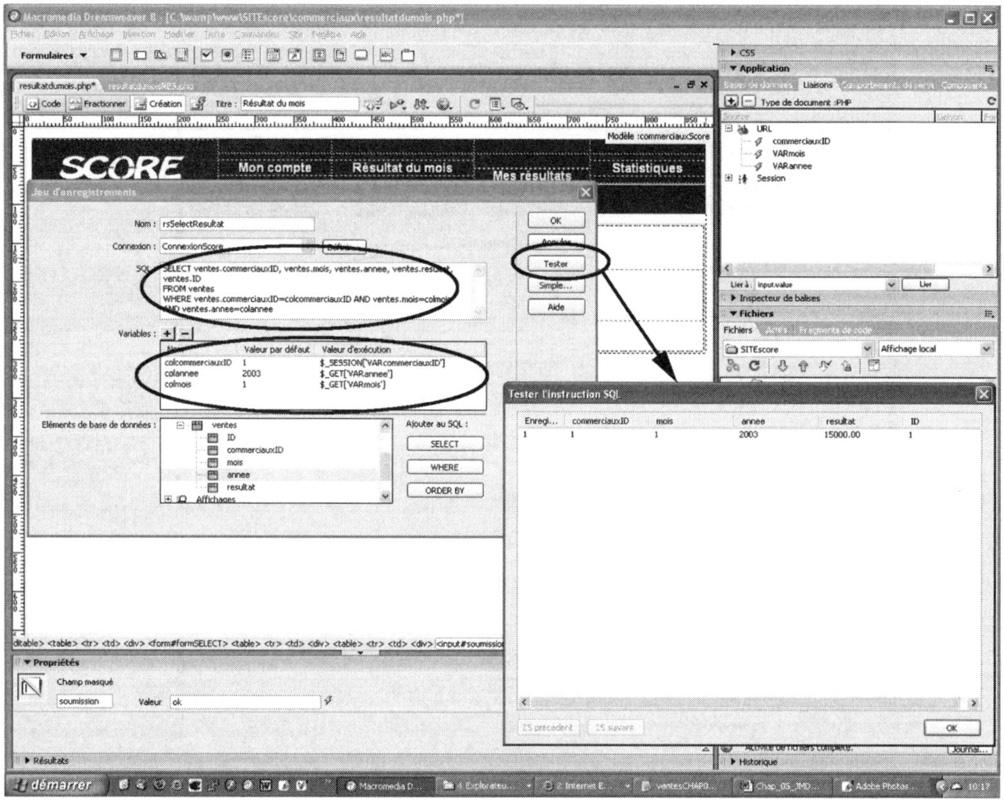

Figure 5-41

Fenêtre de configuration du jeu d'enregistrements rsSelectResulat.

Nous allons donc sélectionner successivement les champs masqués `VARmois`, `VARannee` et `commerciauxID`, puis le champ texte `resultat` du nouveau formulaire, pour supprimer le 2 dans leur champ nom du panneau `Propriétés`. Nous allons devoir aussi ajouter un autre champ masqué pour mémoriser l'identifiant de l'enregistrement à modifier. Ce nouveau champ masqué se nomme `ID`, et nous cliquons sur l'éclair du panneau de `Propriétés` pour configurer sa valeur initiale : sélectionnez la variable dynamique `ID` du jeu d'enregistrements `rsSelectResultat`. Vous devez aussi initialiser le champ `resultat` du formulaire `formMODIF` avec la valeur issue de la base, pour l'enregistrement correspondant. Pour cela, nous allons sélectionner le champ `resultat`, puis cliquer sur l'éclair du panneau des `Propriétés` pour sélectionner la variable dynamique `resultat` du jeu d'enregistrements `rsSelectResultat` (voir figure 5-43).

10. Il faut maintenant créer les comportements qui vont permettre d'insérer le nouvel enregistrement dans la table `ventes` ou modifier l'enregistrement existant. Pour cela, nous

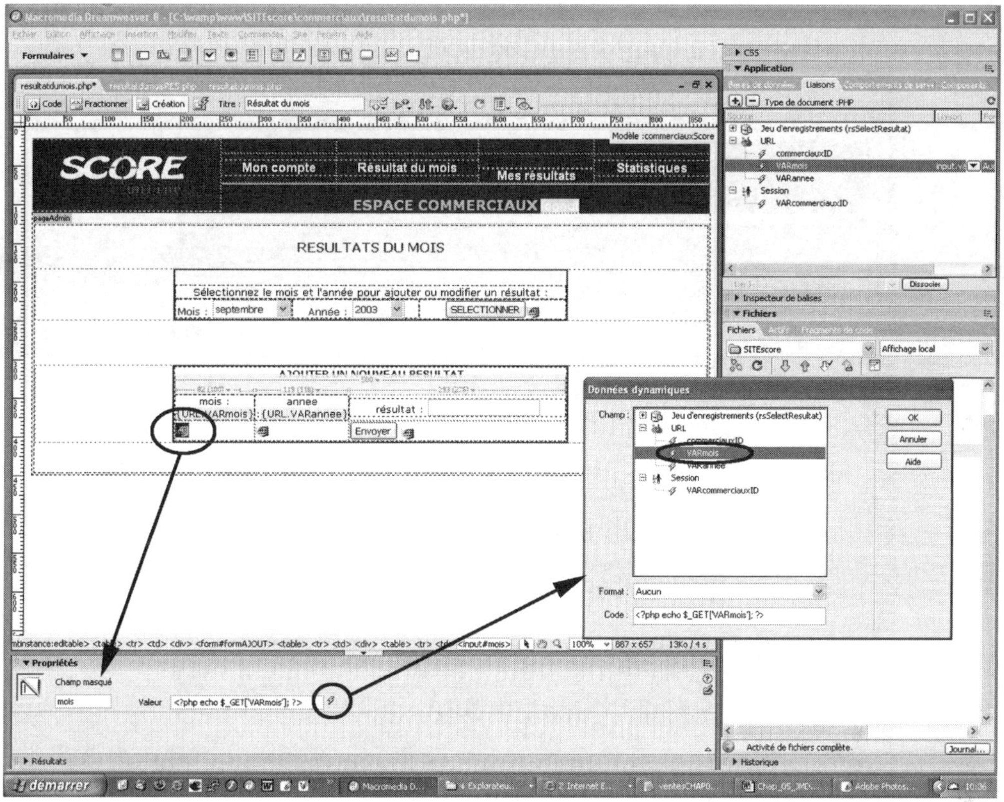

Figure 5-42

Configuration du champ masqué VARmois afin de l'initialiser avec la valeur du paramètre d'URL envoyé par le formulaire de sélection.

allons cliquer sur le bouton + depuis la fenêtre Comportements de serveur et sélectionner `Insérer un enregistrement`. Dans la boîte de dialogue qui s'affiche (voir figure 5-44), nous allons sélectionner le formulaire `formAJOUT`, la connexion `ConnexionScore` puis la table `ventes`. Vérifiez que les champs à insérer obtiennent bien une valeur dans la zone `Colonnes` (sauf le champ `ID` qui est auto-incrémenté), et choisissez `resultatdumois.php` comme fichier vers lequel l'internaute sera redirigé après l'insertion. Validez ensuite votre comportement en cliquant sur le bouton `OK`.

11. Cliquez de nouveau sur le bouton + pour ajouter un nouveau comportement, mais sélectionnez cette fois `Mettre à jour un enregistrement`. Dans la nouvelle boîte de dialogue, nous sélectionnons le formulaire `formMODIF`, la connexion `ConnexionScore`, puis la table `ventes`. Vérifiez aussi que les champs à insérer obtiennent bien tous une valeur dans la zone `Colonnes` (attention, pour la modification d'un enregistrement déjà créé, il faut cette fois que le champ `ID` soit connu). Sélectionnez enfin `resultatdumois.php` comme fichier de retour après l'insertion. Validez ensuite votre comportement en cliquant sur le bouton `OK`.

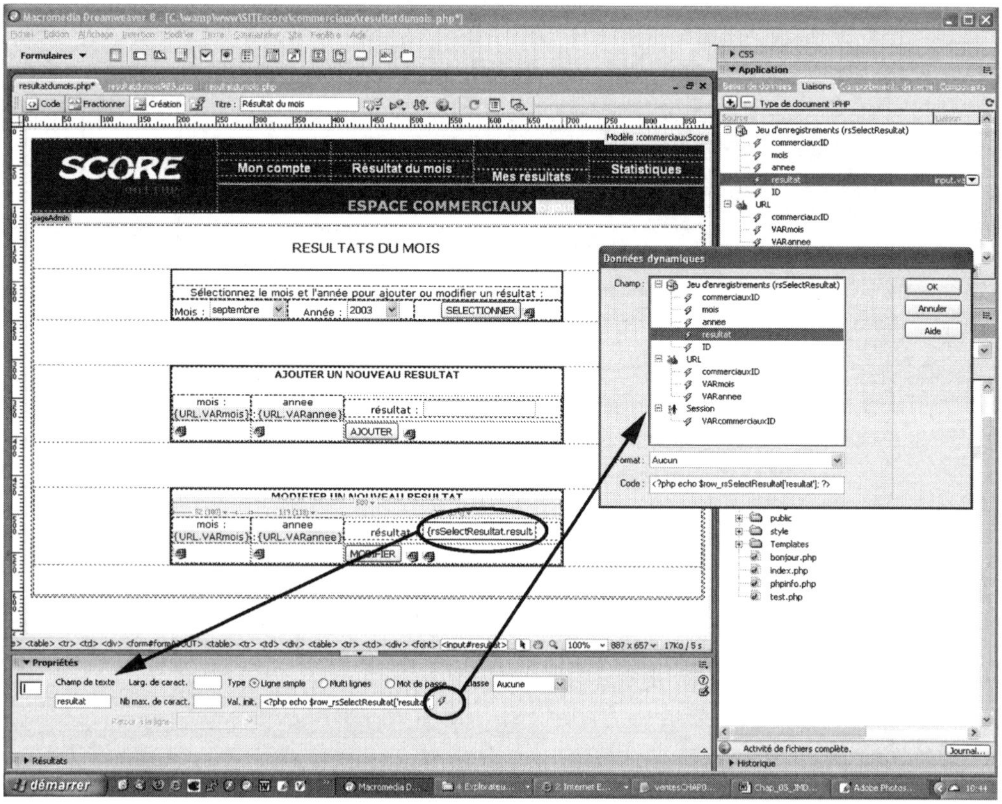

Figure 5-43

Paramétrage de la valeur initiale du champ resultat.

12. Il ne reste plus maintenant qu'à créer la structure de test qui permet d'aiguiller le programme vers le formulaire d'ajout (si aucun enregistrement n'a été trouvé par le jeu `rsSelectResultat`) ou vers le formulaire de modification (si le jeu précédemment cité n'est pas vide). Pour cela, commençons par sélectionner le formulaire `formAJOUT`, puis créons un nouveau comportement en cliquant sur le bouton + du panneau `Comportements de serveur`. Validez `Afficher la région` puis sélectionnez l'option `Afficher si le jeu est vide`. Dans la boîte de dialogue, il suffit de sélectionner le jeu `rsSelectResultat` et de valider votre choix. Dans la fenêtre du document, vous devez maintenant voir apparaître un cadre `Afficher si...` autour du formulaire d'ajout.

13. Il faut ensuite répéter la même opération pour l'autre formulaire, de sorte à l'afficher dans le cas contraire. Sélectionnez le formulaire `formMODIF`, puis créez un nouveau comportement en cliquant sur le bouton + du panneau `Comportements de serveur`. Validez `Afficher la région` puis sélectionnez l'option `Afficher si le jeu n'est pas vide`.

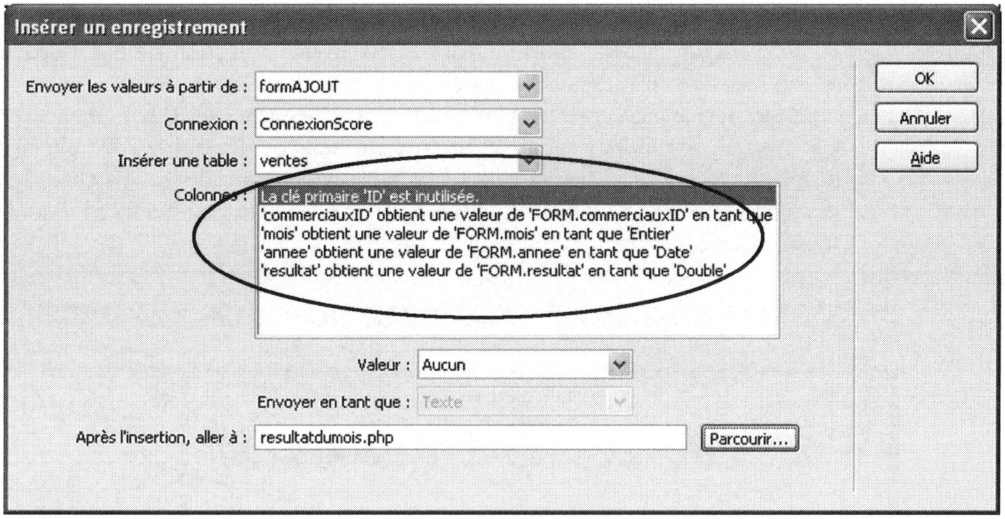

Figure 5-44

Fenêtre de configuration du comportement d'ajout d'un enregistrement.

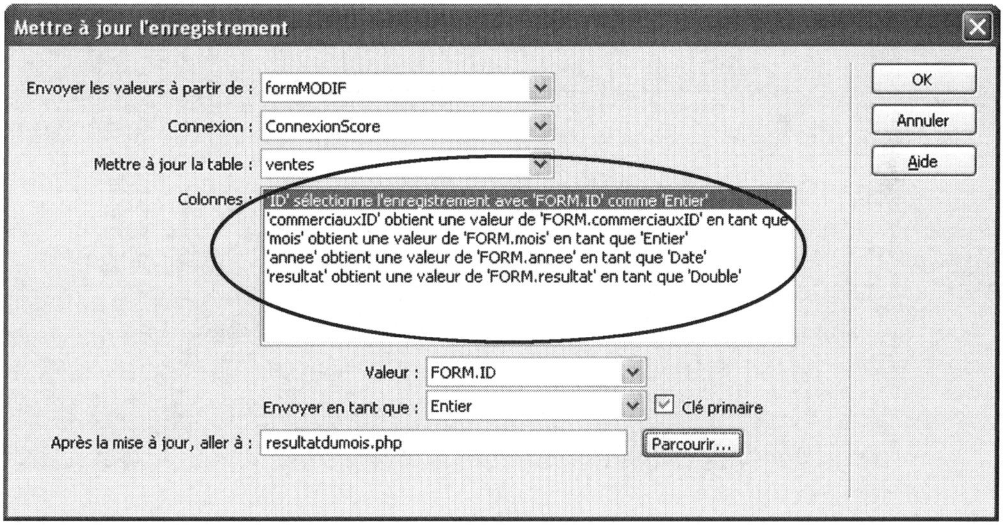

Figure 5-45

Fenêtre de configuration du comportement de mise à jour d'un enregistrement.

Dans la boîte de dialogue, il suffit de sélectionner le jeu `rsSelectResultat` et de valider votre choix. Dans la fenêtre du document doit alors apparaître un cadre `Afficher si...` autour du formulaire de modification (voir figure 5-46).

14. Enregistrez votre page sous `resultatdumois.php` et basculez en Web local pour tester l'écran `résultat du mois` dans l'espace `commerciaux`. Sélectionnez une valeur dont vous êtes sûr qu'elle existe déjà (le mois de janvier 2003 par exemple), et cliquez sur le bouton `Sélectionner`. L'écran `Modifier` doit alors être proposé. Recommencez votre test, mais avec un couple pas encore enregistré (le mois de décembre 2003 par exemple), et cliquez sur le bouton `Sélectionner`. L'écran d'ajout doit alors s'afficher. Testez aussi l'enregistrement et la modification dans la base de données pour vous assurer que tout est en ordre de marche.

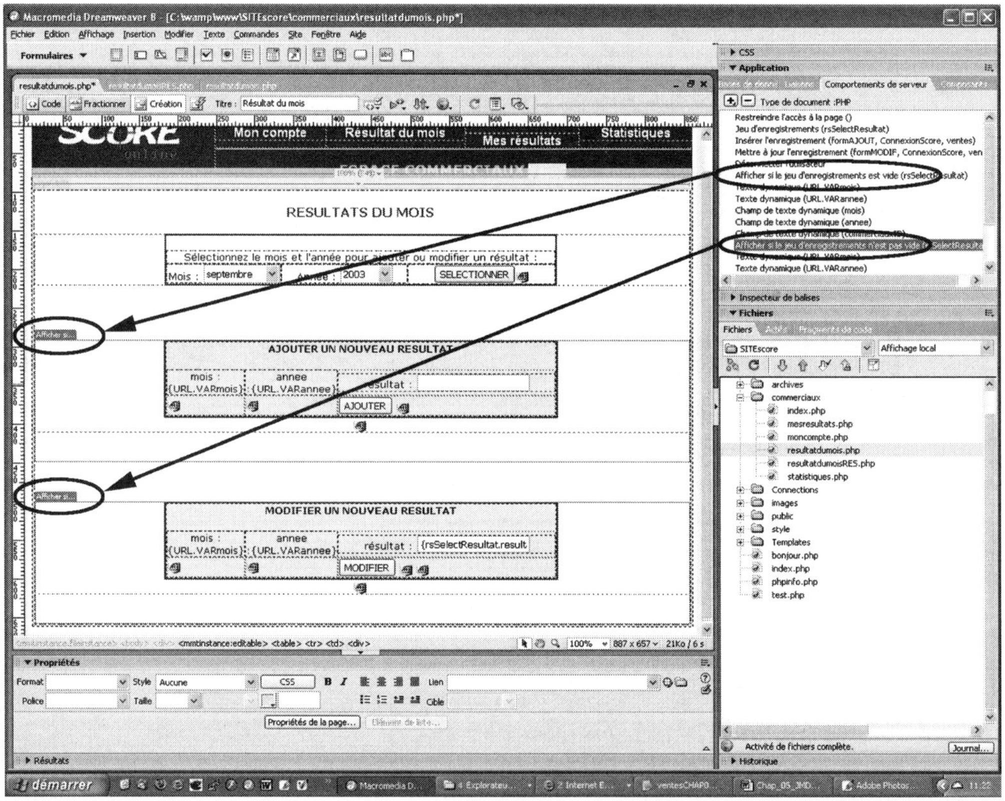

Figure 5-46

Après la création des deux comportements Afficher si... vous devriez voir apparaître un cadre autour de chaque formulaire rappelant le comportement appliqué.

15. Comme vous l'avez certainement remarqué, lors du premier affichage de cette page, le formulaire d'ajout apparaît par défaut (avec des informations `mois` et `année` non renseignées). Pour éviter cela, nous pouvons ajouter un test supplémentaire dans la page, afin de vérifier si le formulaire de sélection a bien été validé et d'éviter ainsi cet affichage de

formulaire non désiré. La variable que nous allons exploiter est déjà en place, puisqu'il s'agit du champ masqué `soumission` intégré dans le formulaire de sélection. Il ne reste plus qu'à ajouter les lignes de code ci-après (voir figure 5-47) pour activer le test et éviter de montrer le formulaire d'ajout lors du premier affichage de la page. À noter que nous ajouterons aussi un test d'existence de la variable `soumission` pour l'initialiser par défaut si elle n'a pas encore été transmise par le formulaire. Cette précaution évitera l'apparition de messages d'erreur sur les serveurs dont le paramètre `error_reporting` du fichier `php.ini` a été configuré avec la valeur `E_ALL`.

Pour ajouter ces lignes de code, sélectionnez le formulaire `formAJOUT` en mode `Création` puis passez en mode `Code`. Au-dessus de la zone de code sélectionnée, vous devez voir le test de la fonction répétée, en dessous de laquelle vous allez insérer les premières lignes de code. Parcourez ensuite le script à la recherche du code `<?php}//Show if recordset empty ?>` et insérez sur la ligne précédente la deuxième ligne de code indiquée ci-dessous. Enregistrez votre page et testez-la de nouveau en Web local.

```
/* les lignes de code ci-dessous doivent être ajoutées juste après la ligne du test
     <?php if ($totalRows_rsSelectResultat==0) {?> */
<?php
if( !isset($_GET['soumission']))
$_GET['soumission']-0; //init par défaut de la variable soumission
if ($_GET['soumission']==1) {//si soumission par le formulaire
      ?>
...
...
...
      <?php } //si soumission par formulaire ?>
/*la ligne de code ci-dessus doit être ajoutée juste avant
 la ligne signalant la fin du bloc conditionné par le test <?php } //Show if
recordset empty ?>*/
```

Comment mémoriser le mois et l'année choisis dans le formulaire de sélection ?

Lorsque vous validez le formulaire de sélection, la page dynamique est actualisée et vos sélections initiales (mois et année) ne sont pas mémorisées lorsque le formulaire d'ajout ou de modification est affiché. Pour remédier à ce problème, il suffit de choisir l'un des menus déroulants `Mois` ou `Annee` puis de cliquer sur le bouton `Dynamique` dans le panneau `Propriétés`. Cliquez ensuite sur l'éclair situé en bas de la fenêtre et sélectionnez la variable en rapport, dans la rubrique URL (`VARannee` ou `VARmois`) de la fenêtre `Données dynamiques`. Renouvelez ensuite la même opération pour le second menu déroulant. Ainsi les menus seront automatiquement initialisés avec les valeurs préalablement adoptées après la validation du formulaire de sélection.

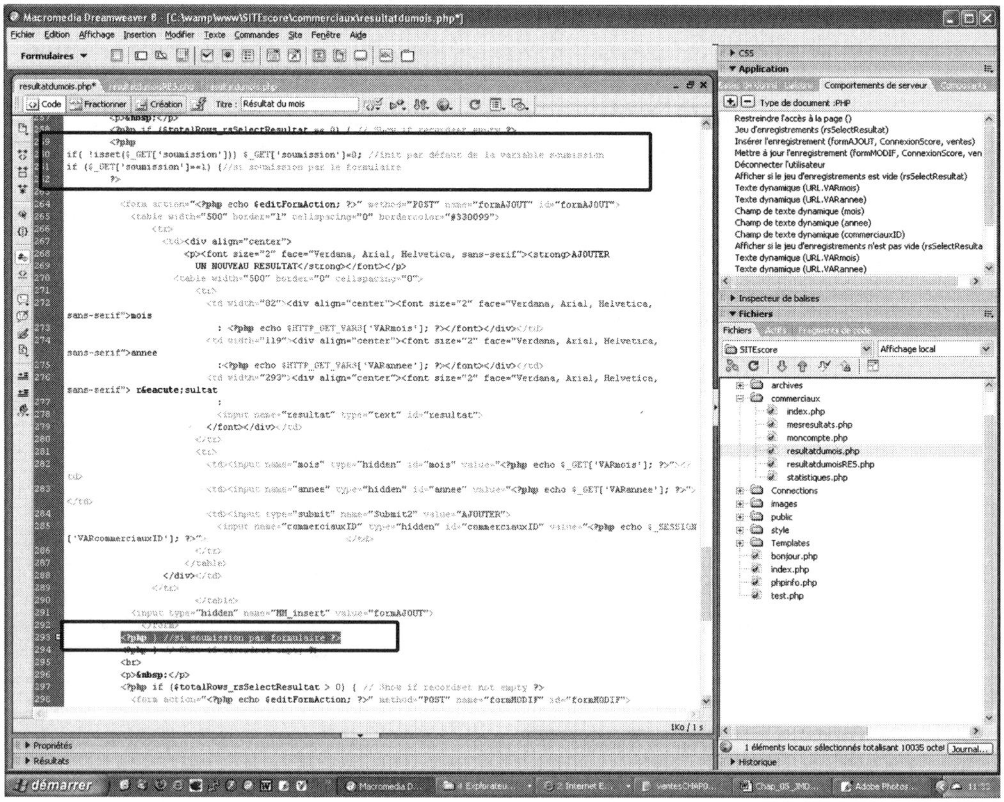

Figure 5-47

Afin d'éviter que le formulaire d'ajout s'affiche lors du premier affichage de l'écran resultatdumois.php, il conviendra d'ajouter un test supplémentaire dans le code de la page.

6

Les comportements serveur XSLT

L'utilisation du langage XML est maintenant incontournable pour tous les créateurs d'applications multimédias. En effet, sa simplicité, sa souplesse et surtout son interopérabilité en font un langage universel permettant à la fois de structurer et d'échanger des informations, quel que soit le type de machine ou d'application. Tout cela, Macromedia l'a bien compris et a décidé d'ajouter, à sa version 8 de Dreamweaver, un nouveau comportement de transformation XSLT qui facilitera grandement l'intégration des flux de données XML, dans vos futurs sites dynamiques.

Avant de détailler l'usage de ce comportement, nous vous proposons une introduction au XML, car la connaissance des fondements de ce langage est indispensable à la compréhension des mécanismes de transformation XSLT. Si vous êtes déjà initié au XML, vous pouvez évidemment passer directement à la partie qui traite des transformations XSLT.

Avertissement

Ce chapitre n'a pas la prétention d'être un cours complet sur les transformations XSLT, car il faudrait y consacrer un livre entier pour en faire le tour. Notre modeste objectif est de vous fournir les concepts de base sur l'usage des expressions XSLT, afin que vous puissiez comprendre des comportements serveur XSLT simples et que vous puissiez analyser, voire modifier, ceux de Dreamweaver (même si leur utilisation ne nécessite pas la connaissance du langage XSLT). Que les puristes m'excusent si certaines définitions sont simplifiées à l'extrême ou tronquées, pour allègemer au maximum les apports théoriques, au profit des exemples pratiques. Ce chapitre est donc une simple « entrée en matière » et j'invite les personnes désirant approfondir le sujet à se référer à des ouvrages dédiés à cette technologie.

Introduction au XML

XML signifie eXtensible Markup Language. Comme le HTML, le XML est une norme SGML (Standard Generalized Markup Language), mais qui a été développée bien plus tard (en 1998, alors que le HTML était déjà normé par le consortium W3C depuis 1990).

Même si l'on a tendance à le présenter comme le successeur du HTML, le XML se caractérise par le fait qu'il contient uniquement des données structurées, mais aucune indication quant à leur présentation. Ainsi, si vous ouvrez un document XML dans un navigateur, il n'affichera que la structure des données sous forme d'arborescence, contrairement au document HTML qui montrera la traditionnelle page Web, car il contient à la fois les données et toutes les indications pour leur mise en forme.

XML est donc particulièrement bien adapté pour structurer, enregistrer et transmettre des données.

Les avantages du XML

Les avantages du XML sont multiples. Cependant, nous avons décidé de n'en énumérer que quelques-uns afin de vous convaincre de son intérêt.

1. **Simple** : comme son cousin le HTML, le XML est un simple document texte construit à partir de balises qui contiennent des informations. Il est donc lisible et interprétable par tous sans outil spécifique et avec peu de connaissances préalables.
2. **Souple** : l'utilisateur peut, s'il le désire, structurer les données et nommer librement chaque balise et attribut du document (contrairement au HTML pour lequel les noms des balises et des attributs sont prédéfinis).
3. **Extensible** : le nombre de balises n'est pas limité (comme c'est le cas pour le HTML) et pourra donc être étendu à volonté.
4. **Indépendant** : grâce à son contenu basé sur un document texte et donc universel, il peut être utilisé sur tout type de plate-forme (PC, Mac, Unix...) mais également quel que soit le langage de programmation (PHP, ASP...).
5. **Interopérabilité** : le fait que le XML soit un langage universel permet de favoriser l'interopérabilité des applications, en permettant de réaliser rapidement et simplement des échanges de données.
6. **Gratuit** : le XML étant développé par le consortium W3C, son utilisation est donc libre et ne nécessite pas l'achat de licence commerciale.

Structure d'un document XML

Toute personne ayant déjà utilisé un document HTML ne sera pas dépaysée à la vue du contenu d'un document XML (voir l'exemple).

Pour illustrer la structure d'un document XML, vous trouverez ci-dessous un exemple qui permet de stocker, d'une manière structurée, les coordonnées des différents propriétaires d'un immeuble de 2 étages, constitué de deux bâtiments A et B. La ventilation des propriétaires dans les étages de l'immeuble est illustrée par le dessin de la figure 6-1. Il est intéressant de comparer ce dessin avec la représentation XML de la figure 6-2, afin de mieux comprendre les mécanismes qui structurent les données d'un fichier XML.

Figure 6-1
Dessin représentant la ventilation des propriétaires dans les étages de l'immeuble.

Bâtiment A	Bâtiment B	
Defrance Jean-Marie **jmdefrance@aol.com** **3 pièces** **Compte créditeur**	**Tavan Jean-Pierre** **jptavan@aol.com** **2 pièces** **Compte créditeur**	**2éme**
Bertaut Alain **abertaut@aol.com** **3 pièces** **Compte débiteur**	**Autin Bertrand** **bautin@aol.com** **2 pièces** **Compte débiteur**	**1er**
Tardiveau David **dtardiveau@aol.com** **2 pièces** **Compte créditeur**	**Fionda Mario** **mfionda@aol.com** **1 pièces** **Compte débiteur**	**Rdc**

Liste des propriétaires de l'immeuble :
50 rue Voltaire 92240 Malakoff

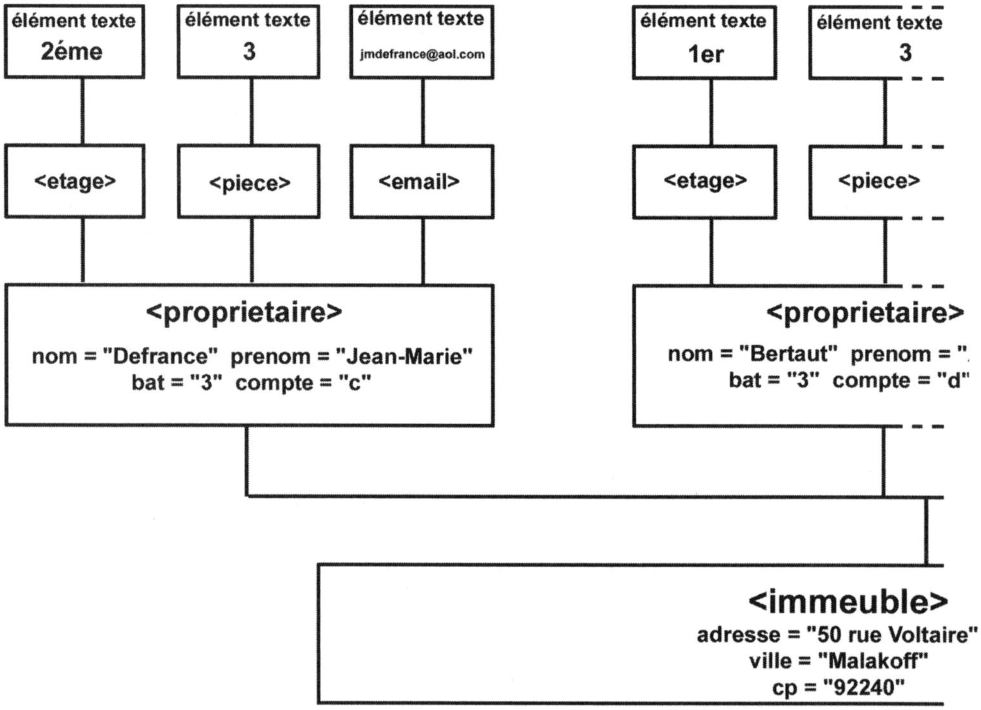

Figure 6-2
Structure du document XML correspondant à la représentation de l'immeuble.

Exemple de document XML :

```
<?xml version="1.0" encoding="iso-8859-1"?>
     <immeuble  adresse="50 rue Voltaire" ville="Malakoff" cp="92240">
       <proprietaire prenom="Jean-Marie" nom="Defrance" bat="a" compte="c">
           <etage>2eme</etage>
           <piece>3</piece>
           <email>jmdefrance@aol.com</email>
       </proprietaire>
       <proprietaire prenom="Alain" nom="Bertaut" bat="a" compte="d">
           <etage>1er</etage>
           <piece>3</piece>
           <email>abertaut@aol.com</email>
       </proprietaire>
       <proprietaire prenom="David" nom="Tardiveau" bat="a" compte="c">
```

```
            <etage>Rdc</etage>
            <piece>2</piece>
            <email>dtardiveau@aol.com</email>
        </proprietaire>
        <proprietaire prenom="Jean-Pierre" nom="Tavan" bat="b" compte="c">
            <etage>2eme</etage>
            <piece>2</piece>
            <email>jptavan@aol.com</email>
        </proprietaire>
        <proprietaire prenom="Bertrand" nom="Autin" bat="b" compte="d">
            <etage>1er</etage>
            <piece>2</piece>
            <email>bautin@aol.com</email>
        </proprietaire>
        <proprietaire prenom="Mario" nom="Fionda" bat="b" compte="d">
            <etage>Rdc</etage>
            <piece>1</piece>
            <email>mfionda@aol.com</email>
        </proprietaire>
</immeuble>
```

L'en-tête

Le document commence par un prologue (non obligatoire) contenant des informations sur la version de XML (**version="1.0"**), le jeu de caractères utilisés (**encoding="**iso-8859-1**"**) et l'autonomie d'un document (**standalone="no"**). Dans le prologue, seule la version est obligatoire. Si aucun type de codage n'est défini, l'UTF-8 est pris par défaut.

```
<?xml version="1.0" encoding="iso-8859-1" >
```

L'en-tête peut aussi faire référence à une déclaration du type de document (la DTD : Document Type Définition) qui permet d'en valider la conformité en se référant à l'URL d'un document en ligne ou en local (exemple : **http://adressedusite.com/info.dtd**).

```
<!DOCTYPE  info SYSTEM "http://adressedusite.com/info.dtd">
```

Si l'en-tête se réfère à une DTD externe – comme c'est le cas dans l'exemple ci-dessus –, le document n'est pas autonome et l'attribut **standalone** doit être configuré avec la valeur **"no"**. Dans le cas contraire (s'il n'y a pas de DTD ou si elle est interne), le document est autonome et la valeur de l'attribut **standalone** doit être définie à **"yes"**. En cas d'absence de l'attribut **standalone**, la valeur par défaut est **"no"**.

Le document XML qui suit l'en-tête utilise des blocs de construction semblables à ceux des documents HTML pour structurer son contenu. On retrouvera ainsi des éléments, des attributs, des valeurs et des commentaires.

L'élément

Un *élément* (appelé aussi *nœud*) est l'entité de base d'un document XML. Il peut contenir à son tour d'autres éléments ou tout type de contenu (chaîne de caractères ou autres). Le contenu d'un élément est encadré par une balise ouvrante (exemple : <proprietaire>) et une balise fermante (celle-ci contient le même nom que celui de la balise ouvrante, mais précédé d'un slash ex : </proprietaire>).

Si l'élément ne possède pas de contenu, alors les balises ouvrante et fermante sont remplacées par une seule et unique balise ayant la particularité d'avoir un slash à la fin du nom de l'élément (exemple : <email />).

Le nom indiqué dans ces deux balises doit décrire le contenu de l'élément, mais il n'est pas prédéfini comme en HTML (<body>, <table>, <form>, etc.). S'il est libre, il doit cependant comprendre uniquement des lettres de l'alphabet, des chiffres ou les caractères « - » et « _ », mais il ne doit jamais contenir d'espace ou commencer par un chiffre.

L'attribut

Il est possible d'ajouter des attributs à la balise ouvrante d'un élément (exemple : <proprietaire nom="Defrance" >). Les noms des attributs contenus dans une balise sont couplés avec une valeur encadrée par des guillemets (exemple : nom="Defrance"). Un attribut doit toujours avoir une valeur. Le nombre d'attributs par élément n'est pas limité, à condition que chaque nom d'attribut soit différent (l'exemple ci-après est donc incorrect : <proprietaire nom="Durand" nom="Dupond">). Si un élément a plusieurs attributs, ils doivent alors être séparés par des espaces (exemple : <proprietaire prenom="Jean-Marie" nom="Defrance">.

Les valeurs

Dans un document XML, les valeurs peuvent correspondre à des valeurs d'attribut (comme nous venons de le présenter précédemment : nom="Defrance") ou à des valeurs d'élément (exemple : <etage>2eme</etage>). Attention, il est important de noter que la valeur d'un élément doit être considérée comme un composant texte enfant à part dans la hiérarchie du document XML (voir le bloc élément texte représentant ce nodeValue dans la figure 6-2).

Les commentaires

Comme pour le HTML, des commentaires peuvent être ajoutés dans un document XML. La syntaxe est d'ailleurs identique à celle utilisée pour en intégrer dans une page HTML (exemple : <!--Ceci est un commentaire XML-->). À l'intérieur d'un commentaire, vous pouvez utiliser tout type de symbole, sauf les doubles tirets « -- » . Les commentaires servent évidemment à annoter les documents XML pour se souvenir de l'utilité de certains blocs d'éléments ou pour détailler la structure du document, mais ils peuvent servir aussi à déboguer en neutralisant une partie du document afin qu'il ne soit pas visible par l'analyseur XML.

Règles d'écriture d'un document XML bien formé

Même si les documents XML sont simples et extensibles, ils n'en sont pas pour autant démunis de règles. On appelle « document bien formé » les documents qui les respectent. La partie suivante énumère les principales conventions qu'il est indispensable de respecter dans vos futurs développements.

Une méthode simple pour savoir si un document est bien formé est de l'appeler avec un navigateur Internet récent, c'est-à-dire possédant un interpréteur XML intégré tel que les navigateurs de versions ultérieures à IE 5 ou à Netscape 6 (voir figure 6-2).

Un seul élément racine : chaque document XML ne doit posséder qu'un seul élément racine. L'élément racine est caractérisé par le fait qu'il contient tous les autres éléments du document. Ce composant particulier, s'appelle « nœud racine » ou « root ».

Exemple : <immeuble><proprietaire>Fionda</ proprietaire >< proprietaire >Tardiveau</ proprietaire ><immeuble> (ici la balise immeuble est le nœud racine du document XML).

Des balises de fermeture obligatoires : nous avons vu précédemment que chaque élément doit être encadré par des balises ouvrantes et fermantes. Contrairement au HTML (par exemple la balise <p> n'est pas obligatoirement fermée en HTML, de même que <hr> est une balise inhérente sans balise de fermeture), le XML ne supporte pas l'absence des balises fermantes. Il conviendra donc de veiller à toujours ajouter une balise de fermeture à tous les éléments d'un document XML. Si le document possède un élément vide, il faudra utiliser une balise unique, mais avec un slash avant le signe > final (exemple : <email />).

Respecter l'imbrication des éléments : lorsque vous ouvrez un premier élément puis un second, il faut veiller à clore la balise de fermeture du second avant celle du premier. Ainsi le code suivant est incorrect : <a><b>contenu</a></b> alors que celui-ci est correct <a><b>contenu</b></a>.

Respecter la casse : le XML est sensible à la casse. Ainsi, les noms d'éléments « etage », « Etage » et « ETAGE » seront considérés comme différents en XML. Les noms des éléments et des attributs doivent donc être en minuscules.

Mettre les valeurs des attributs entre guillemets : si une balise contient un couple nom d'attribut et sa valeur, il conviendra de mettre toujours la valeur entre guillemets (simples ou doubles). Exemple : <proprietaire nom="Defrance">.

Utilisez les entités prédéfinies pour les caractères réservés : comme en HTML, il existe des caractères réservés dont l'usage est interdit (<, >, &, ' et "). Pour chacun de ces caractères, il convient d'utiliser l'entité prédéfinie correspondante (< , > , & , " , ').

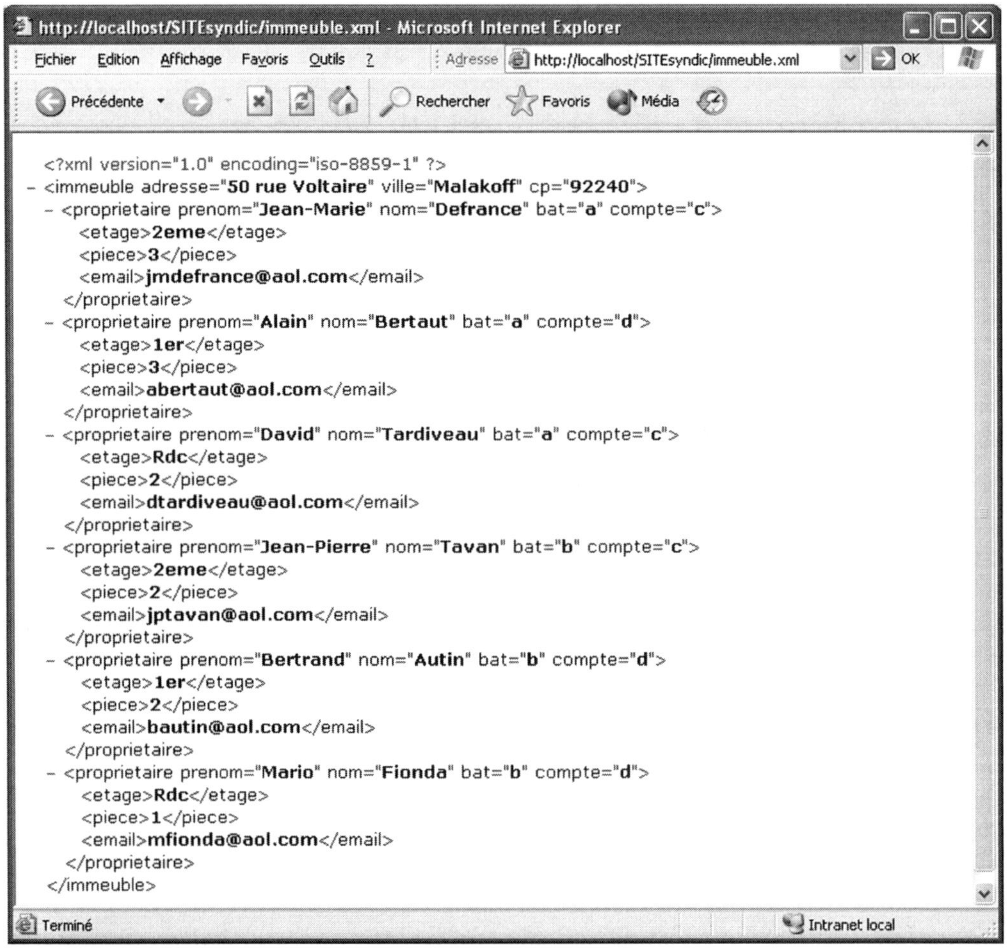

Figure 6-3
Affichage d'un document XML bien formé dans un navigateur Internet.

Utilisez une section CDATA pour contourner un bloc de texte complet : Afin d'éviter d'utiliser des entités pour des longs blocs de texte comportant des caractères réservés, vous pouvez ajouter une section CDATA en respectant la syntaxe suivante : `<![CDATA[bloc de texte]]>`

Les feuilles de style XSL

Les feuilles de style XSL (eXtended Style sheet Language) permettent de gérer la mise en page d'un document XML, et sont sur ce point semblables aux feuilles de styles CSS (Cascading Style Sheets) qui permettent d'appliquer une mise en forme à un document HTML. Cependant, les feuilles de style XSL peuvent aussi être exploitées côté serveur et intégrer des fonctionnalités beaucoup plus puissantes que les CSS qui permettent, par exemple, de transformer des données au format XML ou de gérer la pagination.

Sans détailler toutes les caractéristiques techniques des feuilles XSL, il est cependant important de savoir que XSL est surtout une famille de spécifications comprenant trois sous-ensembles :

1. XSLT (XSL Transformation) : qui permet, comme son nom l'indique, la transformation d'un document XML.
2. X-Path : qui permet de naviguer à l'intérieur d'un document XML pour localiser certains objets afin de leur appliquer un traitement.
3. XSL-FO (XSL Formating Objects) : qui permet de décrire la présentation d'un document.

En effet, pour publier tout ou partie d'un document XML source, il faut commencer par localiser l'information (c'est le rôle de X-Path), puis la transformer dans le format d'un langage de présentation (c'est le rôle de XSLT), et enfin construire le langage de présentation final en incluant l'information sélectionnée (cela peut être le rôle de XSL-FO, notamment dans le cas d'un format final PDF, mais en général on se contente d'exploiter le XHTML pour un affichage dans un navigateur).

Dans le cadre de cet ouvrage, nous n'aborderons pas le langage XSL-FO, mais nous exploiterons de nombreuses feuilles XSLT qui intégreront des instructions X-Path. Nous commencerons donc, dans la partie suivante, par définir quelques notions de base sur le langage X-Path, afin de pouvoir les appliquer dans des exemples pratiques de transformations XSLT à la fin de ce chapitre.

Le langage de navigation X-Path

X-Path, comme son nom l'indique, est un langage permettant de définir des « chemins d'accès », pour désigner des objets cibles dans un document XML. Ces objets ainsi localisés (pouvant être tout ou partie du document XML) pourront ensuite être traités par le fichier XSLT, avant d'être renvoyés à l'application cliente. Les expressions X-Path sont donc souvent intégrées directement dans le fichier XSLT, à tel point qu'on a souvent tendance à les confondre. Mais sachez que X-Path est un langage à part entière pouvant d'ailleurs être utilisé dans d'autres contextes. En pratique, les expressions X-Path employées dans les fichiers XSLT sont généralement assez simples. Nous n'étudierons donc pas tout le langage X-Path d'une manière exhaustive, mais nous nous limiterons à ses principales expressions qui permettront déjà de traiter la grande majorité des projets de transformation.

> **Mode de lecture**
>
> Les expressions X-Path seront par la suite utilisées dans les fichiers XSLT générés par le comportement serveur XSLT de Dreamweaver. Il n'est pas indispensable de connaître la syntaxe du langage X-Path pour pouvoir créer vos premiers comportements. Si cette partie dédiée à la présentation de X-Path vous semble trop ardue ou trop théorique, vous pouvez passer directement à la pratique dans la partie consacrée à la création des comportements serveur XSLT, et revenir ensuite à ce passage, en deuxième lecture, pour analyser le code généré par Dreamweaver ou l'adapter à vos besoins.

Modèle arborescent utilisé par X-Path

Lorsque X-Path parcourt un document XML, il modélise sa structure arborescente sous la forme d'un arbre, selon sept types de nœuds différents. Cet arbre permet ensuite à X-Path d'identifier des objets du document XML selon leur type grâce à différentes expressions spécifiques.

Voici ci-dessous les sept types de nœuds, et quelques exemples d'expressions X-Path permettant de reconnaître un objet du document XML selon son type :

Document : (ou `root` souvent représenté par une barre oblique : `/`) est le type du nœud racine de l'arbre XML. Attention, `root` n'est pas l'élément racine visible du document XML mais son père, et il n'est pas visible dans le document.

Element : est le type d'un nœud élément. Un nœud élément peut être identifié par son nom, mais on peut aussi retrouver tous les éléments par rapport au nœud contexte à l'aide du caractère joker : `*`.

Text : est le type d'un nœud texte appartenant à un élément. Il est possible d'identifier tous les nœuds textuels par rapport au nœud contexte à l'aide de l'expression : `text()`.

Attribute : est le type d'un nœud attribut d'un élément. L'attribut peut être identifié par son nom précédé du symbole `@` comme `@nomAttribut` par exemple. À noter que l'on peut aussi retrouver tous les attributs d'un nœud contexte à l'aide de l'expression `@*`.

Namespace : est le type d'un nœud domaine. Le nœud domaine peut être identifié par son nom.

Processing-instruction : est le type d'un nœud processing-instruction qui correspond, en général, à une directive de traitement adressée à un processeur différent de XSLT.

Comment : est le type de nœud commentaire dans un document XML.

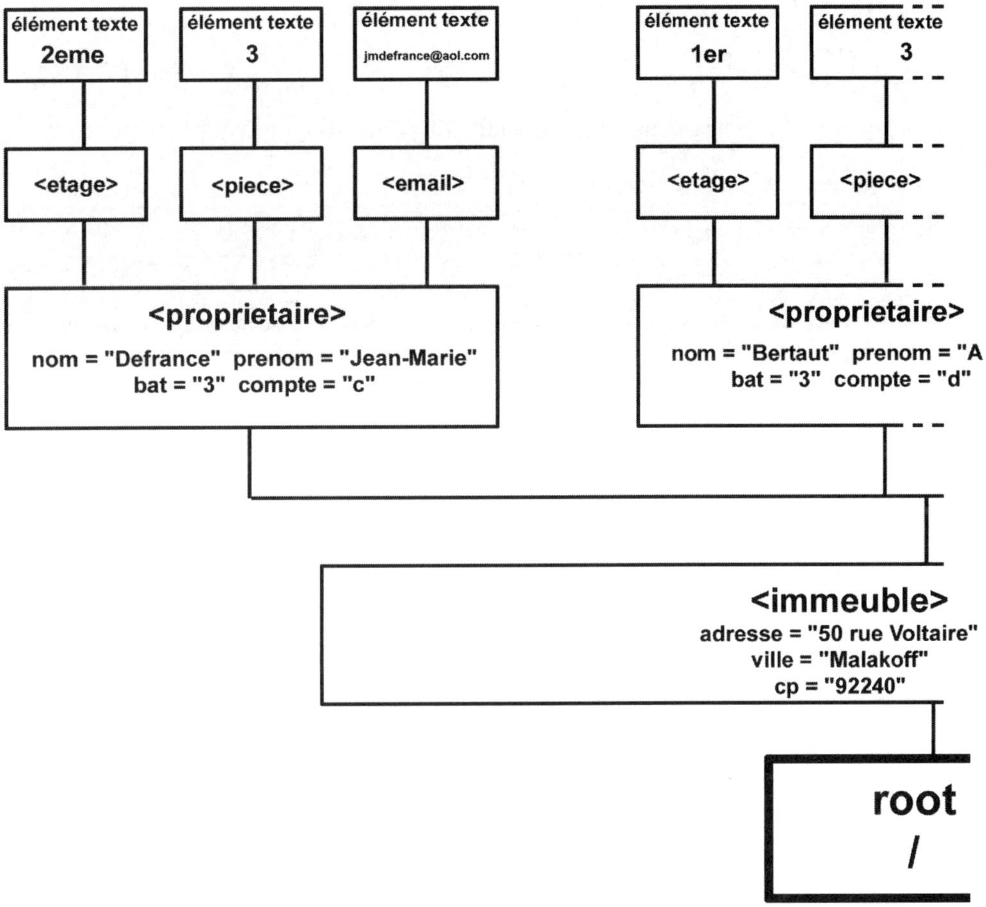

Figure 6-4

Arbre XML correspondant à l'exemple du fichier immeuble.xml présenté dans la partie précédente. Si vous comparez cette structure avec celle de la figure 6-2, vous remarquerez qu'elle diffère uniquement par la présence du nœud racine «root».

Syntaxe des expressions X-Path

Une expression X-Path permet de construire des chemins de localisation qui peuvent être constitués d'une seule étape ou d'une suite d'étapes. Dans le cas d'une suite d'étapes de localisation, chacune d'elles sera séparée par une barre oblique (/).

La présence d'une barre oblique initiale indique qu'il s'agit d'un chemin absolu prenant naissance à la racine de l'arbre. S'il n'y en a pas, il s'agit alors d'un chemin relatif débutant à l'endroit du nœud contexte.

Syntaxe d'un chemin de localisation absolu (référence à la racine de l'arbre) :

```
/étape1/étape2/.../étapeN
```

Syntaxe d'un chemin de localisation relatif au nœud contexte :

```
étape1/étape2/.../étapeN
```

> **Le nœud contexte**
>
> On utilise souvent, dans les expressions XSLT, le terme de « nœud contexte ». Cela signifie que l'expression X-Path sera évaluée d'une manière relative à ce nœud. Le nœud contexte est désigné, dans la syntaxe X-Path, par le point (.) ou encore par l'expression (version longue) `self::node()`.

Syntaxe d'une étape de localisation :

```
 Axe  ::    Filtre    [prédicat1] [prédicat2] ...[prédicatN]
```

L'étape de localisation peut être décomposée en trois zones différentes :

1. **L'axe** (Node set) définit le sens du parcours, à partir du nœud contexte. Par défaut, l'axe est l'enfant direct du nœud contexte, soit `child`, mais il peut être aussi le parent du nœud contexte, `parent`, ses attributs, `attribute`, ses frères, `following-sibling` ou `preceding-sibling` (selon le sens de lecture du document), ou encore toute sa descendance, `descendant`, etc.
2. **Le filtre** (Node test), appelé aussi « déterminant », est une fonction booléenne qui détermine les nœuds qui seront retenus dans l'expression d'évaluation finale. Il existe plusieurs familles de filtres :
   - Si le filtre est un simple nom d'élément ou d'attribut, alors seuls les nœuds (éléments ou attributs) de l'axe choisi dont le nom est égal à celui du filtre seront retenus.
   - Si le filtre est `*` alors tous les nœuds de l'axe choisi seront retenus.
   - Enfin, le filtre peut sélectionner des nœuds de l'axe choisi selon leur type. Par exemple si le filtre est `text()` seront choisis les nœuds de type `text`, si le filtre est `comment()` seront retenus les nœuds de type `comment`, etc. Il existe cependant un cas particulier lorsque le filtre est `node()`. En effet, `node()` ne rejetant aucun nœud, dans ce cas sera sélectionné tout le contenu de l'axe choisi, sans restriction.
3. **Les prédicats** permettent d'affiner la sélection déjà opérée par les filtres en éliminant des nœuds choisis, ceux qui ne répondent pas aux critères exprimés par leur expression (les prédicats sont encadrés par des crochets `[` et `]`). Dans l'exemple suivant : `child::proprietaire[position( )=2]`, seul le second élément enfant dont le nom est

`proprietaire` sera sélectionné. S'il y a plusieurs prédicats, ils sont exécutés en cascade : le résultat d'un prédicat est à son tour soumis au prédicat suivant (de la gauche vers la droite), et ainsi de suite. Les chemins de localisation pouvant être rapidement très longs, il existe des abréviations que vous pourrez utiliser pour des constructions fréquentes (voir tableau 6-1).

Tableau 6-1 – Abréviations X-Path

Expression X-Path (version longue)	Correspondance (version courte)
child::*proprietaire*	proprietaire
child::*	*
attribute::*prenom*	@*prenom*
attribute::*	@*
[position( ) = n]	[n]
self::node( )	.
parent::node( )	..
/descendant-or-self::node( ) /	//

> **Union d'expressions**
>
> Dans certains cas, il est possible d'utiliser l'opérateur « | » pour unir deux expressions.
>
> L'exemple ci-dessous sélectionne ainsi l'attribut « `prenom` » OU « `nom` » de l'élément contexte :
>
> `attribute::prenom | attribute::nom`

Pour illustrer cette partie, nous proposons ci-dessous quelques exemples de chemins de localisation simples (voir tableau 6-2).

Tableau 6-2 – Exemples des chemins de localisation simples

Chemin (court)	Chemin (long)	Objet(s) sélectionné(s)
/	/	La racine du document.
proprietaire	child::*proprietaire*	Tous les éléments *<proprietaire>* qui sont les enfants directs du nœud contexte.
*	child::*	Tous les nœuds de type « Element » qui sont les enfants directs du nœud contexte.
@*prenom*	attribute::*prenom*	L'attribut *prenom* de l'élément contexte.
@*		Tous les attributs de l'élément contexte.
.		Le nœud contexte.

Tableau 6-2 – Exemples des chemins de localisation simples (*suite*)

Chemin (court)	Chemin (long)	Objet(s) sélectionné(s)
text()	child::text()	Tous les nœuds de type *Text* qui sont les enfants directs du nœud contexte.
proprietaire/@*prenom*	child::*proprietaire*/attribute::*prenom*	L'attribut *prenom* de l'élément *<proprietaire>*.
proprietaire [@*prenom*='jean']	child::*proprietaire*[attribute::*prenom*='jean']	Les éléments *<proprietaire>* ayant un attribut *prenom* égal à *jean* et qui sont les enfants directs du nœud contexte.
//*etage*	/descendant-or-self::node( )/child::*etage*	Tous les éléments *<etage>* avec racine comme ancêtre (donc tous les éléments *<etage>* du document XML).
../*proprietaire*	parent::node()/child::*proprietaire*	Tous les éléments <proprietaire> enfants d'un nœud quelconque parent du nœud contexte.

Le langage de transformation XSLT

Le XSLT est un langage permettant de transformer des documents XML vers des documents XHTML (cas le plus fréquent), mais aussi vers d'autres pages XML ou encore vers des types de formats adaptés aux différents canaux de visualisation (téléphone, WebTV...). XSLT est souvent utilisé conjointement avec X-Path, le langage de navigation du XSL.

> **Mode de lecture**
>
> Les instructions XSLT seront par la suite utilisées dans des fichiers XSLT générés par le comportement serveur XSLT de Dreamweaver. Il n'est pas indispensable de connaître la syntaxe des instructions XSLT pour pouvoir créer vos premiers comportements. Si cette partie dédiée à la présentation de la syntaxe XSLT vous semble trop ardue ou trop théorique, vous pouvez passer directement à la pratique dans la partie consacrée à la création des comportements serveur XSLT, et revenir ensuite à ce passage, en deuxième lecture, pour analyser le code généré par Dreamweaver ou le modifier pour l'adapter à vos besoins.

Processeur XSLT

XSLT est un langage interprété, et il faut donc disposer d'un interpréteur pour exploiter les fichiers XSLT. On appelle « Processeur XSLT » le mécanisme qui permet d'interpréter les fichiers XSLT. En pratique, on le trouve sur les serveurs d'application (comme par exemple avec PHP et son extension XSL) ou sur les navigateurs récents (comme Internet Explorer 6 ou Firefox 1.0.2 ou version ultérieure).

En résumé, pour qu'une transformation XSLT puisse être effectuée, il faut disposer du document source XML, du document XSLT et d'un processeur XSLT qui exécutera la transformation, et générera un document résultat pouvant être une page XHTML, ou tout type de format selon le média visé (XML, WML, texte, etc.). Voir figure 6-5-a.

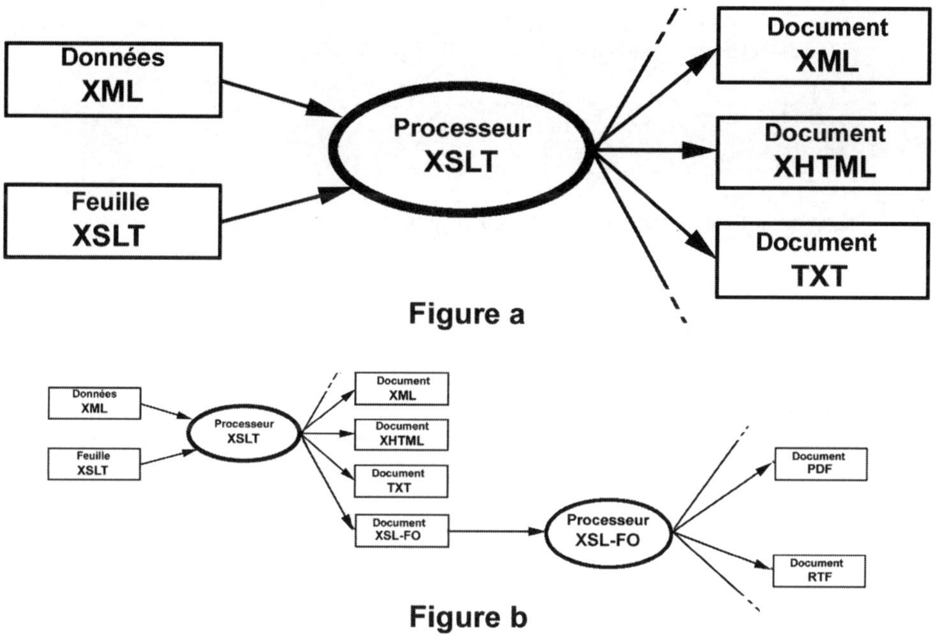

Figure 6-5
Principe de la transformation XSLT.

XSL permet aussi de transformer un document XML en page imprimable au format PDF ou RTF, par exemple. Dans ce cas, le processeur XSLT doit produire un format XSL-FO qui sera ensuite traité par un second processeur XSL-FO dédié à cet usage (voir figure 6-5-b).

Organisation d'un document XSLT

La structure d'un document XSLT

Un document XSLT étant un document XML, il doit donc commencer par un prologue XML (revoir l'introduction au XML si besoin est) :

```
<?xml version="1.0" encoding="iso-8859-1"?>
```

Ce prologue peut quelquefois être accompagné d'une définition dans la DTD interne, faisant référence à l'équivalent Unicode de certaines valeurs fréquemment utilisées (c'est le cas notamment des pages XSLT générées par Dreamweaver) :

```
<!DOCTYPE xsl:stylesheet  [
<!ENTITY nbsp   " ">
...
<!ENTITY euro   "&#8364;">
]>
```

Vient ensuite l'élément racine du document XSLT :

```
<xsl:stylesheet version="1.0" xmlns:xsl="http://www.w3.org/1999/XSL/Transform">
...
</xsl:stylesheet>
```

L'élément racine doit toujours comprendre la version XSLT utilisée, afin qu'elle soit identifiée par le processeur (`version="1.0"`). L'attribut `xsl` définit l'espace de nom et l'associe à une URL (`xmlns:xsl="http ..."`) afin de qualifier d'une manière explicite tous les éléments XSLT.

À l'intérieur de l'élément racine, il est possible de spécifier le format de sortie du document produit par le processeur XSLT. Pour cela, il faut utiliser l'instruction `xsl:output` en précisant la méthode correspondant au format de sortie (html, xml, text...) et le type d'encodage (UTF-8, ISO-8889-1...).

Exemple :

```
<xsl:output method="html" encoding="iso-8859-1"/>
```

Les modèles de transformation (template)

Lorsque le processeur XSLT traite un document XML, il commence par créer une structure arborescente (appelée « arbre source ») à l'image du document XML. Le principe de la transformation consiste ensuite à appliquer à cet arbre source des modèles de transformation (appelés *template*) contenus dans la feuille XSLT, afin de produire un arbre résultat. L'arbre résultat ainsi créé permettra d'élaborer le document de sortie (on appelle cette phase la « sérialisation ») pouvant être par exemple une structure XHTML (voir figure 6.6).

Les motifs de sélection (pattern)

Un modèle de transformation (template) effectue un traitement sur un motif de sélection (appelé *pattern*). Concrètement un motif de sélection correspond à un nœud, ou à un ensemble de nœuds, sur lequel le modèle va être appliqué et pour lequel son contenu sera remplacé dans l'arbre résultat. Les motifs de sélection (pattern) sont exprimés selon le langage X-Path (voir figure 6.6).

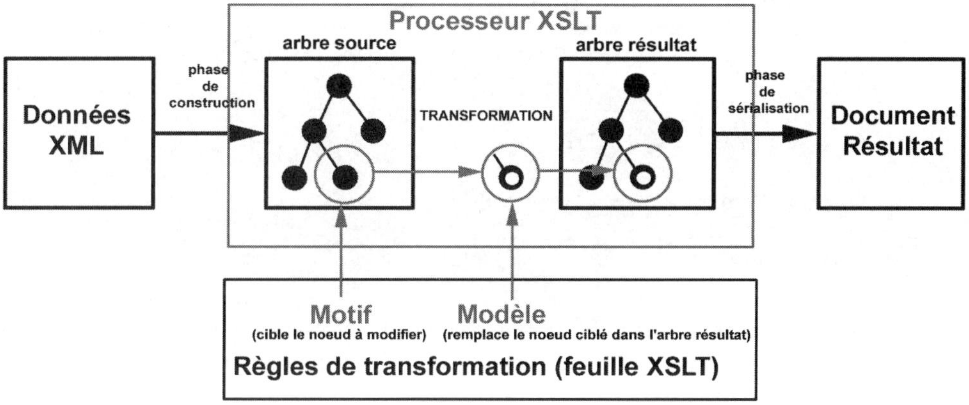

Figure 6-6
Principe d'une règle de transformation : le motif cible le nœud (ou groupe de nœuds) à remplacer par le modèle.

Les règles de transformation (xsl:template match="pattern")

Un programme XSLT se compose principalement d'une série de règles de transformation qui définissent si l'élément courant doit être traité (grâce au motif) et, si oui, par quoi il doit être remplacé (grâce au modèle). Chaque règle est donc constituée d'un motif (pattern) et d'un modèle de transformation (template). Voir figure 6-6.

Une règle de transformation se présente sous la forme qui suit :

```
<xsl:template match="MOTIF">
MODELE
</xsl:template>
```

Avec pour `MOTIF` (pattern) une expression X-Path désignant la sélection devant être traitée, et pour `MODELE` le code qui doit remplacer la sélection désignée par le motif.

Le `MODELE` peut contenir un simple texte, des éléments XML ou encore d'autres instructions XSLT, comme les deux instructions fondamentales que nous allons présenter ci-après.

> **Contrainte concernant les expressions X-Path du motif**
>
> Le motif (pattern) d'une règle est la valeur de l'attribut `match`. Cette valeur sera matérialisée par une expression X-Path (revoir si besoin est la partie sur le langage de navigation X-Path). Cependant, l'expression X-Path d'un motif doit utiliser exclusivement les axes `child::` ou `attribute::` à l'exclusion de tous les autres axes comme `parent::`, `self::`, etc. (et leur abréviation : revoir tableau 6-1). Par exemple, vous pourrez vous servir, comme motif, des chemins suivants : `child::immeuble/proprietaire` (ou l'abréviation : « `immeuble/proprietaire` »), `child:: proprietaire/attribute::nom` (ou l'abréviation : « `proprietaire/@nom` »). Mais vous ne pourrez pas utiliser `self::node()` (ou l'abreviation « `.` »), `parent::node()` (ou l'abreviation « `..` »). Par contre, pour un prédicat, vous pourrez employer tous les types d'axes sans restriction.

Règles utilisant l'instruction xsl:value-of

Une règle de transformation utilisant l'instruction `xsl:value-of` se présente sous la forme ci-dessous :

```
<xsl:template match="MOTIF">
...
<xsl:value-of select ="Chemin X-Path" />
...
</xsl:template>
```

Dans ce cas, au moment du traitement du processeur XSLT, l'instruction `<xsl:value-of select ="Chemin X-Path" />` est remplacée par la valeur textuelle de ce qui est désigné par le `Chemin X-Path` de l'attribut `select`.

Exemple :

source.xml

```
<?xml version="1.0" encoding="iso-8859-1"?>
<immeuble  ville="Malakoff" >
           <proprietaire nom="Defrance">
               <etage>2eme</etage>
               <piece>3</piece>
               <email>jmdefrance@aol.com</email>
           </proprietaire>
           <proprietaire nom="Bertaut" >
               <etage>1er</etage>
               <piece>3</piece>
               <email>abertaut@aol.com</email>
           </proprietaire>
</immeuble>
```

test1.xsl

```
<?xml version="1.0" encoding="iso-8859-1"?><!-- DWXMLSource="test1.xml" -->
<xsl:stylesheet version="1.0" xmlns:xsl="http://www.w3.org/1999/XSL/Transform">
<xsl:output method="html" encoding="iso-8859-1"/>
<xsl:template match="/">
<html>
<head>
<title>Test1</title>
</head>
<body>
<p>Nom :<xsl:value-of select="immeuble/proprietaire/@nom"/></p>
<p>Etage :  <xsl:value-of select="immeuble/proprietaire/etage"/></p>
```

```
<p>E-mail : <xsl:value-of select="immeuble/proprietaire/email"/></p>
</body>
</html>
</xsl:template>
</xsl:stylesheet>
```

Si on exécutait cet exemple, on obtiendrait alors le résultat suivant :

Nom : Defrance
Etage : 2eme
E-mail : jmdefrance@aol.com

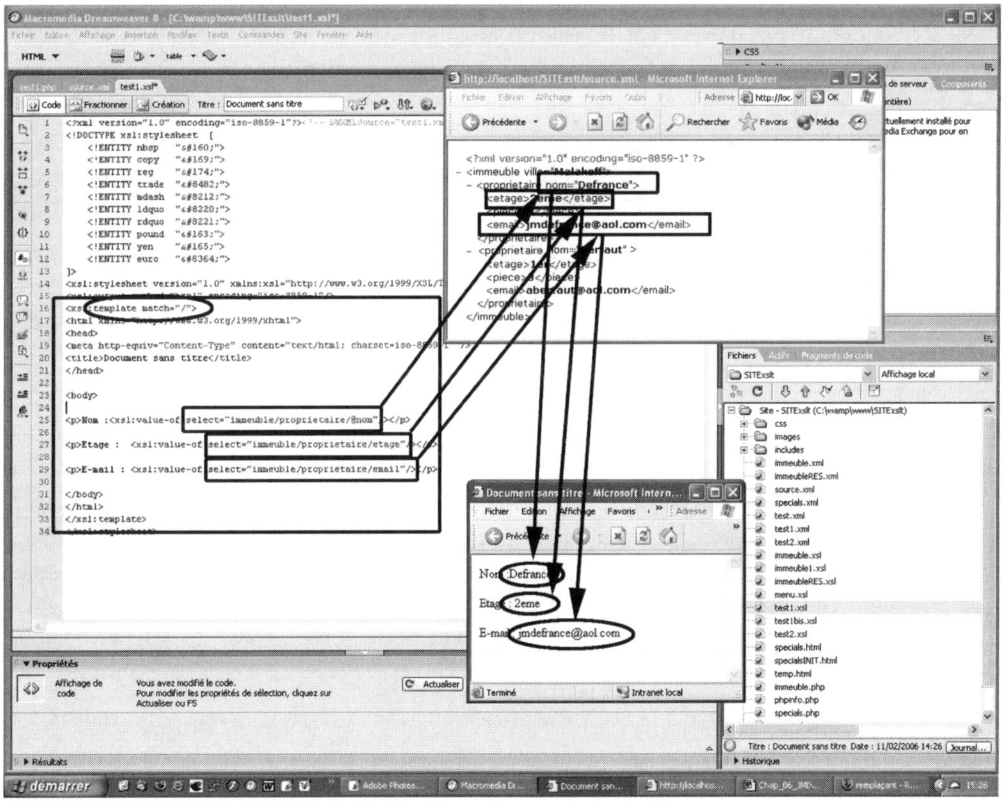

Figure 6-7
Exemple de règle utilisant une instruction xsl:value-of.

On remarque que seules les informations du premier propriétaire ont été renvoyées dans le résultat. Cela est lié au fait que XSLT sélectionne par défaut le premier nœud `<proprietaire>`

(dont l'attribut nom est `Defrance` dans notre exemple). Il est toutefois possible de préciser dans l'attribut `select` un nœud spécifique, en précisant son indice entre crochets, après son nom (exemple `proprietaire[n]`). Ainsi, le même résultat que l'exemple ci-dessus pourrait être aussi obtenu si nous avions utilisé le chemin suivant : `immeuble/proprietaire[1]/@nom` (idem pour la sélection des éléments `etage` et `email`). Par conséquent, de cette manière il devient facile de choisir le second nœud `<proprietaire>` (ou un nœud quelconque) pour obtenir, par exemple, les informations du propriétaire « Bertaut » en remplaçant les trois instructions `value-of` par le code ci-dessous :

```
<p>Nom :<xsl:value-of select="immeuble/proprietaire[2]/@nom"/></p>
<p>Etage :  <xsl:value-of select="immeuble/proprietaire[2]/etage"/></p>
<p>E-mail : <xsl:value-of select="immeuble/proprietaire[2]/email"/></p>
```

On obtiendrait dans ce cas le résultat suivant :

Nom : Bertaut
Etage : 1er
E-mail : abertaut@aol.com

Règles utilisant l'instruction xsl:apply-template

Une règle de transformation utilisant l'instruction `xsl:apply-templates` se présente sous la forme suivante :

```
<xsl:template match="MOTIF">
...<xsl:apply-templates />
...
</xsl:template>
```

Dans ce cas, au moment du traitement du processeur XSLT, l'instruction `<xsl: apply-templates />` génère un fragment du document source correspondant au contenu du nœud courant (voir repères 1 et 2 de la figure 6-8). Ce fragment sera ensuite interprété par les autres règles, et cela d'une manière récursive. Ce concept spécifique aux langages déclaratifs (auxquels XSLT appartient) n'étant pas évident, je vous propose de l'illustrer par un exemple pratique.

Exemple (le document XML est le même que dans l'exercice précédent, `source.xml`) :

test2.xsl

```
<xsl:stylesheet version="1.0" xmlns:xsl="http://www.w3.org/1999/XSL/Transform">
<xsl:output method="html" encoding="iso-8859-1"/>
<xsl:template match="/">
<html>
<head>
```

```
<title>Test2</title>
</head>
<body>
<xsl:apply-templates />
</body>
</html>
</xsl:template>
<xsl:template match="immeuble">
   <p>Liste des propriétaires : </p>
      <xsl:apply-templates />
   <p>Copyright 2006 </p>
</xsl:template>
<xsl:template match="proprietaire">
   <p>Nom :<xsl:value-of select="@nom"/></p>
   <p>Etage :<xsl:value-of select="etage"/></p>
   <p>E-mail :<xsl:value-of select="email"/></p>
</xsl:template>
</xsl:stylesheet>
```

Si on exécutait cet exemple, on obtiendrait alors le résultat suivant :

Liste des propriétaires :
Nom :Defrance
Etage : 2eme
E-mail : jmdefrance@aol.com
Nom : Bertaut
Etage : 1er
E-mail : abertaut@aol.com
Copyright 2006

Lorsque le processeur exécute la première instruction `<xsl: apply-templates />` (le nœud courant est alors égal à la racine / , voir figure 6-8 repère 1), un fragment du document source correspondant au contenu du nœud courant est alors généré. Lorsque la seconde règle est exécutée, elle traite alors ce premier fragment de document. Dans notre exemple, des éléments texte étant présents dans le modèle de cette seconde règle, ils sont copiés dans le document résultat à ce moment. Puis la seconde instruction `<xsl: apply-templates />` est analysée par le processeur, et un second fragment correspondant cette fois au contenu du nouveau nœud courant (soit, dans notre exemple, `<immeuble>` ; voir figure 6-8 repère 2) est produit. Ce dernier est ensuite examiné dans la troisième règle qui exploite des instructions `<xsl: value-of />` (voir figure 6-8 repère 3). D'ailleurs, les attributs `select` de ces instructions `<xsl: value-of />` sont configurés d'une manière relative à ce second fragment dont le nœud courant est maintenant l'élément `<proprietaire>` (`select="@nom"`, `select="etage"` et `select="email"`).

> **Nœud courant**
>
> Dans la partie consacrée aux expressions X-Path, nous avions utilisé la notion de nœud contexte pour définir l'évaluation d'un élément relatif à un nœud. Par contre, pour les transformations XSLT, on emploie le terme de nœud courant pour décrire l'exécution d'un modèle, relative à un nœud.

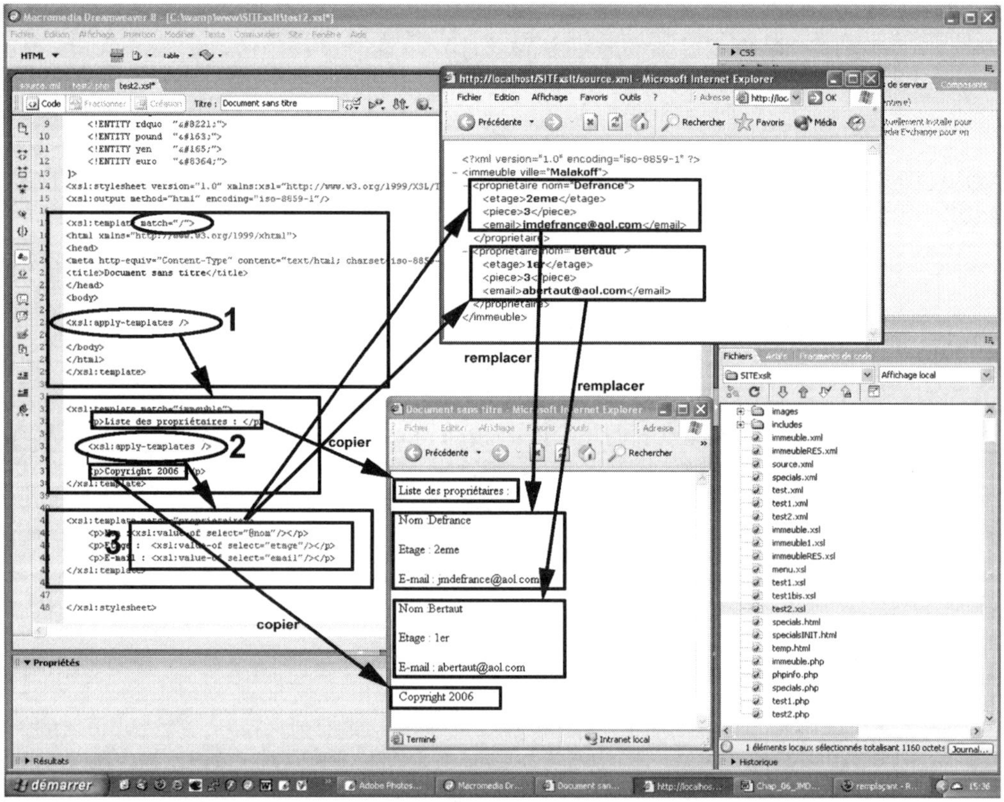

Figure 6-8

Exemple de règle utilisant une instruction xsl:apply-templates.

Instructions XSLT

Dans la précédente partie, nous avons présenté les deux instructions de base du XSLT (`xsl:value-of` et `xsl:apply-templates`). Vous trouverez ci-après une sélection de commandes complémentaires qui faciliteront la mise en œuvre d'applications XSLT dans vos futurs projets.

Création d'attributs (xsl:attribute)

Si vous désirez générer un attribut dans le document résultat (pour créer un lien hypertexte par exemple), il faut alors utiliser l'instruction `xsl:attribute`.

Elle se présente sous la forme suivante :

```
<xsl:attribute name="nomAttribut" >
...
</xsl:attribute>
```

Passons dès maintenant à un exemple concret pour l'illustrer. Nous vous proposons de créer un lien « mailto » – un lien « mailto » permet de déclencher l'ouverture du gestionnaire de messagerie du client, en préconfigurant l'e-mail du destinataire – dont le nom et l'attribut `href` devront être créés dynamiquement à partir du nom du destinataire et de son e-mail, tous les deux stockés dans un fichier XML. Le fichier XML source sera le même fichier `source.xml` déjà utilisé dans les exemples précédents.

test3.xsl

```
<?xml version="1.0" encoding="iso-8859-1"?><!-- DWXMLSource="test1.xml" -->
<xsl:stylesheet version="1.0" xmlns:xsl="http://www.w3.org/1999/XSL/Transform">
<xsl:output method="html" encoding="iso-8859-1"/>
<xsl:template match="/">
<html >
<head>
<title>Test 3</title>
</head>
<body>
<a>
<xsl:attribute name="href">mailto:<xsl:value-of select="immeuble/proprietaire/
email"/>
</xsl:attribute>
<xsl:value-of select="immeuble/proprietaire/@nom"/>
</a>
</body>
</html>
</xsl:template>
</xsl:stylesheet>
```

Lors de l'exécution de l'instruction `xsl:attribute`, la balise `<a>` hérite d'un nouvel attribut dont le nom est fourni par l'attribut `name` de l'instruction. La valeur de l'attribut `href` ainsi créé est ensuite récupérée par la commande `xsl:value-of` dont l'attribut `select` est configuré avec l'e-mail du propriétaire (`immeuble/proprietaire/email`). Le nom du lien cliquable est, quant à lui, retrouvé par une seconde instruction `xsl:value-of` dont l'attribut `select` est paramétré avec le nom du propriétaire (`immeuble/proprietaire/@nom`). L'ensemble de ces instructions produira le code suivant dans le document de sortie :

```
<a href="mailto:jmdefrance@aol.com" >Defrance</ a>
```

À noter qu'il existe aussi une instruction `xsl:element` destinée à générer des balises « élément » dans le document de sortie, mais qu'elle est rarement utilisée en raison de la facilité à créer une balise élément en l'insérant simplement dans le modèle (exemple : `<title>Test 3</title>`).

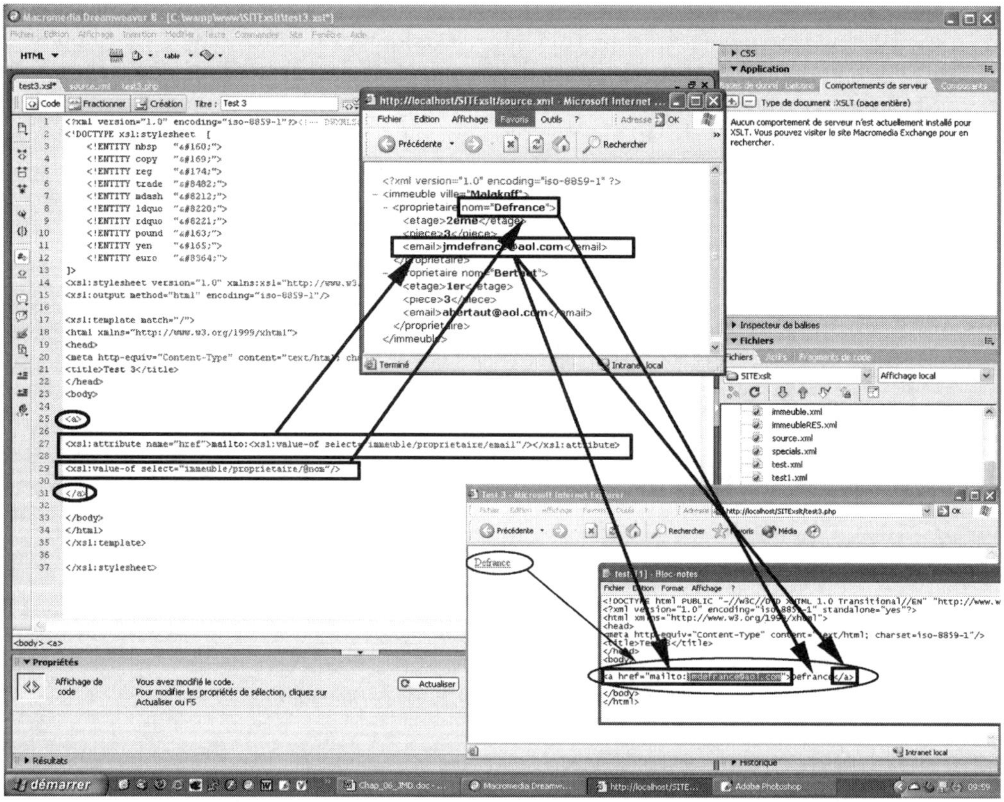

Figure 6-9

Test d'une feuille XSLT utilisant une instruction xsl:attribute pour créer un lien mailto.

Instructions de test

Il est souvent intéressant, au niveau du document de sortie, de placer une expression de condition qui détermine la création d'une partie de code. Il faut alors utiliser `xsl:if`.

Cette instruction `xsl:if` se présente sous la forme suivante :

```
<xsl:if name="nomAttribut" >
   <!—fragment de code conditionné -->
</xsl:attribute>
```

Elle permet de créer une condition simple « si... alors ». Elle possède un attribut **test** qui spécifie l'expression de condition qui doit être évaluée pour générer, ou pas, un fragment de codesur lequel portera la condition. Dans l'exemple ci-dessous, nous vous proposons de créer une liste des noms des propriétaires, séparés par une virgule. L'instruction **xsl:if** permettra de conditionner l'insertion de cette virgule qui ne devra pas être ajoutée si l'élément traité est le dernier de la liste. Le fichier XML source sera cette fois le fichier **source4.xml** (voir contenu ci-dessous). Le document résultat affichera le texte suivant à l'écran :

Liste des propriétaires :

Defrance , Bertaut , Fionda

source4.xml

Attention, il est important, dans cet exemple, de supprimer tous les espaces ou autres caractères de mise en forme entre les différentes balises du fichier :

```
<?xml version="1.0" encoding="iso-8859-1"?>
<immeuble >
<proprietaire>Defrance</proprietaire>
<proprietaire>Bertaut</proprietaire>
<proprietaire>Fionda</proprietaire>
</immeuble>
```

test4.xsl

```
<?xml version="1.0" encoding="iso-8859-1"?><!-- DWXMLSource="test1.xml" -->
<xsl:stylesheet version="1.0" xmlns:xsl="http://www.w3.org/1999/XSL/Transform">
<xsl:output method="html" encoding="iso-8859-1"/>
<xsl:template match="/">
<html >
<head>
<title>Test 4</title>
</head>
<body>
<p>Liste des propriétaires : </p>
<xsl:apply-templates />
</body>
</html>
</xsl:template>
<xsl:template match="immeuble/proprietaire">
<xsl:value-of select="."/>
   <xsl:if test="not(position()=last())">
   ,
```

```
    </xsl:if>
</xsl:template>
</xsl:stylesheet>
```

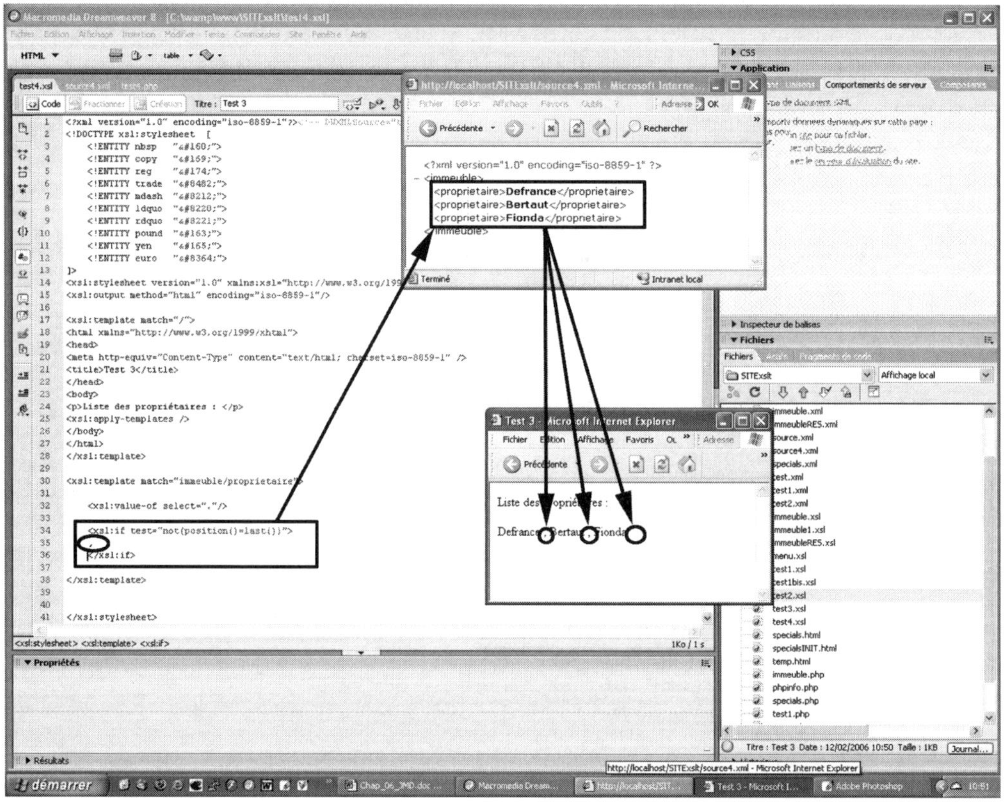

Figure 6-10

Test d'une feuille XSLT utilisant une instruction xsl:if pour conditionner l'affichage d'une virgule.

Instruction de boucle

Nous avons déjà vu, dans la partie dédiée aux règles de transformation, qu'il était possible de générer la répétition d'un fragment de code personnalisé selon les nœuds à traiter, en utilisant l'instruction `xsl:apply-template` (revoir figure 6-8). Cependant, il existe une autre instruction `xsl:for-each` (plus proche de la programmation procédurale à laquelle nous sommes habitués) qui s'apparente à la création d'une boucle, et qui permet d'obtenir ainsi des résultats semblables. Attention, contrairement à son nom qui pourrait être trompeur, l'instruction `xsl:for-each` est différente des boucles réalisées en PHP avec l'instruction `for()`. En effet, l'évolution d'un compteur n'est pas possible avec `xsl:for-each` du fait que XSLT est un langage déclaratif et non procédural, comme PHP. Nous allons vous présenter cette instruction dans la partie ci-dessous, mais nous vous rappelons que le XSLT étant un langage déclaratif, il est plutôt conseillé d'utiliser l'instruction **xsl:apply-template** (en créant plusieurs modèles), afin de faciliter la maintenance de votre code et d'en augmenter la modularité (ce qui vous permettra ainsi de reprendre facilement les mêmes modèles dans d'autres programmes).

Cette instruction **xsl:for-each** se présente sous la forme ci-dessous :

```
<xsl:for-each select="nomAttribut" >
 <!—fragment de code répété -->
</xsl:for-each>
```

L'instruction **xsl:for-each** contient un fragment de code qui sera répété et personnalisé pour chaque nœud sélectionné par l'expression X-Path contenue dans l'attribut obligatoire **select**. Pour vous démontrer les similitudes entre ces deux instructions, nous vous proposons d'illustrer l'utilisation de **xsl:for-each** en recréant le même programme que celui de la figure 6-8, réalisé avec une instruction **xsl:apply-template**. Le fichier XML source sera le même fichier **source.xml** déjà utilisé dans les exemples précédents.

test5.xsl

```
<?xml version="1.0" encoding="iso-8859-1"?><!-- DWXMLSource="test1.xml" -->
<xsl:stylesheet version="1.0" xmlns:xsl="http://www.w3.org/1999/XSL/Transform">
<xsl:output method="html" encoding="iso-8859-1"/>
<xsl:template match="/">
<html>
<head>
<title>Test 5</title>
</head>
<body>
<xsl:apply-templates />
</body>
</html>
</xsl:template>
<xsl:template match="immeuble">
   <p>Liste des propriétaires : </p>
   <xsl:for-each select="proprietaire" >
          <p>Nom :<xsl:value-of select="@nom"/></p>
          <p>Etage :  <xsl:value-of select="etage"/></p>
          <p>E-mail : <xsl:value-of select="email"/></p>
   </xsl:for-each>
```

```
    <p>Copyright 2006 </p>
</xsl:template>
</xsl:stylesheet>
```

Le résultat obtenu avec cette feuille XSLT est le suivant :

Liste des propriétaires :
Nom : Defrance
Etage : 2eme
E-mail : jmdefrance@aol.com
Nom : Bertaut
Etage : 1er
E-mail : abertaut@aol.com
Copyright 2006

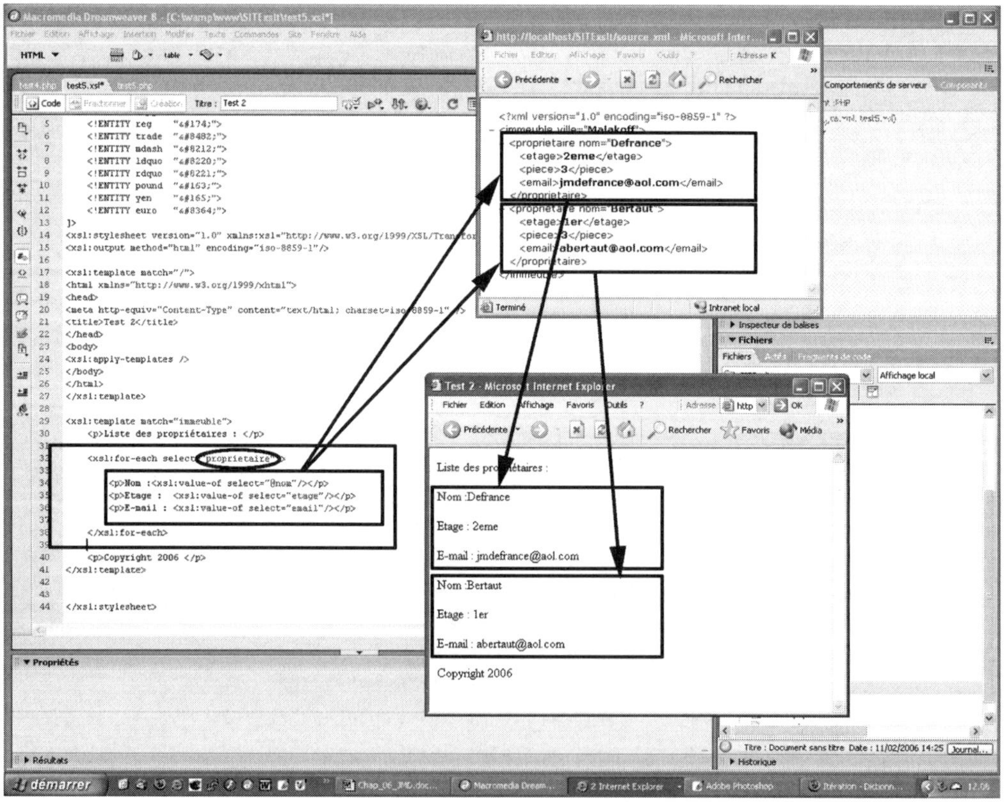

Figure 6-11
Test d'une feuille XSLT utilisant une instruction xsl:for-each.

Tri des éléments

L'instruction `xsl:sort` s'utilise exclusivement en complément des instructions `xsl:apply-template` ou `xsl:for-each` présentées précédemment. Elle permet de trier les différents fragments de code générés d'une manière répétitive par l'une des deux instructions citées précédemment. Elle possède plusieurs attributs dont le plus important est `select` qui permet de définir la clé du tri à effectuer. La valeur représentant la clé sera une expression X-Path qui identifiera l'élément ou l'attribut en fonction duquel sera effectué le tri. Un autre attribut optionnel nommé `order` permet de définir l'ordre du tri. La valeur de cet attribut peut être `ascending` (ordre ascendant) ou `descending` (ordre descendant). Par défaut, la valeur de `order` est `ascending`.

Cette instruction `xsl:sort` peut se présenter sous deux formes différentes :

Utilisation de `xsl:sort` en complément de l'instruction `xsl:for-each`.

```
<xsl:for-each select="nomAttribut" >
   <xsl:sort select="CLE" />
   <!—fragment de code répété -->
</xsl:for-each>
```

Utilisation de `xsl:sort` en complément de l'instruction `xsl:apply-template`.

```
<xsl:template match="MOTIF">
...<xsl:apply-templates >
   <xsl:sort select="CLE" />
<xsl:apply-templates />...
</xsl:template>
```

Pour illustrer l'utilisation de l'instruction `xsl:sort`, nous l'avons employée en complément d'une instruction `xsl:for-each` afin de trier la liste des propriétaires en fonction de leur étage. Le fichier XML source sera le même fichier `source.xml` déjà utilisé dans les exemples précédents.

test6.xsl

```
<?xml version="1.0" encoding="iso-8859-1"?><!-- DWXMLSource="test1.xml" -->
<xsl:stylesheet version="1.0" xmlns:xsl="http://www.w3.org/1999/XSL/Transform">
<xsl:output method="html" encoding="iso-8859-1"/>
<xsl:template match="/">
<html>
<head>
<title>Test 6</title>
</head>
<body>
```

```
<xsl:apply-templates />
</body>
</html>
</xsl:template>
<xsl:template match="immeuble">
   <p>Liste des propriétaires : </p>
   <xsl:for-each select="proprietaire" >
        <xsl:sort select="etage" />
          <p>Nom :<xsl:value-of select="@nom"/></p>
          <p>Etage :  <xsl:value-of select="etage"/></p>
          <p>E-mail : <xsl:value-of select="email"/></p>
     </xsl:for-each>
   <p>Copyright 2006 </p>
</xsl:template>
</xsl:stylesheet>
```

Le résultat obtenu avec cette feuille XSLT modifiée est le suivant (à comparer avec le résultat de l'exemple précédent) :

Liste des propriétaires : Nom :
BertautEtage : 1er
E-mail : abertaut@aol.com
Nom :Defrance
Etage : 2eme
E-mail : jmdefrance@aol.com
Copyright 2006

Pour consulter les codes source de ces exemples

Afin de vous permettre de tester vous-même les différents exemples de cette précédente partie concernant le langage XSLT, nous avons rassemblé tous les fichiers utilisés lors de nos démonstrations dans un dossier `SITExslt` disponible dans le kit ressource que vous pouvez récupérer sur le site de l'éditeur (www.editions-eyrolles.com).

Le comportement XSLT de Dreamweaver

Dans cette partie, nous allons enfin passer à la pratique en utilisant le comportement serveur XSLT disponible depuis Dreamweaver 8. Nous vous présenterons pas à pas la procédure pour vous servir de ce comportement dans le cadre d'une transformation basique. La dernière partie de ce chapitre étant consacrée à l'application de ce comportement dans une série de transformations de complexité croissante. L'utilisation des comportements serveur XSLT ne nécessite aucune connaissance des langages X-Path et XSLT, bien qu'il soit conseillé d'en avoir. Nous vous invitons cependant à analyser le contenu des pages XSLT créées par Dream-

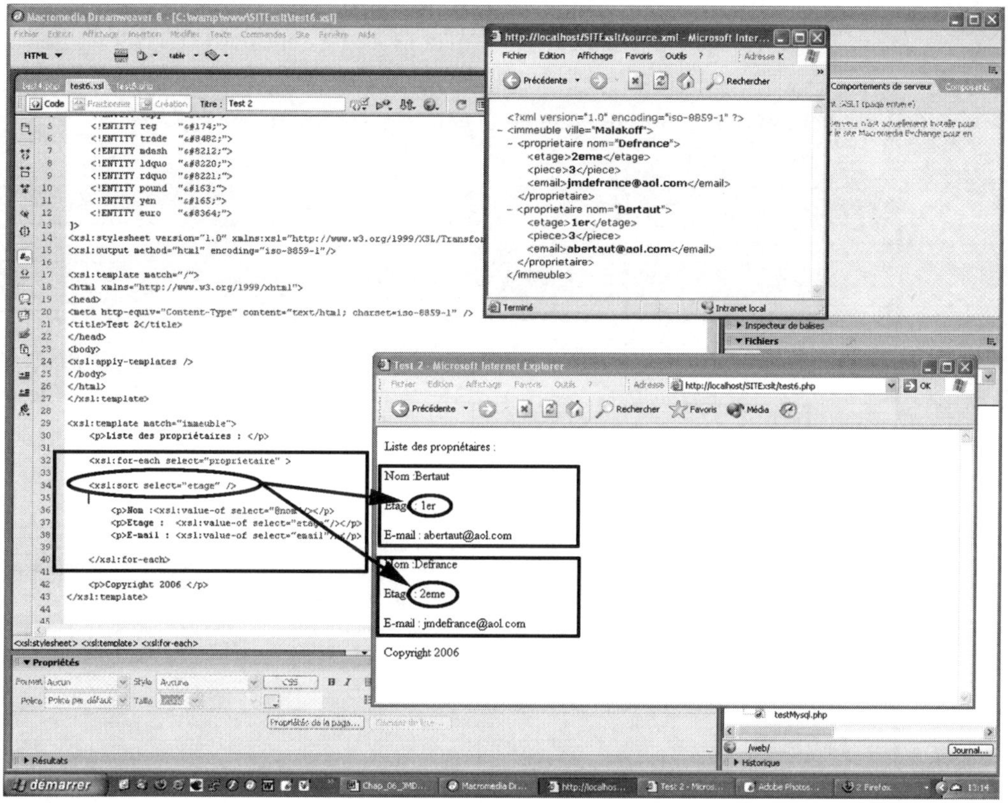

Figure 6-12
Test d'une feuille XSLT utilisant une instruction xsl:sort en complément d'une instruction xsl:for-each.

weaver, et à vous reporter aux ressources sur ces langages au début de ce chapitre, pour bien en comprendre les mécanismes et être capable de les modifier et, pourquoi pas, pour créer vos propres pages de transformation vous-même.

Configuration de l'environnement de développement

Vérification de la présence de l'extension XSL de PHP

Pour pouvoir utiliser le comportement serveur XSLT de Dreamweaver, il faut que l'extension XSL de PHP utilisée par le comportement soit installée. Avant toute chose, il faut donc commencer par vérifier si l'extension est disponible sur votre serveur. Pour cela, un simple fichier `phpinfo` vous renseignera sur cet état (sur Wamp c'est encore plus simple, car les extensions installées sont visibles depuis la rubrique `PHP extensions` du manager). Nous vous rappelons que pour créer un fichier `phpinfo.php`, il suffit d'insérer la fonction `phpinfo()` dans votre page PHP. Une fois la page `phpinfo.php` affichée, lancer une recherche sur le mot clé « `xsl` » pour localiser rapidement l'information sur l'extension XSL (voir figure 6-13).

Si votre recherche reste infructueuse, l'extension n'est pas disponible. Vous devrez donc l'installer avant de créer vos comportements serveur XSLT.

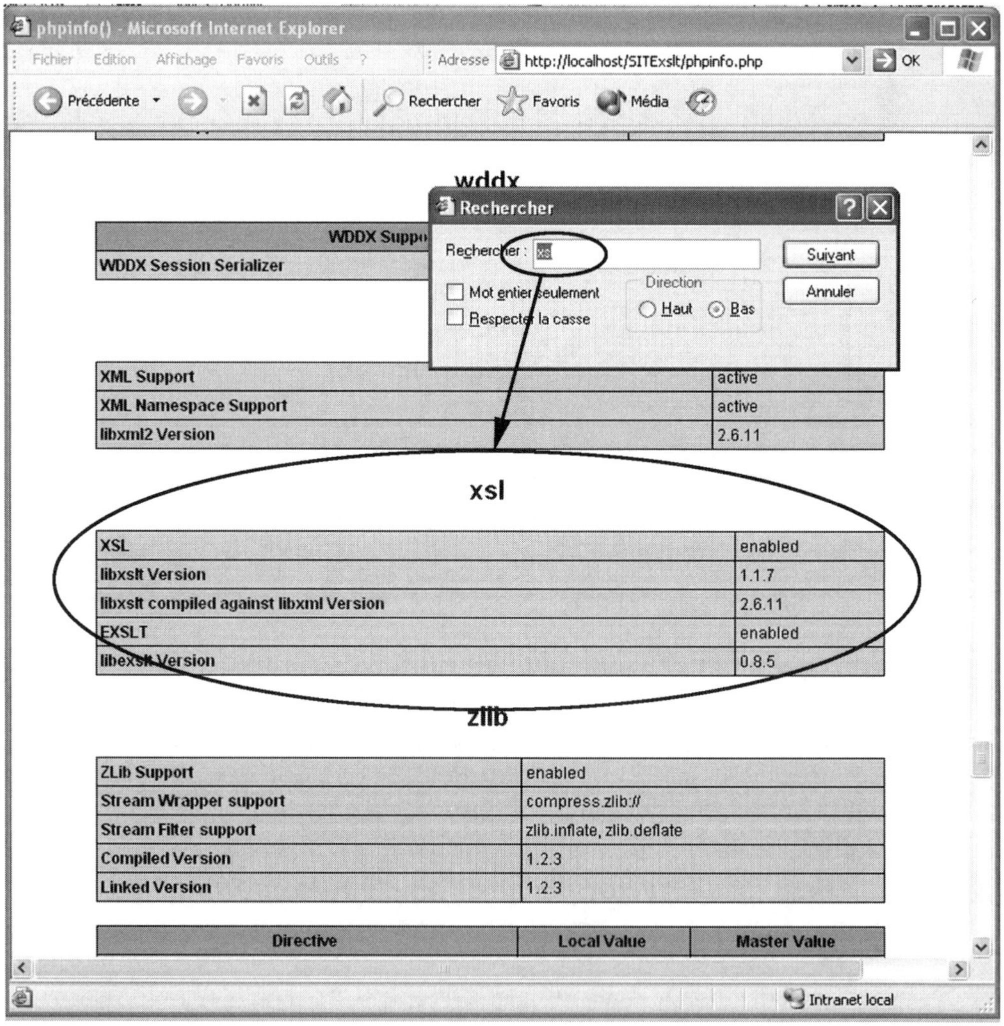

Figure 6-13

Test de présence de l'extension XSL de PHP à l'aide d'une recherche dans le phpinfo.

Installation de l'extension XSL de PHP

Dans le cadre de cet ouvrage, nous allons détailler la procédure (très simple) pour installer l'extension XSL sur Wamp5. À noter que selon votre infrastructure serveur, la procédure sera différente, et nous vous invitons à consulter la documentation ou le support technique de votre serveur pour plus d'informations.

L'installation de l'extension `XSL` sur Wamp5 est très facile. Depuis le manager de Wamp5, sélectionnez `PHP extensions`, puis recherchez l'extension `php_xsl` (vers le bas de la liste). Si le nom de l'extension n'est pas précédé d'une petite flèche, cela signifie que l'extension n'est pas encore installée. Cliquez alors sur le nom de l'extension pour l'activer. Redémarrez ensuite Wamp5 en cliquant sur l'entrée `Restart All Services` depuis le manager. Vous pouvez maintenant effectuer le test de présence de l'extension XSL en affichant le fichier `phpinfo.php` comme indiqué précédemment. À noter que sur Wamp5, un fichier `phpinfo` est déjà disponible depuis la page `localhost` accessible depuis l'entrée du même nom, dans le manager.

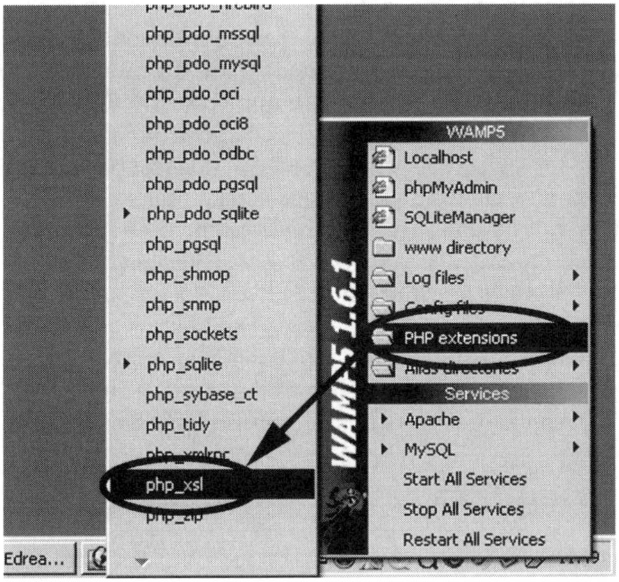

Figure 6-14
Test de présence de l'extension XSL de PHP à l'aide d'une recherche dans le phpinfo.

Présentation du comportement serveur XSLT

Rappels sur les transformations XSLT

Nous avons vu, au début de ce chapitre, que les documents XML ne contiennent pas d'instructions de mise en forme, mais qu'ils permettent de structurer l'information. Nous avons ensuite présenté le langage XSL qui permet d'organiser un document XML, au même titre qu'une feuille de style CSS permet d'ordonner un document HTML. Si on lie un document XML à une feuille XSL, on peut ainsi afficher son contenu dans un navigateur au format XHTML (cas le plus fréquent) ou autres, selon l'application cliente ciblée (WML, etc.). Lorsque nous avons abordé les spécifications XSL, nous avons présenté trois sous-ensembles du XSL : le XSLT, X-Path et XSL-FO. Si on dispose d'un processeur XSLT (côté serveur ou côté client) et si on associe les deux langages XSLT et X-Path, il est alors possible de transformer le contenu d'un document XML parallèlement à la mise en forme des informations, opérée par le langage XSL.

Côté client ou côté serveur

En pratique, vous pouvez utiliser le comportement XSLT de Dreamweaver pour créer des pages permettant d'effectuer des transformations XSL. Celles-ci peuvent être réalisées côté serveur, à l'aide d'une technologie comme PHP, ou simplement côté client en exploitant le processeur XSLT intégré dans les nouveaux navigateurs Internet.

Ces deux méthodes présentent des avantages et des inconvénients. Les transformations côté serveur pourront être interprétées par tous les navigateurs, puisque le document généré par le serveur sera compatible XHTML, alors que les transformations côté client ne pourront pas être prises en charge par les anciens navigateurs (seuls les navigateurs récents comme Internet Explorer 6, Firefox 1.0.2, etc., disposent d'un processeur XSLT qui permet de les réaliser). La transformation côté client nécessite le téléchargement complet de la source XML, alors que pour celle côté serveur, seules les données sélectionnées par X-Path seront rapatriées dans le fichier XSLT. Ce qui peut être très avantageux pour traiter des sources XML volumineuses. D'autre part, dans le cas d'une transformation côté client, les fichiers XML doivent être obligatoirement stockés sur votre serveur Web (vous devez disposer des droits d'écriture sur le fichier XML), tandis que la transformation côté serveur n'a pas cette restriction et peut modifier dynamiquement des fichiers XML, quel que soit leur emplacement (sur votre serveur ou ailleurs sur le Web). Toutefois la transformation côté serveur nécessite de disposer d'une technologie serveur (comme PHP) et d'une configuration adaptée (posséder l'extension XSL sur le serveur d'application), alors que la transformation côté client nécessite d'avoir un simple serveur Web.

Dans le cadre de cet ouvrage, nous nous intéresserons uniquement aux transformations côté serveur.

Préparation du site Syndic

Pour appliquer la création d'un comportement serveur XSLT à une étude de cas concrète, nous vous proposons de créer un nouveau site nommé Syndic. L'objectif de ce site est de générer, à l'aide d'un comportement XSLT, une fiche d'état d'un immeuble affichant les différentes coordonnées des propriétaires de chaque appartement, classés par bâtiment, et dont la finalité sera de mettre en évidence ceux dont le compte est débiteur. La source XML contenant toutes les informations sur les propriétaires sera reprise du fichier utilisé dans l'introduction au XML présentée au début de ce chapitre (`immeuble.xml`). Dans un premier temps, nous allons nous servir de ce site pour présenter la procédure de création d'un comportement serveur XSLT avec Dreamweaver, mais sachez qu'il sera aussi repris dans la partie suivante consacrée aux applications pratiques XSLT.

1. Depuis Dreamweaver, cliquez sur **Site** dans le menu, puis sélectionnez **Nouveau site**. Renseignez ensuite les informations de la catégorie **Infos locales** et **Serveur d'évaluation** (créer un nouveau dossier **SITEsyndic** dans le répertoire **www** de Wamp5, puis configurez les autres paramètres comme pour le site Score : revoir figures 2-90 et 2-92).
2. Ouvrez un nouveau fichier (**Ctrl + N**) en sélectionnant **Page de base**, puis **XML** dans la fenêtre **Nouveau document**.
3. Entrez ensuite la structure et les données du fichier XML **immeuble.xml** présenté au début de ce chapitre, dans la partie dédiée au XML (voir figure 6-15). Afin d'éviter cette saisie, sachez que vous pouvez aussi récupérer ce fichier XML dans le kit de ressource disponible sur le site de l'éditeur (le fichier **immeuble.xml** se trouve dans le dossier **SITEsyndic** du kit).

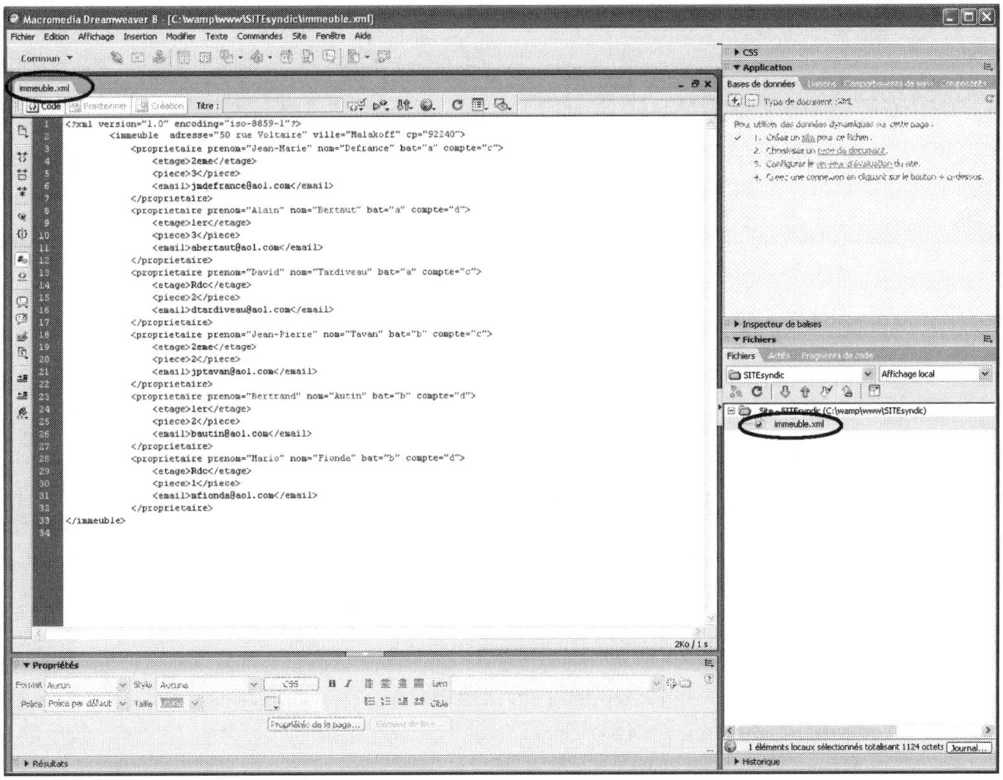

Figure 6-15

Création du fichier immeuble.xml dans Dreamweaver.

Page entière ou fragment XSLT

Dreamweaver permet de créer des pages XSLT générant entièrement une page HTML, ou des fragments XSLT ne produisant qu'une partie seulement de la page HTML.

Une page XSLT entière est semblable à une page HTML classique. Elle contient une balise `<body>` et une balise `<head>`, et permet d'afficher des données HTML et XML dans la même page. Un fragment XSLT est un ensemble de code regroupé dans un fichier séparé, engendrant des données XML formatées qui seront ensuite insérées dans la page HTML finale. À la différence d'une page XSLT, un fragment XSLT est un fichier indépendant qui ne contient pas de balises `<body>` ou `<head>`.

En pratique, l'usage d'une page XSLT entière est souvent mieux adapté à la transformation côté client, alors que les fragments XSLT sont fréquemment utilisés côté serveur, dans le cadre d'insertion ponctuelle d'un extrait de données XML, dans une page dynamique PHP.

Pour illustrer la création de comportements serveur XSLT, nous emploierons donc des fragments XSLT.

Création d'un fragment XSLT

1. Commencez par créer une nouvelle page PHP, et enregistrez-la sous le nom `ficheImmeuble.php`, à la racine du site Syndic.
2. Personnalisez cette page en lui attribuant une couleur de fond et un titre, en utilisant les styles de votre choix.
3. En dessous du titre, ajoutez une ligne d'information destinée par la suite à indiquer l'adresse, la ville et le code postal de l'immeuble concerné. Pour distinguer les informations qui seront issues du fichier XML, nous vous suggérons de les nommer, dans un premier temps, avec les mots repères suivants : `ADRESSE`, `VILLE` et `CP`, et de leur attribuer un style spécifique (voir figure 6-16).
4. Enregistrez votre page et passez en mode `Code`. Placez votre curseur dans le texte que vous venez d'ajouter, et cliquez sur le bouton `Sélectionner une balise parent` afin de sélectionner tout le groupe d'informations contenu entre les balises `<p>` et `</p>` (voir figure 6-17, cela peut bien sûr être différent selon la mise en forme que vous avez réalisée). Ces informations représentent le modèle de votre futur fragment XSLT. Coupez ce groupe d'informations en utilisant le raccourci `Ctrl + X`.
5. Créez un nouveau document (`Ctrl + N`) en sélectionnant `Page de base` puis `XSLT(fragment)` (voir figure 6-18).
6. Dès l'ouverture de la nouvelle page, une boîte de dialogue apparaît, vous demandant de localiser le fichier XML qui sera exploité dans ce fragment XSLT (voir figure 6-19). Deux alternatives sont proposées : Associer un fichier local (sur votre serveur Web) ou Associer un fichier distant (ailleurs sur Internet). Dans notre cas, nous choisirons la pre-

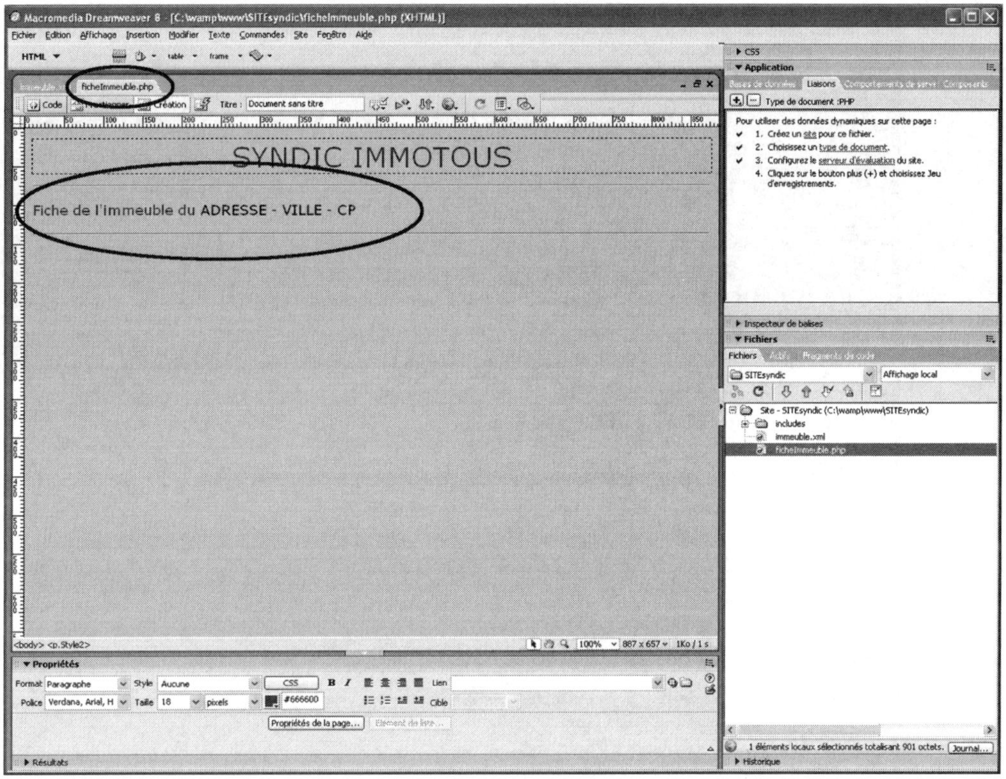

Figure 6-16
Mise en forme de la fiche immeuble (ficheImmeuble.php).

mière et nous cliquerons ensuite sur le bouton `Parcourir` afin de sélectionner le fichier `immeuble.xml` situé à la racine du site Syndic. Une fois le fichier XML configuré, cliquez sur le bouton `OK` pour confirmer votre choix.

7. Enregistrez dès maintenant votre nouveau fichier XSLT sous le nom `fragmentImmeuble.xsl`. Si vous observez le panneau `Liaisons` (voir figure 6-20), vous remarquerez qu'il contient le schéma de la structure du fichier XML `immeuble.xml`. On peut voir également que les différents éléments sont désignés par leur nom précédé du symbole « `<>` ». Les attributs sont aussi représentés par leur nom, précédé cette fois du symbole « `@` ». De même, le nom de l'élément répétitif `proprietaire` suit le symbole « `<>+` ». Passez en mode `Code` et positionnez ensuite votre curseur après la balise `<xsl:template match="/">`. Cliquez sur la touche `Entrée` de votre clavier pour passer à la ligne, et collez à cet emplacement le fragment de code que vous aviez coupé précédemment (`Ctrl + V`, voir figure 6-20).

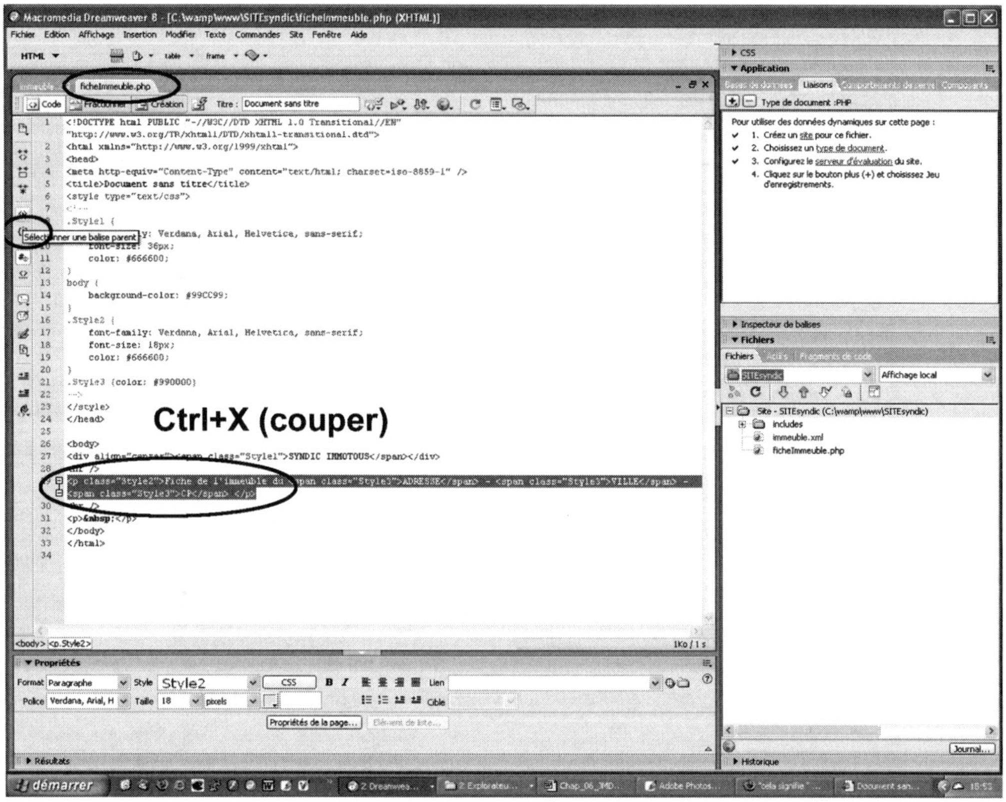

Figure 6-17

Sélectionnez puis coupez le groupe d'informations du futur fragment XSLT.

Figure 6-18

Création du fragment XSLT.

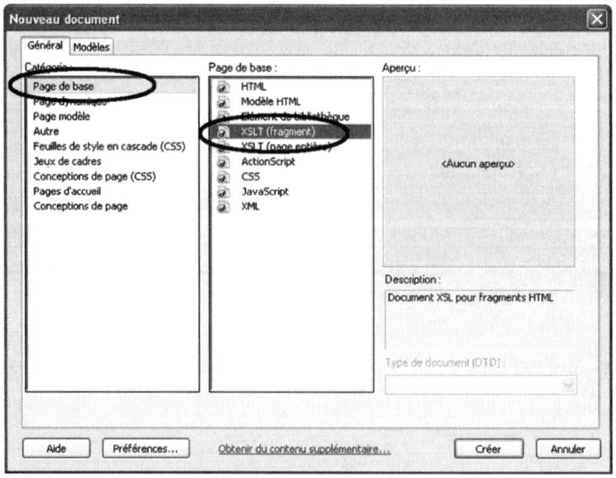

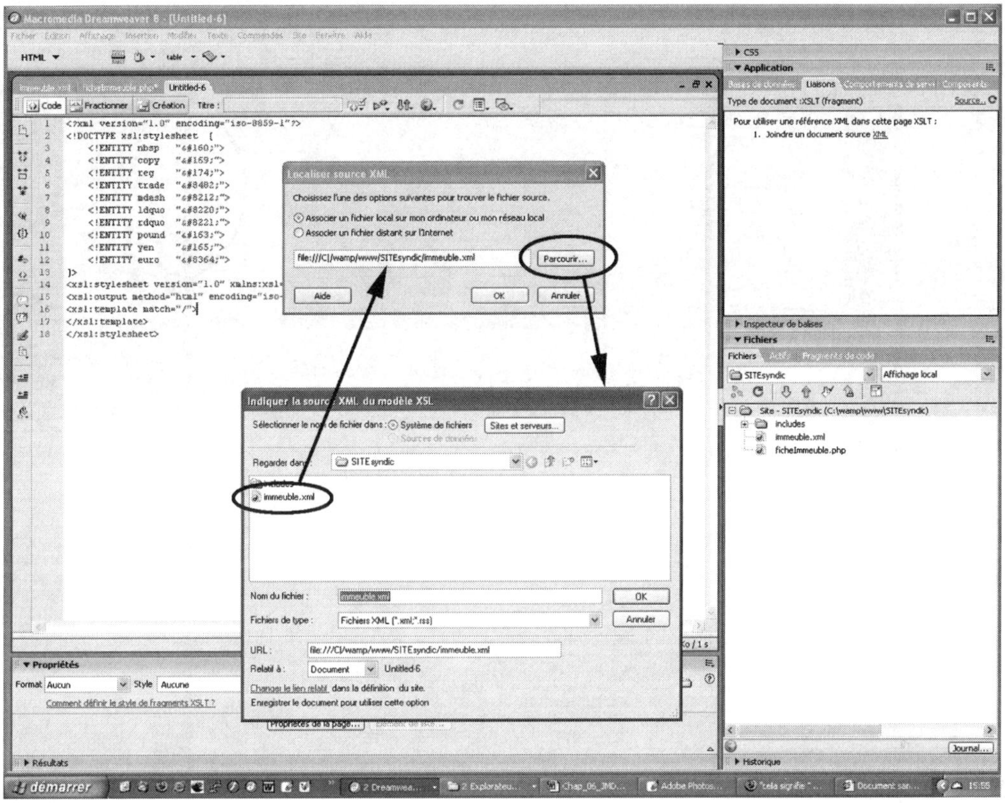

Figure 6-19

Localisation de la ressource XML associée au fragment XSLT.

8. Passez maintenant en mode `Création`. Sélectionnez le mot repère `ADRESSE`, puis faites un double-clic sur l'attribut correspondant dans le panneau `Liaisons`. Dreamweaver génère alors automatiquement le chemin de localisation X-Path relatif à cette information et remplace ainsi le mot repère `ADRESSE`. Procédez de la même manière avec les deux autres informations concernant l'immeuble : `VILLE` et `CP` (voir figure 6-21).

9. Enregistrez le fichier `fragmentImmeuble.xsl` et revenez maintenant au fichier `ficheImmeuble.php`. Passez en mode `Code` et placez votre curseur au même emplacement que celui du fragment de code coupé précédemment (voir figure 6-22 repère 1). Cliquez ensuite sur le bouton + du panneau `Application/Comportements de serveurs` et sélectionnez l'option `Transformation XSL` (voir figure 6-22 repères 2 et 3). Dans la boîte de dialogue `Transformation XSL`, cliquez sur le bouton `Parcourir` situé à droite du champ `Fichier XSLT`. Choisissez ensuite le fichier `fragmentImmeuble.xsl` et validez votre choix. Le fichier `immeuble.xml` doit alors automatiquement être renseigné, et il ne vous reste

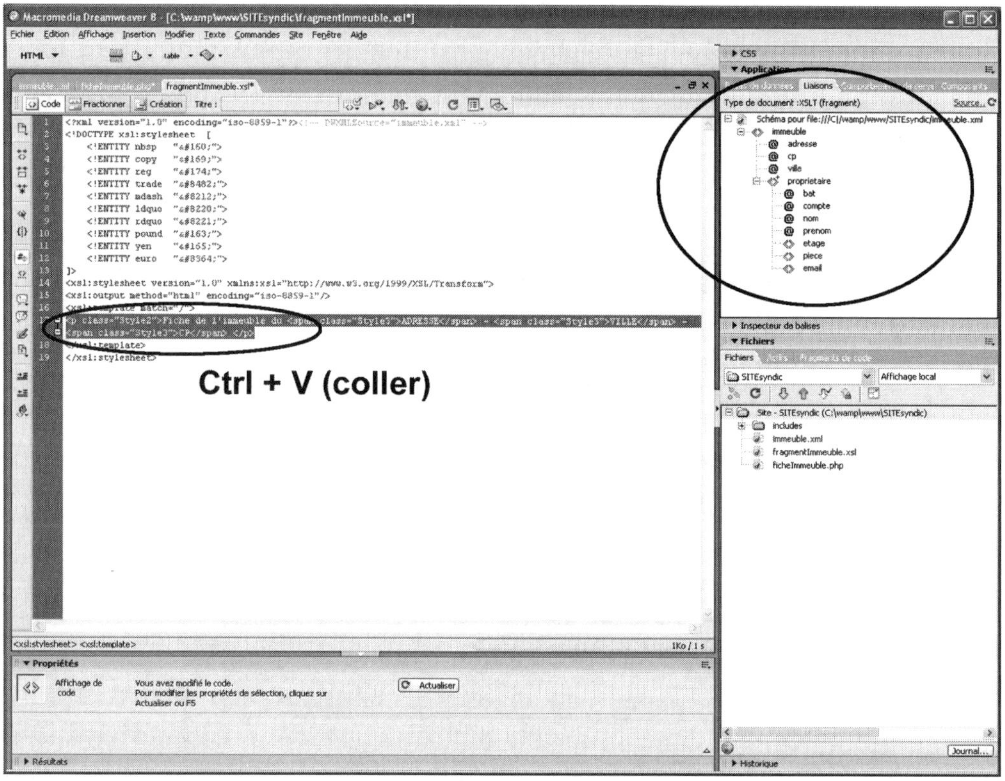

Figure 6-20

Insertion du fragment de code modèle dans le fichier XSLT.

plus qu'à valider cette dernière boîte de dialogue en cliquant sur le bouton `OK` (voir figure 6-22 repères 4 et 5).

10. Une fois le comportement serveur XSLT créé, on peut observer dans la page `ficheImmeuble.php` qu'un script PHP a été ajouté à l'endroit du point d'insertion (voir figure 6-23). D'autre part, dans le panneau `Fichier`, un nouveau dossier contenant le fichier de classe utilisé par ce script a été aussi automatiquement généré. Évidemment, si vous transférez par la suite votre site sur un serveur distant, il ne faudra pas oublier d'y déplacer aussi ce dossier.

11. Si nous passons maintenant en mode `Création`, les chemins de localisation X-Path sont alors visibles dans la page (voir figure 6-24). Faites un premier test en cliquant sur le bouton `Live Data` (voir figure 6-25). Enregistrez ensuite toutes vos pages et passez dans le Web local pour tester complètement le système (voir figure 6-26).

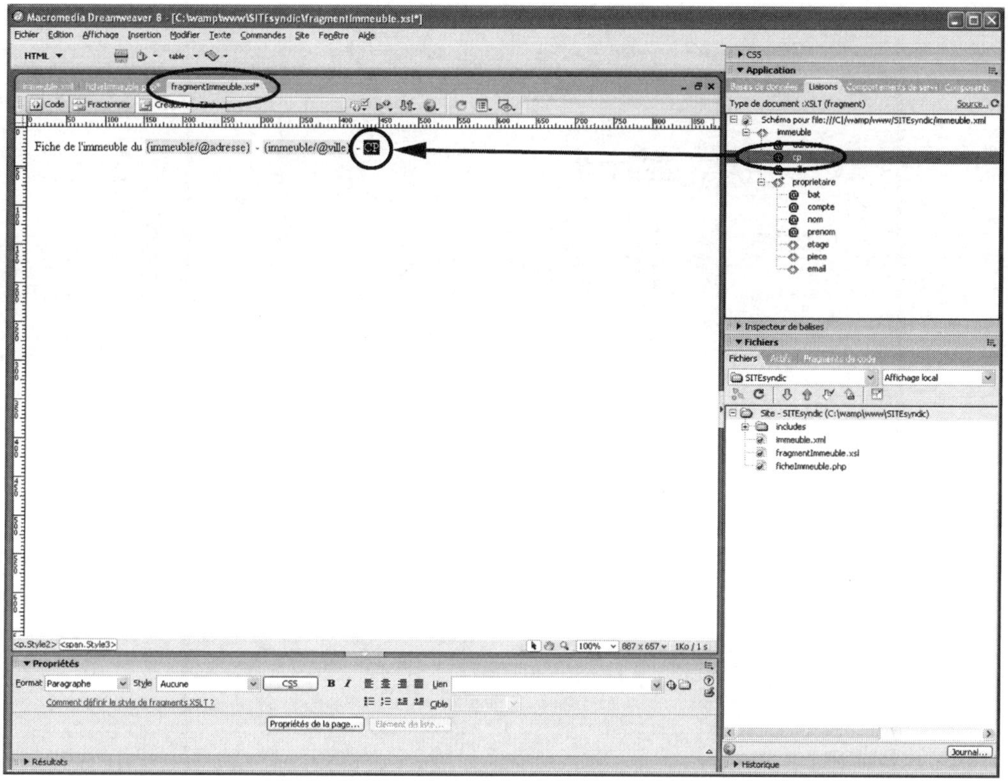

Figure 6-21

Configuration des chemins de localisation X-Path correspondant à chaque attribut de l'adresse de l'immeuble.

Applications pratiques XSLT

Dans cette partie, nous allons reprendre le développement, avec Dreamweaver, du site Syndic commencé dans la partie précédente. Cela va nous permettre de construire progressivement une feuille XSLT plus élaborée qui affichera la liste des propriétaires (avec toutes leurs coordonnées), intégrera un lien mailto dynamique dans les coordonnées, mettra en évidence les comptes débiteurs par l'ajout d'un point rouge devant les noms des propriétaires concernés, et enfin scindera en deux parties la liste (bâtiment A ou B de l'immeuble) selon la situation des propriétaires.

Création d'une liste des propriétaires

Pour commencer, nous allons créer une liste des propriétaires et de leurs coordonnées en dessous des informations de l'immeuble.

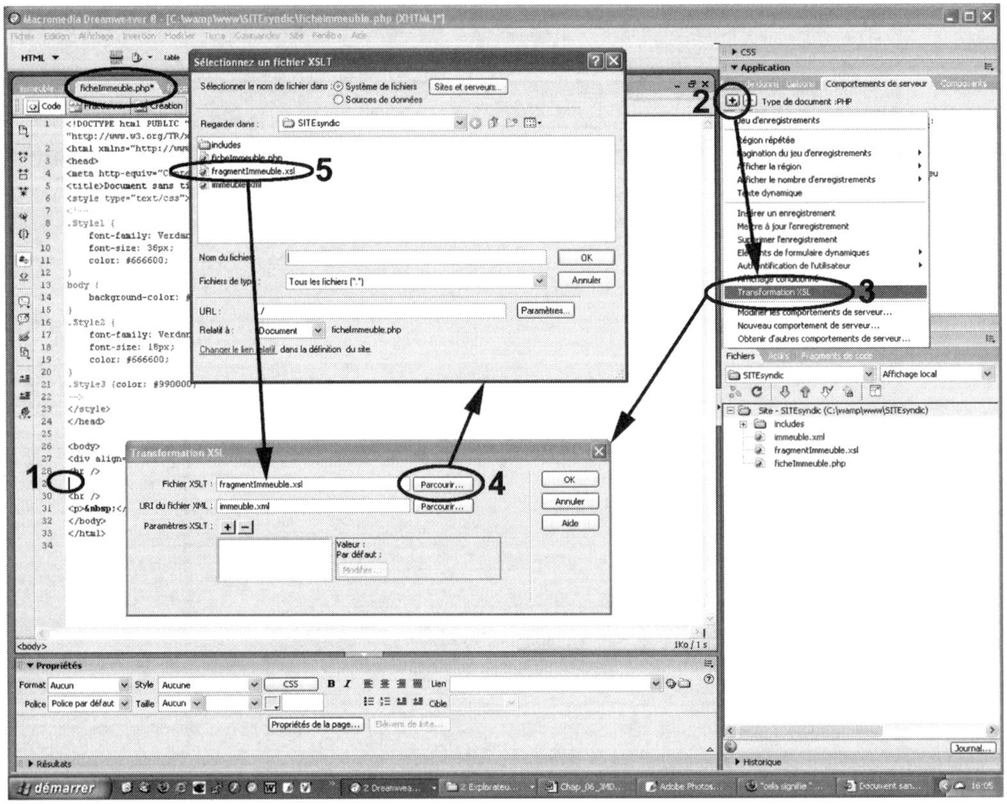

Figure 6-22

Création et configuration du comportement serveur XSLT dans la page ficheImmeuble.php.

La liste des propriétaires venant s'ajouter en dessous de la ligne d'information qui indique l'adresse de l'immeuble (ligne d'information déjà réalisée dans la partie précédente qui présentait la procédure pour créer votre premier comportement XSLT), nous pourrions repartir de la feuille XSL qui avait été créée à cette occasion pour continuer le développement. Cependant, il est préférable de définir la mise en forme complète (disposition des éléments, style, etc.) dans une maquette statique avant de configurer le fragment XSLT dans un fichier à part. En effet, par défaut, vous ne disposerez plus d'accès direct aux styles de la page lors de la conception du fragment XSLT, et l'ajout ou la modification d'un style ne sera alors plus possible (dans notre exemple les styles sont internes à la page, mais dans le cas de styles externes, sachez qu'il est possible de définir des feuilles de style « conception » pour contourner ce problème).

Aussi, nous vous proposons de créer une nouvelle maquette statique depuis laquelle nous extrairons un modèle avec sa mise en forme, afin d'élaborer un nouveau fragment XSLT ne

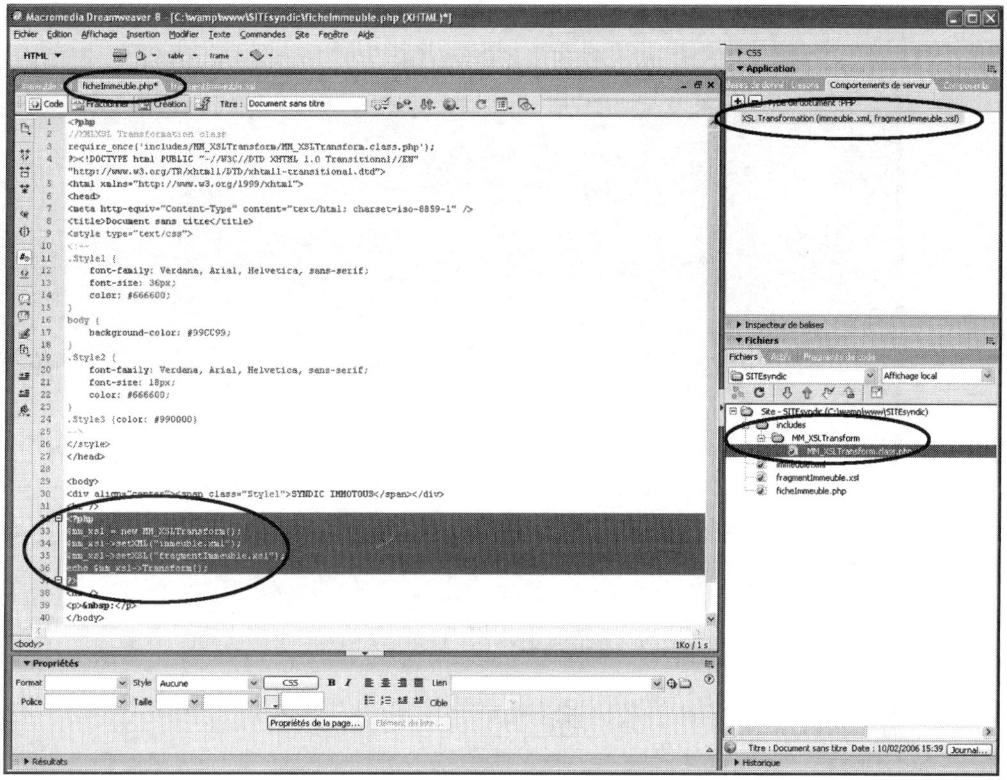

Figure 6-23

Emplacement du code correspondant au comportement serveur XSLT. Dans le panneau Fichier on peut aussi observer le dossier contenant la classe utilisée par ce comportement.

nécessitant pas d'ajout ou de modification de style (quitte à ce que la description de certaines étapes soit redondante avec celle de la partie précédente...).

1. Commencez par créer une nouvelle page PHP et enregistrez-la sous le nom `ficheImmeuble.php` à la racine du site Syndic.
2. Personnalisez cette page en lui attribuant une couleur de fond et un titre, en utilisant le style de votre choix.
3. En dessous du titre, ajoutez une ligne d'information destinée par la suite à indiquer l'adresse, la ville et le code postal de l'immeuble concerné. Pour distinguer les informations qui seront issues du fichier XML, nous vous suggérons de les nommer, dans un premier temps, avec les mots repères suivants : `ADRESSE`, `VILLE` et `CP`, et de leur attribuer un style spécifique. Disposez ensuite les données concernant les propriétaires en leur appli-

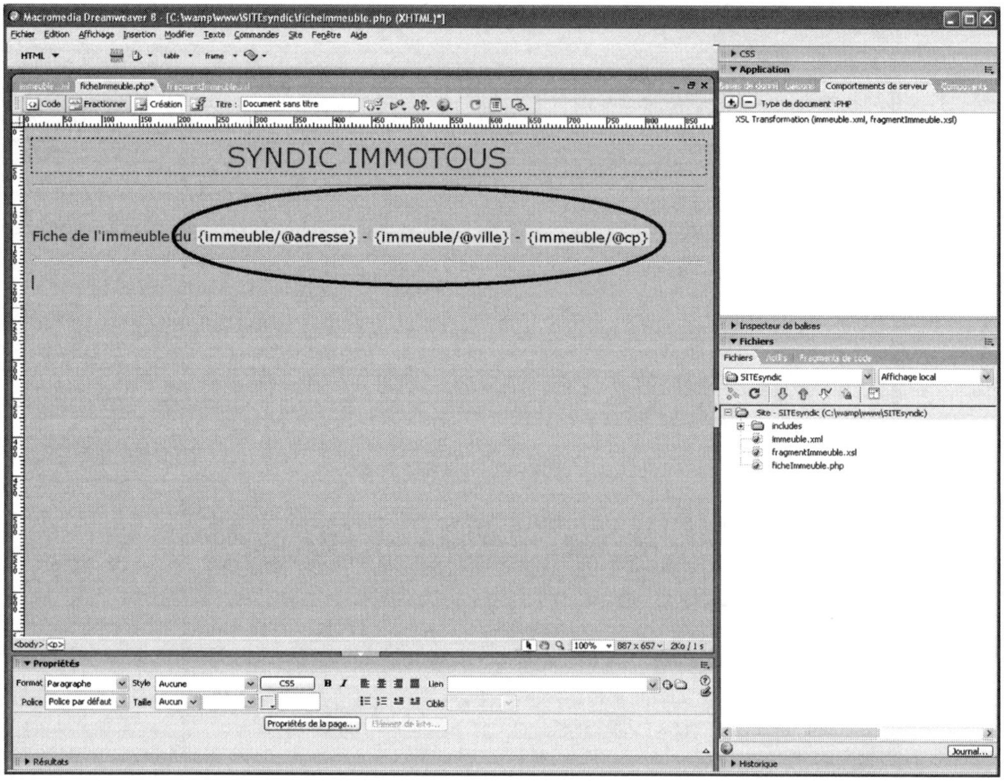

Figure 6-24
En mode Création les chemins de localisation X-Path sont visibles à l'emplacement des informations dynamiques.

quant des mots repères de la même manière : `NOM`, `PRENOM`, `EMAIL`, `PIECE` et `ETAGE`, et insérez une icône de votre choix devant le mot repère `NOM` (voir figure 6-27).

4. Passez en mode `Code` et sélectionnez cette fois tout le contenu de la balise `<body>`, puis coupez ce groupe d'informations en utilisant le raccourci `Ctrl + X`.

5. Créez un nouveau document (`Ctrl + N`) en sélectionnant `Page de base` puis `XSLT(fragment)` (revoir figure 6-18).

6. Dès l'ouverture de la nouvelle page, une boîte de dialogue apparaît, vous demandant de localiser le fichier XML qui sera exploité dans ce fragment XSLT (revoir figure 6-19). Optez pour le fichier local et cliquez sur le bouton `Parcourir`, afin de sélectionner le fichier `immeuble.xml` situé à la racine du site Syndic. Une fois le fichier XML configuré, cliquez sur le bouton `OK` pour confirmer votre choix.

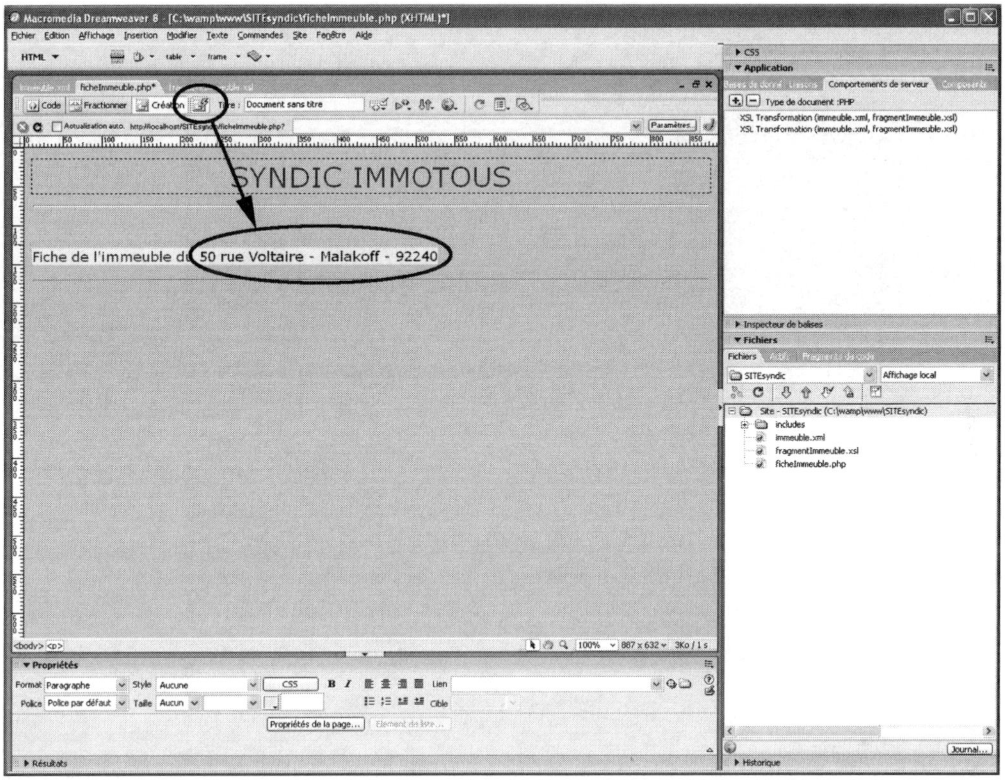

Figure 6-25

Test en Live Data de l'insertion du fragment XSLT dans la page ficheImmeuble.php.

Figure 6-26

Test de la page XSLT ficheImmeuble.php dans le Web local.

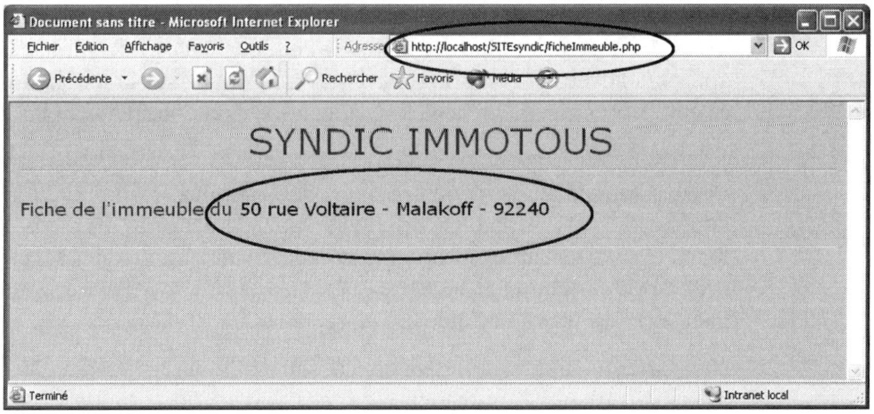

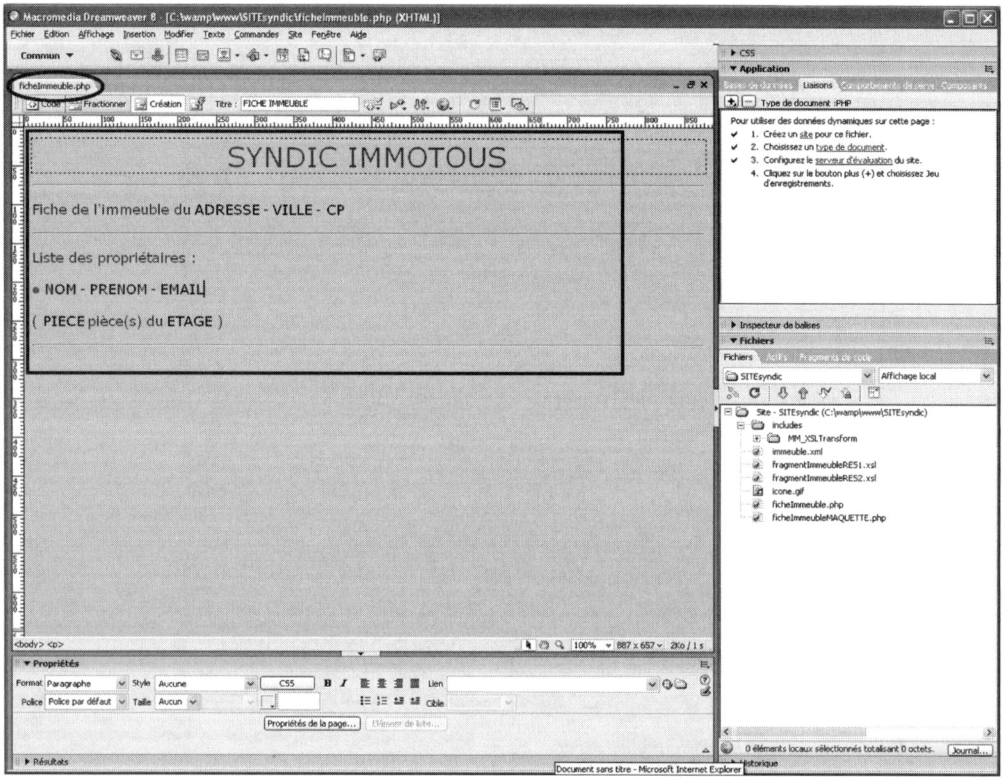

Figure 6-27
Informations figurant dans la nouvelle maquette de la fiche d'immeuble.

7. Enregistrez dès maintenant votre nouveau fichier XSLT sous le nom `fragmentImmeuble.xsl` (en écrasant l'ancien). Passez en mode `Code` et positionnez ensuite votre curseur après la balise `<xsl:template match="/">`. Cliquez sur la touche `Entrée` de votre clavier, et collez à cet emplacement le fragment de code que vous aviez coupé précédemment (`Ctrl + V`).
8. Passez maintenant en mode `Création`. Sélectionnez le mot repère `ADRESSE`, puis faites un double-clic sur l'attribut correspondant dans le panneau `Liaisons`. Procédez de la même manière avec les autres informations concernant l'immeuble (`VILLE` et `CP`) et les coordonnées des propriétaires (`NOM`, `PRENOM`, `EMAIL`, `PIECE` et `ETAGE`, voir figure 6-28), en sélectionnant soit l'attribut soit l'élément en rapport.
9. Nous allons maintenant mettre en place une région répétée pour les coordonnées des propriétaires. Passez en mode `Code` et sélectionnez la partie de code située entre la balise `<p class="Style2">Liste des propriétaires : </p>` et la balise de la ligne du bas de la page `<hr />` (voir figure 6-29). Dans le menu de la barre d'outils `Insertion`, sélectionnez

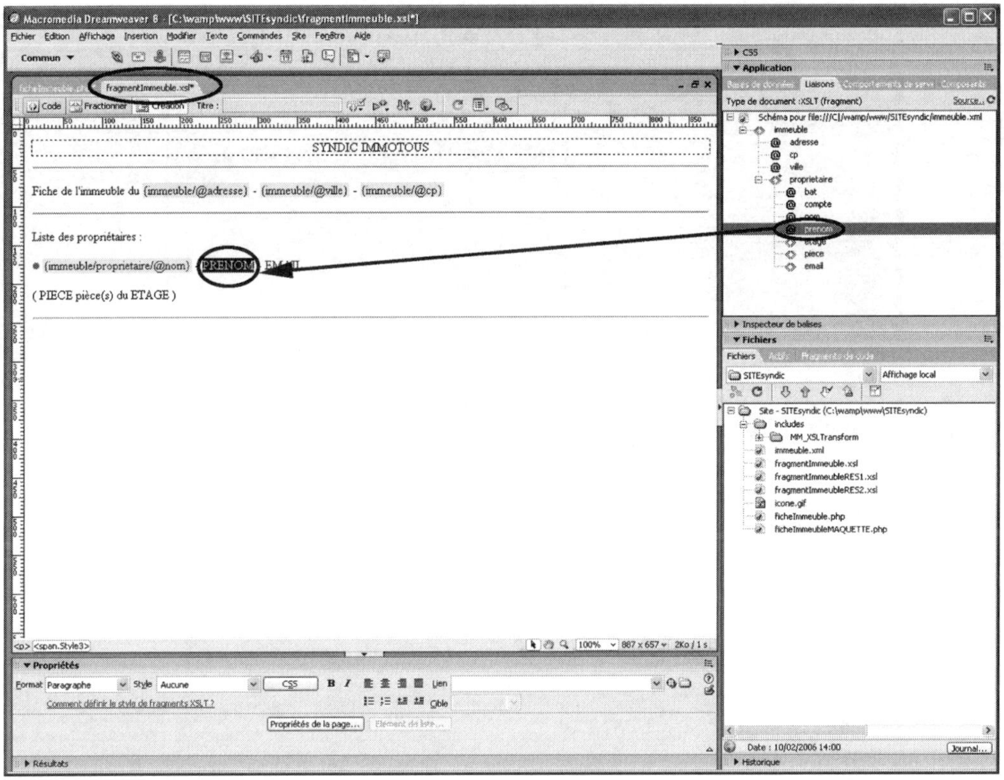

Figure 6-28

Couplage des mots repères et des éléments et attributs disponibles depuis le panneau Liaisons.

l'option `XSLT` puis cliquez sur le bouton `Région répétée` (voir figure 6-29). Dans la boîte de dialogue `Xpath Expression Builder`, sélectionnez l'élément répété `proprietaire` puis cliquez sur le bouton `OK` pour valider votre choix.

10. Revenez en mode `Code`. Vous devriez voir maintenant la zone précédemment sélectionnée encadrée avec une étiquette `xsl:for-each`. Enregistrez le fichier `fragmentImmeuble.xsl` et revenez maintenant au fichier `ficheImmeuble.php`. Passez en mode `Code` et placez votre curseur entre les balises `<body>` et `</body>`. Cliquez ensuite sur le bouton `+` du panneau des `Propriétés` et sélectionnez l'option `Transformation XSL`. Dans la boîte de dialogue `Transformation XSL`, cliquez sur le bouton `Parcourir` situé à droite du champ `Fichier XSLT`. Sélectionnez ensuite le fichier `fragmentImmeuble.xsl` et validez votre choix. Le fichier `immeuble.xml` doit alors automatiquement être renseigné, et il ne vous reste plus qu'à valider cette dernière boîte de dialogue en cliquant sur le bouton `OK` (voir figure 6-30).

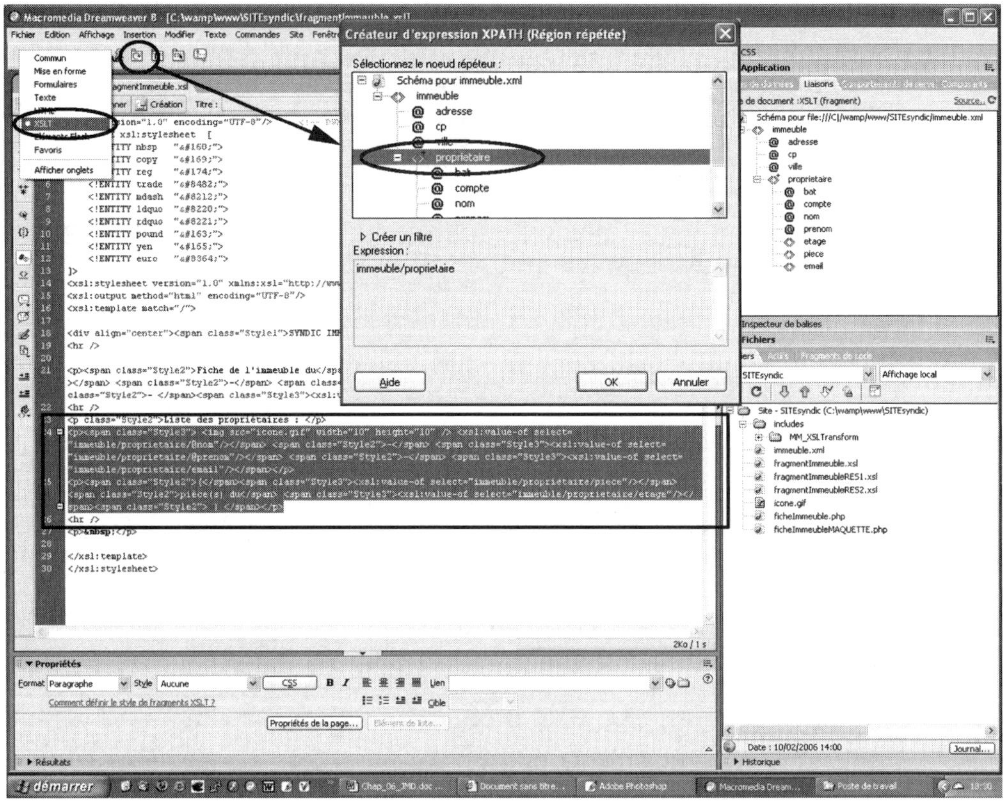

Figure 6-29

Configuration d'une région répétée dans la feuille fragmentImmeuble.xsl.

11. Passez en mode `Création`. Vous devriez voir apparaître les différentes informations dynamiques que vous avez paramétrées dans le fragment XSLT. Cliquez sur le bouton `Live Data` afin de voir l'aperçu de la page (voir figure 6-31). Si cela vous convient, enregistrez votre page et testez-la dans le Web local.

> **En cas de problème avec les caractères accentués**
>
> Par défaut, le fragment XSLT de Dreamweaver crée une définition dans la DTD interne faisant référence à l'équivalent Unicode (revoir la partie sur l'organisation d'un document XSLT). Pour que les caractères de cette définition puissent apparaître, il faut que le fragment XSLT et la page PHP soient aussi configurés en unicode (UTF-8). Aussi, si vous rencontrez des problèmes d'affichage avec certains caractères accentués, assurez-vous que ces deux documents sont bien configurés en UTF-8 et non en ISO-8889-1 (attention, il y a deux attributs `encoding` dans le fragment XSLT).

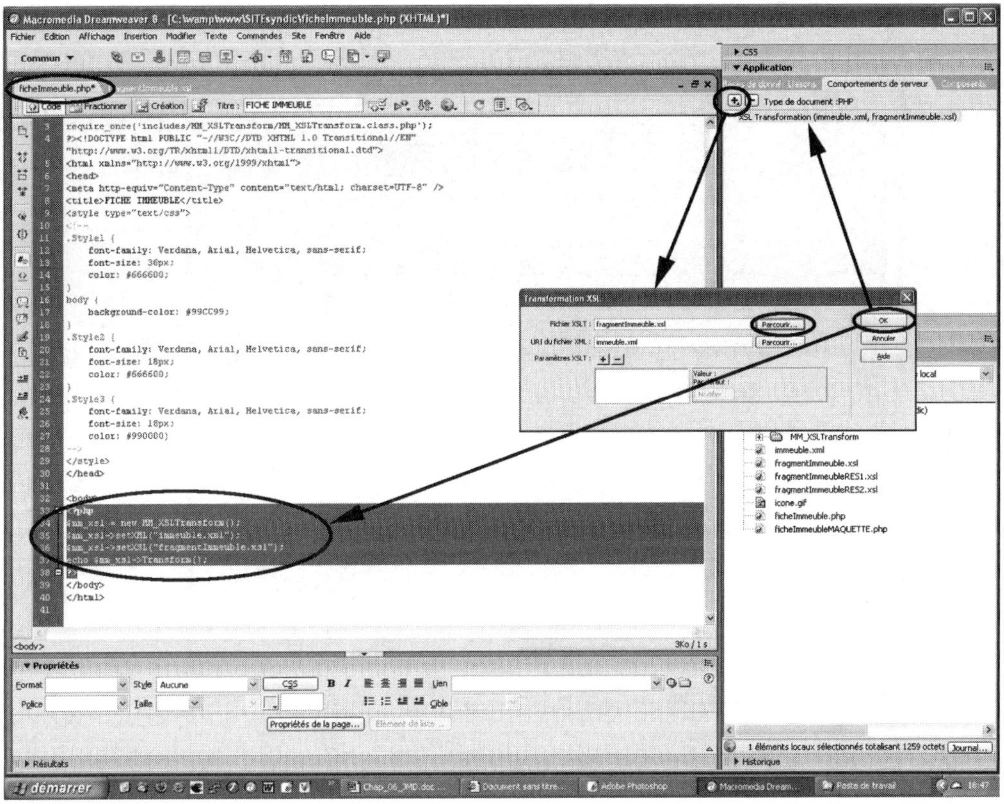

Figure 6-30

Création d'un fragment XSLT dans la page ficheImmeuble.php.

Création d'un lien mailto dynamique

L'e-mail de chaque propriétaire est actuellement affiché d'une manière statique dans la liste. Nous allons rendre dynamique cette information, de sorte qu'un clic sur le lien déclenche le gestionnaire de messagerie du poste client, et que l'e-mail du destinataire soit préconfiguré avec celui du propriétaire.

1. Depuis le fichier `fragmentImmeuble.xsl` en mode `Création`, sélectionnez la variable dynamique `email` (voir figure 6-32 repère 1).

2. Cliquez ensuite sur le dossier jaune situé à droite du champ `Lien` dans le panneau `Propriétés` (voir figure 6-32 repère 2).

3. En haut de la fenêtre `Sélectionnez un fichier`, choisissez l'option `Sources de données` (voir figure 6-32 repère 3).

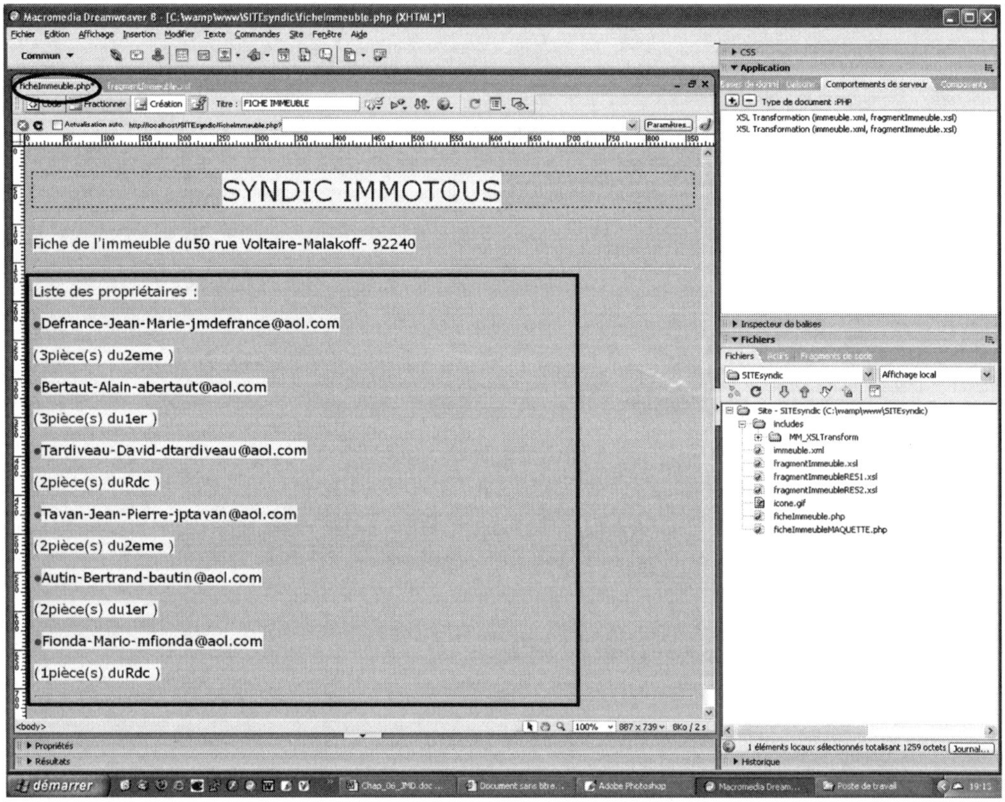

Figure 6-31

Aperçu de la région répétée de la page ficheImmeuble.php en Live Data.

4. Dans la zone `Sélectionnez le nœud à afficher`, sélectionnez le nœud `email`, puis cliquez sur le bouton `OK` pour valider votre choix (voir figure 6-32 repère 4).

5. Le nœud `{email}` doit alors apparaître dans le champ `Lien` du panneau `Propriétés`. Positionnez votre curseur avant la première accolade et ajoutez le texte `mailto:` (voir figure 6-32 repère 5).

6. Enregistrez la page `fragmentImmeuble.xsl` et appelez la page `ficheImmeuble.php` depuis le Web local (voir figure 6-33). Si vous cliquez sur l'un des liens d'un propriétaire, votre gestionnaire de messagerie doit alors s'ouvrir, préconfiguré avec l'adresse e-mail du propriétaire concerné.

Tri de la liste des propriétaires

Par défaut, la liste des propriétaires est affichée selon l'ordre des éléments `<proprietaire>`, dans le fichier source XML. Nous désirons maintenant paramétrer le fragment XSLT de sorte

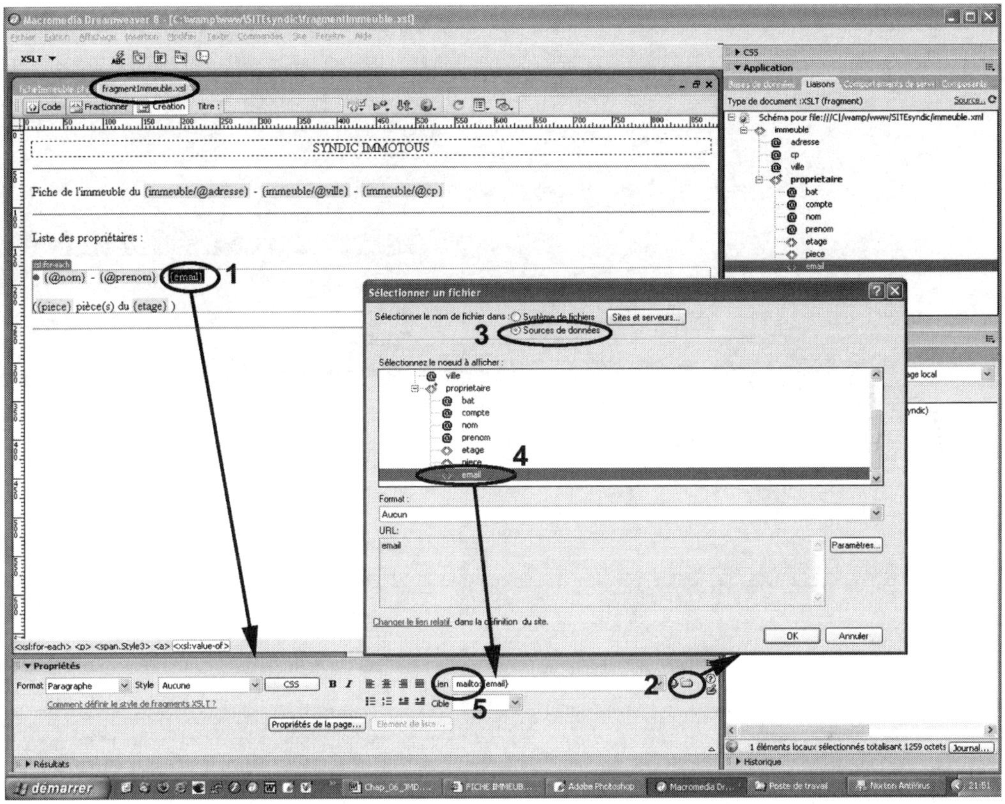

Figure 6-32

Configuration d'un lien mailto dans fragmentImmeuble.xsl.

que les propriétaires soient triés par ordre alphabétique, selon leur nom. Cependant, Dreamweaver ne possède pas d'assistant pour configurer l'ordre d'une liste en mode `Création`. Nous allons donc ajouter une instruction `xsl:sort` en mode `Code` (revoir, si besoin est, les instructions XSLT dans la partie précédente).

1. Depuis le fichier `fragmentImmeuble.xsl` en mode `Code`, placez votre curseur après la balise :

```
<xsl:for-each select="immeuble/proprietaire">
```

2. Saisissez à cet endroit la ligne de code ci-dessous, en vous aidant des conseils de code de Dreamweaver (voir figure 6-34) :

```
<xsl:sort select="@nom" order="ascending" />
```

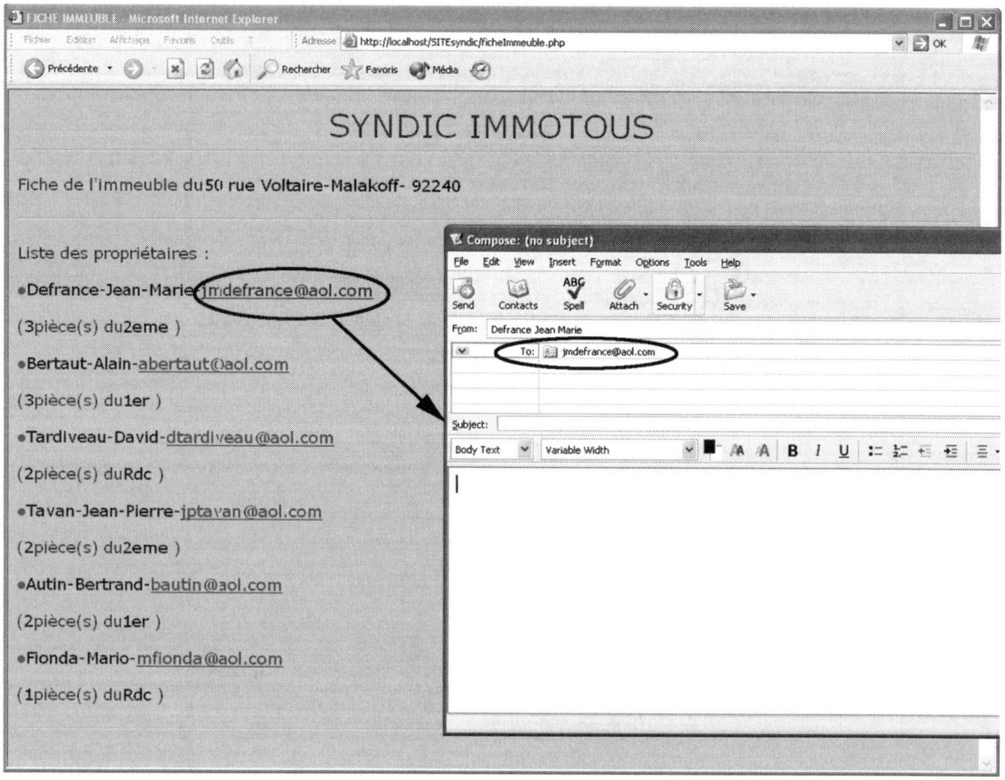

Figure 6-33

Test du lien mailto depuis le Web local.

3. Enregistrez ensuite votre fichier `fragmentImmeuble.xsl` et affichez la page `ficheImmeuble.php` depuis le Web local. Les propriétaires doivent être maintenant classés par ordre alphabétique.

Affichage conditionné d'une icône

Afin de faire apparaître distinctement les propriétaires débiteurs, nous allons afficher d'une manière conditionnée l'icône (un rond rouge) devant le nom de chaque propriétaire, uniquement si celui-ci est débiteur.

1. Depuis le fichier `fragmentImmeuble.xsl` en mode `Création`, sélectionnez le point rouge placé devant le nom du propriétaire (voir repère 1, figure 6-35).
2. Dans le menu de la barre d'outils `Insertion`, sélectionnez l'option `XSLT`, puis cliquez sur le bouton `Région conditionnelle` (voir repère 2, figure 6-35).
3. Dans la boîte de dialogue `Région conditionnelle`, saisissez l'expression de la condition `@compte='d'` (voir repère 3, figure 6-35) afin d'afficher l'icône uniquement si l'attribut

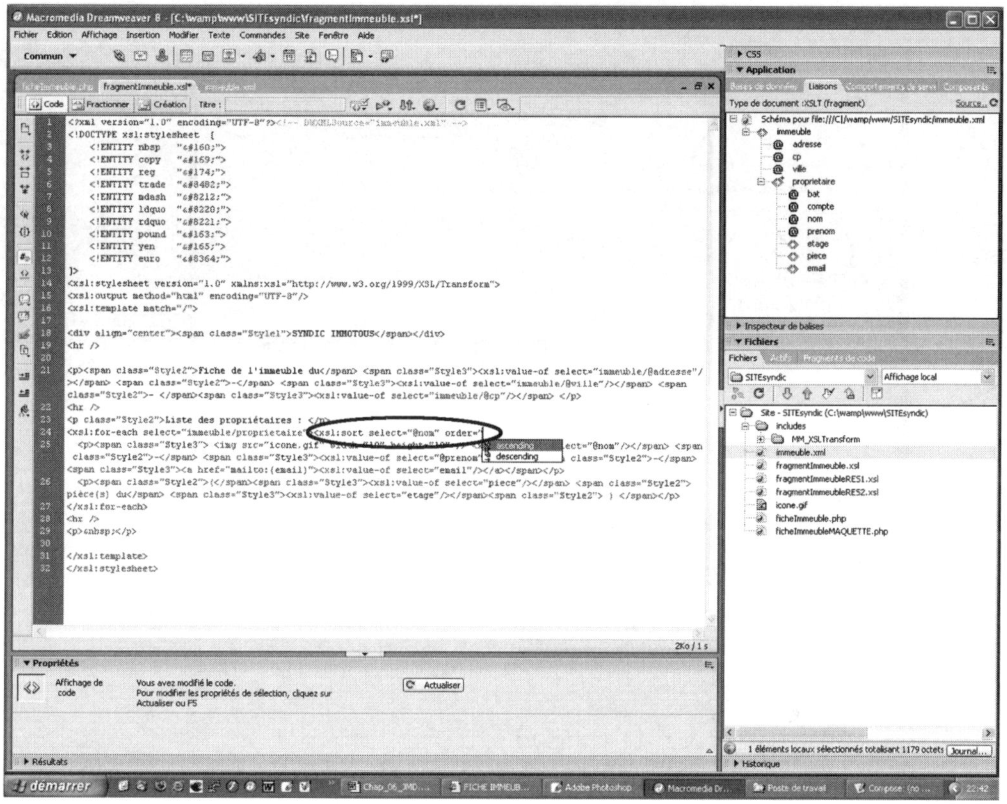

Figure 6-34
Configuration du tri de la liste des propriétaires en mode Code.

compte de l'élément <proprietaire> est égal à la valeur « d » (pour débiteur). Validez la boîte de dialogue afin de confirmer votre choix.

4. Enregistrez ensuite votre fichier fragmentImmeuble.xsl et affichez la page ficheImmeuble.php depuis le Web local (voir figure 6-35). Le point rouge doit maintenant être affiché uniquement devant les propriétaires dont l'attribut compte est égal à la valeur « d » (ouvrez éventuellement le fichier immeuble.xml pour vous assurer de l'état de l'attribut compte de chaque balise <proprietaire>).

Découpage de la liste en deux parties

Nous désirons maintenant découper cette liste en deux parties. La première regroupera les propriétaires résidant dans le bâtiment A, alors que la seconde rassemblera les propriétaires du bâtiment B.

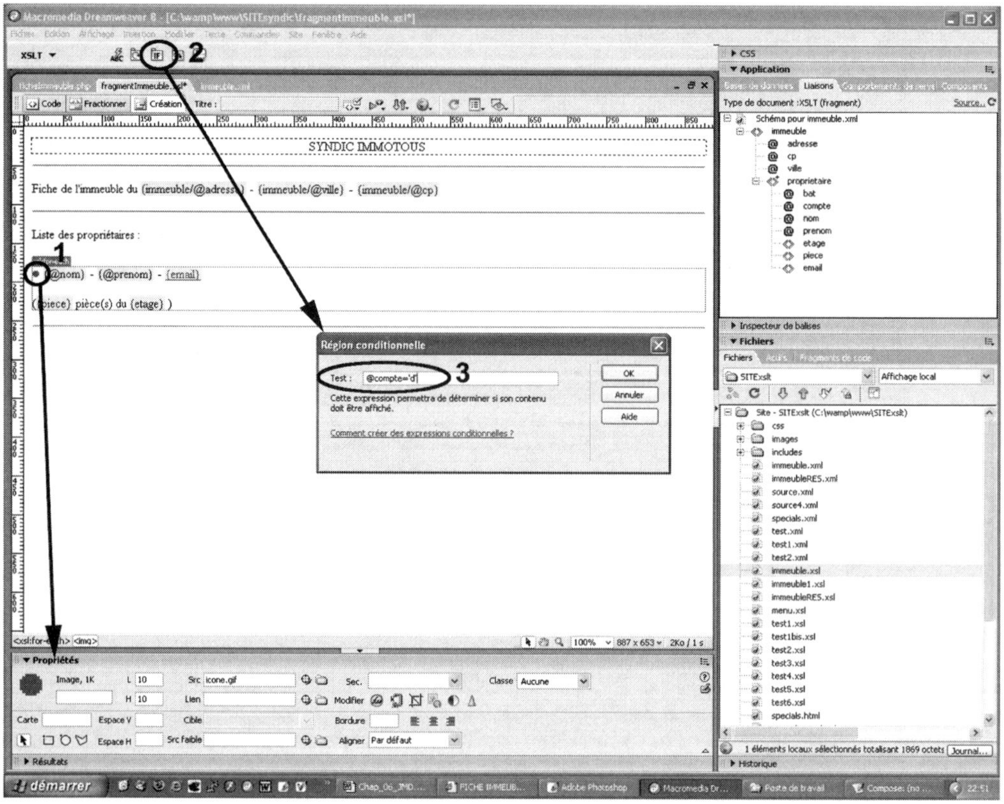

Figure 6-35

Configuration d'une région conditionnée pour afficher le point rouge uniquement si le propriétaire est débiteur.

1. Copiez (`Ctrl + C`) la liste répétée en incluant le texte qui la précède (Liste des propriétaires) et la barre horizontale placée à la fin.
2. Placez-vous en dessous de la barre horizontale du bas et collez (`Ctrl + V`) le code précédemment copié, à cet endroit.
3. Personnalisez le texte qui précède chaque liste, en précisant qu'il s'agit des propriétaires du bâtiment A, pour la liste du haut, et des propriétaires du bâtiment B, pour la liste du bas.
4. Sélectionnez la balise `<xsl:for-each>` de la liste du haut dans le sélecteur de balise, et cliquez ensuite sur l'icône en forme d'éclair située à droite du champ `SELECT`, dans le panneau des `Propriétés`.
5. Dans la boîte de dialogue `Créateur d'expression`, cliquez sur le lien `Créer un filtre` afin de déplier la zone `Filtre de création` de la boîte de dialogue.

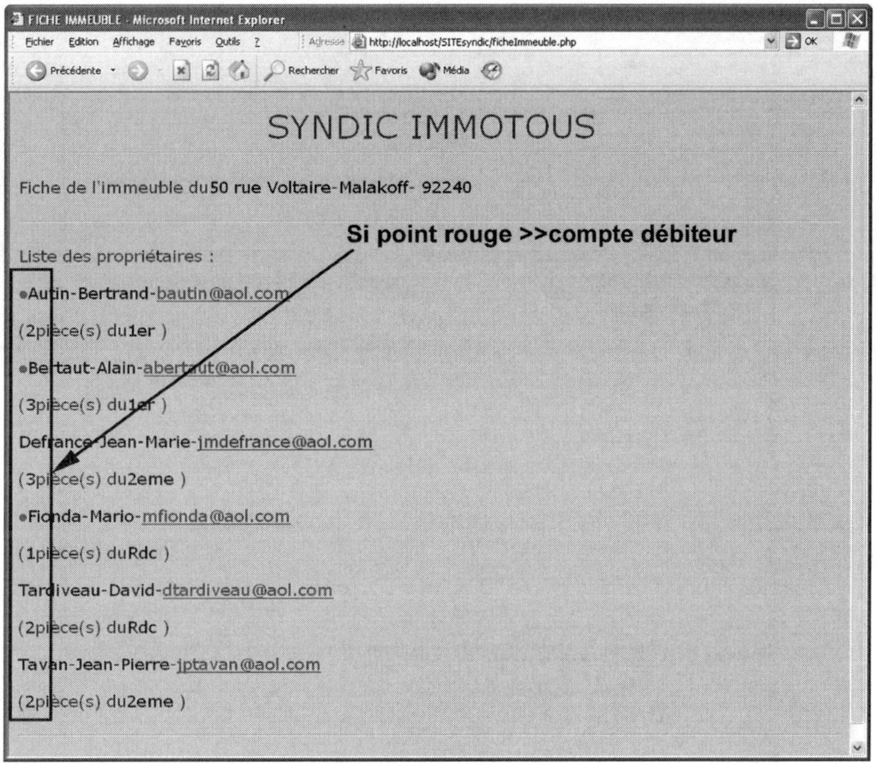

Figure 6-36
Test du fonctionnement de la région conditionnée depuis le Web local.

6. Configurez l'expression en sélectionnant `proprietaire` pour le champ `Filtré par`, `@bat` pour le champ `WHERE`, = pour le champ `Opération`, et saisissez enfin la valeur `'a'` (avec les guillemets) dans le champ `Valeur` (voir figure 6-37).
7. Validez votre expression en cliquant sur le bouton `OK`. Renouvelez la même opération pour la liste du bas, mais en saisissant cette fois la valeur `'b'` pour le champ `Valeur`.
8. Enregistrez ensuite votre fichier `fragmentImmeuble.xsl` et affichez la page `ficheImmeuble.php` depuis le Web local (voir figure 6-38). Deux listes apparaissent maintenant, dans lesquelles les différents propriétaires doivent être répartis (ouvrez éventuellement le fichier `immeuble.xml` pour vous assurer de la concordance de la valeur de l'attribut `bat` de chaque balise `<proprietaire>`).

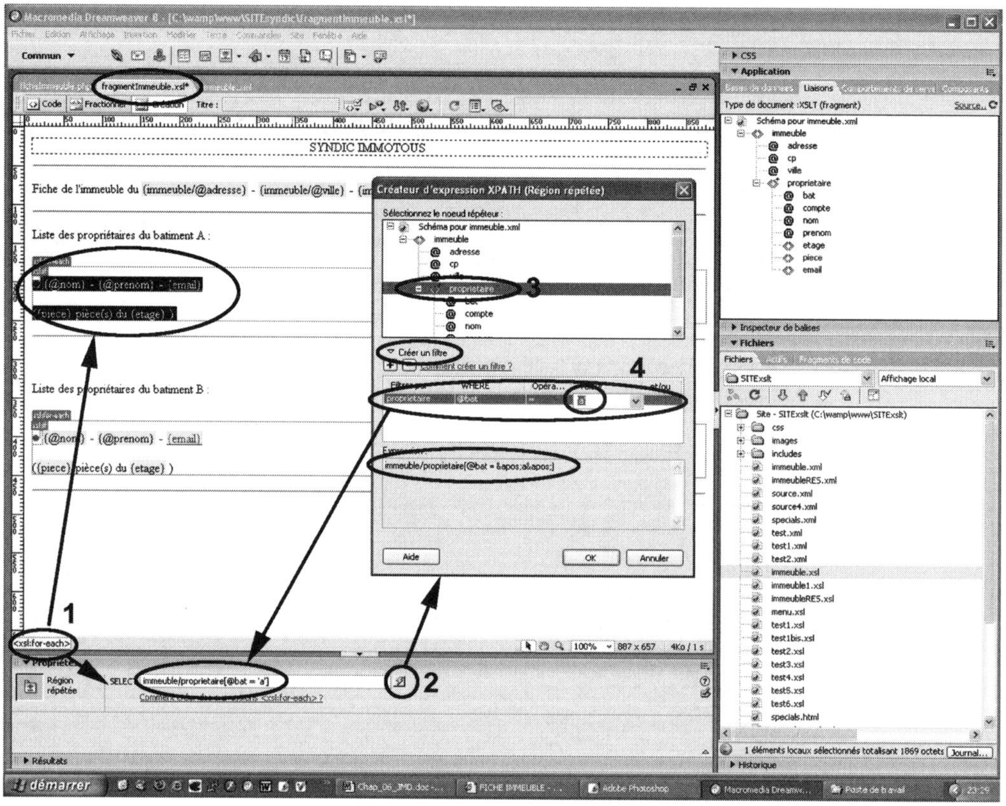

Figure 6-37

Configuration de l'expression de condition pour la liste du haut (propriétaires du bâtiment A).

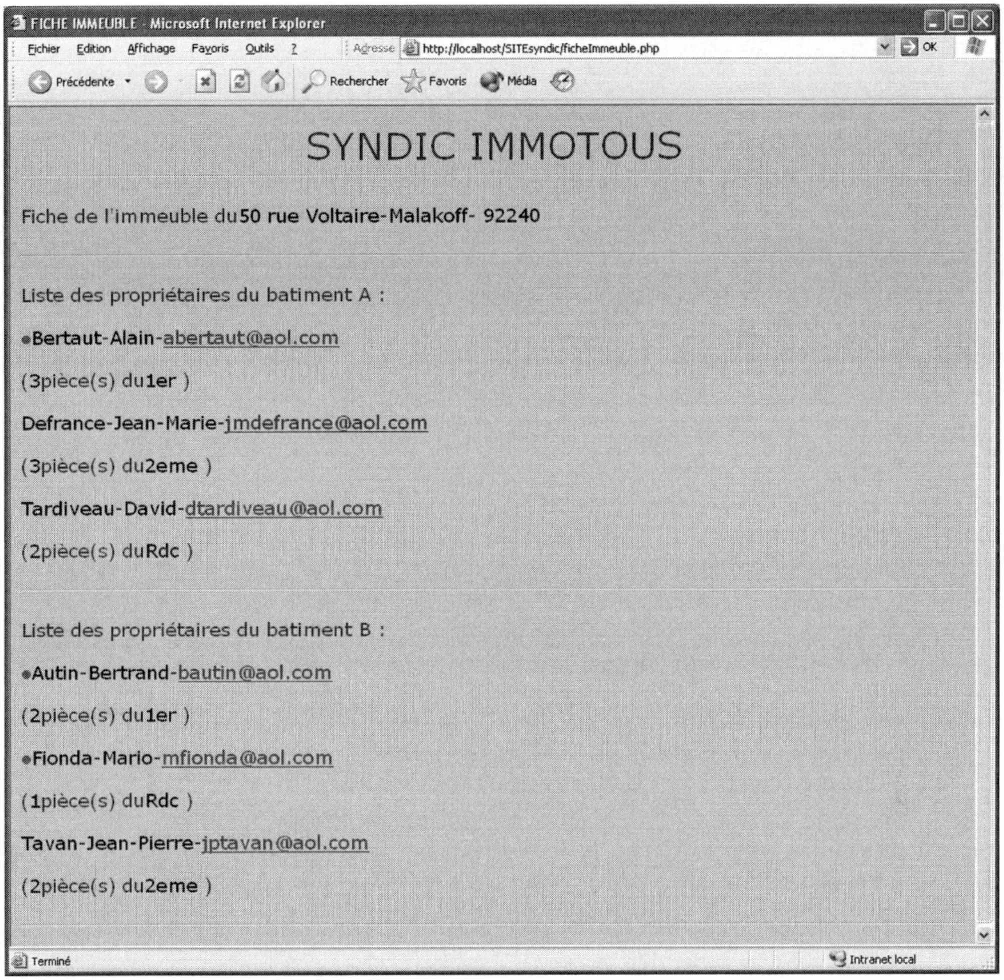

Figure 6-38
Test de fonctionnement du découpage de la liste depuis le Web local.

7

Comportements serveur et extensions

Les comportements serveur

Au cours des précédents chapitres, vous avez utilisé de nombreux comportements standards de serveur (livrés avec Dreamweaver 8) pour ajouter des fonctionnalités dynamiques à vos pages en mode `Création`. Depuis le chapitre 5, vous êtes apte à composer de petits programmes PHP en mode `Code`. Ces connaissances du langage PHP vous permettront de développer vos propres scripts mais aussi de créer de nouveaux comportements utilisateur. Cependant, quel que soit votre objectif, si vous désirez intervenir dans le code source sans mettre en péril la bonne marche des comportements existants, certaines précautions doivent être prises pour que tous ces éléments puissent cohabiter.

Avant toute chose, il est important de bien comprendre le fonctionnement des comportements de serveur. Commençons par en rappeler la procédure d'ajout dans une page. Lorsque vous cliquez sur le bouton + du panneau `Comportements de serveur`, les titres des comportements standards s'affichent dans le menu contextuel. Si vous sélectionnez l'un de ces comportements, une boîte de dialogue s'ouvre afin que vous puissiez le paramétrer. Après validation, il est répertorié dans la liste des comportements appliqués à la page, qui est visible dans le panneau `Comportements de serveur`. Si vous observez le code source de la page avant et après l'ajout du comportement, vous remarquez qu'un (ou plusieurs) bloc de code (appelé aussi *participant*) a été ajouté lors de l'intégration du comportement de serveur. Pour savoir quels sont les comportements inclus dans une page, Dreamweaver identifie chacun de ces scripts en se repérant à des modèles de code spécifiques dans la page (définis selon leur structure, leur nom ou encore selon le commentaire qui accompagne le code). Ainsi, dès qu'on ouvre une page, les comportements sont identifiés grâce à ces participants, puis répertoriés et affichés dans la fenêtre des comportements serveur.

Cependant, si vous changez le code (un simple commentaire, saut de ligne ou espace) d'un comportement serveur déjà affecté à la page, le panneau `Comportements de serveur` ne le reconnaît plus ; il disparaît de la liste ou bien il est précédé d'un `!` rouge indiquant qu'il n'est plus opérationnel. Il faut donc éviter de modifier les scripts des comportements intégrés par Dreamweaver, au risque de ne plus pouvoir les gérer avec l'interface visuelle de Dreamweaver, voire de les rendre inopérants. D'autre part, si vous désirez ajouter des scripts à vos pages (grâce aux éditeurs présentés dans le chapitre précédent ou à l'aide du créateur de comportements qui sera étudié dans ce chapitre), il faut veiller à les rendre indépendants des comportements standards existants, éviter de choisir des structures de code semblables ou des noms de variables qui pourraient entrer en conflit avec ceux utilisés par Dreamweaver. À ce sujet, n'utilisez jamais le préfixe `MM_`, car il est exclusivement réservé à l'usage de Macromedia, qui en fait précéder toutes ses fonctions et variables. En revanche, de votre côté, vous pouvez adopter la même convention et employer vos propres initiales comme préfixe à toutes vos variables. Cela vous permet ainsi de personnaliser vos codes et d'éviter tout risque de conflit potentiel.

Les comportements serveur standards

Dreamweaver dispose en standard de nombreux comportements qui vous permettent de réaliser les pages dynamiques les plus courantes. Vous trouverez ci-dessous un descriptif de chaque comportement standard, illustré par un exemple de code produit lors de son intégration dans une page Web.

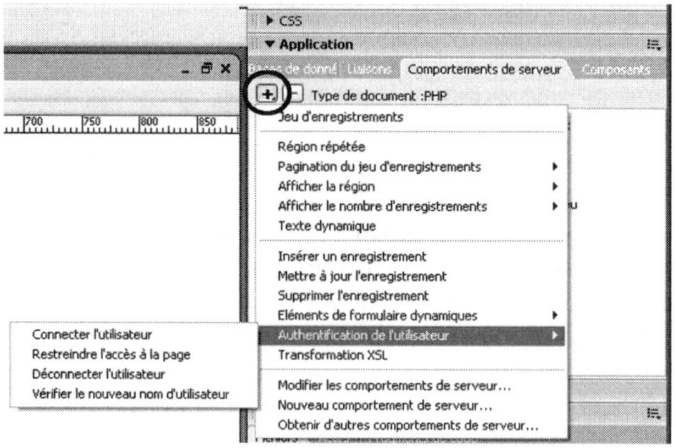

Figure 7-1

Le menu déroulant de la fenêtre des comportements de serveur vous permet d'intégrer à votre page de nombreux comportements livrés en standard avec Dreamweaver.

Jeux d'enregistrements

Les jeux d'enregistrements font partie des comportements de serveur, même s'il est aussi possible de les créer par le biais de la fenêtre `Liaisons`. Nous avons déjà abordé en détail l'utilisation du jeu d'enregistrements au cours du chapitre 2, et nous vous invitons à vous y reporter si vous désirez en savoir plus sur les différentes options.

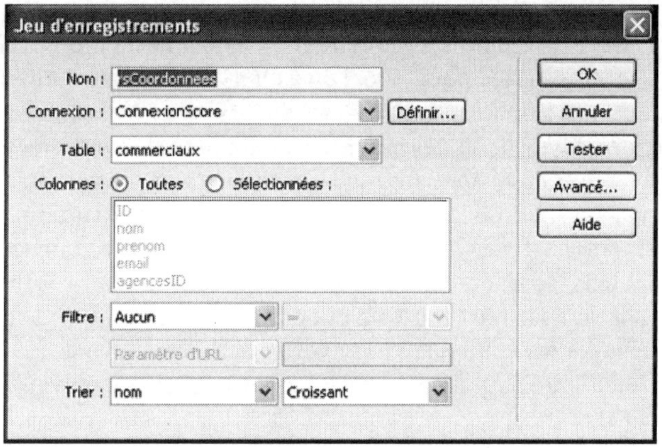

Figure 7-2
Comme tous les comportements de serveur, les jeux d'enregistrements peuvent aussi être créés depuis le menu de la fenêtre Comportements de serveur.

Région répétée

Le comportement `Région répétée` permet de construire des tableaux dynamiques ou tout autre ensemble d'éléments dynamiques comportant des variables issues d'un jeu d'enregistrements. Il est possible de faire apparaître tous les enregistrements sur la même page ou d'en choisir le nombre à présenter. L'affichage des différentes pages est géré par un (ou plusieurs) comportement `Pagination`, que nous présenterons ci-après.

Voici un exemple d'une région répétée constituée par la seule variable `$row_rsSelectResultat['resultat']` :

```
<?php do {?>
   <p>
   <?php echo $row_rsSelectResultat['resultat'];?>
   </p>
<?php } while ($row_rsSelectResultat= mysql_fetch_assoc($rsSelectResultat));
?>
/* Il est à noter que le nombre d'enregistrements à afficher par page est mémorisé
   dans une variable (pour notre exemple : $maxRows_rsSelectResultat=2) qui est
   intégrée dans la zone de code précédant le jeu concerné en haut de page.*/
```

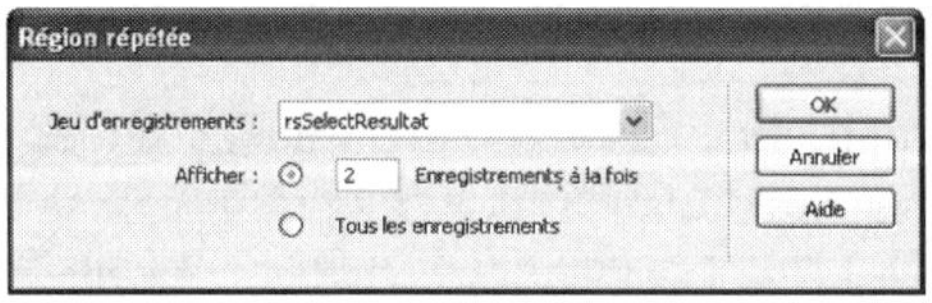

Figure 7-3
Boîte de dialogue du comportement de serveur Région répétée.

Pagination du jeu d'enregistrements

Le comportement `Pagination` du jeu d'enregistrements nécessite la création préalable d'un comportement `Région répétée` pour lequel on a choisi un nombre d'enregistrements à afficher limité par page, et non l'option `Tous les enregistrements` (revoir figure 7-3). Il permet de gérer les différentes pages de la `Région répétée` à l'aide de liens créés à cette occasion. On peut ainsi présenter les enregistrements de la première ou de la dernière page ou encore passer à la page suivante ou précédente. Pour créer un lien de pagination, commencez par sélectionner un texte dans la fenêtre document en mode `Création`, cliquez ensuite sur le + du panneau `Applications/Comportements de serveur` et sélectionnez `Pagination du jeu d'enregistrements` et l'option désirée (voir liste ci-dessous). Dans la boîte de dialogue, vous pouvez modifier le texte du lien si celui que vous avez sélectionné ne vous convient pas. Vous devez aussi choisir le jeu d'enregistrements concerné par la pagination avant de valider votre création (voir figure 7-4).

Les options d'un comportement `Pagination` sont les suivantes :

- déplacement vers la première page ;
- déplacement vers la page précédente ;
- déplacement vers la page suivante ;
- déplacement vers la dernière page.

Voici un exemple de code produit par un comportement `Pagination page suivante` (sur le lien `suivant`) :

```
<a href="<?php printf("%s?pageNum_rsSelectResultat=%d%s", $currentPage,
min($totalPages_rsSelectResultat, $pageNum_rsSelectResultat+1),
$queryString_rsSelectResultat); ?>">
suivant
</a>
```

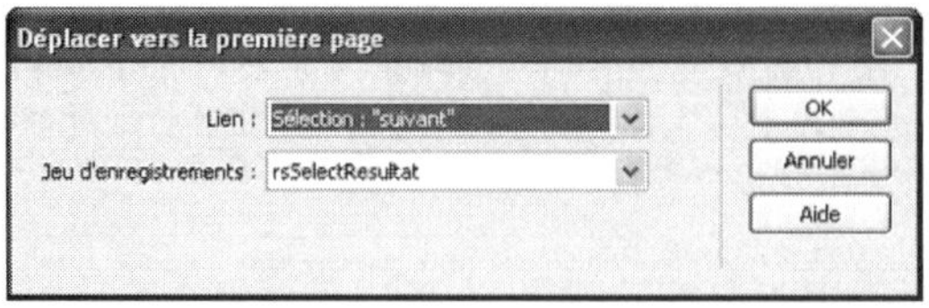

Figure 7-4
Boîte de dialogue du comportement de serveur Pagination d'un jeu d'enregistrements.

Affichage de la région

Le comportement **Afficher la région** rend conditionnel l'apparition d'une zone préalablement sélectionnée dans la fenêtre du document, en mode **Création**. Plusieurs options sont proposées pour définir la condition d'affichage de la région (voir liste ci-dessous). Une fois l'option choisie, la configuration de la boîte de dialogue se limite à la sélection du jeu d'enregistrements concerné (voir figure 7-5).

Les options disponibles sont les suivantes :

- si le jeu d'enregistrements est vide ;
- si le jeu d'enregistrements n'est pas vide ;
- s'il s'agit de la première page ;
- si ce n'est pas la première page ;
- s'il s'agit de la dernière page ;
- si ce n'est pas la dernière page.

Voici un exemple du code produit par un comportement **Afficher la région** dans le cas d'un affichage conditionné par un jeu vide (dans l'exemple, il s'agit du jeu **rsSelectResultat**) :

```
<?php if ($totalRows_rsSelectResultat == 0) { // Show if recordset empty ?>
<p>REGION SELECTIONNEE</p>
<?php } // Show if recordset empty ?>
```

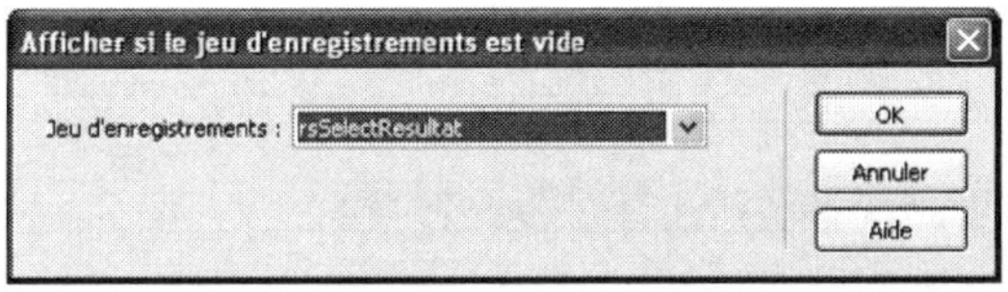

Figure 7-5
Boîte de dialogue du comportement de serveur Afficher la région.

Affichage du nombre d'enregistrements

Le comportement **Afficher le nombre d'enregistrements** doit lui aussi être utilisé avec un jeu d'enregistrements pour lequel on a déjà créé un comportement **Région répétée**. Il affiche un nombre concernant le jeu d'enregistrements géré par le comportement **Région répétée**. Trois options sont disponibles (voir liste ci-dessous). Comme dans le cas du comportement **Afficher la région**, la configuration de la boîte de dialogue se limite à la sélection du jeu étudié (voir figure 7-6).

Les trois options disponibles sont les suivantes :

- afficher le numéro du premier enregistrement ;

- afficher le numéro du dernier enregistrement ;
- afficher le nombre total d'enregistrements.

Voici un exemple de code produit avec un comportement `Afficher le nombre total d'enregistrements` :

```
<?php echo $totalRows_rsSelectResultat ?>
```

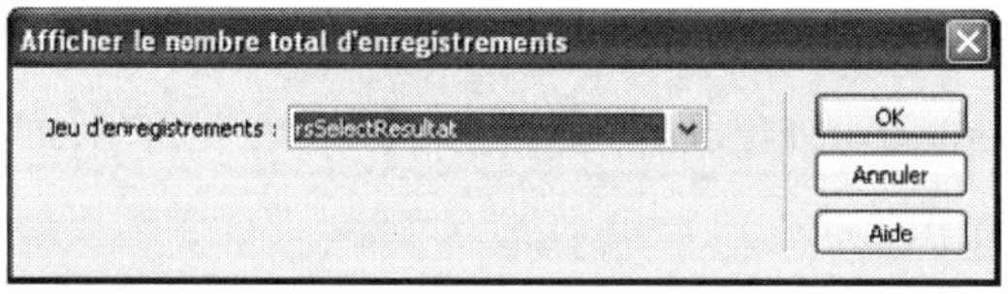

Figure 7-6
Boîte de dialogue du comportement de serveur Afficher le nombre d'enregistrements.

Texte dynamique

Le comportement `Texte dynamique` affiche un texte dynamique dans la fenêtre `Document` en mode `Création`. Pour cela, la variable du texte dynamique doit simplement être accessible depuis le panneau `Liaisons`. Il est à noter qu'on peut aussi arriver au même résultat en réalisant un glisser-déplacer de la variable concernée depuis le panneau `Liaisons` vers la fenêtre `Document` en mode `Création`. La configuration de ce comportement consiste à sélectionner la variable dynamique désirée dans la fenêtre `Champ`, et à valider le choix en cliquant sur le bouton `OK` (voir figure 7-7).

Voici un exemple de code produit par un comportement `Texte dynamique` :

```
<?php echo $row_rsSelectResultat['mois']; ?>
```

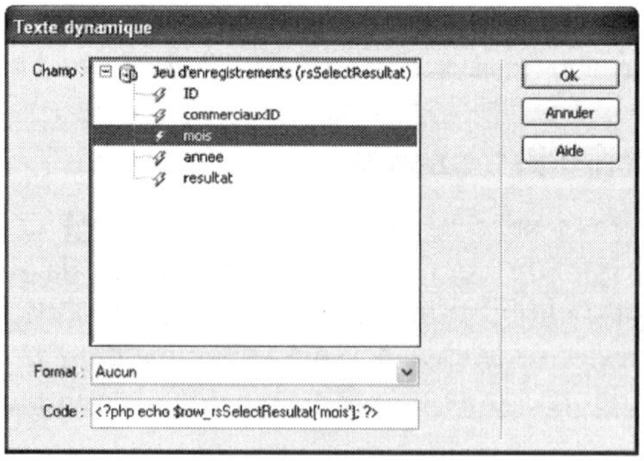

Figure 7-7
Boîte de dialogue du comportement de serveur Texte dynamique.

Insertion d'un enregistrement

Le comportement `Insérer un enregistrement` ajoute un ensemble de valeurs dans une table spécifique de la base de données (grâce à la commande SQL `INSERT`). Il faut au préalable créer un formulaire qui comporte des éléments (champ, liste, case à cocher, bouton radio...) en rapport avec les champs de la table concernée (au moins autant d'éléments que de champs obligatoires dans la table et portant les mêmes noms que les champs). Même si les relations entre ces éléments et les champs de la table peuvent être modifiées individuellement dans la boîte de dialogue du comportement (menu `Valeur`), il est judicieux de donner aux différents éléments du formulaire les mêmes noms que les champs auxquels ils sont destinés. Il convient de vérifier que chaque champ obtient bien une valeur avant de valider le comportement (sauf pour les cas particuliers pour lesquels cela n'est pas obligatoire, comme les champs auto-incrémentés ou optionnels). Enfin, on peut renseigner un nom de fichier dans le champ du bas de la boîte de dialogue, afin d'indiquer vers quelle page l'internaute est orienté une fois l'insertion dans la base effectuée (voir figure 7-8).

Voici un exemple de code produit par un comportement `Insérer un enregistrement` :

```
<?php
/* fonction de traitement individuel des valeurs selon leur type */
function GetSQLValueString($theValue, $theType, $theDefinedValue="",
Â$theNotDefinedValue="")
    {
    ...
    return $theValue;
    }
/* élaboration de l'URL complète avec ses paramètres : $editFormAction */
$editFormAction = $_SERVER['PHP_SELF'];
if (isset($_SERVER['QUERY_STRING'])) {
  $editFormAction .= "?" . htmlentities($_SERVER['QUERY_STRING']);
}
/* Création et envoi de la commande SQL "$insertSQL" au serveur de base de données
*/
    if ((isset($_POST["MM_insert"])) && ($_POST["MM_insert"] == "form1")) {
  $insertSQL = sprintf("INSERT INTO agences (ville, secteur) VALUES (%s, %s)",
                       GetSQLValueString($_POST['ville'], "text"),
                       GetSQLValueString($_POST['secteur'], "text"));
  mysql_select_db($database_ConnexionScore, $ConnexionScore);
  $Result1 = mysql_query($insertSQL, $ConnexionScore) or die(mysql_error());
/*redirection vers la page désirée "$insertGoTo" après l'insertion des données
  dans la base */
   $insertGoTo = "liste.php";
  if (isset($_SERVER['QUERY_STRING'])) {
    $insertGoTo .= (strpos($insertGoTo, '?')) ? "&" : "?";
```

```
      $insertGoTo .= $_SERVER['QUERY_STRING'];
    }
    header(sprintf("Location: %s", $insertGoTo));
  }
  ?>
```

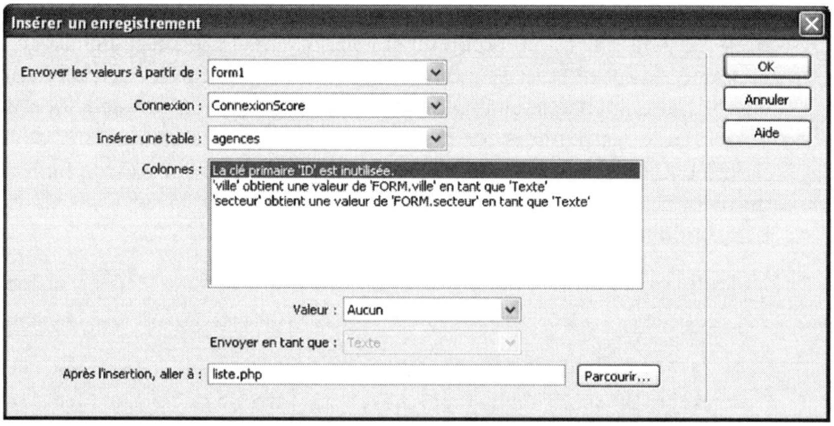

Figure 7-8
Boîte de dialogue du comportement de serveur Insérer un enregistrement.

Mise à jour de l'enregistrement

Le comportement `Mettre à jour l'enregistrement` modifie certains champs d'un enregistrement défini (grâce à la commande SQL `UPDATE`). Il est semblable au comportement `Insérer` et sa boîte de dialogue doit être renseignée de la même manière. Cependant, il convient de s'assurer que la clé primaire, qui permet d'identifier d'une manière unique l'enregistrement à mettre à jour, est présente dans les données fournies par le formulaire. À cet effet, une case à cocher est prévue (à droite du champ `Envoyer en tant que`) pour modifier le champ utilisé comme clé primaire, si celui qui est choisi par défaut par Dreamweaver ne convient pas. Il est à noter qu'ici aussi, vous devez créer un formulaire avant d'insérer le comportement dans la page. Enfin, vous pouvez renseigner un nom de fichier dans le champ du bas de la boîte de dialogue afin de préciser vers quelle page l'internaute sera orienté après la modification (voir figure 7-9).

Voici un exemple de code produit par un comportement `Mettre à jour l'enregistrement` :

```
<?php
/* fonction de traitement individuel des valeurs selon leur type */
function GetSQLValueString($theValue, $theType, $theDefinedValue="",
Â$theNotDefinedValue="")
  {
  ...
```

```
    return $theValue;
    }
/* élaboration de l'URL complète avec ses paramètres : $editFormAction */
$editFormAction = $_SERVER['PHP_SELF'];
if (isset($_SERVER['QUERY_STRING'])) {
  $editFormAction .= "?" . htmlentities($_SERVER['QUERY_STRING']);
}
/* Création et envoi de la commande SQL $updateSQL au serveur de base de données */
if ((isset($_POST["MM_update"])) && ($_POST["MM_update"] == "form1")) {
  $updateSQL = sprintf("UPDATE agences SET ville=%s, secteur=%s WHERE ID=%s",
                       GetSQLValueString($_POST['ville'], "text"),
                       GetSQLValueString($_POST['secteur'], "text"),
                       GetSQLValueString($_POST['ID'], "int"));
mysql_select_db($database_ConnexionScore, $ConnexionScore);
  $Result1 = mysql_query($updateSQL, $ConnexionScore) or die(mysql_error());
/*redirection vers la page désirée $updateGoTo après l'insertion des données
      dans la base */

   $updateGoTo = "liste.php";
  if (isset($_SERVER['QUERY_STRING'])) {
    $updateGoTo .= (strpos($updateGoTo, '?')) ? "&" : "?";
    $updateGoTo .= $_SERVER['QUERY_STRING'];
  }
  header(sprintf("Location: %s", $updateGoTo));
}
?>
```

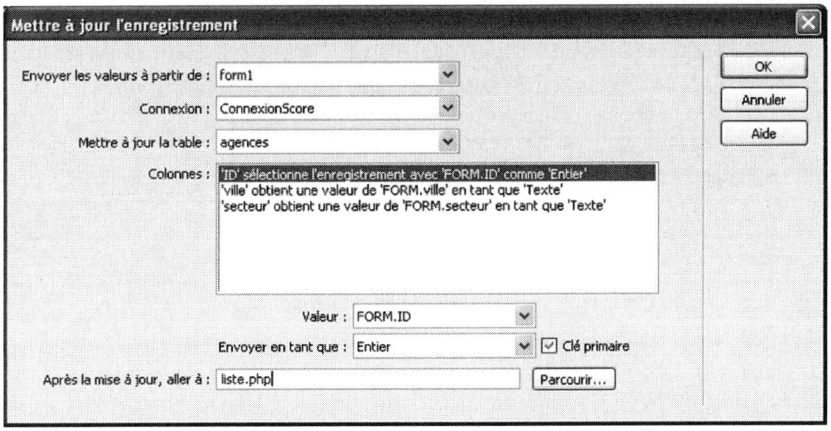

Figure 7-9
Boîte de dialogue du comportement de serveur Mettre à jour un enregistrement.

Suppression de l'enregistrement

Le comportement `Supprimer un enregistrement` supprime un enregistrement défini d'une table de la base de données (grâce à la commande SQL `DELETE`). Il ne nécessite pas obligatoirement un formulaire, car la valeur de la clé primaire qui détermine quel enregistrement sera supprimé peut être transmise de différentes manières. Choisissez le type de la clé primaire dans le champ `Valeur de la clé primaire` selon les options suivantes : `Paramètre d'URL`, `Valeur de formulaire`, `Cookie`, `Variable de Session`, `Variable de serveur`. D'autre part, la valeur vérifiée préalablement à la suppression peut être différente de cette `Valeur de clé primaire` grâce au paramétrage d'un champ spécifique situé en haut de la boîte de dialogue. Cependant, dans la majorité des cas, ce champ `Vérifier au préalable si la valeur est définie` est configuré sur le choix `Valeur de la clé primaire`. Enfin, vous pouvez renseigner un nom de fichier dans le champ du bas de la boîte de dialogue afin d'indiquer vers quelle page l'internaute sera orienté après la suppression (voir figure 7-10).

Voici un exemple de code produit par un comportement `Supprimer l'enregistrement` :

```
<?php
/* fonction de traitement individuel des valeurs selon leur type */
function GetSQLValueString($theValue, $theType, $theDefinedValue="",
Â$theNotDefinedValue="")
   {
   ...
   return $theValue;
   }
/* élaboration de l'URL complète avec ses paramètres : $deleteSQL */
   if ((isset($_GET['ID'])) && ($_GET['ID'] != "")) {
  $deleteSQL = sprintf("DELETE FROM agences WHERE ID=%s",
                       GetSQLValueString($_GET['ID'], "int"));
  mysql_select_db($database_ConnexionScore, $ConnexionScore);
  $Result1 = mysql_query($deleteSQL, $ConnexionScore) or die(mysql_error());
   /* redirection vers la page désirée $deleteGoTo après l'insertion des données
      dans la base */
   $deleteGoTo = "liste";
  if (isset($_SERVER['QUERY_STRING'])) {
    $deleteGoTo .= (strpos($deleteGoTo, '?')) ? "&" : "?";
    $deleteGoTo .= $_SERVER['QUERY_STRING'];
  }
  header(sprintf("Location: %s", $deleteGoTo));
}
?>
```

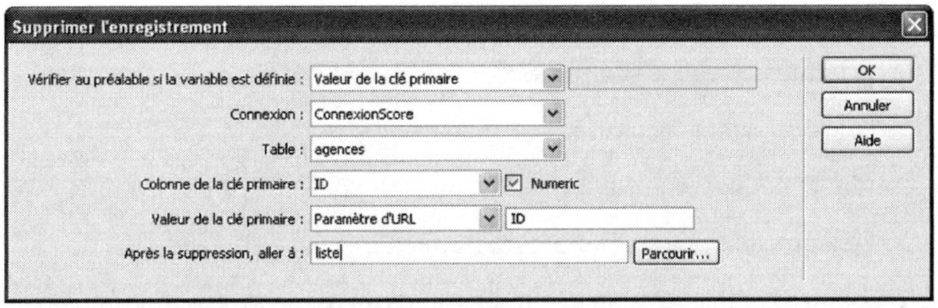

Figure 7-10
Boîte de dialogue du comportement de serveur Supprimer un enregistrement.

Éléments de formulaire dynamique

Les comportements de la famille `Eléments de formulaire dynamique` initialisent les éléments d'un formulaire avec une valeur qui doit être disponible au préalable dans le panneau `Liaisons`. Ces comportements sont fréquemment utilisés lors de la création d'un formulaire de mise à jour d'un enregistrement, qui nécessite l'initialisation individuelle de chaque élément avec sa valeur actuelle dans la base de données (il faut dans ce cas créer un premier jeu d'enregistrements qui permette de disposer des valeurs de chaque élément dans le panneau `Liaisons`). Il faut créer le formulaire et les éléments de formulaire concernés avant d'établir le comportement. Une première boîte de dialogue vous demande de sélectionner le nom de l'élément concerné (voir figure 7-11). Dans le champ du bas de cette boîte, une zone de saisie vous permet d'indiquer la valeur par défaut du champ. Si vous désirez que cette valeur soit issue d'une variable disponible dans la fenêtre `Liaisons`, il faut cliquer sur l'éclair situé à droite du champ. Une seconde fenêtre vous permet de choisir la variable désirée (voir figure 7-11). Après validation des deux boîtes, un code semblable à celui écrit ci-dessous en exemple est ajouté à la balise HTML de l'élément de formulaire.

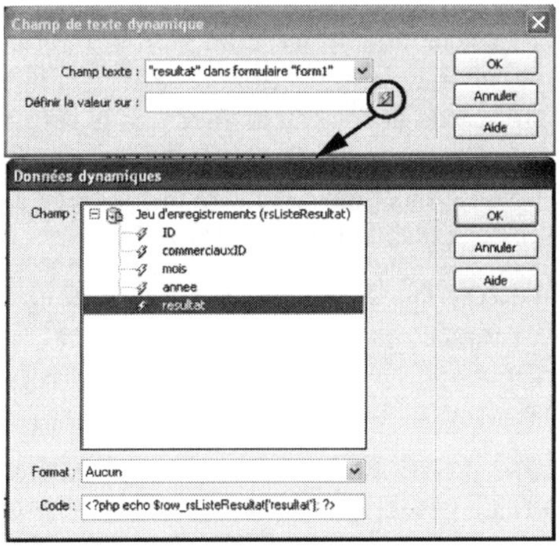

Figure 7-11
Boîte de dialogue du comportement de serveur Champ de texte dynamique.

Les éléments de formulaire disponibles sont les suivants :

- champ de texte dynamique ;
- case à cocher dynamique ;
- liste/menu dynamique ;
- groupe de boutons radio dynamiques.

Voici un exemple de code d'un champ dynamique de formulaire :

```
<input value="<?php echo $row_rsListeResultat['resultat']; ?>"
name="resultat" type="text" id="resultat">
```

Authentification de l'utilisateur

Depuis la version 7 de Dreamweaver (MX 2004), quatre nouveaux comportements standards sont apparus pour gérer l'authentification des utilisateurs :

- `Connecter l'utilisateur` ;
- `Restreindre l'accès à la page` ;
- `Déconnecter l'utilisateur` ;
- `Vérifier le nouveau nom de l'utilisateur`.

Le paramétrage des panneaux étant très différent d'un comportement à l'autre, nous vous présentons ci-dessous un descriptif pour chacun d'entre eux.

Connecter l'utilisateur

Ce comportement permet de créer rapidement un écran de *login* où les utilisateurs pourront saisir leur nom et leur mot de passe associé. Le script créé par le comportement vérifiera ces identifiants dans une table spécifique de la base de données. Si le résultat est positif, l'utilisateur pourra accéder aux pages protégées, sinon il sera redirigé vers une page d'erreur. Pour plus de détails sur ce comportement, vous pouvez aussi vous reporter à la procédure de création d'une page `login.php` et `erreur.php` à la fin du chapitre 3.

Avant de configurer le panneau du comportement, vous devez créer un formulaire comportant deux champs (`log` et `pass`, par exemple), ainsi qu'une table `utilisateurs` qui aura pour fonction de mémoriser les noms et mots de passe des utilisateurs (vous pouvez aussi y gérer le statut de chaque utilisateur si besoin est, voir figure 7-12).

Cliquez ensuite sur le bouton + du panneau `Applications/Comportements de serveur`, déroulez la liste de l'option `Authentification de l'utilisateur` et sélectionnez `Connecter l'utilisateur` dans les quatre comportements proposés. Dans le panneau du comportement, choisissez les noms des champs du formulaire qui seront utilisés comme nom d'utilisateur et

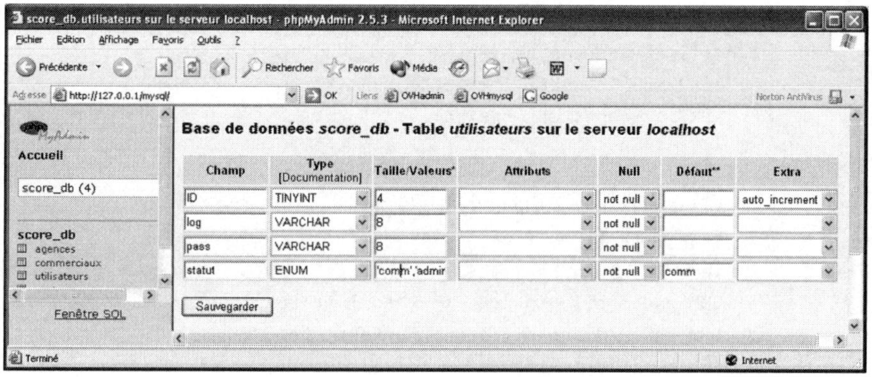

Figure 7-12
Exemple de table utilisateurs qui permettra de mémoriser les noms, mots de passe et statuts des utilisateurs.

mot de passe. Déterminez aussi la connexion, la table et les noms des champs dans lesquels seront mémorisés les noms et mots de passe de chaque utilisateur. Indiquez en dessous les URL des pages vers lesquelles sera redirigé l'utilisateur si l'authentification réussit ou échoue. Enfin, en bas du panneau, vous pourrez préciser si vous désirez gérer ou non le statut de l'utilisateur (si vous souhaitez le contrôler pour accéder à des pages réservées à une famille d'utilisateurs, vous devrez alors sélectionner le nom de la colonne de la table qui contiendra le statut de l'utilisateur).

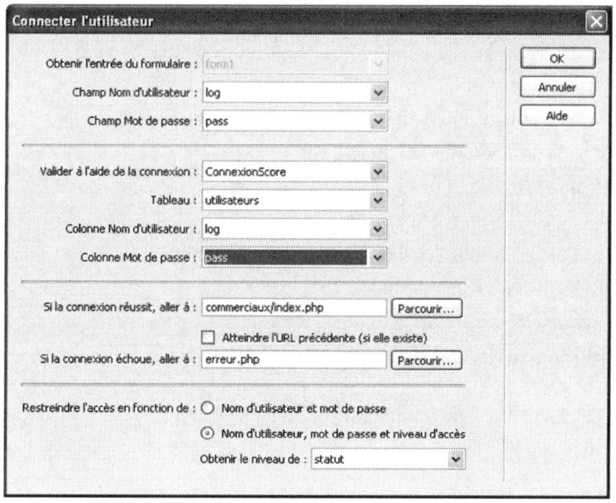

Figure 7-13
Boîte de dialogue du comportement de serveur Connecter l'utilisateur.

Voici un exemple de code du comportement `Connecter l'utilisateur` :

```
Restreindre l'accès à la page <?php
// *** Validate request to login to this site.
session_start();
```

```
$loginFormAction = $_SERVER['PHP_SELF'];
if (isset($accesscheck)) {
  $GLOBALS['PrevUrl'] = $accesscheck;
  session_register('PrevUrl');
}
if (isset($_POST['log'])) {
  $loginUsername=$_POST['log'];
  $password=$_POST['pass'];
  $MM_fldUserAuthorization = "statut";
  $MM_redirectLoginSuccess = "commerciaux/index.php";
  $MM_redirectLoginFailed = "erreur.php";
  $MM_redirecttoReferrer = false;
  mysql_select_db($database_ConnexionScore, $ConnexionScore);

  $LoginRS__query=sprintf("SELECT log, pass, statut FROM utilisateurs WHERE
log='%s' AND pass='%s'",
  get_magic_quotes_gpc() ? $loginUsername : addslashes($loginUsername),
get_magic_quotes_gpc() ? $password : addslashes($password));

  $LoginRS = mysql_query($LoginRS__query, $ConnexionScore) or die(mysql_error());
  $loginFoundUser = mysql_num_rows($LoginRS);
  if ($loginFoundUser) {

    $loginStrGroup  = mysql_result($LoginRS,0,'statut');

    //declare two session variables and assign them
    $GLOBALS['MM_Username'] = $loginUsername;
    $GLOBALS['MM_UserGroup'] = $loginStrGroup;
    //register the session variables
    session_register("MM_Username");
    session_register("MM_UserGroup");
    if (isset($_SESSION['PrevUrl']) && false) {
      $MM_redirectLoginSuccess = $_SESSION['PrevUrl'];
    }
    header("Location: " . $MM_redirectLoginSuccess );
  }
  else {
    header("Location: ". $MM_redirectLoginFailed );
  }
}
?>
```

Restreindre l'accès à la page

Ce comportement permet d'autoriser l'accès à une page spécifique aux seuls utilisateurs préalablement authentifiés. Le script devra être intégré dans toutes les pages que l'on désire protéger. Pour plus de détails sur ce comportement, vous pouvez aussi vous reporter à la procédure de création de pages protégées, à la fin du chapitre 3.

Ouvrez la page à protéger et cliquez sur le bouton + du panneau `Applications/Comportements de serveur`, déroulez la liste de l'option `Authentification de l'utilisateur` et sélectionnez `Restreindre l'accès à la page` dans les quatre comportements proposés. Dans le panneau du comportement (voir figure 7-14), indiquez si vous désirez contrôler le statut de l'utilisateur (niveau d'accès), et dans ce cas, précisez le ou les niveaux autorisés à accéder à cette page (`comm` ou/et `admin`, par exemple). En bas du panneau, indiquez l'URL de la page vers laquelle doit être redirigé l'utilisateur si l'accès est refusé.

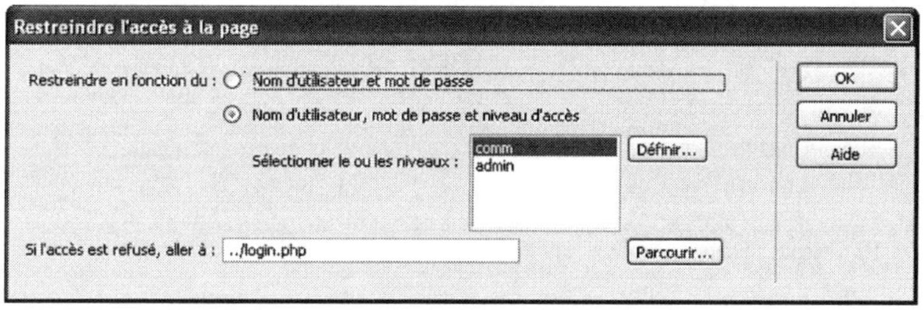

Figure 7-14
Boîte de dialogue du comportement de serveur Restreindre l'accès à la page.

Voici un exemple de code du comportement `Restreindre l'accès à la page` :

```
<?php
//session_start(); //instruction à supprimer si déjà déclaré dans un bloc
précédent
$MM_authorizedUsers = "comm";
$MM_donotCheckaccess = "false";
// *** Restrict Access To Page: Grant or deny access to this page
function isAuthorized($strUsers, $strGroups, $UserName, $UserGroup) {
  // For security, start by assuming the visitor is NOT authorized.
  $isValid = False;
  // When a visitor has logged into this site, the Session variable MM_Username set
equal to their username.
  // Therefore, we know that a user is NOT logged in if that Session variable is
blank.
  if (!empty($UserName)) {
    // Besides being logged in, you may restrict access to only certain users based
on an ID established when they login.
    // Parse the strings into arrays.
    $arrUsers = Explode(",", $strUsers);
```

```
      $arrGroups = Explode(",", $strGroups);
      if (in_array($UserName, $arrUsers)) {
        $isValid = true;
      }
      // Or, you may restrict access to only certain users based on their username.
      if (in_array($UserGroup, $arrGroups)) {
        $isValid = true;
      }
      if (($strUsers == "") && false) {
        $isValid = true;
      }
    }
    return $isValid;
}
$MM_restrictGoTo = "../login.php";
if (!((isset($_SESSION['MM_Username'])) && (isAuthorized("",$MM_authorizedUsers,
$_SESSION['MM_Username'], $_SESSION['MM_UserGroup'])))) {
  $MM_qsChar = "?";
  $MM_referrer = $_SERVER['PHP_SELF'];
  if (strpos($MM_restrictGoTo, "?")) $MM_qsChar = "&";
  if (isset($QUERY_STRING) && strlen($QUERY_STRING) > 0)
  $MM_referrer .= "?" . $QUERY_STRING;
  $MM_restrictGoTo = $MM_restrictGoTo. $MM_qsChar . "accesscheck=" .
urlencode($MM_referrer);
  header("Location: ". $MM_restrictGoTo);
  exit;
}
?>
```

Déconnecter l'utilisateur

Ce comportement permet de créer rapidement un lien `logout`. Le script devra être inséré dans les pages protégées afin de permettre à l'utilisateur de se déconnecter par un simple clic sur un lien ou lors du chargement d'une page spécifique. Pour plus de détails sur ce comportement, vous pouvez aussi vous reporter à la procédure de création d'un lien logout dans les pages protégées, à la fin du chapitre 3.

Avant de configurer le panneau du comportement, vous devez établir le lien qui sera utilisé par l'utilisateur pour la déconnexion (par exemple, vous pouvez créer un simple lien nommé `logout` en haut de la page protégée). Sélectionnez le lien et cliquez ensuite sur le bouton + du panneau `Applications/Comportements de serveur`, déroulez la liste de l'option `Authentification de l'utilisateur` et sélectionnez `Déconnecter l'utilisateur` dans les quatre comportements proposés. Dans le panneau du comportement (voir figure 7-15), indiquez si vous désirez utiliser un lien hypertexte pour la déconnexion (assurez-vous dans ce cas que le lien du menu déroulant correspond bien à celui initialement sélectionné) ou déclencher automatiquement la déconnexion lors du chargement de la page. Dans la partie basse du panneau, vous pouvez aussi préciser vers quelle page vous souhaitez que l'utilisateur soit redirigé après la déconnexion.

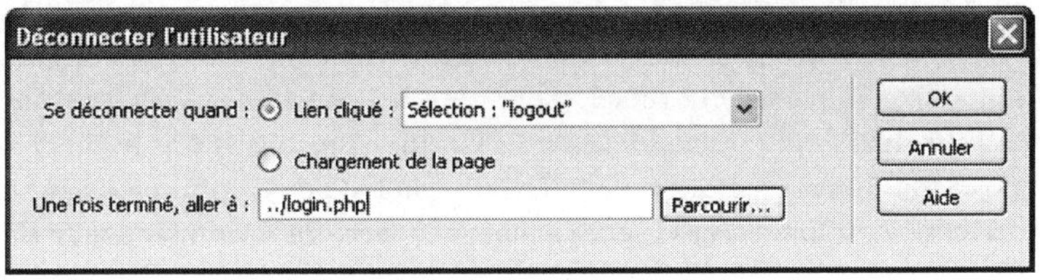

Figure 7-15
Boîte de dialogue du comportement de serveur Déconnecter l'utilisateur.

Voici un exemple de code du comportement `Déconnecter l'utilisateur` :

```
<?php
//initialize the session
session_start();
// ** Logout the current user. **
$logoutAction = $_SERVER['PHP_SELF']."?doLogout=true";
if ((isset($_SERVER['QUERY_STRING'])) && ($_SERVER['QUERY_STRING'] != "")){
  $logoutAction .="&". htmlentities($_SERVER['QUERY_STRING']);
}
if ((isset($_GET['doLogout'])) &&($_GET['doLogout']=="true")){
  //to fully log out a visitor we need to clear the session varialbles
  session_unregister('MM_Username');
  session_unregister('MM_UserGroup');

  $logoutGoTo = "../login.php";
  if ($logoutGoTo) {
    header("Location: $logoutGoTo");
    exit;
  }
}
?>
```

Voici un exemple du code de paramétrage du lien `logout` :

```
<a href="<?php echo $logoutAction ?>">logout</a>
```

Vérifier le nouveau nom d'utilisateur

Ce comportement permet d'établir rapidement un formulaire destiné à l'administrateur du site afin d'ajouter un utilisateur. Le script vérifiera que le login à enregistrer n'existe pas déjà dans la base de données lors de la création d'un nouveau compte utilisateur. Pour plus de détails sur ce comportement, vous pouvez aussi vous reporter à la procédure de création de la page **inscription.php** à la fin du chapitre 3.

Avant de configurer le panneau du comportement, vous devez composer un formulaire avec trois champs (**log**, **pass** et **statut**, par exemple), ainsi qu'un comportement d'insertion dans la table utilisateurs créée précédemment. Cliquez ensuite sur le bouton + du panneau **Applications/Comportements de serveur**, déroulez la liste de l'option **Authentification de l'utilisateur** et sélectionnez **Vérifier le nouveau nom de l'utilisateur** dans les quatre comportements proposés. Dans le panneau du comportement, choisissez le champ que vous désirez vérifier dans la liste déroulante (dans notre cas, nous prendrons **log**). Dans la partie basse du panneau, sélectionnez l'URL de la page vers laquelle vous souhaitez rediriger l'administrateur si le login existe déjà dans la table **utilisateurs**.

Voici un exemple de code du comportement **Vérifier le nouveau nom de l'utilisateur** :

```
<?php
// *** Redirect if username exists
$MM_flag="MM_insert";
if (isset($_POST[$MM_flag])) {
  $MM_dupKeyRedirect="erreurlog.php";
  $loginUsername = $_POST['log'];
  $LoginRS__query = "SELECT log FROM utilisateurs WHERE log='" . $loginUsername .
"'";
  mysql_select_db($database_ConnexionScore, $ConnexionScore);
  $LoginRS=mysql_query($LoginRS__query, $ConnexionScore) or die(mysql_error());
  $loginFoundUser = mysql_num_rows($LoginRS);
  //if there is a row in the database, the username was found - can not add the
requested username
  if($loginFoundUser){
    $MM_qsChar = "?";
    //append the username to the redirect page
    if (substr_count($MM_dupKeyRedirect,"?") >=1) $MM_qsChar = "&";
    $MM_dupKeyRedirect = $MM_dupKeyRedirect . $MM_qsChar
."requsername=".$loginUsername;
    header ("Location: $MM_dupKeyRedirect");
    exit;
  }
}
function GetSQLValueString($theValue, $theType, $theDefinedValue="",
Â$theNotDefinedValue="")
```

```
    {
    ...
    return $theValue;
    }
$editFormAction = $_SERVER['PHP_SELF'];
if (isset($_SERVER['QUERY_STRING'])) {
  $editFormAction .= "?" . htmlentities($_SERVER['QUERY_STRING']);
}
if ((isset($_POST["MM_insert"])) && ($_POST["MM_insert"] == "form1")) {
  $insertSQL = sprintf("INSERT INTO utilisateurs (log, pass, statut) VALUES (%s,
%s, %s)",
                       GetSQLValueString($_POST['log'], "text"),
                       GetSQLValueString($_POST['pass'], "text"),
                       GetSQLValueString($_POST['statut'], "text"));
  mysql_select_db($database_ConnexionScore, $ConnexionScore);
  $Result1 = mysql_query($insertSQL, $ConnexionScore) or die(mysql_error());
  $insertGoTo = "index.php";
  if (isset($_SERVER['QUERY_STRING'])) {
    $insertGoTo .= (strpos($insertGoTo, '?')) ? "&" : "?";
    $insertGoTo .= $_SERVER['QUERY_STRING'];
  }
  header(sprintf("Location: %s", $insertGoTo));
}
?>
```

Transformation XSL

Ce comportement est une nouveauté disponible avec la version 8 de Dreamweaver. Il permet de lier des informations issues d'un document XML avec une feuille XSL de transformation des données. Il existe deux façons d'exploiter les données d'un document XML : côté client, à l'aide d'un simple navigateur Web ; côté serveur, si on dispose d'une technologie serveur comme PHP. Dans le cadre de cet ouvrage, nous nous intéresserons principalement aux transformations côté serveur. Lorsque l'on conçoit un comportement `Transformation XSL`, Dreamweaver ajoute deux fragments de code dans la page. Le premier permet de faire référence à une classe PHP regroupant de nombreuses méthodes de transformations XSL (le répertoire contenant cette classe devra évidemment être transféré sur le serveur distant lors de la mise en ligne du système). Le second crée une instance de cette classe et lui attribue les méthodes `setXML()` et `setXSL()` afin de lier le document XML et la feuille XSL.

Pour plus de détails sur ce comportement, et l'usage que l'on peut en faire, nous vous invitons à vous reporter au chapitre 6 qui est consacré à l'utilisation de ces transformations XSL.

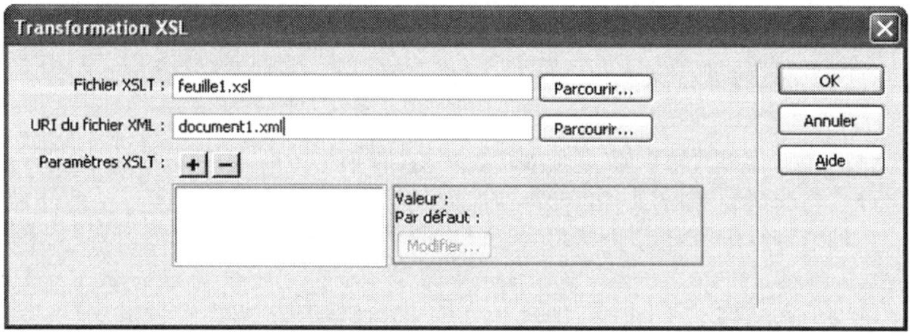

Figure 7-16
Boîte de dialogue du comportement de serveur Transformation XSL.

Voici un exemple de code du comportement Transformation XSL :

```
<?php//XMLXSL Transformation classrequire_once('includes/MM_XSLTransform/
MM_XSLTransform.class.php');?>
....
<?php
$mm_xsl = new MM_XSLTransform();
$mm_xsl->setXML("document1.xml");
$mm_xsl->setXSL("feuille1.xsl");
echo $mm_xsl->Transform();
?>
```

Création d'un nouveau comportement serveur

Nous venons de détailler les comportements de serveur standards livrés avec Dreamweaver 8. Cependant, vous pouvez aussi créer de nouveaux comportements de serveur utilisateur en fonction de vos besoins spécifiques si vous souhaitez accroître les fonctionnalités de Dreamweaver.

Pour vous guider dans votre création, nous allons détailler ci-dessous les différentes procédures pour concevoir vos propres comportements. Afin que cette démonstration soit plus pratique, nous allons illustrer ces procédures par la création d'un comportement serveur qui rend conditionnel l'affichage d'une région. Dreamweaver propose déjà plusieurs comportements similaires, mais ils sont toujours liés à des variables issues d'un jeu d'enregistrements. Notre exemple se distingue de ces derniers, car l'expression de condition est constituée de deux éléments génériques paramétrés par l'utilisateur (variables ou valeurs) lors de l'utilisation du comportement.

Procédure pour la création d'un comportement de serveur utilisateur

1. Avant d'ouvrir la première fenêtre de paramétrage, il faut avoir préparé le code qui sert de base au comportement. Pour la rédaction de ce code, nous vous invitons à suivre les avertissements mentionnés au début de ce chapitre concernant les risques de conflit des comportements de serveur. Nous vous conseillons aussi de tester votre code dans diffé-

rents contextes afin de vous assurer qu'il est stable et qu'il correspond réellement à vos besoins. Veillez à ce que le code de vos blocs ne ressemble pas trop à celui d'autres blocs. Dans ce cas, en effet, le panneau `Comportements de serveur` risque d'identifier par erreur ce premier bloc comme une occurrence du deuxième (ou l'inverse). Pour éviter ce problème, ajoutez par exemple un commentaire à un bloc de code pour le rendre unique. Si vous prévoyez d'utiliser des paramètres d'exécution qui pourront être configurés par le futur utilisateur du comportement, il faut dans ce cas insérer dans le code des repères (ex. : `element1` et `element2`) pour identifier facilement l'emplacement de ces futurs paramètres ; ils seront par la suite remplacés par des marqueurs selon la syntaxe Macromedia (ex. : `@@ParametreCondition1@@` et `@@ParametreCondition2@@`). Pour notre exemple, le code est composé de deux blocs. Le premier doit être inséré avant la région sélectionnée et le deuxième après.

Voici le code utilisé dans notre exemple :

```
<!-- DÉBUT DU PREMIER BLOC -->
<?php
if (element1—element2)
{//début du bloc conditionné
?>
<!-- FIN DU PREMIER BLOC -->
ici la région dont l'affichage sera conditionné
<!-- DÉBUT DU DEUXIÈME BLOC -->
<?php
}//fin du bloc conditionné
?>
<!-- FIN DU DEUXIÈME BLOC -->
```

2. Dans le panneau `Comportements de serveur` (`Fenêtre>Comportements de serveur`), cliquez sur le bouton + et choisissez `Nouveau comportement de serveur` dans le menu contextuel (voir figure 7-17).

3. Une première boîte de dialogue intitulée `Nouveau comportement de serveur` s'affiche (voir figure 7-18). Dans le menu déroulant `Type de document`, sélectionnez le type `PHP-MySQL`, puis dans la zone de texte `Nom`, tapez le nom du comportement de serveur (attention, ce nom ne doit pas dépasser 27 caractères, soit par exemple : `Affichage conditionné`). Il est à noter que si vous désirez copier un comportement de serveur existant, afin de l'exploiter dans votre nouveau comportement, il faut activer la case à cocher `Copier un comportement de serveur existant`. Si vous avez coché cette case, la liste des comportements de serveur disponibles s'affiche dans le menu déroulant `Comportement à copier`. Il suffit de sélectionner le comportement que vous désirez copier dans cette liste (attention, seuls les comportements créés par l'utilisateur peuvent être ainsi exploités ;

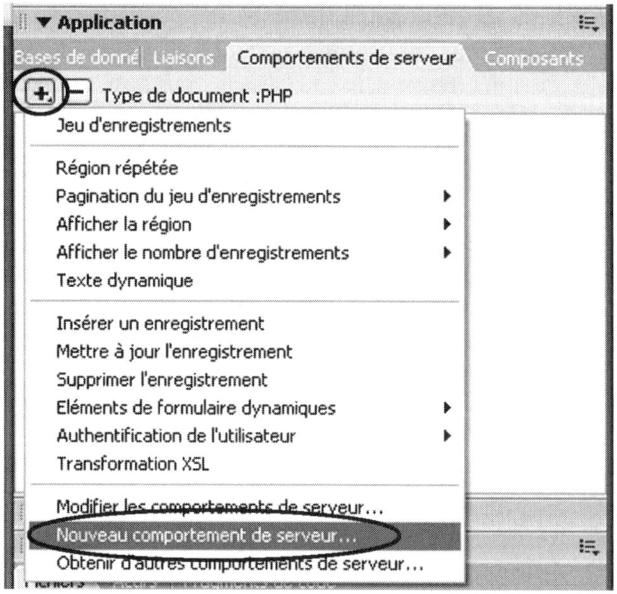

Figure 7-17
Pour créer un nouveau comportement serveur, ouvrez le panneau Comportements de serveur puis cliquez sur le bouton + et sélectionnez Nouveau comportement de serveur, en bas du menu.

par conséquent, les comportements livrés en standard avec Dreamweaver n'apparaissent pas dans cette liste). Cliquez ensuite sur `OK` pour valider cette première étape.

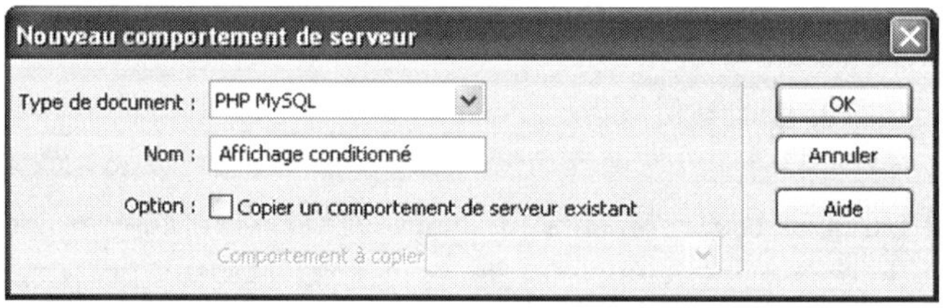

Figure 7-18
La première boîte de dialogue de la création d'un comportement de serveur vous permet d'indiquer la technologie serveur utilisée (PHP-MySQL) ainsi que le nom du futur comportement.

4. La boîte de dialogue `Créateur de comportements de serveur` s'affiche (voir figure 7-19). Cette boîte comporte deux zones principales de saisie. Dans la zone `Bloc de code à insérer`, vous devez ajouter les différentes déclarations des participants (blocs de code) que vous désirez utiliser pour ce même comportement. Dans la zone `Bloc de code`, vous devez copier ou saisir le code de chaque bloc après avoir sélectionné le participant concerné dans la zone `Bloc de code à insérer`.
5. Pour configurer le créateur de comportements, il faut commencer par cliquer sur le bouton +. Une autre boîte de dialogue doit alors s'afficher (voir figure 7-20), dans laquelle vous devez indiquer le nom du premier bloc. Par défaut, Dreamweaver propose

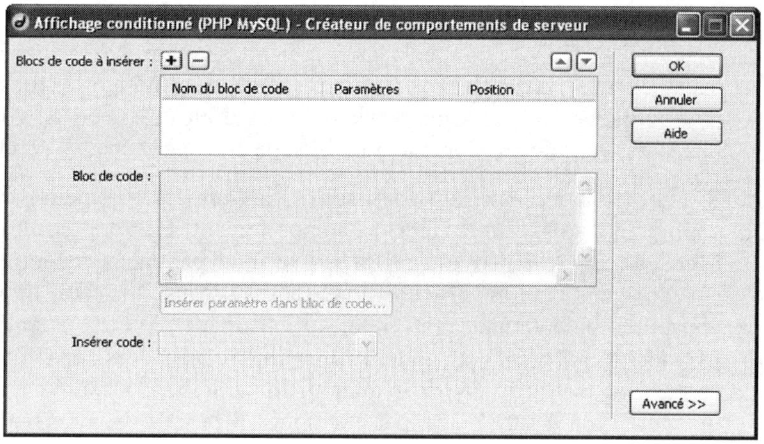

Figure 7-19
Boîte de dialogue Créateur de comportements de serveur.

le nom du comportement suivi de `_block1` (soit dans notre exemple : `Affichage conditionné_block1`). Dans notre cas, nous validons ce nom par défaut en cliquant sur `OK` (attention, si vous modifiez ce nom, sa taille ne doit pas dépasser 27 caractères).

6. De retour à la boîte de dialogue principale du `Créateur de comportements`, vous devez voir le nom de votre nouveau bloc s'inscrire dans la zone `Bloc de code à insérer`, ainsi qu'un code provisoire dans la zone `Bloc de code` située en dessous (voir figure 7-21).

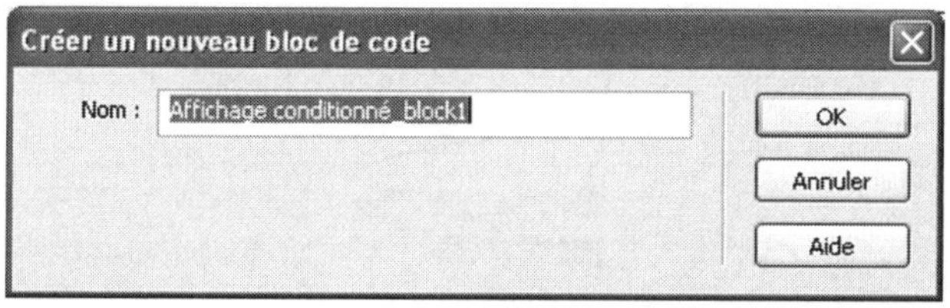

Figure 7-20
Boîte de dialogue de création d'un nouveau bloc.

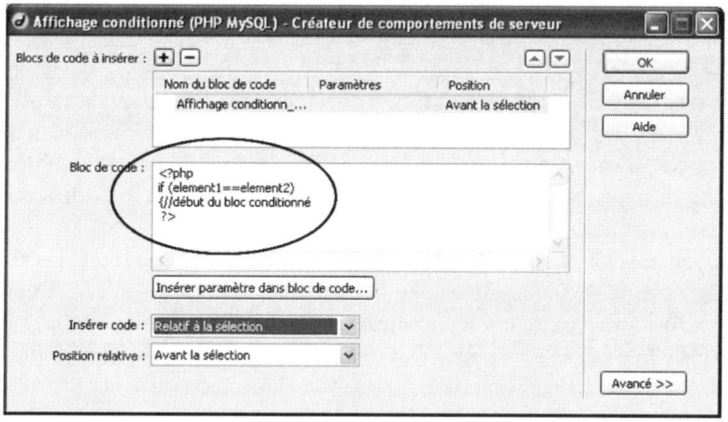

Figure 7-21
Après avoir créé le premier bloc, copiez le code correspondant dans la zone Bloc de code.

Remplacez ce code par celui que vous avez préparé en le copiant dans cette zone (voir figure 7-24). Utilisez pour cela les commandes `Copier-Coller` de votre éditeur ou encore les raccourcis clavier `Ctrl + C` puis `Ctrl + V` sous Windows. Il est à noter que vous ne pouvez insérer qu'une seule balise ou un seul bloc de code. Si vous souhaitez en saisir plusieurs, vous devez alors créer un bloc de code pour chaque élément.

7. Si votre code le nécessite, vous pouvez définir des paramètres d'exécution qui seront configurables par l'utilisateur du comportement. Pour cela, sélectionnez dans la zone `Bloc de code` le repère qui représente le futur paramètre (exemple : `element1`), cliquez ensuite sur le bouton `Insérer un paramètre dans le code`, renseignez la fenêtre qui apparaît en indiquant le nom à attribuer à ce paramètre (par exemple : `ParametreCondition1`) et validez. Le paramètre doit alors apparaître dans le code sous la forme d'un marqueur composé du nom du paramètre, encadré par deux arobases de chaque côté (voir figure 7-22), par exemple : `@@ParametreCondition1@@`. Recommencez la même démarche avec le deuxième paramètre à définir (`element2` qui porte le nom `ParametreCondition2`).

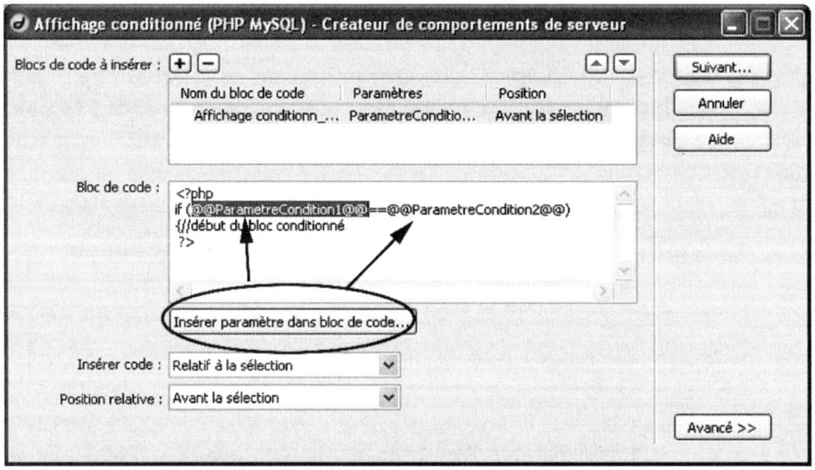

Figure 7-22

Vous pouvez insérer des paramètres d'exécution dans le code du bloc. Pour cela, sélectionnez le repère à remplacer dans le code, puis cliquez sur le bouton Insérer paramètre dans le bloc de code. Saisissez ensuite son nom dans la boîte de dialogue qui apparaît et validez en cliquant sur OK.

8. Vous devez également configurer deux menus déroulants situés en bas de la boîte, afin de préciser l'emplacement du participant dans le code source HTML de la page (voir les menus `Insérer code` et `Position relative` dans la boîte de dialogue de la figure 7-23). Le premier menu (`Insérer code`) propose quatre options différentes : **`Au-dessus de la balise <html> d'ouverture`**, **`Au-dessous de la balise </html> de fermeture`**, **`Par rapport à une autre balise de la page`** ou **`Par rapport à une balise sélectionnée par le créateur de la page`**. Le deuxième menu (`Position relative`) précise l'endroit d'insertion selon des options contextuelles, comme l'illustrent les tableaux 7.1 à 7.4 dans la partie suivante intitulée *Paramétrage du point d'insertion d'un participant*. Dans notre exemple,

nous choisirons les options suivantes : `Relatif à la balise` pour le menu `Insérer le code`, et `Avant la sélection` pour le menu `Position relative` (voir figure 7-23).

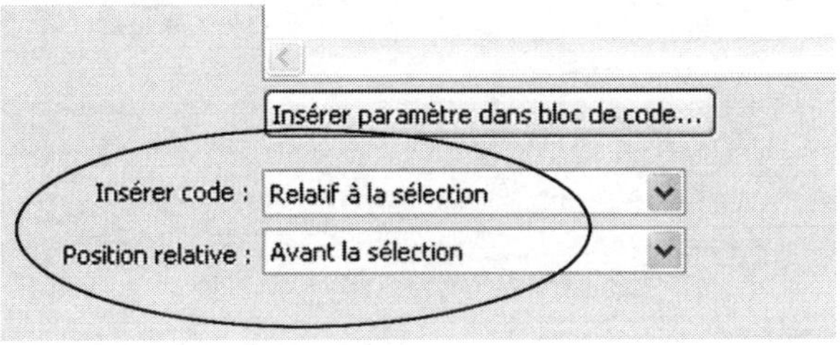

Figure 7-23
Deux menus déroulants définissent l'endroit d'insertion du bloc de code.

9. Vous avez aussi la possibilité d'accéder à d'autres options en cliquant sur le bouton `Avancé`, situé en bas et à droite de la boîte de dialogue (voir figure 7-24). Pour éviter de surcharger cette partie, nous détaillerons ces options à la suite de cette procédure. Cependant, dans la majorité des cas, les options par défaut suffisent.

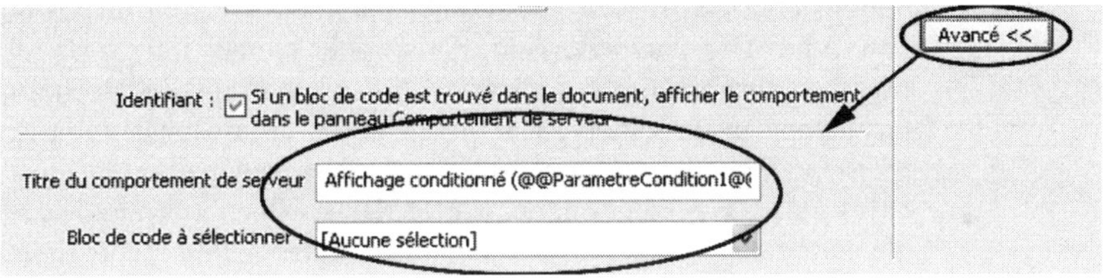

Figure 7-24
Si vous cliquez sur le bouton Avancé, vous pouvez configurer d'autres paramètres optionnels du créateur de comportements.

10. Après avoir configuré complètement ce premier bloc de code, il faut renouveler les mêmes opérations pour la deuxième partie du code. Cependant, comme ce deuxième bloc ne contient pas de paramètre, la configuration est beaucoup plus rapide. Cliquez de nouveau sur le + pour définir un nom de participant pour cette deuxième partie (prendre le nom par défaut : `Affichage conditionn_block2`), puis validez. Copiez le code de la deuxième partie (celle qui se trouve après la région à répéter) dans la zone `Bloc de code`. Sélectionnez l'option `Relatif à la balise` pour la zone `Insérer le code` et `Après la sélection` pour la zone `Position relative`. Cliquez ensuite sur le bouton `Suivant` pour valider tout le paramétrage de cette boîte de dialogue (voir figure 7-25).

11. Si vous avez défini au moins un paramètre d'exécution dans les étapes précédentes (par exemple : `@@ParametreCondition1@@`), une dernière boîte intitulée `Générer une boîte de dialogue` apparaît à l'écran ; sinon, le comportement est enregistré directement sans autre confirmation de votre part. Dans le premier cas, rappelons que lors de la création, l'utilisateur de votre comportement devra configurer ces paramètres d'exécution en fournissant des valeurs adaptées au contexte de la page. Ces valeurs devront être renseignées avant que le code du comportement de serveur ne soit inséré dans la page. Pour cela, une

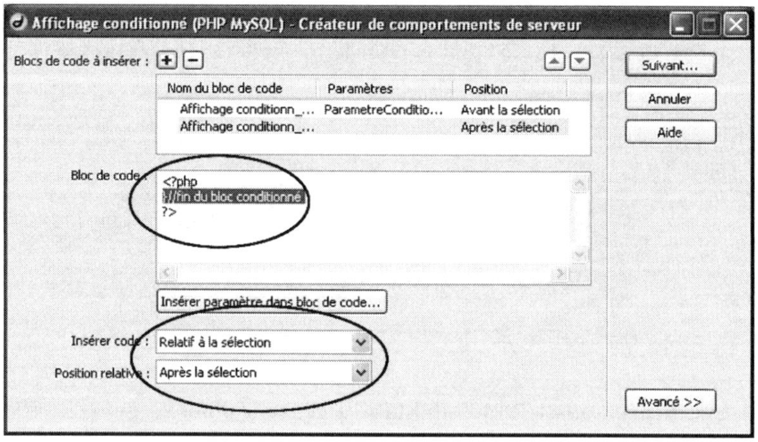

Figure 7-25
Un deuxième bloc de code est ajouté au comportement selon la même procédure. Il faut ensuite le sélectionner et copier le code correspondant dans la zone Bloc de code.

boîte de dialogue invitera l'utilisateur du comportement de serveur à fournir ces valeurs. Le but de la boîte de dialogue qui vient d'apparaître est donc de configurer les différentes options pour choisir les types de ces paramètres et leur disposition dans la future boîte spécifique à ce comportement. Ainsi, pour choisir l'ordre de la disposition des futurs champs de paramètres, vous devez cliquer sur les petites flèches après avoir sélectionné un champ dans la zone `Elément de la boîte de dialogue`. Pour choisir le type d'élément utilisé pour configurer un paramètre, choisissez un paramètre dans la zone `Elément de la boîte de dialogue` et cliquez sur la flèche située à droite de la ligne sélectionnée. Un menu déroulant vous propose alors différentes options (voir figure 7-26, et pour plus de détails concernant ces options, reportez-vous à la partie intitulée *Éléments pouvant être intégrés dans la boîte de dialogue* à la suite de cette procédure). Dans notre exemple, nous ne modifions pas ces options et conservons le type par défaut `Champ de texte` pour les deux paramètres. Terminez ensuite la création du comportement en cliquant sur le bouton `OK`. Enfin, notez que dans le cas particulier d'une sélection de l'option `Relatif à une balise spécifique`, dans le menu déroulant `Insérer code` (ce n'est pas le cas dans notre exemple), un paramètre est ajouté à votre bloc de code sans votre intervention. Ce paramètre intègre automatiquement un menu `Balise` à la boîte de dialogue du comportement, pour que l'utilisateur puisse choisir la balise de la page à laquelle sera appliqué le comportement (par exemple, si la balise concernée est une balise de type ancre `<a>` et que vous avez plusieurs liens dans votre page, vous pouvez ainsi choisir le lien concerné dans la liste de ce menu).

12. Après la création du comportement, assurez-vous qu'il figure bien dans les comportements disponibles en cliquant sur le bouton + du panneau `Comportements de serveur` (voir figure 7-27).

13. Pour tester le bon fonctionnement de votre nouveau comportement de serveur, reportez-vous à la procédure *Utilisation d'un comportement serveur* détaillée ci-dessous.

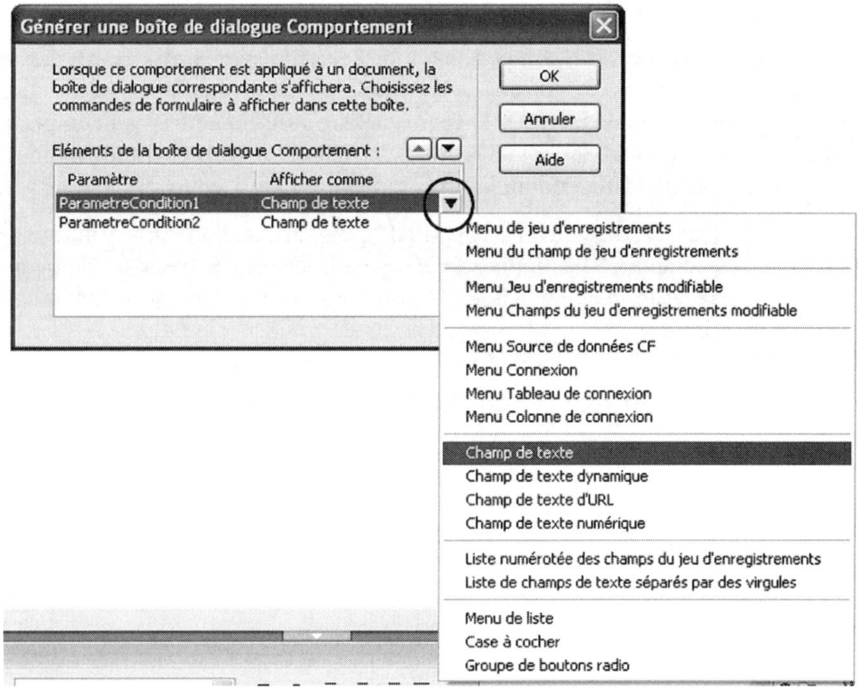

Figure 7-26
Cette boîte de dialogue vous permet de paramétrer le type et la disposition des éléments de saisie qui sont intégrés dans la boîte de configuration du comportement.

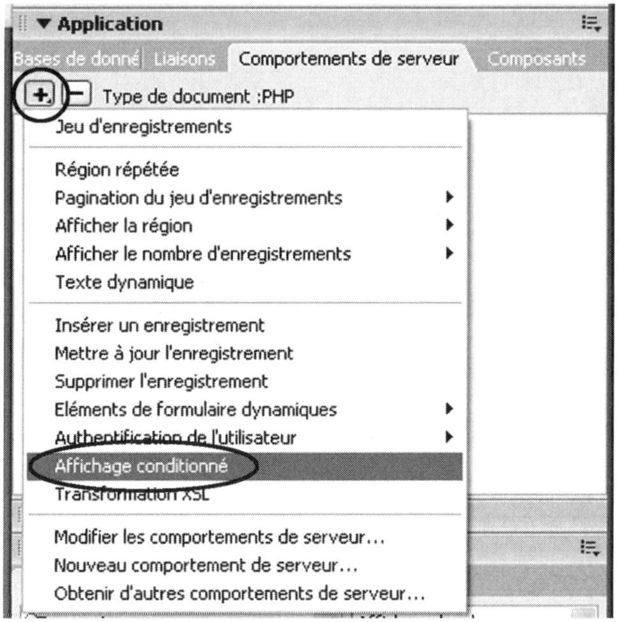

Figure 7-27
Votre nouveau comportement doit maintenant apparaître dans le menu déroulant du panneau Comportements de serveur.

Utilisation d'un comportement de serveur

Une fois que votre comportement de serveur est créé, il apparaît dans le menu + du panneau `Comportements de serveur`. Vous pouvez maintenant concevoir autant d'occurrences de ce comportements que vous le désirez. Pour utiliser ce nouveau comportement de serveur utilisateur, il suffit de suivre la même démarche que pour l'utilisation d'un comportement de serveur standard, dont nous vous rappelons la procédure ci-dessous.

1. Ouvrez une nouvelle page PHP, puis saisissez un mot au milieu de la page (`BONJOUR` par exemple). Sélectionnez le texte et cliquez sur le bouton + du panneau `Comportements de serveur`, puis choisissez le comportement `Affichage conditionné` dans le menu (voir figure 7-28).

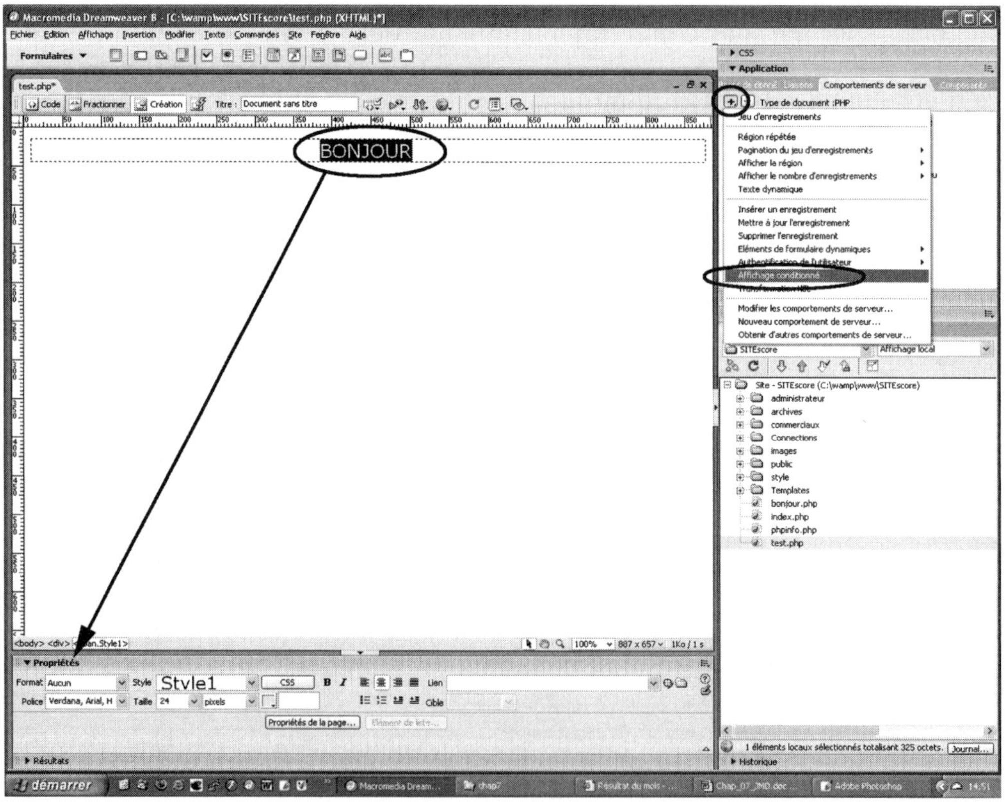

Figure 7-28

Pour créer une nouvelle occurrence du comportement Affichage conditionné, sélectionnez la région à gérer et cliquez sur le bouton + du panneau Comportements de serveur, puis sélectionnez le comportement Affichage conditionné dans la liste.

2. La boîte de dialogue spécifique au comportement `Affichage conditionné` s'affiche alors à l'écran. Renseignez les deux champs des paramètres d'exécution en saisissant dans le premier `$bonjour`, qui sera la variable conditionnant l'affichage du message `BONJOUR`, et `"oui"` dans le deuxième champ (attention à bien saisir les guillemets autour de la valeur car il s'agit d'une chaîne de caractères), qui sera la valeur à affecter à `$bonjour` pour que la condition soit valide. Cliquez sur `OK` pour accepter la configuration de cette nouvelle occurrence (voir figure 7-29).

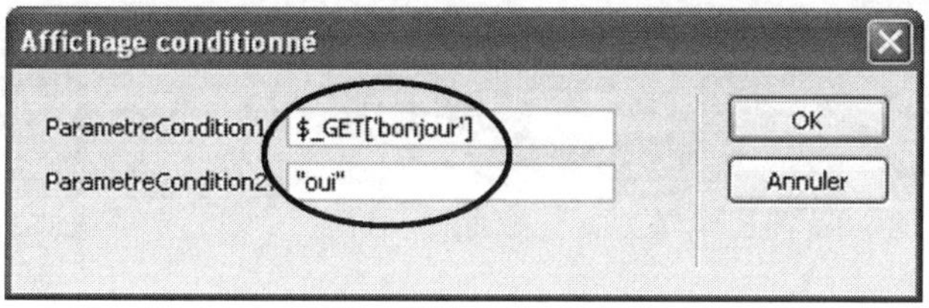

Figure 7-29
La boîte de dialogue du comportement de serveur utilisateur Affichage conditionné doit être renseignée avec les informations spécifiques à la nouvelle occurrence du comportement. Pour cela, saisissez dans la boîte de configuration du comportement les deux paramètres qui vont conditionner l'affichage de la région.

3. Dès la validation, le comportement est indexé par Dreamweaver et apparaît dans la fenêtre `Comportements de serveur`. Si vous sélectionnez le mode d'affichage `Code et Création` de la fenêtre document, vous pouvez vérifier dans l'inspecteur de code que les deux participants du comportement entourent correctement la région conditionnée. Dans la fenêtre `Création`, deux icônes PHP de chaque côté du texte `BONJOUR` indiquent aussi que les deux blocs de code sont correctement en place (voir figure 7-30).

4. Enregistrez votre page et passez dans le Web local pour afficher votre page de test. À la suite du nom de la page, saisissez ?`bonjour=oui`, puis validez. Le texte `BONJOUR` doit alors apparaître dans la page, attestant du bon fonctionnement du comportement (voir figure 7-31). Selon la version de PHP et la configuration du serveur, il est possible que le message « `Notice : Undefined variable` » apparaisse à l'écran. Il faudra alors ajouter au début de la page le script d'initialisation de la variable `$_GET['bonjour']` ci-dessous :

```
if (!isset($_GET['bonjour'])) $_GET['bonjour']="non";
```

Paramétrage du point d'insertion d'un participant

Lors de la création d'un comportement de serveur, vous devez paramétrer l'endroit où est inséré chaque bloc de code du comportement (les participants). Pour cela, vous avez à choisir dans un premier temps parmi différentes options dans le menu déroulant `Insérer code` (voir

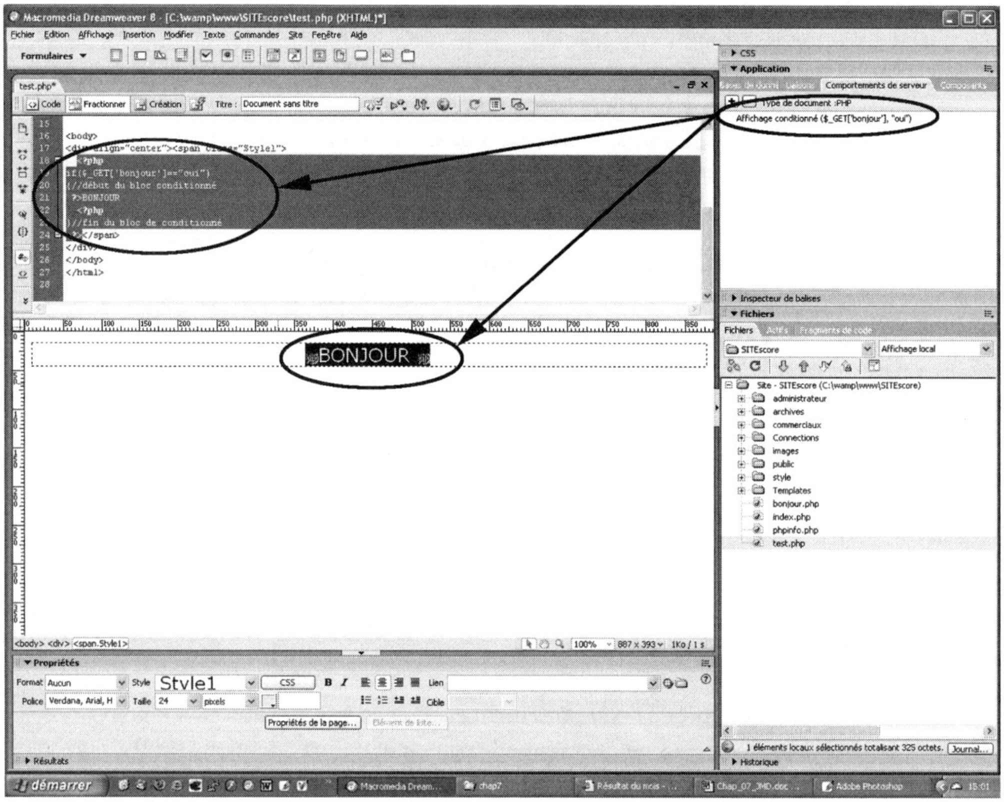

Figure 7-30

Dès que le comportement est validé, vérifiez sa présence dans la fenêtre Comportements de serveur, ainsi que la bonne intégration des participants depuis l'inspecteur de code et la fenêtre Document en mode Création.

figure 7-32). Puis un second menu déroulant vous propose une deuxième série d'options contextuelles selon votre premier choix. Pour définir précisément l'emplacement relatif de chaque participant dans les zones `Au-dessus de la balise <html>` et `Au-dessous de la balise </html>`, Dreamweaver utilise une position qui peut prendre des valeurs entre `1` et `99`. Pour vous faciliter la tâche, nous avons commenté et illustré chacune de ces options dans les tableaux suivants. Le participant utilisé pour les démonstrations est une simple balise PHP affichant `ICI, Participant avec Position relative-...`, qui nous permet de bien le localiser dans le code source, mais qui n'a évidemment aucun intérêt dans une page dynamique en pratique (voir figure 7-33).

Tableau 7-1 – Tableau récapitulatif des options possibles pour définir l'endroit d'insertion d'un bloc de code au-dessus de la balise <html>

Insérer code	Position relative	Description
Au-dessus de la balise <html>.	Le début du fichier.	Insertion du bloc au début du fichier (position 1, voir figure 7-34).
	Juste avant les jeux d'enregistrements.	Insertion du bloc immédiatement avant les blocs de code qui ouvrent les jeux d'enregistrements (position 49, voir figure 7-35).
	Juste après les jeux d'enregistrements.	Insertion du bloc immédiatement après les blocs de code qui ferment les jeux d'enregistrements (position 51).
	Juste au-dessus de la balise `<html>`.	Insertion du bloc immédiatement au-dessus de la balise `<html>`. (position 99, voir figure 7-36)
	Position personnalisée *.	Pour cette option, le champ Position peut être modifié, et vous pouvez y saisir une position comprise entre 1 et 99 selon le point d'insertion désiré (voir figure 7-37).

(*) Utilisez l'option Position personnalisée lorsque vous voulez insérer plusieurs blocs de code dans un ordre particulier. Par exemple, si vous voulez insérer, dans un certain ordre, une série de trois blocs de code après ceux qui ouvrent des jeux d'enregistrements, saisissez une position de 60 pour le premier bloc, de 65 pour le deuxième et de 70 pour le troisième. Il est à noter que, dans le cas d'une sélection Au-dessus de la balise <html>, l'emplacement au début de fichier correspond à une position de 1, et que l'emplacement juste au-dessus de la balise <html> correspond à une position 99. D'autre part, Dreamweaver attribue automatiquement une position de 50 à tous les blocs de code d'ouverture de jeux d'enregistrements insérés au-dessus de la balise <html>. Et si plusieurs blocs ont la même position, Dreamweaver les classe de façon aléatoire.

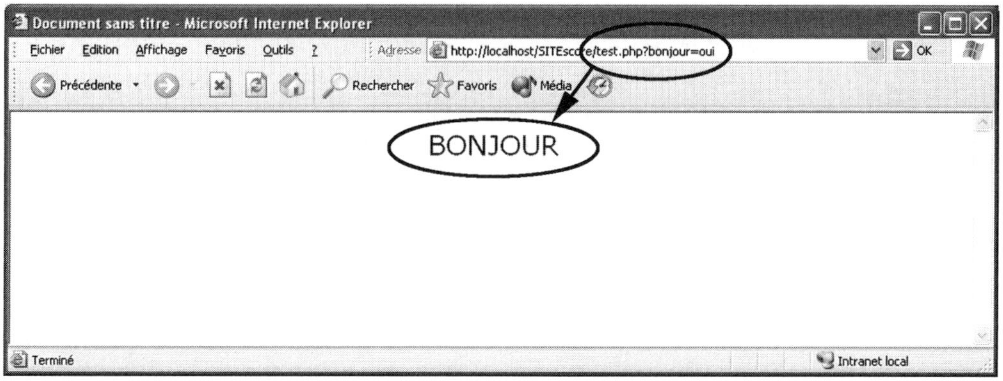

Figure 7-31

Test de la page dans le Web local.

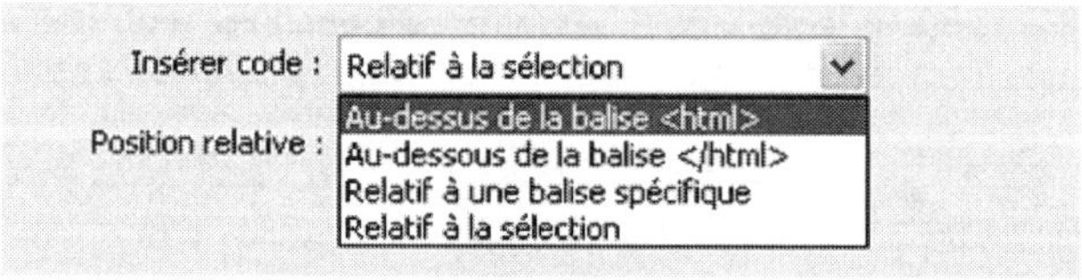

Figure 7-32
Options proposées par le premier menu déroulant Insérer code.

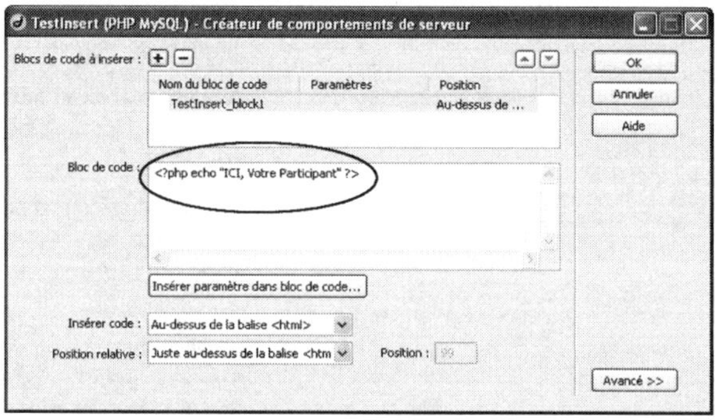

Figure 7-33
Le participant utilisé dans tous les exemples a l'avantage d'être facile à localiser dans le code, mais n'a aucune application concrète dans une page dynamique.

Voici des exemples d'insertion de participants au-dessous de la balise **<html>** à des positions différentes selon la valeur sélectionnée dans le menu **Position relative** :

```
<!—ICI, DEBUT du fichier -->
<?php echo "ICI, Participant avec Position relative – Après la balise (pos 1)" ?>
<?php echo "ICI, Participant avec Position relative – Position perso de 40" ?>
<?php echo "ICI, Participant avec Position relative – Avant jeu (pos 49)" ?>
<?php //exemple d'un jeu d'enregistrements (position 50)
mysql_select_db($database_ConnexionScore, $ConnexionScore);
$query_rsTest="SELECT * FROM agences";
$rsTest=mysql_query($query_rsTest, $ConnexionScore) or die(mysql_error());
$row_rsTest=mysql_fetch_assoc($rsTest);
$totalRows_rsTest=mysql_num_rows($rsTest);
?>
<?php echo "ICI, Participant avec Position relative – Après jeu (pos 51)" ?>
<?php echo "ICI, Participant avec Position relative – Position perso de 60" ?>
<?php echo "ICI, Participant avec Position relative – Avant fin fichier (pos 99)"
?>
<html><!— FIN de la zone Avant la balise HTML -->
```

Voici des exemples d'insertion de participant au-dessous de la balise **</html>** à des positions différentes selon la valeur sélectionnée dans le menu **Position relative** :

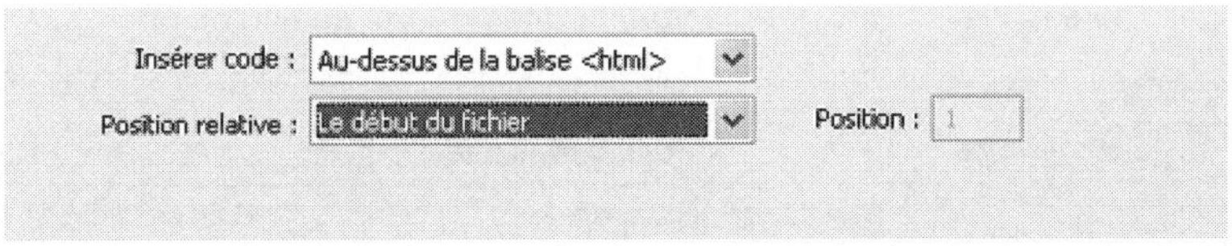

Figure 7-34
Paramétrage d'un point d'insertion au-dessus de la balise <html> et au début du fichier (position 1).

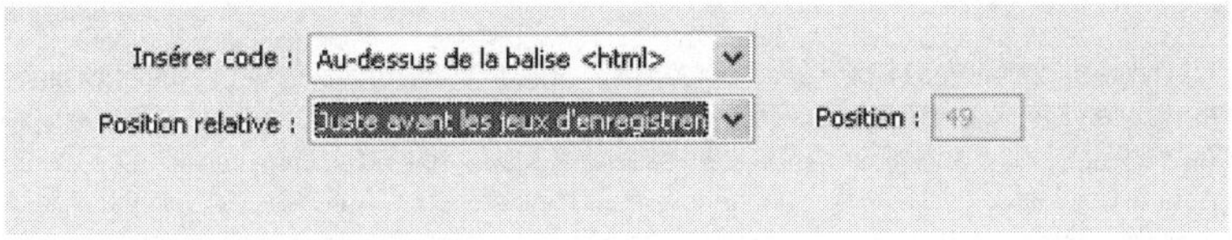

Figure 7-35
Paramétrage d'un point d'insertion au-dessus de la balise <html> et juste avant le jeu d'enregistrements (position 49).

Figure 7-36
Paramétrage d'un point d'insertion au-dessus de la balise <html> et juste avant la balise <html> (position 99).

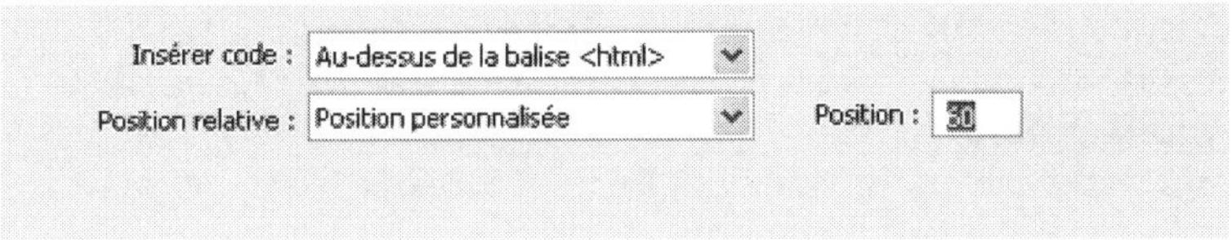

Figure 7-37
Paramétrage d'un point d'insertion au-dessus de la balise <html> et pour une position personnalisée (ici, la position est de 60).

Tableau 7-2 – Tableau récapitulatif des options possibles pour définir l'endroit d'insertion d'un bloc de code au-dessous de la balise </html>

Insérer code	Position relative	Description
Au-dessous de la balise `</html>`.	Après la balise `</html>`.	Insertion du bloc immédiatement après la balise `</html>` (position 1, voir figure 7-38).
	Avant la balise ouverture du jeu d'enregistrements.	Insertion du bloc immédiatement avant les blocs de code ouverture des jeux d'enregistrements (position 49).
	Après la balise fermeture du jeu d'enregistrements.	Insertion du bloc immédiatement après les blocs de code fermant des jeux d'enregistrements (position 51).
	Avant la fin du fichier.	Insertion du bloc immédiatement avant la fin du fichier (position 99, voir figure 7-39).

Tableau 7-2 – Tableau récapitulatif des options possibles pour définir l'endroit d'insertion d'un bloc de code au-dessous de la balise </html> (*suite*)

Insérer code	Position relative	Description
	Position personnalisée *.	Pour cette option, le champ `Position` peut être modifié et vous pouvez y saisir une position comprise entre 1 et 99 selon le point d'insertion désiré (voir figure 7-40).

(*) Utilisez l'option `Position personnalisée` lorsque vous voulez insérer plusieurs blocs de code dans un ordre particulier. Par exemple, si vous voulez insérer, dans un certain ordre, une série de trois blocs de code après ceux qui ouvrent des jeux d'enregistrements, saisissez une position de 60 pour le premier bloc, de 65 pour le deuxième et de 70 pour le troisième. Il est à noter que, dans le cas d'une sélection Au-dessous de la balise `</html>`, l'emplacement situé immédiatement après la balise `</html>` correspond à la position 1, et que l'emplacement juste avant la fin du fichier correspond à la position 99. D'autre part, Dreamweaver attribue automatiquement une position de 50 à tous les blocs de code d'ouverture de jeux d'enregistrements insérés au-dessous de la balise `</html>`. Et si plusieurs blocs ont la même position, Dreamweaver les classe de façon aléatoire.

```
</html><!—DÉBUT de la zone après la balise /HTML-->
<?php echo "ICI, Participant avec Position relative - Apres la balise (pos 1)" ?>
<?php echo "ICI, Participant avec Position relative - Position perso de 40" ?>
<?php echo "ICI, Participant avec Position relative - Avant jeu de 49" ?>
<?php //exemple d'un jeu d'enregistrement (position 50)
mysql_select_db($database_ConnexionScore, $ConnexionScore);
$query_rsTest="SELECT * FROM agences";
$rsTest=mysql_query($query_rsTest, $ConnexionScore) or die(mysql_error());
$row_rsTest=mysql_fetch_assoc($rsTest);
$totalRows_rsTest=mysql_num_rows($rsTest);
?>
<?php echo "ICI, Participant avec Position relative - Après jeu de 51" ?>
<?php echo "ICI, Participant avec Position relative - Position perso de 60" ?>
<?php echo "ICI, Participant avec Position relative - Avant fin fichier (pos 99)"
?>
<!—ICI, FIN du fichier -->
```

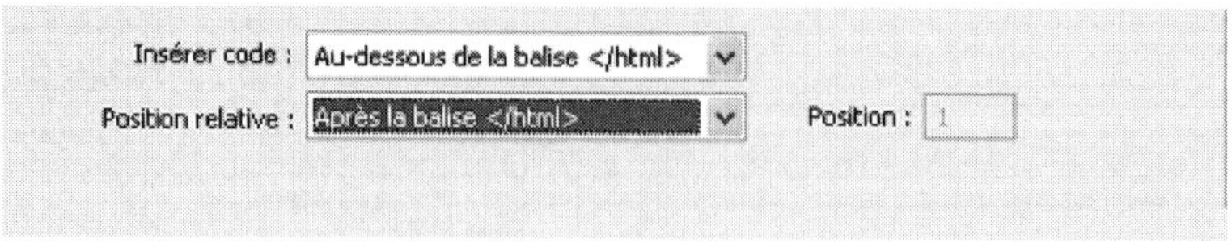

Figure 7-38
Paramétrage d'un point d'insertion au-dessous de la balise </html> et immédiatement après cette balise (position 1).

Figure 7-39
Paramétrage d'un point d'insertion au-dessous de la balise </html> et juste avant la fin du fichier (position 99).

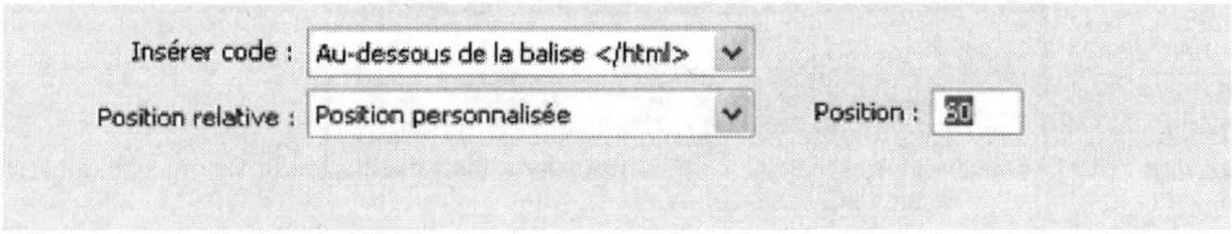

Figure 7-40
Paramétrage d'un point d'insertion au-dessous de la balise </html> et pour une position personnalisée (ici, la position est de 60).

Tableau 7-3 – Tableau récapitulatif des options possibles pour définir l'endroit d'insertion d'un bloc de code relatif à une balise spécifique

Insérer code	Position relative	Description
Relatif à une balise spécifique. Dès que vous choisissez cette option, un nouveau menu intitulé Balise apparaît. Sélectionnez une balise dans ce menu déroulant avant de choisir l'option de la zone Position relative.	Avant la balise d'ouverture.	Insertion du bloc immédiatement avant la balise d'ouverture (voir figure 7-42).
	Après la balise d'ouverture.	Insertion du bloc immédiatement après la balise d'ouverture.
	Avant la balise de fermeture.	Insertion du bloc immédiatement avant la balise de fermeture.
	Après la balise de fermeture.	Insertion du bloc immédiatement après la balise de fermeture.
	Remplacer la balise.	Le bloc remplace la balise sélectionnée dans le menu Balise.
	Comme valeur d'un attribut.	Insertion du bloc dans la balise sélectionnée dans le menu comme valeur d'attribut (voir figure 7-43). Dans ce cas, un nouveau menu déroulant Attribut apparaît, pour vous permettre de choisir l'attribut concerné.
	À l'intérieur de la balise d'ouverture.	Insertion du bloc à l'intérieur de la balise sélectionnée dans le menu Balise (voir figure 7-44).

Lors de l'utilisation d'un comportement configuré en mode d'insertion `Relatif à une balise`, l'utilisateur du comportement doit sélectionner dans un menu déroulant une des balises présentes dans la page (les balises proposées sont toutes du même type que celui sélectionné dans la zone `Balise` lors de la création du comportement ; par exemple, `<a>`).

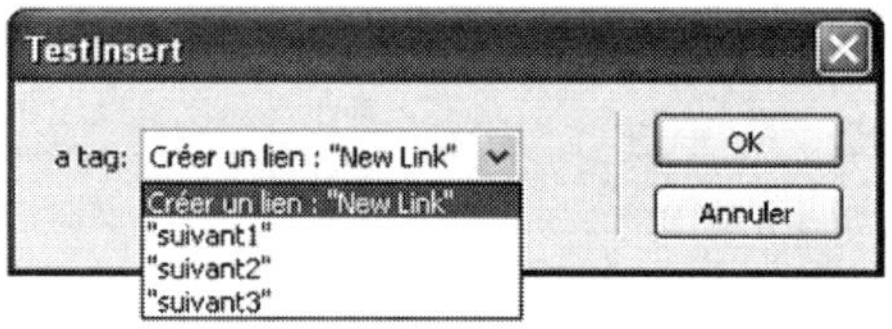

Figure 7-41
Lors de l'utilisation d'un comportement dont l'emplacement est Relatif à une balise, il faut choisir une des balises de la page.

Voici des exemples d'insertion de participant `Relatif à une balise spécifique` selon différentes valeurs sélectionnées dans le menu `Position relative` :

```
<!-- Ci-dessous Position relative = Avant la balise d'ouverture -->
<?php echo "ICI, Votre Participant" ?><a href="pagesuivante.php">suivant</a>
<!-- Ci-dessous Position relative = Après la balise d'ouverture -->
<a href="pagesuivante.php"><?php echo "ICI, Votre Participant" ?>suivant</a>
<!-- Ci-dessous Position relative = Avant la balise de fermeture -->
<a href="pagesuivante.php">suivant<?php echo "ICI, Votre Participant" ?></a>
<!-- Ci-dessous Position relative = Après la balise de fermeture -->
<a href="pagesuivante.php">suivant</a><?php echo "ICI, Votre Participant" ?>
<!-- Ci-dessous Position relative = Remplace la balise -->
<a href="pagesuivante.php">suivant</a> < !-- AVANT -->
<?php echo "ICI, Votre Participant" ?> < !-- APRES -->
<!-- Ci-dessous Position relative = Comme valeur d'attribut -->
<a class="<?php echo "ICI, Votre Participant" ?>"
href="pagesuivante.php">suivant</a>
<!-- Ci-dessous Position relative = A l'intérieur de la balise d'ouverture -->
<a <?php echo "ICI, Votre Participant" ?> href="pagesuivante.php">suivant</a>
```

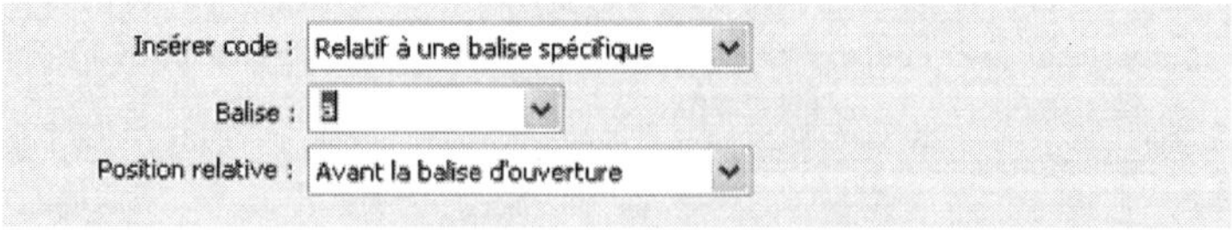

Figure 7-42
Paramétrage d'un point d'insertion Relatif à une balise avec l'option Position relative = Avant la balise d'ouverture.

Voici des exemples d'insertion de participant `Relatif à une sélection` selon différentes valeurs choisies dans le menu `Position relative` (pour les exemples ci-dessous, le texte `SELECTION` doit être sélectionné préalablement à l'utilisation du comportement) :

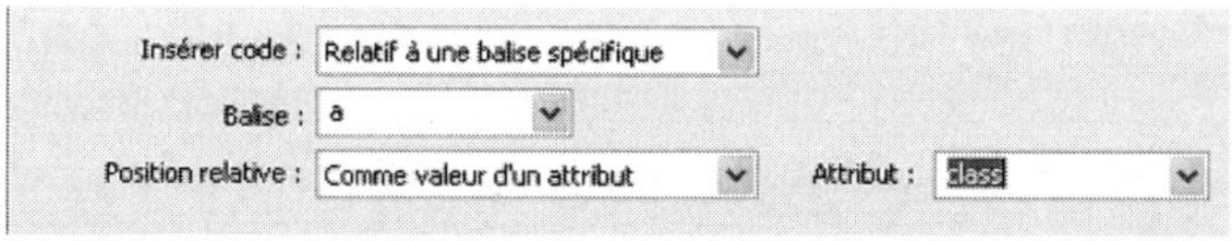

Figure 7-43
Paramétrage d'un point d'insertion Relatif à une balise avec l'option Position relative = Comme valeur d'attribut. Dans cet exemple, l'attribut class de la balise est sélectionné.

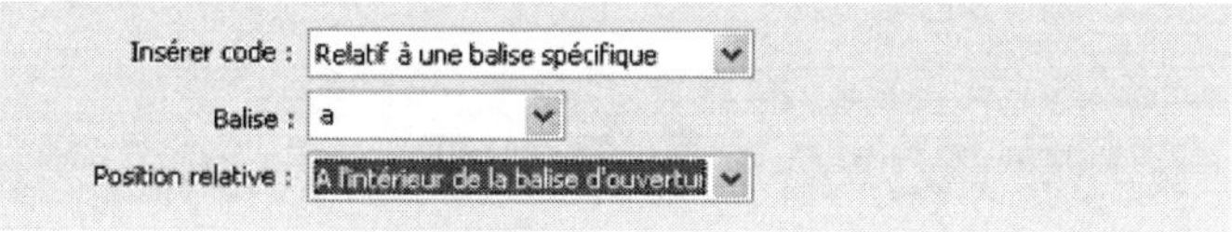

Figure 7-44
Paramétrage d'un point d'insertion Relatif à une balise avec l'option Position relative = À l'intérieur de la balise d'ouverture.

Tableau 7-4 – Tableau récapitulatif des options possibles pour définir l'endroit d'insertion d'un bloc de code relatif à une sélection

Insérer code	Position relative	Description
Relatif à une sélection (définie par l'utilisateur du comportement).	Avant la sélection.	Insertion du bloc immédiatement avant la région sélectionnée (voir figure 7-45).
	Après la sélection.	Insertion du bloc immédiatement après la région sélectionnée.
	Remplace la sélection.	Le bloc remplace la région sélectionnée.
	Envelopper la sélection.	Insertion du bloc avant et après la région sélectionnée (voir figure 7-46). Dans ce cas, le bloc doit comporter obligatoirement des balises HTML d'ouverture et de fermeture (ex : `<a href="..."></a>`).

```
<!— Ci-dessous Position relative = Avant la sélection -->
<?php echo "ICI, Votre Participant" ?>SELECTION
<!— Ci-dessous Position relative = Après la sélection -->
SELECTION<?php echo "ICI, Votre Participant" ?>
<!— Ci-dessous Position relative = Remplace la sélection -->
SELECTION < !— AVANT -->
<?php echo "ICI, Votre Participant" ?> < !— APRES -->
<!— Ci-dessous Position relative = Envelopper la sélection -->
<!— attention : dans ce cas, le participant doit comporter une balise ouvrante et
Âfermante comme l'exemple ci-dessous. Participant : <a href="pagesuite.php"></a>-
->
```

```
<a href="pagesuite.php">
SELECTION
</a>
```

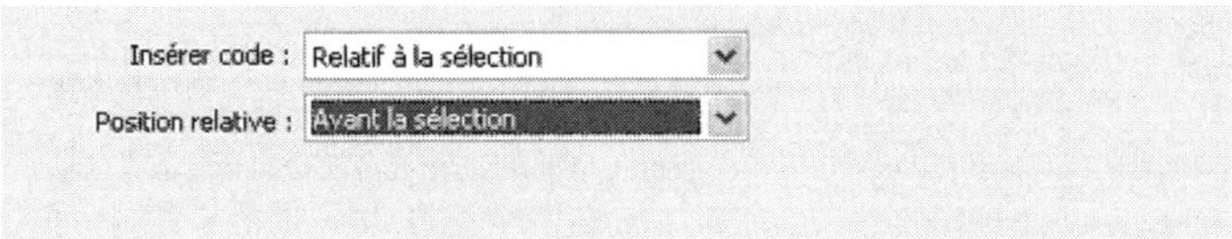

Figure 7-45
Paramétrage d'un point d'insertion Relatif à la sélection avec l'option Position relative = Avant la sélection.

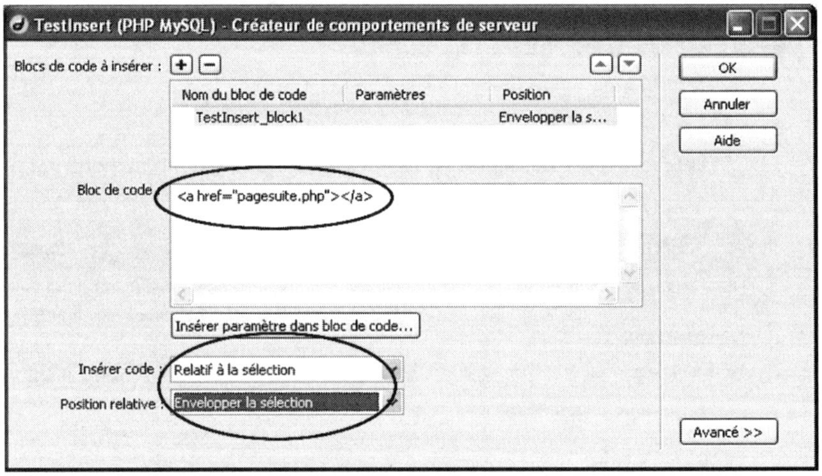

Figure 7-46
Paramétrage d'un point d'insertion Relatif à la sélection avec l'option Position relative = Enveloppe la sélection. Dans ce cas, il faut veiller à ce que le participant comporte une balise ouvrante et fermante afin qu'il puisse envelopper la sélection.

Options de configuration en mode Avancé

Pour accéder à ces options, vous devez cliquer sur le bouton `Avancé` situé en bas de la boîte de dialogue principale de configuration d'un comportement de serveur (voir figure 7-24).

Identificateur

La case à cocher `Identificateur` indique si le bloc de code doit être traité comme un identificateur (valeur par défaut) ou non. Si Dreamweaver trouve un bloc de code identificateur dans un document, il affiche automatiquement le comportement dans le panneau `Comportements de serveur`. La présence de cette option est justifiée par certaines incompatibilités qui peuvent se présenter entre comportements (par exemple un bloc de code ne doit pas être un identificateur s'il est utilisé par un autre comportement de serveur, ou s'il fournit une fonctionnalité courante qui se produit naturellement dans une page). En règle générale, nous vous conseillons cependant d'activer cette case en cochant `Identificateur`.

Titre du comportement

Le champ `Titre du comportement de serveur` indique le titre du comportement tel qu'il apparaît dans le panneau `Comportements de serveur`. Par défaut, la valeur proposée est constituée du nom du comportement suivi des paramètres ajoutés à la suite de ce nom entre parenthèses. Cela donne par exemple : `Affichage conditionné (@@ParametreCondition1@@, @@ParametreCondition2@@)`. Ce titre est répertorié dans la liste des comportements sous la même forme, mais avec les valeurs des paramètres configurées par l'utilisateur. Notre exemple peut ainsi ressembler à : `Affichage conditionné ("$var1", "5")`. Dans le cas où le nombre de paramètres devient trop important, vous pouvez les supprimer du nom du comportement serveur, mais dans la majorité des cas, nous vous suggérons de garder ce nom par défaut.

Bloc de code à sélectionner

L'option `Bloc de code à sélectionner` indique le bloc de code sélectionné lorsque l'utilisateur choisit le comportement dans le panneau `Comportements de serveur`. En pratique, si un utilisateur applique le comportement de serveur et qu'il le sélectionne ensuite dans le panneau `Comportements de serveur`, Dreamweaver sélectionne automatiquement le bloc désigné par cette option dans la fenêtre de document. Par défaut, Dreamweaver sélectionne le premier bloc de code ne se trouvant pas au-dessus de la balise `<html>`. Si tous les blocs de code sont au-dessus de la balise `<html>`, Dreamweaver sélectionne le premier. Encore une fois, sauf cas très particuliers, nous vous suggérons d'opter pour le paramétrage par défaut proposé par Dreamweaver.

Éléments pouvant être intégrés dans une boîte de dialogue de comportement

Menus de jeu et de champ

Ces deux éléments permettent d'intégrer dans un comportement utilisateur des variables issues d'un jeu d'enregistrements. Le premier type de menu (`Menu de jeu d'enregistrements`) sélectionne le jeu d'enregistrements à partir duquel vous choisissez les variables. Le deuxième type de menu (`Menu du champ d'enregistrements`) choisit un champ parmi les variables du jeu précédemment sélectionné. Lors de son utilisation, le jeu d'enregistrements doit être défini avant de créer une occurrence du comportement.

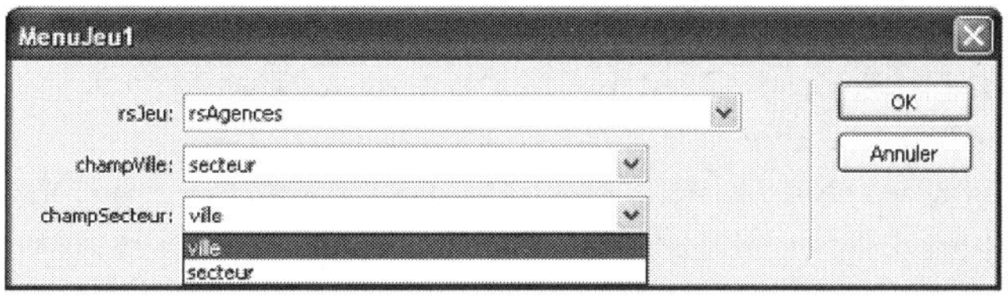

Figure 7-47
Boîte de dialogue d'un comportement de serveur utilisant un menu de jeu et deux menus de champ.

Pour illustrer ces deux menus, nous allons créer un comportement qui affiche le secteur et la ville d'une agence, à partir de la table `agences` du projet `SCORE`. La sélection de l'agence est réalisée grâce à un paramètre d'URL, `ID`, qui indique le numéro de la clé primaire de l'enregistrement désiré.

1. Ouvrez une nouvelle page PHP, cliquez sur le bouton + du panneau des `Comportements de serveur`, puis validez dans le menu `Nouveau comportement`. Sélectionnez la technologie serveur `PHP-MySQL`, puis indiquez `MenuJeu1` dans le champ du nom et validez.

2. Depuis la boîte de dialogue du `Créateur de comportements`, cliquez sur le bouton + de la zone `Bloc de code à insérer`, puis validez le nom par défaut du nouveau participant (soit `MenuJeu1_block1`).

3. Dans la zone `Bloc de code`, saisissez le code suivant :

```
<?php
echo "L'agence du secteur : ";
echo $row_rsJeu['champSecteur'];
echo " se trouve dans la ville ";
echo $row_rsJeu['champVille'];
?>
```

4. Sélectionnez le repère `rsJeu` sur la troisième ligne, et cliquez sur le bouton `Insérer paramètres dans le bloc de code`. Dans la boîte de dialogue qui s'affiche, remplacez `Param1` par `rsJeu` et validez. Une fenêtre d'alerte doit alors vous demander si vous désirez remplacer toutes les instances de `rsJeu`. Cliquez sur le bouton `Oui` pour valider la suggestion. Vérifiez dans la zone `Bloc de code` que les deux repères `rsJeu` sont bien remplacés par des marqueurs `@@rsJeu@@`. Sélectionnez ensuite successivement les repères `champSecteur` et `champVille` pour les remplacer par des marqueurs `@@champSecteur@@` et `@@champVille@@`, en suivant la même procédure.

5. Configurez les deux menus déroulants de paramétrage de l'endroit d'insertion du participant, en sélectionnant les options `Relatif à la sélection` pour le menu `Insérer code` et `Remplacer la sélection` pour le menu `Position relative`. Cliquez ensuite sur le bouton `Suivant` pour valider la création (voir figure 7-48).

6. Comme nous avons trois paramètres d'exécution, la boîte `Générer une boîte de dialogue` apparaît. Sélectionnez le premier paramètre et cliquez sur la petite flèche à droite de la ligne. Dans le menu déroulant qui s'affiche, sélectionnez `Menu de jeu d'enregistrements`, car ce paramètre doit correspondre au jeu d'enregistrements qui fournit les variables des champs. Sur les deuxième et troisième lignes, renouvelez cette opération, mais en sélectionnant cette fois l'option `Menu de champ d'enregistrements`, car ces deux paramètres doivent correspondre à deux des champs du jeu précédemment sélectionné. Validez votre configuration en cliquant sur `OK` (figure 7-49).

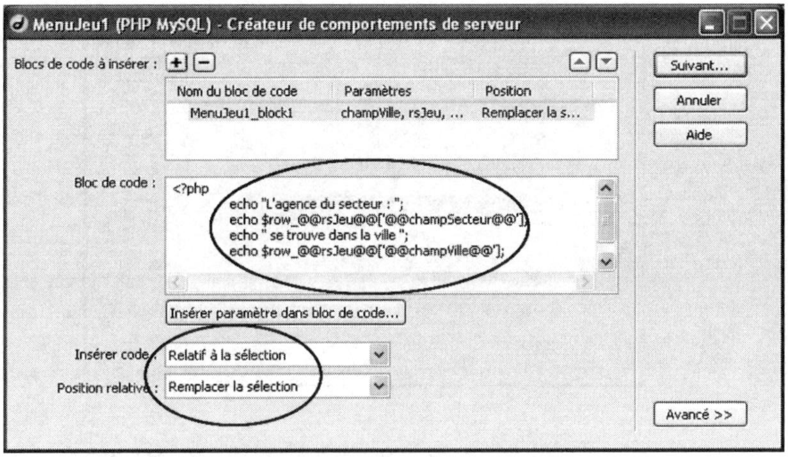

Figure 7-48
Pour ce comportement, nous avons inséré trois paramètres d'exécution dans le code (rsJeu, champSecteur, champVille) et configuré les menus Insérer le code et Position relative de sorte que le code remplace la zone sélectionnée au préalable.

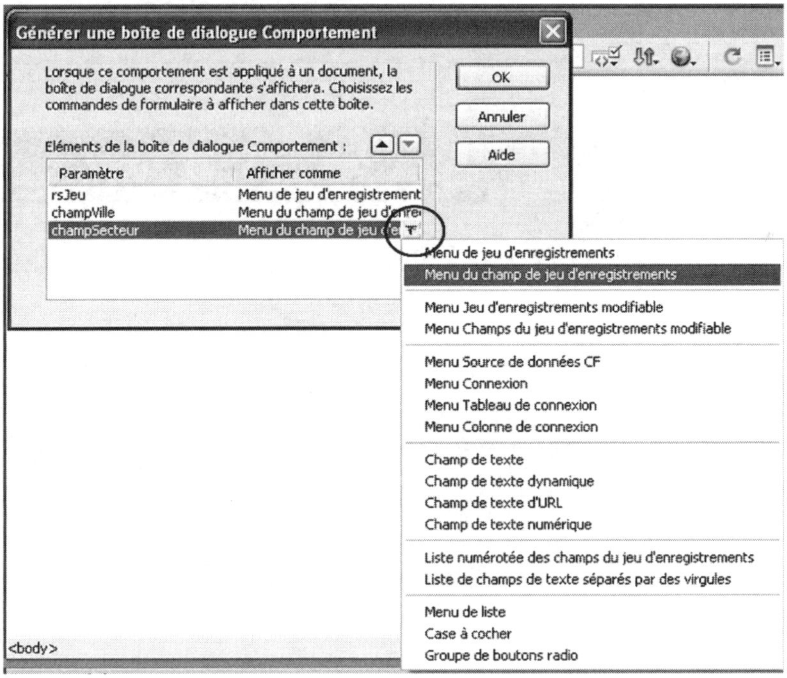

Figure 7-49
Dans la fenêtre Générer une boîte de dialogue Comportement, sélectionnez le type adapté à chaque paramètre (Menu jeu d'enregistrements et Menu champ d'enregistrements).

7. Créez un jeu d'enregistrements `rsAgence` visant à disposer des champs `ville` et `secteur` de la table `agences`, en fonction de la valeur d'une variable d'URL, nommée `ID`, qui détermine la clé primaire de l'enregistrement à afficher (figure 7-50).

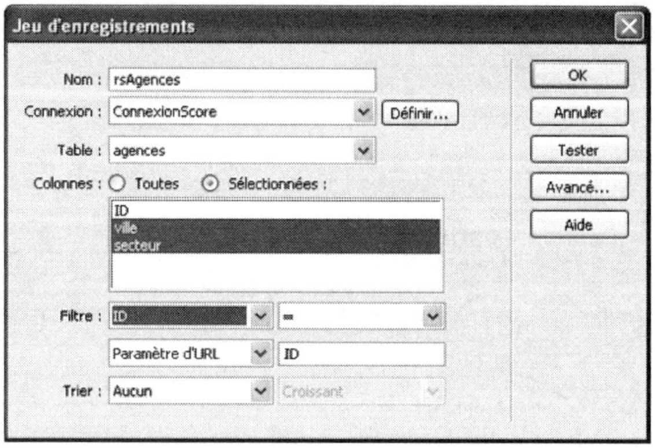

Figure 7-50

La création d'une nouvelle occurrence du comportement nécessitant la présence d'un jeu d'enregistrements, nous allons créer, pour la démonstration, un jeu rsAgences qui retourne la ville et le secteur d'un enregistrement de la table agences, selon la clé primaire définie par un paramètre d'URL nommé ID.

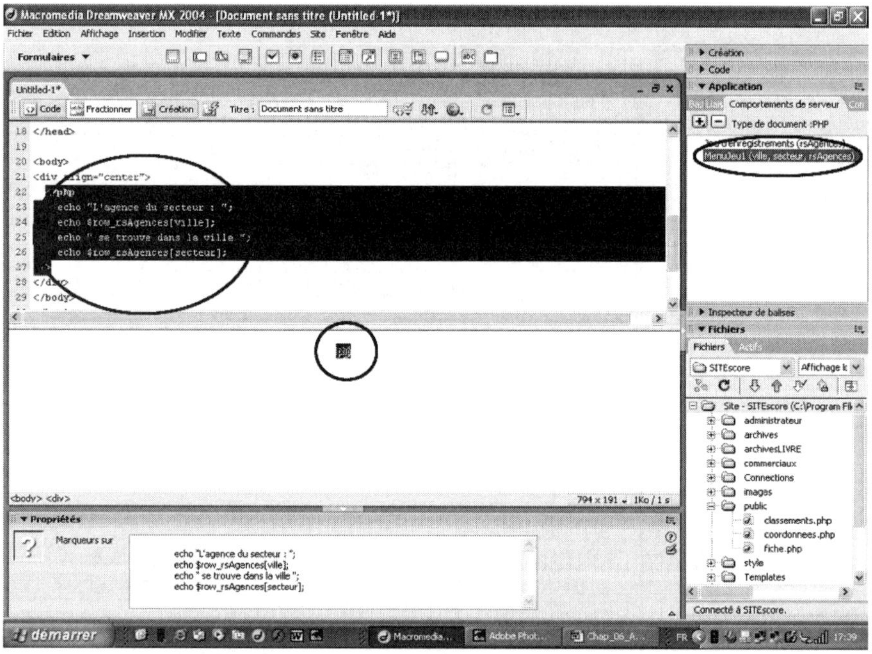

Figure 7-51

Le nouveau comportement doit apparaître dans le panneau Comportements de serveur, et le participant doit être intégré à l'endroit de la page qui avait été défini par la sélection.

8. Une fois le jeu d'enregistrements en place (vérifiez qu'il apparaît bien dans la fenêtre `Comportements de serveur`), nous pouvons créer une occurrence du nouveau comportement. Pour cela, saisissez un mot en haut de la page (« `ICI` », par exemple), sélectionnez-le, puis cliquez sur le bouton + du panneau `Comportements de serveur`, et choisissez le nouveau comportement `MenuJeu1`. Dans sa boîte de dialogue, sélectionnez d'abord le jeu d'enregistrements `rsAgences`, puis les champs `secteur` et `ville` dans les deux autres menus du bas (voir figure 7-47). Validez votre configuration en cliquant sur le bouton `OK`.

9. Vérifiez que le nouveau comportement se trouve bien indexé dans le panneau `Comportements de serveur`, et que le participant a bien été intégré dans le code source de la page HTML à l'endroit désiré (voir figure 7-51).

10. Nous allons ensuite cliquer sur le bouton `Live Data`, afin de nous assurer du bon fonctionnement du comportement. Si vous saisissez par exemple le paramètre d'URL `ID=2`, vous devez avoir l'affichage d'un texte semblable à celui de l'écran de la figure 7-52.

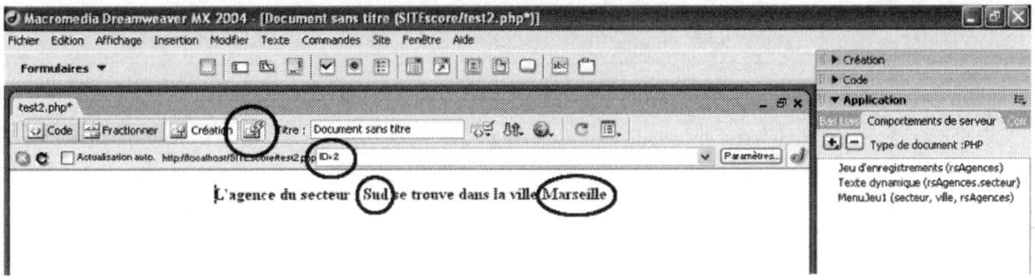

Figure 7-52
En mode Live Data, si vous saisissez le paramètre d'URL ID=2 dans la boîte de dialogue, votre page dynamique doit afficher des informations semblables à la figure ci-dessus.

Menus de jeu et de champ d'enregistrements modifiables

Ces deux menus sont semblables aux précédents, sauf qu'ils seront modifiables par l'utilisateur.

Menus connexion, table de connexion et colonne de connexion

Ces trois éléments servent à établir une liaison à la base de données complètement paramétrable, qui nous permet de construire nos propres jeux d'enregistrements. Pour illustrer leur mise en œuvre, nous allons créer une boîte de dialogue définissant la connexion à utiliser, la table concernée par la requête, et le champ qu'on désire retrouver dans le jeu d'enregistrements. Pour sélectionner l'enregistrement et exploiter le champ récupéré par le jeu, nous ajouterons deux constantes non paramétrables afin de ne pas surcharger le script de démonstration ; mais nous pourrions très bien utiliser deux autres paramètres d'exécution pour réaliser une application complète par la suite.

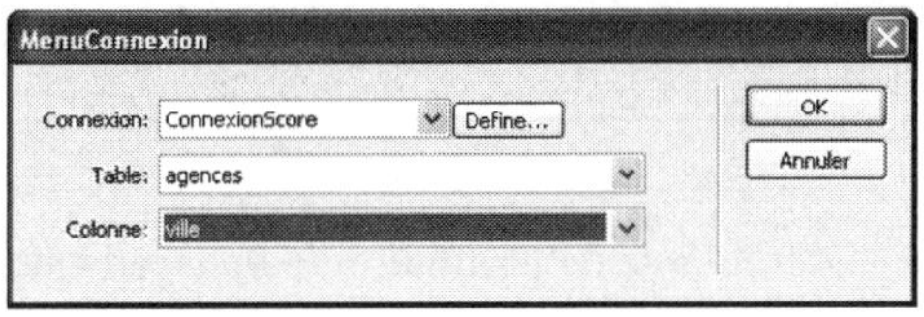

Figure 7-53
Boîte de dialogue d'un comportement de serveur utilisant des menus connexion, table et colonne.

1. Ouvrez une nouvelle page PHP, cliquez sur le bouton + du panneau `Comportements de serveur` et validez dans le menu `Nouveau comportement`. Sélectionnez la technologie serveur `PHP-MySQL`, indiquez `MenuConnexion` dans le champ du nom et validez.

2. Cliquez sur le bouton +, puis validez le nom par défaut du nouveau participant. Dans la zone `Bloc de code`, saisissez les lignes suivantes :

```
<?php
mysql_select_db($database_Connexion, $Connexion);
$query_rsJeu2="SELECT Colonne FROM Table WHERE ID=2";
$rsJeu2=mysql_query($query_rsJeu2, $Connexion) or die(mysql_error());
$row_rsJeu2=mysql_fetch_assoc($rsJeu2);
echo $row_rsJeu2['Colonne'];
?>
```

3. Sélectionnez le repère `Connexion` sur la deuxième ligne et cliquez sur le bouton `Insérer paramètres dans le bloc de code`. Dans la boîte de dialogue qui s'affiche, remplacez `Param1` par `Connexion` et validez. Une fenêtre d'alerte doit alors vous demander si vous désirez remplacer toutes les instances de `Connexion`. Cliquez sur le bouton `Oui` pour accepter la suggestion. Vérifiez dans la zone `Bloc de code` que les quatre repères `Connexion` sont bien remplacés par des marqueurs `@@Connexion@@`. Sélectionnez ensuite successivement les repères `Colonne` et `Table` pour les remplacer par des marqueurs `@@Colonne@@` et `@@Table@@` en suivant la même procédure (voir figure 7-54).

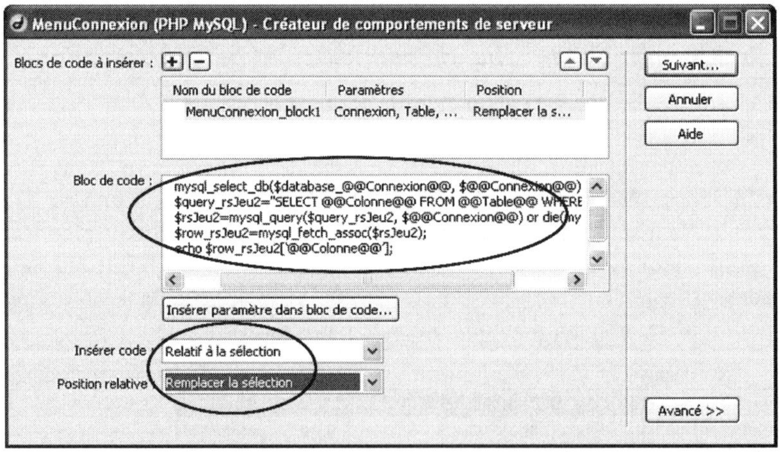

Figure 7-54
Pour ce comportement, nous avons inséré trois paramètres d'exécution dans le code (Connexion, Table, Colonne) et configuré les menus Insérer le code et Position relative de sorte le code remplace la zone sélectionnée au préalable.

4. Configurez les deux menus déroulants de paramètrage de l'endroit d'insertion du participant, en sélectionnant les options `Relatif à la sélection` pour le menu `Insérer code`, et `Remplacer la sélection` pour le menu `Position relative`. Cliquez ensuite sur le bouton `OK` pour valider la création.

5. Comme nous avons encore des paramètres d'exécution, la boîte `Générer une boîte de dialogue` apparaît. Sélectionnez le premier paramètre et cliquez sur la petite flèche à

droite de la ligne. Dans le menu déroulant qui s'affiche, sélectionnez `Menu connexion`, car ce paramètre doit correspondre à la connexion qu'on utilisera pour se relier à la base de données. Sur la deuxième puis la troisième ligne, renouvelez la même opération, mais en choisissant cette fois l'option `Menu table de connexion` pour le marqueur `Table`, et l'option `Menu colonne de connexion` pour le marqueur `Colonne` (voir figure 7-55). Validez votre configuration en cliquant sur `Suivant`.

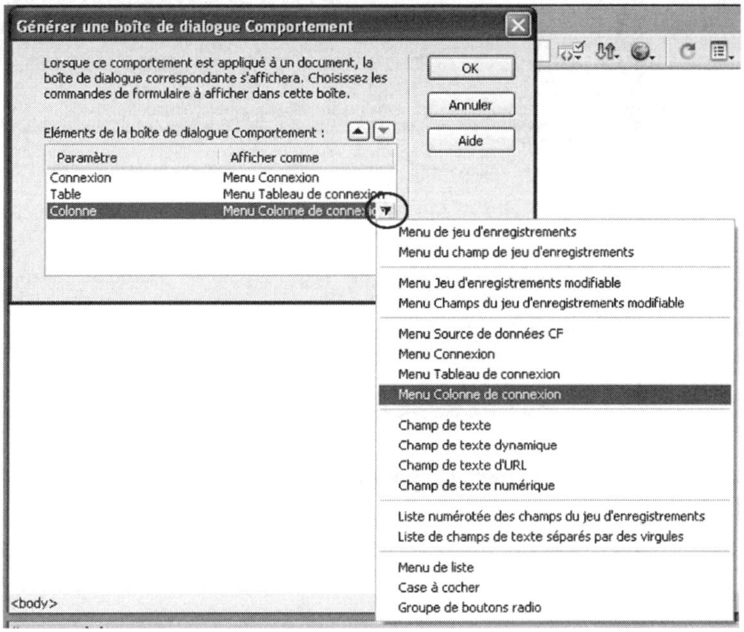

Figure 7-55
Dans la fenêtre Générer une boîte de dialogue Comportement, sélectionnez le type adapté à chaque paramètre (Menu Connexion, Menu Table de connexion et Menu Colonne).

6. Le nouveau comportement étant en place, nous pouvons maintenant créer une occurrence. Pour cela saisissez un mot en haut de la page (« `ICI` », par exemple), sélectionnez-le, puis cliquez sur le bouton + du panneau `Comportements de serveur` et sélectionnez le nouveau comportement `MenuConnexion`. Dans sa boîte de dialogue, choisissez d'abord la connexion `ConnexionScore` dans le menu `Connexion`, puis la table `agences` dans le menu `Table` et enfin la colonne `ville` dans le menu `Colonne` (voir figure 7-53). Validez votre configuration en cliquant sur le bouton `OK`.
7. Vérifiez que le nouveau comportement se trouve bien indexé dans le panneau `Comportements de serveur`, et que le participant a bien été intégré dans le code source de la page HTML à l'endroit désiré (voir figure 7-56).
8. Cliquez ensuite sur le bouton `Live Data`, afin de vous assurer du bon fonctionnement du comportement de connexion à la base de données. Comme les critères de sélection de l'enregistrement ne sont pas paramétrables, vous devez voir immédiatement le nom `Mar-`

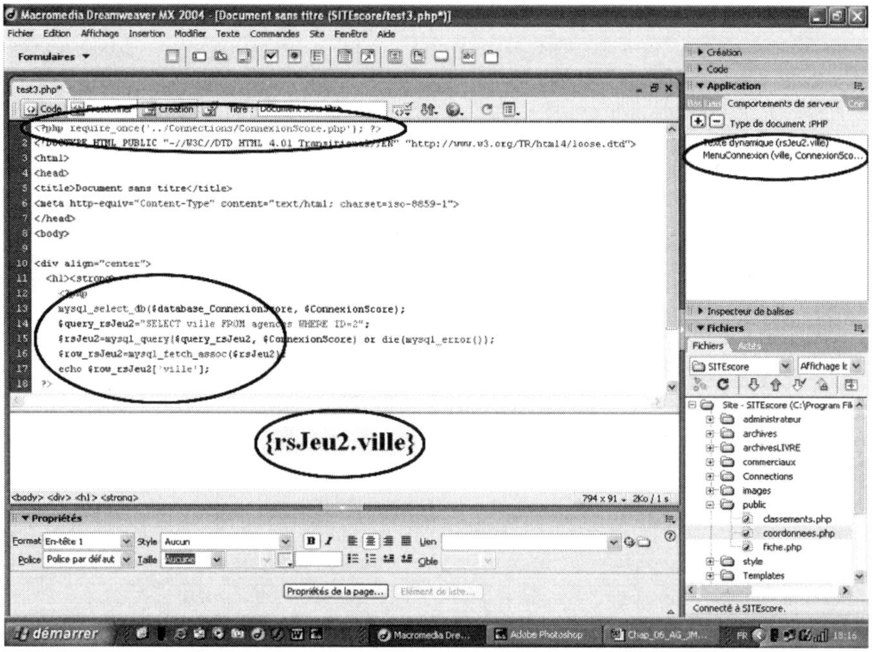

Figure 7-56
Le nouveau comportement doit apparaître dans le panneau Comportements de serveur, et le participant doit être intégré à l'endroit de la page qui avait été défini au préalable.

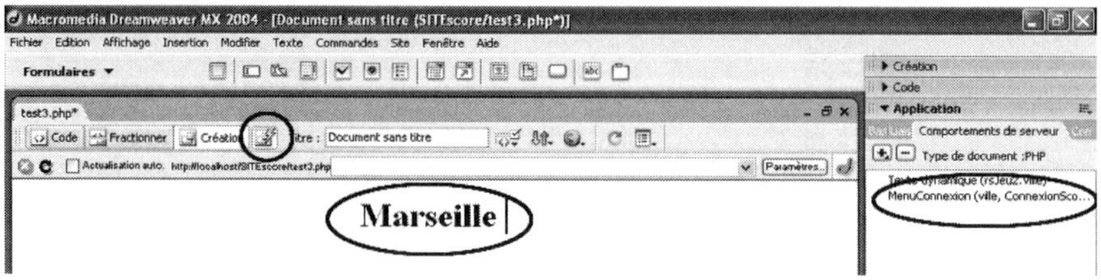

Figure 7-57
En mode Live Data, si le nom Marseille s'affiche à l'écran, votre nouveau comportement fonctionne correctement.

`seille` s'afficher à l'écran (voir figure 7-57). À noter que si la page ne comporte pas encore de jeu d'enregistrements, il conviendra d'ajouter, en haut du code, la ligne ci-après pour indiquer le chemin du fichier de paramétrage de la connexion `Score` :

```
<?php require_once('../Connections/ConnexionScore.php'); ?>
```

Champ texte

Le champ de texte est le champ de saisie d'une donnée standard. Il est utilisé par défaut dans un grand nombre de cas, pour saisir un paramètre standard (variable ou valeur) afin de l'exploiter au sein d'un comportement de serveur.

Figure 7-58
Boîte de dialogue d'un comportement de serveur utilisant un champ texte standard.

Champ de texte dynamique

Le champ de texte dynamique récupère toutes les données dynamiques présentes dans le panneau `Liaisons` (variables de jeu d'enregistrements, d'URL, de cookie, de session, de formulaire...). Soyez toutefois très prudent dans l'intégration de ce type de champ dans une boîte de dialogue de comportement, car si vous désirez intégrer la variable dans un bloc déjà encadré par ses balises PHP, il faut supprimer manuellement les balises PHP ajoutées par défaut dans le champ `Code` lors de la capture de la variable (voir figure 7-59). Si vous omettez de le faire, vous risquez de provoquer une redondance de balises PHP lors de son intégration dans le code du bloc. Dans le cas d'une utilisation limitée à votre propre usage, vous pouvez néanmoins l'exploiter si vous n'oubliez pas de supprimer ces balises manuellement. Cependant, si vous comptez diffuser ce comportement, il faut impérativement y insérer des scripts de traitement afin d'éviter ce type d'erreur.

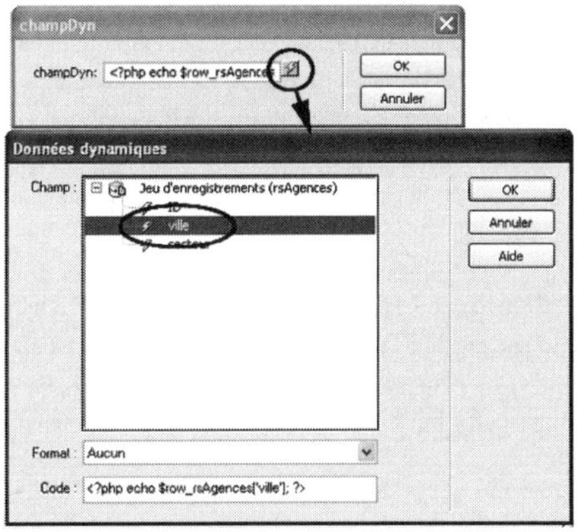

Figure 7-59
Boîte de dialogue d'un comportement de serveur utilisant un champ texte dynamique.

Champ de texte d'URL

Le champ de texte d'URL permet d'intégrer un élément adapté à la capture ou la saisie d'un lien d'URL. Le champ est doté d'un bouton `Parcourir`, qui ouvre une fenêtre `Sélectionner un fichier`, et capture ainsi directement le chemin du fichier. Pour illustrer son utilisation, nous allons réaliser un petit comportement qui permet de paramétrer l'attribut `href` d'une balise `<a>` dans une boîte de dialogue d'un comportement de serveur.

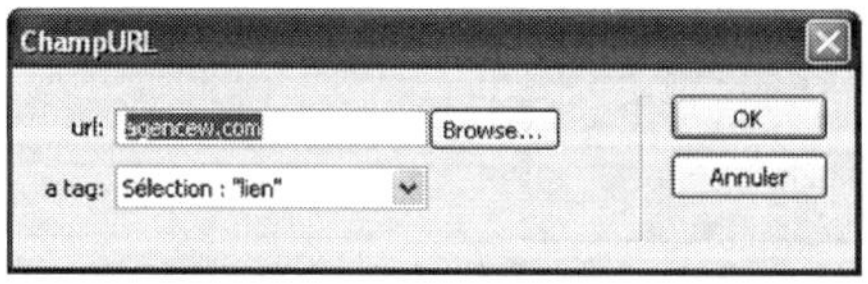

Figure 7-60
Boîte de dialogue d'un comportement de serveur utilisant un champ texte d'URL.

1. Ouvrez une nouvelle page PHP, cliquez sur le bouton + du panneau `Comportements de serveur` et validez dans le menu `Nouveau comportement`. Sélectionnez la technologie serveur `PHP-MySQL`, puis indiquez `champUrl` dans le champ du nom et validez votre choix.
2. Depuis la boîte de dialogue du `Créateur de comportements`, cliquez sur le bouton + de la zone `Bloc de code à insérer`, puis validez le nom par défaut du nouveau participant (soit `champUrl_block1`).
3. Dans la zone `Bloc de code`, saisissez le code suivant :

```
<?php
echo "http://www.url";
?>
```

4. Sélectionnez le repère `url` sur la deuxième ligne, et cliquez sur le bouton `Insérer paramètres dans le bloc de code`. Dans la boîte de dialogue qui s'affiche, remplacez `Param1` par `url` et validez. Une fenêtre d'alerte doit alors vous demander si vous désirez remplacer toutes les instances de `url`. Cliquez sur `Oui` pour valider la suggestion. Vérifiez, dans la zone `Bloc de code`, que le repère `url` a bien été remplacé par le marqueur `@@url@@` (voir figure 7-61).
5. En bas de la boîte de création, nous allons ensuite configurer le premier menu déroulant `Insérer code` en choisissant l'option `Relatif à une balise`, et le menu `Balise` en sélectionnant la balise `<a>`. Configurez le menu `Position relative` avec l'option `Comme valeur d'un attribut`, et le menu déroulant `Attribut` avec `href`. Cliquez ensuite sur le bouton `Suivant` pour valider la création.
6. Dans la fenêtre `Générer une boîte de dialogue` qui apparaît, sélectionnez le paramètre `url` et cliquez sur la petite flèche à droite de la ligne. Dans le menu déroulant qui s'affiche, sélectionnez `Champ texte d'URL` comme type d'élément de saisie. D'autre part, comme nous avons configuré le menu `Insérer code` avec l'option `Relatif à une balise`, Dreamweaver a ajouté automatiquement un deuxième paramètre, que nous laisserons avec son type par défaut, `Tag Menu`. Validez votre configuration en cliquant sur `OK` (voir figure 7-62).
7. Avant de créer une occurrence du nouveau comportement, vous allez créer un lien hypertexte avec pour zone cliquable le mot `lien` (voir figure 7-63). Sélectionnez ensuite ce lien hypertexte puis cliquez sur le bouton + du panneau `Comportements de serveur` pour sélectionner le nouveau comportement `champUrl` dans la liste. Dans la boîte de dialogue

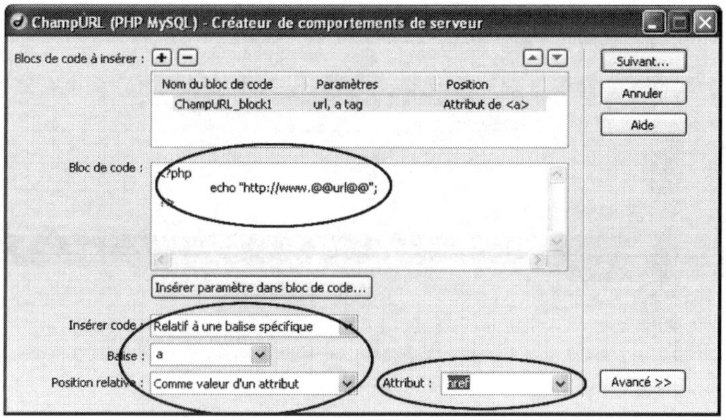

Figure 7-61
Les paramétrages de ce Créateur de comportements permettent d'intégrer une adresse d'URL dans l'attribut href d'une balise <a>.

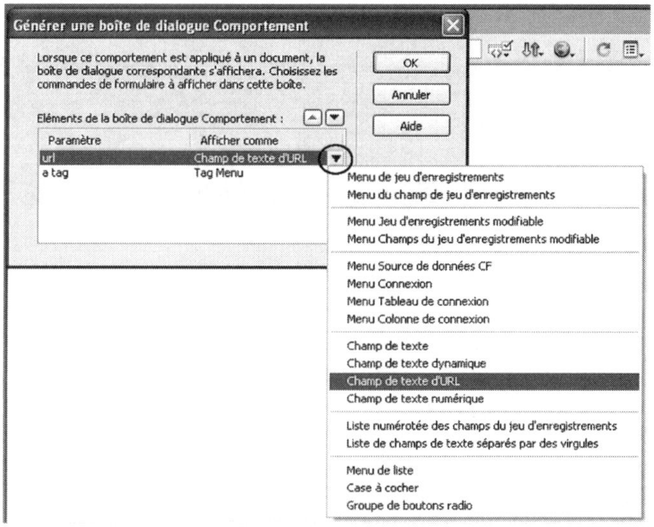

Figure 7-62
Dans la fenêtre Générer une boîte de dialogue Comportement, sélectionnez le type adapté à chaque paramètre (Champ texte d'URL pour le paramètre url, et Menu Tag pour le paramètre a tag qui a été ajouté automatiquement par Dreamweaver).

du comportement, saisissez une URL (par exemple `agencew.com`) et validez votre choix en cliquant sur le bouton `OK` (voir figure 7-60).

8. Vérifiez que le nouveau comportement se trouve bien indexé dans le panneau `Comportements de serveur` et que le participant a bien été intégré dans le code source de la page HTML à l'endroit désiré (voir figure 7-63).

9. Pour tester ce comportement, il faut cette fois enregistrer votre page et l'appeler depuis le navigateur de votre Web local. Le lien hypertexte doit être actif et si vous affichez le code source, vous devez obtenir le code ci-dessous :

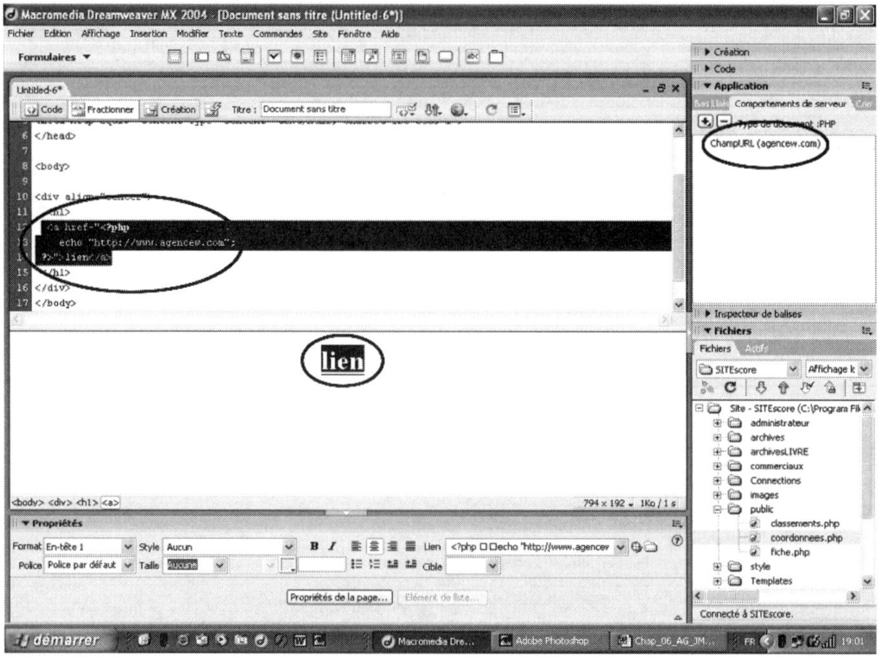

Figure 7-63
Le nouveau comportement doit apparaître dans le panneau Comportements de serveur et le participant doit être intégré à l'endroit de la page qui avait été défini au préalable.

```
<body>
<a href="http://www.agencew.com">lien</a>
</body>
```

Champ de texte numérique

On utilise le champ de texte numérique pour la saisie de paramètres numériques de petite taille (voir figure 7-64).

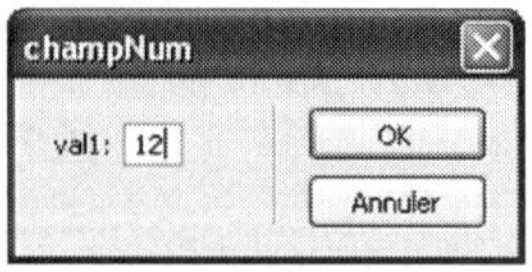

Figure 7-64
Boîte de dialogue d'un comportement de serveur utilisant un champ texte numérique.

Listes de champs

Dreamweaver propose aussi deux éléments destinés à la saisie de listes de champs (voir figures 7-65 et 7-66).

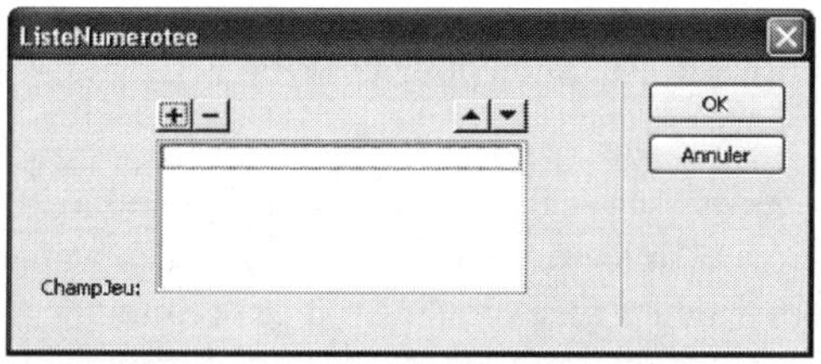

Figure 7-65
Boîte de dialogue d'un comportement de serveur utilisant un élément pour la saisie d'une liste numérotée des champs d'un jeu.

Figure 7-66
Boîte de dialogue d'un comportement de serveur utilisant un élément pour la saisie d'une liste de champs texte séparés par des virgules.

Menus-listes, case à cocher, groupe de case à cocher

Des éléments de formulaire classiques comme les menus-listes, les cases à cocher ou encore les groupes de boutons radio peuvent être intégrés aux boîtes de dialogue des comportements pour sélectionner des options (voir figures 7-67, 7-68 et 7-69).

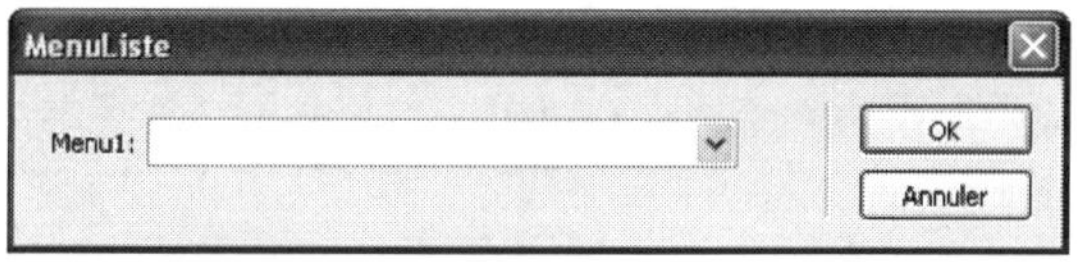

Figure 7-67
Boîte de dialogue d'un comportement de serveur utilisant un menu-liste.

Figure 7-68
Boîte de dialogue d'un comportement de serveur utilisant une case à cocher.

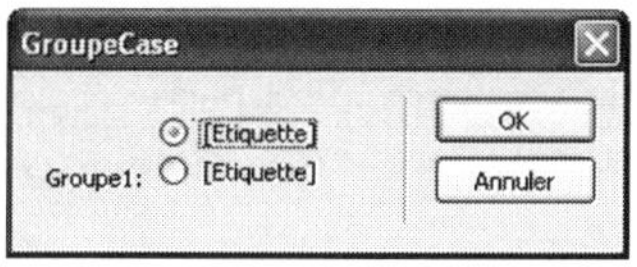

Figure 7-69
Boîte de dialogue d'un comportement de serveur utilisant un groupe de boutons radio.

Test d'un nouveau comportement de serveur utilisateur

Avant de créer de nombreuses occurrences de votre nouveau comportement ou encore de le communiquer à une autre personne, il est important de bien le tester pour vous assurer qu'il fonctionne correctement dans différents contextes et avec différentes valeurs. Vous trouverez ci-dessous quelques vérifications à effectuer pour essayer votre nouveau comportement de serveur.

À partir du panneau `Comportements de serveur`, appliquez le nouveau comportement à une page test en le configurant avec diverses valeurs. Essayez des valeurs usuelles dans un premier temps, mais aussi des valeurs aléatoires afin d'expérimenter tous les cas possibles. Par exemple, vous pouvez laisser le champ vide, saisir des chiffres élevés ou négatifs ou des caractères non autorisés (tels que `/`, `?`, `:`, `*`...) ou encore entrer des lettres dans les champs de type numérique. Vérifiez ensuite les points ci-dessous.

- Vérifiez qu'aucune erreur ne se produit lorsque vous appliquez le comportement.
- Dans le panneau `Comportements de serveur`, vérifiez que le nom du comportement s'affiche dans la liste des comportements ajoutés à la page, et qu'il n'est pas précédé du symbole `!` qui signale une erreur.
- Dans l'inspecteur de code (mode d'affichage `Code`), vérifiez que le code d'exécution du comportement de serveur apparaît bien, et qu'aucun code non valide n'est mis en évidence par la coloration syntaxique PHP.
- Dans la fenêtre `Document` en mode `Création`, vérifiez que les icônes de script côté serveur apparaissent sur la page (icônes PHP). Pour les voir, activez `Affichage>Assistances visuelles>Éléments invisibles`.
- Si votre comportement de serveur insère dans le document un code établissant une connexion à une base de données, créez une base de données d'évaluation pour tester le code inséré. Vérifiez la connexion en définissant des requêtes produisant des jeux de données de différents types et de tailles variées.
- Depuis votre serveur Web (après l'avoir enregistré sur votre Web local ou téléchargé sur votre serveur Web distant), ouvrez votre page dans un navigateur. Affichez le code source HTML de la page et vérifiez qu'aucune balise HTML non valide n'a été ajoutée par les scripts côté serveur.

Procédure de modification ou de suppression d'un comportement de serveur utilisateur

Vous pouvez modifier tout comportement de serveur créé à partir de la fenêtre `Créateur de comportements de serveur`. En revanche, les comportements standards livrés à l'installation par Dreamweaver ne peuvent pas être changés.

1. Dans le panneau `Comportements de serveur` (`Fenêtre>Comportements de serveur`), cliquez sur le bouton `+` et choisissez `Modifier le comportement de serveur` dans le menu contextuel.

2. La boîte de dialogue `Modifier le comportement de serveur` s'affiche (voir figure 7-70). Elle répertorie tous les comportements de serveur utilisateur exploitant la technologie PHP-MySQL (que vous les ayez vous-même créés ou bien téléchargés depuis un site Internet). À cette étape, vous pouvez sélectionner un comportement de serveur pour le modifier (dans ce cas, cliquez sur le bouton `Modifier`) ou pour le supprimer (dans ce cas, cliquez sur le bouton `Supprimer`).

Figure 7-70
Lors de la modification ou de la suppression d'un comportement, une première boîte de dialogue vous permet de choisir le comportement désiré parmi les différents comportements utilisateur disponibles. Vous pouvez ensuite cliquer sur le bouton Supprimer ou Modifier selon l'action désirée.

3. Si vous avez déjà utilisé le comportement, et que vous désirez le modifier, une fenêtre d'alerte affiche le message de la figure 7-71. En effet, si vous appliquez un comportement à une page et que vous le changez dans Dreamweaver, le nom de l'ancien comportement disparaît du panneau `Comportements de serveur`. Pour expliquer cela, il faut rappeler que Dreamweaver recherche dans la page le code correspondant aux participants des comportements de serveur connus. Si le code d'un comportement de serveur connu du panneau change, le panneau ne reconnaît plus les versions antérieures du comportement dans la page. Si vous désirez que les anciennes et les nouvelles versions du comportement s'affichent dans le panneau, il faut créer un nouveau comportement en choisissant `Créez une copie de l'ancien comportement` lors de sa création. Maintenant que vous êtes averti des risques d'une telle action, cliquez sur `OK` pour valider la fenêtre d'alerte.

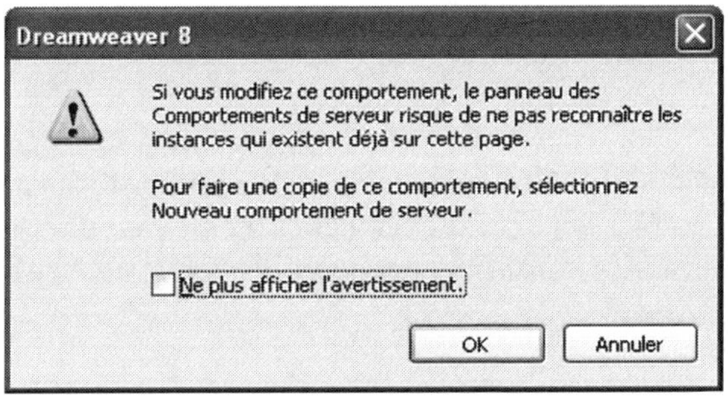

Figure 7-71
Avant d'accéder à la boîte de dialogue du créateur de comportements, une fenêtre d'alerte vous rappelle les risques de modifier un comportement qui a déjà été exploité.

4. Dans la boîte de dialogue du **Créateur de comportements**, sélectionnez le participant à modifier dans la zone **Bloc de code à insérer** (pour notre exemple, nous retenons le participant **Affichage conditionn_block1**). Vous pouvez alors rectifier le code ou les marqueurs de paramètres (ou en ajouter de nouveaux), changer l'endroit où ce participant est inséré, en choisissant une autre option dans le menu déroulant **Insérer code** puis dans le menu **Position relative**. Dans notre exemple, nous allons nous contenter d'ajouter une ligne de commentaire rappelant le nom du comportement, afin qu'il apparaisse à tous les endroits du code où il sera inclus (voir figure 7-72). Validez ensuite votre modification en cliquant sur le bouton **Suivant**. Il est à noter que si vous n'aviez pas de paramètres d'exécution intégrés dans votre **comportement**, le bouton serait intitulé **OK** et validerait immédiatement vos modifications, en créant un nouveau comportement sans boîte de dialogue écrasant le précédent. Vous trouverez ci-dessous la modification apportée au participant **Affichage conditionn_block1** de notre exemple :

```
<?php
//Comportement Affichage conditionné
if(@@ParametreCondition1@@ == @@ParametreCondition2@@)
  {//début du bloc conditionné
  ?>
```

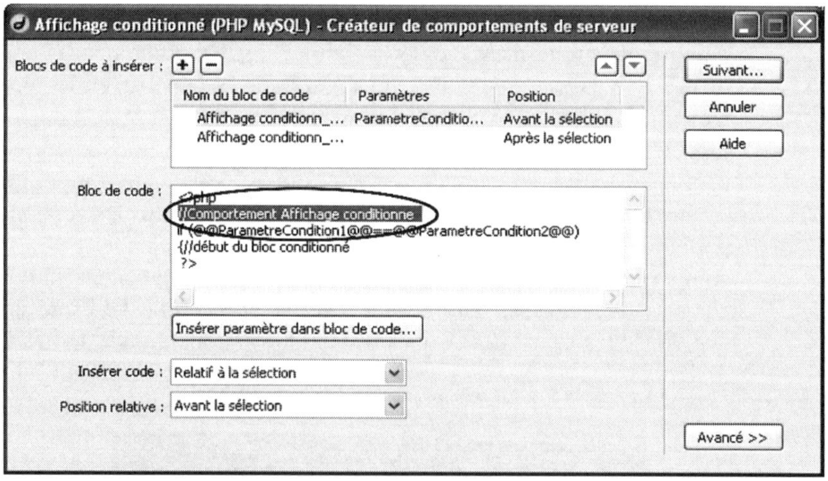

Figure 7-72
Depuis la boîte de dialogue du Créateur de comportements, vous pouvez réaliser toutes les modifications liées au comportement, en suivant la même procédure que lors de la création.

5. Dans le cas d'un comportement comportant des paramètres d'exécution (c'est le cas de l'exemple), une fenêtre intitulée **Générer une boîte de dialogue** apparaît à l'écran (voir figure 7-73). Vous pouvez apporter d'éventuelles modifications au contenu de la boîte de dialogue. Cliquez ensuite sur **OK** afin que Dreamweaver crée une nouvelle boîte de dialogue qui écrase la précédente.

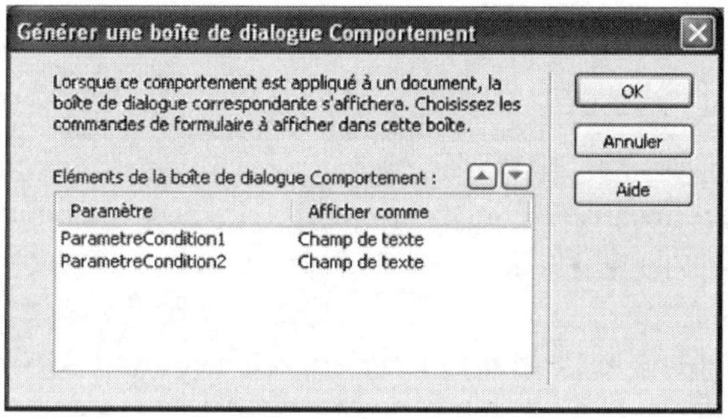

Figure 7-73
La fenêtre Générer une boîte de dialogue permet de modifier la configuration de la boîte de dialogue spécifique au comportement.

6. Le comportement modifié doit maintenant être accessible depuis le menu + du panneau des comportements de serveur. Cependant, nous vous rappelons que si vous aviez déjà appliqué un comportement à une page et que vous venez de le modifier, le nom de l'ancien comportement répertorié dans le panneau `Comportements de serveur` disparaît. Si vous n'aviez pas pris la précaution de supprimer les anciennes occurrences de ce comportement avant de le changer, vous avez toujours la possibilité de les détruire directement dans le code source de la page pour ensuite les recréer avec la nouvelle version, afin qu'ils puissent être de nouveau indexés dans la fenêtre du panneau `Comportements de serveur`.

Les extensions Dreamweaver 8

Une extension est un logiciel que vous pouvez intégrer à Dreamweaver 8 pour en améliorer les fonctions. Le nom d'un fichier d'extension se termine par le suffixe `.mxp`. Un fichier d'extension contient tous les fichiers dont vous avez besoin pour installer et utiliser l'extension dans Dreamweaver.

Macromedia propose différents types d'extensions. Elles peuvent contenir de nouveaux comportements, du code HTML, des commandes JavaScript ou encore de nouveaux panneaux flottants. De même, toutes les applications Macromedia qui prennent en charge *Extension Manager* peuvent utiliser des extensions de police pour installer de nouvelles polices de caractères sur le disque dur de votre ordinateur.

Exploitation de nouvelles extensions Dreamweaver 8

Depuis le site *Exchange* de Macromedia, www.macromedia.com/exchange (en anglais), ou depuis d'autres sites dédiés à l'usage de Dreamweaver MX et de PHP, comme www.phpmx.com (en français), vous pouvez télécharger de nouveaux comportements de serveur, de nombreux fragments de code et de multiples applications qui vous permettront de développer des sites dynamiques avancés.

Téléchargement et installation d'une extension

Si vous désirez ajouter une nouvelle fonction à Dreamweaver, vous devez d'abord télécharger l'extension correspondante sur votre ordinateur. Commencez par la rechercher en vous connectant sur le site *Exchange* de Macromedia ou sur un autre site de ressources en ligne. Une fois votre extension localisée, cliquez sur son icône ou sur le bouton `Download` associé. Une boîte de dialogue apparaît alors à l'écran, dans laquelle vous pouvez choisir entre pour deux solutions.

- **Télécharger le fichier de l'extension et l'enregistrer sur le disque de votre ordinateur.** Ainsi, vous disposez d'un fichier de sauvegarde au cas où vous devriez réinstaller l'extension ultérieurement. Enregistrez-la dans le dossier `Extensions` de Dreamweaver (par exemple, sous Windows : `Programme Files/Macromedia/Dreamweaver 8/Downloaded Extensions/`). Après le téléchargement, double-cliquez sur l'icône du fichier extension pour l'installer dans Dreamweaver 8.
- **Ouvrir le fichier de l'extension directement à partir de son emplacement sur le Web, au lieu de le télécharger.** Le cas échéant, *Extension Manager* démarre automatiquement pour vous permettre d'installer l'extension. Avec cette solution, vous ne conservez aucune copie du fichier de l'extension pour un usage ultérieur.

Gestion des extensions avec Extension Manager

Extension Manager est l'utilitaire qui vous accompagne dans l'installation de nouvelles extensions et pour la gestion de celles déjà présentes. Il contient aussi des fonctions d'assistance pour Dreamweaver 8, Fireworks 8 et Flash 8.

Extension Manager ne se limite pas au téléchargement et à la gestion de comportements ; il prend aussi en charge de nouveaux types d'extensions de Dreamweaver 8 :

- fragments de code ;
- indicateurs de code ;
- sites ;
- échantillons ;
- bibliothèques de balises ;
- barres d'outils ;
- types de document ;
- manuels d'aide.

Pour les fichiers d'extension installés dans Dreamweaver 8 sur des systèmes d'exploitation multi-utilisateurs (Windows NT, 2000 et XP, et Macintosh OS X), *Extension Manager* gère et modifie les fichiers dans le dossier de configuration courant de l'utilisateur. Sur les systèmes à un utilisateur, les fichiers Dreamweaver continuent d'être administrés et modifiés dans le dossier de configuration de l'application installée.

Utilisation de Extension Manager

Pour accéder à l'utilitaire *Extension Manager*, vous pouvez choisir `Commande>Gérer les extensions`.

Activer une nouvelle extension

Comme nous l'avons signalé ci-dessus, l'utilitaire *Extension Manager* permet aussi d'activer une nouvelle extension directement depuis Dreamweaver. Pour cela, il convient de procéder de la manière suivante.

1. Pour accéder à Macromedia Exchange depuis Dreamweaver, ouvrez *Exchange Manager* `(menu Commandes>Gérer les extensions)` et cliquez sur l'icône `Macromedia` située dans le menu de l'utilitaire (à noter que vous pouvez aussi accéder à Macromedia Exchange à partir du panneau `Comportements de serveur` en cliquant sur le bouton `+`, puis en choisissant `Obtenir d'autres comportements de serveur`). Sur la page d'accueil, identifiez-vous en utilisant votre ID Macromedia personnel, puis cliquez sur le lien `Macromedia Exchange pour Dreamweaver`.
2. Vous arrivez alors sur une page regroupant les différents accès Exchange d'Adobe. Cliquez sur le lien dédié aux extensions pour Dreamweaver afin d'afficher la page de la figure 7-74. Pour lancer une recherche, sélectionnez `App server` dans le menu `Catégorie` (voir figure 7-74).
3. Les résultats de la recherche doivent être proposés sous forme d'un tableau (voir figure 7-75) dans lequel ils peuvent être triés selon les différentes colonnes (catégorie, auteur, date...). Après avoir identifié l'extension qui vous convient, il faut cliquer sur son nom pour accéder à la page de téléchargement.
4. La page de téléchargement regroupe une description, des critiques d'autres utilisateurs et un forum en ligne sur lequel vous pourrez poser des questions et obtenir de l'aide. Sur la gauche, un bouton nommé `Download` vous permet de déclencher un téléchargement (voir figure 7-76).
5. Dès que vous avez cliqué sur le bouton, une boîte de dialogue vous propose d'ouvrir le fichier ou de le télécharger sur votre disque dur (voir figure 7-77). Choisissez la deuxième option et validez la boîte en cliquant sur le bouton `OK`.
6. La boîte de dialogue `Enregistrer sous...` vous demande de préciser l'endroit où vous désirez enregistrer votre fichier (voir figure 7-78). Sélectionnez le répertoire `Downloaded Extension` situé dans le répertoire principal de Dreamweaver. Conservez le même nom de fichier et la même extension (`.mxp`), puis validez en cliquant sur le bouton `Enregistrer`.

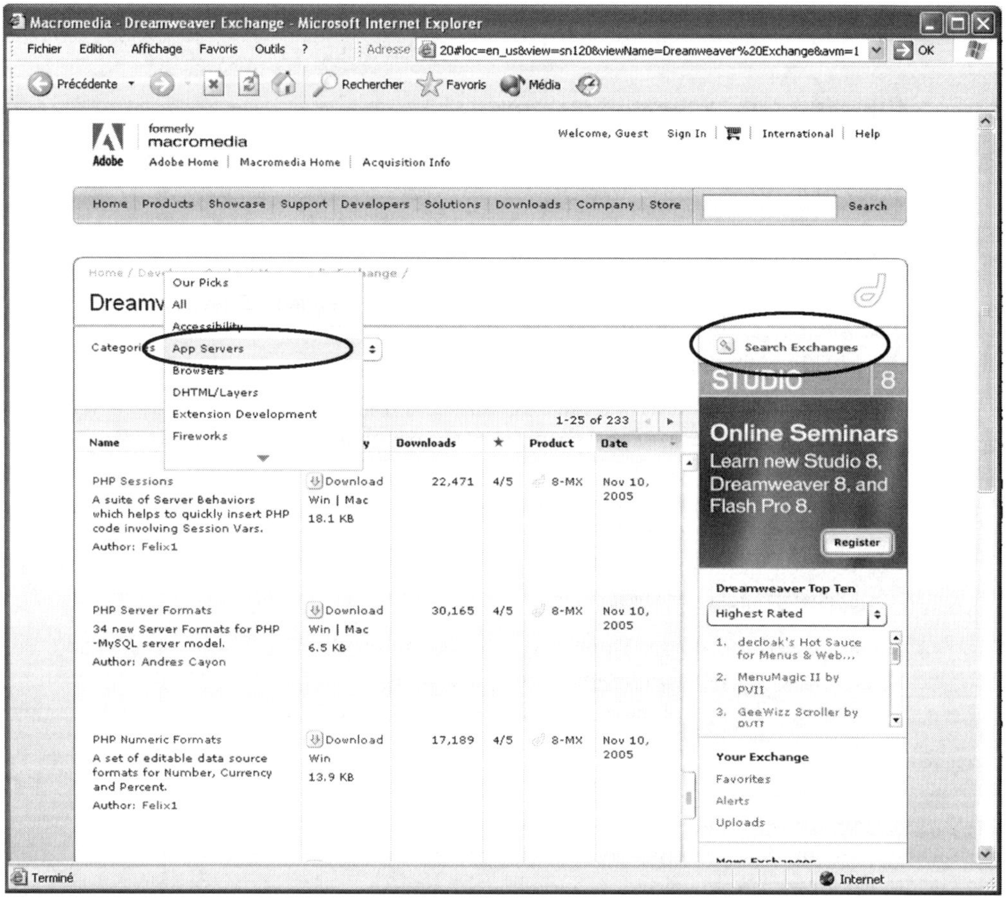

Figure 7-74

Depuis la page des extensions Dreamweaver, sélectionnez App server pour afficher toutes les extensions dédiées aux technologies serveur auxquelles PHP appartient.

7. Une boîte de dialogue (voir figure 7-79) vous indique la progression du téléchargement, au terme duquel vous cliquerez sur le bouton `Ouvrir` pour installer l'extension immédiatement (si vous cliquez sur le bouton `Fermer`, son installation sera différée).

8. Un écran s'affiche ensuite pour vous rappeler le contrat d'utilisation des extensions de Macromedia. Lisez ces clauses de responsabilité limitée, puis validez en cliquant sur le bouton `Accepter` si vous êtes en accord avec leur contenu (voir figure 7-80).

9. À la fin de l'installation, un écran d'alerte vous signale que l'opération s'est correctement passée et, selon le type d'extension, il peut vous inviter à redémarrer Dreamweaver (voir figure 7-81).

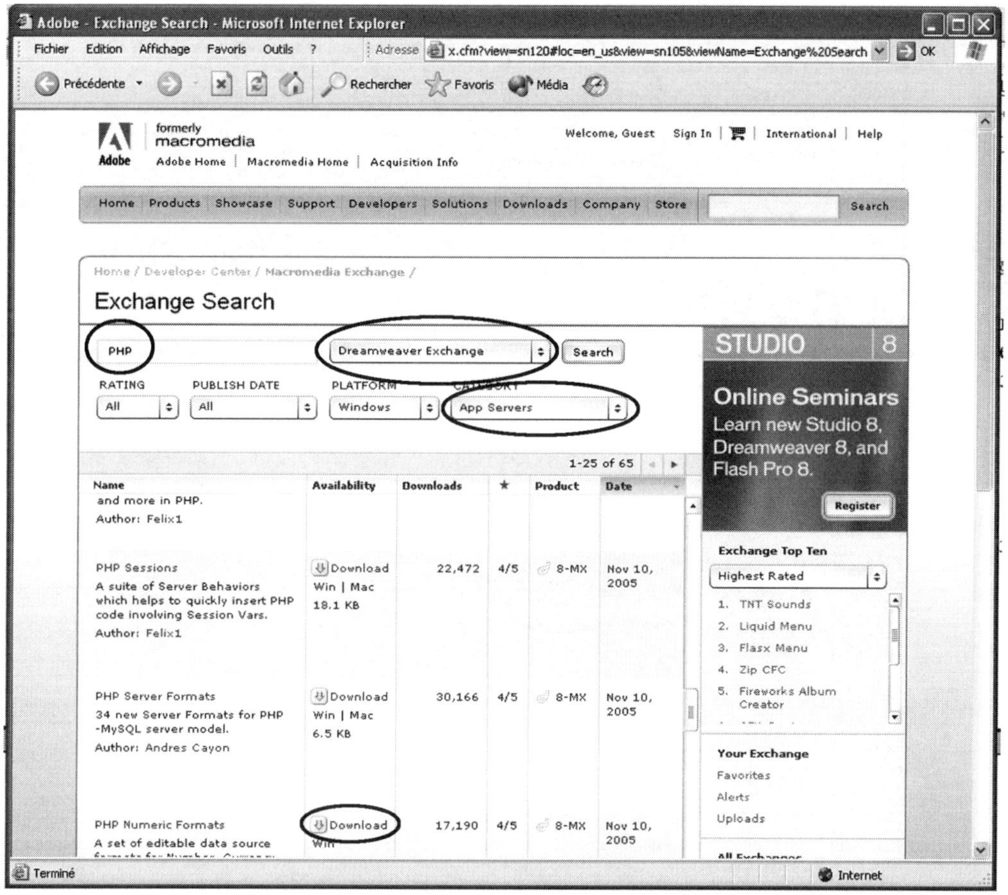

Figure 7-75

Triez les résultats proposés afin de sélectionner les extensions selon vos critères de recherche.

10. Validez cet écran, puis lisez les préconisations de l'extension que vous venez d'installer (voir figure 7-82), et redémarrez Dreamweaver si besoin. Votre extension est maintenant opérationnelle et il ne vous reste plus qu'à la tester dans votre application.

Activer ou désactiver une extension existante

Si vous avez installé un trop grand nombre d'extensions à l'aide de *Extension Manager*, vous pouvez en désactiver certaines afin d'optimiser les performances de l'application.

1. Démarrez *Extension Manager* en choisissant `Commandes>Gérer les extensions`.

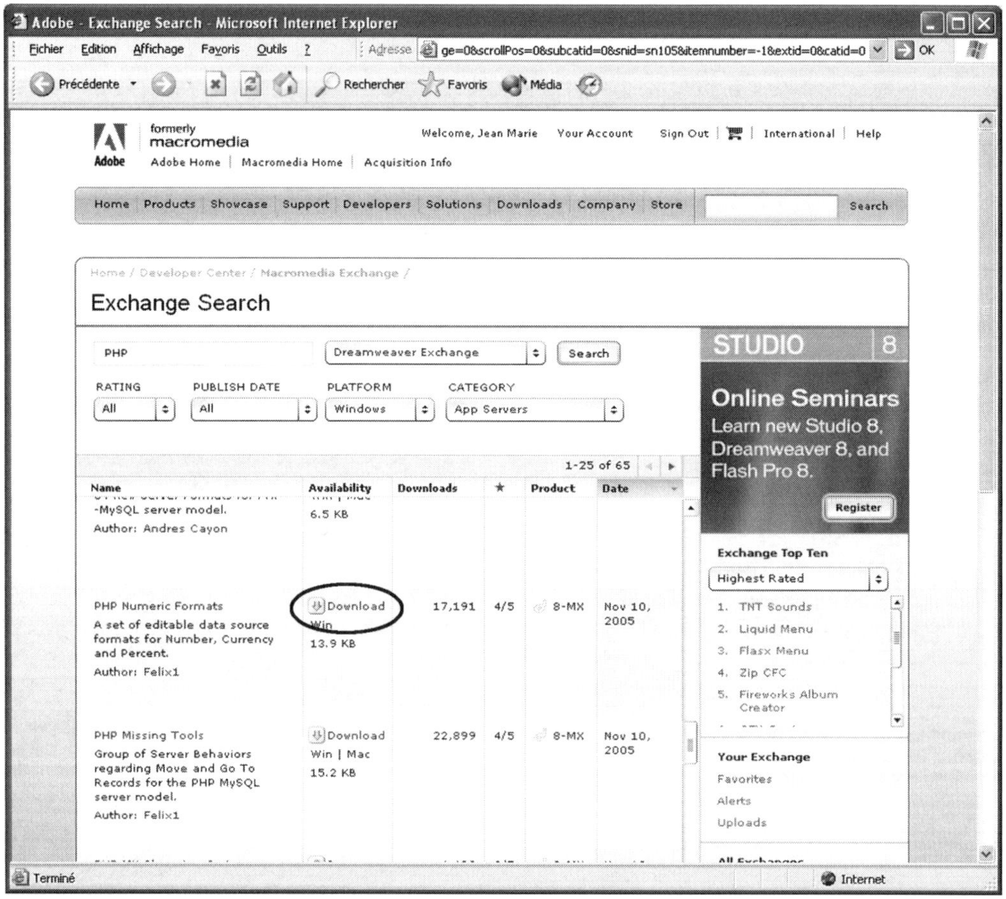

Figure 7-76

Chaque extension dispose d'une ligne particulière qui regroupe de nombreuses informations sur ses spécificités, et d'un bouton de téléchargement.

2. Dans *Extension Manager*, activez ou désactivez l'option `Marche/Arrêt` en regard des extensions (voir figure 7-83), ou sélectionnez l'extension et appuyez sur la barre d'espace (vous pouvez aussi utiliser les boutons `Installer une extension` et `Supprimer une extension` du menu de *Extension Manager*).

3. Une coche dans la colonne `Marche/Arrêt` en regard de l'extension indique que cette dernière est activée. Lorsque vous désactivez une extension, celle-ci est restructurée pour un usage ultérieur et stockée dans un répertoire `Disabled` du dossier `Configuration/Extensions` de Dreamweaver. Pour réamorcer l'extension, il suffit de lancer l'option `Marche/Arrêt` en regard de son nom dans *Extension Manager*.

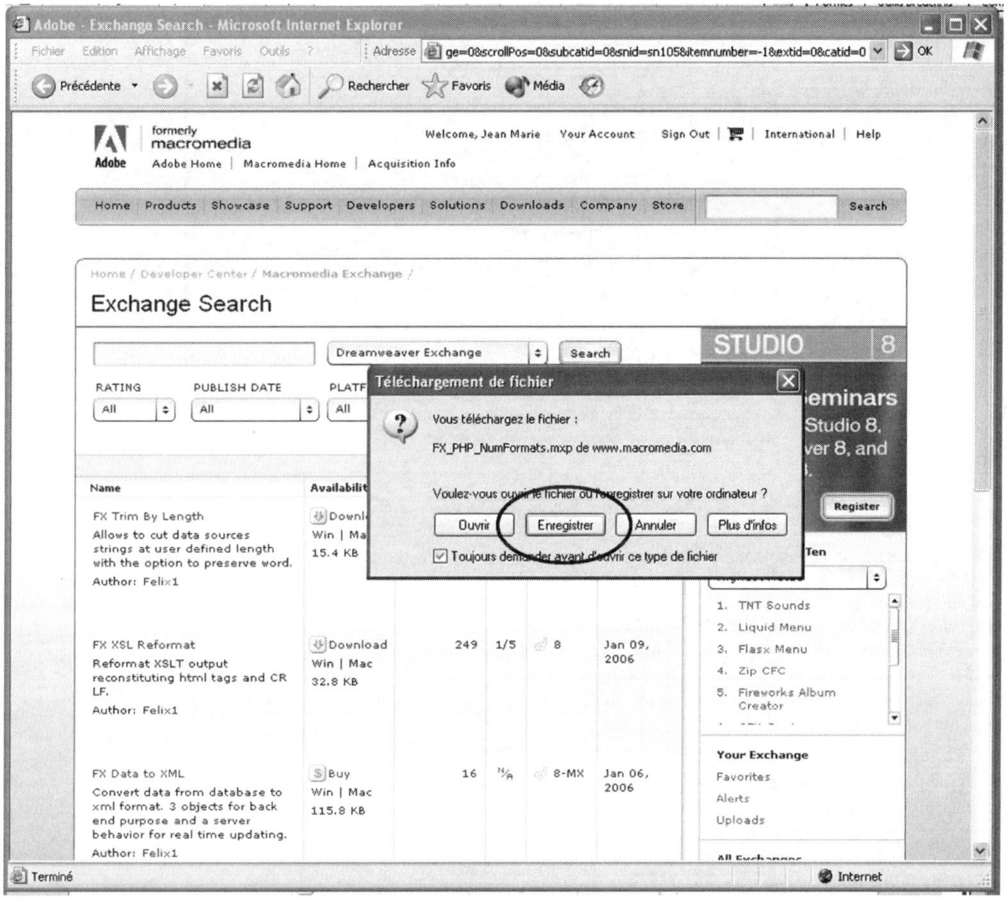

Figure 7-77

Pour télécharger le fichier et en conserver un exemplaire de secours sur votre disque, il faut sélectionner l'option Enregistrer ce fichier et cliquer sur le bouton OK.

4. Si vous désirez supprimer définitivement une extension qui a été désactivée, choisissez `Fichier>Supprimer une extension`, mais ne tentez pas de la détruire manuellement dans le dossier `Disabled`.

Création de vos propres extensions

Des développeurs indépendants peuvent créer leurs propres extensions. Elles doivent être « empaquetées » à l'aide de *Extension Manager* pour être distribuées. Une fois l'extension empaquetée, il vous faut la tester en utilisant *Extension Manager*, puis l'installer localement.

Figure 7-78

Il est conseillé de rassembler les extensions téléchargées dans le répertoire Extension Manager de Macromedia.

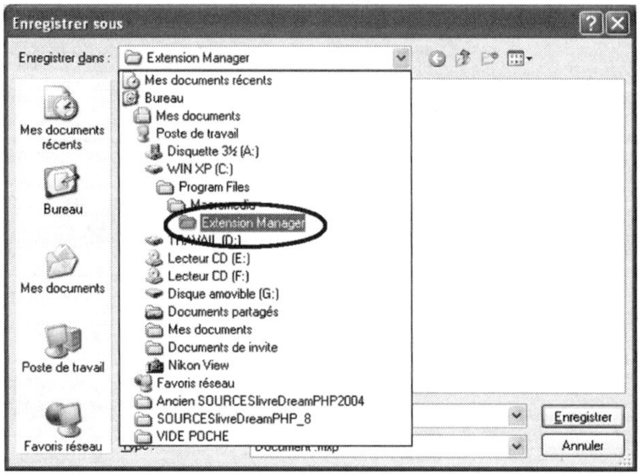

Figure 7-79

Pour installer immédiatement l'extension après son téléchargement sur votre disque, cliquez sur le bouton Ouvrir.

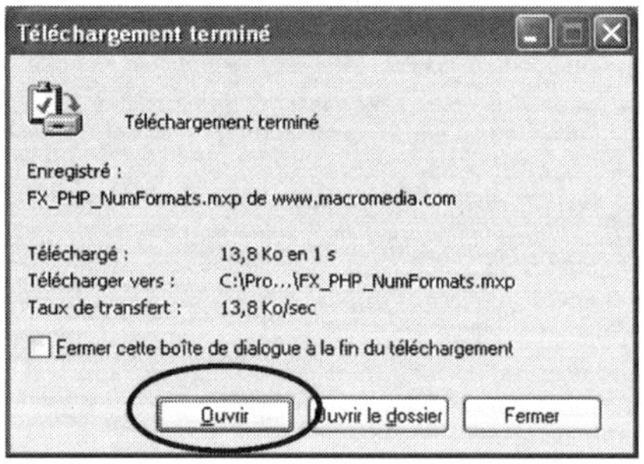

Figure 7-80

Macromedia vous demande d'accepter son contrat d'utilisation des extensions avant de démarrer son installation dans Dreamweaver.

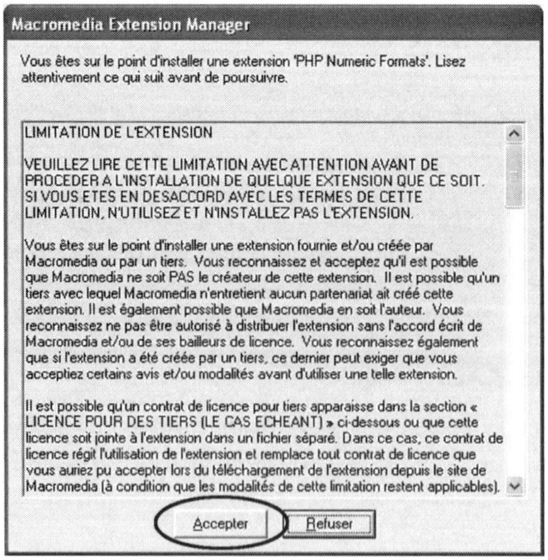

Figure 7-81
Si l'installation s'est bien déroulée, un écran d'alerte vous en informe et vous invite éventuellement à redémarrer Dreamweaver pour pouvoir utiliser l'extension.

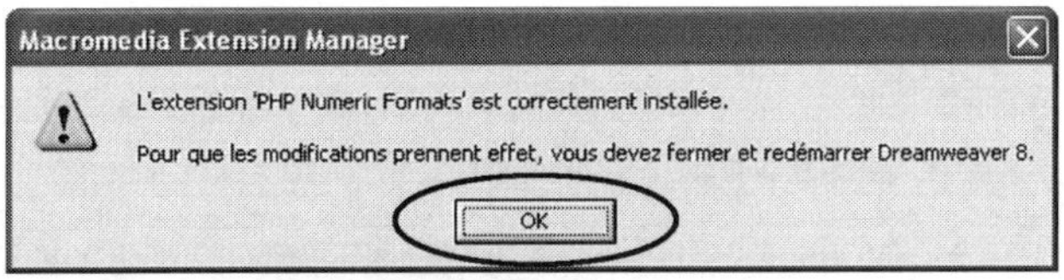

Figure 7-82
Si vous sélectionnez une extension depuis Extension Manager, vous pouvez y consulter ses spécificités ainsi qu'un rapide mode d'emploi.

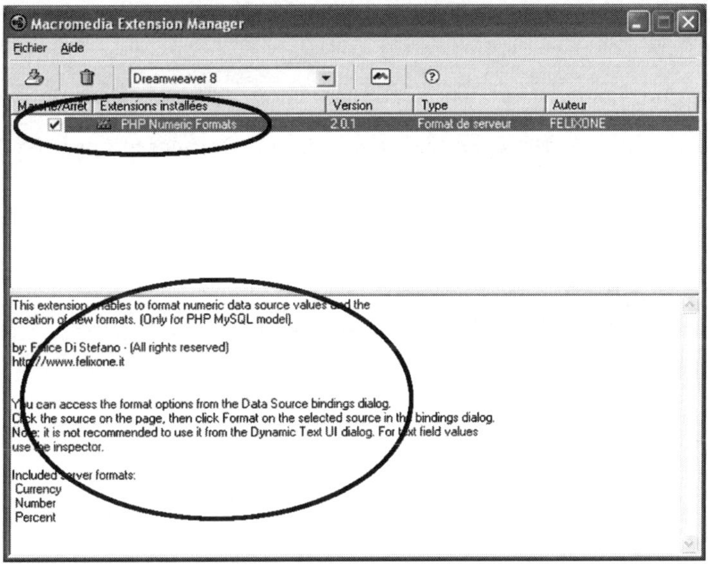

Figure 7-83
La case à cocher correspondant à une extension désactivée devient inactive, et un message d'alerte vous indique que l'opération s'est bien déroulée.

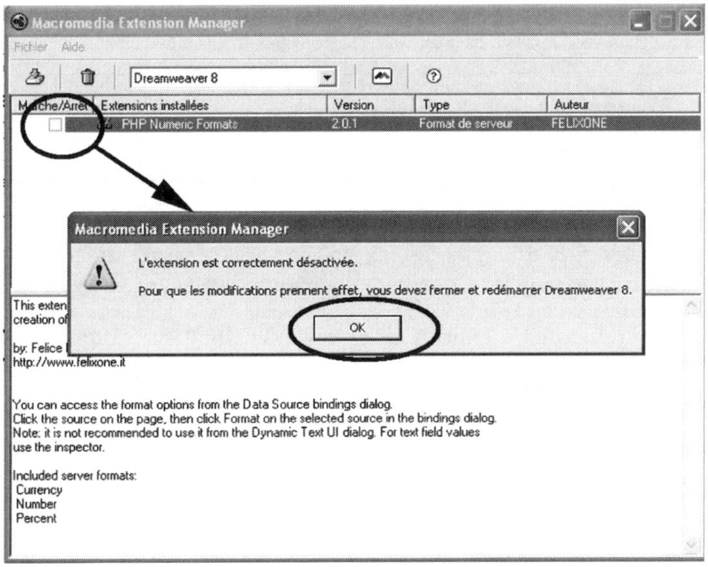

Il est alors possible de la soumettre à Macromedia en vue de sa publication sur le site Macromedia Exchange.

Procédure pour empaqueter une extension

1. Avant d'empaqueter une extension, vous devez la tester aussi scrupuleusement que possible.
2. Copiez tous les fichiers de votre extension dans un répertoire temporaire afin d'en faciliter l'empaquetage.
3. Créez un fichier d'installation portant le nom de votre extension avec le suffixe `.mxi`.
4. Dans *Extension Manager*, choisissez `Fichier>Empaqueter une extension`.

Figure 7-84
Pour empaqueter une extension, sélectionnez Fichier>Empaqueter une extension depuis le menu de Extension Manager.

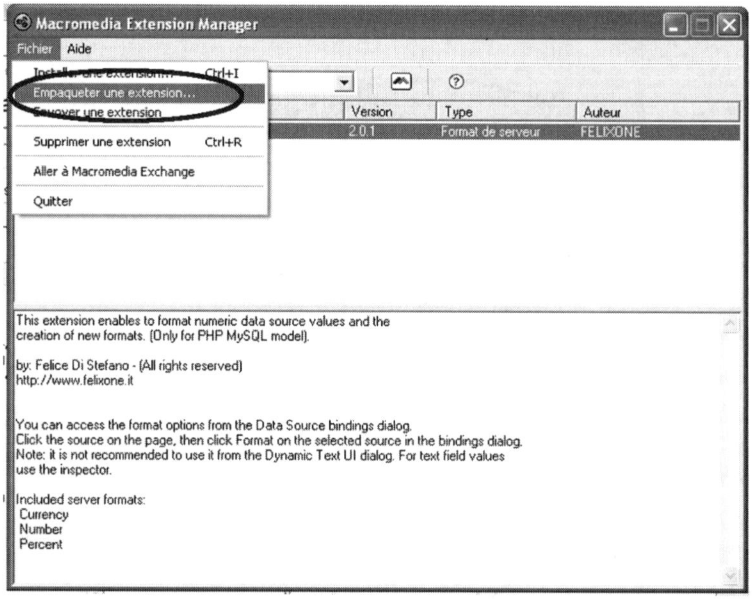

5. Dans la boîte de dialogue `Sélection de fichiers` qui apparaît, sélectionnez le fichier d'installation de votre extension, puis cliquez sur `Ouvrir`.
6. Choisissez l'emplacement de destination du fichier d'empaquetage à nommer avec le suffixe `.mxp`, puis cliquez sur `Enregistrer`.
7. *Extension Manager* crée ensuite un paquet contenant une version compressée de tous les fichiers utilisés par votre extension, y compris le fichier d'installation. Il faut ensuite tester le fichier ainsi créé en l'installant avec Extension Manager, puis l'essayer dans différentes applications pour vérifier son bon fonctionnement.

8

Étude de cas : un site marchand

Dans ce dernier chapitre, nous allons exploiter Dreamweaver 8 pour développer une boutique marchande utilisant la technologie PHP en interaction avec une base de données MySQL. Pour gagner en productivité, nous essayerons d'utiliser au maximum les différents comportements serveur de Dreamweaver 8, et nous ne développerons en lignes de code que les scripts qu'on ne pourra pas créer avec les comportements de serveur standards.

Le cas d'une boutique marchande est la parfaite illustration d'une application exploitant les atouts d'un site dynamique. Pour que l'étude soit encore plus concrète, nous avons choisi de réaliser une librairie en ligne, dans laquelle nous présenterons de véritables ouvrages classés par rubriques. Évidemment, cet exemple pourra très facilement être adapté à la vente en ligne de tout type d'article, et vous pourrez remplacer avantageusement son interface graphique très basique par celle de votre projet.

Le cahier des charges

Nous désirons réaliser une boutique de livres en ligne. Deux types d'utilisateurs pourront accéder au site. Le premier correspond à l'internaute en quête d'un ouvrage (le client), qui désire acheter un livre depuis son navigateur Internet. Le deuxième type correspond à l'administrateur du site, qui gère la page de vente en ligne depuis son navigateur Internet.

Nous avons dressé une liste des exigences de chacun de ces types d'utilisateurs.

Exigences du client

- Le client peut accéder au site de vente en ligne depuis un navigateur conforme au standard HTML 4 ou plus.
- Le client peut faire sa recherche et sa sélection d'ouvrages d'une manière anonyme, mais il doit s'identifier ou remplir un formulaire d'inscription dès qu'il valide la liste d'articles choisis, pour passer une commande. Dans cette optique, des données gérées en session (panier virtuel ou caddie) assurent la mémorisation des articles sélectionnés par le client avant la confirmation de la commande. Cependant, dès que le client valide sa commande, toutes les informations nécessaires à la livraison sont enregistrées dans la base de données du serveur.
- Le client recherche un article en sélectionnant un thème ou en saisissant le nom (ou une partie du nom) d'un ouvrage dans un champ de recherche du catalogue. Le résultat de sa recherche s'affiche sous la forme d'une liste d'informations succinctes (référence, auteur, prix), et le client peut visualiser la fiche de chaque article par un simple clic sur la référence de l'ouvrage désiré. La fiche d'un ouvrage comporte toutes les données concernant le livre (référence, titre, auteur, description, prix, photo de la couverture). S'il le désire, le client ajoute l'article à son panier virtuel en cliquant sur un lien hypertexte spécial depuis la fiche de l'article.
- Le client peut modifier la quantité désirée de chaque article sélectionné, et éventuellement en supprimer certains depuis l'écran du panier virtuel. En revanche, il ne peut plus modifier sa commande dès qu'elle est validée.
- Le client imprime le bon de commande établi lors de sa validation en ligne. Il adresse à l'administrateur du site ce bon accompagné de son règlement pour que les articles sélectionnés lui soient envoyés. Cependant, un module complémentaire de paiement en ligne peut facilement être ajouté au site afin d'automatiser toute la chaîne du processus d'achat.
- Après s'être de nouveau identifié, le client suit l'état de sa commande, qui peut prendre deux valeurs : *Attente*, pour les commandes validées mais en attente du paiement, et *Livré*, pour les commandes envoyées au client.

Exigences de l'administrateur

- L'administrateur gère le site depuis son navigateur Internet.
- L'administrateur doit s'identifier pour accéder à son espace d'administration en ligne, et un seul couple login/mot de passe est configuré à cet effet.
- L'administrateur peut supprimer des comptes client et en modifier les informations.
- L'administrateur ajoute, supprime ou modifie les articles du catalogue.

- L'administrateur affiche les informations de chaque commande, change l'état d'une commande après l'envoi des articles (*Attente*, *Livré*) ou supprime complètement une commande dans le cas où le règlement ne lui parviendrait jamais.

Mémorisation des informations

Conception du système d'identification des utilisateurs

Dès son arrivée sur le site de la boutique, l'utilisateur est identifié anonymement par le système de gestion de sessions intégré de PHP. Cet identifiant de session anonyme le suit pendant toute sa visite sur le site.

Si l'utilisateur est un client, sa session lui permet dans un premier temps de mémoriser les articles ajoutés à son panier virtuel (voir tableau 8-2 ci-après). Lors de la validation de sa commande, le client décline son identité en saisissant son e-mail et son mot de passe, ou crée un compte client s'il n'en possède pas encore. Après le contrôle de la validité du compte client, son e-mail (`$_SESSION['email']`) et son statut (`$_SESSION['statut']`, égal à `client` dans ce cas) viennent compléter les données du panier virtuel dans la session (voir tableau 8-1). Il est à noter que, au cours de cette étape, les informations de sa commande et ses coordonnées sont enregistrées dans la base de données du serveur, pour les récupérer lors d'une prochaine visite.

Si l'utilisateur est un administrateur, sa session mémorise uniquement son e-mail et son statut lors de la saisie du formulaire d'identification. La mémorisation de son statut `admin` lui permet d'accéder à toutes les pages de l'espace administrateur, sans avoir à s'identifier lors du passage d'une page à l'autre.

Tableau 8-1 – Variables de session utilisées pour l'identification d'un utilisateur

Variables de session dédiées à l'identification	Description	Exemples
$_SESSION['email']	E-mail de l'utilisateur (client ou administrateur).	jmdefrance@eyrolles.com
$_SESSION['statut']	Statut de l'utilisateur, qui prend la valeur client ou admin selon le profil de l'utilisateur.	client

Conception de l'application du panier virtuel

Comme nous l'avons précisé précédemment, les informations relatives aux articles sélectionnés par l'utilisateur sont mémorisées dans des variables de session. Nous utilisons une variable de type tableau (`$liste[]`) pour mémoriser toutes les informations de la liste du panier virtuel. Ce premier tableau contient lui-même autant de variables de type tableau qu'il y a d'articles à retenir (`[x]` représente l'identifiant de chaque article). Chaque tableau d'article mémorise quant à lui quatre informations différentes ([y]-0 : référence, [y]-1 : quantité, [y]-2 : prix unitaire, [y]-3 : prix total). La structure ainsi obtenue est donc un tableau à deux dimensions ($liste[x][y]).

Pour bien comprendre le fonctionnement de cette variable $liste, nous vous proposons d'illustrer son utilisation par un exemple concret d'une commande de trois articles (AUTOJMD1, AUTOJMD2 et INFOAC). Dans cet exemple, il est possible de récupérer l'information quantité de l'article INFOAC à l'aide de la variable $liste[2][1] (qui est égale à 1 dans l'exemple), ou encore le prix total (prix unitaire × quantité) de l'article AUTOJMD2 à l'aide de la variable $liste[1][3] (qui est égale à 138.00 dans l'exemple ; voir tableau 8-2).

Tableau 8-2 – Exemple de panier virtuel mémorisé dans la variable de session $_SESSION['liste']

$liste [x][y]	[y]=[0] : référence	[y]=[1] : quantité	[y]=[2] : prix unitaire	[y]=[3] : prix total
[x]=[0] : article0	AUTOJMD1	2	40.00	80.00
[x]=[1] : article1	AUTOJMD2	3	46.00	138.00
[x]=[2] : article2	INFOAC	1	50.00	50.00

Une deuxième variable permet de mémoriser le prix total de la commande. Cette variable nommée $total est gérée, elle aussi, dans la session de l'utilisateur (voir tableau 8-3).

Tableau 8-3 – Variable de session utilisée pour mémoriser le total de la commande

Variable	Description	Exemples
$_SESSION['total']	Prix total de tous les articles de la commande.	268.00

Conception et réalisation de la base de données

Nous appelons boutiquemx_db la base de données de l'application, constituée de cinq tables selon les spécifications ci-dessous.

Structure de la base de données boutiquemx_db

- Table articles – regroupe les champs caractérisant les différents paramètres des articles de la boutique (référence, auteur, description, prix unitaire...).
- Table rubriques – définit le nom des thèmes dans lesquels sont classés les articles.
- Table commandes – regroupe les champs caractérisant une commande (date, identifiant du client, état de la commande...).
- Table listes – regroupe les champs caractérisant chaque article commandé (référence de l'article, quantité commandée...).

- Table `clients` – regroupe les champs caractérisant chaque client (nom, prénom, adresse, e-mail, mot de passe...).

Ces cinq tables sont organisées selon les relations décrites dans la figure 8-1. Dans ce schéma, les clés primaires sont représentées en gras, les clés étrangères sont soulignées et les noms des champs facultatifs sont en italique.

Avant de créer les tables, il faut déterminer les types de données les mieux adaptés à l'utilisation de chaque champ. Les types de données choisis pour chaque champ sont détaillés dans les tableaux 8-4 à 8-8.

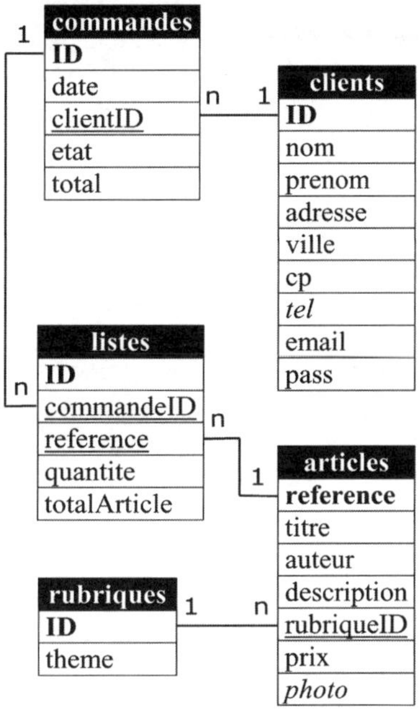

Figure 8-1
Le schéma de la base de données boutiquemx_db met en évidence les relations entre les cinq tables.

Tableau 8-4 – Types des champs de la table articles

Nom du champ	Type	Taille/ Valeurs	Description
reference	VARCHAR	10	Référence de l'article codée sur 10 caractères maximum : **clé primaire** de la table.
titre	VARCHAR	50	Titre de l'ouvrage avec un maximum de 50 caractères.
auteur	VARCHAR	50	Auteur de l'ouvrage avec un maximum de 50 caractères.
description	TEXT		Description de l'article au format texte.

Tableau 8-4 – Types des champs de la table articles (*suite*)

Nom du champ	Type	Taille/ Valeurs	Description
rubriqueID	TINYINT	4	Identifiant de la rubrique (clé étrangère) dans laquelle est classé l'article.
prix	DECIMAL	5,2	Prix de l'article sur 5 chiffres avec 2 décimales.
photo	VARCHAR	50	Nom facultatif (si le fichier n'est pas précisé, le nom photo0.jpg est enregistré par défaut) du fichier de la photo illustrant la couverture de l'ouvrage.

Tableau 8-5 – Types des champs de la table rubriques

Nom du champ	Type	Taille/ Valeurs	Description
ID	TINYINT	4	Identifiant auto-incrémenté du thème : **clé primaire** de la table.
theme	VARCHAR	20	Nom du thème sur 20 caractères maximum.

Tableau 8-6 – Types des champs de la table commandes

Nom du champ	Type	Taille/Valeurs	Description
ID	SMALLINT	6	Identifiant auto-incrémenté de la commande : **clé primaire** de la table.
date	SMALLINT		Date de la commande.
clientID	VARCHAR	6	Identifiant du client (clé étrangère) qui a validé la commande.
etat	ENUM	'Attente','Livre'	État de la commande pouvant prendre deux valeurs : Attente ou Livre.
total	DECIMAL	5,2	Montant total de la commande sur 5 chiffres et 2 décimales.

Tableau 8-7 – Types des champs de la table listes

Nom du champ	Type	Taille/ Valeurs	Description
ID	SMALLINT	6	Identifiant auto-incrémenté de chaque enregistrement d'article commandé : **clé primaire** de la table.
commandeID	SMALLINT	6	Identifiant de la commande (clé étrangère) qui permet de lier l'enregistrement de l'article à une commande spécifique.
reference	VARCHAR	10	Référence de l'article (clé étrangère).

Tableau 8-7 – Types des champs de la table listes (*suite*)

Nom du champ	Type	Taille/ Valeurs	Description
quantite	TINYINT	4	Nombre d'articles commandés.
prixArticle	DECIMAL	5,2	Montant total de chaque enregistrement d'article sur 5 chiffres et 2 décimales (quantité × prix unitaire).

Tableau 8-8 – Types des champs de la table clients

Nom du champ	Type	Taille/ Valeurs	Description
ID	SMALLINT	6	Identifiant auto-incrémenté du client : **clé primaire** de la table.
nom	VARCHAR	50	Nom du client sur 50 caractères maximum.
prenom	VARCHAR	50	Prénom du client sur 50 caractères maximum.
adresse	VARCHAR	100	Adresse du client sur 100 caractères maximum.
ville	VARCHAR	50	Ville du client sur 50 caractères maximum.
cp	VARCHAR	5	Code postal du client sur 5 caractères.
tel	VARCHAR	20	Numéro de téléphone du client sur 20 caractères maximum.
email	VARCHAR	50	E-mail du client sur 50 caractères maximum. Cet e-mail est utilisé par le client pour s'identifier lors de chaque visite.
pass	VARCHAR	20	Mot de passe du client sur 20 caractères maximum.
statut	VARCHAR	10	Statut de l'utilisateur avec client pour valeur par défaut.

Création de la base de données boutiquemx_db

Nous avons désormais toutes les informations pour créer la base de données et définir les différents champs de ses tables. Commencez par ouvrir le gestionnaire de bases phpMyAdmin : cliquez sur l'icône `Wamp5` dans la zone d'état et sélectionnez `phpMyAdmin`. Dans le champ du centre, saisissez le nom de la nouvelle base, `boutiquemx_db`, puis cliquez sur le bouton `Créer` (voir figure 8-2). Le nom de la nouvelle base doit s'afficher dans le cadre de gauche avec la mention `Aucune table n'a été trouvée dans cette base`.

En bas du cadre de droite, tapez le nom de la table à créer (`articles` par exemple), renseignez le nombre de champs (`7` pour la table `articles`), puis cliquez sur le bouton `Exécuter` (voir figure 8-3). L'écran suivant est un formulaire destiné à définir les champs à créer (voir figure 8-4). Pour chaque champ, reportez dans les colonnes `Champs`, `Type` et `Taille/Valeurs` de ce formulaire les informations définies ci-dessus (voir le tableau 8-4 pour la table `articles`). Indiquez ensuite que le champ `ID` est la clé primaire de cette table en cochant la case `primaire` à l'extrême droite du formulaire, et sélectionnez l'option `auto_increment` dans le menu déroulant de la colonne `extra`. Cliquez enfin sur le bouton `Sauvegarder` pour créer cette nouvelle table.

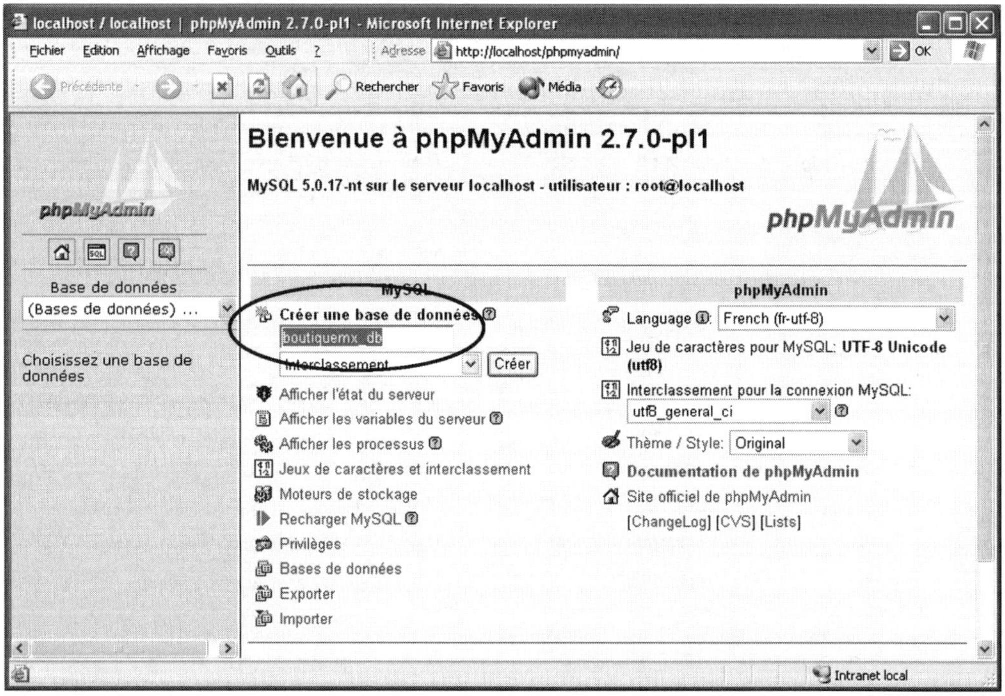

Figure 8-2

Pour créer la base de données, saisissez son nom dans le champ Créer une base de données du gestionnaire phpMyAdmin puis validez.

Après la validation, un nouvel écran indique la requête SQL créée automatiquement par phpMyAdmin, ainsi qu'un tableau récapitulatif des propriétés de la nouvelle table. Renouvelez ensuite cette procédure pour la fabrication des quatre autres tables (en utilisant les informations des tableaux 8-5 à 8-8) pour compléter la structure de la base de données `boutiquemx_db`. Au terme des différentes créations de tables, vous devez obtenir une structure de base semblable à celle de la figure 8-5.

Jeu de données utilisé pour les tests

Pour réaliser les premiers tests, il est nécessaire de créer des rubriques, puis des articles associés ; nous nous en servirons pour tester les pages dynamiques du catalogue que nous allons créer dans la partie suivante. Pour que vous disposiez du même jeu de données que celui qui a été utilisé pour rédiger cet ouvrage, nous avons mis à votre disposition un fichier `jeu_donnees_test.sql` dans le répertoire `archives` du dossier `SITEboutiquemx_STRUCTURE`, disponible sur le site www.editions-eyrolles.com. Pour ajouter ces données dans chacune des tables de la base de données, cliquez sur le bouton `Parcourir` à droite du champ `Emplacement du fichier texte` (voir figure 8-6 à la rubrique `Exécuter une ou des requêtes`) ; utilisez

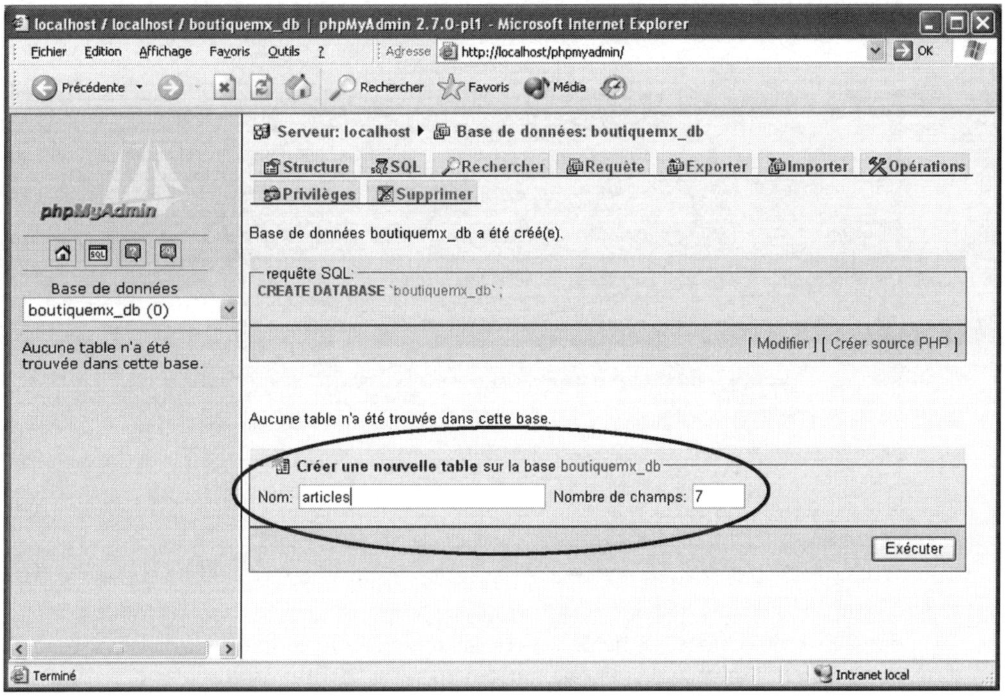

Figure 8-3
Saisissez le nom de la table à créer en précisant le nombre de champs désirés puis cliquez sur Exécuter.

Figure 8-4
Reportez toutes les informations qui caractérisent chacun des champs de la nouvelle table en vous appuyant sur les données du tableau 8-4.

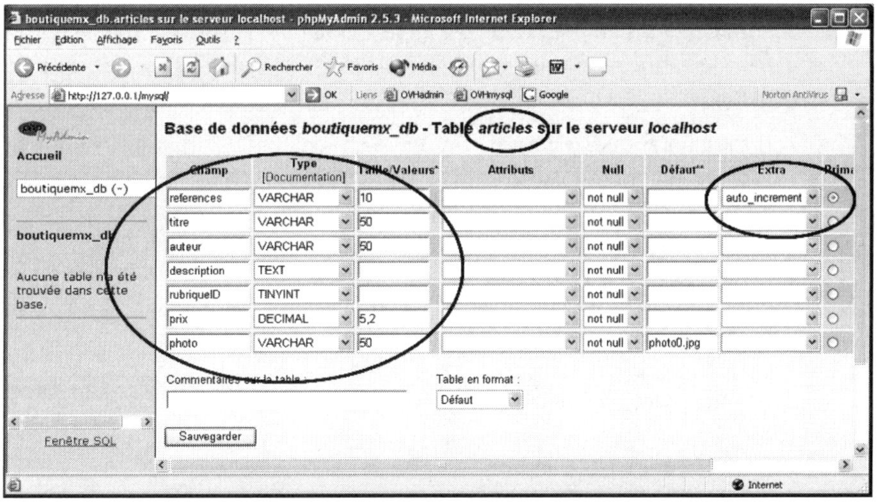

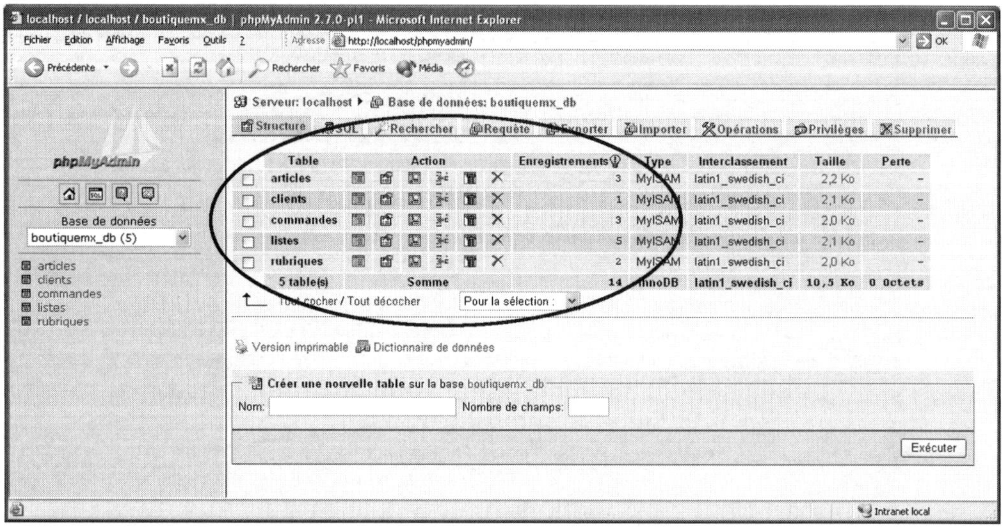

Figure 8-5

Une fois les cinq tables créées, vous devez obtenir une structure de base semblable à celle de la figure ci-dessus.

ensuite l'explorateur de fichiers pour sélectionner le fichier `jeu_donnees_test.sql`. Après avoir validé votre choix, le chemin qui mène au fichier doit s'afficher dans le champ de l'emplacement. Cliquez sur le bouton `Exécuter` pour réaliser l'intégration des données dans la base. Évidemment, si vos tables ne sont pas vides, vous risquez d'avoir un message d'erreur vous le signalant. Il suffira alors de vider (attention, vider et non supprimer) vos tables avant de procéder à l'insertion du jeu de données. Une autre alternative consiste à charger la base complète (structure et données incluses) depuis la sauvegarde `boutiquemx_db.sql` disponible dans le même répertoire `archives`. Dans ce cas, toute la base sera remplacée automatiquement par celle de la sauvegarde.

Il est à noter que, pour nos tests en Web local, nous utilisons le compte utilisateur par défaut `root` de la configuration MySQL initiale, qui ne nécessite pas de mot de passe. Par la suite, si vous comptez exploiter cette application sur un serveur distant, il faudra évidemment créer un compte utilisateur spécifique à l'application et lui attribuer un mot de passe. Nous vous invitons pour cela à revoir la procédure décrite au chapitre 2, intitulée *Configuration des droits d'un utilisateur*. D'autre part, pour afficher les photos des livres de ce jeu d'essai dans la page `fiche.php`, vous devez dans un premier temps copier la série de photos (`photo1.jpg`, `photo2.jpg`...) dans le répertoire `/images/` du site, en attendant de pouvoir utiliser l'interface administrateur de mise à jour de ces photos.

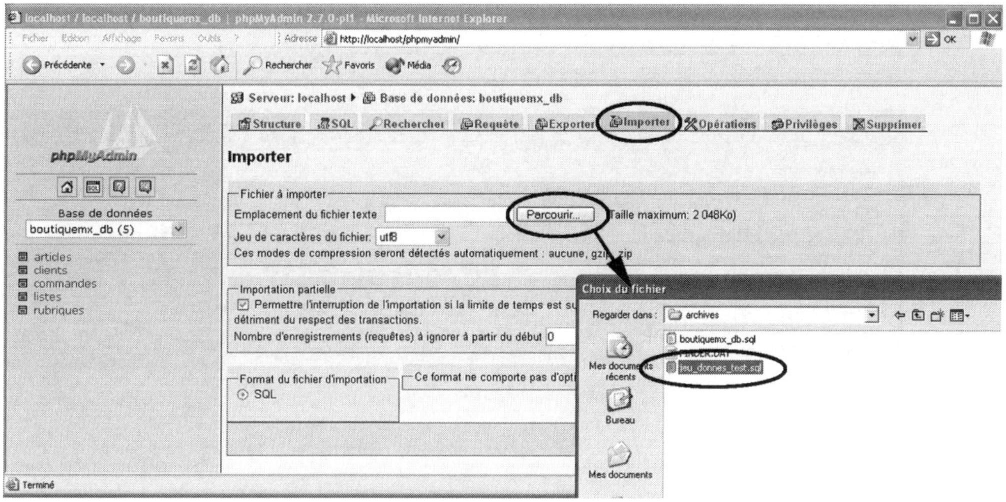

Figure 8-6

Le champ Emplacement du fichier texte permet d'exécuter une commande d'insertion de données à partir d'un fichier contenant un jeu de données test.

Structure et interfaces du site

> **Les codes du projet sont à votre disposition**
>
> Deux versions du projet boutique MX sont disponibles sur le site de l'éditeur (www.editions-eyrolles.com). La première, `SITEboutiquemx_STRUCTURE`, contient la structure du site avec ses répertoires, ainsi que les différentes images et une sauvegarde de la base de données (la sauvegarde SQL se trouve dans le répertoire `archives` du site). Cette version vous permet de passer rapidement à la création des pages dynamiques de la boutique sans avoir à vous préoccuper de la structure du site. La deuxième version, `SITEboutiquemx`, contient le site complet avec toutes ses pages dynamiques.

Création du site Boutique MX et de sa connexion à la base de données

Création d'un nouveau site Boutique MX

Depuis le menu, sélectionnez `Site`, puis `Nouveau site`. Dans la fenêtre `Définition d'un site` qui s'affiche, cliquez sur l'onglet `Avancé`. Dans la première catégorie `Informations locales`, saisissez dans le premier champ le nom du site (`SITEboutiquemx`). Cliquez sur le petit dossier jaune situé à droite de la zone `Dossier racine locale` afin d'afficher le sélecteur de fichier. Ouvrez ensuite le répertoire `www` situé dans le dossier `wamp` (`C:\wamp\www\`) et créez dans ce dossier un nouveau répertoire (nommé `SITEboutiquemx`), destiné au nouveau projet. Cliquez ensuite sur le répertoire pour le sélectionner, puis validez votre choix. De retour dans la fenêtre `Définition du site`, vous devez avoir le chemin `C:\wamp\www\SITEboutiquemx\` mémorisé dans la zone `Dossier racine locale` (voir figure 8-7).

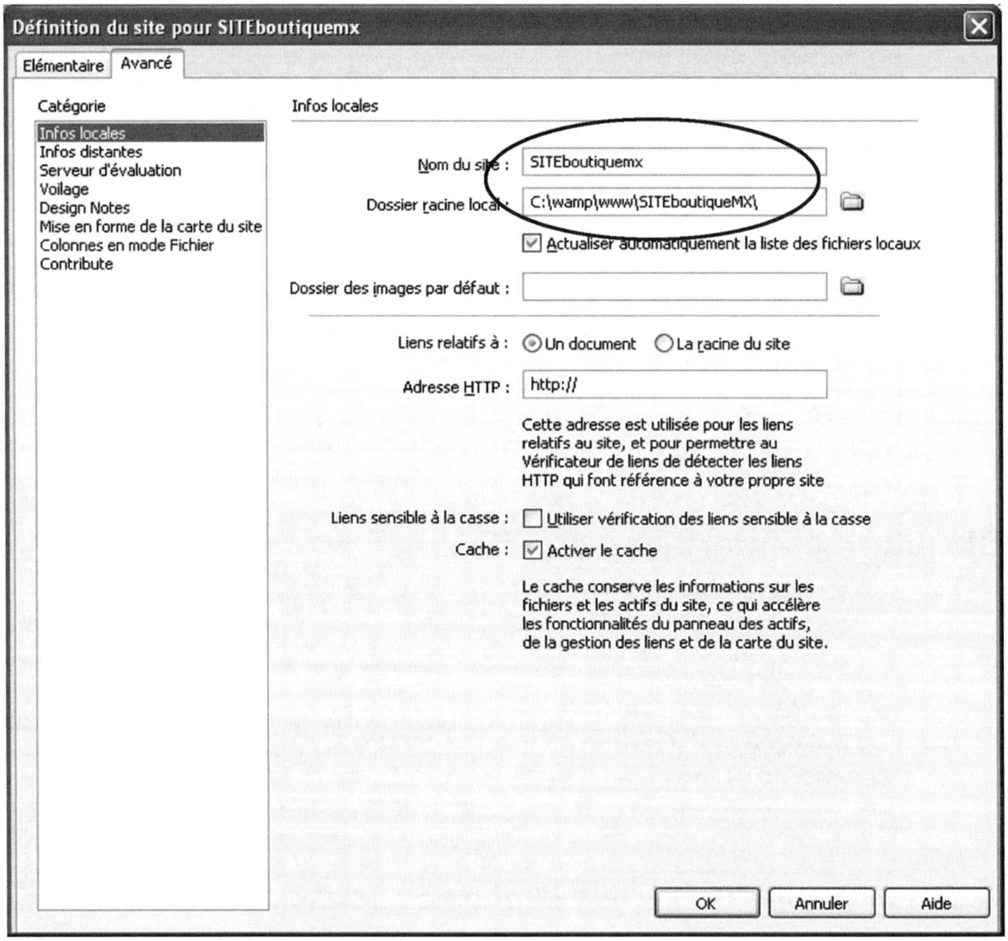

Figure 8-7

Paramétrage des informations locales du site Boutique MX.

Cliquez ensuite directement sur la catégorie `Serveur d'évaluation` (la catégorie `Infos distantes` n'est à configurer que si vous comptez transférer votre site sur un serveur distant). Dans la boîte de dialogue de la catégorie `Serveur d'évaluation`, vous devez sélectionner le modèle de serveur (PHP MYSQL). Dans la zone `Accès`, sélectionnez l'option `Local/Réseau` et assurez-vous que Dreamweaver a bien reporté le chemin du répertoire racine dans la zone `Dossier serveur local` (voir figure 8-8). Au besoin, cliquez sur le dossier jaune pour sélec-

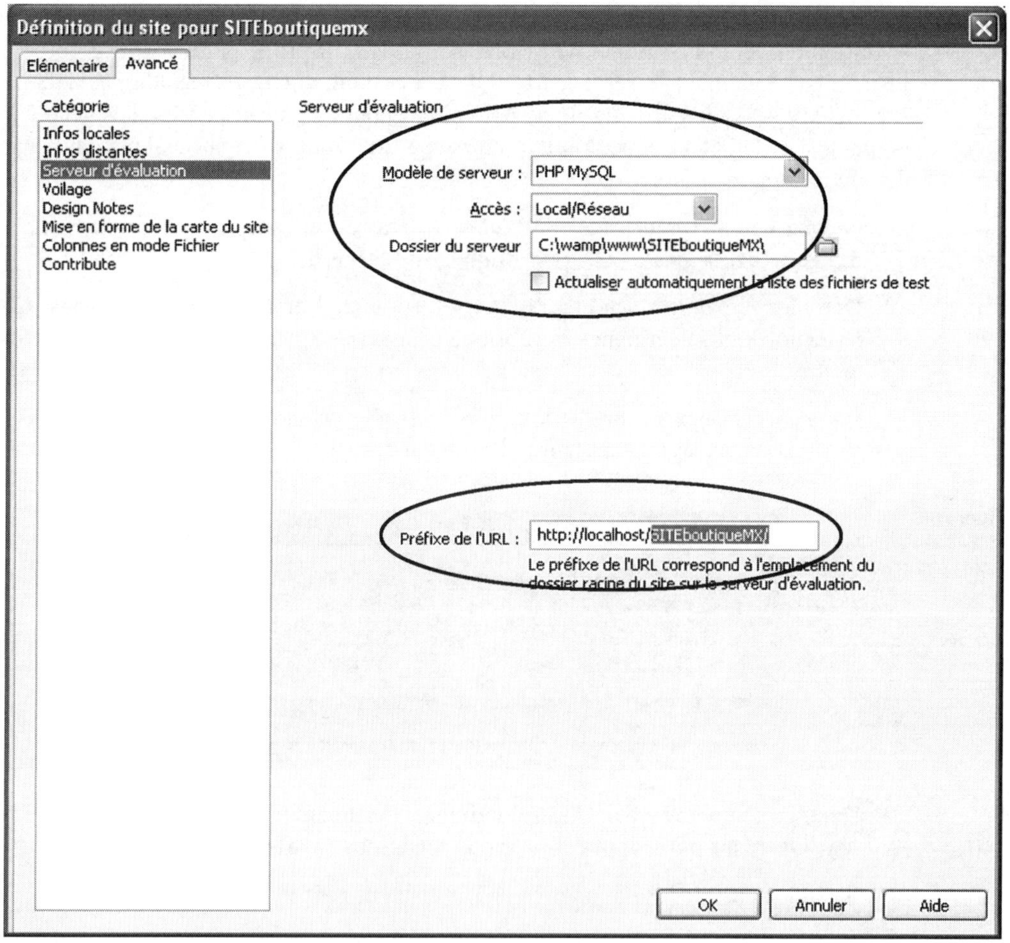

Figure 8-8
Paramétrage du serveur d'évaluation du site Boutique MX.

tionner le dossier précédemment créé : `C:\wamp\www\SITEboutiquemx\`. Dans la dernière zone de saisie intitulée `Préfixe de l'URL`, ajoutez le nom du répertoire créé pour le projet (`SITEboutiquemx`) à la suite de l'URL déjà indiquée par défaut. Vous devez alors obtenir l'URL suivante : `http://localhost/SITEboutiquemx/`. Cliquez enfin sur le bouton `OK` pour créer votre nouveau site `Boutique MX`.

Création d'une connexion à la base de données

Le nouveau site `Boutique MX` étant défini, et la base de données `boutiquemx_db` créée, nous pouvons maintenant configurer la connexion à cette base, afin d'accéder aux données depuis les pages PHP du site. Dans cette application, nous n'avons pas préparé de compte utilisateur spécifique et, comme nous l'avons précisé, nous utiliserons pour nos tests le compte `root` installé par défaut sur le serveur MySQL. Ce compte universel installé par défaut sur votre serveur MySQL a la particularité de pouvoir accéder à toutes les bases sans nécessiter de mot de passe. Évidemment, il ne doit être utilisé que sur votre serveur local pendant la période de développement de votre projet.

1. Ouvrez une première page PHP dans Dreamweaver : menu `Fichier>Nouveau`, sélectionnez `Page dynamique` et `PHP`, puis cliquez sur `Créer`.
2. Déroulez le panneau `Application` et sélectionnez l'onglet `Base de données`. Cliquez sur le bouton + et sélectionnez la rubrique `Connexion MySQL` qui s'affiche dans le menu contextuel.
3. La fenêtre `Connexion MySQL` doit alors s'afficher. Dans la zone `Nom de connexion`, saisissez le nom `ConnexionBoutiquemx` (voir figure 8-9).

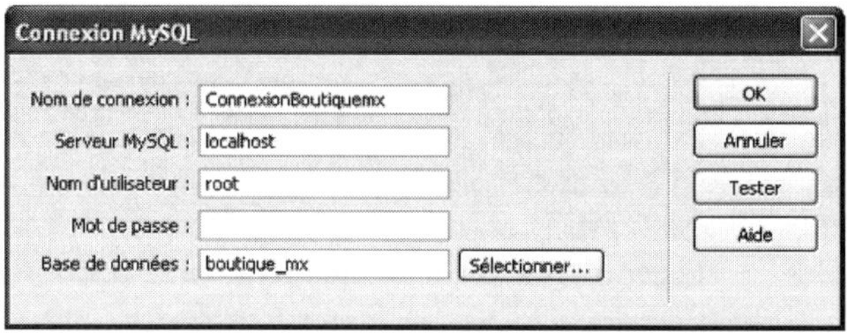

Figure 8-9
Paramétrage de la connexion MySQL.

4. Dans le champ `Serveur MySQL`, indiquez l'ordinateur sur lequel est installé le serveur MySQL (dans notre application, nous saisissons `localhost`).
5. Saisissez ensuite les paramètres de l'utilisateur `root` et pas de mot de passe.
6. Cliquez sur le bouton `Sélectionner` pour afficher toutes les bases de données disponibles sur votre serveur d'évaluation. Sélectionnez la base `boutiquemx_db` et validez en cliquant sur le bouton `OK`.
7. Vous devez alors voir la base sélectionnée affichée dans le champ `Base de données`. Vous pouvez maintenant vérifier si la connexion est valide en cliquant sur le bouton `Tester`. Un message doit vous informer que la connexion est établie si tous vos paramètres sont corrects. Si la connexion échoue, vérifiez de nouveau les paramètres ci-dessus (Serveur, Nom, Mot de passe) et assurez-vous que Wamp5 est bien actif.
8. Fermez la fenêtre du message et confirmez la création de la connexion en cliquant sur le bouton `OK`.
9. La connexion à la base de données est désormais établie, et une icône représentant la base `boutiquemx_db` doit apparaître dans la fenêtre Base de données. Vous pouvez alors

cliquer successivement sur les + qui précèdent les noms des branches de l'arborescence pour déplier l'arbre de la base de données (à partir de la branche `Tables`).

Conception de l'interface Public

Navigation normale d'un client

Avant de détailler l'interface `Public` de la boutique, rappelons le déroulement d'une visite normale d'un client sur le site. Après avoir cliqué sur la page d'index du site, le client est orienté automatiquement vers l'écran du catalogue, qui lui permet d'effectuer des recherches et d'obtenir la fiche de chaque article. Le client peut ajouter un article à son panier virtuel par un simple clic sur un lien hypertexte dans la fiche. À chaque ajout d'un nouvel article, l'écran du panier s'affiche, et le client peut ainsi consulter sa sélection et éventuellement modifier les quantités, voire supprimer définitivement un article du panier. Sa sélection d'articles terminée, le client clique sur le bouton `Commander` pour valider ses achats. Un formulaire de contrôle d'accès remplace alors celui du panier et le client saisit son e-mail et son mot de passe, s'il a déjà un compte client, ou clique sur un lien pour accéder à un formulaire d'inscription. Une fois le client identifié, sa commande et la liste de ses différents articles sont liées à son compte et il peut afficher toutes ses commandes (en attente ou déjà livrées) depuis l'écran `Commande`. Il lui suffit d'imprimer le bon de sa dernière commande et de l'envoyer accompagné de son règlement pour que les articles lui soient postés à son adresse.

Conception du modèle de l'interface Public

Pour permettre au client de réaliser sa commande selon cette procédure, l'interface `Public` dispose d'un menu horizontal à quatre choix, situé en haut de l'écran. Ainsi, l'utilisateur passe rapidement de l'écran du catalogue à celui du panier ou à celui de la commande. Une quatrième rubrique est cependant ajoutée afin de permettre à l'administrateur d'accéder à son espace depuis n'importe quel écran public (voir figure 8-10).

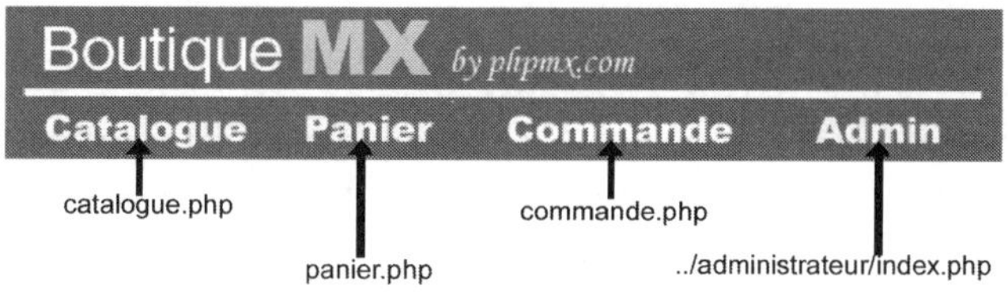

Figure 8-10
Menu de l'interface Public.

Pour faciliter la maintenance de l'application, nous utilisons un modèle dédié à tous les écrans de l'espace `Public`. Les liens hypertextes du menu sont réalisés à l'aide d'une carte graphique. Rappelons qu'une carte graphique est une image qui sert de moyen de navigation. Ce type de carte vous permet de créer plusieurs zones réactives (des zones « cliquables ») dans une même image, et de faire en sorte que chacune de ces zones mène à un fichier différent.

Procédure de création du modèle ModelePublic.dwt.php

1. Depuis le menu `Fichier`, sélectionnez `Nouveau`. Choisissez `Page dynamique` et `PHP` puis validez.
2. Placez-vous dans le haut de la fenêtre du document en mode `Création`, et insérez l'image `bandeauPublic.gif` disponible dans le répertoire `/images/` du site.
3. Sélectionnez l'image et cliquez sur l'outil de création de zone réactive rectangulaire, dans la partie gauche du panneau `Propriétés de l'image`. Positionnez-vous dans l'image du menu, cliquez à l'endroit du coin supérieur gauche de la première zone à créer et étendez le rectangle (en gardant le bouton gauche de la souris appuyé), de façon à recouvrir complètement le nom de la rubrique (`Commande` par exemple). Cliquez ensuite sur le petit dossier jaune situé à droite de la zone `Lien` dans le panneau `Propriétés` de la nouvelle zone réactive, et sélectionnez le fichier correspondant au lien hypertexte à créer (voir figure 8-11). Pour sortir du mode `Création d'une zone réactive`, cliquez sur le bouton avec la petite flèche noire située à gauche des outils de création de zone réactive, dans le panneau `Propriétés`. Renouvelez l'opération pour les trois autres zones du menu en configurant pour chacune d'entre elles un lien sur le fichier adapté (voir figure 8-10).
4. Insérez un tableau d'une ligne et d'une colonne sous le menu, et transformez-le en zone modifiable : sélectionnez le tableau, choisissez `Insertion>Objets de modèle>Régions modifiables`, puis attribuez-lui un nom et validez.
5. Sous cette zone modifiable, insérez la barre de bas de page `BarreBasPublic.gif` disponible dans le répertoire `/images/` du site.
6. Enregistrez ensuite la page comme modèle : `Fichier>Enregistrer comme modèle`. Saisissez le nom du modèle, `ModelePublic`, et validez en cliquant sur le bouton `Enregistrer`.

Conception de l'interface Administrateur

Navigation normale d'un administrateur

Comme nous venons de le voir, l'administrateur peut accéder à son espace depuis l'un des écrans de l'espace `Public` en cliquant sur la rubrique `Admin` du menu. Dès l'entrée dans l'espace `administrateur`, l'utilisateur doit s'identifier en saisissant son e-mail et son mot de passe. Une fois reconnu, son statut est enregistré dans une variable de session, et il peut librement accéder aux différents écrans de gestion en utilisant les liens du menu : gestion des articles, gestion des commandes et gestion des clients.

Conception du modèle de l'interface Administrateur

Pour que l'administrateur accède à ces différentes fonctions, l'interface `admin` dispose d'un menu horizontal à quatre choix, situé en haut de l'écran. Ainsi, l'administrateur peut passer rapidement d'un écran de gestion à l'autre. Une quatrième rubrique est cependant ajoutée afin

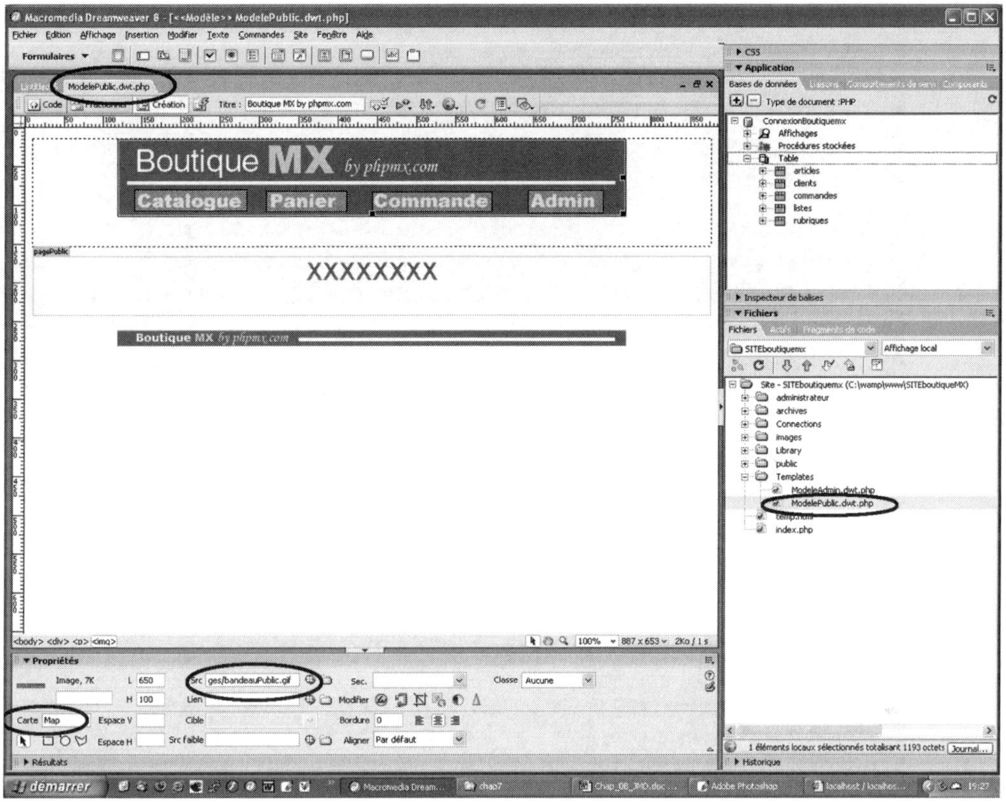

Figure 8-11

Création du modèle d'interface pour la zone Public.

de permettre à l'administrateur de retourner dans l'espace `Public` depuis n'importe quel écran `Administrateur` (voir figure 8-12).

Comme pour l'espace `Public`, nous allons créer un modèle dédié aux écrans `Administrateur` afin d'en faciliter la maintenance. La structure est semblable à celle du modèle `Public`, hormis les images du bandeau de menu et de la barre du bas, qui sont personnalisées pour l'espace `Administrateur` (couleurs, noms de rubriques, liens hypertextes différents...).

Procédure de création du modèle ModeleAdmin.dwt.php

1. Depuis le menu `Fichier`, sélectionnez `Nouveau`, puis `Page dynamique` et `PHP`. Validez.
2. Placez-vous dans le haut de la fenêtre du document en mode `Création` et insérez l'image `bandeauAdmin.gif` disponible dans le répertoire `/images/` du site.

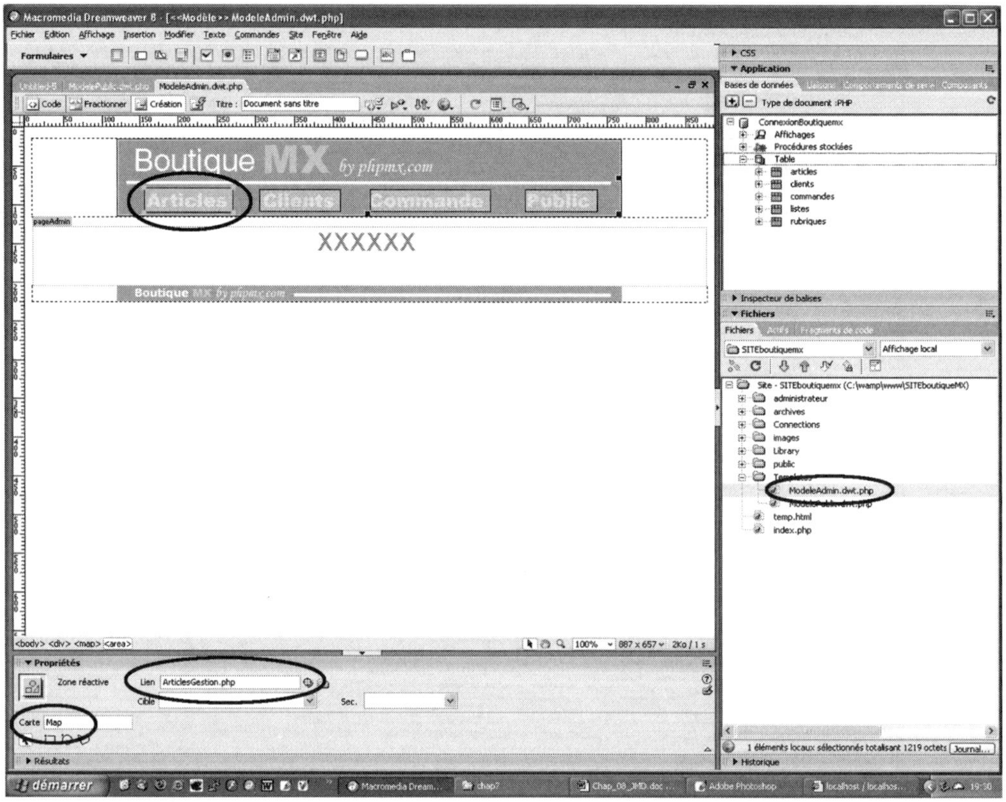

Figure 8-12
Menu de l'interface Administrateur.

3. Sélectionnez l'image et cliquez sur l'outil de création de zone réactive rectangulaire, dans la partie gauche du panneau `Propriétés` de l'image. Positionnez-vous dans l'image du menu, cliquez à l'endroit du coin supérieur gauche de la première zone à créer et étendez le rectangle (en gardant le bouton gauche de la souris appuyé), afin de recouvrir complètement le nom de la rubrique (`Articles` par exemple). Cliquez ensuite sur le petit dossier jaune situé à droite de la zone `Lien` dans le panneau `Propriétés` de la nouvelle zone réactive, et sélectionnez le fichier correspondant au lien hypertexte à créer (voir la figure 8-13). Pour sortir du mode `Création d'une zone réactive`, cliquez sur le bouton avec la petite flèche noire située à gauche des outils de création de zone réactive, dans le panneau `Propriétés`. Renouvelez l'opération pour les trois autres zones du menu, en configurant pour chacune d'entre elles un lien sur le fichier adapté (voir figure 8-12).
4. Insérez un tableau d'une ligne et d'une colonne sous le menu, et transformez-le en zone modifiable : sélectionnez le tableau, choisissez `Insertion>Objets de modèle>Régions modifiables`, puis attribuez-lui un nom et validez.

5. Sous cette zone modifiable, insérez la barre de bas de page `BarreBasAdmin.gif` située dans le répertoire `/images/` du site.

6. Enregistrez ensuite la page comme modèle : `Fichier>Enregistrer comme modèle`. Saisissez le nom du modèle, `ModeleAdmin`, et validez en cliquant sur le bouton `Enregistrer`.

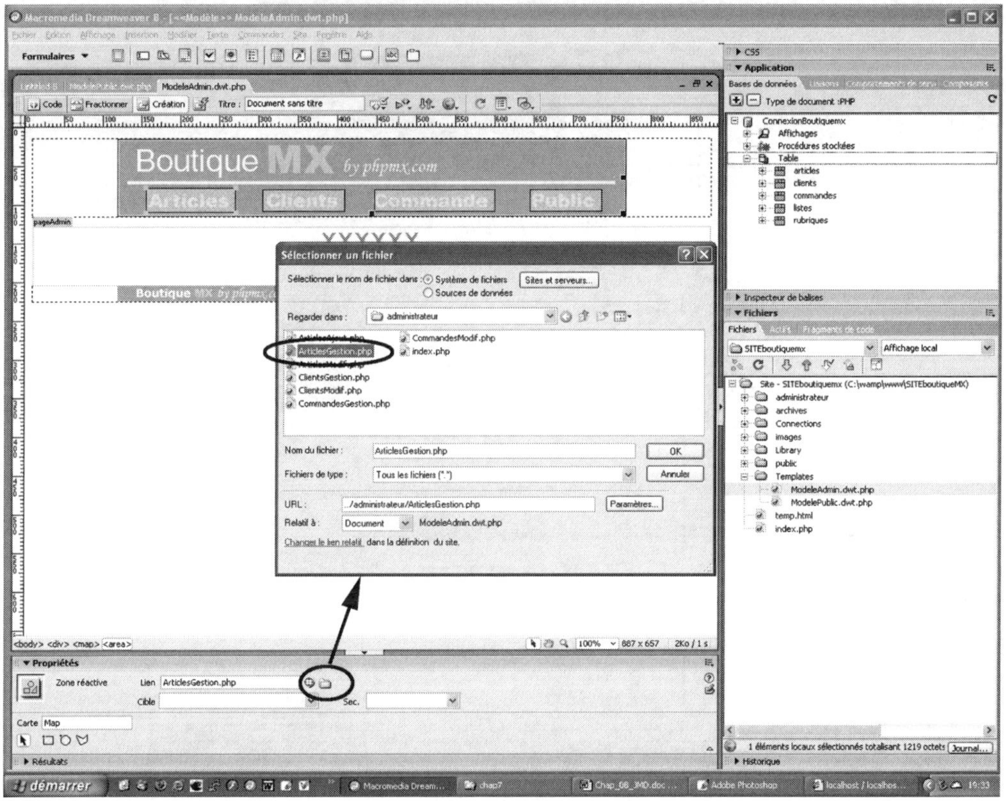

Figure 8-13
Sélection du fichier correspondant au lien hypertexte à créer.

Plan de navigation et arborescence du site

Plan de navigation

Pour avoir une bonne vision de l'ensemble du site et des différents liens à créer entre les écrans, nous avons réalisé un plan de navigation pour chaque espace utilisateur (voir figures 8-14 et 8-15).

Comme nous l'avons déjà fait pour le projet SCORE, nous allons dès maintenant créer toutes les pages du site à partir du modèle approprié, et les enregistrer dans les répertoires dédiés à chaque espace (administrateur ou public).

Figure 8-14
Plan de navigation de l'espace Public.

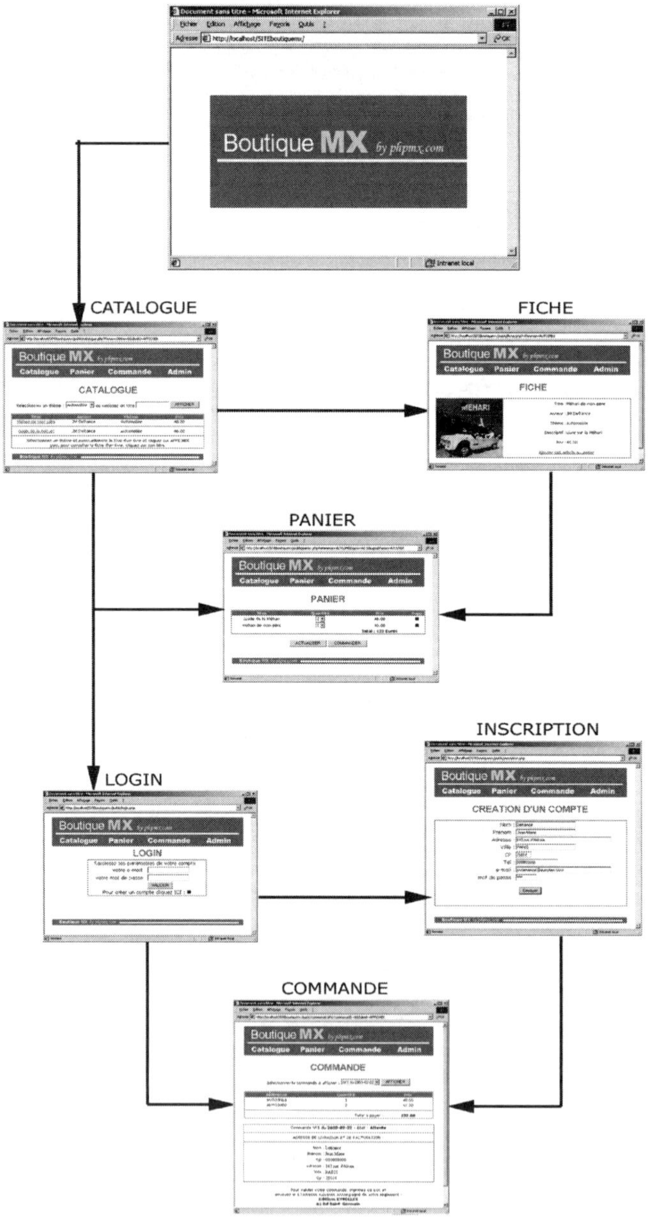

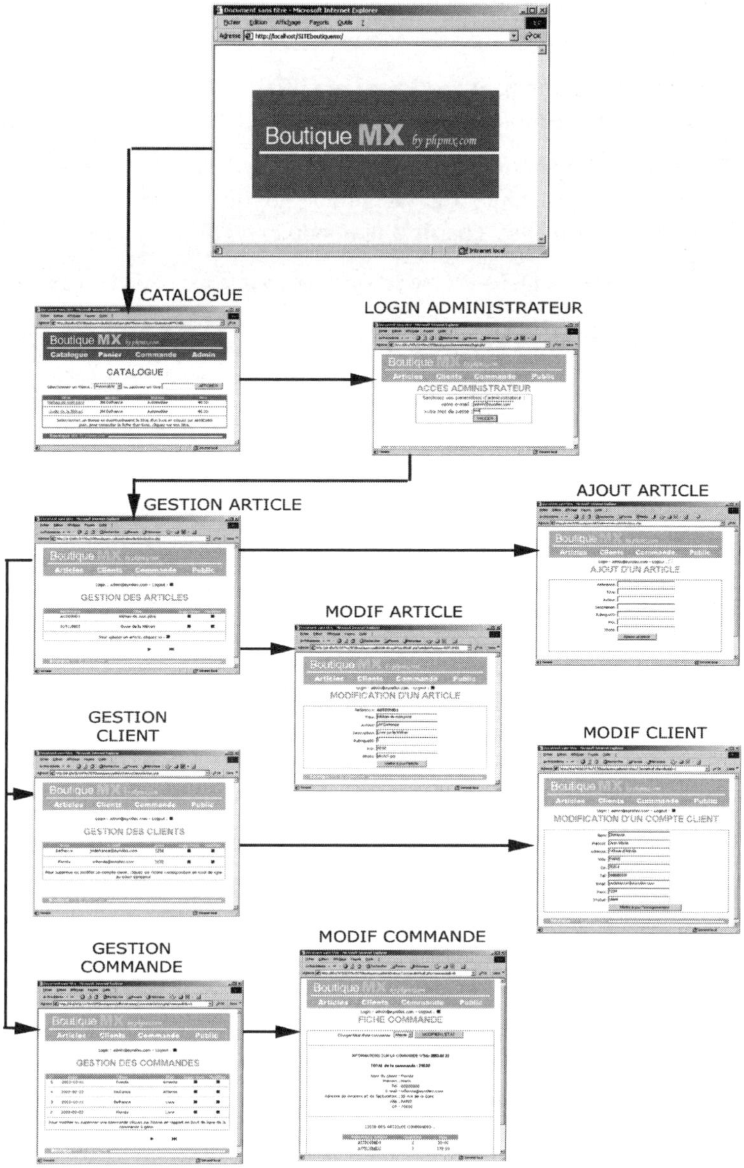

Figure 8-15
Plan de navigation de l'espace Administrateur.

Procédure de création d'un écran du site à partir d'un modèle

1. Depuis le menu `Fichier`, cliquez sur `Nouveau` (ou, plus rapide, utilisez la combinaison de touche `Ctrl` + `N`).

2. Cliquez sur l'onglet `Modèle` et choisissez le modèle désiré dans la liste, puis cliquez sur `Créer`.

3. Saisissez le titre en haut de la zone modifiable et enregistrez la nouvelle page, en prenant bien soin de sélectionner au préalable le bon dossier (`administrateur` ou `public`).

4. Renouvelez l'opération pour tous les fichiers figurant dans la liste du tableau 8-9 (sauf le fichier `index.php`, situé à la racine du site, qui comporte uniquement le logo du site et n'est donc pas réalisé à partir d'un modèle).

Tableau 8-9 – Nomenclature de toutes les pages du site Boutique MX

Dossier	Nom du fichier	Description
/	index.php	Zone Accueil : page qui s'affiche par défaut dès qu'on se connecte au site. Elle contient uniquement un logo cliquable du site, qui permet d'accéder à l'écran Catalogue.
/public/	catalogue.php	Zone Public : affiche la liste des articles avec un lien contextuel sur le fichier fiche.php pour afficher le détail de l'article concerné. Depuis cet écran, il est aussi possible de sélectionner un thème ou de faire une recherche sur un titre (ou une partie de ce titre).
/public/	fiche.php	Zone Public : affiche les différentes caractéristiques d'un article et sa photo.
/public/	panier.php	Zone Public : affiche le contenu du panier virtuel. Il est possible de modifier les quantités de chaque article ou encore de supprimer définitivement un article du panier.
/public/	login.php	Zone Public : formulaire d'identification d'un client.
/public/	inscription.php	Zone Public : formulaire d'inscription d'un client.
/public/	commande.php	Zone Public : affiche les différentes commandes liées au compte du client.
/administrateur/	index.php	Zone Administrateur : accès et identification pour la zone Administrateur.
/administrateur/	ArticlesGestion.php	Zone Administrateur : gestion des articles (liste, ajout, suppression, modification).
/administrateur/	ArticlesAjout.php	Zone Administrateur : ajout d'un nouvel article.
/administrateur/	ArticlesModif.php	Zone Administrateur : modification des informations de la fiche d'un article.
/administrateur/	ClientsGestion.php	Zone Administrateur : gestion des clients (liste, suppression, modification).
/administrateur/	ClientsModif.php	Zone Administrateur : modification des informations d'une fiche client.

Tableau 8-9 – Nomenclature de toutes les pages du site Boutique MX (*suite*)

Dossier	Nom du fichier	Description
/administrateur/	CommandesGestion.php	Zone Administrateur : gestion des commandes (liste, suppression, modification).
/administrateur/	CommandesModif.php	Zone Administrateur : modification des informations d'une commande. Permet notamment de changer l'état d'une commande (Attente>Livré).

Arborescence du site

L'arborescence des fichiers du site (voir figure 8-16) est organisée principalement autour de deux répertoires correspondant aux deux espaces du site (`administrateur` et `public`) ; seul le fichier d'accueil (`index.php`) est placé à la racine du site. Les images sont rassemblées dans un répertoire spécifique (`images`) et nous prévoyons un répertoire (`archives`) pour stocker tous les fichiers source ou les sauvegardes nécessaires à la maintenance du site (comme les fichiers SQL de sauvegarde de la base par exemple). Dreamweaver, de son côté, produit automatiquement un répertoire pour les modèles (`Template`), pour les objets de bibliothèque (`Library`), pour les feuilles de style (`Style`) ainsi que pour la connexion à la base de données (`Connections`).

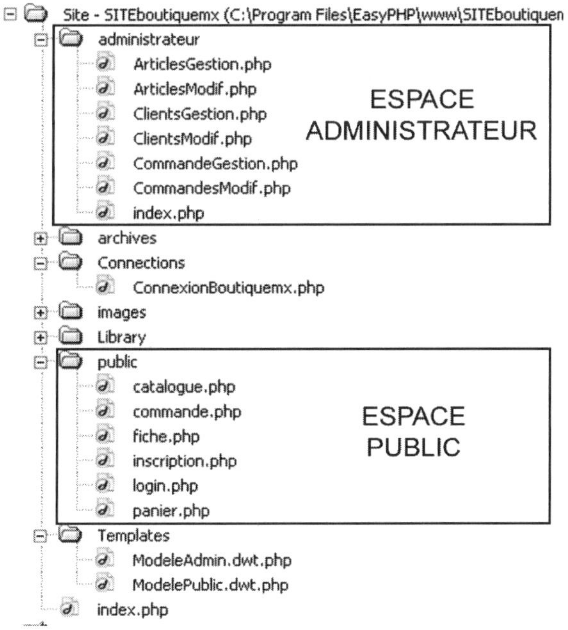

Figure 8-16
Arborescence du site Boutique MX.

Réalisation de l'espace Public

Réalisation de la page index.php

Contrairement à toutes les autres pages, la page `index.php` est située à la racine du site. Sa réalisation est très rapide, car elle ne comporte qu'une seule image *cliquable*, qui permet d'orienter les utilisateurs directement vers la page `catalogue.php` située dans le répertoire public.

Procédure de création de la page index.php

1. Ouvrez une nouvelle page PHP et sauvegardez-la sous le nom `index.php` situé à la racine du site.
2. Intégration du logo cliquable dans la page – Placez votre pointeur dans la page. Insérez l'image du logo en cliquant sur le bouton `Image` depuis le panneau `Insertion/commun`. Sélectionnez ensuite l'image `logoAccueil.gif` placée dans le répertoire `/images/`.
3. Ajout d'un lien hypertexte à l'image – Sélectionnez l'image et cliquez sur le petit dossier jaune placé à droite du champ `Lien`. Dans la fenêtre `Sélectionner un fichier`, ouvrez le répertoire `/public/` et sélectionnez le fichier `catalogue.php`. Validez votre sélection et enregistrez votre page (voir figure 8-17).

Réalisation de la page catalogue.php

La page catalogue permet au client de réaliser son choix de livres. Il peut faire une première sélection selon des thèmes définis (automobile, informatique...). Dans ce cas, la liste des résultats affiche uniquement les ouvrages qui appartiennent au thème retenu. Il est aussi possible pour le client de rechercher un ouvrage en saisissant son nom ou une partie de son nom dans un champ de l'écran `Catalogue`.

Lorsque la liste des résultats apparaît, le client peut afficher la fiche de chaque article en cliquant sur le lien hypertexte correspondant.

Procédure de création de la page catalogue.php

1. Ouvrez le fichier `catalogue.php` dans le dossier `public`.
2. Création du formulaire de sélection – Placez votre pointeur dans la zone modifiable, sous le titre de la page. Insérez un formulaire en cliquant sur le bouton `Formulaire` depuis le panneau `Insertion/formulaire`. Ajoutez ensuite un menu déroulant nommé `VARtheme`, ainsi qu'un champ de saisie nommé `VARtitre`. Complétez ces deux éléments par un bouton de validation de formulaire. Sélectionnez le formulaire afin de le configurer en entrant les attributs `action=catalogue.php` et `méthode=GET` dans le panneau `Propriétés` du formulaire.

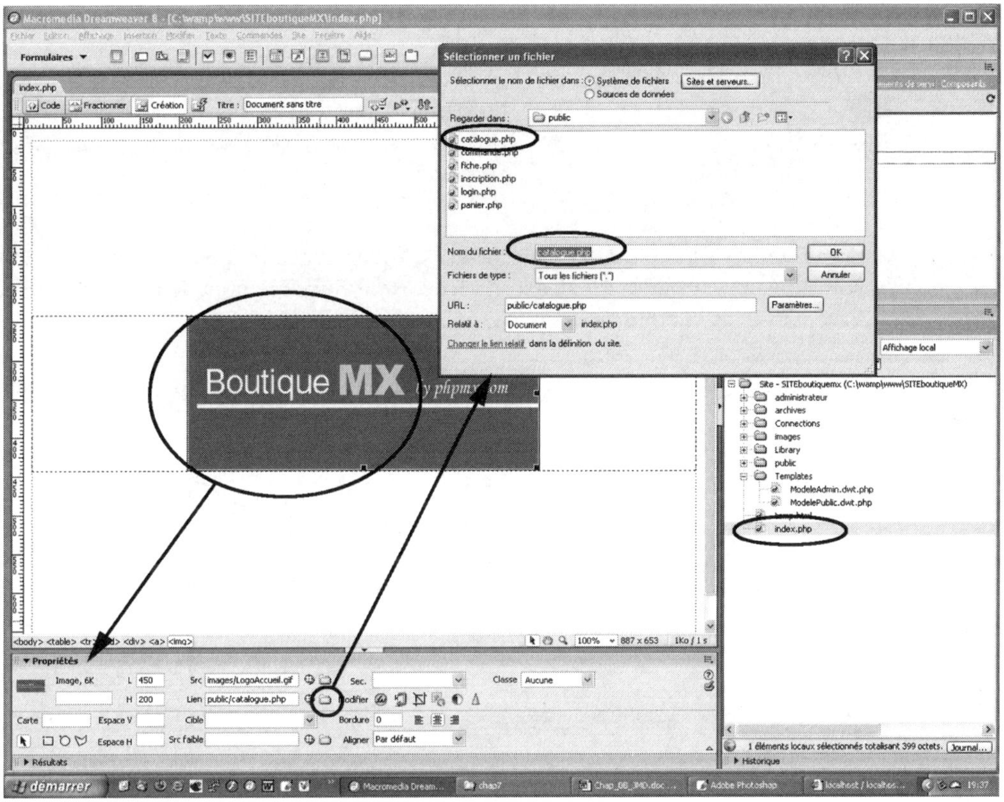

Figure 8-17
Page d'accueil index.php.

3. Configuration du jeu d'enregistrements `rsTheme` – Cliquez sur le bouton + du panneau `Liaisons` pour créer un nouveau jeu. Renseignez les zones de saisie selon les paramètres ci-dessous, cliquez sur le bouton `Tester` pour vous assurer que votre requête est valide, puis validez la création du jeu (voir figure 8-18).

Tableau 8-10 – Paramètres du jeu d'enregistrements rsTheme

Zone	Valeur	Commentaires
Nom	rsTheme	
Connexion	ConnexionBoutiquemx	
Table	rubriques	
Colonnes	Toutes	Pour alimenter le menu déroulant theme, nous avons besoin des champs ID et theme. Comme la table rubriques ne contient que ces 2 champs, nous utiliserons l'option Toutes.

Tableau 8-10 – Paramètres du jeu d'enregistrements rsTheme (*suite*)

Zone	Valeur	Commentaires
Filtre	Aucun	Nous désirons récupérer tous les enregistrements de la table theme.
Trier	theme Croissant	Dans la liste des thèmes, les noms sont ainsi classés par ordre alphabétique.

4. Ajout de la variable d'URL `VARtheme` – Cliquez sur le bouton `+` du panneau `Liaisons` et sélectionnez `Variable d'URL` dans la liste. Renseignez le nom de la variable en saisissant `VARtheme` dans la boîte de dialogue, puis validez.

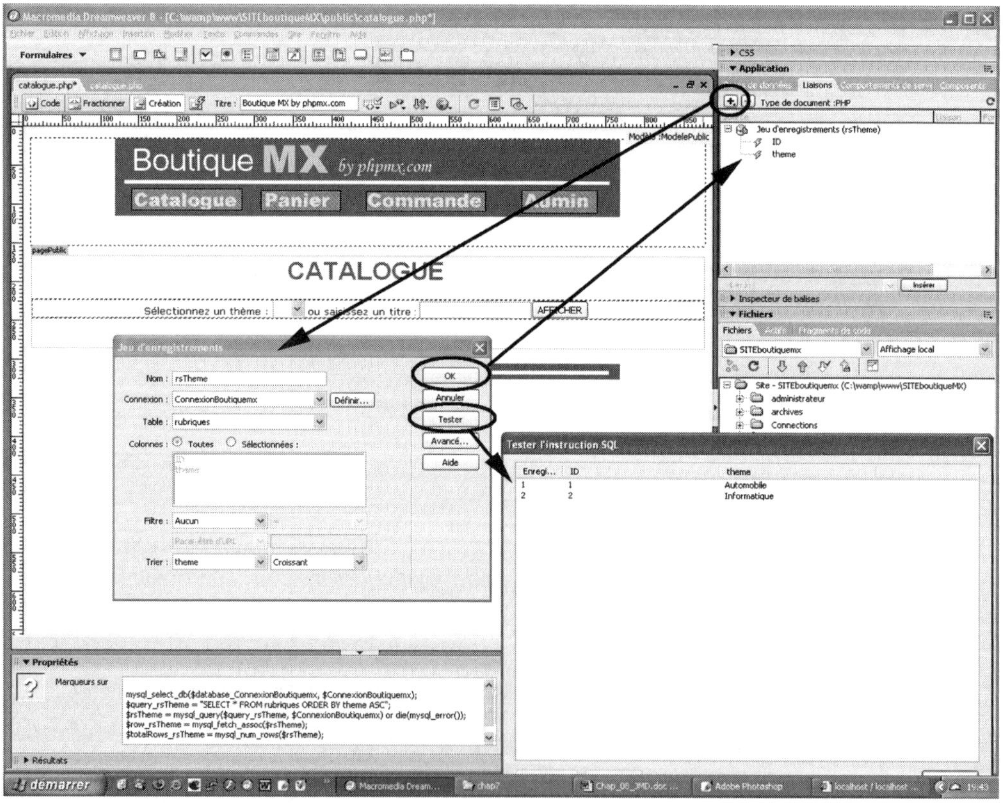

Figure 8-18
Configuration du jeu rsTheme.

5. Configuration des paramètres dynamiques du menu `VARtheme` – Sélectionnez le menu, puis cliquez sur le bouton `Dynamique` dans le panneau `Propriétés`. Dans la boîte de dialo-

gue `Liste/Menu dynamique`, sélectionnez le jeu `rsTheme`, le champ `ID` pour la valeur, et le champ `theme` pour l'étiquette. Cliquez ensuite sur le bouton avec l'éclair à droite du champ `Sélectionnez une valeur égale à`. Dans la deuxième fenêtre, sélectionnez la variable d'URL `VARtheme` et validez les deux boîtes de dialogue successivement (voir figure 8-19).

6. Test partiel de la page – Enregistrez votre page et passez en `Web local` pour la tester. Vérifiez que le menu déroulant affiche bien la liste des thèmes actuellement présents dans la table `Rubriques` (`Automobile` et `Informatique`), voir figure 8-20. Sélectionnez le thème `Automobile`, par exemple, cliquez sur `Afficher` puis assurez-vous que les variations sont bien passées dans l'URL. Réalisez ensuite le même test après avoir saisi un titre dans le champ de recherche.

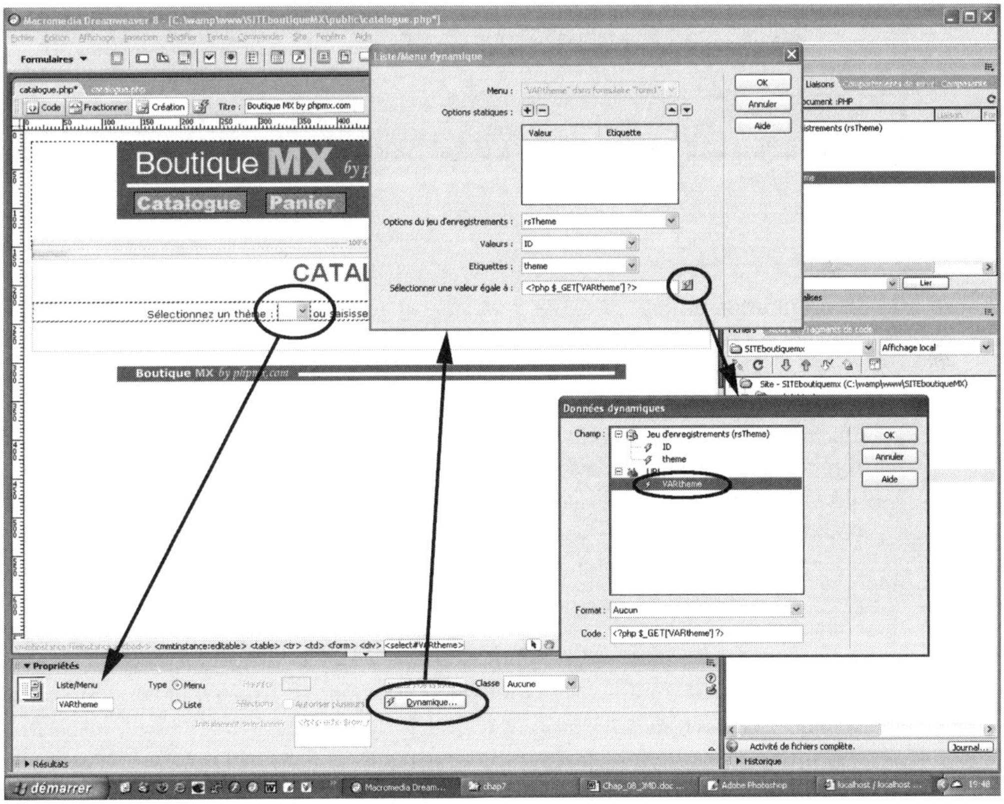

Figure 8-19
Configuration des paramètres dynamiques du menu VARtheme.

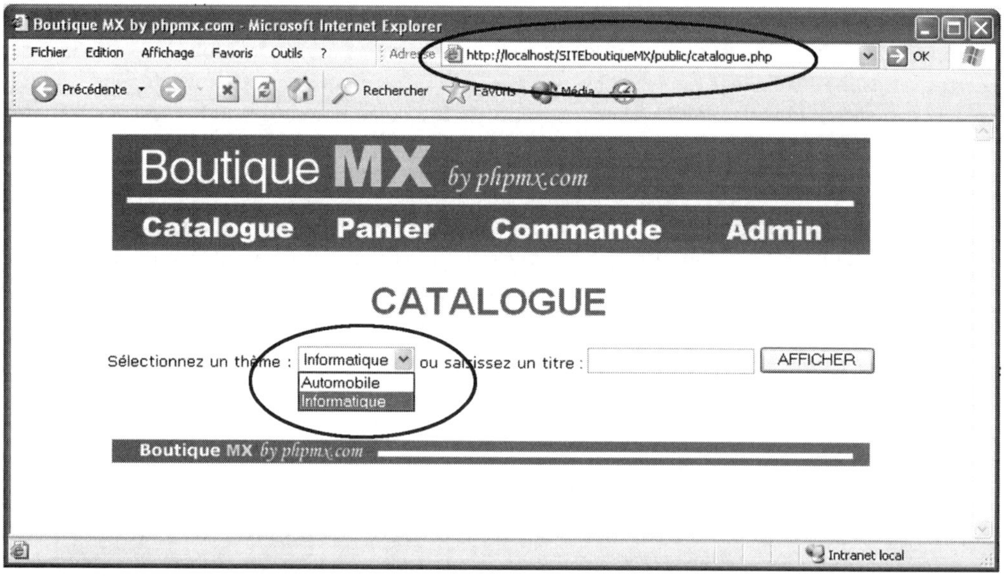

Figure 8-20

Lors du premier test du menu de sélection, assurez-vous que les paramètres sélectionnés sont bien passés dans l'URL.

7. Configuration du jeu d'enregistrements `rsCatalogue` – Retournez dans l'éditeur Dreamweaver et cliquez sur le bouton + du panneau `Liaisons` pour créer un nouveau jeu. Cliquez sur le bouton `Avancé` et renseignez les zones de saisie selon les paramètres du tableau 8-11. Pour la zone SQL, nous vous conseillons d'utiliser l'assistant `Ajouter au SQL` situé en bas de la boîte de dialogue (au besoin, revoir l'utilisation de l'assistant, figure 2-126). Pour réaliser un test, saisissez les valeurs `mehari` et `1` dans la colonne des `Valeurs par défaut`, pour les deux variables `coltitre` et `coltheme`. Cliquez ensuite sur le bouton `Tester` pour vous assurer que votre requête est valide (voir figure 8-21). Rétablissez les valeurs par défaut à `0` (ou mieux à -1) et validez la création du jeu.

8. Création du tableau d'affichage des résultats – Créez un tableau de 4 lignes et de 4 colonnes en dessous du formulaire, dans la zone modifiable de la page. Sur la première ligne, indiquez les noms des colonnes (`Titre`, `Auteur`, `Thème`, `Prix`). Glissez ensuite les champs `titre`, `auteur`, `theme` et `prix` du jeu `rsCatalogue` dans les cellules de la deuxième ligne du tableau (à partir des variables disponibles dans le panneau `Liaisons`). Pour améliorer la présentation des informations, vous pouvez ajouter une barre horizontale sur la troisième ligne du tableau après avoir fusionné toutes les cellules de la ligne. De même, il est intéressant d'ajouter un texte d'information sur la quatrième ligne du tableau afin de renseigner les utilisateurs du site (voir figure 8-22).

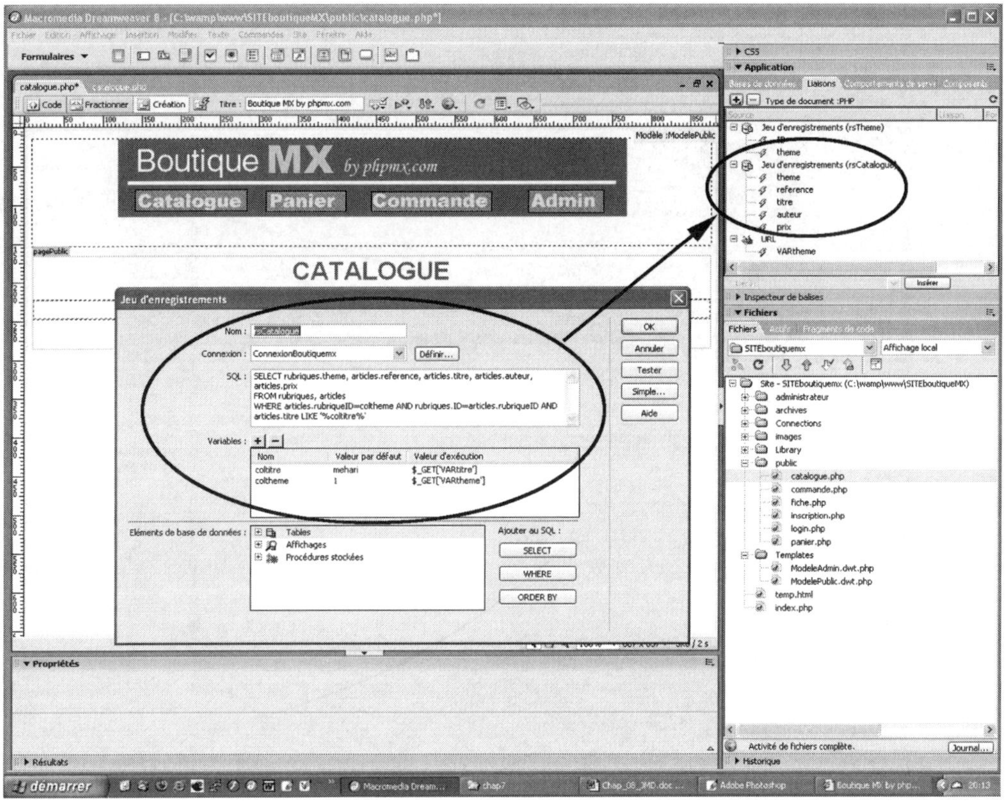

Figure 8-21

Boîte de dialogue du jeu rsCatalogue.

Tableau 8-11 – Paramètres du jeu d'enregistrements rsCatalogue

Zone	Valeur	
Nom	rsCatalogue	
Connexion	ConnexionBoutiquemx	
SQL	SELECT rubriques.theme, articles.reference, articles.titre, articles.auteur, articles.prix FROM articles, rubriques WHERE rubriqueID=coltheme AND rubriques.ID=articles.rubriqueID AND titre LIKE '%coltitre%'	
Variables	coltitre	$_GET['VARtitre']
	coltheme	$_GET['VARtheme']

9. Configuration du comportement `Répéter` – Sélectionnez la deuxième et la troisième ligne du tableau, puis cliquez sur le bouton + du panneau des comportements de serveur, et

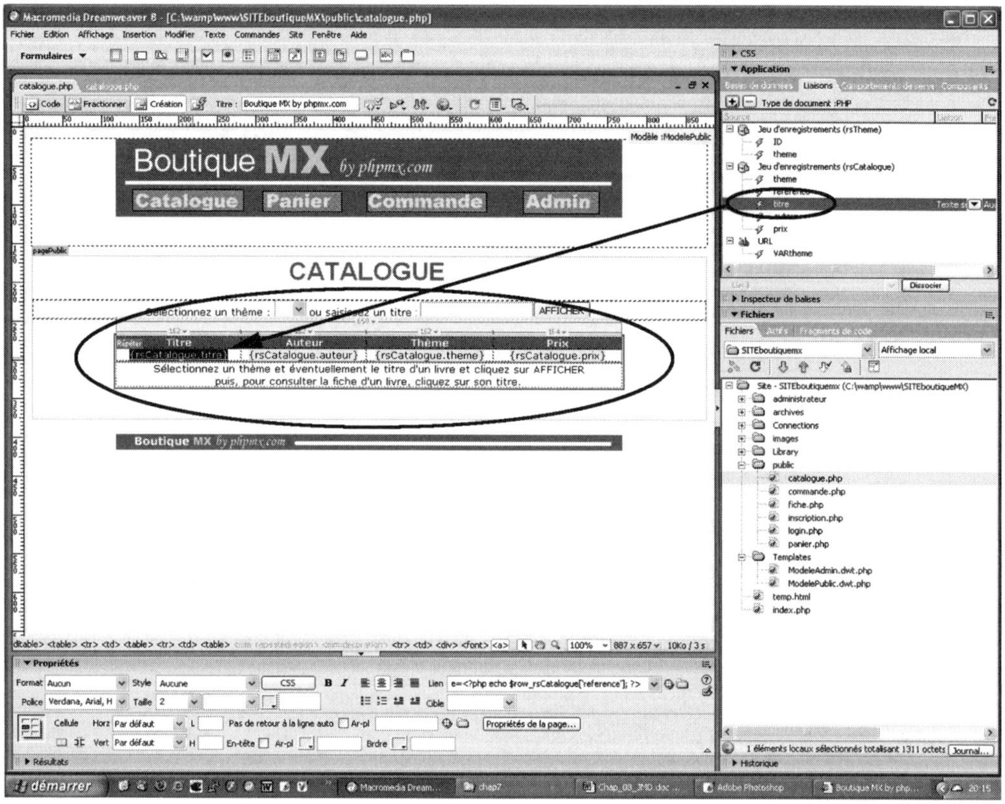

Figure 8-22

Création du tableau d'affichage des résultats de la recherche.

sélectionnez `Région répétée` dans la liste du menu. Choisissez le jeu d'enregistrements `rsCatalogue` dans la boîte de dialogue, ainsi que l'option `Tous les enregistrements`, puis validez votre configuration. Un cadre `Répéter` doit alors apparaître autour des deux lignes initialement sélectionnées (voir figure 8-22).

10. Intégration d'un lien hypertexte dynamique pour rendre visible la fiche (voir les repères 1 à 5 de la figure 8-23) – Sélectionnez la variable `Titre` dans la deuxième ligne du tableau. Dans le panneau `Propriétés`, cliquez sur le petit dossier jaune, à droite du champ `Lien`. Dans la boîte de dialogue `Sélectionner un fichier`, choisissez le fichier `fiche.php`, puis cliquez sur le bouton `Paramètres` à droite du champ URL. Dans la boîte de dialogue `Paramètres`, saisissez `reference` dans la première colonne, puis passez dans la deuxième colonne et cliquez sur le bouton avec l'éclair. Enfin, dans la boîte de dialogue `Données dynamiques`, sélectionnez le champ `reference` du jeu d'enregistrements `rsCatalogue` (voir figure 8-23). Validez ensuite toutes les boîtes successivement.

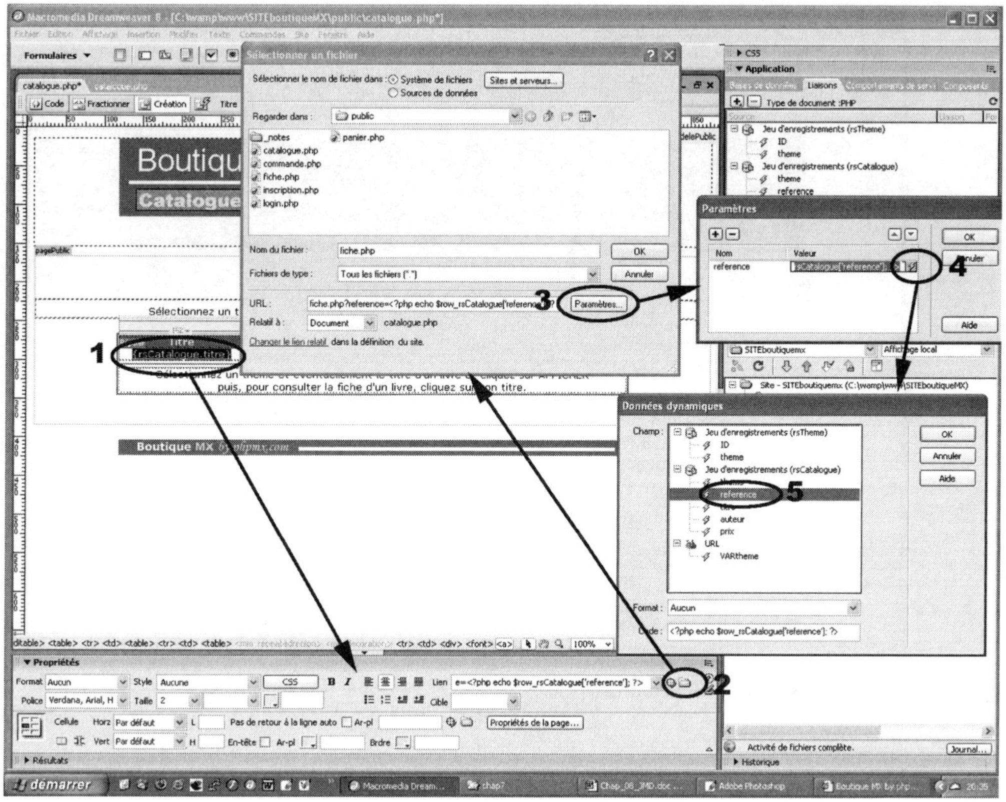

Figure 8-23
Configuration du lien hypertexte dynamique destiné à ouvrir la fiche d'un article.

11. Test final de la page `catalogue.php` – Enregistrez votre page et testez-la de nouveau à partir du Web local (voir figure 8-24).

Réalisation de la page fiche.php

La page de la fiche produit est appelée grâce au lien hypertexte que nous venons de créer dans la page catalogue. Le produit affiché dans la fiche est identifié par un paramètre passé dans l'URL (`reference`), lors de l'appel de la fiche.

Voici un exemple :

```
fiche.php?reference=AUTOJMD1
```

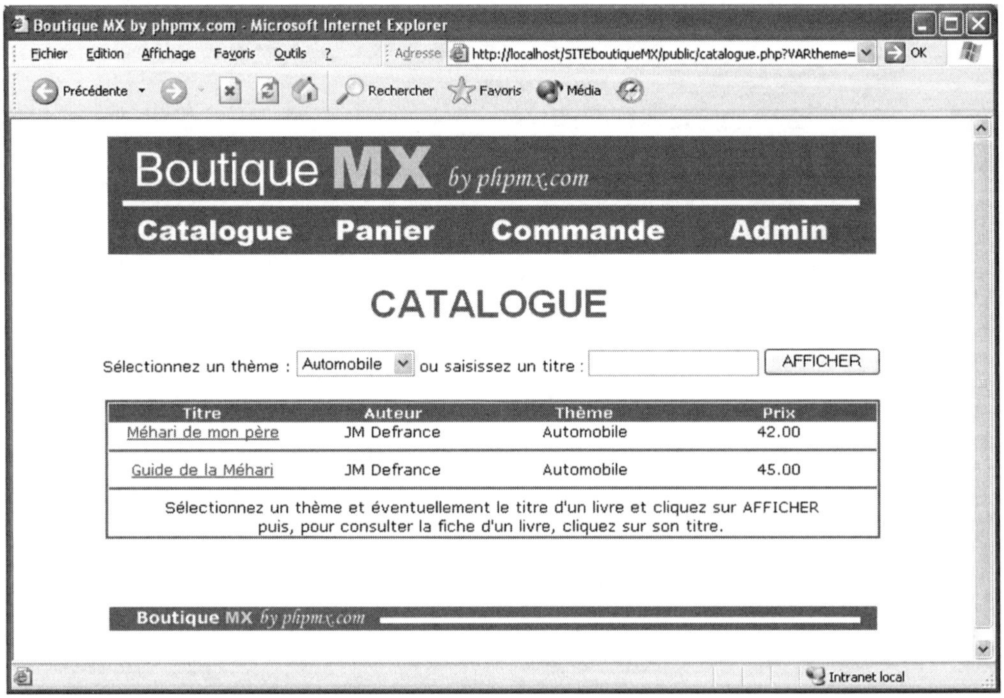

Figure 8-24

Test de la page catalogue.php depuis le Web local.

À partir de cette variable `reference`, nous allons construire un jeu d'enregistrements qui récupère toutes les données concernant le produit sélectionné. Ces données seront mises en forme et affichées dans un tableau, ainsi que la photo de sa couverture. Enfin, l'ajout du produit dans le panier virtuel étant disponible à partir de la page `fiche.php`, il faut ensuite ajouter un lien qui permet de réaliser cette fonction.

Procédure de création de la page fiche.php

1. Ouvrez la page `fiche.php` située dans le dossier `public`.
2. Configuration du jeu d'enregistrements `rsFiche` – Créez un nouveau jeu d'enregistrements nommé `rsFiche` depuis le panneau `Liaisons` (cliquez sur le bouton + et sélectionnez `Jeu d'enregistrements`). Sélectionnez la connexion `ConnexionBoutiquemx` et basculez en mode `Avancé` en cliquant sur le bouton du même nom (voir figure 8-25). Dans la zone SQL, saisissez la requête indiquée dans le tableau 8-12 en utilisant l'assistant SQL situé en bas de la fenêtre (au besoin, revoir l'utilisation de l'assistant, figure 2-126). Cette requête réalise la sélection de toutes les colonnes concernant les informations à afficher sur l'article (`reference`, `titre`, `auteur`, `description`, `prix`, `theme`,

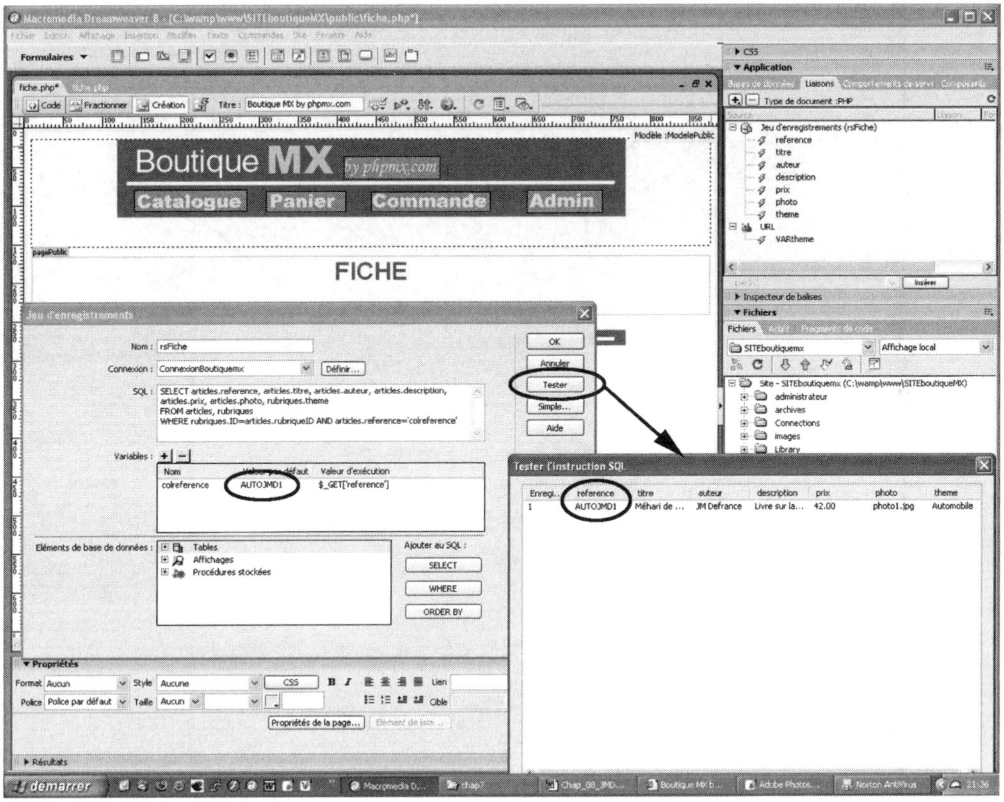

Figure 8-25

Fenêtre de configuration du jeu d'enregistrements rsFiche.

`photo`). La colonne `theme` étant située dans la table `rubriques`, il faut mettre en place une jointure entre cette table et la table `articles` (`rubriques.ID=articles.rubriqueID`). Il est à noter que, contrairement aux autres données, la colonne `photo` contient le nom du fichier de la photo du livre. Ajoutez ensuite le couple de variables du tableau 8-12 (`colreference` et `$_GET['reference']`) dans la zone `Variables`, en cliquant sur le bouton + de cette zone `Variables`, ainsi que la valeur par défaut `AUTOJMD1`, afin de réaliser un premier test avec cet article de la base. Cliquez sur le bouton `Tester` afin de vérifier que votre nouveau jeu d'enregistrements est opérationnel. Vous devez alors obtenir un résultat semblable à celui de la figure 8-25. Si le résultat est correct, remplacez `AUTOJMD1` par `0` (ou mieux `-1`) dans la valeur par défaut, et validez votre nouveau jeu en cliquant sur le bouton `OK`.

3. Création du tableau d'affichage de la fiche – De retour dans la fenêtre `Document`, créez un tableau de 6 lignes et de 3 colonnes dans la zone modifiable de la page. Fusionnez la

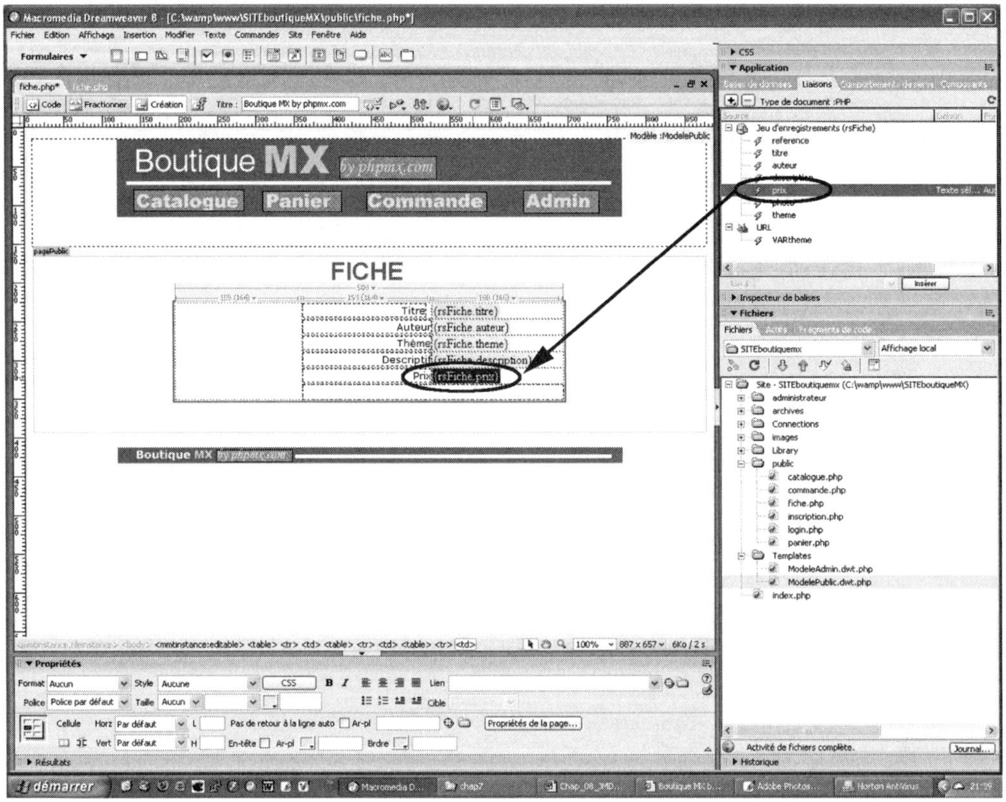

Figure 8-26

Mise en place des variables dynamiques de la fiche produit.

Tableau 8-12 – Paramètres du jeu d'enregistrements rsFiche

Zone	Valeur		
Nom	rsFiche		
Connexion	ConnexionBoutiquemx		
SQL	SELECT articles.reference, articles.titre, articles.auteur, articles.description, articles.prix, rubriques.theme, articles.photo FROM articles, rubriques WHERE rubriques.ID=articles.rubriqueID AND articles.reference='colreference'		
Variables	colreference	AUTOJMD1	$_GET['reference']

colonne de gauche afin de préparer l'espace pour accueillir la photo de la couverture. Saisissez les noms des informations à afficher dans la colonne du centre, puis placez les variables issues du jeu d'enregistrements `rsFiche` dans les cellules correspondantes de la colonne de droite (voir figure 8-26).

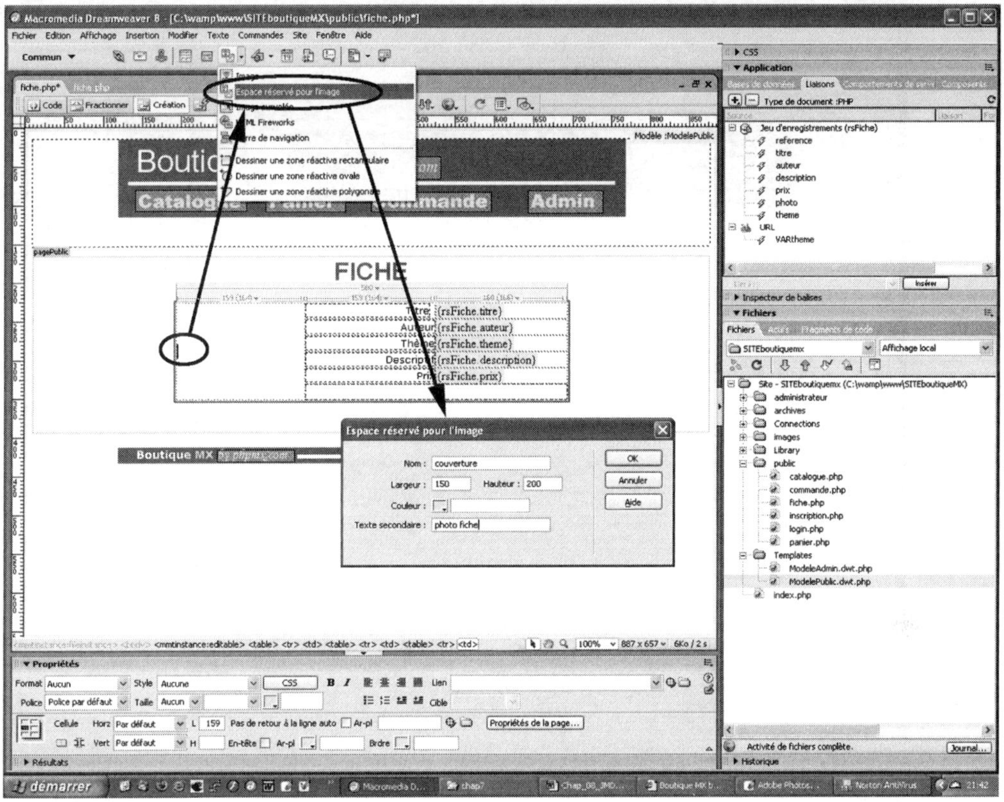

Figure 8-27
Insertion d'une zone de réserve pour la photo de la couverture.

4. Intégration de l'image dynamique – Dans la cellule de gauche du tableau, insérez un espace réservé pour une photo en cliquant sur le bouton du même nom dans la catégorie `Commun` de la barre d'outils `Insertion` (voir figure 8-27). Après son insertion, assurez-vous que la zone de réserve est sélectionnée, déroulez le jeu d'enregistrements `rsFiche` et cliquez ensuite sur le champ `photo` dans le panneau `Liaisons`. En bas du panneau `Liaisons`, cliquez sur le bouton `Lier`. La zone de réserve est alors remplacée par une petite icône grise représentant une photo dynamique (voir figure 8-28). Placez-vous ensuite dans la zone `Src` et ajoutez le chemin (`../images/`) devant la variable dynamique,

afin de tenir compte du répertoire où se trouve la photo. Vous devez obtenir le code suivant dans cette zone :

```
../images/<?php echo $row_rsFiche['photo'];?>
```

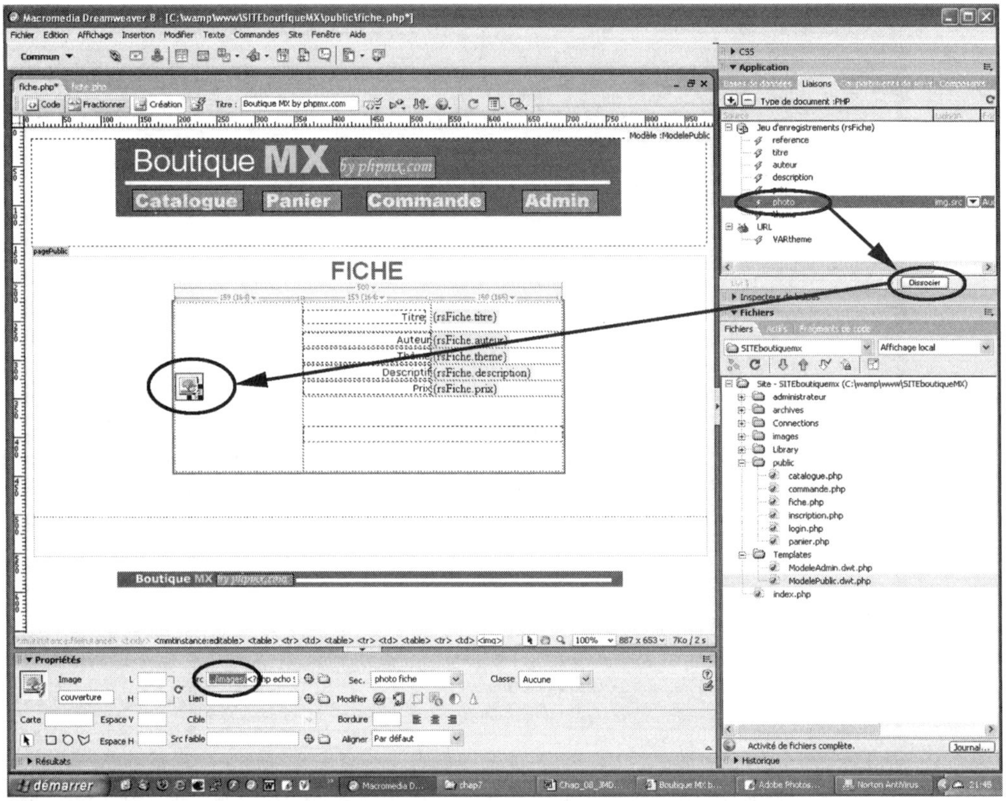

Figure 8-28
Création d'une liaison dynamique de la photo avec la variable photo du jeu d'enregistrements.

5. Test partiel en `Live Data` – Cliquez sur le bouton `Live Data`, saisissez un paramètre d'URL pour réaliser un test, puis cliquez sur le bouton `Actualiser` (flèche bleue à gauche de la barre `Live Data`). Les informations de l'enregistrement apparaissent à la place des variables du tableau, ainsi que la photo de la couverture correspondant à l'article sélectionné (voir figure 8-29). Si vous désirez afficher un autre produit, il suffit de modifier la référence du paramètre d'URL dans la zone de saisie de la barre `Live Data` (exemple : `reference=AUTOJMD1`).

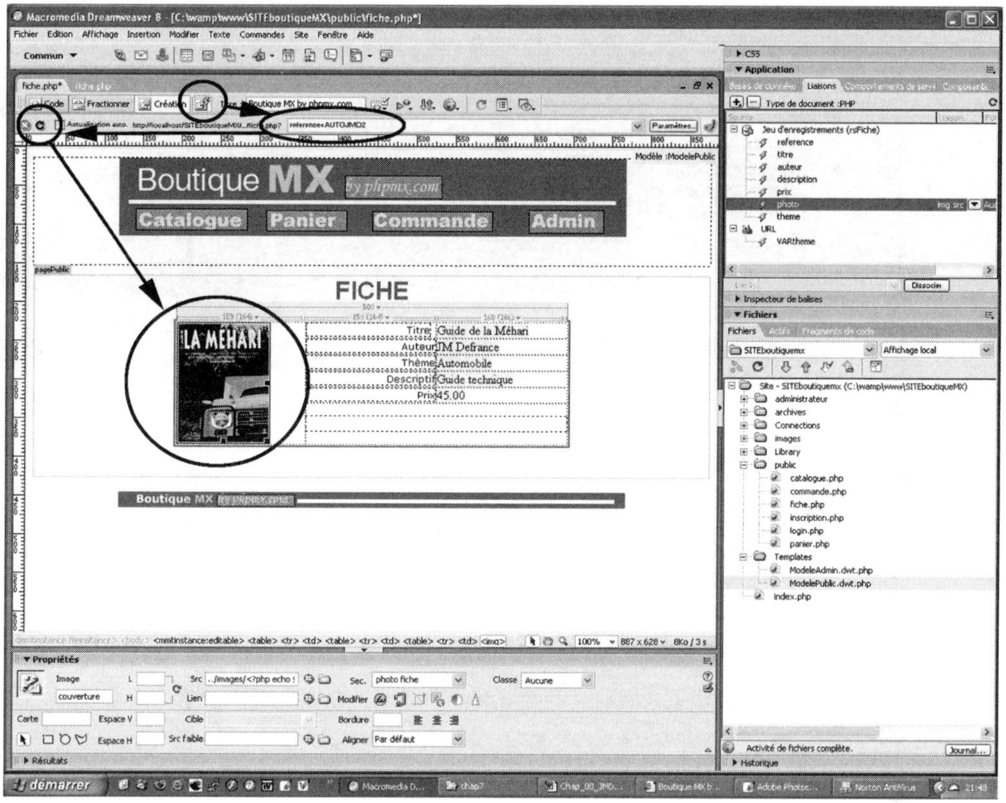

Figure 8-29
Test de l'affichage de la photo dynamique en Live Data.

6. Intégration du lien dynamique d'ajout d'un article au panier (voir les repères 1 à 5 de la figure 8-30) – Ajoutez un texte dans la dernière cellule du centre (exemple : `Ajouter cet article au panier`), sélectionnez-le et cliquez sur le dossier jaune situé à droite de la zone `Lien` du panneau `Propriétés` (voir repère 2 de la figure 8-30). Dans la fenêtre `Sélectionner un fichier`, sélectionnez la page `panier.php`, puis cliquez sur le bouton `Paramètres` en bas de la boîte de dialogue. Dans la boîte `Paramètres`, cliquez sur le bouton + et saisissez le nom du premier paramètre dans la cellule de gauche (`reference`). Dans la cellule de droite, cliquez sur l'éclair afin de sélectionner le champ `reference` du jeu d'enregistrements `rsFiche`, dans la fenêtre `Données dynamiques`. Renouvelez l'opération avec les deux autres couples de paramètres (voir la fenêtre `Paramètres` repère 4 de la figure 8-30). Il est à noter que le troisième couple de paramètres n'est pas lié à une valeur dynamique, mais à une valeur statique que vous devrez saisir directement dans la cellule (valeur `AJOUTER`). Cliquez ensuite successivement sur le bouton `OK` des différentes boîtes de dialogue pour valider votre choix.

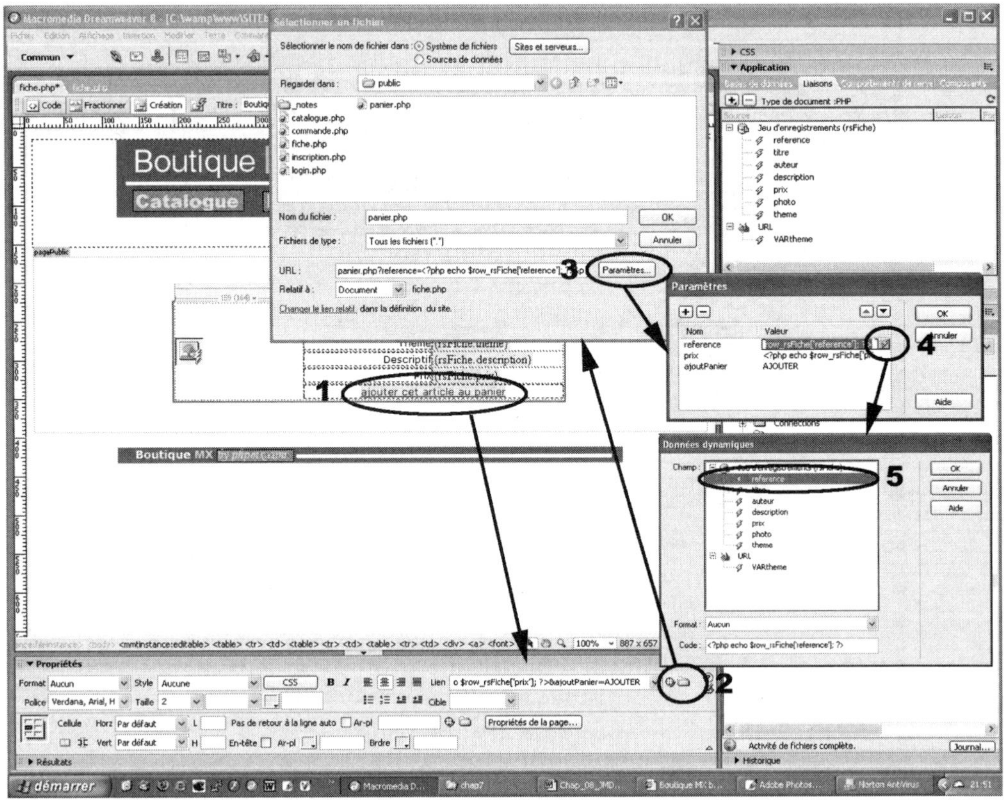

Figure 8-30

Création des paramètres d'URL qui accompagnent la demande d'ajout d'un article au panier.

7. Test final de la page – Enregistrez la page sous `fiche.php` et basculez sur le Web local pour tester le fonctionnement complet de la structure à partir de la page `catalogue.php`.

Réalisation de la page panier.php

Le panier virtuel permet au client de stocker des articles sélectionnés sans nécessiter son identification. Nous avons déjà abordé la conception du panier dans une partie précédente (revoir tableau 8-2), et nous vous invitons à consulter cette partie avant de commencer à créer cet écran. Dans cette page, la plupart des scripts sont réalisés en mode `Code` ; cependant, vous pouvez avantageusement utiliser le mode `Création` pour la fabrication du tableau et l'intégration du formulaire.

Procédure de création de la page panier.php

1. Ouvrez le fichier `panier.php` situé dans le répertoire `public`.
2. Création du tableau d'affichage du panier – Commencez par insérer un formulaire en cliquant sur le bouton `Formulaire` dans la catégorie `Formulaire` de la barre d'outils `Insertion`. Créez ensuite un tableau de 4 colonnes et de 3 lignes ; renseignez les titres des colonnes comme indiqué sur la figure 8-31. Ajoutez un menu déroulant dans la colonne `Quantité` et une icône de votre choix dans la colonne `supp`. Enfin, ajoutez en bas du formulaire deux boutons de soumission nommés `Actualiser` et `Commander`.

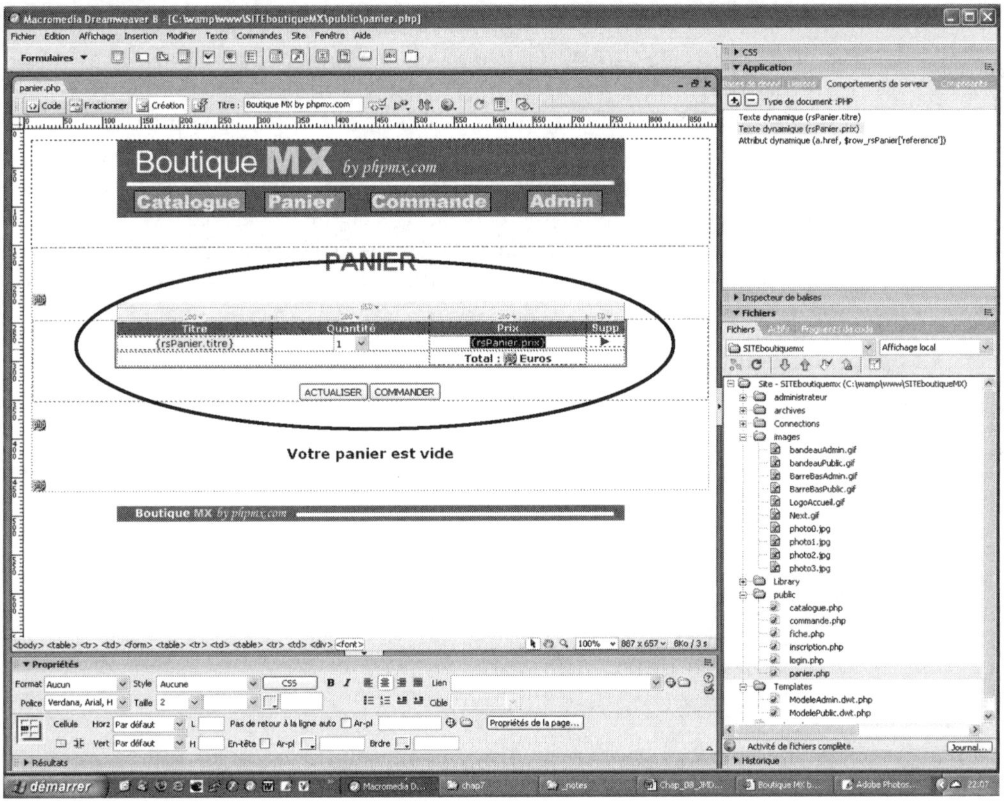

Figure 8-31

La création du formulaire et la mise en forme du tableau qui accueille les informations du panier virtuel sont réalisées en mode Création.

3. Intégration du script d'ajout d'article – Passez en mode `Code` pour insérer les scripts de gestion du panier. Les articles et leurs paramètres sont mémorisés à l'aide d'une variable de session `$liste` (tableau à deux dimensions), et d'une variable `$total` qui mémorise le

prix total du contenu du panier. Un nouvel article est ajouté par un appel de la page `panier.php` avec des paramètres d'URL qui définissent le produit, son prix et l'action à effectuer (par exemple : `panier.php?reference=AUTOJMD2&prix =46.00&ajoutPanier=AJOUTER`). Un script spécifique placé en tête de la page `panier.php` s'exécute si le test de la variable d'action est positif (`ajoutPanier=="AJOUTER"`). La première ligne du bloc de code (voir le script `ajout Panier` de la page 443) initialise la variable `$reference` afin de pouvoir l'intégrer par la suite dans le tableau `$liste`. La deuxième ligne initialise la quantité d'articles ajoutés à `1` par défaut (elle peut être modifiée par la suite). La troisième ligne initialise la variable `$prix`. Ensuite, un nouvel élément complète la variable tableau `$liste[]`, mémorisant ainsi les informations concernant ce nouvel article. Enfin, la variable `$liste` est mémorisée dans la session.

Parmi les différents attributs attachés à chaque article, nous avons sa référence (variable `$reference`, transmise par l'URL), sa quantité (variable `$nb`, initialisée par défaut à `1`), son prix unitaire (variable `$prix`, transmise par l'URL) et le prix total pour cet article (soit le prix unitaire multiplié par la quantité d'article ; dans le cas d'un ajout, cette donnée est identique au prix unitaire `$prix`). À noter que la tête de la page contient aussi d'autres actions qui peuvent être déclenchées depuis la page `panier.php` elle-même. Chaque script est conditionné par un paramètre spécifique à l'action demandée. Pour bien comprendre le fonctionnement de ces différents scripts, nous avons réalisé un schéma de principe des actions possibles dans la page `panier.php` (voir figure 8-32).

Script d'ajout d'un article placé en tête de la page `panier.php` :

```
//-----AJOUT PANIER
if ($ajoutPanier=="AJOUTER")
{
   $reference=$_GET['reference'];
   $nb=1; //par défaut la quantité est = 1
   $prix=$_GET['prix'];
   $liste[]=array($reference,$nb,$prix,$prix);
   $_SESSION['liste']=$liste;
   //ajoute un article à la liste

}
```

4. Intégration du script d'affichage des informations du panier – Le contenu du panier est représenté par un tableau de 4 colonnes (`Titre`, `Quantité`, `Prix`, bouton `Suppression`). Le tableau comporte autant de lignes que d'articles mémorisés dans le panier. Le script qui permet de produire ces différentes lignes est commenté ci-dessous. Sa structure s'appuie sur une boucle `for` conditionnée par le nombre d'éléments de la variable `$liste` (`count($liste)`). Cette boucle s'exécute autant de fois qu'il y a d'articles dans le panier. À chaque tour de boucle, on exécute une requête récupérant les informations de l'article

Figure 8-32
Schéma de principe des différents scripts intégrés dans la page panier.php.

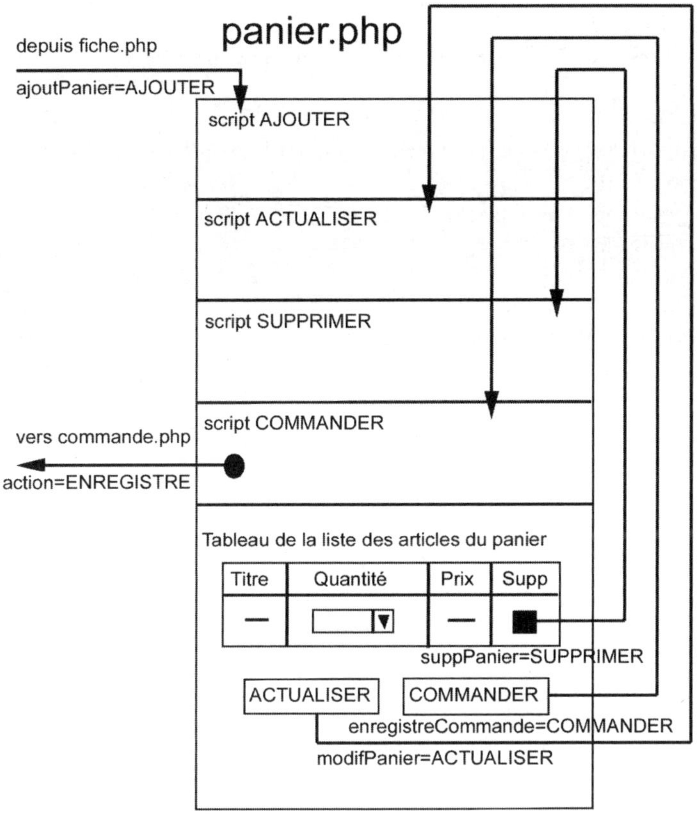

qui ne sont pas stockées dans la variable `$liste`, comme le titre de l'article par exemple. La première cellule de chaque ligne affiche ainsi le titre de l'ouvrage, la seconde contient un menu déroulant qui permet de modifier la quantité désirée (notez que le nom de ce menu est construit à partir du préfixe `nb`, auquel on ajoute la variable `$i`), la troisième affiche le prix unitaire de l'article, et la quatrième contient une icône (`clic.gif`) qui permet de supprimer l'article.

Voici le script d'affichage des informations sur les articles commandés (les balises PHP en gras sont à ajouter au code du tableau HTML de la page) :

```
<?php
   $total=0.00;
   for ($i=0;$i<count($liste);$i++)
      {
      $query_rsPanier="select * from articles where reference =
'".$liste[$i][0]."'";
```

```
        $rsPanier = mysql_query($query_rsPanier, $ConnexionBoutiquemx) or
die(mysql_error());
        $row_rsPanier = mysql_fetch_assoc($rsPanier);
?>
    <tr>
    <td><div align="center"><font size="2" face="Verdana, Arial, Helvetica,
     sans-serif">
    <?php echo $row_rsPanier['titre']?>
    </font></div>
    </td>
    <td><div align="center">
    <select name="nb<?php echo $i ?>">
    <option value="1" <?php if($liste[$i][1]==1) echo "SELECTED"; ?>>1</option>
    <option value="2" <?php if($liste[$i][1]==2) echo "SELECTED"; ?>>2</option>
    <option value="3" <?php if($liste[$i][1]==3) echo "SELECTED"; ?>>3</option>
    </select>
    </div>
    </td>
    <td><div align="center"><font size="2" face="Verdana, Arial, Helvetica,
     sans-serif">
    <?php echo $row_rsPanier['prix'] ?>
    </font></div>
    </td>
    <td><div align="center">
    <a href="panier.php?article=<?php echo $i ?>&suppPanier=SUPPRIMER">
    <img src="../administrateur/clic.gif" width="14" height="13" border="0">
    </a></div>
    </td>
    </tr>
    <?php
    $total+=$row_rsPanier['prix'] * $liste[$i][1];
    }//fin du bloc for
?>
```

5. Intégration du script de suppression d'un article – Le script de suppression placé en tête de page s'exécute si la variable `$suppPanier` est égale à la valeur `SUPPRIMER`. Pour cela, le lien de l'icône de suppression ajoutée à droite de chaque ligne doit être accompagné de deux paramètres : `article`, qui correspond à l'indice de l'article dans la variable `$liste`, et `suppPanier`, qui atteste la demande de suppression de l'article ainsi désigné. Le script de suppression est organisé autour d'une boucle `for` qui parcourt tous les articles contenus dans le panier (`$liste`), et qui teste à chaque tour de boucle si l'indice de l'article courant correspond à celui de l'article à supprimer (`$article==$i`). Si ce test est positif,

l'élément du tableau correspondant est supprimé à l'aide de l'instruction **array_splice()**.

Voici le script de suppression d'un article du panier placé en tête de la page :

```
//-------------------------------------SUPP PANIER
if ($suppPanier=="SUPPRIMER")
{
   $article=$_GET['article'];
for ($i=0;$i<count($liste);$i++)
      {
      if($article==$i) array_splice($liste,$i,1);
      //suppression de l'article
      }
   $_SESSION['liste']=$liste;//mAj de la liste
}
```

6. Intégration du script de gestion du total de la commande – Le prix total des différents articles du panier s'affiche en bas du tableau. La variable **$total** mémorise le cumul des prix de tous les articles, et est calculée d'une manière itérative à chaque tour de la boucle **for** à l'aide de l'instruction ci-dessous :

```
$total+=$row_rsPanier['prix'] * $liste[$i][1];
```

Une fois la boucle terminée, le total devra être retenu dans la session afin de pouvoir récupérer sa valeur dans la page **commande.php**. Cette mémorisation sera réalisée par la ligne suivante, placée juste après la fin de la boucle **for** :

```
$_SESSION['total']=$total;//mémorise le total dans la session
```

Voici maintenant le code de l'affichage du total placé en bas du tableau :

```
Total : <?php echo $total; ?> Euros
```

7. Intégration des boutons **Actualiser** et **Commander** – Deux boutons de soumission permettent de déclencher des actions. Le premier (**Actualiser**) met à jour des informations affichées dans le tableau (notamment lors de la modification de la quantité d'un article). Le deuxième crée une commande (**Commander**) et enregistre toutes les informations du panier dans la base de données.

```
<input name="modifPanier" type="submit" value="ACTUALISER">
<input name="enregistreCommande" type="Submit" value="COMMANDER">
```

8. Intégration du script d'actualisation du panier – Le script d'actualisation s'exécute si la variable **$modifPanier** est égale à la valeur **Actualiser** renvoyée par le bouton **Actualiser** présenté ci-dessus. Ce script est lui aussi organisé autour d'une boucle **for** qui parcourt tous les articles du panier (afin de bien comprendre la correspondance entre les différents indices du tableau **$liste**, nous vous suggérons de revoir le tableau 8-2). À chaque tour de boucle, une variable **$nbi** prend pour valeur la concaténation du préfixe **nb** et de l'indice du tableau **$i** (la concaténation est réalisée avec l'instruction **$nbi=nb.$i**). Cette instruction permet ensuite de récupérer la quantité d'articles sélectionnés dans le menu déroulant, et de l'affecter à la variable de la liste correspondante. Enfin, la dernière ligne du bloc de code met à jour le prix total par produit, qui est recalculé en multipliant la nouvelle quantité d'articles par son prix unitaire. Au terme de la boucle **for**, la variable **$liste** (tableau de variables contenant les informations de panier) est mémorisée dans la session grâce à l'insertion **$_SESSION['liste']=$liste;// mAj de la liste**.

Voici le script d'actualisation du panier placé en tête de la page :

```
//-----------------------------------MODIF PANIER
if ($modifPanier=="ACTUALISER")
{
    for ($i=0;$i<count($liste);$i++)
      {
      $nbi='nb'.$i;
      $liste[$i][1]=$_GET["$nbi"];//recup du nbr d'article dans la liste
      $liste[$i][3]=$liste[$i][1]*$liste[$i][2];//prixArticle=nbre*prixUnitaire
      }
   $_SESSION['liste']=$liste;//mAj de la liste
}
```

9. Intégration du script d'enregistrement d'une commande – Le script de commande s'exécute si la variable **$enregistreCommande** est égale à la valeur **Commander**, retournée par une action sur le bouton **Commander** déjà présenté. Ce script mémorise la demande de validation de la commande dans une variable de session, **$action**, afin de pouvoir exécuter le script de gestion correspondant dans la page **commande.php**. La dernière ligne du bloc redirige automatiquement l'utilisateur vers la page **commande.php** afin qu'il puisse valider sa nouvelle commande (voir la réalisation de l'écran commande à la page 461).

Voici le script de gestion de la confirmation de la commande du panier placé en tête de la page :

```
//---------------------------------------COMMANDER
if ($enregistreCommande=="COMMANDER")
{
   if(!isset($_GET['action']))
```

```
    $_SESSION['action']="ENREGISTRER";//mémorise l'action
    header("Location: commande.php");
}
```

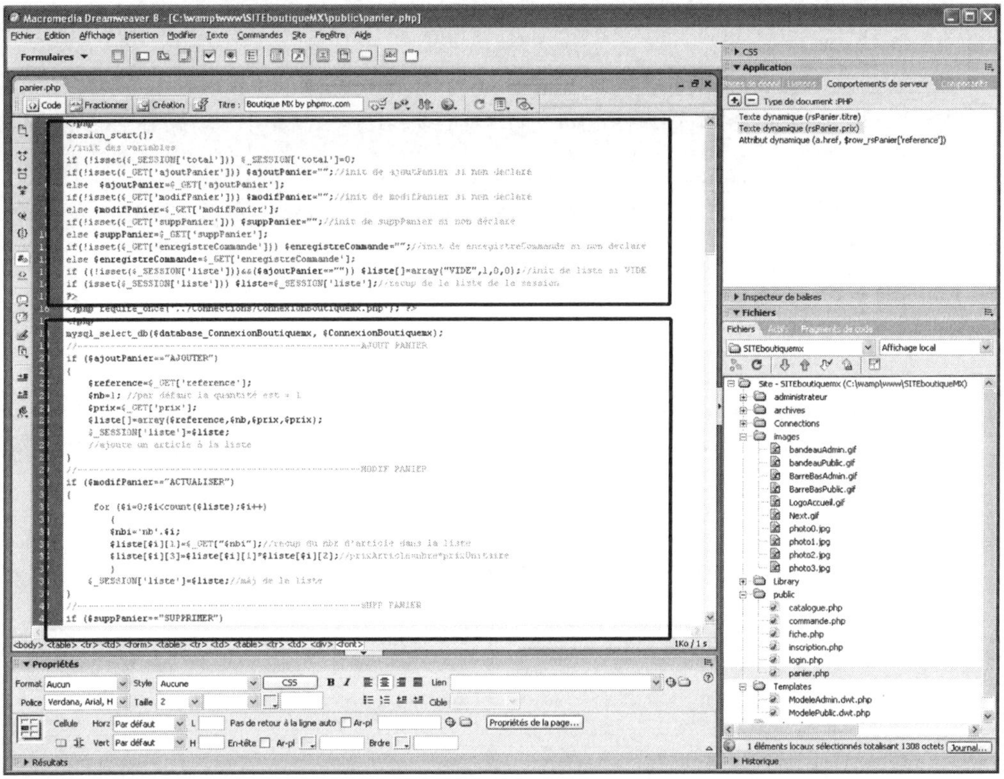

Figure 8-33
Début du code de la page panier.php.

10. Vous trouverez ci-dessous le script complet de la page `panier.php`. Après avoir saisi ce code, enregistrez votre page et testez le fonctionnement des actions `Actualiser`, `Ajouter` et `Supprimer` dans le Web local. Il est à noter que le code commence par une instruction `session_start()`, afin de pouvoir exploiter les variables de session dans les scripts de la page. Les lignes suivantes permettent d'initialiser toutes les variables utilisées dans la page, si cela n'a pas encore été fait (indispensable si vous avez une version de PHP supérieure à la 4.2). D'autre part, la commande `require_once()` permet de disposer des paramètres de connexion du site enregistrés dans le répertoire `/Connections/`. Enfin, un test d'existence de la liste (`if(isset($liste)`) a aussi été ajouté en dessous du titre `panier` afin de ne pas afficher le tableau si aucun article n'a encore été sélectionné.

panier.php

```
<?php
session_start();
//-----------------------------DEBUT d'init des variables
if (!isset($_SESSION['total'])) $_SESSION['total']=0;
if(!isset($_GET['ajoutPanier'])) $ajoutPanier="";//init de ajoutPanier si non
déclaré
else  $ajoutPanier=$_GET['ajoutPanier'];
if(!isset($_GET['modifPanier'])) $modifPanier="";//init de modifPanier si non
déclaré
else $modifPanier=$_GET['modifPanier'];
if(!isset($_GET['suppPanier'])) $suppPanier="";//init de suppPanier si non
déclaré
else $suppPanier=$_GET['suppPanier'];
if(!isset($_GET['enregistreCommande'])) $enregistreCommande="";//init de
enregistreCommande si non déclaré
else $enregistreCommande=$_GET['enregistreCommande'];
if(!isset($_GET['article'])) $article="";//init de article si non déclaré
else $article=$_GET['article'];
if (isset($_SESSION['liste'])) $liste=$_SESSION['liste'];//recup de la liste de la
session
//----------------------------FIN d' init des variables
?>
<?php require_once('../Connections/ConnexionBoutiquemx.php'); ?>
<?php
mysql_select_db($database_ConnexionBoutiquemx, $ConnexionBoutiquemx);
//--------------------------------------------------AJOUT PANIER
if ($ajoutPanier=="AJOUTER")
{
   $reference=$_GET['reference'];
   $nb=1; //par défaut la quantité est = 1
   $prix=$_GET['prix'];
   $liste[]=array($reference,$nb,$prix,$prix);
   $_SESSION['liste']=$liste;
   //ajoute un article à la liste

}
//--------------------------------------------------MODIF PANIER
if ($modifPanier=="ACTUALISER")
{
    for ($i=0;$i<count($liste);$i++)
      {
      $nbi='nb'.$i;
      $liste[$i][1]=$_GET["$nbi"];//recup du nbr d'article dans la liste
```

```
        $liste[$i][3]=$liste[$i][1]*$liste[$i][2];//prixArticle=nbre*prixUnitaire
        }
    $_SESSION['liste']=$liste;//mAj de la liste
}
//--------------------------------------------------SUPP PANIER
if ($suppPanier=="SUPPRIMER")
{
    for ($i=0;$i<count($liste);$i++)
        {
        if($article==$i)
            array_splice($liste,$i,1);
        //suppression de l'article
        }
    $_SESSION['liste']=$liste;//mAj de la liste
}
//--------------------------------------------------COMMANDER
if ($enregistreCommande=="COMMANDER")
{
    if(!isset($_GET['action']))
    $_SESSION['action']="ENREGISTRER";//mémorise l'action
    header("Location: commande.php");
}
 ?>
<html>
<head>
<title>Page panier.php</title>
<meta http-equiv="Content-Type" content="text/html; charset=iso-8859-1">
</head>
<body>
<img src="../images/bandeauPublic.gif border="0" usemap="##Map">
<map name="Map">
< !—mettre ici les paramètres des liens du menu -->
</map>
<p><strong>PANIER</strong></p>
<?php  if(isset($liste)) {   //affiche le tableau s'il y a au moins un article ?>
<form action="panier.php" method="get">
 <table width="650" border="1" align="center" bordercolor="#FF0000">
  <tr>
   <td>
    <table width="650" border="0" align="center">
     <tr bgcolor="#FF0000">
      <td width="200"> <div align="center>
       <strong>Titre</strong></div>
```

```
      </td>
      <td width="200"><div align="center">
       <strong>Quantit&eacute;</strong></div>
      </td>
      <td width="200"><div align="center">
       <strong>Prix</strong></div>
      </td>
      <td width="50"><div align="center">
       <strong>Supp</strong></div>
      </td>
     </tr>
     <?php
     $total=0.00; //initialisation du total de la commande à 0
     for ($i=0;$i<count($liste);$i++)
      {//debut du bloc for
      $query_rsPanier="select * from articles where
reference='".$liste[$i][0]."'";
      $rsPanier=mysql_query($query_rsPanier, $ConnexionBoutiquemx);
      $row_rsPanier=mysql_fetch_assoc($rsPanier);
      /*définition et exécution de la requête SQL afin de récupérer les
informations
        de l'article stockées dans la base (titre...)*/
      ?>
      <tr>
       <td><div align="center">
        <?php echo $row_rsPanier['titre'] ?></div>
       </td>
       <td><div align="center">
        <select name="nb<?php echo $i ?>">
         <option value="1" <?php if($liste[$i][1]==1) echo "SELECTED"; ?>>1</
option>
         <option value="2" <?php if($liste[$i][1]==2) echo "SELECTED"; ?>>2</
option>
         <option value="3" <?php if($liste[$i][1]==3) echo "SELECTED"; ?>>3</
option>
        </select></div>
       </td>
       <td><div align="center">
        <?php echo $row_rsPanier['prix'] ?> </div>
       </td>
       <td><div align="center">
        <a href="panier.php?article=<?php echo $row_rsPanier['reference']
?>&suppPanier=SUPPRIMER">
         <img src="../administrateur/clic.gif" width="14" height="13" border="0">
```

```
         </a></div>
        </td>
       </tr>
       <?php
       $total+=$row_rsPanier[prix] * $liste[$i][1];
       }//fin du bloc for
           $_SESSION['total']=$total;//mémorise le total dans la session
      ?>
      <tr>
       <td><div align="center"></div></td>
       <td><div align="center"></div></td>
       <td><div align="center">
        <strong>
         Total : <?php echo $total ?> Euros
        </strong></div>
       </td>
       <td><div align="center"></div></td>
      </tr>
     </table>
    </td>
   </tr>
  </table>
  <br>
  <p align="center">
   <input name="modifPanier" type="submit" value="ACTUALISER">
   <input name="enregistreCommande" type="Submit" value="COMMANDER">
  </p>
 </form>
 <?php }//fin du test isset($liste) ?>
 <br>
 <img src=".../images/BarreBasPublic.gif>
 </body>
 </html>
```

Réalisation de la page login.php

Dès que le client clique sur le bouton **Commander** depuis l'écran du panier, la page **commande.php** est appelée. Cette page étant protégée, l'utilisateur est redirigé vers la page **login.php** afin qu'il s'identifie.

La page **login.php** est constituée d'un formulaire d'identification. Il comporte deux champs **email** et **pass** qui permettront à l'utilisateur de saisir ses paramètres s'il est déjà enregistré dans la base de la boutique. Une icône permet à l'utilisateur d'accéder à la page **inscription.php**, pour qu'il s'inscrive dans le cas d'une première commande.

Pour réaliser cet écran d'authentification, nous utiliserons le comportement `Connecter l'utilisateur`. Nous rappelons que les quatre comportements d'authentification sont disponibles depuis la version MX 2004 de Dreamweaver (version 7).

Procédure de création de la page login.php

1. Ouvrez le fichier `login.php` situé dans le répertoire `public`.
2. Création du formulaire d'authentification – Placez-vous dans la fenêtre du document en mode `Création` et créez une zone de formulaire sous le titre de la page. Placez ensuite votre pointeur à l'intérieur de la zone de formulaire et créez un tableau de 5 lignes et de 2 colonnes, puis fusionnez la première et la dernière ligne. Saisissez les textes d'information dans chaque cellule en vous référant à la figure 8-34. Insérez ensuite deux champs de texte nommés `email` et `pass`, ainsi qu'un bouton de soumission, `Valider` (voir figure 8-34). Sur la dernière ligne, insérez une icône de votre choix. Sélectionnez-la et cliquez sur le dossier jaune situé à droite de la zone `Lien`, afin de créer un lien hypertexte sur la page `inscription.php`.

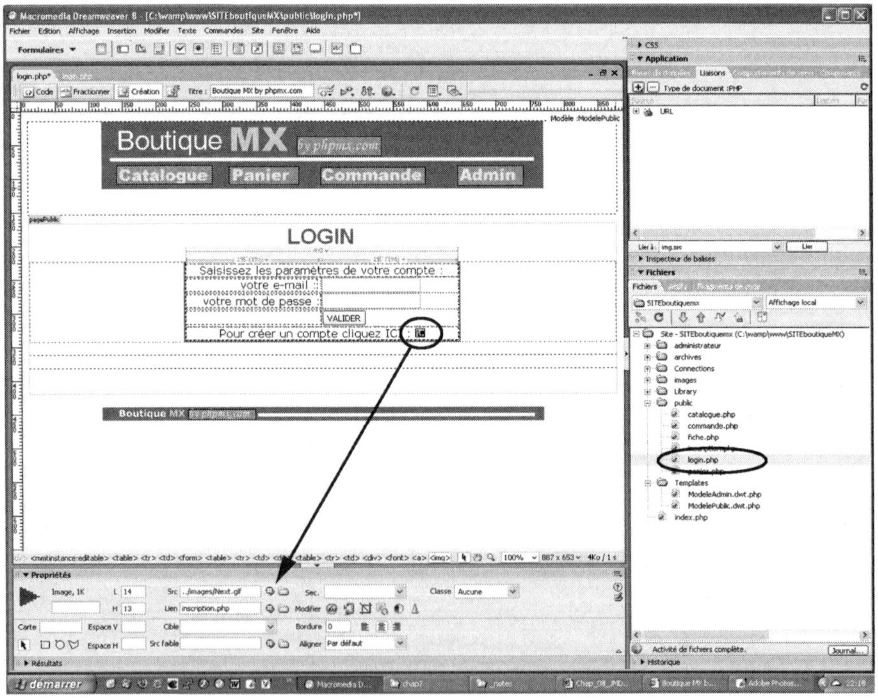

Figure 8-34
Création du formulaire d'identification. Deux champs, email et pass, permettront à l'utilisateur de saisir les paramètres de son compte.Une icône, placée en bas du tableau, permettra à l'utilisateur d'accéder à la page d'inscription.

3. Création du comportement `Connecter l'utilisateur` – Depuis le panneau `Comportements de serveur`, cliquez sur le + et sélectionnez l'option `Authentification de l'utilisateur` puis `Connecter l'utilisateur` (voir figure 8-35).

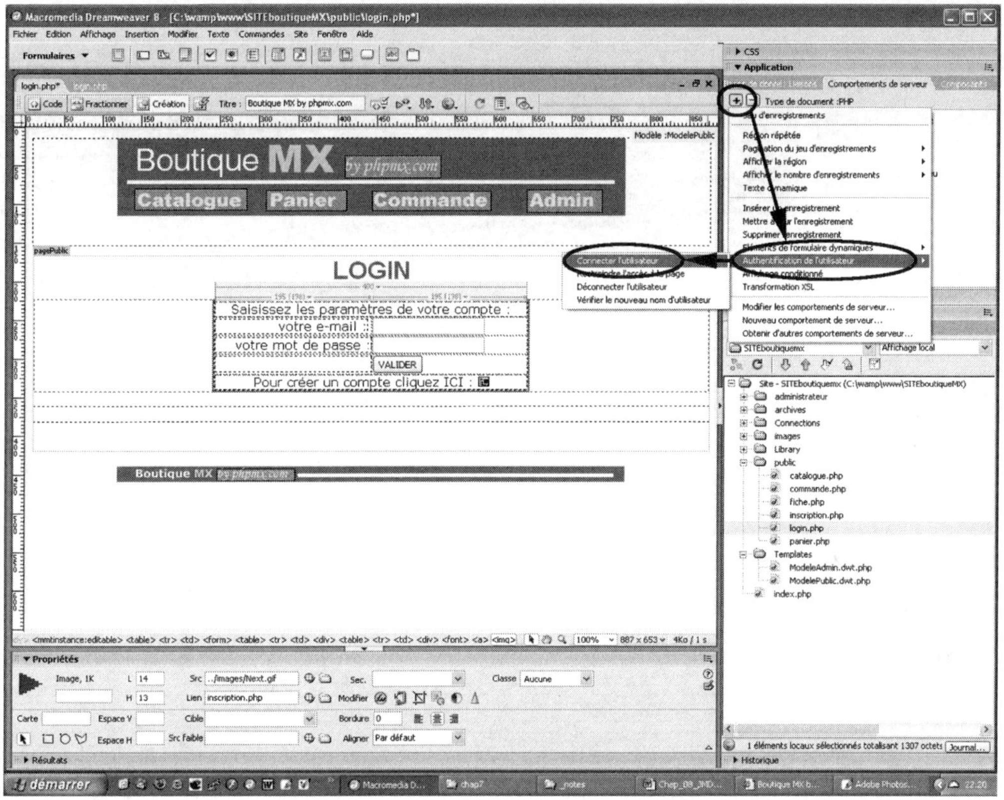

Figure 8-35
Création du comportement de serveur Connecter l'utilisateur.

4. Configuration du comportement de serveur – Dans les deux listes déroulantes, en haut du panneau de configuration, sélectionnez les champs du formulaire, `email` et `pass` (voir figure 8-36). Sélectionnez ensuite la connexion `ConnexionBoutiquemx`, la table `clients` et les deux colonnes de cette table qui correspondent aux paramètres du compte, soit `email` et `pass` (voir figure 8-37). En dessous, indiquez les noms des écrans vers lesquels sera redirigé l'utilisateur en cas de succès ou d'échec de l'authentification (voir figure 8-38). À noter que dans le cas d'un échec d'authentification, vous pourrez donner le nom d'un écran spécifique comportant un message d'erreur, celui de la page du login afin que l'utilisateur renouvelle sa saisie, ou encore revenir à l'écran précédent si vous cochez la case

`Atteindre l'URL précédente`. En bas du panneau, cochez l'option `Nom d'utilisateur, mot de passe et niveau d'accès`, et sélectionnez le champ `statut` pour que celui-ci soit mémorisé dans la session. Ainsi, vous pourrez par la suite restreindre l'accès à certaines pages selon le statut de l'utilisateur authentifié.

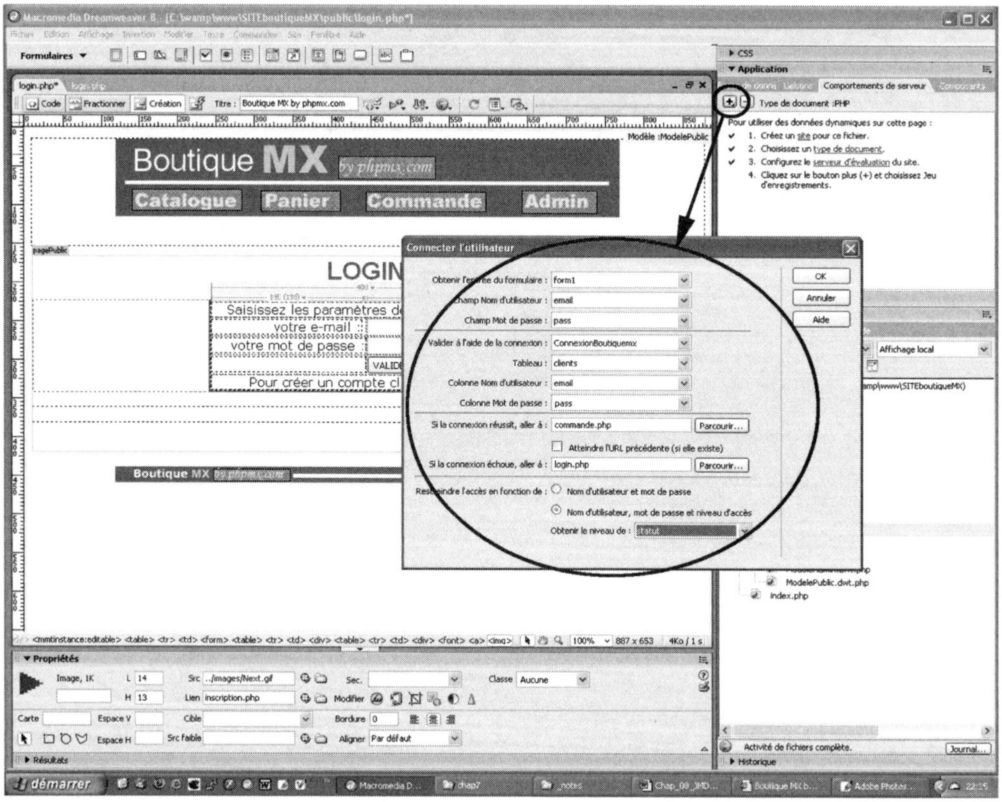

Figure 8-36

Configuration du comportement serveur Connecter l'utilisateur.

Tableau 8-13 – Paramètres du comportement Connecter l'utilisateur

Zone	Valeur
Champ Nom d'utilisateur	email
Champ Mot de passe	pass
Connexion	ConnexionBoutiquemx
Tableau	clients
Colonne Nom d'utilisateur	email

Tableau 8-13 – Paramètres du comportement Connecter l'utilisateur (*suite*)

Zone	Valeur
Colonne Mot de passe	pass
Si la connexion réussie, allez à	commande.php
Si la connexion échoue, allez à	login.php
Restreindre l'accès en fonction de	Nom d'utilisateur, mot de passe et niveau d'accès
Obtenir le niveau de	statut

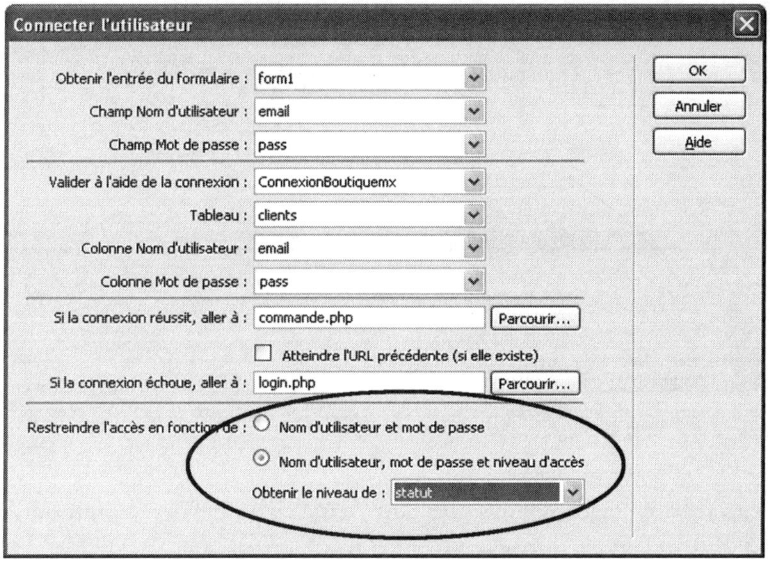

Figure 8-37
Dans la partie basse du panneau, sélectionnez Restreindre l'accès en fonction du nom, du mot de passe et du niveau d'accès. Choisissez ensuite le champ statut en tant que niveau d'accès.

5. Test final de la page – Enregistrez votre page et basculez sur le Web local pour tester le fonctionnement du système d'identification (voir figure 8-38). L'écran `commande.php` n'étant pas encore protégé, vous devrez saisir directement le nom du fichier `login.php` dans la zone d'adresse du navigateur pour faire apparaître le formulaire. Pour connaître l'e-mail et le mot de passe d'un compte client afin de réaliser un test de login, vous pouvez afficher le contenu de la table `clients` à l'aide de `phpMyAdmin` (voir figure 8-39).

Réalisation de la page inscription.php

La page d'inscription permet à un nouvel utilisateur de s'inscrire afin de créer son compte client. Cependant, comme il n'est pas possible d'avoir deux *login* identiques dans la table `clients`, il convient de s'assurer que l'e-mail de l'utilisateur n'est pas déjà présent dans la base. Si c'est le cas, le compte est créé et tous les paramètres du formulaire sont enregistrés

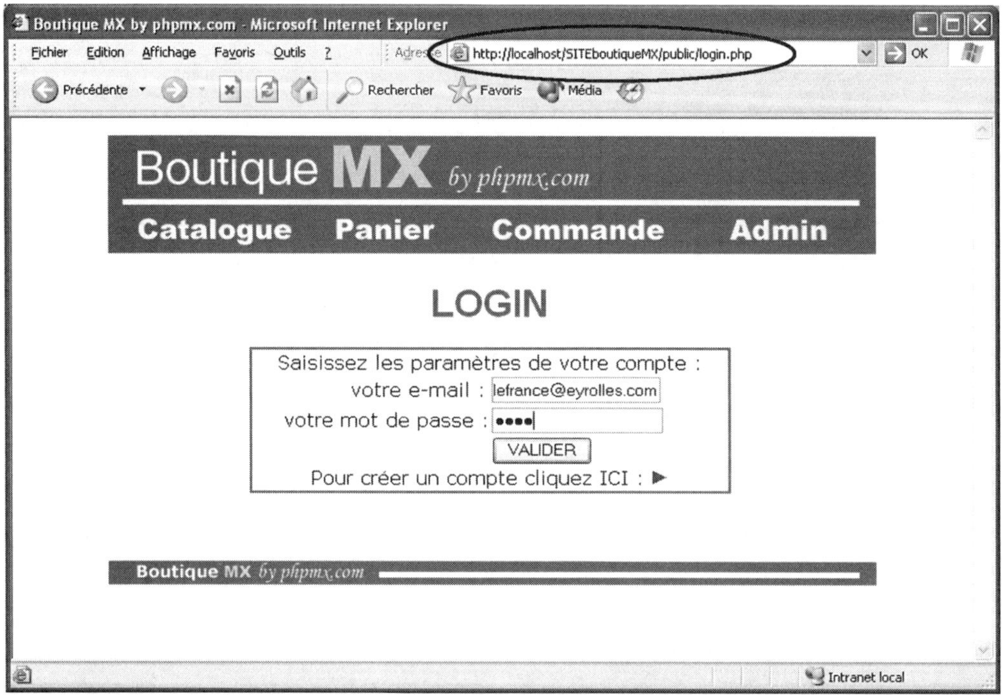

Figure 8-38

Test du système d'identification depuis le Web local. Pour accéder à l'écran login, saisissez directement le nom du fichier dans la zone d'adresse du navigateur.

dans la base ; sinon, un message doit s'afficher à l'écran pour informer l'utilisateur de l'existence d'un compte utilisant un e-mail identique, et pour l'inviter à renouveler son inscription avec une autre adresse électronique. Pour réaliser cette fonction, nous utiliserons le comportement serveur `Vérifier le nom de l'utilisateur`.

Procédure de création de la page inscription.php

1. Création d'un écran `inscription_erreur.php` – Avant de créer la page `inscription.php`, nous devons commencer par réaliser une première page `inscription_erreur.php` qui affichera un message d'erreur dans le cas où l'e-mail à écrire est déjà présent dans la base de données. Pour cela, ouvrez la page `inscription_erreur.php` (ou créez-la à l'aide du modèle `modelePublic.dwt` si elle n'existe pas encore). Positionnez-vous en haut de la page en mode `Création` et saisissez un message d'information pour indiquer à l'utilisateur qu'un compte configuré avec le même e-mail existe déjà, puis ajouter un lien hypertexte vers la page `inscription.php` afin de lui permettre de renouveler son inscription avec un autre e-mail (voir figure 8-40). Enregistrez ensuite cette nouvelle page sous le nom `inscription_erreur.php` dans le répertoire public.

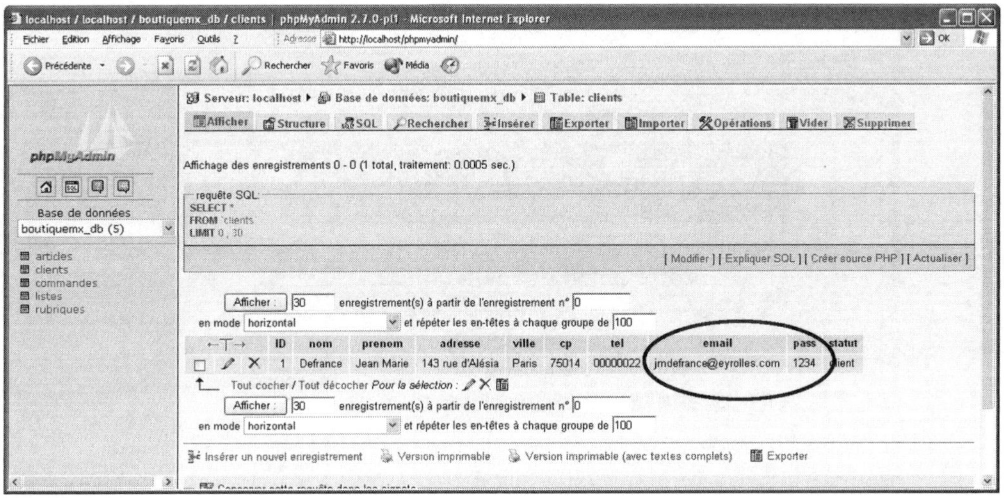

Figure 8-39

Pour vous assurer de la présence du compte client utilisé pour vos tests, vous pouvez utiliser le gestionnaire phpMyAdmin afin d'afficher le contenu de la table clients.

2. Création de la page `inscription.php` – Ouvrez la page `inscription.php` située dans le dossier `public` (ou créez-la à l'aide du modèle `modelePublic.dwt` si elle n'existe pas encore).

3. Création du formulaire d'inscription – Dans la page `inscription.php`, placez-vous dans la fenêtre du document en mode `Création` et créez une zone de formulaire sous le titre de la page. Placez ensuite votre pointeur à l'intérieur de la zone de formulaire, créez un tableau de 10 lignes et de 2 colonnes, puis fusionnez la dernière ligne. Saisissez les textes d'information dans chaque cellule en vous référant à la figure 8-41. Insérez ensuite un champ de texte dans chaque cellule de la colonne de droite, et nommez chaque champ en vous reportant aux informations du tableau 8-14. Dans la dernière ligne du tableau, ajoutez un bouton de soumission `Valider`, ainsi qu'un champ masqué nommé `statut` avec `client` comme valeur par défaut (voir figure 8-41).

4. Configuration du comportement `Insérer l'enregistrement` – Depuis le panneau `Application /Comportements de serveur`, cliquez sur le bouton `+` en haut du panneau et sélectionnez le comportement `Insérer l'enregistrement`. Dans la boîte de dialogue `Insérer un enregistrement` (voir figure 8-42), sélectionnez la connexion de la boutique MX, puis la table `clients` dans laquelle seront enregistrées toutes les données du formulaire. Doivent alors apparaître, dans la zone `Colonnes`, toutes les colonnes qui seront renseignées et les noms des champs du formulaire correspondants. À noter que la clé primaire `ID` de la table étant auto-incrémentée, aucun champ du formulaire n'est nécessaire pour alimenter cette colonne. Dans la zone `Après l'insertion allez à`, indiquez le nom de la page `login.php` pour que l'utilisateur soit automatiquement redirigé vers

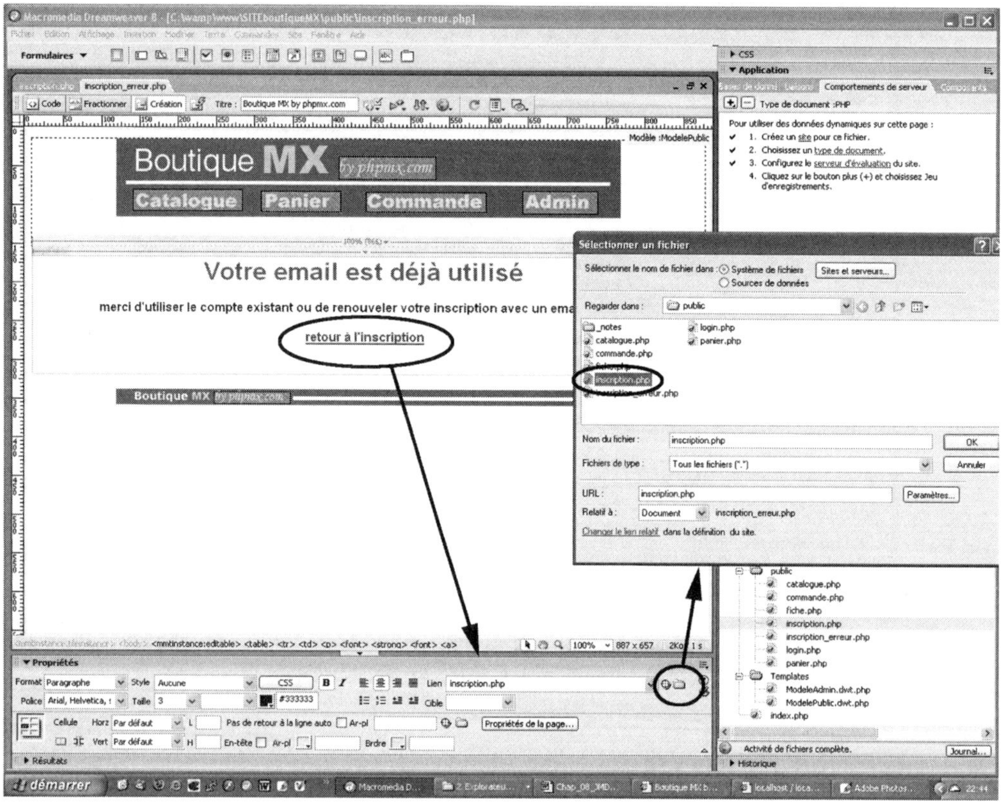

Figure 8-40

Création de la page inscription_erreur.php.

l'écran de login et puisse saisir ses nouveaux paramètres pour s'authentifier. Validez vos informations en cliquant sur le bouton `OK`.

5. Configuration du comportement `Vérifier le nouveau nom d'utilisateur` – Maintenant que le comportement d'insertion d'un nouvel utilisateur est créé, nous pouvons ajouter le deuxième comportement de serveur qui permettra de vérifier que la valeur du champ `email` n'existe pas dans la table `clients` avant son enregistrement. Pour cela, cliquez sur le bouton + en haut du panneau depuis le panneau `Application /Comportements de serveur`, et sélectionnez le comportement `Authentification de l'utilisateur`, puis `Vérifier le nouveau nom d'utilisateur`. Dans la boîte de dialogue `Vérifier le nouveau nom d'utilisateur` (voir figure 8-43), sélectionnez le champ `email` dans le menu déroulant, puis indiquez le nom de la page `inscription_erreur.php` dans la zone `Si existe déjà, allez à`. Validez vos choix en cliquant sur le bouton `OK`, et assurez-vous que le nouveau comportement a bien été ajouté au précédent dans le panneau `Application/Comportements de serveur`.

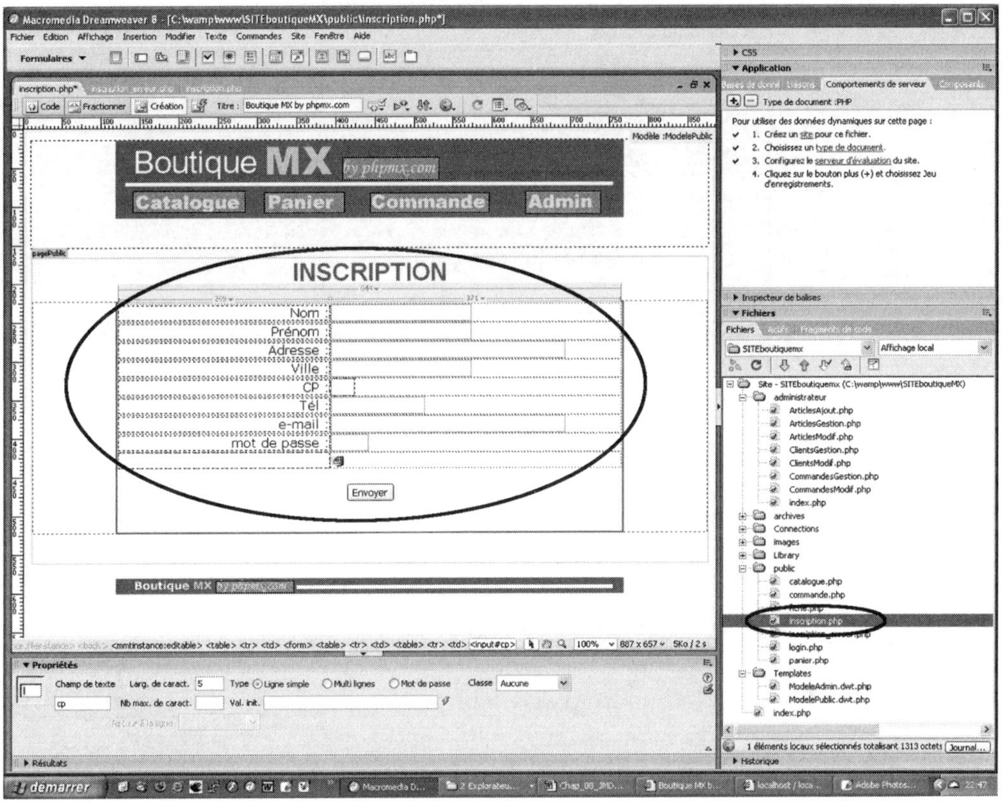

Figure 8-41
Création du formulaire d'inscription dans la page inscription.php.

Tableau 8-14 – Paramétrage des éléments du formulaire d'inscription

Nom de l'élément	Type	Attributs	Valeur par défaut
nom	Champ texte	Lar. Caract.=30	
prenom	Champ texte	Lar. Caract.=30	
adresse	Champ texte	Lar. Caract.=50	
ville	Champ texte	Lar. Caract.=30	
cp	Champ texte	Lar. Caract.=5	
tel	Champ texte	Lar. Caract.=30	
email	Champ texte	Lar. Caract.=30	
pass	Champ texte	Lar. Caract.=30	
statut	Champ masqué		client

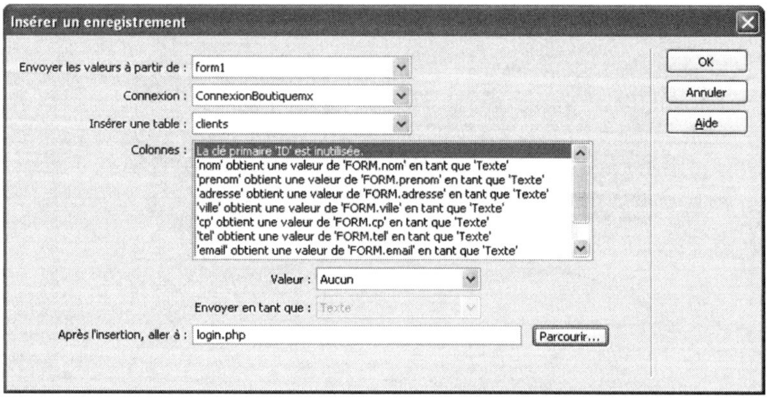

Figure 8-42

Configuration du comportement de serveur Insérer un enregistrement.

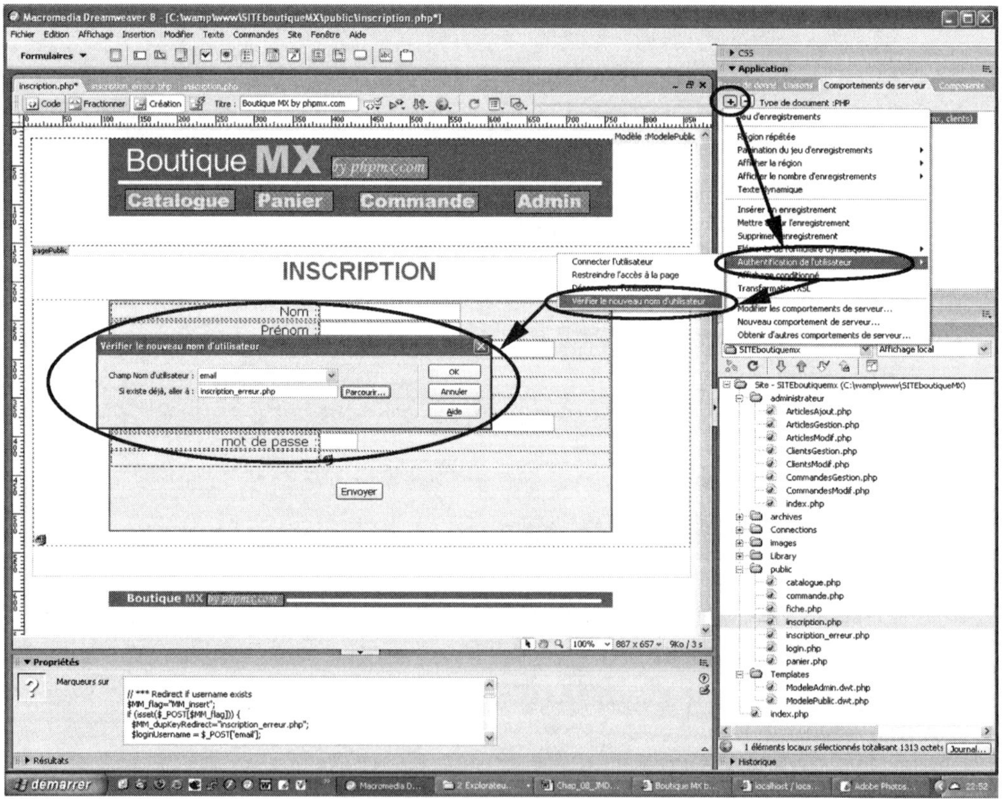

Figure 8-43

Configuration de la boîte de dialogue du comportement Vérifier le nouveau nom d'utilisateur.

6. Test final de la page `inscription.php` – Enregistrez votre page et basculez sur le Web local pour tester l'enregistrement d'un nouveau client (voir figure 8-44). Comme pour la page de login, pour tester la page d'inscription, vous devrez saisir directement le nom du fichier `inscription.php` dans la zone d'adresse du navigateur pour la faire apparaître. Il est à noter qu'après l'enregistrement d'un nouveau compte client, la page `login.php` doit s'afficher automatiquement. Ensuite, il faut aussi tester le système dans le cas où l'e-mail existe déjà dans la base, et vérifier que la page du message d'erreur s'affiche correctement.

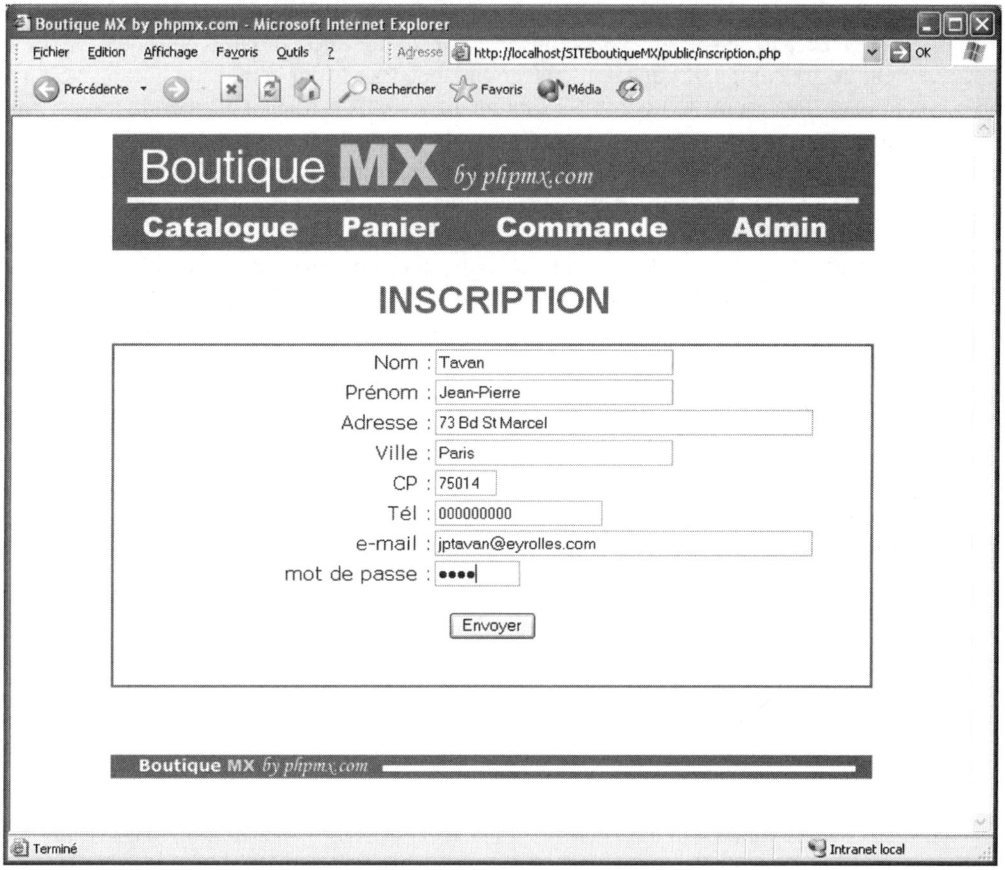

Figure 8-44
Test de la création d'un compte client depuis le Web local.

Réalisation de la page commande.php

Commençons par protéger l'accès à cette page afin de s'assurer que l'utilisateur a bien été préalablement authentifié. Pour cela, nous allons utiliser le comportement de serveur `Restreindre l'accès à la page` de la série `Authentification de l'utilisateur`. Si l'utilisateur est déjà authentifié, il pourra accéder à la page `commande.php`, sinon il sera redirigé automatiquement vers la page `login.php` précédemment réalisée.

Avant de commenter le fonctionnement des scripts, rappelons que lorsque le client valide sa commande depuis l'écran du panier virtuel, la valeur `ENREGISTRER` est affectée à la variable de session `$action`, pour mémoriser la demande d'enregistrement, avant que la page `commande.php` ne soit appelée. Nous testerons donc cette variable pour déterminer si l'utilisateur désire enregistrer une nouvelle commande (accès par le biais du bouton `Commander` depuis la page `login`), ou s'il compte simplement visualiser d'anciennes commandes déjà enregistrées (accès par le biais du lien commande du menu de l'espace `Public`). Dans le cas de l'enregistrement d'une commande, un script PHP enregistre dans la table `commandes` l'identifiant du client, ainsi que les informations spécifiques à la commande (prix total de la commande et date). Ensuite, un autre script PHP récupère les informations sur les articles commandés, stockées dans la variable `$liste` de la session, et les enregistre dans la table `listes` de la base de données. Après la sauvegarde de toutes ces caractéristiques, la suppression des variables de session `$liste` et `$total` permet de réinitialiser le panier virtuel pour d'éventuelles sélections supplémentaires, réalisées par le même client. Lors de son appel, la page `commande.php` affiche, dans un premier temps, un menu qui permet au client de sélectionner la commande à afficher (il peut s'agir de la commande qui vient d'être passée, mais aussi d'une ancienne commande déjà enregistrée). Il est à noter que si le client se connecte sur la page `commande.php` sans avoir enregistré de commande au préalable, un message l'en informe et l'invite à se rendre à la page `catalogue` pour procéder d'abord à une sélection d'articles. Lorsque le client a choisi sa commande dans le menu, sa sélection est soumise à la même page qui montre alors toutes les informations liées à la commande et aux articles s'y rapportant. Le client peut ainsi imprimer cette page et l'envoyer avec son règlement pour confirmer son achat.

Procédure de création de la page commande.php

1. Ouvrez la page `commande.php` située dans le dossier `public`.
2. Configuration du comportement serveur `Restreindre l'accès à la page` – Cliquez sur le bouton + du panneau `Application/Comportements de serveur` et sélectionnez `Authentification de l'utilisateur`, puis `Restreindre l'accès à la page`. Dans la zone `Restreindre en fonction de`, sélectionnez l'option `Nom d'utilisateur, mot de passe et niveau d'accès`. Cliquez ensuite sur le bouton `Définir` et ajoutez le niveau `client` dans la boîte de dialogue, puis validez en cliquant sur `OK`. Renseignez la dernière zone `Si l'accès est refusé, allez à` en indiquant le fichier `login.php`, et cliquez sur `OK` pour valider la configuration du comportement (voir figure 8-45). Ainsi paramétrée, la page `commande.php` ne pourra être accessible que par un utilisateur ayant comme statut `client`.

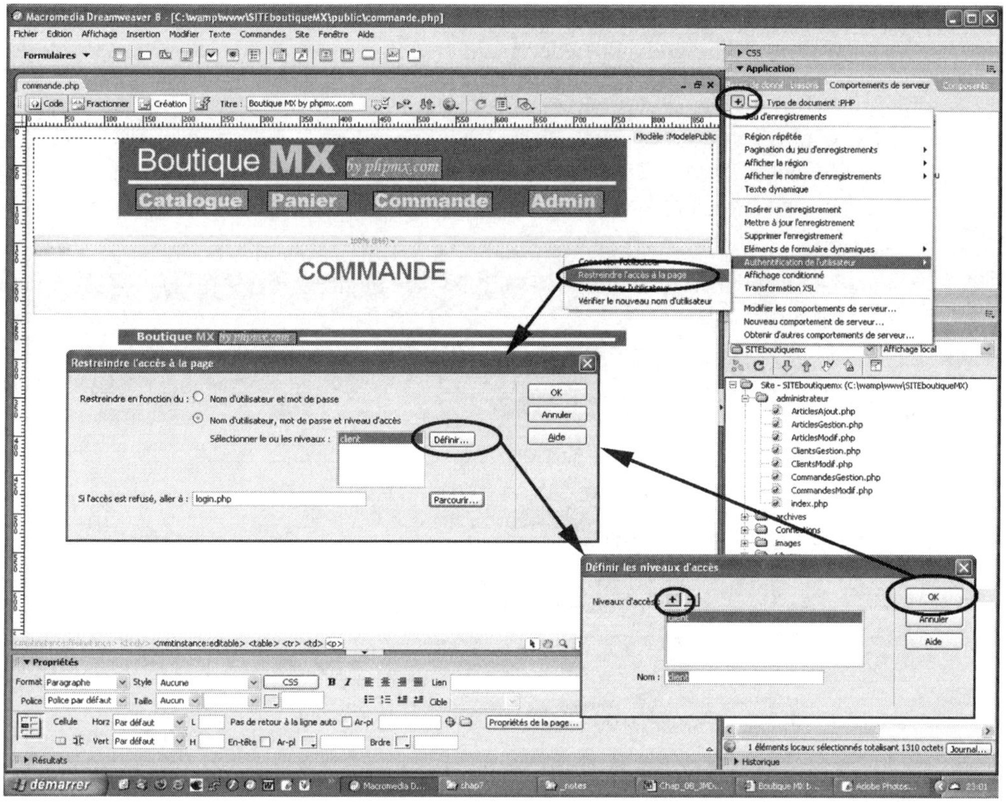

Figure 8-45

Paramétrage du comportement de serveur Restreindre l'accès à la page.

3. Configuration du jeu d'enregistrements `rsRappelClient`, destiné à récupérer l'identifiant du client – Le système d'authentification réalisé précédemment, à l'aide de comportements de serveur, mémorise uniquement l'e-mail et le statut de l'utilisateur. Cependant, dans cette page, nous aurons besoin à plusieurs reprises de connaître l'identifiant du client (champ `ID` de la table `clients`). Pour remédier à cela, nous pourrions réaliser des requêtes avec jointures entre la table `clients` et les tables `commandes` et `listes`, mais il est plus judicieux de récupérer une fois pour toutes l'identifiant de l'utilisateur grâce à une requête spécifique, pour ensuite le garder dans une variable de session. Pour intégrer cette fonction dans la page, nous allons créer un jeu d'enregistrements `rsRappelClient` qui récupère l'identifiant `ID` du client à partir de l'e-mail mémorisé dans la session (`$_SESSION['MM_Username']`). Puis nous ajouterons en mode `Code` des instructions qui permettront de retenir l'identifiant de l'utilisateur ainsi rapatrié dans la session. Cliquez sur le bouton + du panneau `Liaisons` pour créer un nouveau jeu en mode `Simple`. Renseignez les zones de saisie selon les paramètres indiqués sur la figure 8-46. Après la consti-

tution du jeu, basculez en mode **Code** et insérez les lignes de code suivantes à la suite du jeu d'enregistrements précédemment créé :

```
//-----------Mémorisation du ID client dans la session
$clientID = mysql_result($rsRappelClient,0,'ID');
$_SESSION['clientID'] = $clientID ;
//--------------------------------------------------
```

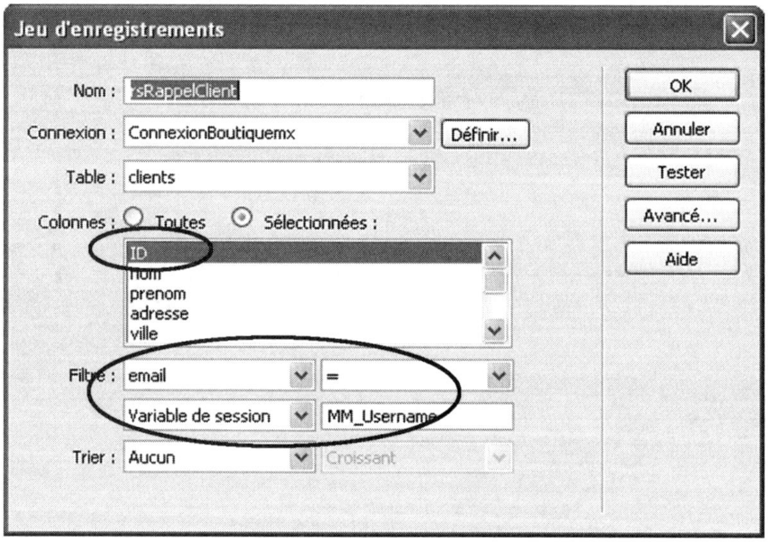

Figure 8-46
Paramétrage du jeu d'enregistrements rsRappelClient.

4. Configuration du jeu d'enregistrements **rsSelectCommande**, destiné à récupérer les identifiants des commandes du client – Cliquez sur le bouton **+** du panneau **Liaisons** pour créer un nouveau jeu en mode **Simple**. Renseignez les zones de saisie selon les paramètres indiqués dans le tableau 8-15 (voir le panneau en haut de la figure 8-47). Après la création du jeu, assurez-vous que ses variables sont désormais disponibles dans la fenêtre du panneau **Liaisons**.

Tableau 8-15 – Paramètres du jeu d'enregistrements rsSelectCommande

Zone	Valeur	Commentaires
Nom	rsSelectCommande	
Connexion	ConnexionBoutiquemx	
Table	commandes	
Colonnes	Sélectionnées : ID date	Pour alimenter le menu déroulant de sélection d'une commande, nous avons besoin des champs ID et date.

Tableau 8-15 – Paramètres du jeu d'enregistrements rsSelectCommande (*suite*)

Zone	Valeur	Commentaires
Filtre	ClientID= Variable de session : ClientID	Nous désirons récupérer uniquement les enregistrements du client identifié par la variable de session ClientID.
Trier	ID/Décroissant	Ainsi, les commandes disponibles sont triées par ordre décroissant (la plus récente est placée en haut de la liste).

5. Création du formulaire de sélection de la commande à afficher – Placez-vous dans la fenêtre du document en mode `Création` et créez une zone de formulaire sous le titre de la page. Placez ensuite votre pointeur à l'intérieur de la zone du formulaire et constituez un tableau d'une seule ligne et de 2 colonnes. Saisissez le texte d'information dans la cellule de gauche en vous référant à la figure 8-49. Insérez ensuite dans la cellule de droite un menu déroulant nommé `commandeID`, ainsi qu'un bouton de soumission à sa droite. Sélectionnez le formulaire à l'aide du sélecteur de balise, configurez la zone `Action` avec le fichier `commande.php`, et choisissez une méthode `GET`. Dans l'étape suivante, nous aurons besoin de disposer de la variable `CommandeID` pour paramétrer le menu dynamique. Pour ajouter cette variable au panneau `Liaison`, cliquez sur le bouton du panneau `Liaisons` et sélectionnez `Variable d'URL`. Saisissez le nom `CommandeID` dans la boîte de dialogue et validez.

6. Configuration du menu dynamique – Sélectionnez le menu et cliquez sur le bouton `Dynamique` (voir figure 8-47). Dans la boîte de dialogue `Liste/Menu`, sélectionnez le jeu `rsSelectCommande`, la valeur `ID` et l'étiquette `ID`, puis cliquez sur le bouton avec l'éclair en bas de la boîte de dialogue. Dans la fenêtre `Données dynamiques`, sélectionnez le paramètre d'URL `commandeID`, puis validez successivement les deux boîtes de dialogue. Basculez ensuite en mode `Code` pour localiser facilement le code correspondant au menu. Modifiez le code de la balise `<option>` en ajoutant une balise d'affichage de la date de la commande en plus de son identifiant (pour la correction du code, il suffit d'ajouter la balise PHP indiquée en caractères gras dans le script ci-dessous).

```
<option value="<?php echo $row_rsSelectCommande['ID']?>"
<?php if (!(strcmp($row_rsSelectCommande['ID'], $_GET['commandeID']))) {echo
"SELECTED";} ?>>
N°<?php echo $row_rsSelectCommande['ID']?>
du <?php echo $row_rsSelectCommande['date']?>
</option>
```

7. Initialisation des variables et test partiel en Web local – Saisissez le script `init` des variables ci-dessous en haut de la page, juste après le premier bloc de code (présenté à l'étape 5), afin d'initialiser toutes les variables utilisées dans la page (indispensable pour PHP 4.2 et versions ultérieures). Enregistrez votre page et passez sur le Web local pour

Figure 8-47
Paramétrage du jeu d'enregistrements rsSelectCommande et création du formulaire de sélection de la commande.

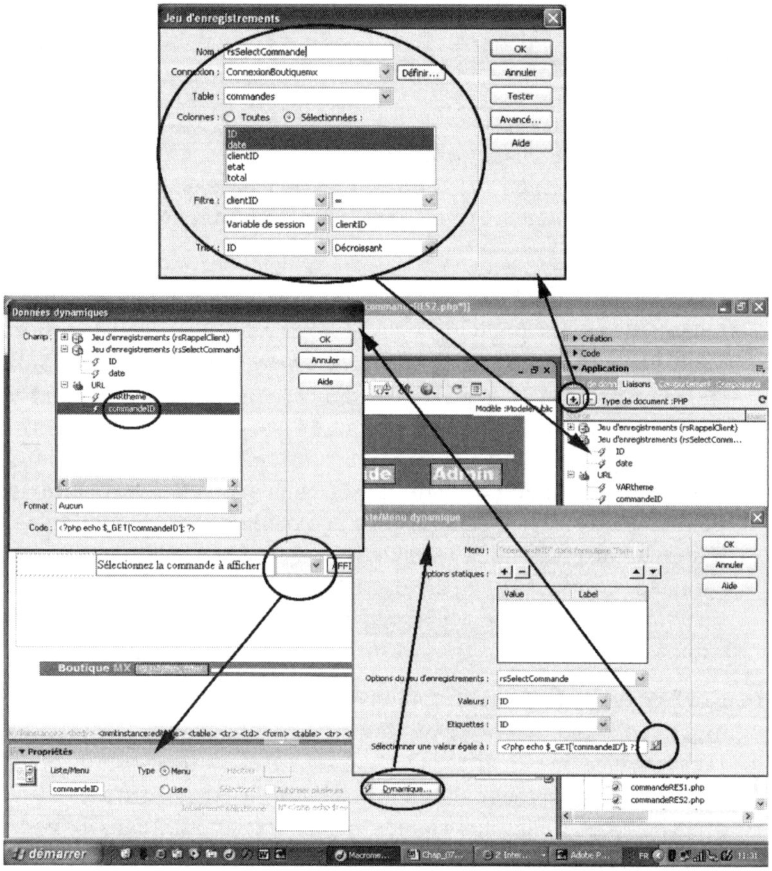

tester cette première fonction de sélection des commandes. La fonction d'enregistrement des achats n'étant pas encore créée, nous allons utiliser les commandes du compte **jmdefrance@eyrolles.com** ajoutées à la base lors du chargement du fichier **jeu-donnees-test.sql**. Depuis le menu de l'interface **administrateur**, cliquez sur **commande** et identifiez-vous (**jmdefrance@eyrolles.com/1234**). Lorsque la page **commande.php** apparaît, ouvrez le menu déroulant afin de vérifiez que les différentes commandes apparaissent bien dans la liste. D'autre part, le formulaire étant configuré en méthode **GET**, vous devez voir le paramètre sélectionné dans l'URL de la page, lorsque vous cliquez sur le bouton **Valider** du formulaire.

```
<?php
//init des variables
if (!isset($_GET['commandeID'])) $_GET['commandeID']=0;
if (!isset($_SESSION['action'])) $action="";
```

```
else $action=$_SESSION['action'];
if (!isset($_SESSION['liste'])) $liste[]=array("VIDE",1,0,0);//init de liste si
VIDE
else $liste=$_SESSION['liste'];//recup de la liste de la session
if (!isset($_SESSION['total'])) $total=0;
else $total=$_SESSION['total'];
if (!isset($_SESSION['clientID'])) $clientID=0;
else $clientID=$_SESSION['clientID'];
?>
```

8. Intégration du script qui gère une nouvelle commande – Le script est conditionné par la variable de session `$action` qui doit être égale à `ENREGISTRER` ; il doit être intégré juste après le jeu d'enregistrement `rsRappelClient`. La première partie du script permet d'insérer la date, le total de la commande et l'identifiant du client dans la table `commande`. La deuxième partie du script est constituée d'une boucle `for` récupérant les paramètres des articles commandés qui étaient stockés en session dans la variable `$liste`. La troisième partie du script insère ces différentes informations dans la table `liste` à chaque tour de boucle. Enfin, la dernière partie détruit les variables de session `$liste` et `$total` pour vider le panier virtuel, ainsi que la variable `$action` qui mémorisait la validation d'une nouvelle commande.

```
//enregistrement d'une nouvelle commande
//dans la table commandes
if ($action=="ENREGISTRER")
    {//début du if
    //--------INSERTION DES PARAMÈTRES DE LA COMMANDE
    mysql_select_db($database_ConnexionBoutiquemx, $ConnexionBoutiquemx);
    $insertCommande="INSERT INTO commandes (date, clientID, total) VALUES
     (NOW(),'$clientID', '$total')";
    $Result1=mysql_query($insertCommande, $ConnexionBoutiquemx);
    $commandeID=mysql_insert_id();
  //récupère l'identifiant client attribué.

  //RÉCUPÉRATION DES PARAMÈTRES DE LA LISTE
  //DES ARTICLES
   //récupération des articles et de leur quantité,
   //puis enregistrement dans la table listes.
   for ($i=0;$i<count($liste);$i++)
   {//début du for
   $reference=$liste[$i][0];
      //récup de la réf de l'article dans le panier
   $quantite=$liste[$i][1];
```

```
        //récup de la quantité de cet article
    $prixArticle=$liste[$i][3];
        //récup du prix total de ces articles

    //INSERTION DES PARAMÈTRES DES ARTICLES
     //DE LA COMMANDE
    $insertListe="INSERT INTO listes (commandeID, reference, quantite,
prixArticle)
     VALUES ('$commandeID', '$reference', '$quantite', '$prixArticle')";
    $Result1=mysql_query($insertListe, $ConnexionBoutiquemx);
    }//fin du for

  //---------DESTRUCTION DES INFORMATIONS DU PANIER
    //destruction de la liste, du total et du
     //drapeau « action » de la session
     unset($_SESSION['liste']);
    unset($_SESSION['total']);
    unset($_SESSION['action']);
    }//fin du if ($action=="ENREGISTRER")
```

9. Configuration du jeu d'enregistrements `rsListe` qui récupère les informations sur les articles commandés – Cliquez sur le bouton + du panneau `Liaisons` pour créer un nouveau jeu. Renseignez les zones de saisie selon les paramètres indiqués dans le tableau ci-dessous (voir figure 8-48). Après la création du jeu, assurez-vous que ses variables sont désormais disponibles dans la fenêtre du panneau `Liaisons`.

Tableau 8-16 – Paramètres du jeu d'enregistrements rsListe

Zone	Valeur	Commentaires
Nom	rsListe	
Connexion	ConnexionBoutiquemx	
Table	listes	
Colonnes	Sélectionnées : reference quantite prixArticle	Nous affichons, pour chaque article, sa référence, la quantité commandée et son prix.
Filtre	commandeID= Paramètre d'URL : commandeID	Nous désirons récupérer tous les enregistrements d'articles qui se rapportent à la commande identifiée par la variable de session commandeID.
Trier	reference/Croissant	Les articles sont triés par ordre croissant avant d'être affichés dans le tableau.

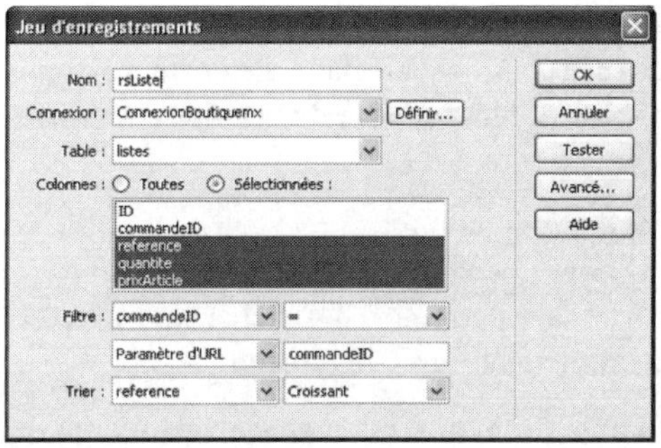

Figure 8-48
Paramétrage du jeu d'enregistrements rsListe.

10. Création du tableau qui contient les articles de la commande – Placez-vous dans la fenêtre du document en mode `Création` et créez un tableau de 4 lignes et 3 colonnes. Saisissez le texte des titres de chaque colonne en vous référant à la figure 8-49.

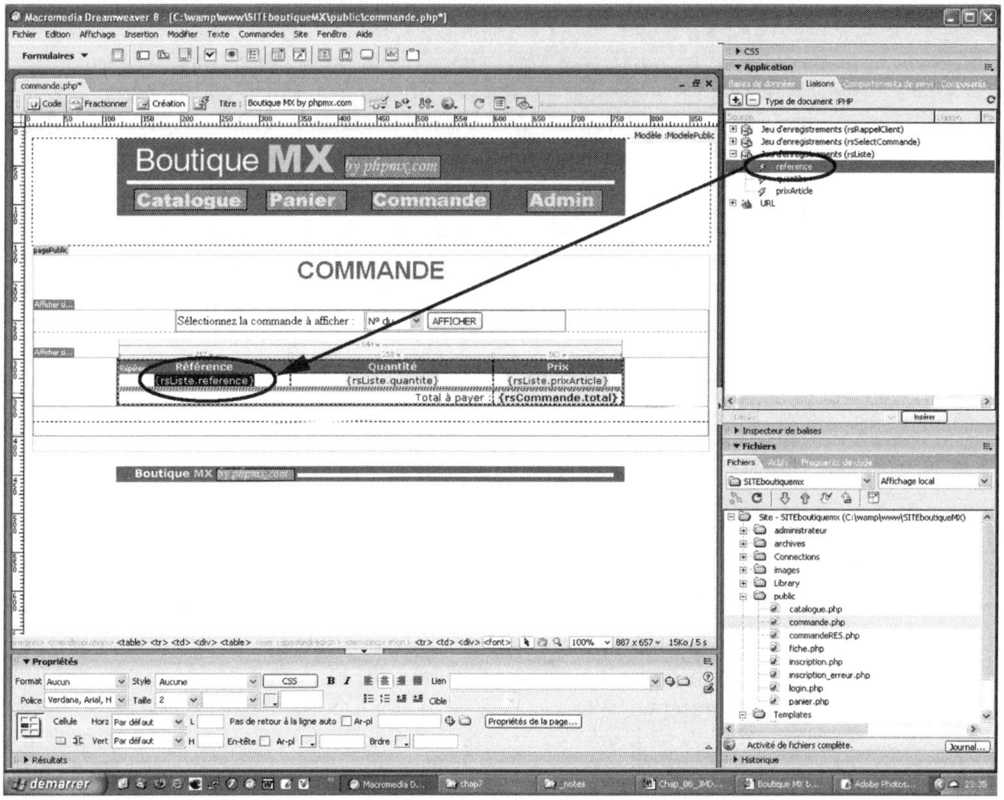

Figure 8-49
Création du tableau d'affichage des articles de la commande.

Fusionnez la troisième ligne et insérez une barre, afin de séparer les articles du total. Ajoutez ensuite le texte `Total à payer` dans la dernière ligne. Depuis le panneau `Liaisons`, glissez les variables `reference`, `quantite` et `prixArticle` dans les cellules correspondantes du tableau (voir figure 8-49).

Enfin, sélectionnez la deuxième ligne puis cliquez sur le bouton + du panneau `Comportements de serveur`, pour ajouter une `Région répétée` configurée avec le jeu d'enregistrements `rsListe`. Ce comportement permettra d'afficher les caractéristiques des différents articles de la commande, sur chaque ligne du tableau.

11. Configuration du jeu d'enregistrements `rsCommande` qui récupère les paramètres de la commande – Cliquez sur le bouton + du panneau `Liaisons` pour créer un nouveau jeu. Cliquez sur le bouton `Avancé` et renseignez les zones de saisie selon les paramètres ci-dessous. Pour la zone `SQL`, nous vous conseillons d'utiliser l'assistant `Ajouter au SQL` situé en bas de la boîte de dialogue (au besoin, revoir l'utilisation de l'assistant figure 2-126). L'enregistrement de la commande étant identifié par le paramètre `commandeID` passé dans l'URL, il faut ajouter un couple de variables dans la zone `Variables`, afin de l'utiliser pour sélectionner la commande désirée. Pour cela, cliquez sur le bouton + de la zone `Variables` et saisissez `colname` dans la première cellule, `0` (ou mieux -1) pour la valeur, et `$_GET['commandeID']` dans la troisième cellule (voir figure 8-51). Il est à noter que, les informations concernant la commande étant stockées dans deux tables différentes, nous devons réaliser une jointure à l'aide de la condition `WHERE commandes.clientID=clients.ID`.

Tableau 8-17 – Paramètres du jeu d'enregistrements rsCommande

Zone	Valeur	
Nom	rsCommande	
Connexion	ConnexionBoutiquemx	
SQL	SELECT commandes.`date`, commandes.etat, commandes.total, clients.nom, clients.prenom, clients.adresse, clients.ville, clients.cp, clients.tel, commandes.ID FROM commandes, clients WHERE commandes.ID=colname AND commandes.clientID=clients.ID	
Variables	colname	$_GET['commandeID']

12. Création du tableau qui contient toutes les informations de la commande – Placez-vous en dessous du précédent tableau et créez-en un autre de 8 lignes et 2 colonnes. Fusionnez la première puis la deuxième ligne, et saisissez les textes d'information dans chaque cellule en vous référant à la figure 8-51. Depuis le panneau `Liaisons`, glissez toutes les variables dans les cellules correspondantes du tableau, en n'oubliant pas de glisser la variable `total` dans la dernière cellule du tableau précédent (voir figure 8-51).

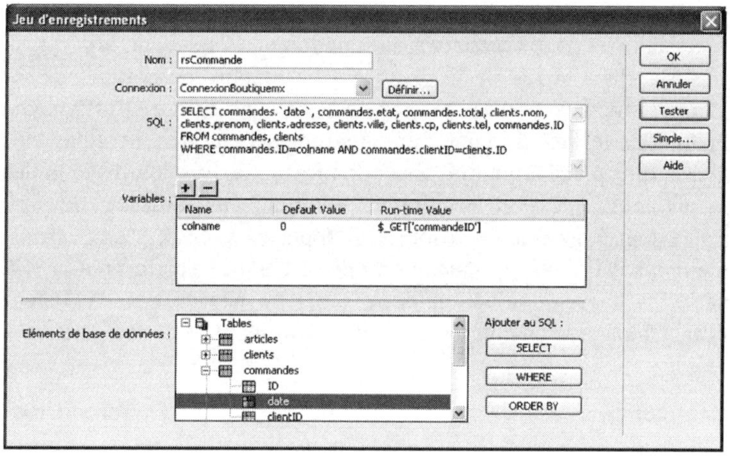

Figure 8-50
Paramétrage du jeu d'enregistrements rsCommande.

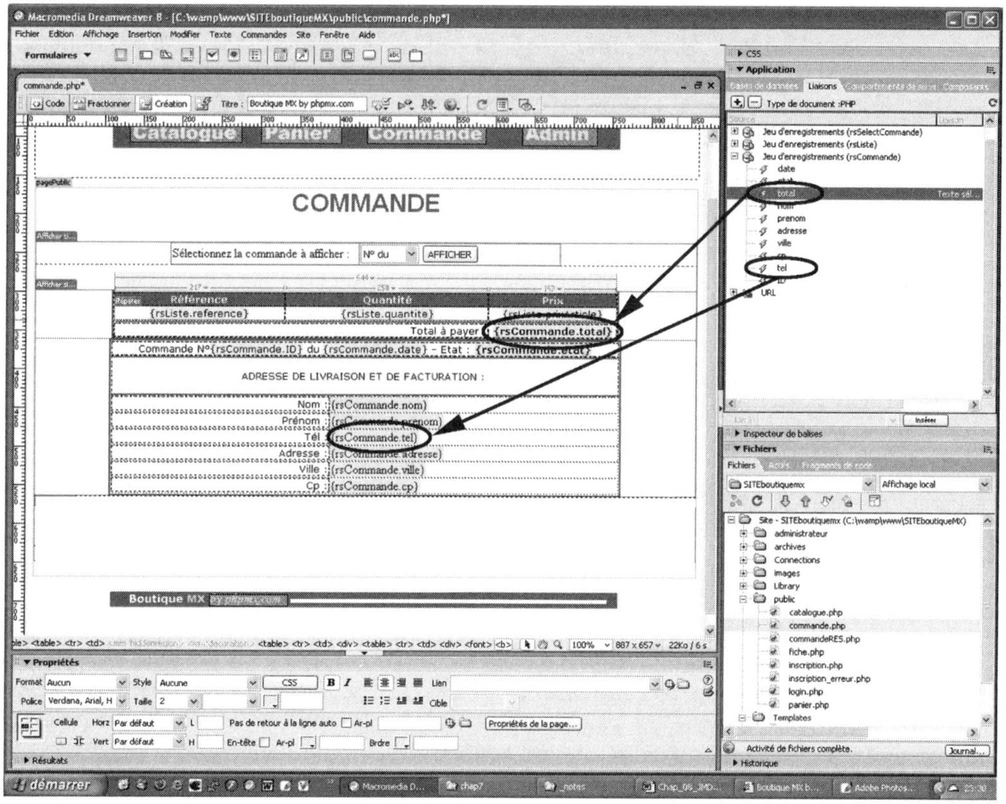

Figure 8-51
Création du tableau regroupant les informations de la commande.

13. Configuration d'une région conditionnée pour l'affichage des deux tableaux de la page – À ce stade, la page `commande.php` fonctionne. Cependant, afin que le formulaire ne s'affiche pas, dans le cas où le client n'a pas encore de commande, nous allons utiliser un comportement `Afficher la région` pour conditionner l'affichage des tableaux d'information, en testant si le jeu d'enregistrements `rsListe` n'est pas vide. La procédure est la même que précédemment. Sélectionnez cette fois les deux tableaux de la page (pour cette double sélection, positionnez votre curseur au-dessus du premier tableau, appuyez sur le bouton gauche de la souris, et déplacez le curseur en dessous du second tableau en maintenant le bouton gauche enfoncé). Cliquez sur le bouton + du panneau `Comportements de serveur`, sélectionnez `Afficher la région`, puis `Afficher si le jeu n'est pas vide`. Choisissez ensuite le jeu d'enregistrements `rsListe` dans la boîte de dialogue, puis validez.

14. Configuration d'une région conditionnée pour le formulaire de sélection de la commande – De la même manière, nous allons déterminer l'apparition du formulaire de sélection de commande. Commencez par choisir ce dernier en mode `Création`. Cliquez sur le bouton + du panneau `Comportements serveur` et sélectionnez `Afficher la région`, puis `Afficher si le jeu n'est pas vide`. Optez ensuite pour le jeu d'enregistrements `rsSelectCommande` dans la boîte de dialogue du comportement, puis validez votre choix en cliquant sur le bouton `OK`. Après confirmation, un cadre portant l'étiquette `Afficher si...` doit entourer le formulaire de sélection.

15. Ajout d'un message d'information – Si le client n'a pas de commande, nous avons déjà configuré le formulaire de sélection pour qu'il ne s'affiche pas, mais dans ce cas la page est vide. Nous allons donc ajouter un texte d'information en utilisant la condition inverse, afin d'informer le client qu'il n'a pas encore de commande. Saisissez un texte d'information (voir figure 8-52) en dessous des tableaux, et sélectionnez-le. Cliquez sur le bouton + du panneau `Comportements de serveur`, sélectionnez `Afficher la région`, puis `Afficher si le jeu est vide` (voir figure 8-52). Choisissez ensuite le jeu d'enregistrements `rsSelectCommande` dans la boîte de dialogue du comportement, puis validez votre choix en cliquant sur le bouton `OK`.

16. Test final de la page – Enregistrez la page `commande.php` et testez-la dans le Web local (voir figure 8-53).

> **Remarque sur l'utilisation du code complet**
>
> Certains des fragments de code PHP de la page `commande.php` doivent être générés automatiquement par des comportements de serveur en mode `Création`, alors que d'autres seront intégrés manuellement en mode `Code`. Aussi, pour vous permettre de vérifier la concordance de ces fragments de code et de leur position dans la page, nous avons décidé de reproduire le code complet de cette page, mais celui-ci ne doit être en aucun cas saisi entièrement en mode `Code`.

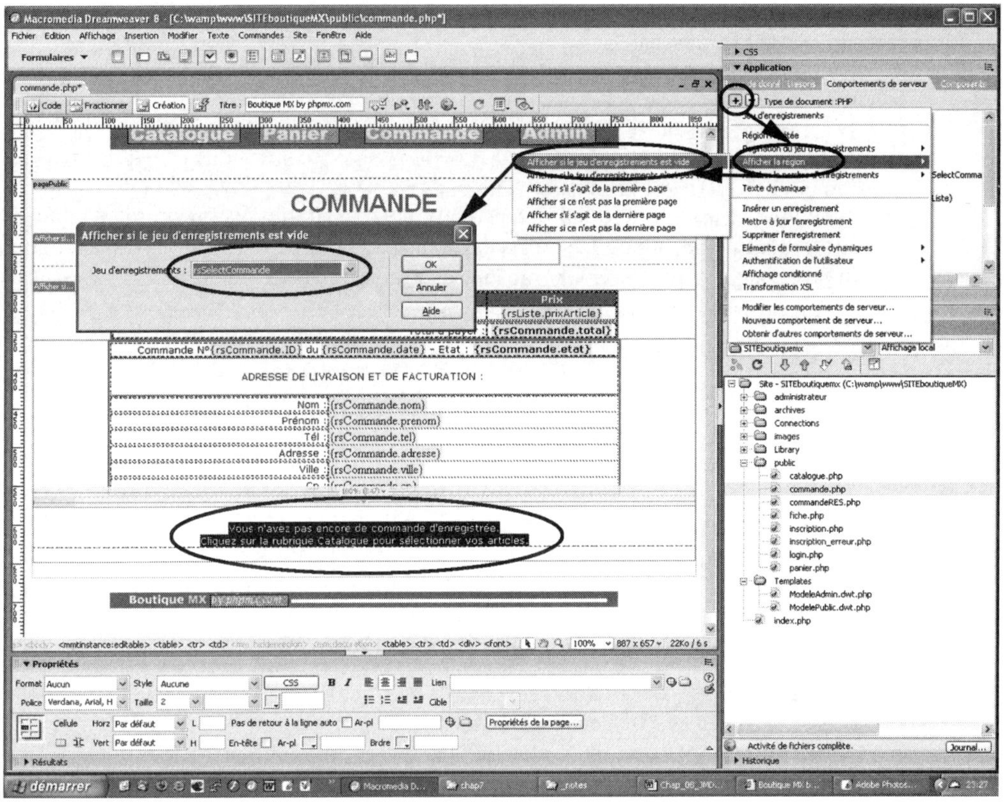

Figure 8-52

Configuration d'un comportement Afficher la région pour afficher un message d'information.

Code complet de la page **commande.php** :

```
<?php
//-----------Comportement serveur pour contrôler l'authentification
if (!isset($_SESSION)) {
  session_start();
}
$MM_authorizedUsers = "client";
$MM_donotCheckaccess = "false";
// *** Restrict Access To Page: Grant or deny access to this page
function isAuthorized($strUsers, $strGroups, $UserName, $UserGroup) {
  // For security, start by assuming the visitor is NOT authorized.
  $isValid = False;
```

```
  // When a visitor has logged into this site, the Session variable MM_Username set
equal to their username.
  // Therefore, we know that a user is NOT logged in if that Session variable is
blank.
  if (!empty($UserName)) {
    // Besides being logged in, you may restrict access to only certain users based
on an ID established when they login.
    // Parse the strings into arrays.
    $arrUsers = Explode(",", $strUsers);
    $arrGroups = Explode(",", $strGroups);
    if (in_array($UserName, $arrUsers)) {
      $isValid = true;
    }
    // Or, you may restrict access to only certain users based on their username.
    if (in_array($UserGroup, $arrGroups)) {
      $isValid = true;
    }
    if (($strUsers == "") && false) {
      $isValid = true;
    }
  }
  return $isValid;
}
$MM_restrictGoTo = "login.php";
if (!((isset($_SESSION['MM_Username'])) && (isAuthorized("",$MM_authorizedUsers,
$_SESSION['MM_Username'], $_SESSION['MM_UserGroup'])))) {
  $MM_qsChar = "?";
  $MM_referrer = $_SERVER['PHP_SELF'];
  if (strpos($MM_restrictGoTo, "?")) $MM_qsChar = "&";
  if (isset($QUERY_STRING) && strlen($QUERY_STRING) > 0)
  $MM_referrer .= "?" . $QUERY_STRING;
  $MM_restrictGoTo = $MM_restrictGoTo. $MM_qsChar . "accesscheck=" .
urlencode($MM_referrer);
  header("Location: ". $MM_restrictGoTo);
  exit;
}
?>
<?php
//-----------Initialisation des variables
if (!isset($_GET['commandeID'])) $_GET['commandeID']=0;
if (!isset($_SESSION['statut'])) $statut="NON IDENTIFIE";
else $statut=$_SESSION['statut'];
if (!isset($_SESSION['action'])) $action="";
else $action=$_SESSION['action'];
```

```
if (!isset($_SESSION['liste'])) $liste[]=array("VIDE",1,0,0);//init de liste si
VIDE
else $liste=$_SESSION['liste'];//recup de la liste de la session
if (!isset($_SESSION['total'])) $total=0;
else $total=$_SESSION['total'];
if (!isset($_SESSION['clientID'])) $clientID=0;
else $clientID=$_SESSION['clientID'];
//-------------------------------------------------------
?>
<?php require_once('../Connections/ConnexionBoutiquemx.php'); ?>
<?php
//--------------------------------------------------Jeu rsRappelClient
$colname_rsRappelClient = "-1";
if (isset($_SESSION['MM_Username'])) {
  $colname_rsRappelClient = (get_magic_quotes_gpc()) ? $_SESSION['MM_Username'] :
addslashes($_SESSION['MM_Username']);
}
mysql_select_db($database_ConnexionBoutiquemx, $ConnexionBoutiquemx);
$query_rsRappelClient = sprintf("SELECT ID FROM clients WHERE email = '%s'",
$colname_rsRappelClient);
$rsRappelClient = mysql_query($query_rsRappelClient, $ConnexionBoutiquemx) or
die(mysql_error());
$row_rsRappelClient = mysql_fetch_assoc($rsRappelClient);
$totalRows_rsRappelClient = mysql_num_rows($rsRappelClient);
//-----------------------------------------Mémorisation du ID client dans la
session
$clientID= mysql_result($rsRappelClient,0,'ID');
$_SESSION['clientID']=$clientID;
//-----------------------------Enregistrement d'une nouvelle commande dans la
table commandes
   if ($action=="ENREGISTRER")
   {
   mysql_select_db($database_ConnexionBoutiquemx, $ConnexionBoutiquemx);
   $insertCommande = "INSERT INTO commandes (date, clientID, total) VALUES
(NOW(),'$clientID', '$total')";
   $Result1 = mysql_query($insertCommande, $ConnexionBoutiquemx) or
die(mysql_error());
   $commandeID=mysql_insert_id();//récupère l'identifiant client attibué
   //recupération des articles et quantité et enregistrement dans la table listes
     for ($i=0;$i<count($liste);$i++)
      {
      $reference=$liste[$i][0];//récup de la réf de l'article dans le panier
      $quantite=$liste[$i][1];//récup de la quantité de cet article dans le
panier
```

```
        $prixArticle=$liste[$i][3];//récup du prix total de ces articles (nb * prix
unitaire) dans le panier
        $insertListe = "INSERT INTO listes (commandeID, reference, quantite,
prixArticle) VALUES ('$commandeID', '$reference', '$quantite', '$prixArticle')";
        $Result2 = mysql_query($insertListe, $ConnexionBoutiquemx) or
die(mysql_error());
        }
   //destruction de la liste, du total et du drapeau action de la session
   unset($_SESSION['liste']);
   unset($_SESSION['total']);
   unset($_SESSION['action']);
   }//fin du if ($action="ENREGISTRER")
//-------------------------------------------------Jeu rsSelectCommande
$colname_rsSelectCommande = "-1";
if (isset($_SESSION['clientID'])) {
  $colname_rsSelectCommande = (get_magic_quotes_gpc()) ? $_SESSION['clientID'] :
addslashes($_SESSION['clientID']);
}
mysql_select_db($database_ConnexionBoutiquemx, $ConnexionBoutiquemx);
$query_rsSelectCommande = sprintf("SELECT ID, `date` FROM commandes WHERE clientID
= %s ORDER BY ID DESC", $colname_rsSelectCommande);
$rsSelectCommande = mysql_query($query_rsSelectCommande, $ConnexionBoutiquemx) or
die(mysql_error());
$row_rsSelectCommande = mysql_fetch_assoc($rsSelectCommande);
$totalRows_rsSelectCommande = mysql_num_rows($rsSelectCommande);
//-------------------------------------------------Jeu rsListe
$colname_rsListe = "-1";
if (isset($_GET['commandeID'])) {
  $colname_rsListe = (get_magic_quotes_gpc()) ? $_GET['commandeID'] :
addslashes($_GET['commandeID']);
}
mysql_select_db($database_ConnexionBoutiquemx, $ConnexionBoutiquemx);
$query_rsListe = sprintf("SELECT reference, quantite, prixArticle FROM listes
WHERE commandeID = %s ORDER BY reference ASC", $colname_rsListe);
$rsListe = mysql_query($query_rsListe, $ConnexionBoutiquemx) or
die(mysql_error());
$row_rsListe = mysql_fetch_assoc($rsListe);
$totalRows_rsListe = mysql_num_rows($rsListe);
//-------------------------------------------------Jeu rsCommande
$colname_rsCommande = "-1";
if (isset($_GET['commandeID'])) {
  $colname_rsCommande = (get_magic_quotes_gpc()) ? $_GET['commandeID'] :
addslashes($_GET['commandeID']);
}
```

```
mysql_select_db($database_ConnexionBoutiquemx, $ConnexionBoutiquemx);
$query_rsCommande = sprintf("SELECT commandes.`date`, commandes.etat,
commandes.total, clients.nom, clients.prenom, clients.adresse, clients.ville,
clients.cp, clients.tel, commandes.ID FROM commandes, clients WHERE
commandes.ID=%s AND commandes.clientID=clients.ID", $colname_rsCommande);
$rsCommande = mysql_query($query_rsCommande, $ConnexionBoutiquemx) or
die(mysql_error());
$row_rsCommande = mysql_fetch_assoc($rsCommande);
$totalRows_rsCommande = mysql_num_rows($rsCommande);
//--------------------------------------Début de la page HTML
?>
<html><!-- InstanceBegin template="../../SITEboutiquemx/Templates/
ModelePublic.dwt.php" codeOutsideHTMLIsLocked="false" -->
<head>
<!-- InstanceBeginEditable name="doctitle" -->
<title>Boutique MX by phpmx.com</title>
<!-- InstanceEndEditable -->
<meta http-equiv="Content-Type" content="text/html; charset=iso-8859-1">
<!-- InstanceBeginEditable name="head" --><!-- InstanceEndEditable -->
</head>
<body>
<div align="center">
  <p><img src="../images/bandeauPublic.gif" width="650" height="100" border="0"
usemap="#Map">
  </p>


    <map name="Map">
      <area shape="rect" coords="22,65,166,93" href="catalogue.php">
      <area shape="rect" coords="190,67,293,94" href="panier.php">
      <area shape="rect" coords="325,68,478,94" href="commande.php">
      <area shape="rect" coords="524,66,621,96" href="../administrateur/
index.php">
      <area shape="rect" coords="290,22,414,52" href="http://www.phpmx.com">
    </map>
</div>
<!-- InstanceBeginEditable name="pagePublic" -->
<table width="100%" border="0" cellspacing="0">
  <tr>
    <td><p align="center"><strong><font color="#FF0000" size="6" face="Arial,
Helvetica, sans-serif">COMMANDE</font></strong></p>
      <?php if ($totalRows_rsSelectCommande > 0) { // Show if recordset not empty
?>
      <form name="form1" method="get" action="commande.php">
        <table width="500" border="1" align="center" cellspacing="0">
```

```
          <tr>
            <td width="236">S&eacute;lectionnez la commande &agrave; afficher : </
td>
             <td width="254">
               <select name="commandeID" id="commandeID">
                 <?php
do {
?>
                 <option value="<?php echo $row_rsSelectCommande['ID']?>"<?php if
(!(strcmp($row_rsSelectCommande['ID'], $_GET['commandeID']))) {echo "SELECTED";}
?>>N°<?php echo $row_rsSelectCommande['ID']?> du <?php echo
$row_rsSelectCommande['date']?></option>
                 <?php
} while ($row_rsSelectCommande = mysql_fetch_assoc($rsSelectCommande));
  $rows = mysql_num_rows($rsSelectCommande);
  if($rows > 0) {
      mysql_data_seek($rsSelectCommande, 0);
     $row_rsSelectCommande = mysql_fetch_assoc($rsSelectCommande);
  }
?>
               </select>
               <input type="submit" name="Submit" value="AFFICHER"></td>
          </tr>
        </table>
      </form>
      <?php } // Show if recordset not empty ?>
      <?php if ($totalRows_rsListe > 0) { // Show if recordset not empty ?>
      <table width="650" border="1" align="center" cellspacing="0"
bordercolor="#FF0000">
        <tr>
          <td>
            <div align="center">
              <table width="644" border="0" cellspacing="0">
                <tr bgcolor="#FF0000">
                  <td width="217">
                 <div align="center"><font color="#FFFFFF"><strong><font size="2"
face="Verdana, Arial, Helvetica, sans-serif">R&eacute;f&eacute;rence</font></
strong></font></div></td>
                  <td width="258">
                 <div align="center"><font color="#FFFFFF"><strong><font size="2"
face="Verdana, Arial, Helvetica, sans-serif">Quantit&eacute;</font></strong></
font></div></td>
                  <td width="163">
```

```
                <div align="center"><font color="#FFFFFF"><strong><font size="2"
face="Verdana, Arial, Helvetica, sans-serif">Prix</font></strong></font></div></
td>
                </tr>
                <?php do { ?>
                <tr>
                  <td><div align="center"><font size="2" face="Verdana, Arial,
Helvetica, sans-serif"><?php echo $row_rsListe['reference']; ?></font></div></td>
                  <td><div align="center"><font size="2" face="Verdana, Arial,
Helvetica, sans-serif"><?php echo $row_rsListe['quantite']; ?></font></div></td>
                  <td><div align="center"><font size="2" face="Verdana, Arial,
Helvetica, sans-serif"><?php echo $row_rsListe['prixArticle']; ?></font></div></
td>
                </tr>
                <?php } while ($row_rsListe = mysql_fetch_assoc($rsListe)); ?>
                <tr>
                <td colspan="3"><!-- #BeginLibraryItem "/Library/barreRouge.lbi"
-->
                    <hr align="center" size="2" noshade color="#FF0000">
                  <!-- #EndLibraryItem --></td>
                </tr>
                <tr>
                <td colspan="2"><div align="right"><font size="2" face="Verdana,
Arial, Helvetica, sans-serif">Total &agrave; payer :</font></div></td>
                  <td>
                    <div align="center"><font size="2" face="Verdana, Arial,
Helvetica, sans-serif"><b><?php echo $row_rsCommande['total']; ?></b></font></
div></td>
                </tr>
              </table>
          </div></td>
        </tr>
      </table>
      <br>
      <div align="center">
        <table width="650" border="1" align="center" cellspacing="0"
bordercolor="#FF0000">
          <tr>
            <td><table width="650" border="0" cellspacing="0">
                <tr>
                <td colspan="2"><div align="center"><font size="2" face="Verdana,
Arial, Helvetica, sans-serif">Commande N&deg;<?php echo $row_rsCommande['ID'];
?><strong></strong> du<strong> </strong> <?php echo $row_rsCommande['date']; ?> -
Etat : <strong><?php echo $row_rsCommande['etat']; ?></strong></font></div></td>
                </tr>
```

```
                <tr>
               <td colspan="2"><div align="center"> <font size="2" face="Verdana,
Arial, Helvetica, sans-serif"> </font><!-- #BeginLibraryItem "/Library/
barreRouge.lbi" -->
                    <hr align="center" size="2" noshade color="#FF0000">
                   <!-- #EndLibraryItem --><font size="2" face="Verdana, Arial,
Helvetica, sans-serif">ADRESSE DE LIVRAISON ET DE FACTURATION : <br>
                    </font> <!-- #BeginLibraryItem "/Library/barreRouge.lbi" -->
                    <hr align="center" size="2" noshade color="#FF0000">
                  <!-- #EndLibraryItem --><font size="2" face="Verdana, Arial,
Helvetica, sans-serif"> </font> </div></td>
                </tr>
                <tr>
                <td width="277"><div align="right"><font size="2" face="Verdana,
Arial, Helvetica, sans-serif">Nom :</font></div></td>
                  <td width="369"><?php echo $row_rsCommande['nom']; ?></td>
                </tr>
                <tr>
                  <td><div align="right"><font size="2" face="Verdana, Arial,
Helvetica, sans-serif">Pr&eacute;nom :</font></div></td>
                  <td><?php echo $row_rsCommande['prenom']; ?></td>
                </tr>
                <tr>
                  <td><div align="right"><font size="2" face="Verdana, Arial,
Helvetica, sans-serif">T&eacute;l :</font> </div></td>
                  <td><?php echo $row_rsCommande['tel']; ?></td>
                </tr>
                <tr>
                  <td><div align="right"><font size="2" face="Verdana, Arial,
Helvetica, sans-serif">Adresse :</font></div></td>
                  <td><?php echo $row_rsCommande['adresse']; ?></td>
                </tr>
                <tr>
                  <td><div align="right"><font size="2" face="Verdana, Arial,
Helvetica, sans-serif">Ville : </font></div></td>
                  <td><?php echo $row_rsCommande['ville']; ?></td>
                </tr>
                <tr>
                  <td><div align="right"><font size="2" face="Verdana, Arial,
Helvetica, sans-serif">Cp : </font></div></td>
                  <td><?php echo $row_rsCommande['cp']; ?></td>
                </tr>
            </table></td>
          </tr>
```

```
        </table>
      </div>
      <?php } // Show if recordset not empty ?>
      <?php if ($totalRows_rsSelectCommande == 0) { // Show if recordset empty ?>
      <table width="100%" border="0" cellspacing="0">
        <tr>
          <td><div align="center"><font size="2" face="Verdana, Arial, Helvetica,
sans-serif"><br>
        Vous n'avez pas encore de commande d'enregistr&eacute;e.<br>
        Cliquez sur la rubrique Catalogue pour s&eacute;lectionner vos
articles.<br>
        <br>
          </font></div></td>
        </tr>
            </table>
      <?php } // Show if recordset empty ?>
      <p align="center"> </p></td>
  </tr>
</table>
<!-- InstanceEndEditable -->
<p align="center"><img src="../images/BarreBasPublic.gif" border="0"
usemap="#Map2">
  <map name="Map2">
    <area shape="rect" coords="128,3,228,19" href="http://www.phpmx.com">
  </map>
</p>
</div>
</body>
<!-- InstanceEnd --></html>
<?php
mysql_free_result($rsSelectCommande);
mysql_free_result($rsListe);
mysql_free_result($rsCommande);
mysql_free_result($rsRappelClient);
?>
```

Réalisation de l'espace Administrateur

Réalisation de la page login.php

Hormis son interface et ses couleurs, la page `login.php` de l'espace `administrateur` est semblable à celle de l'espace `public`. Dès qu'il est identifié, l'administrateur est redirigé vers

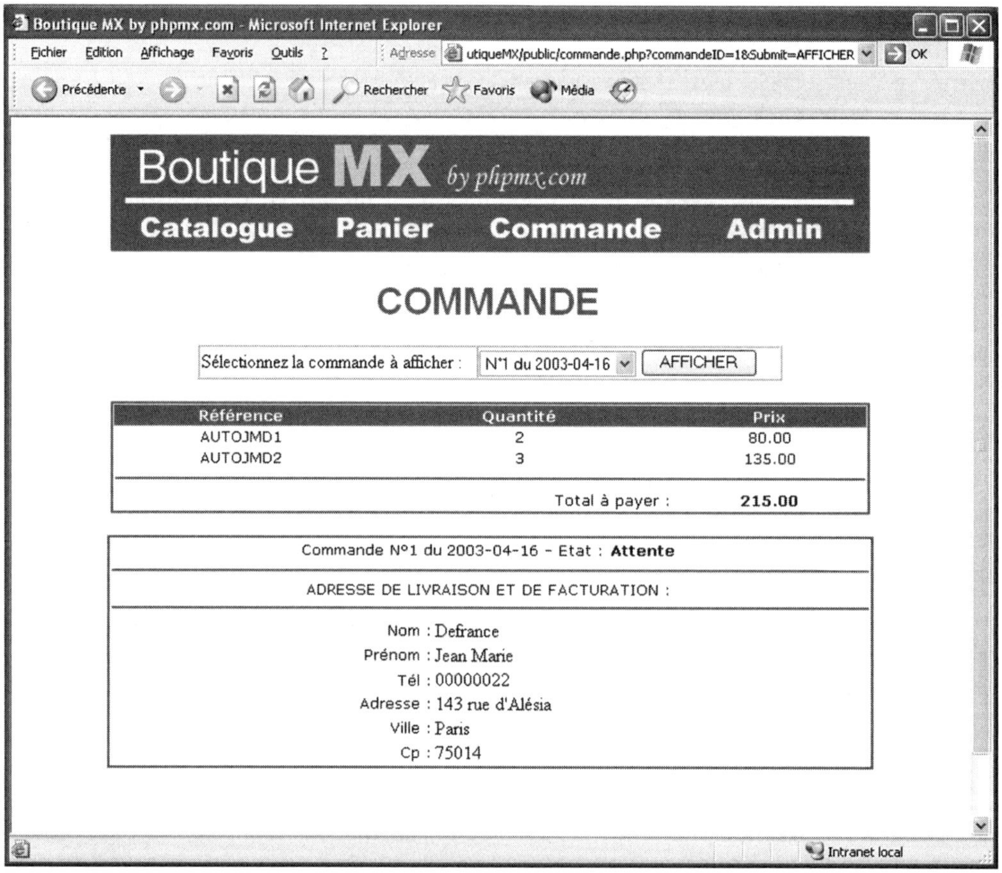

Figure 8-53
Test de la page commande.php dans le Web local.

la page `index.php` du répertoire administrateur. Dans le cas où l'identification se révélerait négative, l'administrateur est redirigé vers une page `erreur_login.php`.

Pour réaliser ces fonctions, nous allons utiliser le comportement de serveur `Connecter l'utilisateur`. Un seul compte administrateur étant suffisant, il n'est pas nécessaire de créer une page spécifique pour l'ajout d'un compte administrateur. La configuration de l'unique compte administrateur sera réalisée directement à l'aide du gestionnaire de bases de données phpMyAdmin (ajoutez par exemple un nouvel enregistrement dans la table `clients` avec pour login `admin@eyrolles.com`, `1234` pour mot de passe, et comme statut `admin`).

Procédure de création de la page login.php

1. Avant de créer la page `login.php`, nous allons personnaliser celle vers laquelle sera redirigé l'administrateur en cas d'échec d'authentification. Ouvrez la page `erreur_login.php` située dans le dossier `administrateur` (si elle n'existe pas, il faudra alors la créer à partir du modèle `ModeleAdmin.dwt.php`), puis la détacher du modèle afin qu'elle soit accessible par tous. Ajoutez-y, en haut, un message informant l'administrateur que son login est erroné, ainsi qu'un lien hypertexte vers la page `login.php`. Si besoin, enregistrez-la sous le nom `erreur_login.php`.

2. Ouvrez ensuite la page `login.php` située dans le même dossier (si elle n'existe pas, il faudra alors la créer à partir du modèle `ModeleAdmin.dwt.php`), puis la détacher du modèle afin qu'elle soit accessible par tous.

3. Création du formulaire de saisie – Insérez une zone de formulaire sous le titre de la page. Placez ensuite votre pointeur à l'intérieur de la zone de formulaire, créez un tableau de 4 lignes et 2 colonnes, puis fusionnez la première ligne. Saisissez les textes d'information dans chaque cellule en vous référant à la figure 8-54. Insérez ensuite deux champs de texte nommés `email` et `pass`, ainsi qu'un bouton de soumission (`Valider`) et un champ masqué nommé `statut`, avec `admin` comme valeur par défaut (voir figure 8-54).

4. Création du comportement `Connecter l'utilisateur` – Depuis le panneau `Comportements de serveur`, cliquez sur le + et sélectionnez l'option `Authentification de l'utilisateur`, puis `Connecter l'utilisateur`.

5. Configuration du comportement de serveur – Dans les deux listes déroulantes, en haut du panneau de configuration, sélectionnez les champs du formulaire, `email` et `pass`. Choisissez ensuite la connexion `ConnexionBoutiquemx`, la table `clients` et les deux colonnes de cette table qui correspondent aux paramètres du compte, soit `email` et `pass`. En dessous, indiquez les noms des écrans vers lesquels sera redirigé l'utilisateur en cas de succès ou d'échec de l'authentification (voir figure 8-54). En bas du panneau, cochez l'option `Nom d'utilisateur, mot de passe et niveau d'accès`, et sélectionnez le champ `statut` pour que celui-ci soit mémorisé dans la session. Cliquez sur le bouton `OK` pour valider vos choix.

6. Test de la page dans le Web local – Enregistrez votre page et basculez sur le Web local pour tester le fonctionnement du système d'authentification. Cliquez sur le lien `Admin` dans le menu. La page `index.php` dont l'accès n'est pas encore configuré devrait s'afficher. Saisissez directement dans la zone d'adresse du navigateur le nom de la page `login.php` à la place du nom `index.php`, puis appuyez sur la touche `Entrée` de votre clavier. Afin de tester la redirection vers la page d'erreur (`erreur_login.php`), commencez par écrire un login ou mot de passe incorrect dans le formulaire d'accès. Revenez à la page de login en cliquant sur le lien de la page d'erreur, et entrez maintenant le login et le mot de passe préalablement enregistrés dans la base, avec comme statut `admin` (dans le jeu de données disponible sur le site Eyrolles, un administrateur est déjà configuré avec

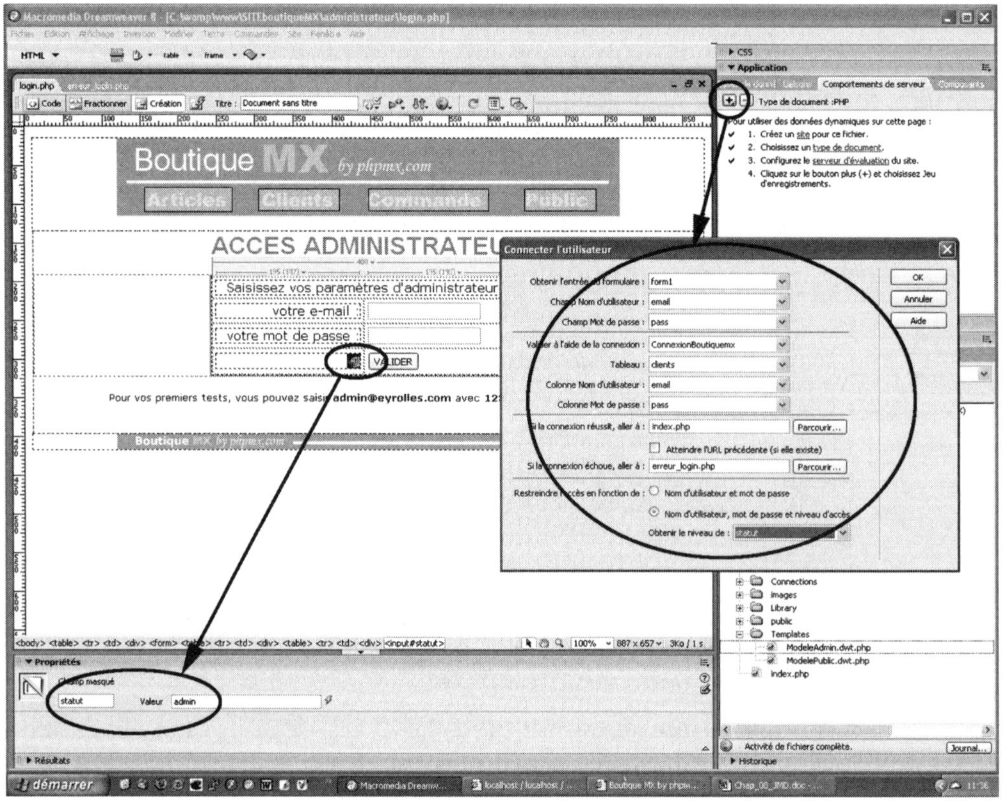

Figure 8-54

Page login.php de l'espace administrateur.

admin@eyrolles.com comme login, et 1234 comme mot de passe). Confirmez ensuite vos paramètres en cliquant sur le bouton Valider. Si le système fonctionne, vous devriez être redirigé vers la page index.php.

Modification du modèle de l'interface administrateur

La page login.php vérifie que les paramètres de l'utilisateur sont corrects, et enregistre son e-mail et son statut dans des variables de session. Il faut maintenant ajouter dans chaque page de l'espace administrateur un contrôle de cette authentification, afin de restreindre l'accès à toutes les pages d'administration. Pour éviter de répéter l'opération pour chaque page, nous allons modifier le modèle utilisé pour créer les différentes pages de l'espace administrateur. Cependant, il faudra veiller à ce que les pages login.php et erreur_login.php restent accessibles par tous. Pour cela, il suffit de détacher du modèle Admin ces deux pages afin que le script de contrôle de l'authentification ne soit pas intégré dans le code.

Procédure de modification du modèle de l'espace administrateur ModeleAdmin.dwt.php

1. Ouverture du modèle – Cliquez sur l'onglet `Actifs` du panneau `Fichiers`, puis sur le bouton `Modèle` situé en bas et à gauche de la fenêtre `Actifs`. Double-cliquez sur le modèle `ModeleAdmin` à l'intérieur de la fenêtre. Il doit alors s'afficher dans la fenêtre document (vous pouvez aussi cliquer directement sur le modèle `Admin` situé dans le répertoire `Templates` de l'onglet `Fichiers` du même panneau).

2. Configuration du comportement serveur `Restreindre l'accès à la page` – Cliquez sur le bouton + du panneau `Application/Comportements de serveur`, sélectionnez `Authentification de l'utilisateur` puis `Restreindre l'accès à la page`. Dans la zone `Restreindre en fonction de`, choisissez l'option `Nom d'utilisateur, mot de passe et niveau d'accès`. Cliquez ensuite sur le bouton `Définir` et ajoutez le niveau `admin` dans la boîte de dialogue (cliquez d'abord sur le bouton + puis saisissez `admin` dans le champ du bas avant de valider en cliquant sur `OK`). Renseignez la dernière zone `Si l'accès est refusé, allez à` en indiquant le fichier `login.php`, et cliquez sur `OK` pour confirmer la configuration du comportement (voir figure 8-55). Ainsi configurées, toutes les pages créées à partir du modèle administrateur ne pourront être accessibles que par un utilisateur ayant pour statut `admin`.

3. Configuration du comportement serveur `Déconnecter l'utilisateur` – Afin que l'administrateur puisse se déconnecter facilement, nous allons ajouter un comportement serveur qui lui permettra d'annuler son authentification d'un simple clic. Commencez par ajouter le mot `logout` au-dessus de la zone modifiable du modèle, puis sélectionnez ce mot (vous pouvez voir l'emplacement du lien `logout` dans la figure 8-56). Cliquez sur le bouton + du panneau `Application/Comportements de serveur` et sélectionnez `Authentification de l'utilisateur`, puis `Déconnecter l'utilisateur`. Dans la boîte de dialogue, cochez l'option `Lien cliqué` et assurez-vous que le mot `logout` est affiché dans le menu déroulant. Dans la zone `Une fois terminé, allez à`, saisissez le nom du fichier `login.php`. Validez vos choix en cliquant sur le bouton `OK`.

4. Enregistrez les modifications apportées au modèle (`Ctrl + S`). Cliquez sur le bouton `Mettre à jour` pour corriger les fichiers qui ont été élaborés à partir de ce modèle. Cliquez ensuite sur le bouton `Fermer` dans la seconde fenêtre, qui vous informe que les mises à jour ont été effectuées. Afin que le script situé au-dessus de la balise `<html>` soit intégré dans le code, nous allons créer (ou recréer) chacune des pages de l'espace administrateur (sauf `login.php` et `erreur_login.php` qui doivent être détachées du modèle) à partir du nouveau modèle, en respectant la casse des noms de fichier (revoir nomenclature du tableau 8-9).

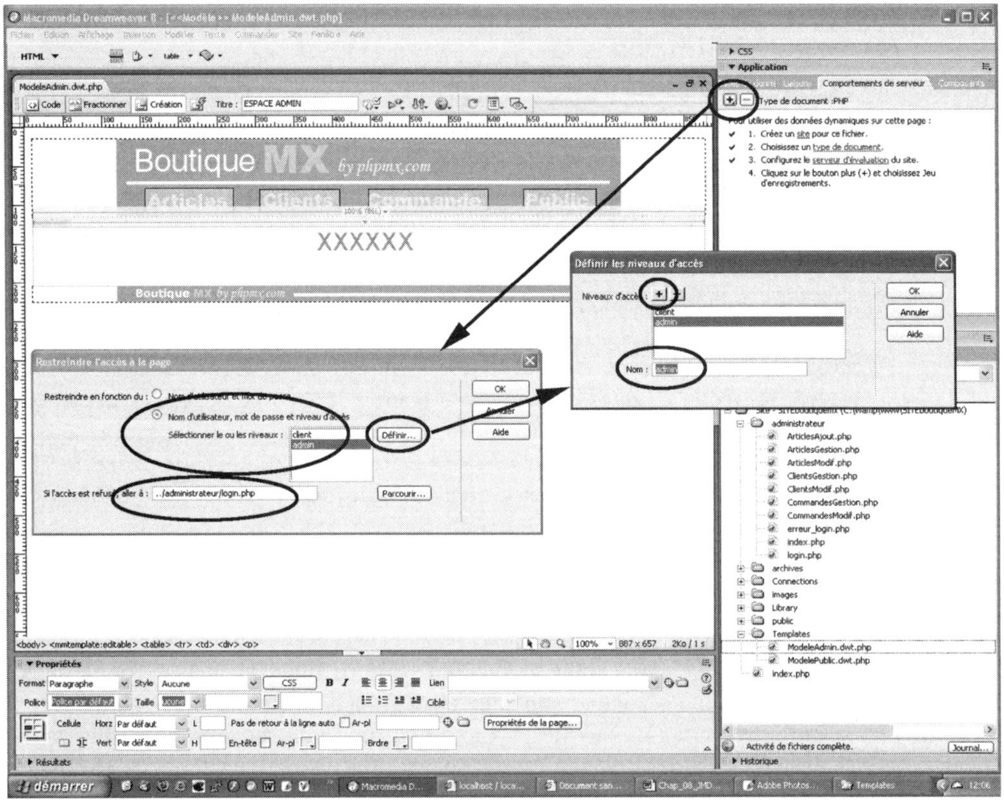

Figure 8-55

Configuration du comportement serveur Restreindre l'accès à la page dans le modèle de l'espace administrateur.

Attention au double session_start() :

Selon la configuration de votre serveur, le message suivant « `A session had already been started - ignoring session_start()` » peut s'afficher lors de vos tests. Vous devrez commenter le deuxième appel à la fonction `session_start()` ajouté automatiquement par Dreamweaver dans le second comportement serveur, comme dans l'exemple ci-dessous :

```
<?php
//session_start(); 2eme instruction session_start() à neutraliser
$MM_authorizedUsers = "admin";
$MM_donotCheckaccess = "false";
...
```

Réalisation de la page index.php

La page `index.php` est appelée lorsqu'on clique sur le lien `admin` situé dans le menu `public`. Aucune fonction particulière n'est intégrée dans cette page, hormis le contrôle du statut de l'utilisateur, comme toutes les pages de l'espace `Administrateur`. Vous pouvez d'ailleurs vous assurer que les scripts des comportements serveur `Restreindre l'accès à la page` et `Déconnecter l'utilisateur`, ajoutés précédemment au modèle, sont bien présents en haut de la page `index.php` et dans le panneau des comportements de serveur (voir figure 8-56).

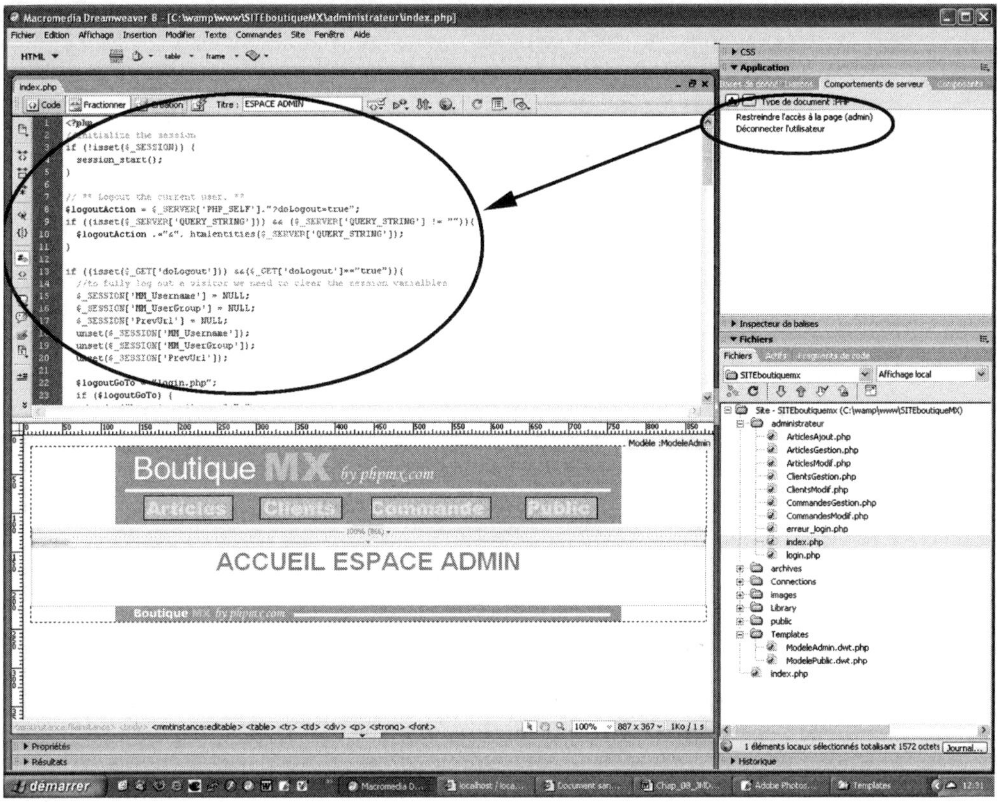

Figure 8-56

Le code de la page d'accueil comporte deux comportements serveur d'authentification des utilisateurs, comme toutes les pages de l'espace administrateur.

Réalisation de la page ArticlesGestion.php

La page `ArticlesGestion.php` sert à gérer les articles du catalogue (ajout, suppression, modification). Elle est constituée d'un tableau listant tous les articles du catalogue avec, en regard de chaque ligne, un lien hypertexte qui permet de supprimer ou modifier l'article. Pour l'addition d'un nouveau produit, un lien spécifique est intégré en bas du tableau afin d'afficher le formulaire d'ajout. Le nombre d'articles pouvant devenir important, une barre de navigation limite l'affichage à dix éléments par page.

Procédure de création de la page ArticlesGestion.php

1. Ouvrez la page `ArticlesGestion.php` située dans le dossier `administrateur`.
2. Configuration du jeu d'enregistrements pour récupérer les identifiants des commandes du client – Cliquez sur le bouton + du panneau `Liaisons` pour créer un nouveau jeu. Renseignez les zones de saisie selon les paramètres indiqués dans le tableau ci-dessous (voir figure 8-57). Après la création du jeu, assurez-vous que ses variables sont désormais disponibles dans la fenêtre du panneau `Liaisons`.

Tableau 8-18 – Paramètres du jeu d'enregistrements rsListeArticle

Zone	Valeur	Commentaires
Nom	rsListeArticle	
Connexion	ConnexionBoutiquemx	
Table	articles	
Colonnes	selectionnees : reference titre	Pour alimenter le tableau d'affichage des articles, nous avons besoin uniquement des champs reference et titre.
Filtre	Aucun	Nous désirons récupérer tous les enregistrements.
Trier	reference/Croissant	Ainsi, les articles affichés sont triés par ordre alphabétique selon leur référence.

3. Création du tableau qui contient les articles à gérer – Placez-vous dans la fenêtre du document en mode `Création` et construisez un tableau de 4 lignes et 4 colonnes. Saisissez le texte des titres de chaque colonne en vous référant à la figure 8-58. Fusionnez les troisième et quatrième lignes, puis insérez une barre pour séparer les articles sur la troisième ligne. Insérez ensuite le texte `Pour ajouter un article, cliquez ici :` sur la dernière ligne. Apportez des icônes de votre choix dans les colonnes `Supprimer` et `Modifier`, ainsi qu'à droite du texte destiné à l'ajout. Enfin, depuis le panneau `Liaisons`, glissez les variables `reference` et `titre` dans les cellules correspondantes du tableau (voir figure 8- 58).
4. Création d'une région répétée pour afficher tous les articles dans le tableau – Sélectionnez les deuxième et troisième lignes du tableau, puis cliquez sur le bouton + du panneau `Comportements de serveur` et sélectionnez `Région répétée` dans la liste du menu. Choisissez le jeu d'enregistrements `rsListeArticle` dans la boîte de dialogue, ainsi que l'option `Afficher deux enregistrements à la fois` (paramètre que vous pouvez évi-

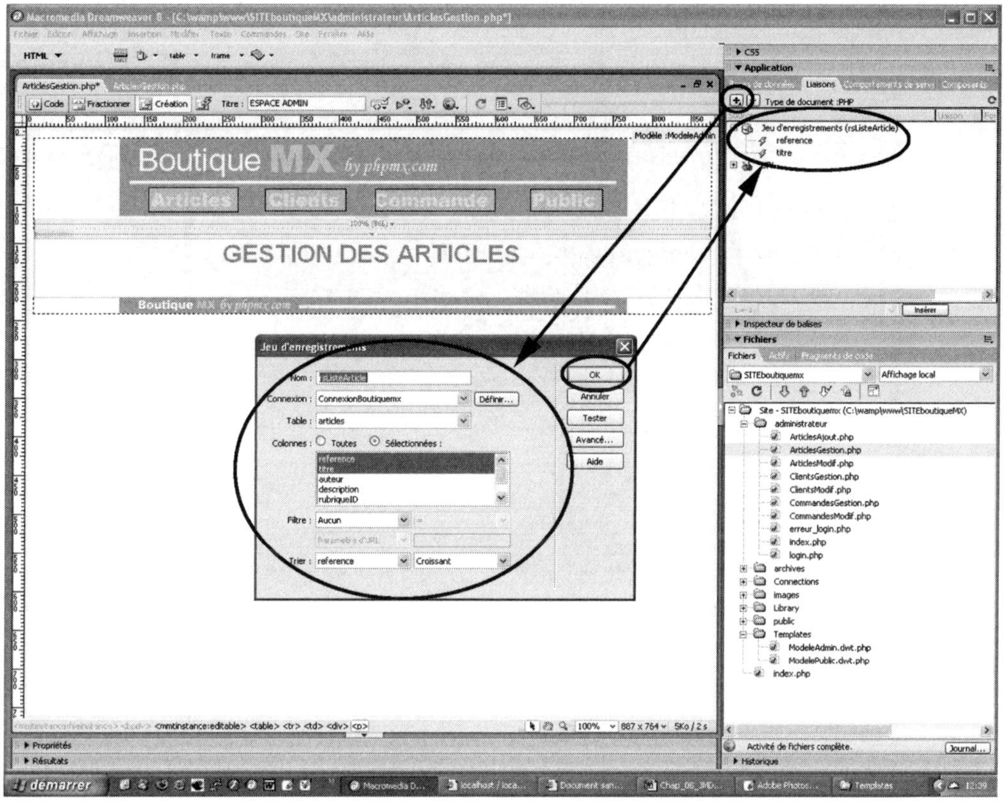

Figure 8-57

Paramétrage du jeu d'enregistrements rsListeArticle.

demment modifier par la suite), puis validez votre configuration. Un cadre `Répéter` apparaît autour des deux lignes initialement sélectionnées.

5. Création d'un lien hypertexte dynamique pour supprimer un article (voir repères 1 à 5 de la figure 8-59) – Sélectionnez l'icône de la colonne `supprimer`. Dans le panneau `Propriétés`, cliquez sur le petit dossier jaune, à droite du champ `Lien`. Dans la boîte de dialogue `Sélectionner un fichier`, choisissez `ArticleGestion.php`, puis cliquez sur le bouton `Paramètres` à droite du champ `URL`. Dans la boîte de dialogue `Paramètres`, saisissez `suppArticle` dans la première colonne, puis passez dans la deuxième et entrez `OK`. Cliquez ensuite sur le bouton + afin d'ajouter un deuxième paramètre. Tapez `articleReference` dans la première colonne, puis passez dans la deuxième et cliquez sur le bouton avec l'éclair. Enfin, dans la boîte de dialogue `Données dynamiques`, sélectionnez le champ `reference` du jeu d'enregistrements `rsListeArticle` (voir figure 8-59). Validez ensuite toutes les boîtes successivement.

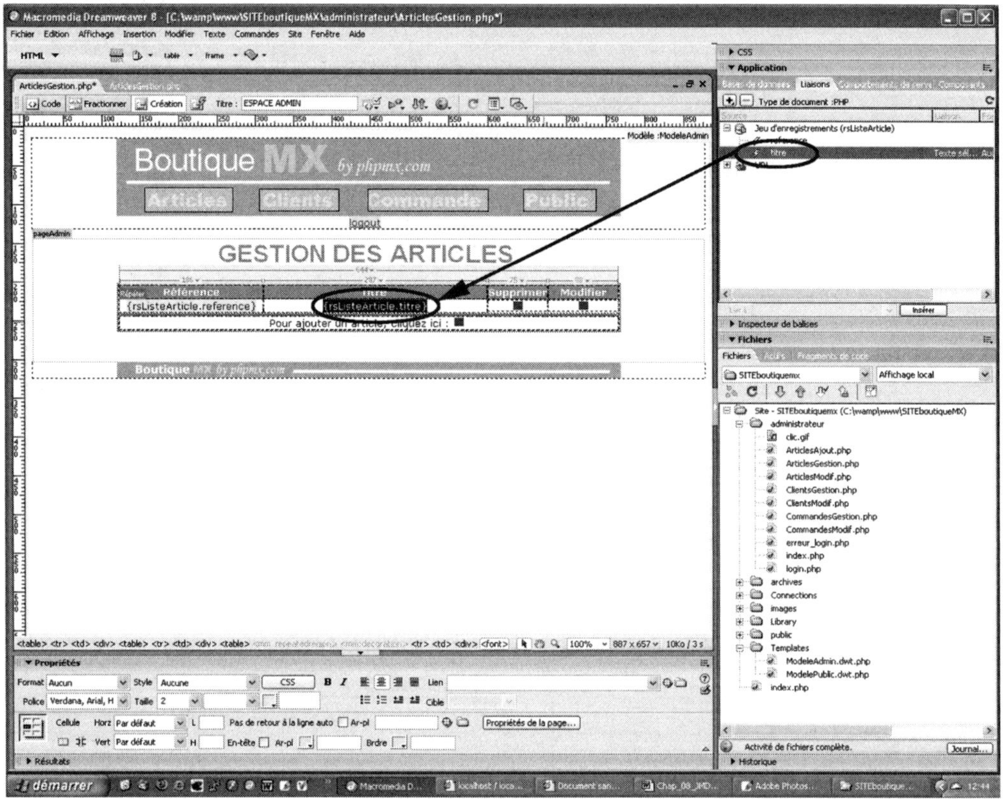

Figure 8-58

Création du tableau d'affichage des articles à gérer.

6. Création d'un lien hypertexte dynamique pour modifier un article (voir repères 1 à 5 de la figure 8-60) – La démarche est semblable à la précédente, sauf que le lien appelle une page spécifique intégrant un formulaire de modification, et non pas la page `ArticleGestion.php` comme le lien de suppression. Sélectionnez l'icône de la colonne `modifier`. Dans le panneau `Propriétés`, cliquez sur le petit dossier jaune, à droite du champ `Lien`. Dans la boîte de dialogue `Sélectionner un fichier`, sélectionnez le fichier `ArticleModif.php`, puis cliquez sur le bouton `Paramètres` à droite du champ `URL`. Dans la boîte de dialogue `Paramètres`, saisissez `articleReference` dans la première colonne, puis passez dans la deuxième colonne et cliquez sur le bouton avec l'éclair. Enfin, dans la boîte de dialogue `Données dynamiques`, choisissez le champ `reference` du jeu d'enregistrements `rsListeArticle` (voir figure 8- 60). Validez ensuite toutes les boîtes successivement.
7. Création d'un lien hypertexte statique pour ajouter un article – Le lien d'ajout d'un article appelle simplement un formulaire d'insertion de données dans la base (`ArticlesA-

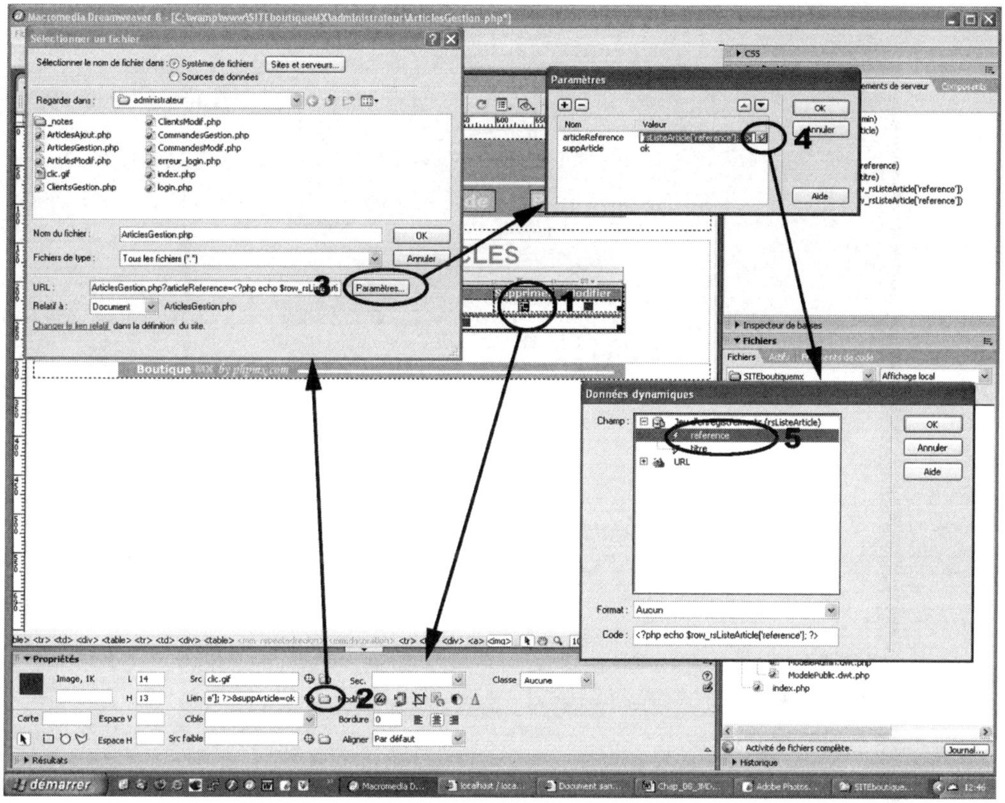

Figure 8-59

Création d'un lien hypertexte dynamique pour la suppression d'un article.

`jout.php`). Sélectionnez l'icône d'ajout puis, dans le panneau `Propriétés`, cliquez sur le petit dossier jaune à droite du champ `Lien`. Dans la boîte de dialogue `Sélectionner un fichier`, choisissez `ArticlesAjout.php` puis cliquez sur le bouton `OK` pour valider votre choix.

8. Configuration du comportement de suppression d'un article – Cliquez sur le bouton + dans le panneau `Comportements de serveur`, et sélectionnez `Supprimer l'enregistrement`. Dans la boîte de dialogue du comportement, choisissez l'option `Paramètre d'URL` dans la zone `Vérifier au préalable si la variable est définie` (voir figure 8-61). Dans le champ de droite, indiquez le nom du paramètre qui a été précédemment intégré dans le lien dynamique de suppression, soit `suppArticle`. Optez ensuite pour la connexion `ConnexionBoutiquemx` et la table `articles`. Dans la zone `Colonne de la clé primaire`, sélectionnez le champ `reference` et dans la zone `Valeur de la clé primaire`, l'option `Paramètre d'URL` ; indiquez le paramètre `articleReference` dans le champ situé

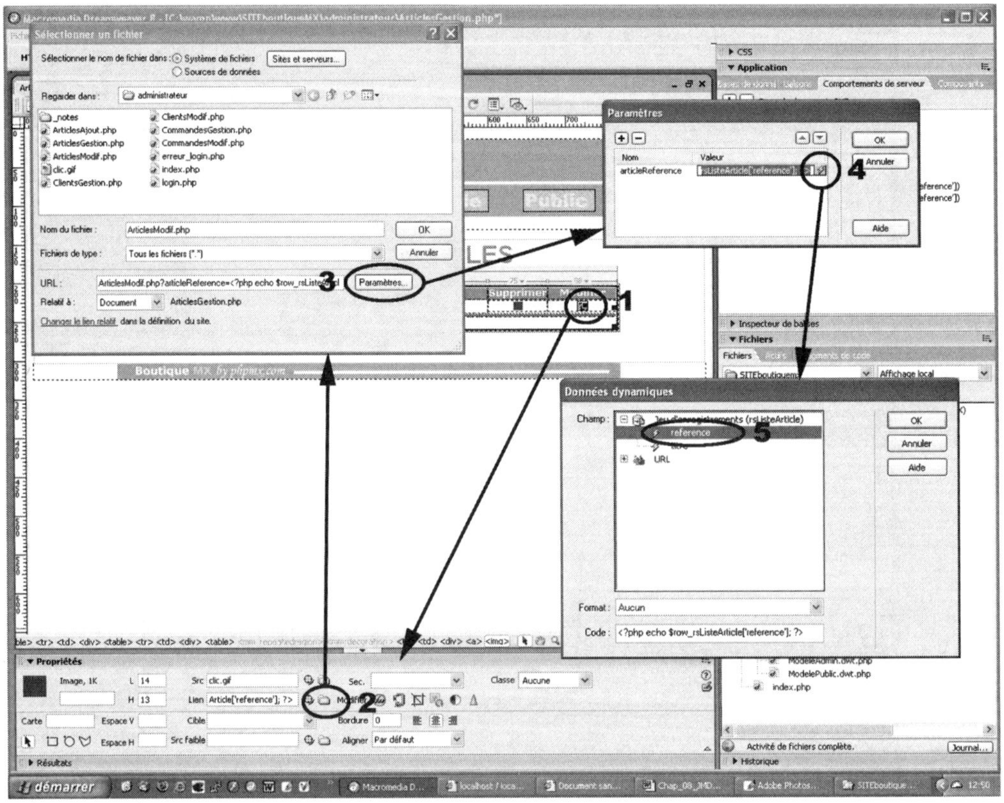

Figure 8-60

Création d'un lien hypertexte dynamique pour la modification d'un article.

à droite. Enfin, ne mentionnez pas de fichier dans la dernière zone `Après la suppression, aller à`, car l'action de suppression de l'enregistrement étant intégrée à la page `ArticlesGestion.php`, c'est donc cette même page qui sera affichée après cette action. Validez votre configuration en cliquant sur le bouton `OK`.

9. Configuration de la barre de navigation – Placez votre pointeur en dessous du tableau d'affichage. Cliquez sur le bouton `Barre de navigation du jeu d'enregistrement` depuis la barre d'outils `Insertion/Application`. Sélectionnez le jeu d'enregistrements `rsListeArticle` et l'option `Afficher à l'aide d'images`, puis validez votre configuration en cliquant sur le bouton `OK` (voir figure 8-62).
10. Test final de la page – Enregistrez votre page et testez-la dans le Web local (voir figure 8-63).

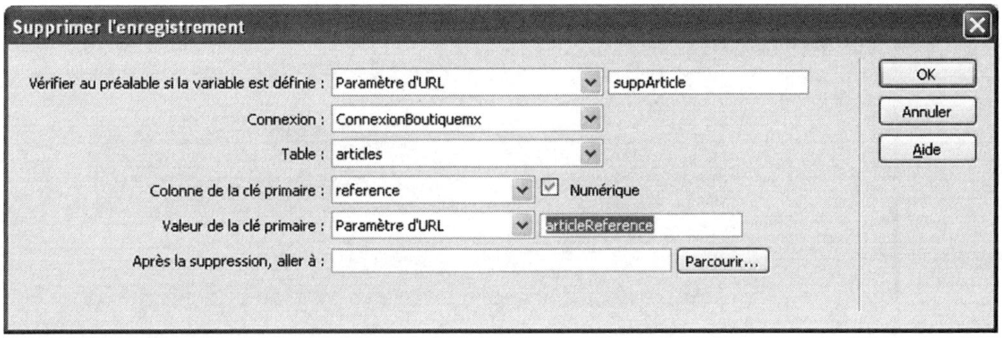

Figure 8-61
Configuration du comportement de suppression d'un article.

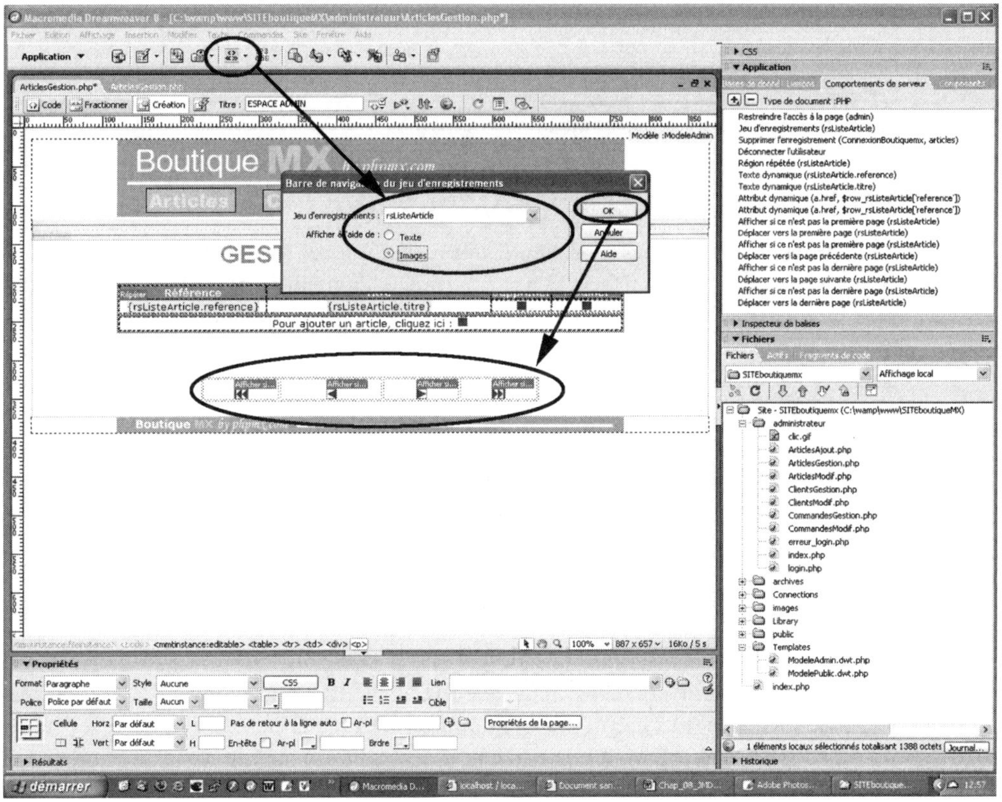

Figure 8-62
Ajout de la barre de navigation.

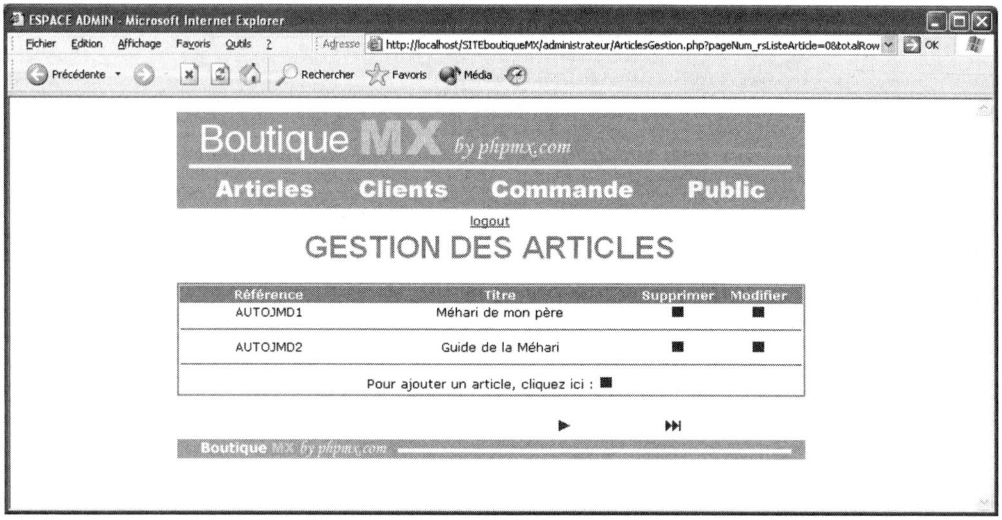

Figure 8-63

Test de la page ArticlesGestion.php dans le Web local.

Réalisation de la page ArticlesAjout.php

La page `ArticlesAjout.php` permet d'insérer un nouvel article dans la base de données. Cet écran est appelé grâce au lien hypertexte précédemment intégré dans la page `ArticlesGestion.php`. Comme ce formulaire comprend un élément dynamique (le menu de sélection du thème) et impose une requête SQL spécifique pour la gestion de la photo, nous n'utilisons pas de comportement de serveur standard, mais un script développé sur mesure afin d'assurer la fonction d'ajout des nouveaux produits.

Procédure de création de la page ArticlesAjout.php

1. Ouvrez la page `ArticlesAjout.php` située dans le dossier `administrateur`.
2. Création du formulaire d'ajout d'un article – Placez-vous dans la fenêtre du document en mode `Création` et insérez une zone de formulaire ; entrez dans cette zone et créez un tableau de 8 lignes et 2 colonnes. Fusionnez la dernière ligne et saisissez les différentes informations dans la colonne de gauche du tableau, en vous référant à la figure 8-64. Insérez les éléments de formulaire en vous reportant au tableau 8-19 pour connaître leur type et leur nom (attention, le champ `photo` est un champ de fichier et non un simple champ de texte). Il est à noter que nous ajoutons un champ masqué supplémentaire, pour indiquer au script d'insertion que la validation a bien été effectuée (voir figure 8-64). Sélectionnez le formulaire à l'aide du sélecteur de balise situé en bas de la fenêtre du document, et configurez la zone `Action` avec `ArticlesAjout.php` et choisissez la méthode `POST`.

Tableau 8-19 – Paramétrage des éléments du formulaire d'ajout d'un article

Nom de l'élément	Type	Attributs	Valeur par défaut
reference	Champ texte	Lar. Caract.=30	
titre	Champ texte	Lar. Caract.=30	
auteur	Champ texte	Lar. Caract.=50	
description	Zone de texte	Lar. Caract.=30 Multilignes Nb de ligne=4	
prix	Champ texte	Lar. Caract.=5	
rubriqueID	Menu déroulant	Element dynamique	
photo	Champ fichier		
ajoutArticle	Champ masqué		ok

3. Configuration du jeu d'enregistrements `rsSelectTheme` destiné à récupérer la liste des différents thèmes – Cliquez sur le bouton **+** du panneau `Liaisons` pour créer un nouveau jeu. Renseignez les zones de saisie selon les paramètres indiqués dans le tableau 8-20 (voir figure 8-65).

Tableau 8-20 – Paramètres du jeu d'enregistrements rsSelectTheme

Zone	Valeur	Commentaires
Nom	rsSelectTheme	
Connexion	ConnexionBoutiquemx	
Table	rubriques	
Colonnes	Toutes	Pour alimenter le menu déroulant de sélection des thèmes, nous avons besoin de son identifiant et du nom du thème.
Filtre	Aucun	Nous désirons récupérer tous les enregistrements.
Trier	theme/Croissant	Ainsi, les thèmes du menu sont triés par ordre alphabétique selon leur nom.

4. Configuration du menu déroulant dynamique – Sélectionnez le menu déroulant `rubriqueID` et cliquez sur le bouton `Dynamique` du panneau `Propriétés`. Dans la boîte de dialogue `Liste/Menu dynamique`, sélectionnez le jeu `rsSelectTheme`, puis les valeurs `ID` pour la zone `Valeurs`, et `theme` pour la zone `Etiquettes` (voir figure 8-66). Validez votre choix en cliquant sur le bouton `OK`. Assurez-vous que le nouveau comportement est ajouté dans le panneau `Comportements de serveur`, et que le menu déroulant est désormais bleu (ce qui signifie qu'il s'agit d'un élément dynamique).

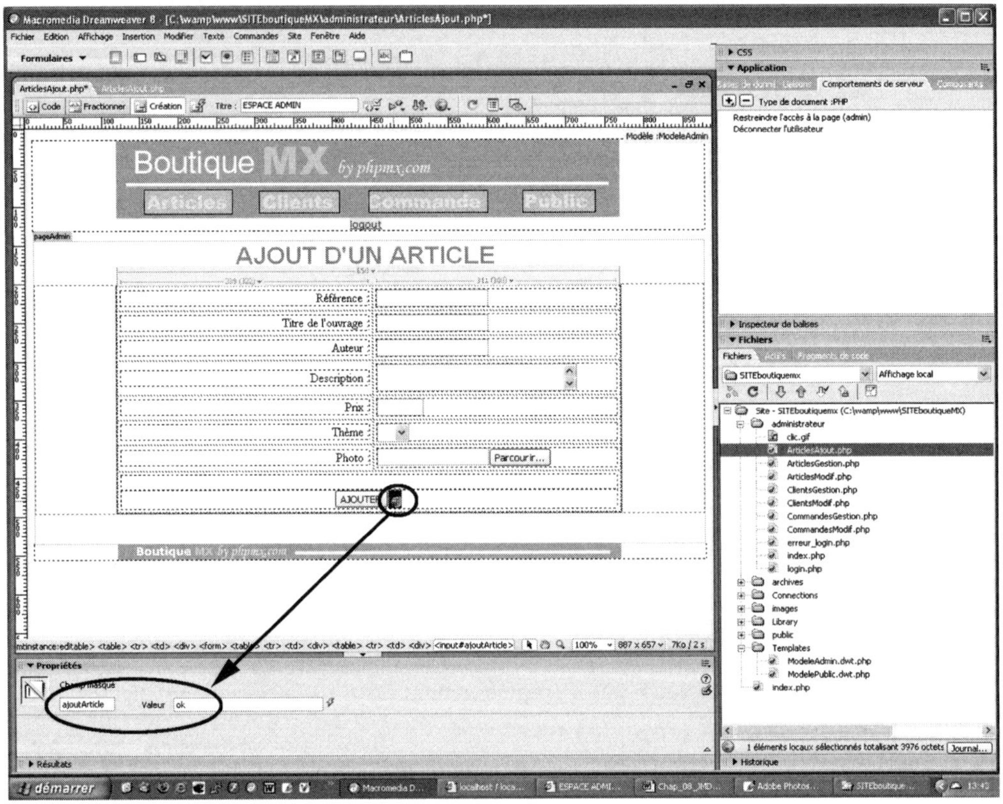

Figure 8-64

Création du formulaire d'ajout d'un article et configuration du champ masqué ajoutArticle.

Figure 8-65

Configuration de la boîte de dialogue du jeu d'enregistrements rsSelectTheme.

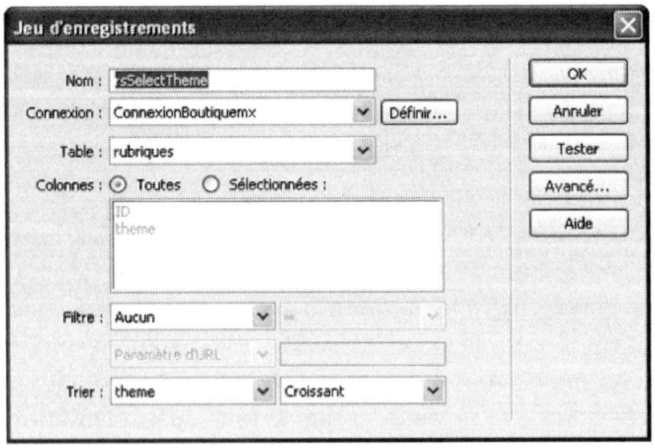

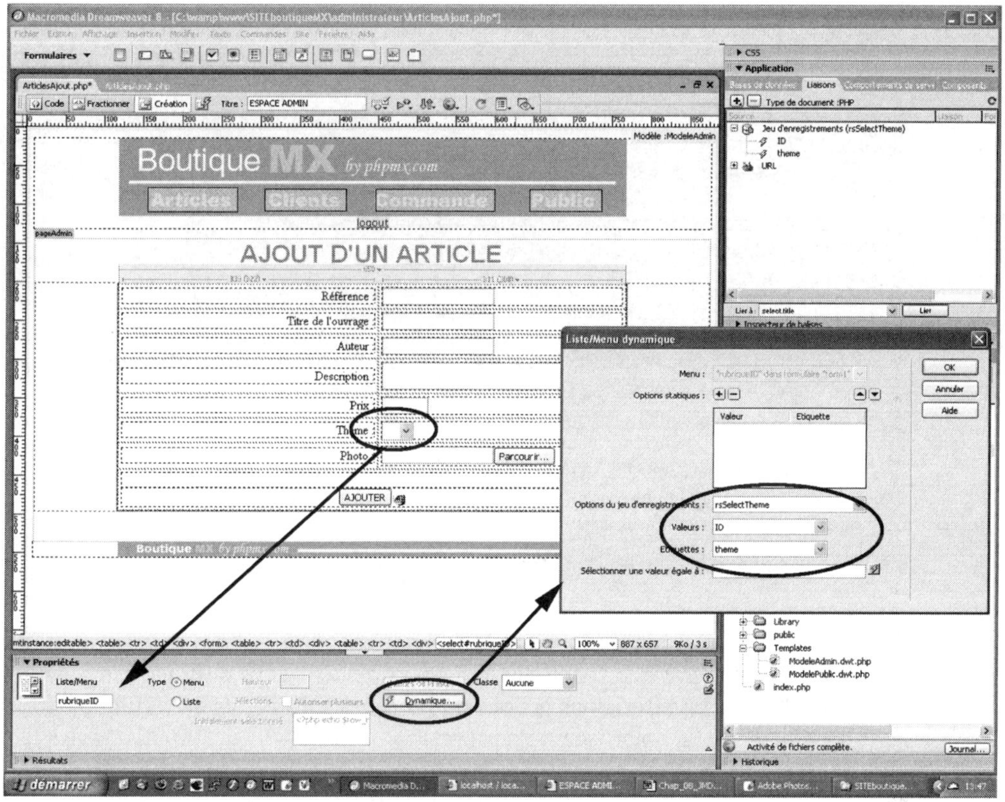

Figure 8-66

Configuration de la boîte de dialogue du menu déroulant dynamique de sélection des thèmes.

Gestion des téléchargements de fichier en PHP

Nous avons déjà présenté le tableau `$_FILES['photo']` dans le chapitre 5. Cependant, nous avons jugé utile de vous rappeler la structure de ce tableau pour bien comprendre le fonctionnement du script de gestion des photos de la boutique MX.

Pour télécharger un fichier sur le serveur depuis un poste client, avec la variable d'environnement `$_FILES['file']`, il faut utiliser un formulaire configuré en méthode `POST`, et structuré de la manière suivante :

```
<FORM ENCTYPE="multipart/form-data" ACTION="ArticlesAjout.php" METHOD=POST>
Photo : <INPUT NAME="photo" TYPE="file">
<INPUT TYPE="submit" VALUE="ENVOYER">
</FORM>
```

> Lors de la soumission du formulaire, le fichier téléchargé est placé dans un répertoire temporaire du serveur. Le script de gestion du téléchargement (dans notre exemple, il s'agit de `ArticlesAjout.php`) peut alors gérer le fichier grâce aux informations disponibles dans la variable d'environnement `FILE` (soit `$_FILES['photo']` dans notre exemple). Ces informations sont organisées dans un tableau de tableaux dont le nom du tableau père sera celui du champ du formulaire (soit `photo` dans notre cas). Si nous reprenons notre exemple, les informations suivantes seront disponibles :
>
> `$_FILES['photo'] ['name'] :` Le nom du fichier original.
> `$_FILES['photo'] ['type'] :` Le type MIME du fichier.
> `$_FILES['photo'] ['size'] :` La taille du fichier.
> `$_FILES['photo'] ['tmp_name'] :` Le nom temporaire du fichier.
>
> Ainsi, il est possible de faire des tests sur la taille ou le type du fichier, par exemple avant de le copier (avec `copy()` ou avec `move_uploaded_file()`) dans son répertoire définitif. Si le fichier n'a pas été déplacé à la fin du script, il sera automatiquement supprimé du répertoire temporaire.
>
> À noter qu'il est aussi possible de préciser la taille maximale du fichier dans le formulaire en intégrant la balise suivante avant le champ de type FILE :
>
> ```
> <INPUT TYPE="hidden" name="MAX_FILE_SIZE" value="1000">
> ```

5. Intégration du script d'insertion du formulaire – Nous allons cette fois utiliser le mode `Code` pour intégrer les fonctions PHP et la requête SQL destinée à insérer les données dans la base. En effet, nous devons modifier les paramètres du champ photo : pour insérer son nom (à noter que `$photo['photo']['name']` est initialisé avec la valeur de `$_FILES['photo'] ['name']` au début du fichier) dans la base de données, mais aussi pour copier la photo dans le répertoire `/images/` du serveur. Il est judicieux d'utiliser pour cela une procédure d'insertion sur mesure et non un comportement standard. D'autre part, afin d'éviter l'ajout d'article redondant, une première requête `SELECT` s'assure que la référence n'existe pas dans la base. Dans le cas où elle serait déjà enregistrée, un message d'erreur s'affiche à l'écran. Pour l'intégration du script, il suffit de saisir la première partie de code ci-dessous (gestion de l'ajout) dans le haut de la page `AjoutArticle.php`, et la deuxième partie (affichage du message d'erreur) juste après le code du menu administrateur. Il est à noter que, lorsque vous installerez ce site sur un serveur distant, il faudra changer les droits d'écriture du répertoire images (`CHMOD`) pour pouvoir enregistrer sur le serveur le fichier de la photo, à l'aide de ce formulaire. Pour cela, la nouvelle version 8 permet désormais de changer les droits d'un répertoire facilement, depuis l'interface de transfert de Dreamweaver. Il suffit de faire un clic droit sur le répertoire concerné côté distant, puis de sélectionner `Définir les droits` et de cocher les options désirées.

   De même, en ce qui concerne la fonction permettant de copier le fichier de la photo téléchargée dans le répertoire `/images/`, vous pouvez utiliser la fonction `copy` ou la fonction `move_uploaded_file` (comme dans l'exemple ci-dessous) selon la configuration de votre serveur.

Voici le script qui gère l'ajout d'un nouvel article :

```
<?php
if ($ajoutArticle=="ok")
{
   //sélection de la base de données
   mysql_select_db($database_ConnexionBoutiquemx, $ConnexionBoutiquemx);
   //vérification si la référence existe déjà dans la base
   $query_rsReference = "SELECT reference FROM articles WHERE reference =
'$reference' ";
   $rsReference = mysql_query($query_rsReference, $ConnexionBoutiquemx) or
die(mysql_error());
   $totalRows_rsReference = mysql_num_rows($rsReference);
   //si la référence n'existe pas encore alors :
   if ($totalRows_rsReference==0)
      {
         //test si un fichier photo est sélectionné sinon c'est une photo par
défaut
         if ($photo['photo']['size']!=0)
         $photo_name=$photo['photo']['name'];
         else $photo_name="photo0.jpg";
         //enregistrement dans la base du nouveau compte client
         mysql_select_db($database_ConnexionBoutiquemx, $ConnexionBoutiquemx);
         $insertArticles = "INSERT INTO articles (reference, titre, auteur,
description, prix, rubriqueID, photo ) VALUES ('$reference', '$titre', '$auteur',
'$description', '$prix', '$rubriqueID', '$photo_name')";
         mysql_query($insertArticles, $ConnexionBoutiquemx) or
die(mysql_error());
         //----Gestion de la photo de l'article si elle a été modifiée
         if ($photo['photo']['size']!=0)
         {//s'il y a une photo, alors elle est copiée dans le répertoire Images
         $repertoire="../images/";

move_uploaded_file($photo['photo']['tmp_name'],$repertoire.$photo['photo']['name'
]);
         }
         //redirection vers la page ArticlesGestion.php
         header("Location: ArticlesGestion.php");
      }//fin du if
      //si la référence existe déjà alors active un message d'erreur
   else
      {
```

```
        $erreur_reference=1;
        }
}
?>
```

Voici maintenant le script d'affichage du message d'erreur :

```
<?php
if ($erreur_reference==1)
   {
   ?>
   <p> La r&eacute;f&eacute;rence <?php echo $reference ?> existe
         d&eacute;j&agrave; dans notre base articles. <br>
   Choisissez une autre r&eacute;f&eacute;rence ou modifiez la fiche de
     l'article d&eacute;j&agrave; cr&eacute;&eacute;.<br>
   </p>
   <?php
   $erreur_reference=0; //raz du drapeau d'erreur
   }
?>
```

6. Initialisation des variables et test final de la page – Depuis PHP 4.2, toutes les variables utilisées dans une page doivent être préalablement initialisées, au risque de voir apparaître à l'écran des messages d'erreur. Pour éviter ces problèmes, vous devez insérer en haut de la page le code d'initialisation ci-après. Passez maintenant dans le Web local pour tester le fonctionnement du formulaire dans le navigateur (voir figures 8-67 et 8-68).

```
//init des variables
if(!isset($_POST['reference'])) $reference=""; else
$reference=$_POST['reference'];
if(!isset($_POST['titre'])) $titre=""; else $titre=$_POST['titre'];
if(!isset($_POST['auteur'])) $auteur=""; else $auteur=$_POST['auteur'];
if(!isset($_POST['description'])) $description=""; else
$description=$_POST['description'];
if(!isset($_POST['prix'])) $prix=""; else $prix=$_POST['prix'];
if(!isset($_POST['rubriqueID'])) $rubriqueID=""; else
$rubriqueID=$_POST['rubriqueID'];
if(!isset($_POST['ajoutArticle'])) $ajoutArticle="non"; else
$ajoutArticle=$_POST['ajoutArticle'];
if(!isset($_FILES['photo'])) $photo['photo']=array('name'=>'','size'=>0); else
$photo['photo']=$_FILES['photo'];
```

```
if(!isset($erreur_reference)) $erreur_reference=0;
if(!isset($_POST['ajoutArticle'])) $ajoutArticle=""; else
$ajoutArticle=$_POST['ajoutArticle'];
//----------------------------
```

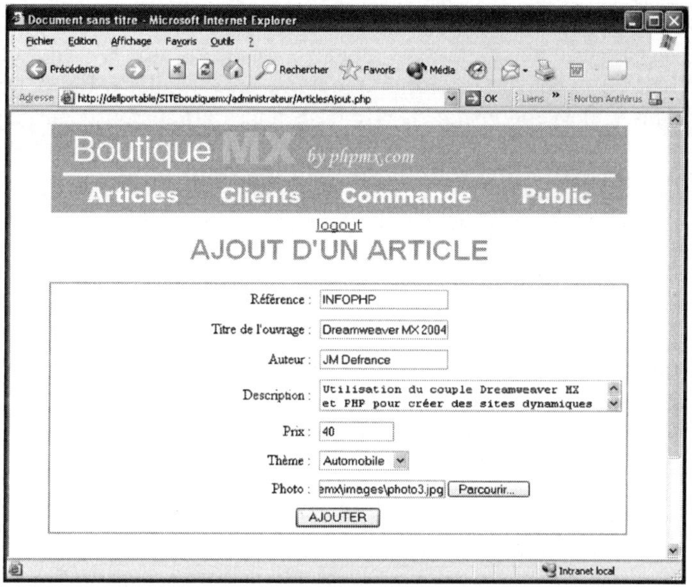

Figure 8-67

Pour tester le fonctionnement du formulaire d'insertion de données dans la base, vous devez passer en Web Local et saisir les informations d'un nouvel article dans le formulaire.

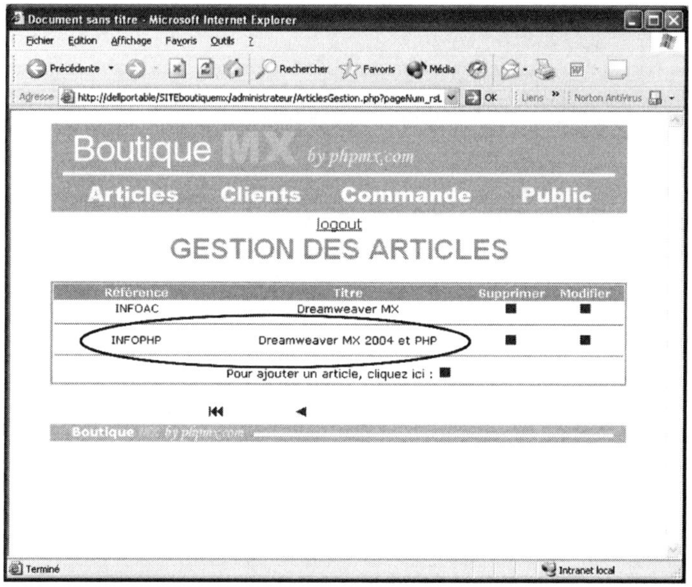

Figure 8-68

Après l'enregistrement dans la base de données, la page ArticlesGestion.php doit s'afficher avec le nouveau produit en bas de la liste.

Réalisation de la page ArticlesModif.php

La page `ArticlesModif.php` permet de modifier un article déjà enregistré dans la base de données. Cet écran est appelé grâce au lien hypertexte dynamique intégré dans la page `ArticlesGestion.php`. Ce lien est accompagné d'un paramètre d'URL qui indique la référence de l'article concerné (`articleReference`). La création du formulaire est semblable à celle du formulaire d'ajout, sauf qu'il faut initialiser les champs par leurs valeurs actuellement mémorisées dans la base de données. Il est à noter aussi que le champ `reference` étant la clé primaire qui identifie l'article, il ne peut pas être modifié avec ce formulaire. Enfin, afin de mieux apprécier la photo du livre déjà enregistrée dans la base, nous l'afficherons dans la page de modification.

Procédure de création de la page ArticlesModif.php

1. Ouvrez la page `ArticlesModif.php` située dans le dossier `administrateur`.
2. Configuration du jeu d'enregistrements `rsRecupArticles` pour récupérer les valeurs actuelles de l'article – Cliquez sur le bouton + du panneau `Liaisons` pour créer un nouveau jeu. Renseignez les zones de saisie selon les paramètres indiqués dans le tableau ci-dessous (voir figure 8-69).

Figure 8-69
Configuration du jeu d'enregistrements rsRecupArticles.

Tableau 8-21 – Paramètres du jeu d'enregistrements rsRecupArticles

Zone	Valeur	Commentaires
Nom	rsRecupArticles	
Connexion	ConnexionBoutiquemx	
Table	articles	
Colonnes	Toutes	Pour alimenter les valeurs par défaut des différents champs, nous avons besoin de toutes les colonnes de la table articles.
Filtre	reference = Paramètre d'URL : articleReference	Nous désirons récupérer uniquement l'enregistrement concernant l'article sélectionné et dont la référence a été passée en paramètre d'URL par la variable articleReference.
Trier	Aucun	

3. Configuration du jeu d'enregistrements `rsSelectTheme` pour récupérer la liste des différents thèmes – Cliquez sur le bouton + du panneau `Liaisons` et sélectionnez l'option `jeu d'enregistrements` pour créer un nouveau jeu. Renseignez les zones de saisie selon les paramètres indiqués dans le tableau ci-dessous.

Tableau 8-22 – Paramètres du jeu d'enregistrements rsSelectTheme

Zone	Valeur	Commentaires
Nom	rsSelectTheme	
Connexion	ConnexionBoutiquemx	
Table	rubriques	
Colonnes	Toutes	Pour alimenter le menu déroulant de sélection des thèmes, nous avons besoin de son identifiant et du nom du thème.
Filtre	Aucun	Nous désirons récupérer tous les enregistrements.
Trier	theme/Croissant	Ainsi, les thèmes du menu sont triés par ordre alphabétique selon leur nom.

4. Création du formulaire de modification d'un article – Placez-vous dans la fenêtre du document en mode `Création` et insérez une zone de formulaire ; entrez dans cette zone et créez un tableau de 8 lignes et 3 colonnes. Fusionnez la dernière ligne ainsi que les sept colonnes de droite. Saisissez les informations dans la colonne de gauche du tableau en vous référant à la figure 8-70. Insérez les éléments de formulaire selon les informations du tableau 8-23. Pour le paramétrage des valeurs par défaut, sélectionnez l'élément de formulaire à configurer, puis choisissez, dans la fenêtre `Liaisons`, la variable du jeu d'enregistrements `rsRecupArticle` correspondante. Cliquez sur le bouton `Lier` situé en bas de la fenêtre `Liaisons` (voir figure 8-70). Une autre manière, pour configurer les valeurs par défaut d'un champ de formulaire, consiste à glisser simplement les variables de la fenêtre `Liaisons` vers le champ du formulaire. Renouvelez l'opération pour tous les éléments (titre, auteur, description et prix du formulaire).

Tableau 8-23 – Paramétrage des éléments du formulaire d'ajout d'un article

Nom de l'élément	Type	Attributs	Valeur par défaut
titre	Champ texte	Lar. Caract.=30	<?php echo $row_rsRecupArticle['titre']; ?>
auteur	Champ texte	Lar. Caract.=50	<?php echo $row_rsRecupArticle['auteur']; ?>
description	Zone de texte	Lar. Caract.=30 Multilignes Nb de ligne=4	<?php echo $row_rsRecupArticle['description']; ?>
prix	Champ texte	Lar. Caract.=5	<?php echo $row_rsRecupArticle['prix']; ?>
rubriqueID	Menu déroulant	Lar. Caract.=30	<?php echo $row_rsRecupArticle['rubriqueID']; ?>

Tableau 8-23 – Paramétrage des éléments du formulaire d'ajout d'un article (*suite*)

Nom de l'élément	Type	Attributs	Valeur par défaut
photo	Champ fichier	Lar. Caract.=30	
modifArticle	Champ masqué		ok

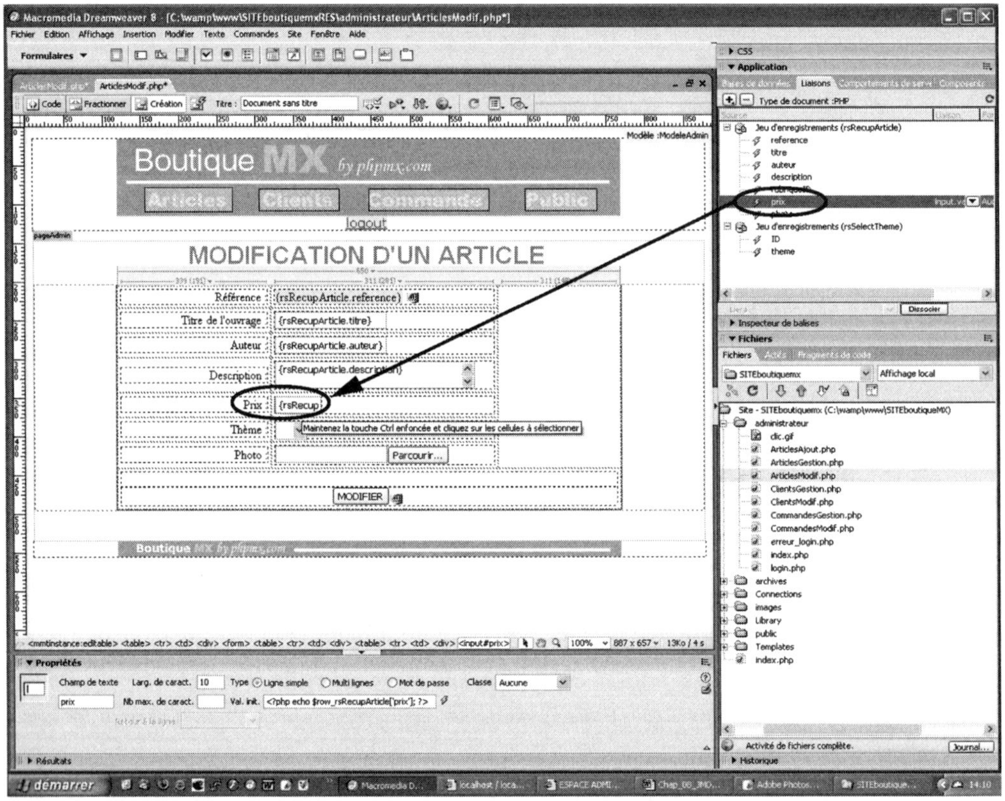

Figure 8-70

Création du formulaire de modification d'un article. Paramétrage de la valeur par défaut du champ prix.

5. Configuration du menu déroulant dynamique (voir repères 1 à 4 de la figure 8-71) – Sélectionnez le menu déroulant `rubriqueID` et cliquez sur le bouton `Dynamique` du panneau `Propriétés`. Dans la boîte de dialogue `Liste/Menu dynamique`, sélectionnez le jeu `rsSelectTheme`, puis les valeurs `ID` pour la zone `Valeur` et `theme` pour la zone `Etiquette` (voir figure 8-71). Pour le paramétrage de la zone `Sélectionner une valeur égale à`, cli-

quez sur l'éclair à droite du champ. Puis, dans la boîte de dialogue `Données dynamiques`, sélectionnez la variable `rubriqueID` du jeu d'enregistrements `rsRecupArticles`, et validez successivement les choix des deux boîtes de dialogue.

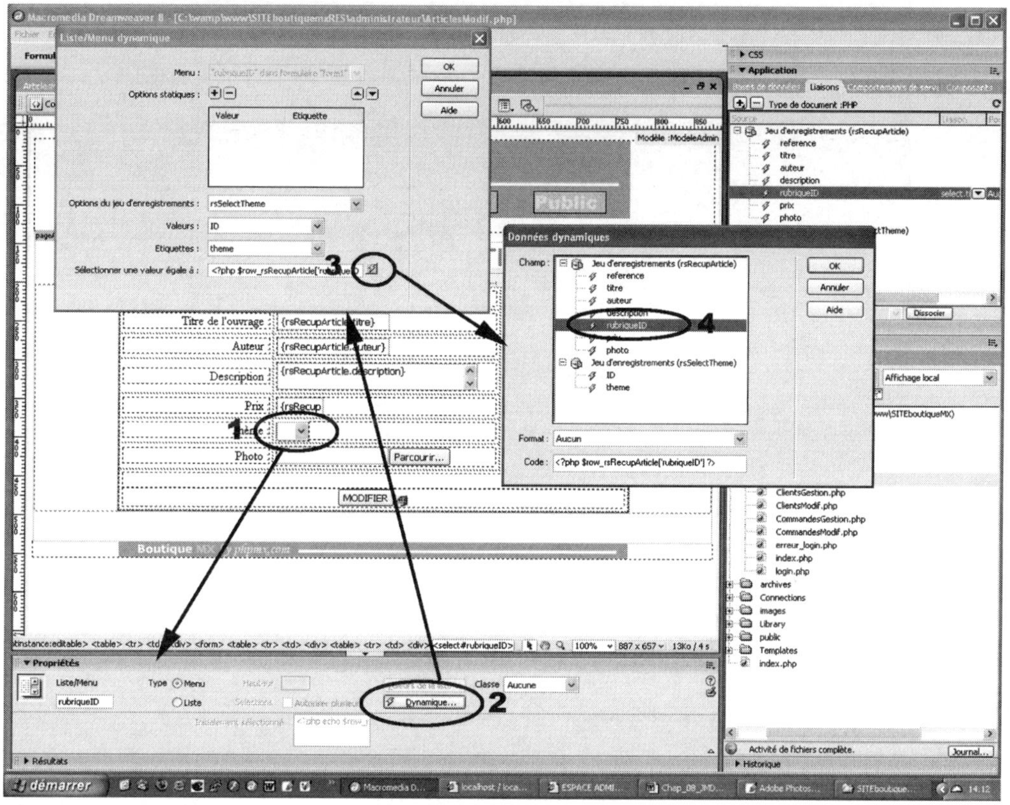

Figure 8-71

Configuration du menu déroulant dynamique. Paramétrage de la valeur par défaut du champ rubriqueID.

6. Configuration de la photo dynamique – Positionnez-vous dans la cellule de droite du tableau, et cliquez sur le bouton `Espace réservé pour l'image` dans la barre d'outils `Insertion/Commun`. Saisissez `photo` dans la zone `Nom` et validez en cliquant sur `OK`. Cliquez ensuite sur la variable `photo` du jeu `rsRecupArticles` dans la fenêtre du panneau `Liaisons`, puis sur le bouton `Lier`. L'icône de la photo doit alors être remplacée par celle d'une image dynamique (voir figure 8-72).
7. Intégration du script de mise à jour de la base – Comme pour la page d'ajout, nous allons saisir le script de mise à jour en mode `Code` pour qu'il soit parfaitement adapté à nos besoins. Remarquez que, dans ce script, la requête SQL (variable `$updateArticles`) est

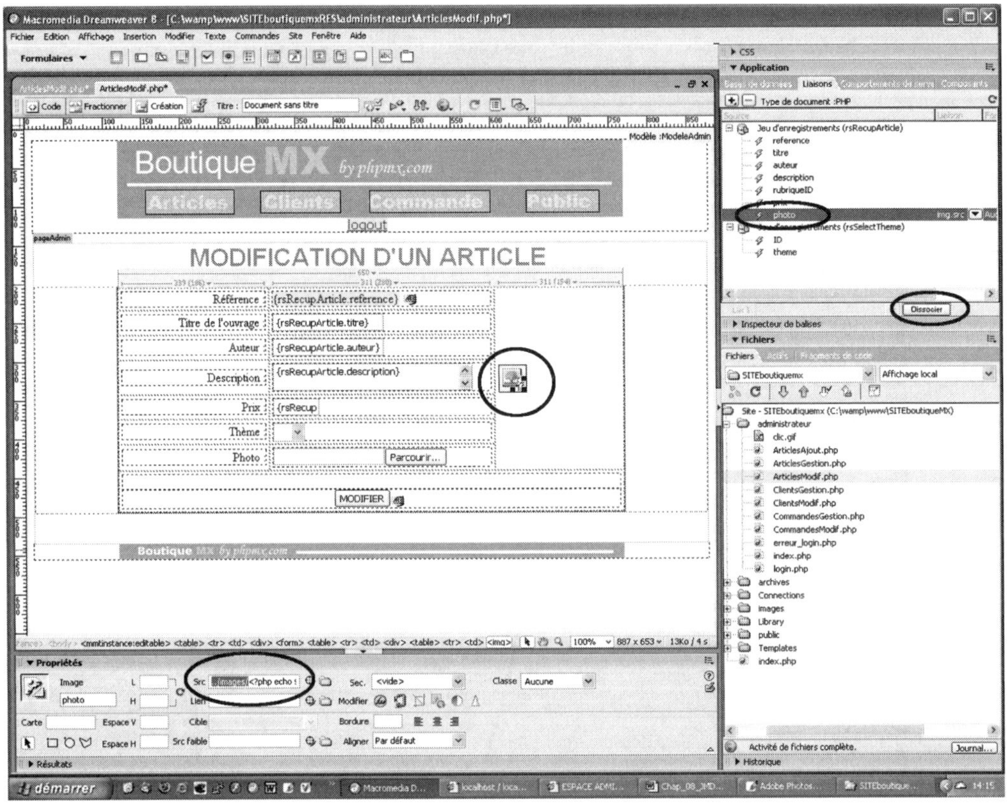

Figure 8-72

Configuration de la photo dynamique.

élaborée en trois fois, afin d'actualiser la photo uniquement dans le cas où un nouveau fichier est sélectionné par l'administrateur. Pour ajouter le script de mise à jour, il suffit de saisir le code ci-après dans le haut de la page **modifArticle.php**.

```
<?php
if ($modifArticle=="ok")
{
   //---Mise à jour dans la base
   mysql_select_db($database_ConnexionBoutiquemx, $ConnexionBoutiquemx);
   $updateArticles = "UPDATE articles SET reference='$reference', titre='$titre',
auteur='$auteur', description='$description', prix='$prix',
rubriqueID='$rubriqueID' ";
   if ($photo['photo']['size']!=0)
      {//s'il y a une photo à mettre à jour, alors son nom est inséré dans la base
```

```
        $photo_name=$_FILES['photo']['name'];
        $updateArticles .= ", photo='$photo_name'";
        }
    $updateArticles .= "WHERE reference='$reference' ";
    mysql_query($updateArticles, $ConnexionBoutiquemx) or die(mysql_error());
    //----Gestion de la photo de l'article si elle a été modifiée
    if ($photo['photo']['size']!=0)
        {//s'il y a une photo à mettre à jour, alors elle est copiée dans le
répertoire images
        $repertoire="../images/";

move_uploaded_file($photo['photo']['tmp_name'],$repertoire.$photo['photo']['name'
]);
        }
    //----Redirection vers l'écran de Gestion des articles
    header("Location: articlesGestion.php");
}
?>
```

8. Initialisation des variables et test de l'écran de mise à jour d'un article – Saisissez le code ci-dessous en haut de l'écran, à la suite des instructions d'initialisation des variables du modèle administrateur. Passez maintenant dans le Web local pour tester le fonctionnement du formulaire de modification dans le navigateur (voir figure 8-73). Affichez d'abord l'écran de gestion des articles, en cliquant sur le lien **Article** du menu administrateur, puis cliquez sur l'icône **Modifier** en regard de l'article de votre choix. Le formulaire de mise à jour doit alors s'afficher avec les valeurs actuelles de l'article. Modifiez l'une de ces valeurs et cliquez sur le bouton **Modifier** (voir figure 8-73). Vérifiez si vos corrections ont bien été prises en compte, en renouvelant l'opération pour le même article. Testez ensuite le changement sur une photo de la même manière.

```
//init des variables
if(!isset($_POST['reference'])) $reference=""; else
$reference=$_POST['reference'];
if(!isset($_POST['titre'])) $titre=""; else $titre=$_POST['titre'];
if(!isset($_POST['auteur'])) $auteur=""; else $auteur=$_POST['auteur'];
if(!isset($_POST['description'])) $description=""; else
$description=$_POST['description'];
if(!isset($_POST['prix'])) $prix=""; else $prix=$_POST['prix'];
if(!isset($_POST['rubriqueID'])) $rubriqueID=""; else
$rubriqueID=$_POST['rubriqueID'];
```

```
if(!isset($_POST['modifArticle'])) $modifArticle="non"; else
$modifArticle=$_POST['modifArticle'];
if(!isset($_FILES['photo'])) $photo['photo']=array('name'=>'','size'=>0); else
$photo['photo']=$_FILES['photo'];
//---------------------------
```

Figure 8-73
Pour tester le fonctionnement du formulaire de mise à jour d'un article, vous devez passer en Web local et modifier certaines informations d'un article déjà enregistré.

Réalisation de la page ClientsGestion.php

La page de gestion des clients permet de modifier ou de supprimer un compte client (les ajouts de compte étant réalisés dans l'espace `public` par le client lui-même). La procédure de réalisation de cette page est semblable à celle de la page `ArticlesGestion.php`, sauf que nous ne gérons pas les ajouts d'enregistrements dans le cas des clients.

Procédure de création de la page ClientsGestion.php

1. Ouvrez la page `ClientsGestion.php` située dans le dossier `administrateur`.

2.Configuration du jeu d'enregistrements `rsListeClients` qui récupère les informations sur les clients – Cliquez sur le bouton **+** du panneau `Liaisons` pour créer un nouveau jeu. Renseignez les zones de saisie selon les paramètres indiqués dans le tableau 8-24.

Tableau 8-24 – Paramètres du jeu d'enregistrements rsListeClients

Zone	Valeur	Commentaires
Nom	rsListeClients	
Connexion	ConnexionBoutiquemx	

Tableau 8-24 – Paramètres du jeu d'enregistrements rsListeClients (*suite*)

Zone	Valeur	Commentaires
Table	clients	
Colonnes	Sélectionnées : ID nom email pass	Pour alimenter le tableau d'affichage des clients, nous avons besoin uniquement des colonnes indiquées ci-contre.
Filtre	Aucun	Nous désirons récupérer tous les enregistrements.
Trier	nom/Croissant	Ainsi, les clients affichés sont triés par ordre alphabétique selon leur nom.

3. Création du tableau qui contient les clients à gérer (voir repères 1 à 4 de la figure 8-86) – Placez-vous dans la fenêtre du document en mode `Création` et créez un tableau de 4 lignes et 5 colonnes. Saisissez le texte des titres de chaque colonne en vous référant à la figure 8-74. Fusionnez les troisième et quatrième lignes, puis insérez une barre afin de séparer les clients. Ajoutez des icônes de votre choix dans les colonnes `supprimer` et `modifier`. Enfin, depuis le panneau `Liaisons`, glissez les variables `nom`, `email` et `pass` dans les cellules correspondantes du tableau (voir figure 8-74).

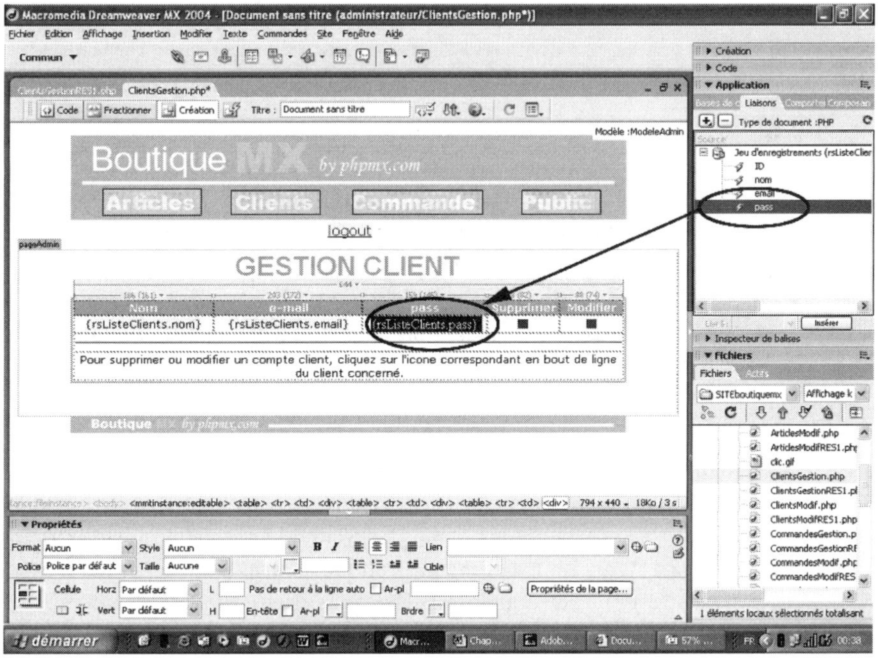

Figure 8-74
Création du tableau d'affichage des clients à gérer.

4. Configuration d'une région répétée pour afficher tous les clients dans le tableau – Sélectionnez la deuxième ligne du tableau, cliquez sur le bouton + du panneau `comportements de serveur`, et sélectionnez `Région répétée` dans la liste du menu. Choisissez le jeu d'enregistrements `rsListeClient` dans la boîte de dialogue, ainsi que l'option `Afficher deux enregistrements à la fois`, puis validez votre configuration. Un cadre `Répéter` apparaît autour de la ligne initialement sélectionnée (voir figure 8-75).

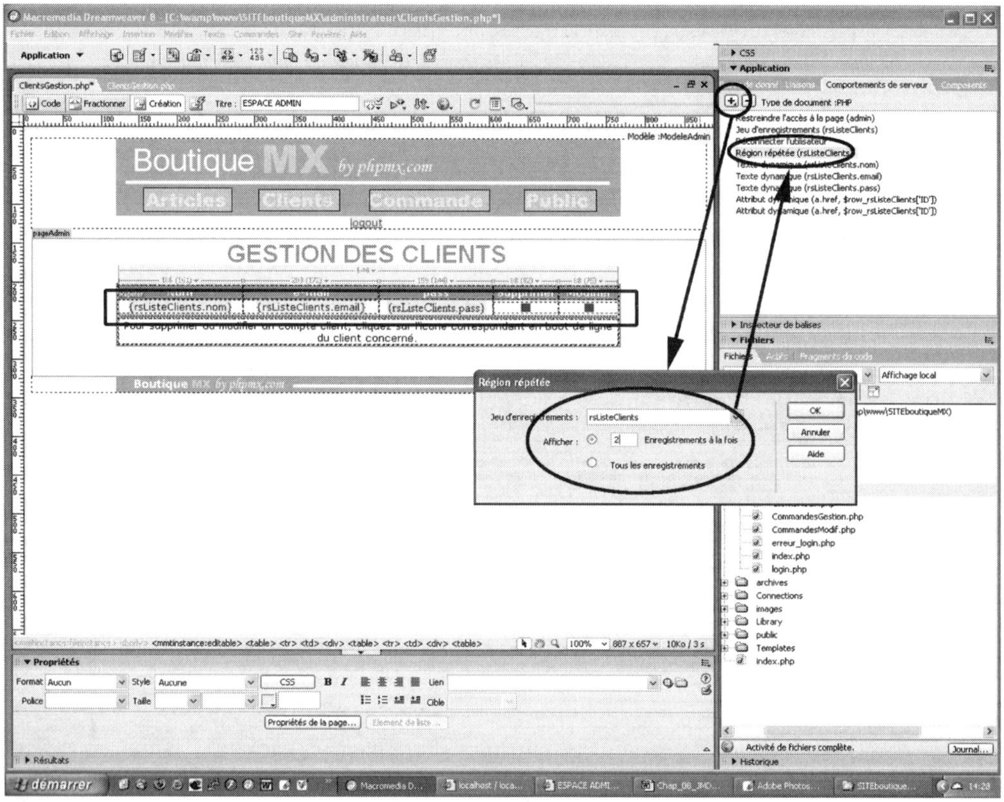

Figure 8-75
Création d'une région répétée pour afficher tous les clients dans le tableau.

5. Configuration d'un lien hypertexte dynamique pour supprimer un client – Sélectionnez l'icône de la colonne `supprimer`. Dans le panneau `Propriétés`, cliquez sur le petit dossier jaune à droite du champ `Lien`. Dans la boîte de dialogue `Sélectionner un fichier`, choisissez `ClientsGestion.php` puis cliquez sur le bouton `Paramètres` à droite du champ `URL`. Dans la boîte de dialogue `Paramètres`, saisissez `suppClient` dans la première colonne, puis passez dans la deuxième colonne et entrez `ok`. Cliquez ensuite sur le bouton + afin

d'ajouter un deuxième paramètre. Saisissez `clientID` dans la première colonne, puis passez dans la deuxième colonne et cliquez sur le bouton avec l'éclair. Enfin, dans la boîte de dialogue `Données dynamiques`, sélectionnez le champ `ID` du jeu d'enregistrements `rsListeClient`. Validez ensuite toutes les boîtes successivement.

Configuration d'un lien hypertexte dynamique pour modifier un compte client – Sélectionnez l'icône de la colonne `modifier`. Dans le panneau `Propriétés`, cliquez sur le petit dossier jaune à droite du champ `Lien`. Dans la boîte de dialogue `Sélectionner un fichier`, choisissez `ClientsModif.php`, puis cliquez sur le bouton `Paramètres` à droite du champ `URL`. Dans la boîte de dialogue `Paramètres`, saisissez `clientID` dans la première colonne, puis passez dans la deuxième colonne et cliquez sur le bouton avec l'éclair. Enfin, dans la boîte de dialogue `Données dynamiques`, sélectionnez le champ `ID` du jeu d'enregistrements `rsListeClient`. Validez ensuite toutes les boîtes successivement.

7. Configuration du comportement de suppression d'un compte client – Cliquez sur le bouton + dans le panneau `Comportements de serveur` et sélectionnez `Supprimer l'enregistrement`. Dans la boîte de dialogue du comportement, sélectionnez l'option `Paramètre d'URL` dans la zone `Vérifier au préalable si la variable est définie`. Dans le champ de droite, indiquez le nom du paramètre qui a été précédemment intégré dans le lien dynamique de suppression, soit `suppClient`. Sélectionnez ensuite la connexion `ConnexionBoutiquemx` et la table `clients`. Dans la zone `Colonne de la clé primaire`, sélectionnez le champ `ID`, et dans la zone `Valeur de la clé primaire`, sélectionnez l'option `Paramètre d'URL`. Indiquez le paramètre `clientID` dans le champ situé à droite. Enfin, ne mentionnez pas de fichier dans la dernière zone, `Après la suppression, aller à`. Validez votre configuration en cliquant sur le bouton `OK`.

8. Configuration d'une barre de navigation – Placez votre pointeur en dessous du tableau d'affichage. Cliquez sur le bouton `Barre de navigation d'un enregistrement` depuis la barre d'outils `Insertion/Application`. Sélectionnez le jeu d'enregistrements `rsListeClient` et l'option `Afficher à l'aide d'images`, puis valider votre configuration en cliquant sur le bouton `OK` (voir figure 8-76).

9. Test final de la page – Enregistrez votre page et testez-la dans le Web local (voir figure 8-77). Avant de commencer les tests, nous vous invitons à passer dans l'espace `public`, afin de créer de nouveaux comptes dédiés aux tests de suppression.

Réalisation de la page ClientsModif.php

La page `ClientsModif.php` permet de mettre à jour les différentes informations d'un compte client, y compris son mot de passe. La réalisation de cette page est beaucoup plus simple que celle de la page `ArticlesModif.php`, car nous n'avons pas de photo à gérer, ni de menu dynamique. Nous pouvons donc utiliser avantageusement les comportements de Dreamweaver, dans ce cas.

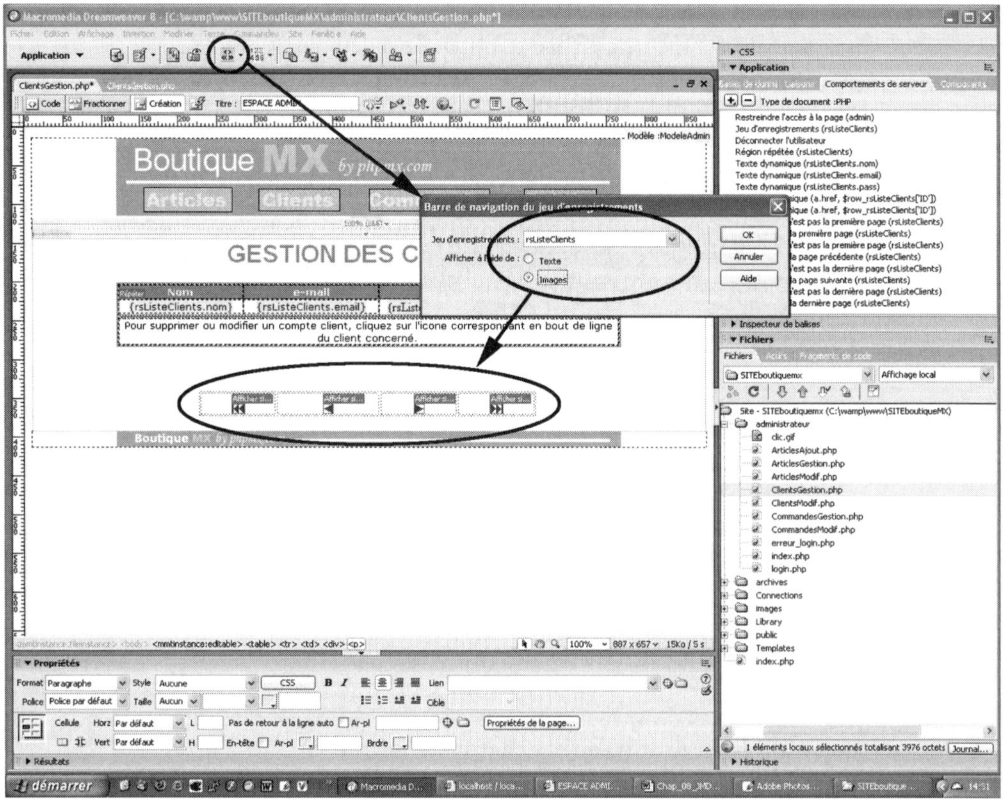

Figure 8-76
Création de la page ClientsModif.php.

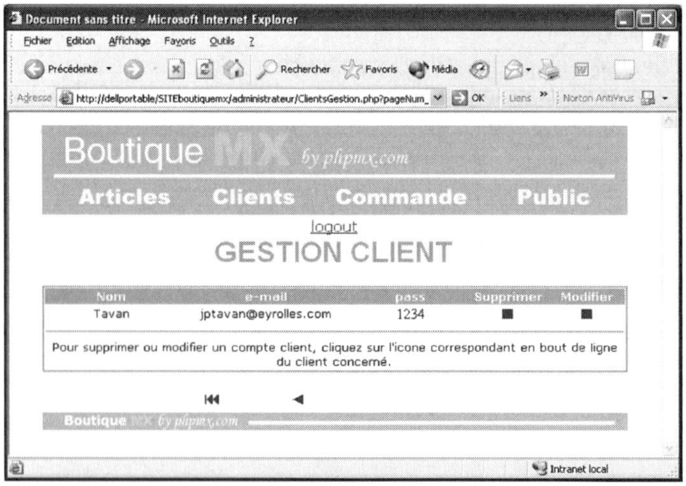

Figure 8-77
Test de la page ClientsGestion.php dans le Web local.

Procédure de création de la page ClientsModif.php

1. Ouvrez la page `ClientsModif.php` située dans le dossier `administrateur`.
2. Configuration du jeu d'enregistrements `rsRecupClient` qui récupère les valeurs actuelles d'un client – Cliquez sur le bouton + du panneau `Liaisons` pour créer un nouveau jeu. Renseignez les zones de saisie selon les paramètres indiqués dans le tableau ci-dessous (voir figure 8-78).

Tableau 8-25 – Paramètres du jeu d'enregistrements rsRecupClient

Zone	Valeur	Commentaires
Nom	rsRecupClient	
Connexion	ConnexionBoutiquemx	
Table	clients	
Colonnes	Toutes	Pour alimenter les valeurs par défaut des différents champs, nous avons besoin de toutes les colonnes de la table clients.
Filtre	ID = Paramètre d'URL : clientID	Nous désirons récupérer uniquement l'enregistrement concernant le client sélectionné, dont l'identifiant a été passé en paramètre d'URL par la variable clientID.
Trier	Aucun	

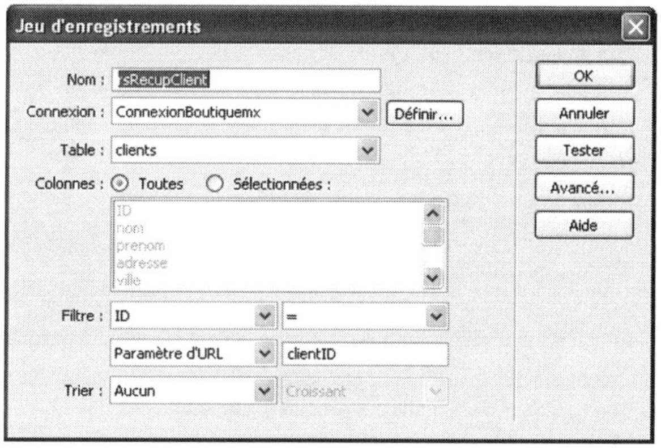

Figure 8-78
Configuration du jeu d'enregistrements rsRecupArticles.

3. Configuration du formulaire de mise à jour – Placez votre pointeur en dessous du titre de la page (pour être sûr que Dreamweaver a bien identifié l'emplacement, nous vous conseillons de saisir et de sélectionner un caractère provisoire « x » sous le titre) et cliquez sur le bouton `Assistant de formulaire de mise à jour des enregistrements` dans la barre d'outils `Insertion/Application`. Renseignez la boîte de dialogue de ce comportement (voir figure 8-79) selon les informations ci-dessous, puis validez.

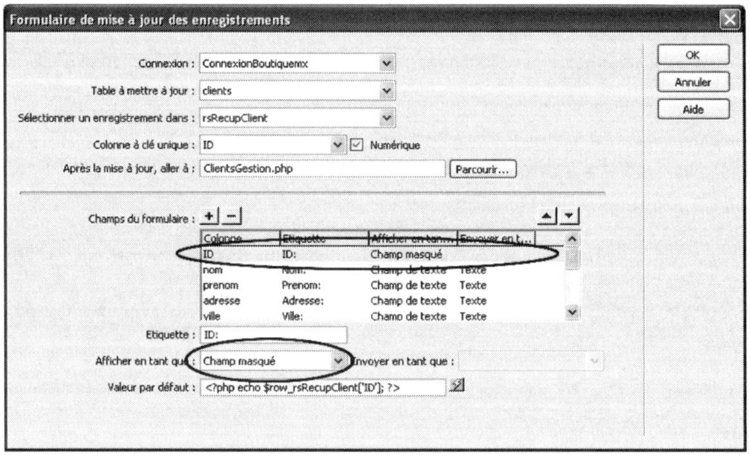

Figure 8-79

Configuration du comportement Formulaire de mise à jour d'un compte client.

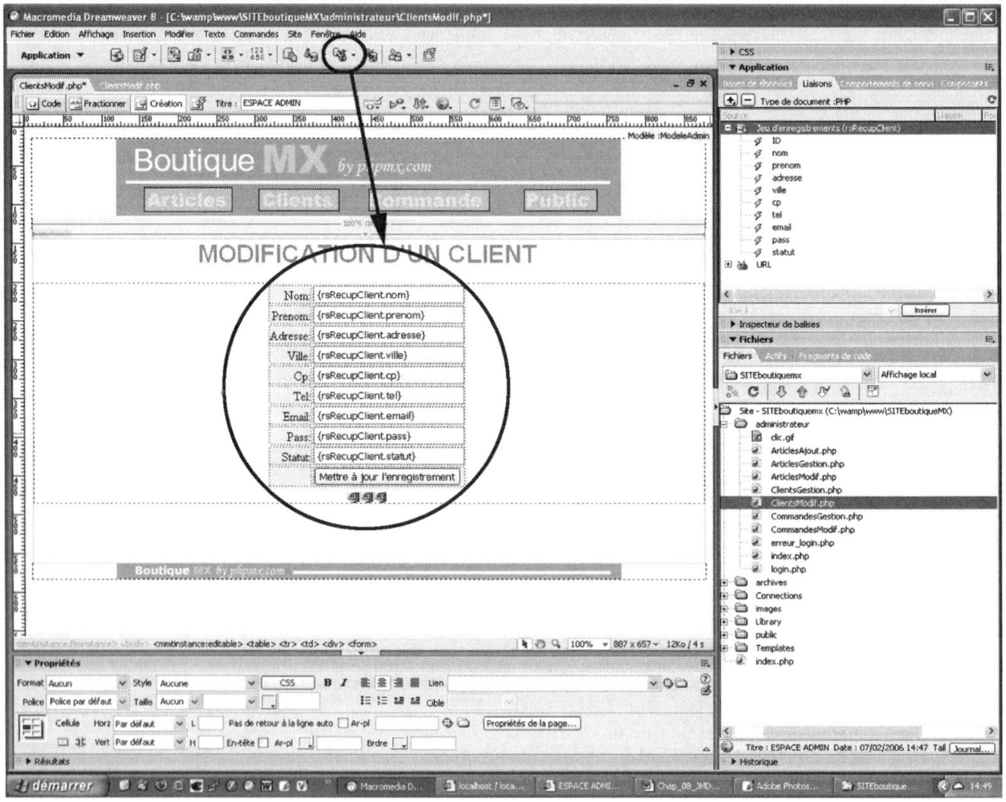

Figure 8-80

Formulaire de mise à jour d'un client.

Le formulaire de mise à jour doit être généré automatiquement, et vous devez alors obtenir une page semblable à celle de la figure 8-80.

4. Test final de la page – Enregistrez votre page et testez-la dans le Web local (voir figure 8-81).

Tableau 8-26 – Paramètres du comportement Formulaire de mise à jour des enregistrements

Zone	Valeur	Commentaires
Connexion	ConnexionBoutiquemx	
Table	clients	
Sélectionner un enregistrement dans :	rsRecupClient	L'enregistrement à modifier est issu du jeu rsRecupClient.
Colonne de la clé primaire	ID	La clé primaire est ID.
Après la suppression, aller à	ClientsGestion.php	Après la modification, l'administrateur est redirigé vers la page ClientsGestion.php.
Champs du formulaire	ID Champ masqué	Dans notre cas, nous changeons uniquement le paramétrage du champ ID en champ masqué, car il est auto-incrémenté par la base et il n'est donc pas nécessaire de prévoir un champ de saisie.

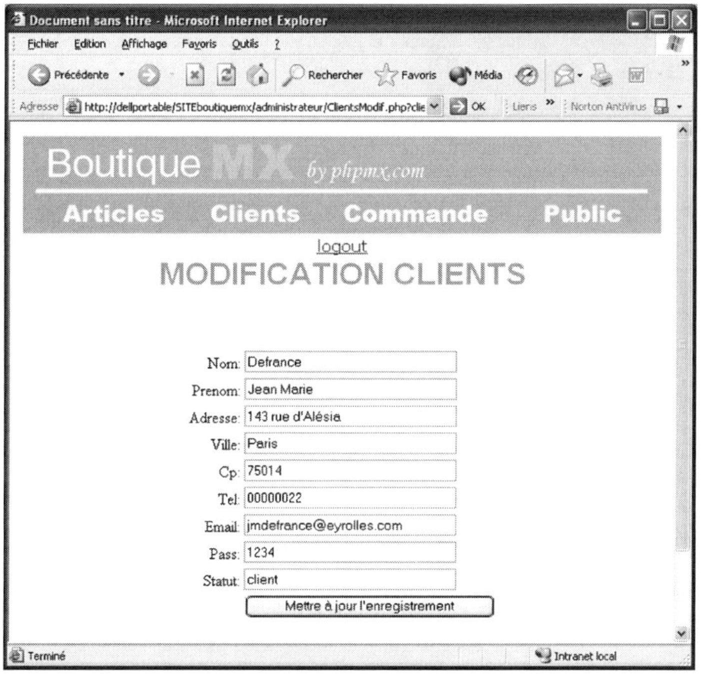

Figure 8-81
Test de la page ClientsModif.php.

Réalisation de la page CommandesGestion.php

La page `CommandesGestion.php` permet de mettre à jour les informations des différentes commandes de la boutique. La procédure de réalisation de cette page est semblable à celle des pages `ClientsGestion.php` et `ArticlesGestion.php`.

Procédure de création de la page CommandesGestion.php

1. Ouvrez la page `CommandesGestion.php` située dans le dossier `administrateur`.
2. Configuration du jeu d'enregistrements `rsListeCommandes` qui récupère les informations sur les commandes – Cliquez sur le bouton + du panneau `Liaisons` pour créer un nouveau jeu. Cliquez sur le bouton `Avancé` (nous utilisons ici le mode `Avancé`, car les informations sur la commande se trouvent dans deux tables différentes). Renseignez les zones de saisie `Nom` et `Connexion` selon les paramètres indiqués dans le tableau ci-dessous. Saisissez ensuite la requête du tableau 8-27 dans la zone `SQL`, en utilisant l'assistant `SQL` de la boîte de dialogue. Cliquez sur le bouton `Tester` pour vous assurer du bon fonctionnement de la requête (voir figure 8-82). Validez ensuite la création du jeu d'enregistrements si le test est positif.

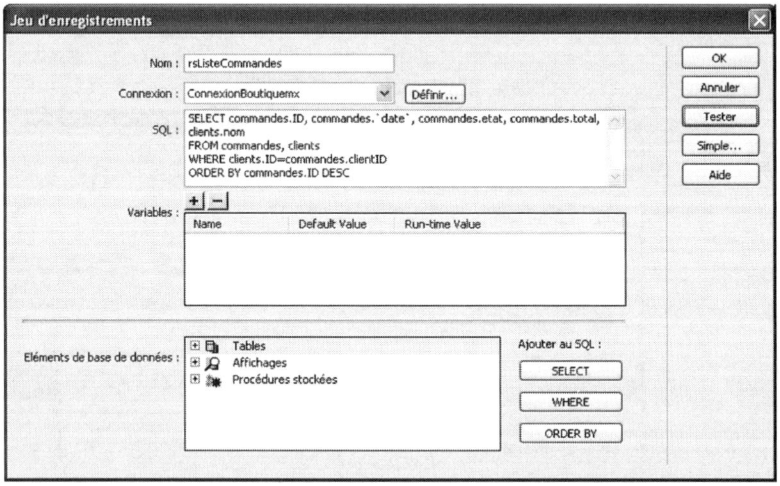

Figure 8-82
Configuration du jeu d'enregistrements rsListeCommandes.

3. Création du tableau qui contient les informations sur les commandes à gérer – Placez-vous dans la fenêtre du document en mode `Création` et créez un tableau de 4 lignes et 6 colonnes. Saisissez le texte des titres de chaque colonne en vous référant à la figure 8-84. Fusionnez les troisième et quatrième lignes, puis insérez une barre afin de séparer les commandes. Ajoutez des icônes de votre choix dans les colonnes `supprimer` et `modifier`. Enfin, dans le panneau `Liaisons`, sélectionnez le jeu `rsListeCommandes` et glissez les variables `ID, date, nom` et `etat` dans les cellules correspondantes du tableau (voir figure 8-83).

Tableau 8-27 – Paramètres du jeu d'enregistrements rsListeCommandes

Zone	Valeur
Nom	rsListeCommandes
Connexion	ConnexionBoutiquemx
SQL	SELECT commandes.ID, commandes.`date`, commandes.etat, commandes.total, clients.nom FROM commandes, clients WHERE clients.ID=commandes.clientID ORDER BY commandes.ID DESC
Variables	

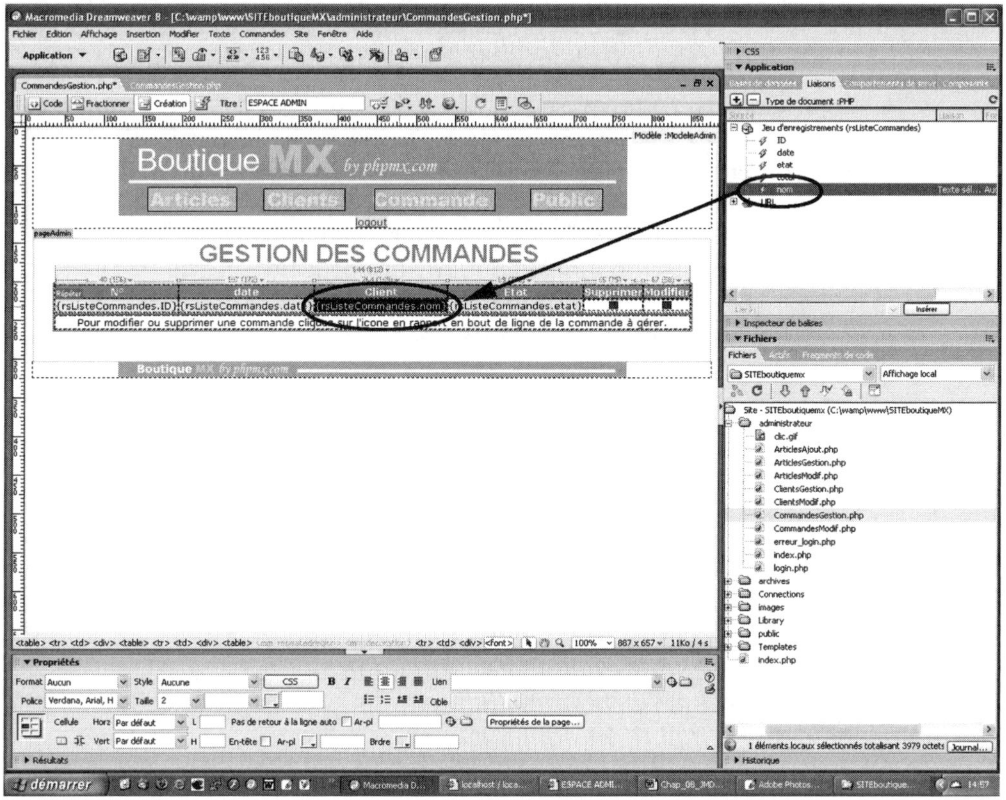

Figure 8-83
Création du tableau d'affichage des commandes à gérer.

4. Configuration d'une région répétée pour afficher toutes les commandes dans le tableau – Sélectionnez les deuxième et troisième lignes du tableau, puis cliquez sur le bouton + du

panneau Comportements de serveur et sélectionnez Région répétée dans la liste du menu. Sélectionnez le jeu d'enregistrements rsListeCommandes dans la boîte de dialogue, ainsi que l'option Afficher deux enregistrements à la fois, puis validez votre configuration. Un cadre Répéter apparaît autour des deux lignes initialement sélectionnées.

5. Configuration d'un lien hypertexte dynamique pour supprimer une commande – Sélectionnez l'icône de la colonne supprimer. Dans le panneau Propriétés, cliquez sur le petit dossier jaune, à droite du champ Lien. Dans la boîte de dialogue Sélectionner un fichier, choisissez CommandesGestion.php, puis cliquez sur le bouton Paramètres à droite du champ URL. Dans la boîte de dialogue Paramètres, saisissez suppCommande dans la première colonne, puis passez dans la deuxième colonne et saisissez ok. Cliquez ensuite sur le bouton + afin d'ajouter un deuxième paramètre. Entrez commandeID dans la première colonne, puis passez dans la deuxième colonne et cliquez sur le bouton avec l'éclair. Enfin, dans la boîte de dialogue Données dynamiques, sélectionnez le champ ID du jeu d'enregistrements rsListeCommandes. Validez ensuite toutes les boîtes successivement.
6. Configuration d'un lien hypertexte dynamique pour modifier un compte client – Sélectionnez l'icône de la colonne modifier. Dans le panneau Propriétés, cliquez sur le petit dossier jaune à droite du champ Lien. Dans la boîte de dialogue Sélectionner un fichier, choisissez CommandesModif.php, puis cliquez sur le bouton Paramètres à droite du champ URL. Dans la boîte de dialogue Paramètres, saisissez commandeID dans la première colonne, puis passez dans la deuxième colonne et cliquez sur le bouton avec l'éclair. Enfin, dans la boîte de dialogue Données dynamiques, sélectionnez le champ ID du jeu d'enregistrements rsListeCommandes. Validez ensuite toutes les boîtes successivement.
7. Configuration du comportement de suppression d'une commande – Cliquez sur le bouton + dans le panneau Comportements de serveur et sélectionnez Supprimer l'enregistrement. Dans la boîte de dialogue du comportement, sélectionnez l'option Paramètre d'URL dans la zone Vérifier au préalable si la variable est définie. Dans le champ de droite, indiquez le nom du paramètre qui a été précédemment intégré dans le lien dynamique de suppression, soit suppCommande. Sélectionnez ensuite la connexion ConnexionBoutiquemx et la table commandes. Dans la zone Colonne de la clé primaire, sélectionnez le champ ID, et dans la zone Valeur de la clé primaire, choisissez l'option Paramètre d'URL. Indiquez le paramètre commandeID dans le champ situé à droite. Enfin, ne mentionnez pas de fichier dans la dernière zone, Après la suppression, aller à. Validez votre configuration en cliquant sur le bouton OK.
8. Configuration d'une barre de navigation – Placez votre pointeur en dessous du tableau d'affichage. Cliquez sur le bouton Barre de navigation d'un enregistrement depuis le panneau Insertion/Application. Sélectionnez le jeu d'enregistrements rsListeCommandes et l'option Afficher à l'aide d'images, puis validez votre configuration en cliquant sur le bouton OK.

9. Test final de la page – Enregistrez votre page et testez-la dans le Web local (voir figure 8-84).

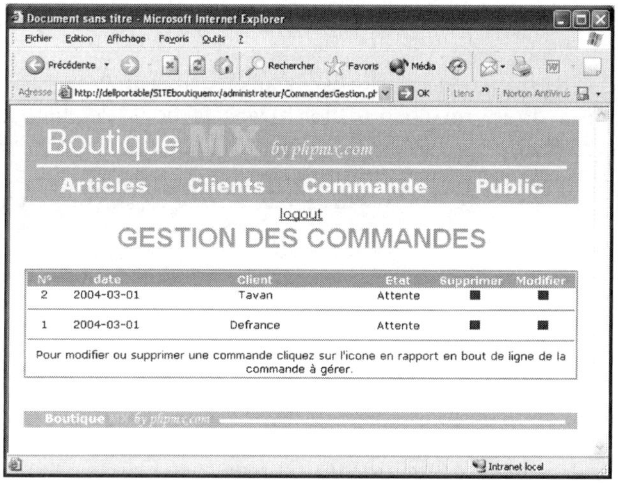

Figure 8-84
Test de la page CommandesGestion.php
.

Réalisation de la page CommandesModif.php

La page `CommandesModif.php` permet à l'administrateur de prendre connaissance de la liste des articles commandés et de l'adresse du client (il peut l'imprimer pour préparer la commande). L'administrateur l'utilise aussi pour modifier l'état de la commande afin d'indiquer si elle a été livrée.

Procédure de création de la page CommandesModif.php

1. Ouvrez la page `CommandesModif.php` située dans le dossier `administrateur`.
2. Configuration du premier jeu d'enregistrements, `rsRecupEtat`, qui récupère l'état de la commande – Cliquez sur le bouton + du panneau `Liaisons` pour créer un nouveau jeu. Renseignez les zones de saisie selon les paramètres indiqués dans le tableau ci-dessous (voir figure 8-85).

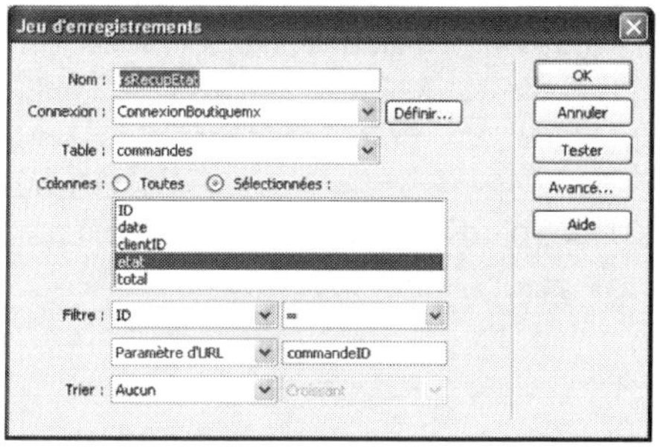

Figure 8-85
Configuration du jeu d'enregistrements rsRecupEtat.

Tableau 8-28 – Paramètres du jeu d'enregistrements rsRecupEtat

Zone	Valeur	Commentaires
Nom	rsRecupEtat	
Connexion	ConnexionBoutiquemx	
Table	commandes	
Colonnes	Sélectionnées : etat	Pour alimenter le menu dynamique de l'état de la commande, nous avons besoin uniquement de la colonne etat de la table commandes.
Filtre	ID=Paramètre d'URL : commandeID	Nous désirons récupérer uniquement l'enregistrement concernant la commande sélectionnée, dont l'identifiant a été passé en paramètre d'URL par la variable commandeID.
Trier	Aucun	

3. Création du formulaire de modification de l'état d'une commande – Placez votre pointeur en dessous du titre de la page. Cliquez sur le bouton `Formulaire` dans le panneau `Insertion/Formulaires`. Placez votre pointeur à l'intérieur et insérez un menu déroulant (en cliquant sur le bouton `Liste/Menu`), nommé `etat`. Sélectionnez le menu et cliquez sur le bouton `Dynamique` dans le panneau `Propriétés`. Dans la boîte de dialogue `Liste/Menu dynamique`, cliquez sur le bouton + de la zone `Options statiques`, et saisissez la valeur `Attente` dans les deux champs. Renouvelez cette opération, mais en saisissant cette fois la valeur `Livre`. Cliquez ensuite sur le bouton avec l'éclair, à droite de la zone `Sélectionner une valeur égale à`. Dans la boîte `Données dynamiques`, sélectionnez la variable `etat` du jeu d'enregistrements `rsRecupEtat`, puis validez successivement les deux boîtes (voir figure 8-86). Cliquez sur le bouton + du panneau `Liaisons`, sélectionnez `Variables d'URL`, puis saisissez `commandeID` dans la zone `Nom` et validez. Ajoutez ensuite une nouvelle variable d'URL nommée `commandeID` dans le panneau `Liaisons`, puis insérez un champ masqué nommé aussi `commandeID` à droite du menu déroulant. Cliquez sur l'éclair situé à droite de la zone `Valeur` dans le panneau `Propriétés`, sélectionnez la variable d'URL `commandeID` dans la fenêtre `Données dynamiques`, puis validez en cliquant sur `OK`. Enfin, ajoutez un bouton de soumission, à droite des champs masqués, pour pouvoir valider la modification.

4. Configuration d'un comportement de mise à jour de la commande – Cliquez sur le bouton + du panneau `Comportements de serveur` et sélectionnez `Mettre à jour l'enregistrement`. Dans la boîte de dialogue, sélectionnez la connexion `ConnexionBoutiquemx` et la table `commandes` (voir figure 8-87). Assurez-vous que, dans la zone `Colonnes`, la clé primaire `ID` est reliée au champ `FORM.ID`, et que la colonne `etat` obtient bien une valeur de la part du champ `FORM.etat`. Cliquez sur le bouton `Parcourir` pour sélectionner la page `CommandesGestion.php`, vers laquelle est redirigé l'administrateur après la mise à jour. Enfin, validez le comportement en cliquant sur le bouton `OK`.

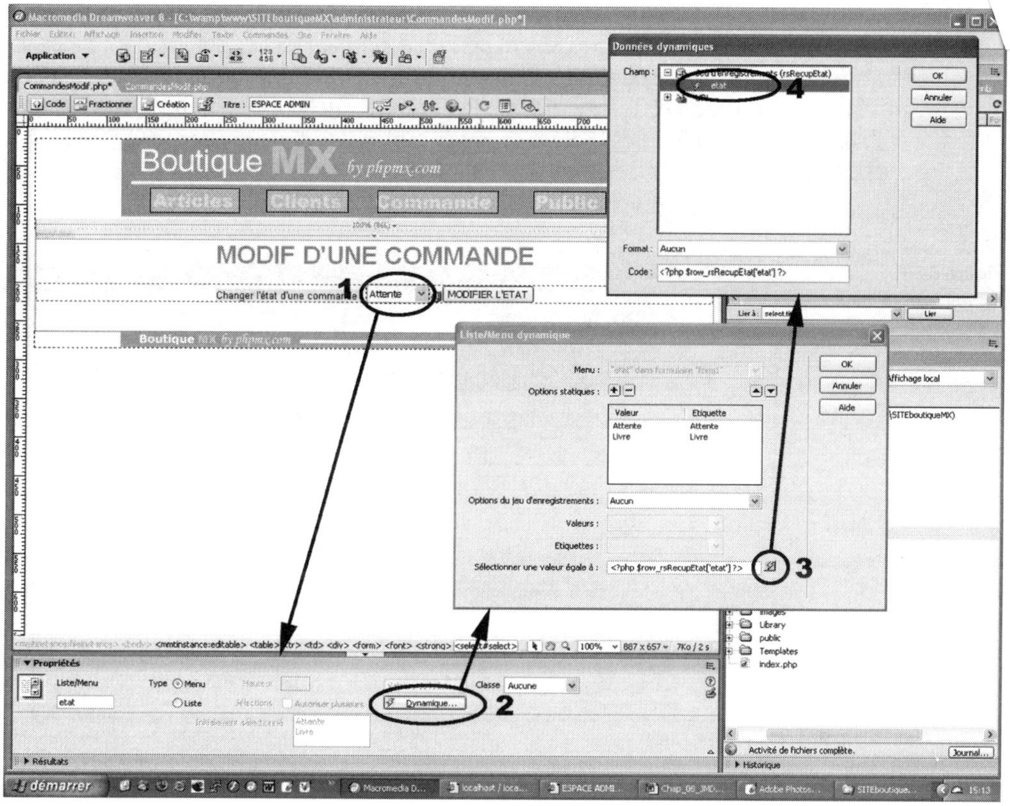

Figure 8-86

Configuration du menu dynamique pour le changement d'état d'une commande.

5. Test partiel de la page – Enregistrez votre fichier et testez cette première fonction de modification de l'état d'une commande dans le Web local.

Figure 8-87

Configuration du comportement de mise à jour d'une commande.

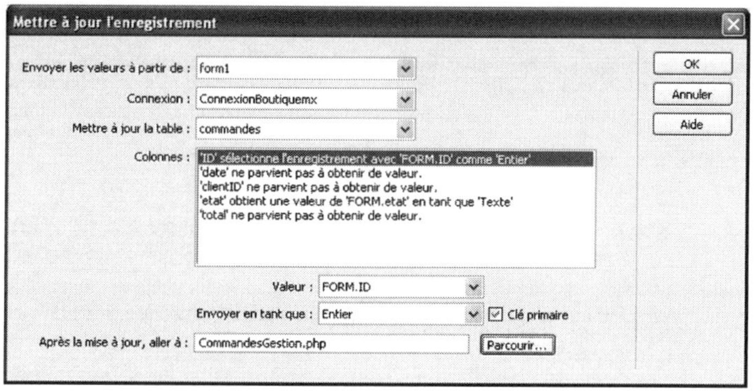

6. Configuration du jeu d'enregistrements `rsRappelCommandes` qui récupère les informations sur la commande – Cliquez sur le bouton + du panneau `Liaisons` pour créer un nouveau jeu. Cliquez sur le bouton `Avancé` (nous utilisons ici le mode `Avancé`, car les informations sur la commande se trouvent dans deux tables différentes). Renseignez les zones de saisie selon les paramètres indiqués dans le tableau ci-dessous. Écrivez ensuite la requête du tableau 8-29 dans la zone `SQL`, en utilisant l'assistant SQL de la boîte de dialogue. Validez ensuite la création du jeu d'enregistrements (voir figure 8-88).

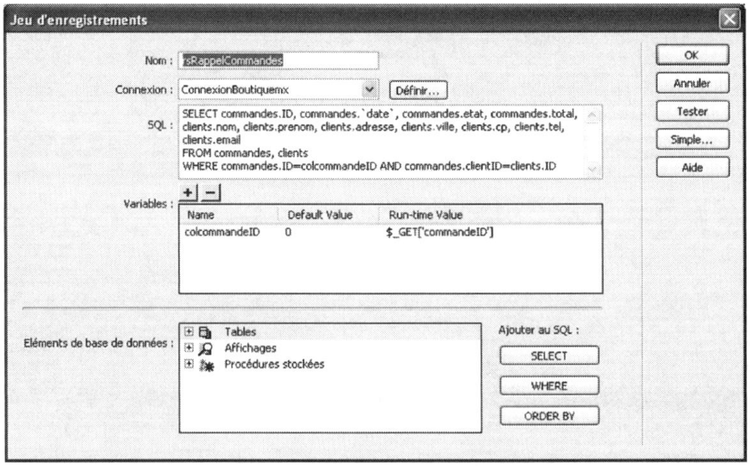

Figure 8-88
Configuration du jeu d'enregistrements rsRappelCommandes.

7. Création d'un tableau d'affichage des informations de la commande dans la page – Placez votre pointeur en dessous du formulaire et créez un tableau de 7 lignes et 2 colonnes. Saisissez le texte de présentation des données en vous référant à la figure 8-89. Glissez ensuite les différentes variables du jeu d'enregistrements `rsRappelCommandes` (depuis le panneau `Liaisons`) dans le texte, aux endroits correspondants (voir figure 8-89). Enregistrez votre page et réalisez un second test partiel dans le Web local.

Tableau 8-29 – Paramètres du jeu d'enregistrements rsRappelCommandes

Zone	Valeur		
Nom	rsRappelCommandes		
Connexion	ConnexionBoutiquemx		
SQL	SELECT commandes.ID, commandes.`date`, commandes.etat, commandes.total, clients.nom, clients.prenom, clients.adresse, clients.ville, clients.cp, clients.tel, clients.email FROM commandes, clients WHERE commandes.ID=colcommandeID AND commandes.clientID=clients.ID		
Variables	colcommandeID	0	$_GET['commandeID']

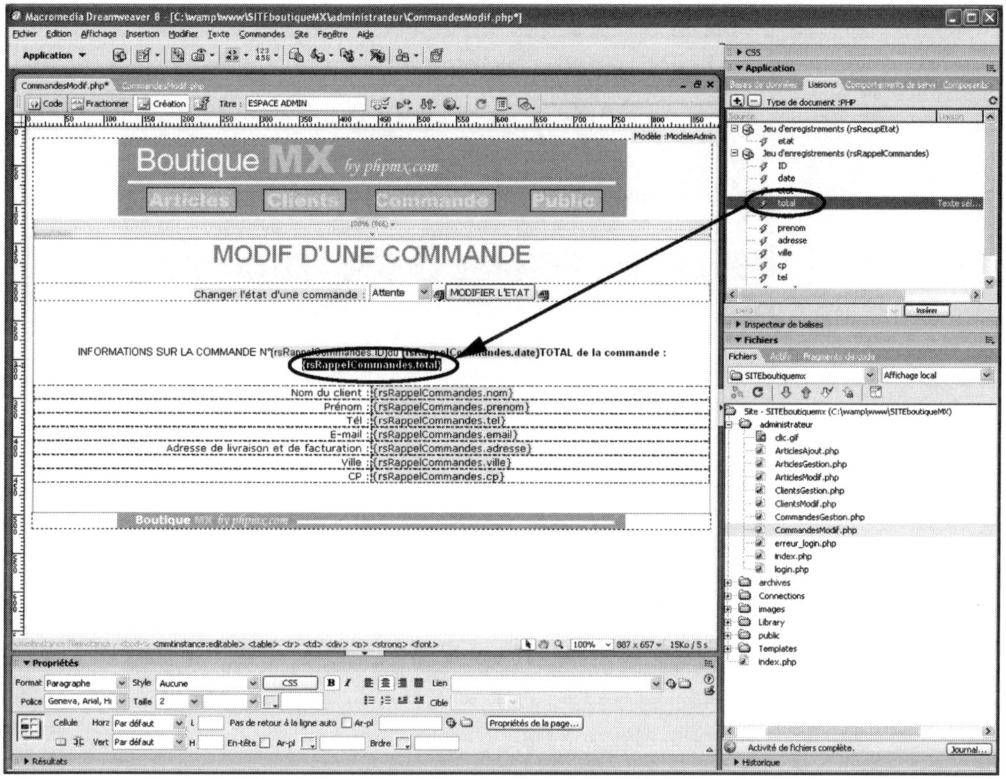

Figure 8-89

Mise en place des informations de la commande dans la page CommandesModif.php.

6. Configuration du jeu d'enregistrements `rsRappelListes` qui récupère les informations sur les articles de la commande – Cliquez sur le bouton + du panneau `Liaisons` pour créer un nouveau jeu. Cliquez sur le bouton `Avancé`. Renseignez les zones de saisie selon les paramètres indiqués dans le tableau ci-dessous. Écrivez ensuite la requête du tableau 8-30 dans la zone `SQL`, en utilisant l'assistant SQL de la boîte de dialogue. Validez ensuite la création du jeu d'enregistrements.

9. Affichage dans la page de la liste des articles – Placez-vous en dessous du tableau des informations sur la commande, et créez un autre tableau de 2 lignes et 3 colonnes. Saisissez le texte des titres de chaque colonne en vous référant à la figure 8-91 et glissez, depuis le panneau `Liaisons`, les variables du jeu `rsRappelListes` (`reference`, `quantite` et `prixArticle`) dans les cellules correspondantes du tableau (voir figure 8-91). Sélectionnez la deuxième ligne du tableau. Cliquez ensuite sur le bouton + du panneau `Comportements de serveur` et sélectionnez `Région répétée`. Dans la boîte de dialogue, choisissez le jeu d'enregistrements `rsRappelListes` et `Afficher tous les enregistrements`, puis validez en cliquant sur `OK`.

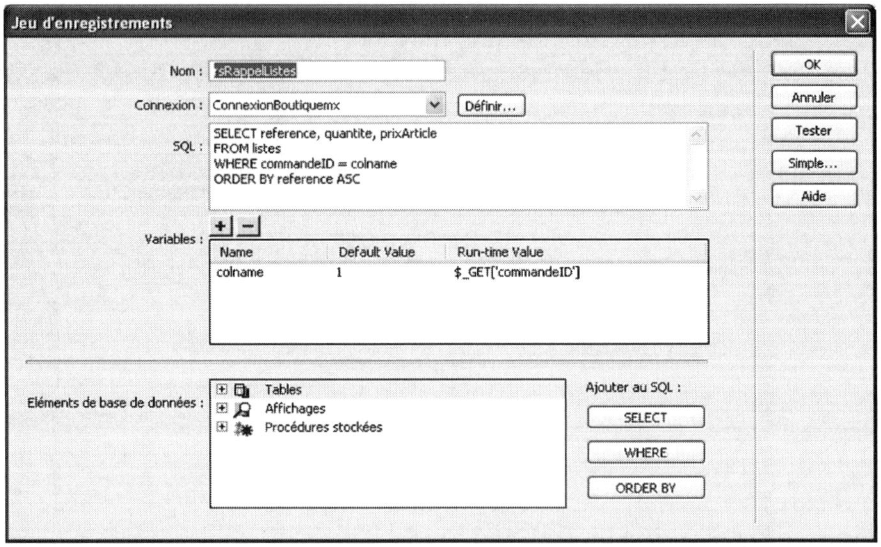

Figure 8-90
Configuration du jeu d'enregistrements rsRappelListes.

Tableau 8-30 – Paramètres du jeu d'enregistrements rsRappelListes

Zone	Valeur		
Nom	rsRappelListes		
Connexion	ConnexionBoutique mx		
SQL	SELECT reference, quantite, prixArticle FROM listes WHERE commandeID=colname ORDER BY reference ASC		
Variables	colname	0	$_GET['commandeID']

10. Test final de la page – Enregistrez votre page et testez ensuite le fonctionnement complet dans le Web local (voir figure 8-92).

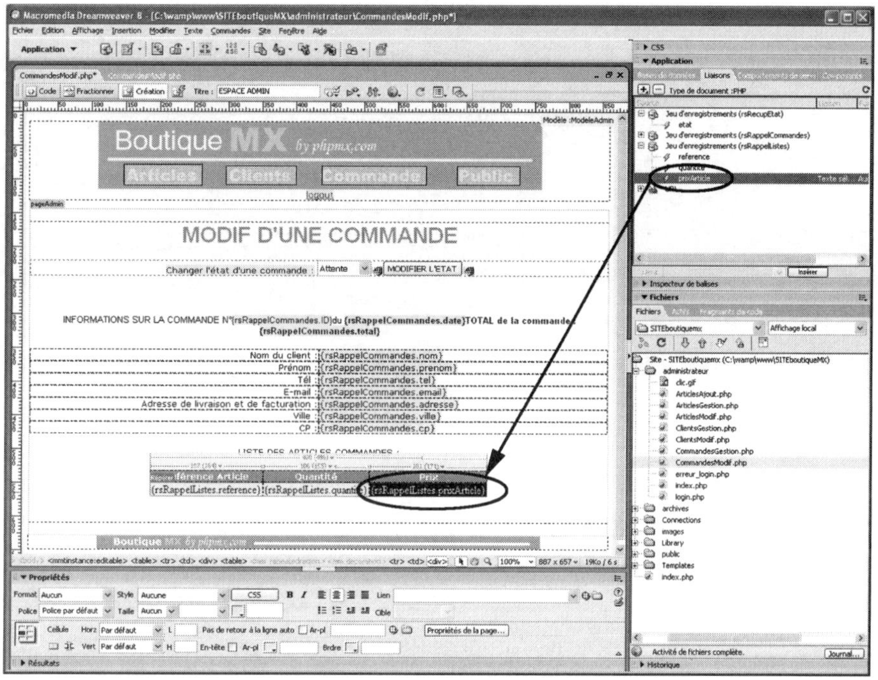

Figure 8-91
Création du tableau d'affichage dynamique des articles de la commande.

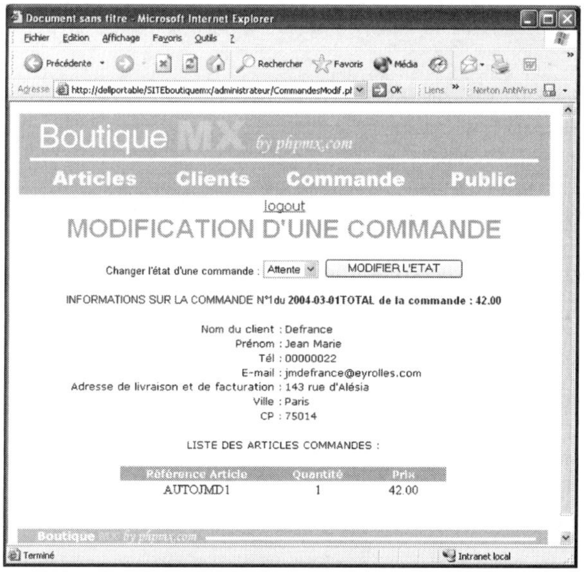

Figure 8-92
Test de la page CommandesModif.php dans le Web local.

A

Configuration d'une infrastructure serveur locale pour Mac

Mamp, une infrastructure serveur pour Mac

Depuis les systèmes X, les machines Apple sont des ordinateurs Unix BSD qui intègrent un serveur Web Apache et le préprocesseur PHP par défaut. Le serveur Apache et les modules PHP sont pré-installés, mais ne sont pas activés par défaut. Par contre, la base de données MySQL et son gestionnaire phpMyAdmin ne le sont pas sur les Macintosh.

Il est donc nécessaire de configurer votre ordinateur Macintosh afin de disposer d'une infrastructure serveur locale et de pouvoir développer et tester des sites dynamiques en local.

Pour cela, vous disposez de deux alternatives :

1. Activer le serveur Apache et PHP, puis installer les applications manuellement.
2. Installer automatiquement une suite de logiciel Mamp : Macintosh, Apache, MySQL, PHP (semblable à Wamp5 pour Windows).

La seconde solution étant beaucoup plus simple et rapide à mettre en place, nous vous proposons ci-après de vous guider pas à pas dans son installation.

Nous vous détaillerons ensuite les différentes procédures pour créer une base de données, mettre en place des scripts à la racine du serveur local, configurer un site dans Dreamweaver et enfin visualiser et tester vos pages dynamiques depuis un navigateur. Même si certains paramètres sont différents (numéro de port, etc.), sachez que toutes les pages dynamiques présentées dans cet ouvrage, pour l'environnement Windows, pourront être réalisées de la même manière avec votre Macintosh.

Installation de Mamp

Avant toute chose, vous devez commencer par télécharger le dernier paquetage Mamp sur le site de son éditeur webEdition Software (voir figure A-1, http://www/mamp.info/fr/home/). Pour information, sachez que, pour cette démonstration, nous avons utilisé la version Mamp 1.1.1, mais la démarche sera semblable si vous utilisez une version plus récente.

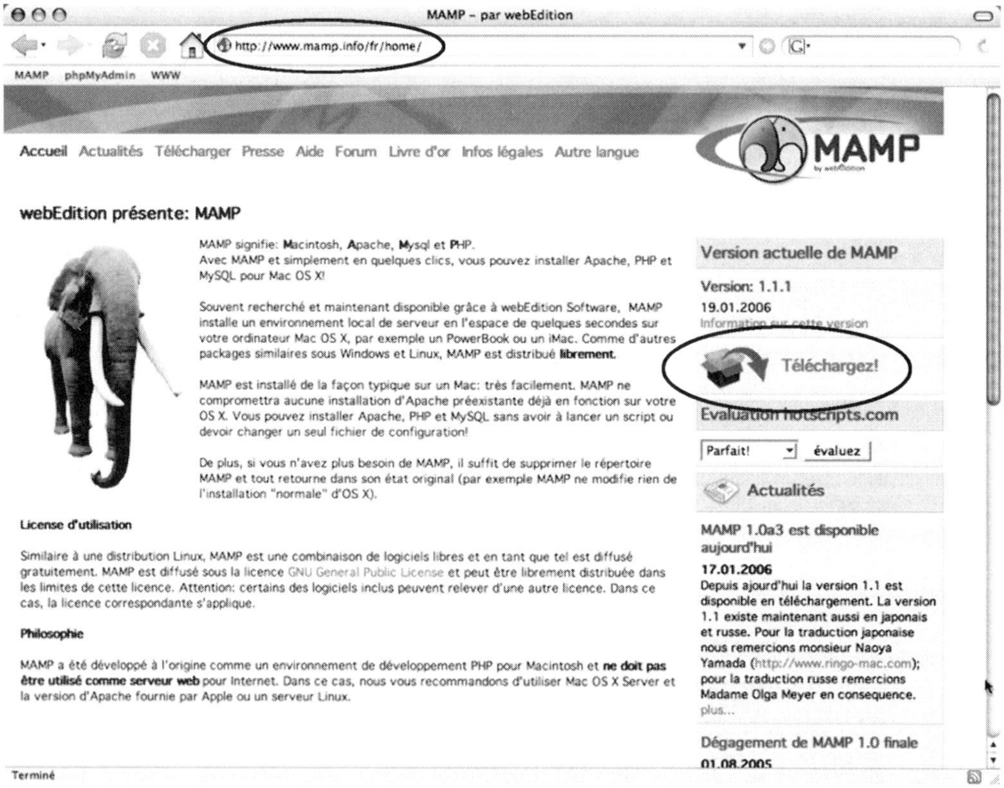

Figure A-1

Saisissez l'adresse de l'éditeur de Mamp (http://www.mamp.info/fr/home/) dans votre navigateur, puis cliquez sur le bouton Télécharger. Une seconde page vous invite à saisir votre e-mail avant de pouvoir accéder à l'espace de téléchargement.

Téléchargez le paquetage sur votre ordinateur dans le dossier de votre choix, puis cliquez dessus pour l'ouvrir (voir figure A-2). Une fenêtre dans laquelle vous trouverez la procédure pour installer Mamp doit ensuite apparaître. Ouvrez une fenêtre `Finder` et cliquez sur la catégorie `Applications` (voir figure A-3), puis glissez le dossier `Mamp` dans votre répertoire `Applications`. La suite `Mamp` est maintenant installée sur votre ordinateur.

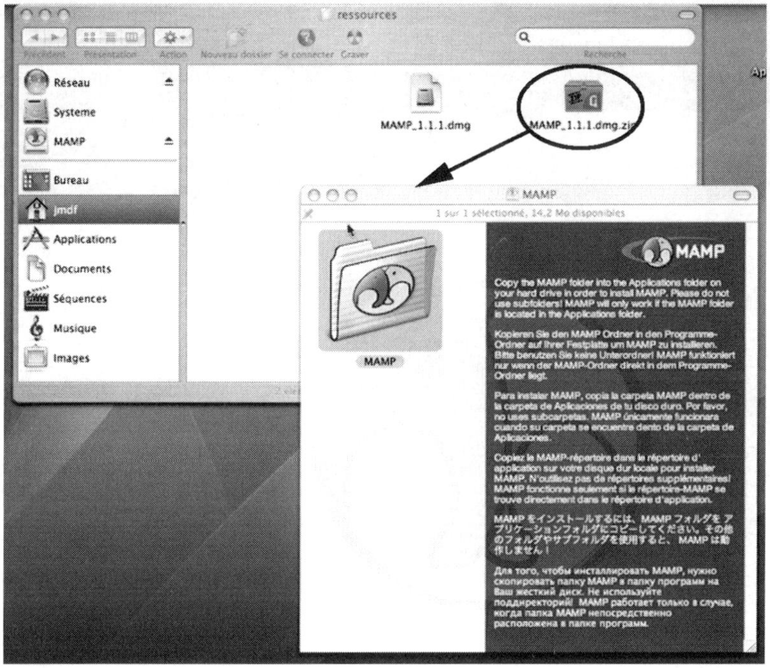

Figure A-2
Une fois le téléchargement terminé, cliquez sur le paquetage pour l'ouvrir. Un fenêtre vous indique alors la démarche à suivre pour installer le logiciel sur votre ordinateur.

Utilisation de Mamp

Une fois la suite Mamp installée sur votre ordinateur, nous vous suggérons de créer sur votre bureau un alias du fichier `Application` situé dans le dossier `Mamp` (voir figure A-4). Cliquez ensuite sur cet alias pour démarrer l'application. Une nouvelle fenêtre doit alors apparaître (voir figure A-4) dans laquelle les deux voyants représentant les serveurs Apache et MySQL doivent progressivement passer au vert. Dans cette même fenêtre, vous pourrez configurer les différentes options de Mamp en cliquant sur le bouton `Préférences` (voir figure A-5). Cependant nous vous conseillons de garder les paramétrages par défaut dans un premier temps. À noter que pour réduire cette fenêtre, vous devrez cliquer sur le bouton orange situé en haut et à gauche de la fenêtre, et non sur le bouton `Quitter` qui aura pour incidence de fermer toutes les applications Mamp, et du même coup les serveurs Apache et MySQL. Le bouton `Ouvrir la page d'accueil` vous permettra d'accéder à une page Web regroupant les différentes applications de la suite Mamp. La première page `Start` vous informe des paramètres à utiliser pour

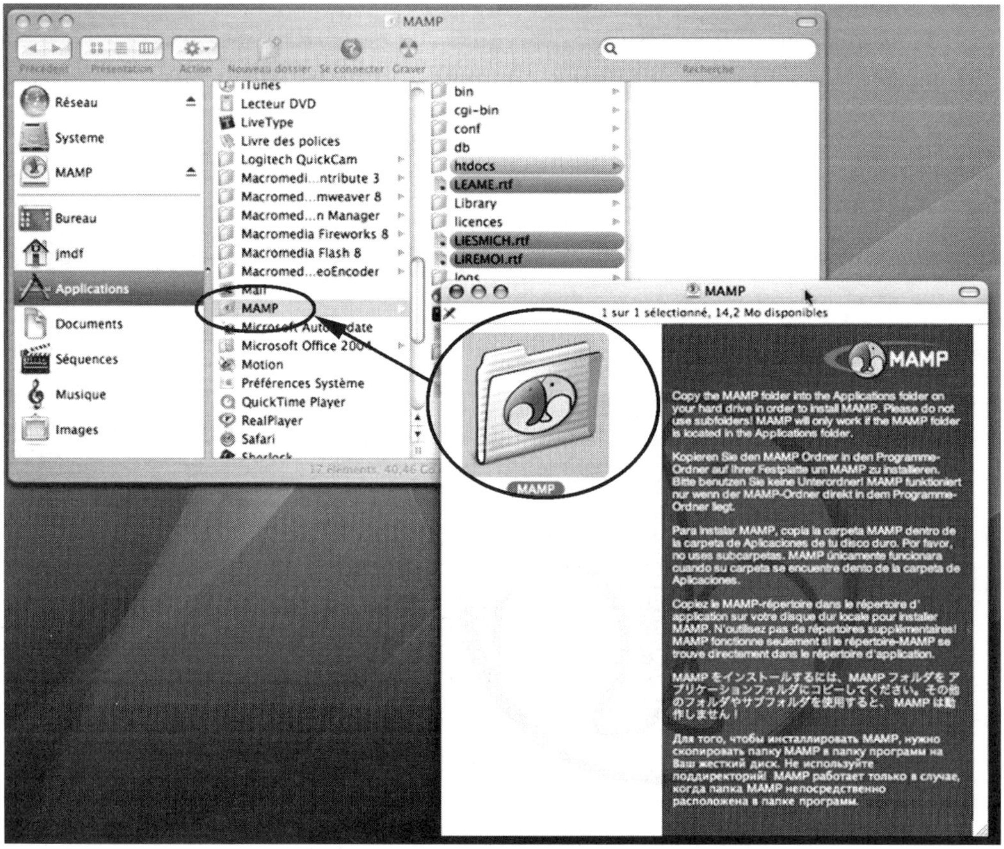

Figure A-3

Après avoir ouvert le répertoire Applications dans une fenêtre Finder, vous devez y copier le dossier complet de Mamp, sans créer d'autre sous-répertoire.

accéder au serveur MySQL (voir figure A-6). La seconde, `phpinfo`, est très intéressante, car elle affiche toutes les caractéristiques correspondant à la configuration actuelle de PHP (voir figure A-7). La page `phpMyAdmin` permet d'accéder au gestionnaire de la base de données MySQL (voir figure A-8), de même que vous pourrez aussi atteindre le gestionnaire du système de données intégré à PHP, SQLite (ce gestionnaire n'est pas utilisé dans le cadre de cet ouvrage). Enfin la dernière page `FAQ` vous permet de connaître les différentes versions des applications de la suite Mamp, et répond aux questions fréquemment posées.

Création d'une base de données

Pour vous initier à l'usage de la suite Mamp, nous vous rappelons la procédure pour créer, puis importer une base données dans le serveur MySQL local.

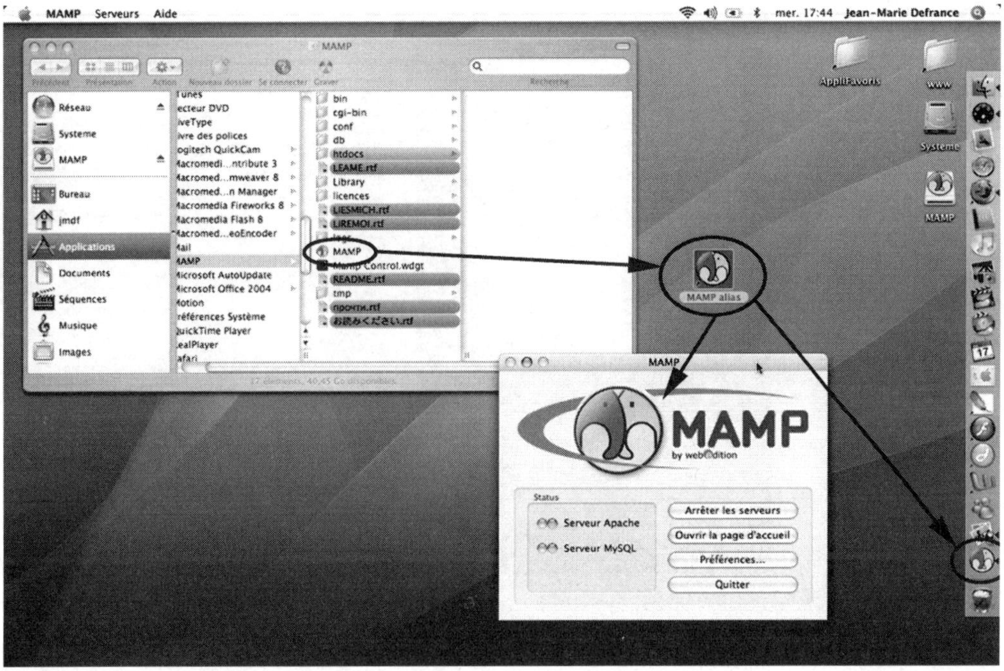

Figure A-4

Pour faciliter les futurs démarrages de Mamp, nous vous conseillons de créer un alias du fichier Application sur votre bureau.

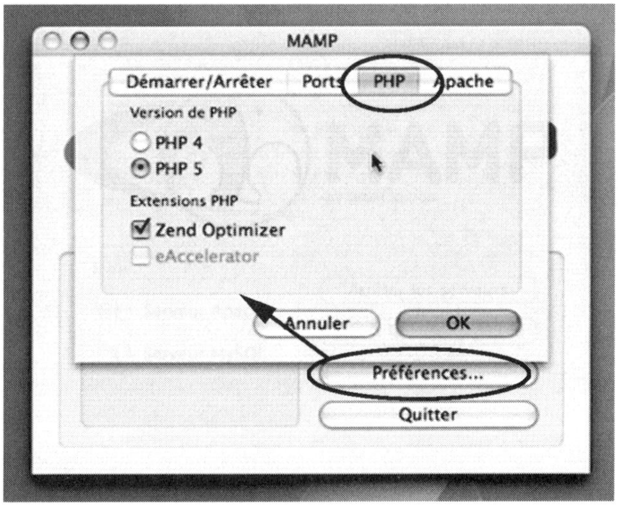

Figure A-5

Le bouton Préférences permet d'accéder aux différentes options de Mamp.

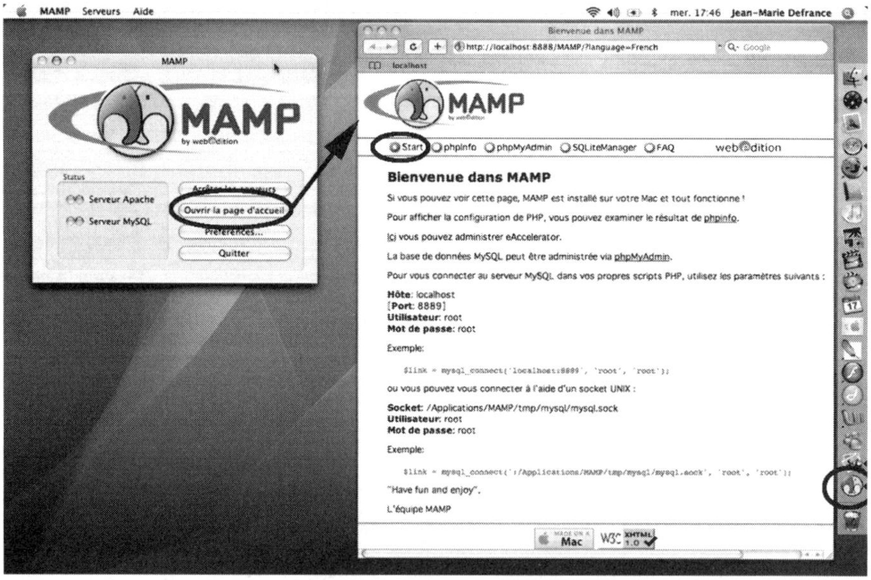

Figure A-6

La page Start vous informe des paramètres MySQL à utiliser dans vos scripts PHP.

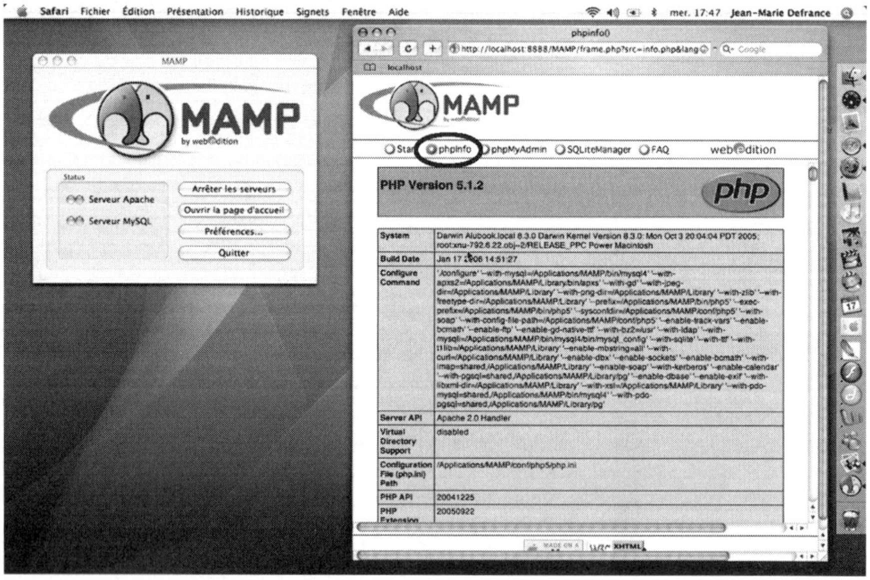

Figure A-7

La page phpinfo vous informe de la configuration actuelle PHP.

Pour cela, nous utiliserons les fichiers SQL inclus dans le kit des codes de cet ouvrage, disponibles sur le site de l'éditeur (voir l'annexe B pour plus d'informations sur la localisation de ce kit, www.editions-eyrolles.com).

Après avoir téléchargé sur votre ordinateur le kit des codes de ce livre et avoir localisé les fichiers SQL que nous allons utiliser (ils se trouvent dans le dossier `archives` de chaque site), cliquez sur le bouton `phpmyadmin` (voir figure A-8) pour accéder au gestionnaire de la base de données. Saisissez le nom de la base à créer, soit `score_db` pour notre exemple, puis cliquez sur le bouton `Créer`.

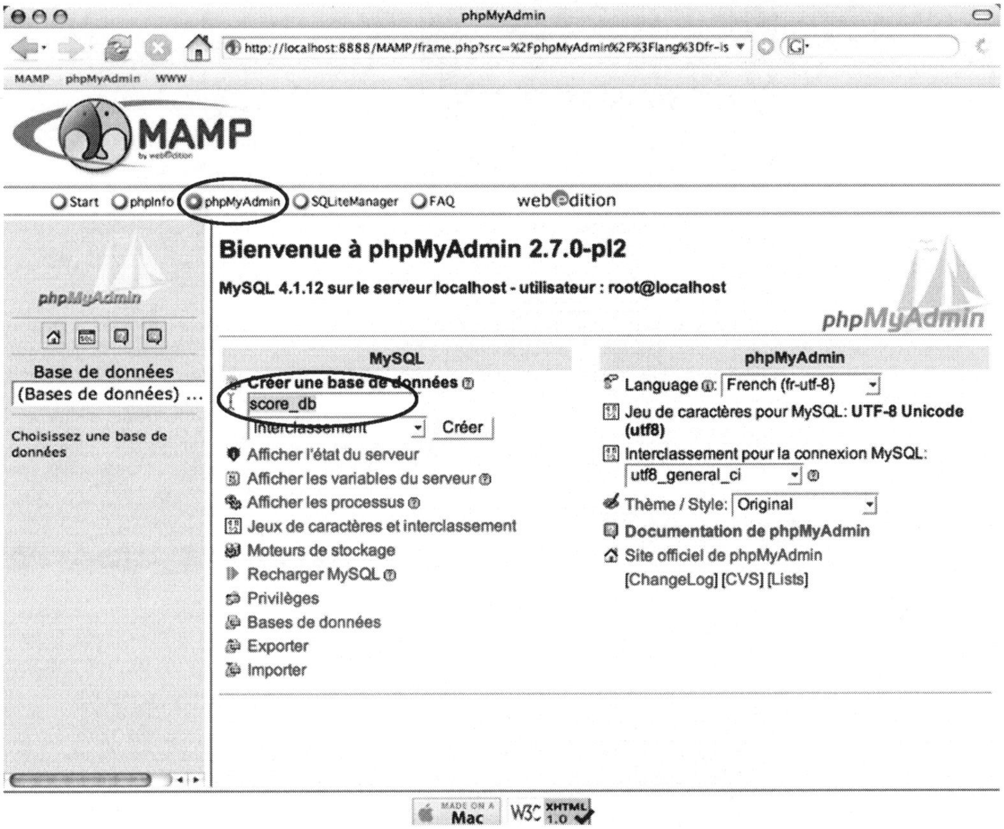

Figure A-8
Création de la base de données score_db.

La base de données est maintenant créée, mais elle est encore vide. Cliquez sur l'onglet `Importer` de phpMyAdmin, puis sur le bouton `Parcourir` afin de localiser le fichier SQL à utiliser (prendre par exemple celui situé dans le répertoire `archives` du site `SITEscore_STRUCTURE`, voir figure A-9). Après avoir sélectionné le fichier SQL, validez votre choix en cliquant sur le bouton `Exécuter` situé en bas de la page `Importer`. Si vous cliquez ensuite sur le lien portant le nom de la base de données (`score_db`) situé en haut de la page, vous devriez voir les différentes tables apparaître dans la page (voir figure A-10). Votre base de données est maintenant opérationnelle, et vous pouvez commencer à constituer vos pages dynamiques afin d'en exploiter ses informations.

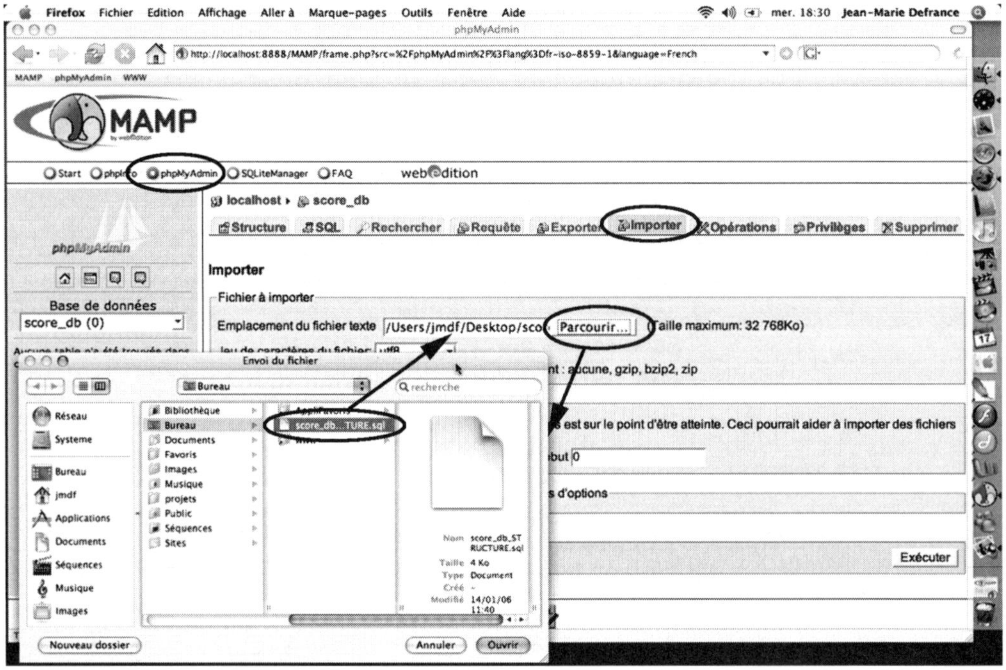

Figure A-9

Importation des tables d'un fichier d'archive SQL.

Emplacement du répertoire racine

Comme vous disposez maintenant des codes des différents sites disponibles dans le kit de ressource sur votre ordinateur, nous vous proposons de vous guider dans leur mise en place, à la racine du serveur local.

Ouvrez une fenêtre `Finder` et placez-vous à l'emplacement du répertoire racine du serveur local (voir figure A-11) : `Systeme:Applications:MAMP:htdocs`.

Par la suite, nous vous conseillons de créer un alias du répertoire racine afin de pouvoir accéder rapidement à son contenu. Dans notre exemple, nous avons établi un alias **`www`** placé sur le bureau.

Faites ensuite glisser les trois dossiers des sites `score` dans ce répertoire (voir figure A-11), puis dupliquez le dossier `SITEscore_STRUCTURE` en le renommant `SITEscore`, afin de conserver les codes originaux (voir figure A-12).

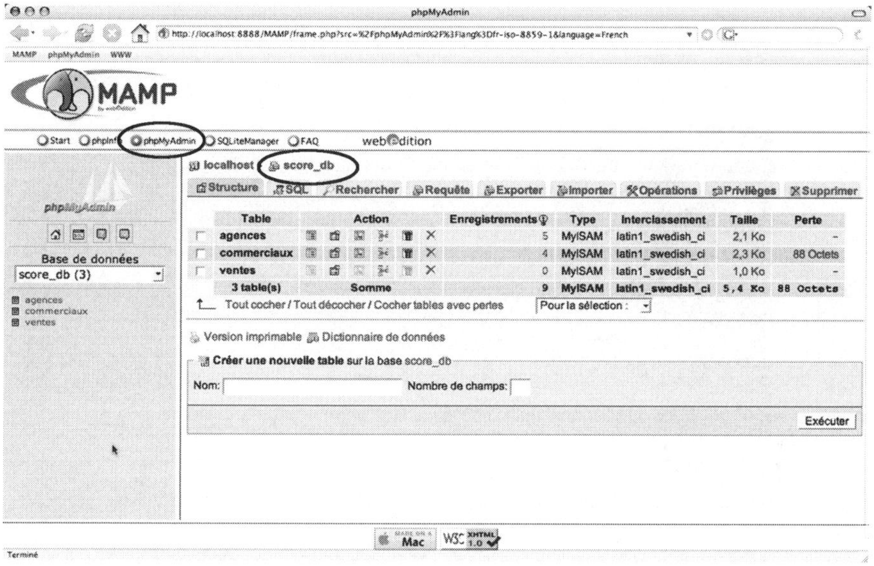

Figure A-10
Liste des différentes tables importées avec le fichier d'archive SQL.

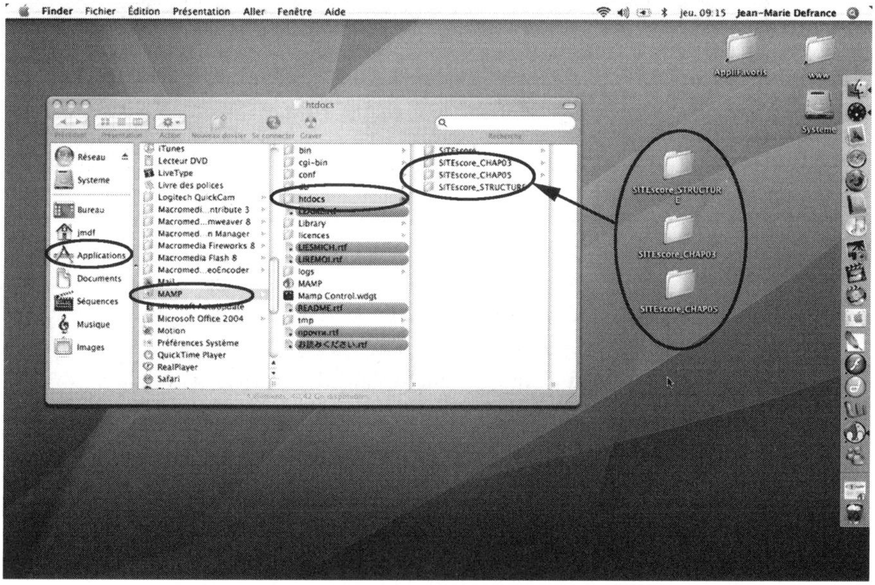

Figure A-11
Copiez les différents dossiers des sites score dans le répertoire racine du serveur local.

Configuration d'un site dans Dreamweaver

Nous allons maintenant ouvrir Dreamweaver et détailler la procédure de configuration d'un site dynamique sur votre Macintosh. Depuis le menu de Dreamweaver, cliquez sur `Site` puis

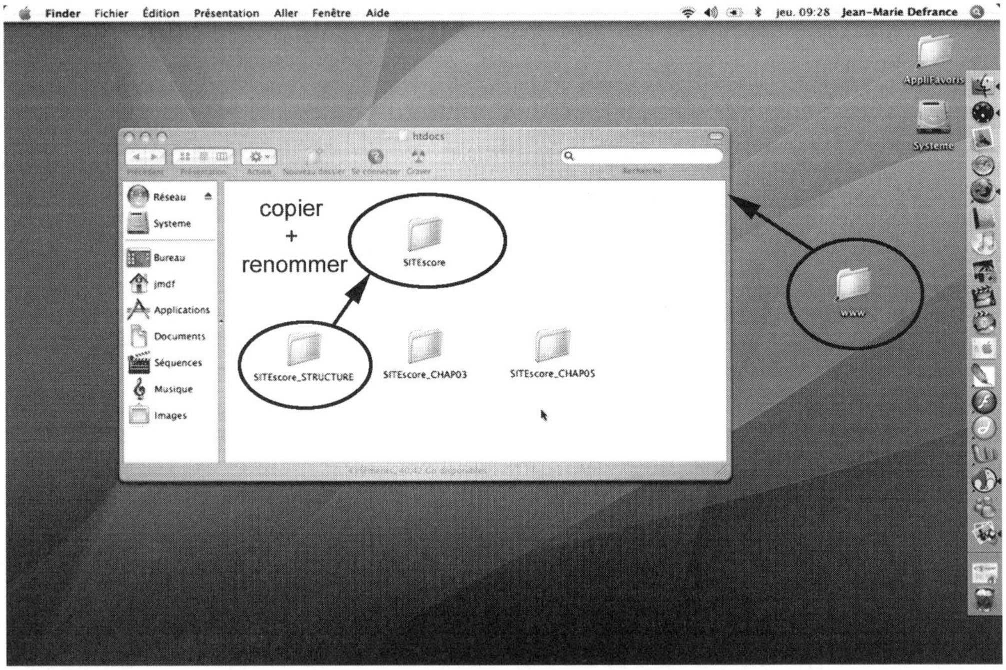

Figure A-12
Copiez et renommez le dossier SITEscore_ STRUCTURE en SITEscore afin de conserver les codes originaux.

sélectionnez `Nouveau site...`. Assurez-vous que la fenêtre de `Définition des sites` est affichée en mode `Avancé` (voir figure A-13). Cliquez sur la catégorie `Infos locales`, puis saisissez le nom du nouveau site, soit `SITEscore`. À droite du champ `Dossier racine local`, cliquez sur le petit répertoire afin de localiser l'emplacement des pages dynamiques du site (voir figure A-13). Sélectionnez le dossier `SITEscore` précédemment créé, situé dans le répertoire racine du serveur, puis cliquez sur le bouton `Choisir`. Le chemin menant à ce dossier doit ensuite être copié automatiquement dans le champ concerné.

Cliquez ensuite sur la catégorie `Serveur d'évaluation`. Sélectionnez le modèle de serveur `PHP MySQL` puis l'accès `Local/Réseau`. Assurez-vous que le chemin menant au dossier du site `SITEscore` est correctement configuré (voir figure A-14). Dans le champ intitulé `Préfixe d'URL`, complétez le chemin afin qu'il corresponde à l'URL suivante :

```
http://localhost:8888/SITEscore/
```

Validez enfin votre configuration en cliquant sur le bouton `OK` situé en bas de la fenêtre de définition du site.

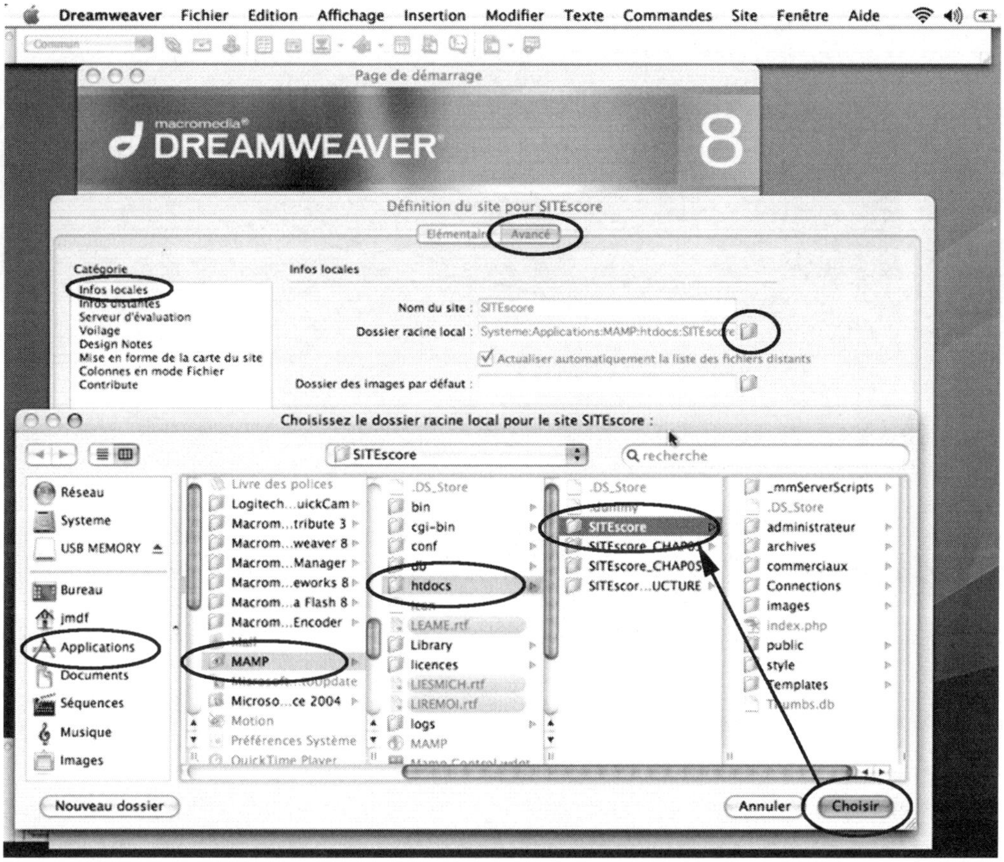

Figure A-13

Configuration de la catégorie Infos locales.

Les différents fichiers du site `score` doivent maintenant apparaître dans le panneau `Fichiers` de Dreamweaver. Ouvrez la page `liste.php` située dans le répertoire `administrateur`. Affichez le panneau `Application` et cliquez sur l'onglet `Base de données`. Cliquez sur la connexion existante, `ConnexionScore`. Si elle n'existe pas encore, vous pouvez la créer en cliquant sur le bouton +, puis sélectionnez `connexion MySQL` (attention de bien respecter le nom et la casse de la connexion si vous désirez par la suite utiliser dans votre site d'autres fichiers du kit). Assurez-vous que les paramètres de connexion correspondent bien à ceux de la figure A-15. À noter que, dans notre exemple, nous utilisons le compte utilisateur par défaut `root`. Cependant, si vous avez déjà créé un compte utilisateur `score` comme indiqué dans le chapitre 2, il est plus judicieux d'utiliser celui-ci plutôt que l'utilisateur par défaut `root` qui doit être exclusivement réservé pour des tests en local (attention, le mot de passe est aussi `root` pour Mamp, alors que pour la suite Wamp5, il n'y a pas de mot de passe pour s'en servir).

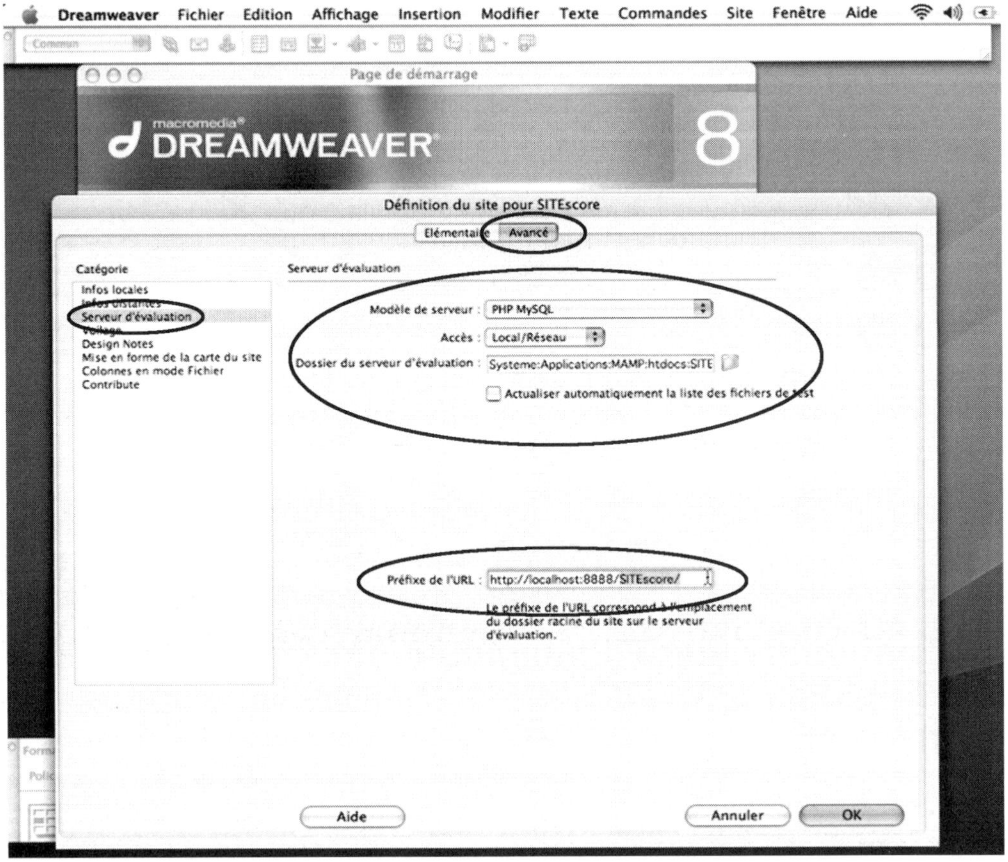

Figure A-14

Configuration de la catégorie Serveur d'évaluation.

Cliquez ensuite sur le bouton `Tester` pour vérifier la bonne configuration de votre connexion MySQL, puis sur le bouton `OK` pour confirmer votre choix.

Votre environnement de développement doit être maintenant opérationnel. Afin de tester le bon fonctionnement d'une page dynamique, nous vous proposons de commencer par la création de la page `liste.php` en suivant la procédure indiquée dans le chapitre 3 de cet ouvrage.

Consultation du site local depuis un navigateur

Pour consulter vos pages dynamiques, il ne vous reste plus qu'a ouvrir le navigateur de votre choix. Nous vous conseillons de mémoriser les URL de la racine du serveur local et de phpMyAdmin dans les favoris de votre navigateur, afin d'y accéder rapidement.

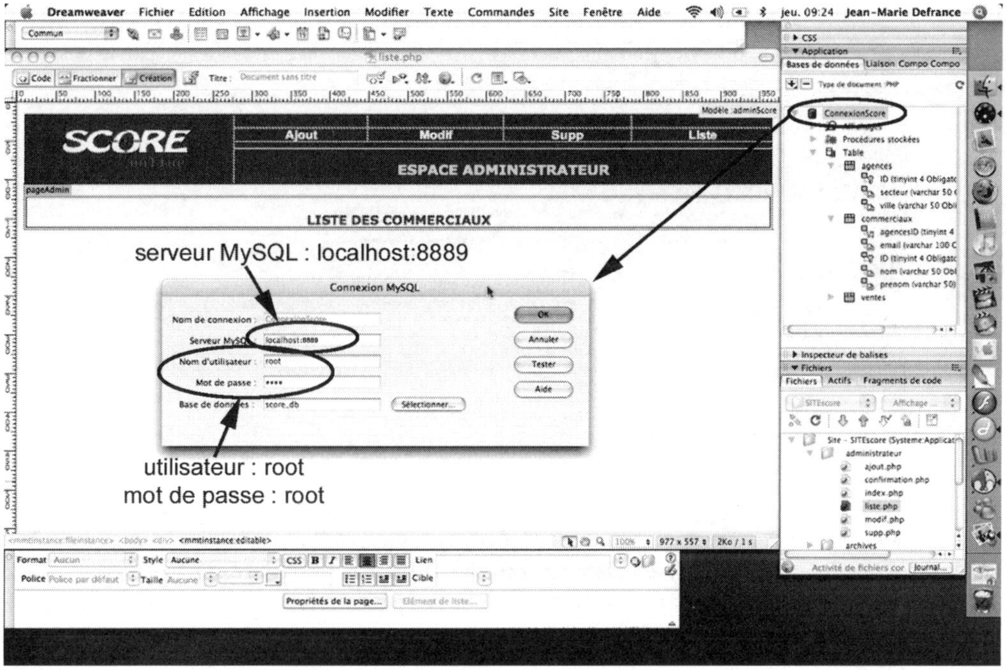

Figure A-15
Configuration de la connexion Mysql.

Le chemin d'accès à la racine du serveur local de Mamp est le suivant (voir figure A-16) :

```
http://localhost:8888/
```

Le chemin d'accès à la page `Start` (et donc à phpMyAdmin par le biais du menu) est le suivant :

```
http://localhost:8888/MAMP/
```

À la racine du serveur, vous devriez voir apparaître les différents dossiers copiés précédemment. Cliquez sur le dossier `SITEscore` afin d'accéder au site dans lequel vous avez créé votre première page dynamique. Cliquez ensuite sur le lien `administrateur`, dans le menu, puis sur `liste`. Vous devriez alors voir votre première page dynamique apparaître dans le navigateur (voir figure A-17)

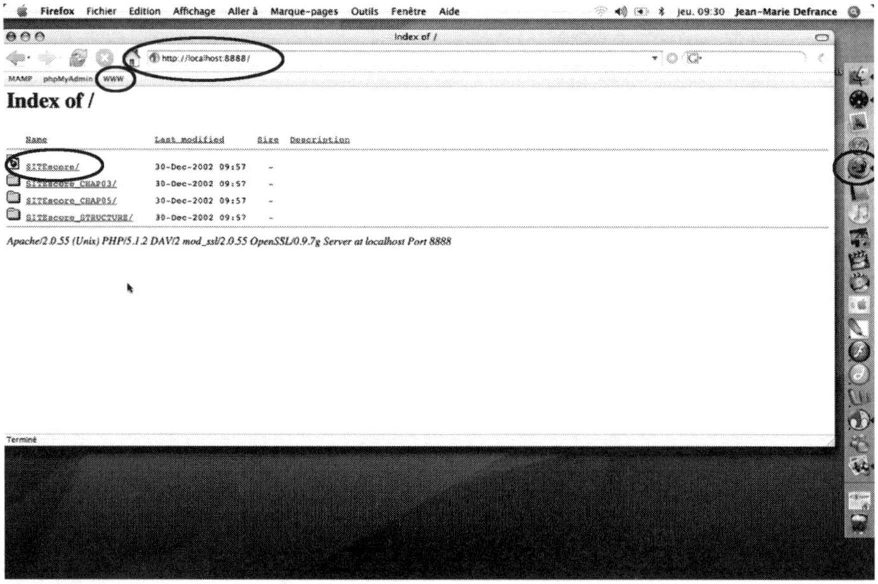

Figure A-16
Consultation de la racine du serveur local depuis un navigateur.

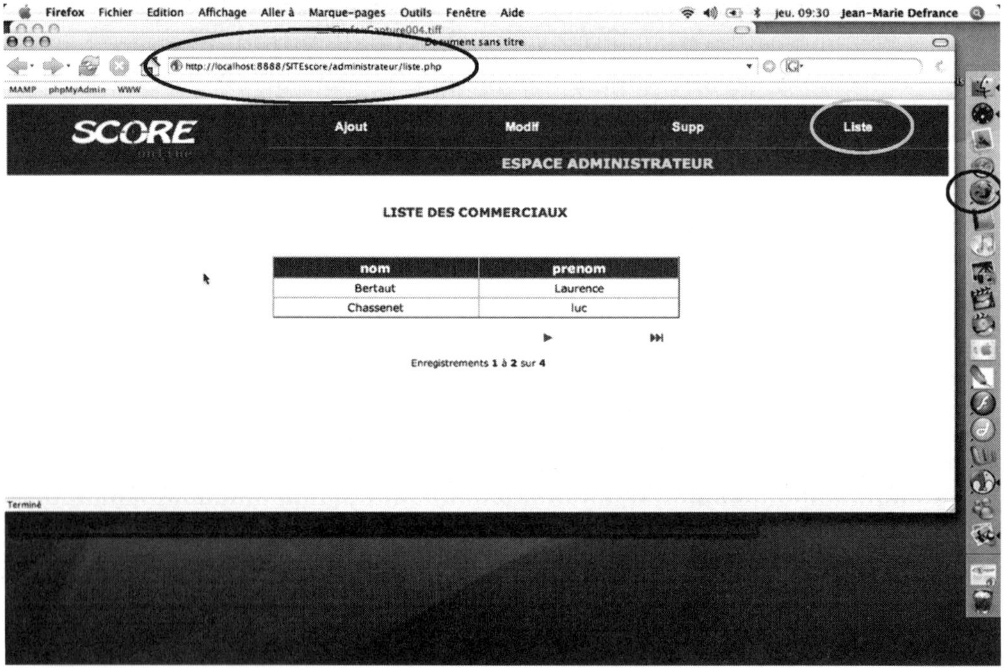

Figure A-17
Consultation de la page liste.php depuis un navigateur.

B

Ressources en ligne

Ressources de l'ouvrage

Les codes source de cet ouvrage sont disponibles sur le site des éditions Eyrolles : www.editions-eyrolles.com.

Lorsque vous êtes sur la page d'accueil du site, saisissez des mots-clés du titre du livre dans la zone de recherche (`Dreamweaver` et `PHP` par exemple ou le nom de l'auteur), puis validez (voir figure B-1). Dans la page des résultats, vous trouverez le titre de cet ouvrage, sur lequel il convient de cliquer pour accéder à la fiche du livre et à ses ressources disponibles en téléchargement.

Ressources Internet

Site sur Wamp5

www.wampserver.com

Site à partir duquel vous pourrez télécharger la dernière version de Wamp5. Vous y trouverez également de nombreux conseils pour bien utiliser Wamp5, et un forum qui vous permet de communiquer avec d'autres utilisateurs de Wamp5.

Site sur Dreamweaver 8

www.macromedia.com

Site officiel de Macromedia. Vous y trouverez de nombreuses ressources autour de Dreamweaver 8 dont vous pouvez aussi télécharger rapidement une version d'essai, si vous n'en disposez pas encore.

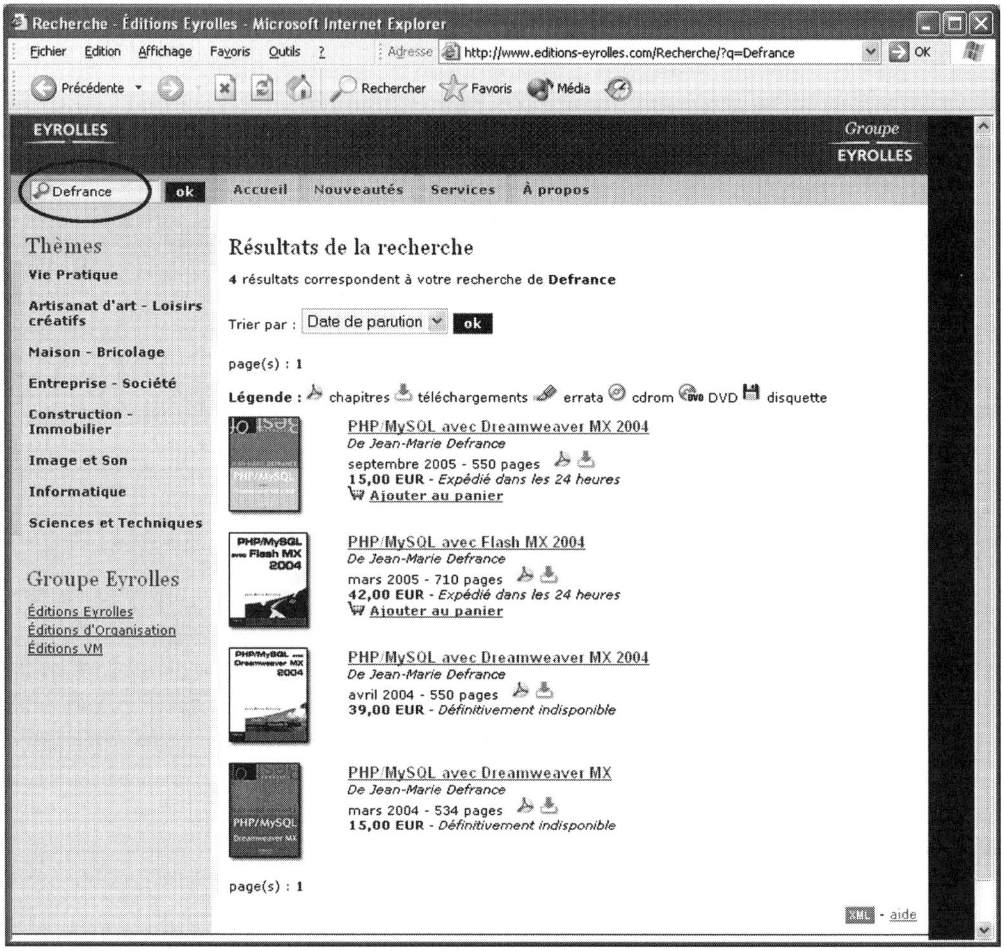

Figure B-1

Site www.editions-eyrolles.com : pour accéder aux codes source de cet ouvrage, cliquez sur la vignette du livre puis sur le dossier dans l'encadré Téléchargement.

Site sur Dreamweaver 8 et PHP

www.phpmx.com

Site dédié à l'utilisation de Dreamweaver 8 avec PHP et MySQL. À noter que l'étude de cas présentée dans cet ouvrage est issue de ce site. Vous y trouverez d'autres études de cas développées avec Dreamweaver, ainsi qu'une grande variété d'extensions Dreamweaver 8 et de nombreux fragments de code PHP téléchargeables.

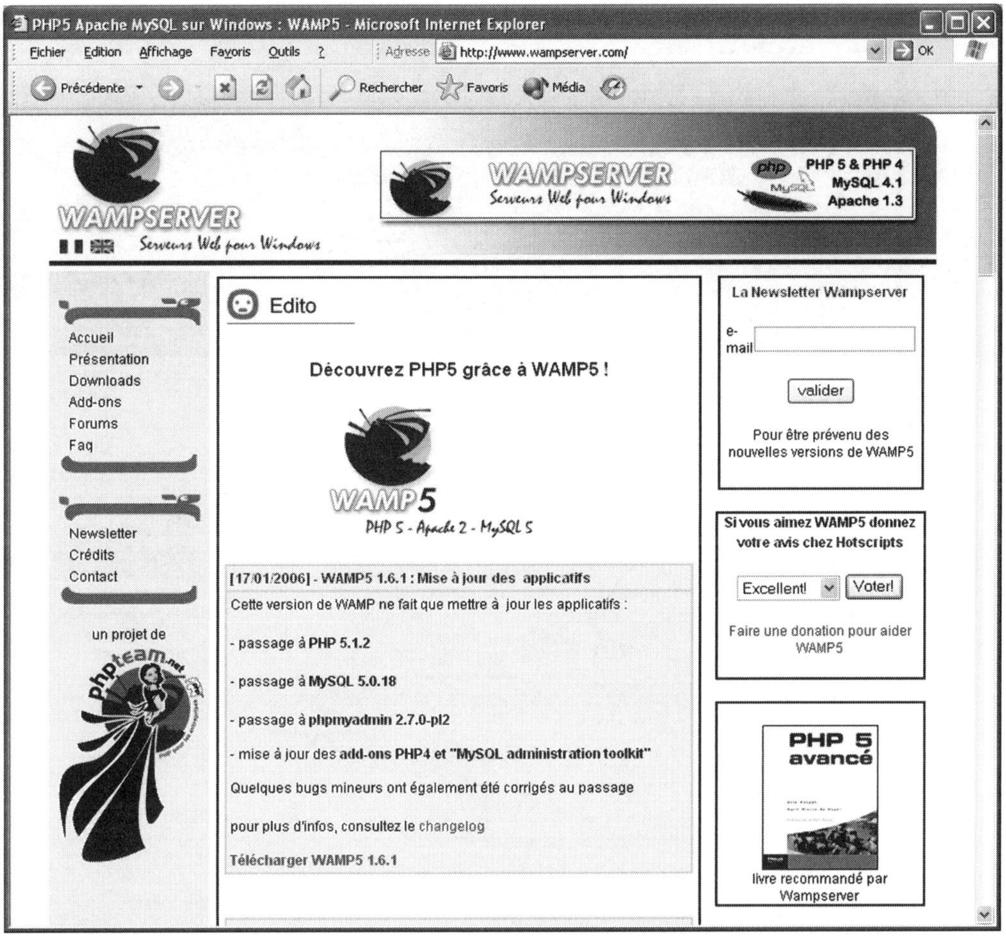

Figure B-2

Site www.wampserver.com : pour télécharger la dernière version de la suite Wamp5, cliquez sur le lien Downloads, puis choisissez la version désirée.

Site sur PHP

www.php.net

Site officiel de PHP. Vous y trouverez toute la documentation en français, disponible en téléchargement sous différents formats (HTML, PDF...). Pour accéder à cette documentation, cliquez sur `documentation` dans le menu du site, puis choisissez la langue et le format désirés dans la liste qui est proposée.

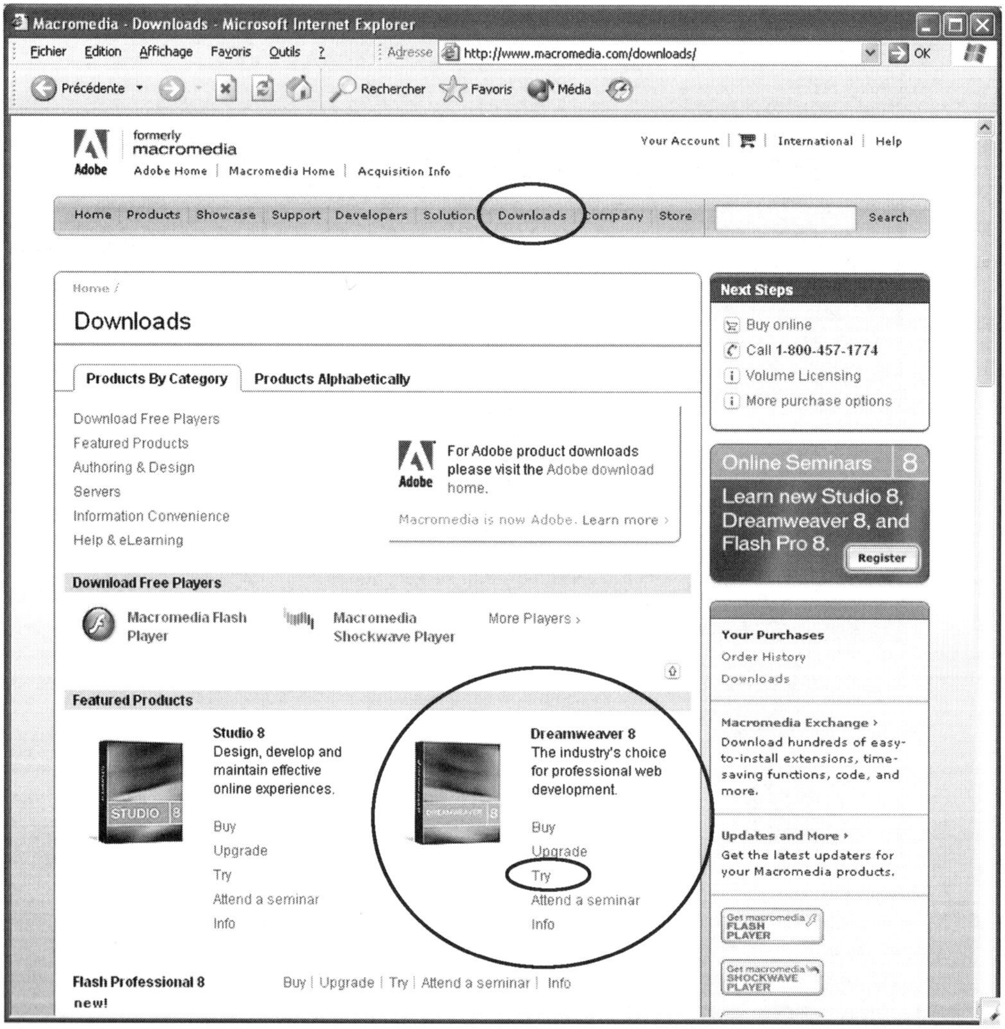

Figure B-3

Site www.macromedia.com : pour télécharger une version d'essai de Dreamweaver 8, cliquez sur l'onglet Downloads, puis choisissez Dreamweaver 8 dans la liste des produits proposés.

Site sur MySQL

www.mysql.com

Site officiel de MySQL. Vous y trouverez de nombreuses versions de MySQL pour tous les environnements, et une documentation très complète.

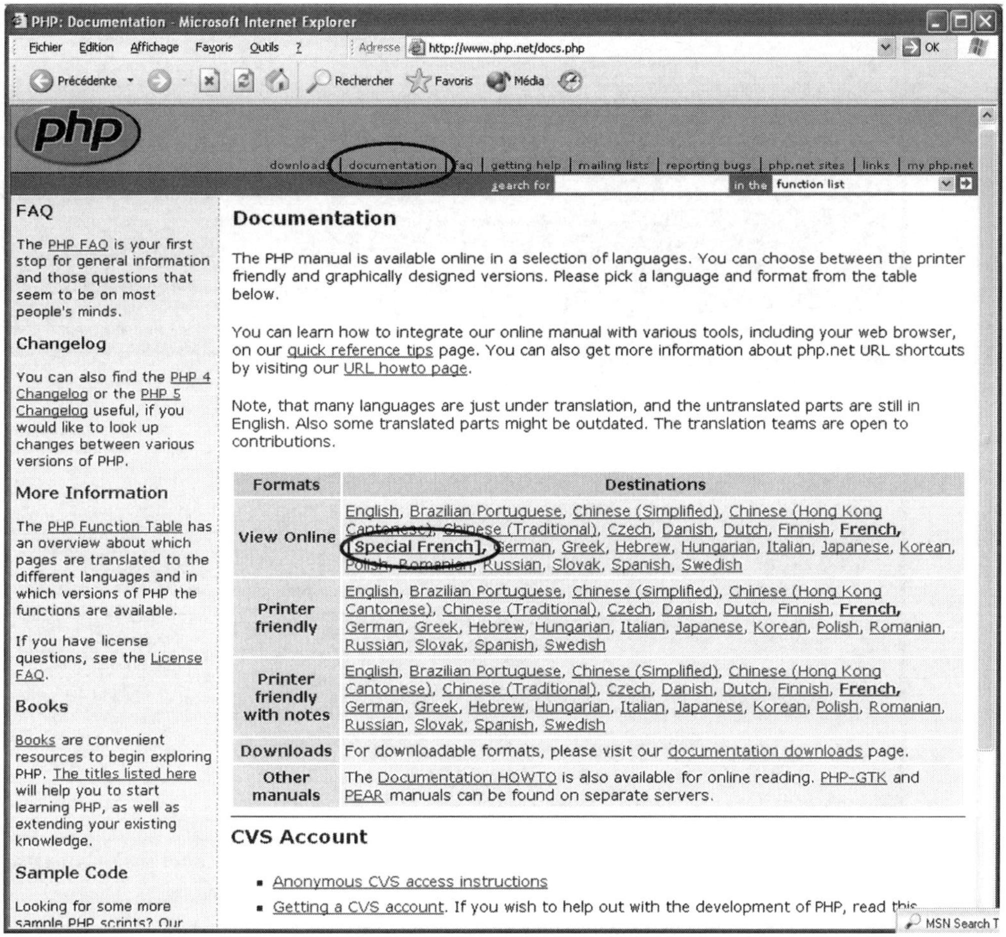

Figure B-4

Site www.php.net : pour accéder à la documentation en français, cliquez sur la rubrique Documentation, puis choisissez la langue et le format désirés dans la liste des versions proposées.

Sites sur PHP, MySQL et Mac OS X

www.entropy.ch

Vous trouvez sur ce site la suite Mamp afin d'installer une infrastructure serveur PHP-MySQL sur votre Mac OS X.

www.macphp.net

Vous trouvez sur ce site toutes les ressources dédiées au Mac et aux scripts PHP.

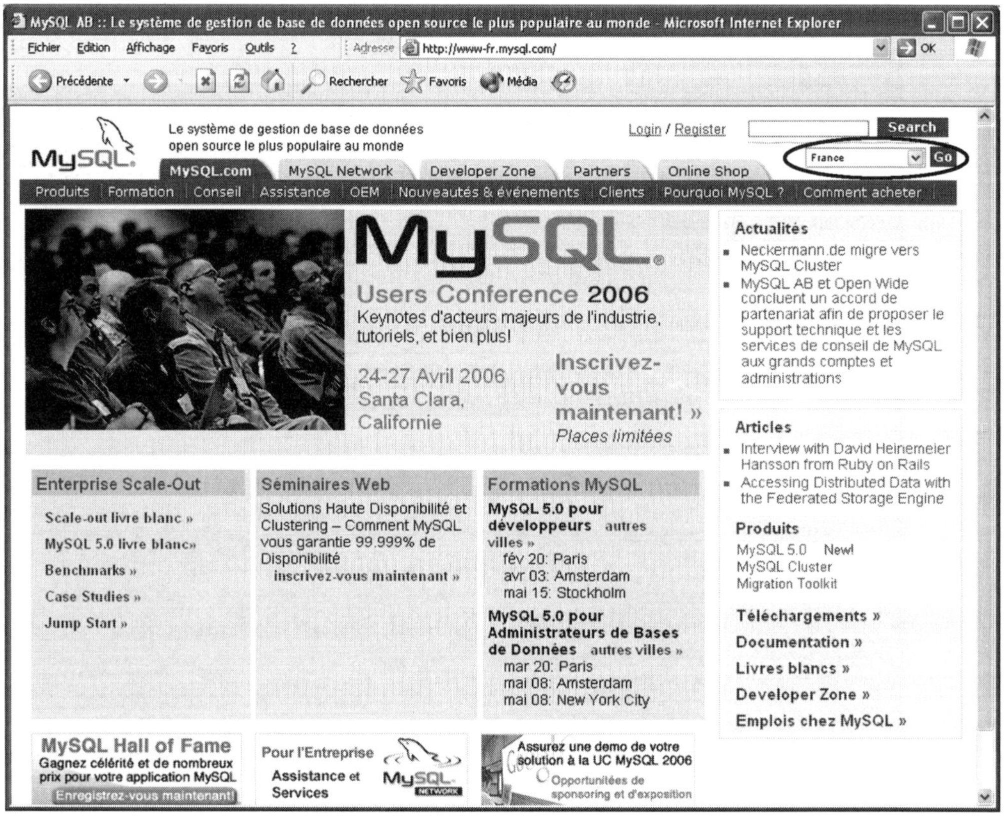

Figure B-5

Site www.mysql.com : pour télécharger une nouvelle version de MySQL, cliquez sur l'onglet Downloads et choisissez la version désirée selon le type de votre plate-forme.

Noms de domaine

www.gandi.net

Ce site est consacré aux dépôts de noms de domaine comme .com, .org et .net.

Hébergeurs de sites PHP

www.nexenservices.com

www.free.fr

www.multimania.com

www.ovh.com

www.amen.fr

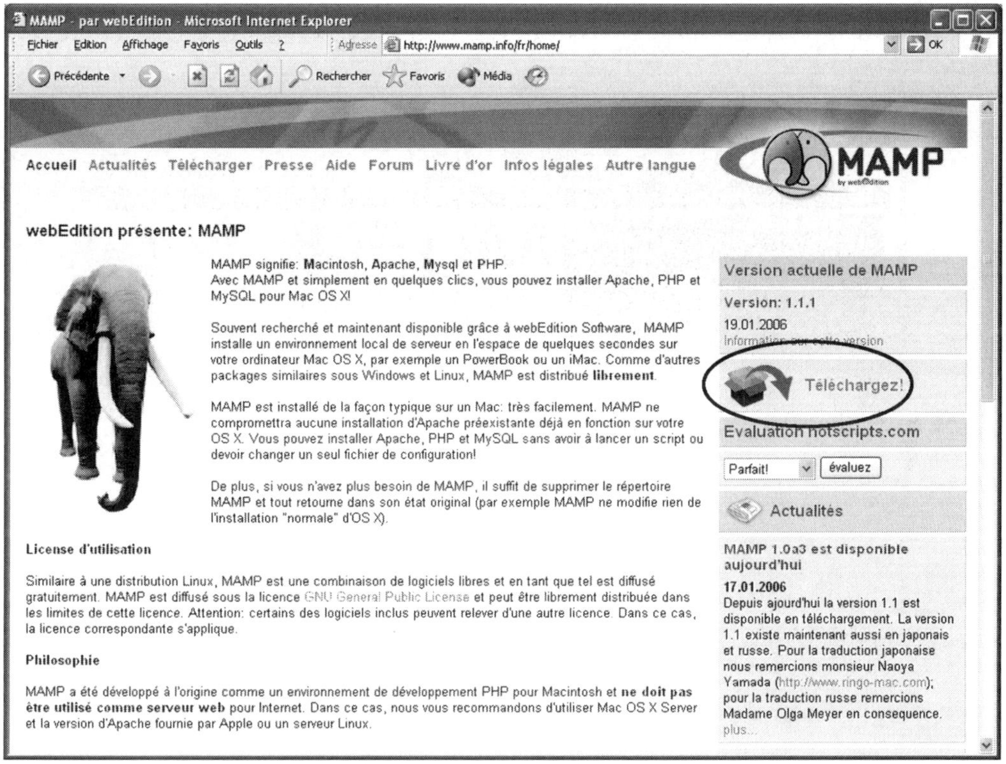

Figure B-6

Site www.mamp.info/fr/home/ : pour télécharger la dernière version de Mamp.

Index

Mise en page : Volga Diffusion
Dépôt légal : avril 2006
N° d'éditeur : 7399
N° d'imprimeur : 397948Z
Achevé d'imprimer : Jouve, Paris
Imprimé en France